지은이__이띠엔 라모뜨(Étienne Lamotte, 1903-1983)

벨기에 출신의 가톨릭 사제(司祭)로서 말린느 신학교, 루벵 대학, 로마의 사피엔자 대학 등에서 신학, 철학, 고전문헌학을 공부한 뒤, 유럽의 인도-불교학계의 거장들인 루이 드 라 발레-뿌생과 실벵 레비의 제자로서 불교연구를 시작했다. 그는 루벵 대학에서 45년 동안 고전문헌학과 인도-불교학을 가르쳤다. 그의 많은 연구업적 가운데서 중요한 것으로는 해심밀경, 대승성업론, 섭대승론, 유마경, 수능엄삼매경, 대지도론 등의 프랑스어 번역과 주석이 있다. 특히 『인도불교사』는 "불교 연구 역사에 있어 한 시대의 획을 긋는 기념비적인 저술"이라는 평을 받았다.

옮긴이__호진(浩眞, 尹炳植)

1964년, 직지사(直指寺)로 출가했다. 동국대학교 불교학과를 졸업하고 같은 대학교 대학원에서 석사학위를, 프랑스 소르본대학교 철학과에서 초기불교 전공, 종교학 박사학위를 받았다. 동국대학교(경주캠퍼스) 불교학과에서 초기 · 부파불교를 가르쳤다. 저서로는 『無我 · 輪廻問題의 硏究』, 『불적답사기』가 있고, 「佛滅年代考」, 「初期佛典의 成立硏究(I-II)」, 「Aśoka王과 佛敎」 등의 초기불교에 관한 논문을 발표했다.

인도불교사 2

History of Indian Buddhism
by Étienne Lamotte

인도불교사 2

에띠엔 라모뜨 지음 | 호진 옮김

Histoire du Buddhisme Indien

시공사

사르나트 박물관, 초전법륜상(初轉法輪像)

머리말

해마다 샤꺄무니의 생애와 불교사상을 다룬 간행물의 수가 증가하고 있다. 반면 불교 역사서들은 드물 뿐 아니라 시대에 뒤떨어지기 시작하고 있다. 외젠 뷔르누프(Eugène Burnouf)의 *Introduction à l'histoire du bouddhisme indien*(인도 불교사 입문)은 1845년에 나왔고, 케른(J. A. C. Kern)의 *Geschiedenis van het Buddhisme in Indië*(인도불교역사)는 1882-1884년으로 거슬러 올라간다. 르누(L. Renou)와 필리오자(J. Filliozat)의 *Inde Classique*(인도고전 1947-1953년), 폰 글라즈납(H. von Glasenapp)의 *Die Religionen Indiens*(인도종교, 1943년), 같은 저자의 *Die Philosophie der Inder*(인도철학), 프라우발너(E. Frauwallner)의 *Geschichte der Indischen Philosophie*(인도철학사, 1953-1956년)에는 사실 인도불교역사에 관한 뛰어난 개요(概要)들이 포함되어 있지만, 아무래도 개설적인 수준을 넘지 못한다.

뷔르누프와 케른의 시대 이래, 인도의 새로운 필사본(筆寫本)들의 발견, 중국과 티베트 자료들의 조사, 금석문들의 발견과 고고학적 발견물들 덕택으로 인도 역사에 관한 정보들이 증가되었다. 그래서 이 새로운 자료들을 근거로 불교역사를 다시 써야 할 때가 되었다.

알프레드 푸쉐(Alfred Foucher) 교수는 별세하기 며칠 전 필자에게 인도불교역사를 다시 쓸 것을 권유했다. 필자는 이 책에서 불교의 기원(서력 기원전 6세기)에서부터 샤까(Śaka) 시대 초(서력 기원후 1세기 말)까지, 불교의 첫 몇 백년 동안의 역사를 서술하려고 했다. 이 책에서 다루어진 기간은 사실상 고대불교—전통적인 표현에 의하면 상좌(上座, Sthavira) 불교—역사이다.

아라비아의 역사가인 알 비루니(al-Bīrūnī)가 어떻게 말했던 간에, 인도에는 역사가들이 있었다. 여러 왕가(王家)들이 작성한 족보(族譜, vaṃśāvalī)들은 말할 것도 없고, 디빠방사(Dīpavaṃsa, 島史, 島王統史), 마하방사(Mahāvaṃsa, 大史, 大王統史), 라자따랑기니(Rājataraṅgiṇī, 梵文王統史), 고슈링가뱌까라나(Gośṛṅga-vyakaraṇa, 까슈미르 연대기), 만쥬슈리물라깔빠(Mañjuśrīmūla-kalpa, 文殊師利根本儀軌經), 아쇼까바다나(Aśokāvadāna, 阿育王傳)와 같은 연대기들은 역사 또는 유사역사(類似歷史) 문헌이 존재한다는 것을 충분히 증명하고 있다. 그럼에도 불구하고 불교 자료들은 일반적으로 추상적인 관념의 차원에서 움직인다. 그리고 샤꺄무니와 위대한 논사(論師)들의 교리들을 자세하게 설명하는 경우나, 비구와 비구니 교단의 기능을 자세하게 기술할 경우, 자료들에는 역사적 또는 연대기적인 유(類)의 정보들이 거의 없다. "영원한 철학(philosophia perennis)"은 기꺼이 시간과 공간을 빼고 생각한다.

그렇지만 정치적인 역사와 정신적인 역사는 밀접한 관계를 가지고 있다. 아쇼까(Aśoka) 왕의 특별한 배려가 없었다면 샤꺄무니의 제자들이 문다사바까(Muṇḍasāvaka), 자띨라까(Jāṭilaka), 마간디까(Magaṇḍika), 떼단디까(Tedaṇḍika), 아비룻다까(Aviruddhaka), 그리고 오늘날 단지 이름만 알려져 있을 뿐 그 존재가 분명치 않은 다른 종파들과 구별될 수 있었을까? 만약 역사적인 우연에 의해 불교도들이 그리스인(Greek), 스키타이인(Scythian), 파르티아인(Parthian), 꾸샤나인(Kuśāṇa), 세린디아인(Serindian), 중국인들과 접촉하지 않았다면 불교도들이 과연 오늘날 여전히 가장 널리 퍼져 있는 이와 같은 보편적인 종교를 만들어낼 수 있었을까?

우리의 첫 번째 관심사는 불교에게 부족한 역사적인 틀 속에 불교를 재정립해서, 스스로 칩거한 관념의 세계로부터 불교를 현실세계로 이끌어내는 것이었다. 우리는 끊임없이 비문들을 참고하고, 연대기들을 체계적으로 검토하고, 중국순례자들이 제공해준 지리적인 영역의 정보들—이 정보들은 고고학적인 발견물들을 통해 대부분 확인되었다—을 정리함으로써, 어느 정도 그 목적을 달성할 수 있게 되었기를 바란다. 그렇지만 이 연대들이 그리스와 라틴 역사가들의 저작이나 중국의 연대기 편찬자들에 의해 확인되지 않는다면, 너무나 많은 연대들은 대략적이고 순전히 추측적인 것으로 남게 될 것이다.

7장 가운데 첫 5장은 불교적인 사실들이 포함돼 있는 인도 역사에 대한 서술로 시작된다.

기원전 6세기에는 여러 공화국들과 북인도의 "16대국(大國)"들이룬 소왕국들이 인도 역사를 지배했다. 갠지스 중류 지방에서 그리고 특히 마가다(Magadha)에서 붓다 샤꺄무니(Śākyamuni)가 불교의 핵심교리인 4성제(聖諦)를 설했고, 재가신도 단체로부터 물질적인 지원을 받는 탁발 비구(比丘) 수행 교단을 창설했다.

그 명칭이 가리키는 것처럼, 마가다 시대(기원전 546-324년)에 하리양까(Haryaṅka), 쉬슈나가(Śiśunāga), 난다(Nanda) 등 3왕조의 통치 하에 마가다 왕국이 꾸준히 팽창했고, 스리랑카 섬에는 아리야족 식민지 개척자들이 정착했다. 그러나 알렉산더 대왕이 정복한 서북 인도는 그의 후계자가 되기 위해 서로 싸운 장군〔Diadochi〕들의 전쟁터가 되었다. 이 동란기 동안 불교의 첫 출발은 어려웠다. 그렇지만 비구들은 성전(聖典)의 기초를 닦고, 율(律) 지도자들과 법(法) 장로들의 지휘 하에 자신들을 조직할 수 있었다.

아쇼까(Aśoka) 황제라는 위대한 인물에 의해 완전히 지배된 마우리야 시대(기원전 324-187년)에 불교는 전 인도에 전파되었을 뿐 아니라, 역시 스리랑카 섬에도 들어가게 되었다. 문헌들 이상으로 고고학적인 발견물들이 이와 같은 진행 상황을 한 걸음 한 걸음 따라갈 수 있게 해 준다. 빠딸리뿌뜨라(Pāṭaliputra)의 결집(結集)은 비구들 사이에 있었던 불화(不和)가 특징을 이루었다. 마하데바(Mahādeva, 大天)의 이단(異端)은 (비구들 간의) 단절을 확대시켰다. 결국 대중부(大衆部, Mahāsāṃghika)의 분열 때문에 비구들은 적대적인 두 파(派)로 갈라졌다.

슝가(Śuṅga)와 야바나(Yavana) 시대(기원전 187-30년)는 위기의 시대였다. 이 기간 동안 불교는 얼마간 진보를 했지만 많은 어려움에 직면해야 했다. 갠지스 강 유역에서 뿌샤미뜨라(Puṣyamitra) 왕과 그의 계승자들은 비구들에 대해 공공연히 적대적인 태도를 취했다. 그리고 비슈누 교파들이 창시한 열렬한 일신교(一神教) 운동은 정법(正法, 불교)이 미친 영향과 대등했다. 반면, 서북인도에서는 몇몇 그리스계 인도 왕들, 특히 메난더(Menander) 왕은 자신의 권위를 확립하기 위해 불교에 의지했다. 스리랑카에서는 둣타가마니(Duṭṭhagāmaṇi) 왕과 밧따가마니(Vaṭṭagāmaṇi) 왕이 종교적인 건축물들을 많이 세웠다. 그리고 이 후자는 성전(聖典)의 문자 결집을 도왔다. 슝가 시대에는 역시 중인도의 고대 조각파가 출현해서 꽃을 피웠는데, 그 중심지는 바르후뜨(Bhārhut), 보드가야(Bodh-Gayā), 산찌(Sāñcī)였다.

서북인도에서 그리스인들을 계승한 뒤 곧 서해안을 점령한 샤까족(Śaka)과 빠흘라바족(Pahlava, 기원전 100-기원후 75년)은 역시 불교에 대해 호의를 보였다. 몇몇 스키타이(Scythia)족 출신의 태수(太守)들은 교단의 후원자가 되었다. 이 투박한 사람들을 교화하기 위해 불교는 포교방법을 약간 간소화하고, 그 가르침을 상황에 맞춰 조금 개작해야 했다. 이 새 지배자들의 지지와 데칸(Deccan) 지역 초기 왕들의 호의를 얻어 샤까무니의 제자들은 댄 바위를 파서 성전(聖殿)과 주거(住居)를 조성하기 시작했다. 서(西) 가츠(Ghāts) 산맥 지역에서 스키타이 시대에 시작된 이 석굴 건축은 그 뒤 수 백년 동안 계속되었다.

첫 6세기 동안의 불교를 연대기적으로 기술(記述)한 것에 다시 2장(章)을 첨가했는데, 1장은 부파(部派)들에, 그리고 다른 1장은 "불교라는 종교"에 할애했다.

상좌(上座, Sthavira) 불교, 즉 소승(小乘, Hīnayāna) 불교는 원

칙적으로 18부파로 되어 있는데, 그들의 특징과 구성은 몇 가지 미묘한 문제를 제기했다. 이 부파들의 기원과 교리적인 입장을 밝히고, 역시 그들의 지리적인 분포를 명확히 해야 했다. 그리고 초기의 저자들이 대대로 작성한 다양하고 상반된 부파의 목록들을 비교 연구해야 했다. 부파들은 샤꺄무니가 가르친 진리를 철학적으로 완성하는 데 크게 기여했고, 아비다르마(Abhidharma, 阿毘達磨), 즉 철학적인 사변(思辨)에 주목할 만한 발전을 이룩했다. 그러나 부파들의 주된 업적은 "붓다의 말씀"을 최대한 널리 전파하기 위해 필요한 만큼의 많은 언어로 그것을 옮김으로서 붓다의 말씀을 보급시킨 것이다.

따라서 부파를 다룬 장(章)에서 불교 언어들, 즉 고대마가다어(Māgadhī), 빨리어, 서북지방의 쁘라끄리뜨어, 혼합 산스끄리뜨어, 그리고 불교 산스끄리뜨어의 형성문제를 다루었다. 우리는 제기된 문제들을 모두 해결했다고는 믿지 않는다. 그러나 그것에 관한 자료들은 제공했다고 생각한다.

서력(西曆) 기원 초에, 원래 철학적-신비적 메시지였던 불교가 신격화된 붓다, 신화, 성인전, 그리고 메시아적 소망이 깊이 뒤섞인 예배 등을 갖춘 하나의 진정한 종교로 탈바꿈하게 되었다. 이와 같은 변화에 대한 연구가 제7장의 주제를 이룬다. 제7장에는 붓다의 전설에 대한 자세한 설명이 포함되어 있는데, 이 전설에서 종교적인 관념의 발전에 미친 대중과 재가신도들의 영향을 추정해 볼 수 있다.

이 책 전체를 통해 각 줄마다 원전(原典) 자료에 의거하면서 가능한 그것에 충실하려고 노력했다. 그러나 원전 자료에는 전설적이고 모순적인 점들이 많다는 사실을 숨길 수 없다.

불교 전승은 경이로운 일에 싸여 있다. 어떤 부파들은 그것을 축소하기도 하고 또 어떤 부파들은 과장하기도 했지만, 경이로운 일은 도처에 나오고 있다. 우리는 서구적 합리주의의 이름으로 그것을 제거해 버리려고 하지 않고 그대로 받아들였다. 그것을 무시해버리는 것은 독자들에게 불교의 희화적(戱畵的)인 모습을 보여주는 것이 될 뿐, 여전히 역사적인 진실에는 도달하지 못한다. 사실의 진상을 알아내기 위해서는 전설을 버리는 것만으로는 충분하지 않다. 경이로운 일이 자료에서 항상 차지했던 자리를 그것에 남겨줌으로써, 우리는 붓다 제자들의 정신상태를 좀더 충실하게 반영할 수 있다고 믿는다. 우리가 추구하는 연구의 진정한 목표는 이런 정신상태이지, 파악하기 어려울 뿐 아니라 파악할 수도 없는 역사적 확실성이 아니다. 게다가 자료들을 대조하는 것과 인물과 동물 모습을 새긴 기념물들로써 문헌들을 확인하는 것은, 가장 명백한 허구적인 사실들을 일소하고, 받아들일 만한 관점에서 전통을 제시하는 것으로 충분하다. 보다 처리하기 어려운 점은 여러 문헌에 수없이 많이 나오는 모순들에 대해 취해야 할 태도이다. 바라문교 자료들, 자이나교 자료들, 그리고 불교 자료들은 거의 일치하지 않는다. 불교 내에서도 스리랑카 연대기는 인도대륙에 퍼져 있는 문자나 구두로 된 전승들로부터 종종 벗어날 뿐 아니라 다른 연대계산법을 채택했다. 하나의 동일한 사실에 대해서 완전히 반대되는 여러 가지 이본(異本)들이 유통되었다. 마하상기까〔大衆部〕의 분열(본서 1권, p. 554-560)에 대해 제시된 연대는 6종이나 된다. 그리고 정법(正法, 불교)의 소멸은 불멸 후 500년에서 12,000년 사이의 여러 가지 다른 연대로 예측이 된다(본서 1권, p. 378-388).

우리는 자료들을 조정할 수도 있고, 그것들을 조화시켜 보려고도 할 수 있다. 이러이러한 필사본의 이본(異本)을 무시해 버리거나, 특수한 구절은 가필되었다고 말해 버리거나, 우빠굽따(Upagupta)와 목갈리뿟다띳사(Moggaliputtatissa)처럼 다른 이름을 가진 사람들을 동일한 사람으로 보아 버리면 될 것이다(본서 1권, p. 494). 이와 같은 방법이 정당하지는 않지만 단지 몇 페이지로 처리될 수 있는 이차적인 문제일 경우에는 적어도 기발한 것이라고 할 수 있을 것이다. 그렇지만 이 방법을 작업 방법으로 채택해서 책 전체를 통해 적용한다면, 그것은 자칫 농담처럼 되어버릴 것이다.

우리는 이 책에서 두려워하지 않고 여러 관점들을 강조하거나 모순들을 지적했다. 그러나 초기 저자들의 정신상태와 의도를 나타내는 발전 경향을 밝히기 위해 그것들을 연대순으로 분류하려고 애썼다. 이 방법 덕택으로, 예를 들면 두 번의 첫 불교 결집에 관한 전승이 시간이 경과함에 따라 매우 다른 목적으로 어떻게 이용될 수 있었는가를 우리는 보게 될 것이다(본서 1권, p. 263-276).

불교에 끼친 외국의 영향에 관한 문제에 대해서, 우리는 대단히 신중한 태도를 취했다. 자발적으로 모든 존재들에게 자신을 개방한 불교는 보편적인 종교라는 명칭을 정당하게 주장할 수 있다. 그리고 시간이 경과함에 따라 불교는 아시아 대륙의 가장 넓은 부분을 정복했다. 그렇지만 그 역사의 첫 몇 세기 동안에는, 불교는 인도적(印度的)인 한 현상이었을 뿐이었다. 퓌스뗄 드 꿀랑주(Fustel de Coulanges)가 말한 것처럼, "그리스에서는 그리스인들 이외에, 로마에서는 로마인들 이외에 다른 스승들을 가지지 않은 것"은 사실이다. 그렇지만 불교 전도사들은 그들이 인도인이라는 이유 때문에 야바나인(Yavana)들과 함께 그리스인이 되고, 샤까족(Śaka)과 함께 스키타이인(Scythes)이 되고, 중국인들과 함께 도교(道教) 신도가 되는 데 전혀 어려움이 없었다.

많은 사람들이 조언과 격려를 해 주었다. 또 한 번 프랑스로부터 가장 효과적인 도움을 받았다. 에꼴 데 오뜨 에뛰드(École des Hautes Études, 高等研究院)의 마르셀 랄루(Marcelle Lalou) 연구부장과 프랑스 학사원(學士院) 회원이고 꼴레주 드 프랑스(Collège de France) 교수인 뽈 드미에빌(Paul Demiéville)씨는 교정쇄(校正刷)를 꼼꼼하게 읽고 꼭 필요한 수정과 유익한 개선점들을 말해 주었다. 역시 프랑스 학사원 회원이고 소르본 대학교 교수인 루이 르누(Louis Renou)씨는 불교 언어들에 관한 부분을 세심하게 검토해 주었다. 기메 박물관(Musée Guimet)은 이 책에 삽화를 넣기 위해 사용한 도판(圖版)들을 제공해 주었고, 이 박물관의 자닌 오부와예(Jeaninne Auboyer) 관장은 친절하게도 개인적으로 소장하고 있던 사진들을 기꺼이 사용하도록 허락해 주었다. 필자는 이들 모든 동료들과 벗들에게 감사를 드린다. 아울러 작고하신 스승들, 특히 루이 드 라 발레 뿌생(Louis de La Vallée-Poussin), 실벵 레비(Sylvain Lévi), 알프레드 푸쉐(Alfred Foucher) 교수님들께 감사 드린다. 필자는 이 분들께 많은 빚을 졌다.

판권을 가지고 있던 몇몇 사진들을 필자가 사용하도록 해준 벨기에(Belgium) 왕립 예술 아카데미(Royal Academy of Arts), 인디아 오피스 도서관(India Office Library), 죤 머레사(John Murray 社)에도 역시 감사 드린다.

벨기에 대학 재단(Fondation Universitaire)과 이 재단의 총재인 장 윌렘스(Jean Willems)씨는 이 책을 위해 후한 보조금을 지급해 주면서 계속해서 호의를 보여 주었다.

머리말 5

제3장 샤까 – 빠흘라바 시대

이 시대의 특징 · 27

I. 역사적인 사실들

1. 샤까 – 빠흘라바족

스키타이의 세계 · 34 | 중앙아시아의 월지족과 샤까족 · 38 | 샤까족의 파르티아 침입 · 41 | 샤까족과 빠흘라바족의 인도정복 · 46 | 마우에스 · 46 | 마우에스의 계승자들 · 52 | 보노네스 · 55 | 슈팔리리세스 · 56 | 아제스 1세 · 57 | 아질리세스와 아제스 2세 · 60 | 곤도파레스 · 63 | 곤도파레스와 성 도마 · 69 | 딱실라의 왕과 티아나의 아폴로니우스 · 78 | 파코레스 · 83

2. 초기 샤따바하나 왕조

샤따바하나의 안드라족 · 86 | 샤따바하나 왕조의 첫 3왕 · 92 | 샤따바하나 정권의 일시적인 실추 · 97

3. 깔링가의 쩨디왕조 101

4. 기원전 20년에서 기원후 75년까지의 스리랑카

왕들의 계승 · 105 | 다하쭐리 마하띳사 · 106 | 쪼라나가 마하나가 · 106 | 아눌라 · 107 | 꾸따깐나띳사 · 107 | 바띠까바야 · 108 | 마하다티까 마하나가 · 109

II. 샤까 – 빠흘라바족과 불교

샤까족의 특징 · 111 | 샤까족의 잔혹성 · 113 | 샤까족의 그리스화 · 115 | 샤까족과 불교 · 118 | 빠흘라바 왕조 · 120 | 새로운 형식의 포교 · 125

III. 석굴건축의 시작

비하르 지방의 아지비까 석굴 · 136 | 오릿사의 자이나교 석굴 · 137 | 불교 석굴 · 138 | 바자 · 143 | 꼰다네 · 147 | 삐딸코라 · 147 | 아잔따의 초기석굴 · 148

| 준나르 · 149 | 벳사 · 152 | 나식 · 153 | 까를리 · 161 | 깐헤리 · 167

제6장 부파불교

I. 부파의 기원과 분포

부파의 기원과 특성 · 173 | 부파의 지리적 분포 · 184 | 부파의 계보 · 196 | 1. 2군목록 · 198 | 상좌부의 목록 · 198 | 바수미뜨라의 목록 · 199 | 사리불문경의 목록 · 203 | 빨리어 목록 · 204 | 문수사리문경의 목록 · 208 | 바뱌의 제1목록 · 208 | 정 량부의 목록 · 210 | 2. 3군목록 · 210 | 대중부의 목록 · 211 | 바뱌의 제2목록 · 212 | 3. 5군목록 · 212 | 5부파 · 212 | 승우의 목록 · 214 | 4. 4군목록 · 215 | 법장부의 소멸 · 215 | 현장의 4군목록 · 217 | 의정의 4군목록 · 223 | 비니따데바의 설일체유부 목록 · 225 | 2 쁘릿차의 목록 · 227 | 5. 전거가 의심스러운 전승 · 228 | 6. 결론 · 229

II. 부파의 업적

1. 불교언어의 형성

① 언어사용에 관한 전통 · 234 | 붓다의 언어 · 234 | 불교도에 의한 방언채택 · 239 | 삼장언어에 관한 상좌부 견해 · 246 | ② 불교의 언어 · 250 | 마가다어로 된 불교문헌의 흔적 · 252 | 빨리어 · 258 | 서북지방의 쁘라그리뜨어 · 268 | 기원전 1세기말의 불교언어 · 275 | 혼합산스끄리뜨어 · 278 | 불교 산스끄리뜨어 · 297 | 초기 대승경전 · 303 | 산스끄리뜨어 성전 · 304 | 산스끄리뜨어 외전문학 · 310

2. 아비다르마의 발달

법의 분류 · 317 | 법의 성질 · 328 | 인과의 성질 · 335 | 무아와 상속 · 337 | 무위와 열반 · 344 | 도(mārga) · 347 | 자량도 · 349 | 가행도 · 351 | 견도 · 351 | 수도 · 354 | 무학도 · 356

3. 재가신도들의 소망에 대한 양보 수용

재가신도계층의 영향 · 361 | 설일체유부와 대중부의 불교학 · 364 | 보디삿뜨바의 특성과 경력 · 370 | 제 6도 · 377 | 보시의 가치와 예배의 합법성 · 379

제7장 불교라는 종교

I. 정법이 통과한 단계

샤꺄무니의 활동 · 395 | 마가다시대 · 398 | 아쇼까 · 399 | 스리랑카의 귀의 · 400 | 인도대륙의 귀의 · 401

II. 신격화된 붓다

천중 천 · 404 | 붓다 전설의 연속적인 단계 · 412 | 1. 초기 경전에 삽입된 전기의 단편들 · 412 | 2. 율장에 삽입된 전기의 단편들 · 419 | 3. 독립적이지만 불완전한 전기들 · 421 | 4. 붓다의 완전한 전기들 · 424 | 5. 스리랑카에서 편찬된 문헌들 · 432 | 붓다전설의 발달 원인들 · 436 | 1. 세부적인 부분에 대한 해명 · 436 | 2. 성지들의 영향 · 441 | 3. 종교화의 영향 · 442 | 4. 외부자료의 차용 · 446 | 5. 붓다의 장거리 여행 · 466 | 6. 샤꺄족의 계보 · 470 | 전생의 보디삿뜨바 · 473

III. 불교의 이차적인 형태

3계의 신들 · 478 | 민간신앙의 신들 · 482 | 불교의 성자들 · 487 | 불교의 구세주 마이뜨레야 · 503 | 1. 바바리의 제자, 아지따와 마이뜨레야 · 504 | 2. 수기받은 마이뜨레야 · 507 | 3. 미래의 전륜왕 아지따와 미래의 붓다 마이뜨레야 · 511 | 4. 아지따라고 불리는 마이뜨레야 · 517

보유 아쇼까의 새로운 법칙들과 두 가지 언어로 된 깐다하르비문

약어표 | 참고문헌 | 역자후기 | 지도 | 찾아보기

【인도불교사1】

머리말 5

제1장 붓다 시대의 인도

I. 역사적-지리적 자료

베다 이전 · 27 | 기원전 6세기의 16대국 · 38 | 도로 · 41 | 공화국 · 42 | 4대 왕국 · 43

II. 붓다 샤꺄무니의 연대와 생애

붓다의 연대 · 48 | 샤꺄무니의 생애 · 52

III. 초기불교 교리

법과 붓다 · 69 | 바라나시의 설법 · 73 | 고성제 · 75 | 집성제 · 83 | 멸성제 · 95 | 도성제 · 99 | 불교 윤리 · 108 | 중도와 수의설법 · 111

IV. 불교교단

1. 출가교단

4부 상가 · 118 | 비구의 의무 · 120 | 징계갈마 · 122 | 출가와 수계 · 122 | 비구의 용구와 생활 · 126 | 비구의 이상 · 130 | 권위의 부재 · 134

2. 재가신도회

재가신도의 중요성 · 138 | 신도회의 설립 · 139 | 재가신도의 이상과 공덕 · 141 | 신도 교육 · 154 | 출가자와 재가자 상호간의 권리 · 161

제2장 마가다 시대

이 시대의 특징 · 173

I. 역사적인 사실

1. 마가다, 기원전 546년에서 324년까지
마가다 왕조 · 178 | 하리양까 왕조 · 185 | 시슈나가 왕조 · 191 | 9난다 · 195

2. 인도 북부
간다라 국왕 뿍꾸사띠 · 202 | 아케메네스 왕조 지배하의 서북인도 · 204 | 다리우스 3세 코도만 통치하의 인도 국가들 · 210 | 인도에서 알렉산더 · 218 | 알렉산더 후계자들 통치하의 인도 · 226

3. 기원전 486년에서 250년까지의 스리랑카
스리랑카 연대기 · 236 | 스리랑카 고대 주민들 · 240 | 스리랑카 최초의 5왕 · 245 | 붓다의 스리랑카 방문 · 246

II. 불교의 전설과 전승

1. 라자그리하와 바이샬리의 결집
연대 · 248 | 사건들의 이야기 · 249 | 결집 전승의 비판 · 255 | 결론 · 276

2. 성전의 성립
1) 성전의 7가지 분류
붓다고사의 증언 · 279 | 한 가지 맛 · 280 | 법과 율 · 281 | 첫 말씀 등등 · 281 | 5집록 · 282 | 9분교 · 283 | 12분교 · 286 | 분교와 3장의 관계 · 290 | 8,4000법장 · 291
2) 3장
① 총설 · 294 | 3장의 내용과 배열 · 296 | ② 경장 · 300 | 첫 4부 빨리어 니까야 · 301 | 4아함 · 302 | 아함의 분류 · 305 | 니까야와 아함의 비교 · 306 | 빨리어본 쿳다까니까야 · 308 | 산스끄리뜨어본 끄슈드라까 · 314 | 게송 · 317 | 수뜨라의 정전 자격 · 321 | ③ 율장 · 325 | 율장의 기초 · 325 | 율장의 구조 · 327 | 6개 율장의 분석 · 331 | 율장에 관한 옛 전승 · 338 | 율장 성립에 대한 가설 · 347 | ④ 논장 · 353 | 논장 편찬에 관한 전승 · 354 | 논장 없는 부파들 · 356 | 현존하는 논장들의 분석 · 357 | 결론 · 375

3. 정법의 소멸

1) 소멸 연대들 378

500년 · 378 | 1,000년 · 381 | 1,500년 · 383 | 2,000년 · 384 | 2,500년 · 384 | 3,000년 · 385 | 5,000년 · 385 | 11,500 또는 12,000년 · 388

2) 소멸 상황 388

4. 장로들의 계승

율상수들 · 399 | 논사들 · 403 | 법사들 · 404

제3장 마우리야 시대

이 시대의 특징 · 419

I. 역사적인 사실

1. 마우리야 제국

1) 왕들의 계승 424

2) 짠드라굽따 428

출생 · 428 | 청년시절 · 429 | 왕좌의 정복 · 430 | 인도 정복 · 431 | 셀레우쿠스 1세와의 전쟁 · 433 | 외국 대사들 · 433 | 짠드라굽따의 죽음 · 435

3) 빈두사라 437

4) 아소까 439

① 법칙 · 440

법칙의 공포 · 440 | 제국의 넓이 · 443 | 중요한 통치 연대들 · 444 | 아소까 다르마 · 447 | 아소까의 불교 비문 · 457

② 아소까바다나 · 461

흙 공양과 아소까의 출생 · 466 | 아소까 왕의 아바다나 · 472 | 아소까 동생의 아바다나 · 477 | 꾸날라의 아바다나 · 480 | 반 조각 아말라까 아바다나 · 482 | 아소까가 준 상 아바다나 · 484

③ 아소까에 관한 스리랑카 연대기 · 484

④ 법칙과 불교 자료의 비교 · 492

⑤ 아소까와 까슈미르 · 496

⑥ 아소까와 네팔 · 498

⑦ 아쇼까와 코탄 · 499
5) 마우리야 왕조의 마지막 왕들 503

2. 박트리아의 그리스 왕국
기원전 325년에서 250년까지의 박트리아 · 506 | 박트리아왕 디오도투스 1세 · 509 | 디오도투스 2세 · 511 | 마그네시아의 유티데무스 · 512

3. 기원전 250년에서 200년까지 스리랑카
데바남삐야띳사 · 517 | 웃띠야 · 526

II. 불교의 전설과 전승

1. 빠딸리뿌뜨라의 제3결집
전승에 대한 설명 · 529 | 전승에 대한 평가 · 531

2. 마하데바의 이단
1) 5사의 내용 533
2) 마하데바, 5사의 창시자 535
바수미뜨라의 설명 · 535 | 비바사의 설명 · 539 | 비바사에서 영감을 받은 대승불교 저술가들 · 541 | 정량부의 전승 · 546 | 바뱌에게 스승들이 제공한 정보 · 548
3) 제2 마하데바 아래서 이단의 계속 549
4) 빨리어 자료에 나오는 마하데바들 552
5) 전승의 불확실성 553

3. 대중부의 분열
불멸후 1년에 있은 분열 · 555 | 불멸후 100년에 있은 분열 · 557 | 불멸후 137년에 있은 분열 · 558 | 불멸후 100년 또는 116년에 있은 분열 · 558 | 불멸후 160년에 있은 분열 · 559 | 불멸후 236년에 있은 분열 · 559

4. 결론 561

III. 인도불교의 확장

1. 스리랑카 연대기
연대기 자료들 · 566 | 전승에 대한 비판 · 573 | 목갈리뿟따띳사의 주도 · 573 | 전도지역들 · 578 | 전도사들 · 584 | 전도설법의 주제 · 590 | 출가자와 귀의자의 수 · 596 | 아반띠의 마힌다 · 597 | 결론 · 598

2. 고고학
스뚜빠, 짜이뗘, 비하라 · 599 | 고고학적 탐사 · 604 | 갠지스 강 중류지역 · 606 | 까우샴비 · 621 | 아반띠와 서해안 · 625 | 마투라 · 638 | 인도의 서북지방 · 641 | 중인도, 즉 바라문 중국 · 650 | 동해안과 안드라데샤 · 656

제4장 슝가왕조와 야바나왕조 시대

이 시대의 특징 677

I. 역사적인 사실들

1. 슝가왕조와 깐바왕조
왕들의 계승 · 682 | 뿌샤미뜨라 · 683 | 뿌샤미뜨라의 계승자들 · 689 | 슝가왕조의 봉신들 · 690 | 깐바왕조 · 694

2. 기원전 200년에서 20년까지의 스리랑카
왕들의 계승 · 695 | 5왕시대 · 697 | 쫄라 엘라라 · 697 | 둣타가마니 아바야 · 698 | 밧따가마니를 포함한 10왕 시대 · 704

3. 박트리아인과 그리스계 인도인들
1. 박트리아의 그리스왕국 · 718 | 유티데무스 통치의 끝 · 719 | 데메트리우스 · 720
2. 동그리스왕국: 아폴로도투스 1세 · 729 | 메난더 · 730 | 스트라토 1세와 후계자들 · 734
3. 서그리스왕국: 유크라티데스 · 737 | 헬리오클레스 · 741 | 리시아스 · 744 | 안티알키다스 · 744 | 아르케비우스 · 747

II. 슝가왕조의 불교

1. 뿌샤미뜨라의 박해 · 749

2. 비슈누교의 위험 · 761

3. 슝가시대의 대승운동들 · 772

4. 중인도의 고대 조각파
중심지들 · 777 | 고대조각 · 783 | 명문들 · 802 | 바르후뜨와 산찌의 기진자들 · 806

III. 슝가 시대의 그리스문화와 불교

1. 그리스인들에게 끼친 불교의 영향
그리스인들이 조상전래의 신들에게 바친 충심 · 811 | 메난더의 불교귀의 · 818

2. 불교에 끼친 그리스의 영향
종교적 · 물질적 영향 · 830 | 고대의 기도 · 836 | 불상 · 346 | 전설의 전파 · 855

찾아보기

Histoire du Buddhisme Indien

제5장 샤까-빠흘라바 시대

이 시대의 특징 대략 기원전 100년에서 기원후 75년에 이르는 기간 동안, 인도 서북지역에는 스키토-파르티아(Scytho-Parthia, Śaka-Pahlava) 왕조가, 그리고 깔링가(Kaliṅga)와 북 데칸 지역에는 각각 쩨디(Cedi) 왕조와 최초의 샤따바하나(Śātavāhana) 왕조가, 마지막으로, 스리랑카에는 "십일왕(十一王)" 군(群)이 잇따라 출현했다. 인도역사상 가장 불분명한 시대 중의 하나인 이 시대에 관한 참고자료는 적고 단편적인데다 자주 상반된다. 이 자료들에는 인도문학서와 특히 자이나교 문헌들 가운데 산재해 있는 간결한 정보들과 브라흐미 문자와 카로슈티 문자로 되어 있는 몇몇 비명들—이 비명들은 확실하게 해독되지 않았을 뿐 아니라, 대부분 연대 미상이다—그리고 가장 분명치 않은 군주들이 주조한 지나치게 많은 수의 화폐들이 포함되어 있다. 그래서 통치 순서와 그 연대들은 여전히 논쟁거리로 남아 있다. 가장 최근에 나온 출판물들—새로 나온 것이라고 해서 항상 그 이전 것보다 발전된 것은 아니다—은 랩슨(E. J. Rapson), 타안(W. W. Tarn), 푸쉐, 존 마샬이 문제의 이 시대를 위해 이루어 놓은 뛰어난 연구와는 종종 그 주장이 다르다. 독자들의 편리를 위해 이 장(章)에서 채택한 연대 체계를 요약하면 다음과 같다.

1. 앞 장에서 우리는 인도 서북지역이 아케메네스 왕조의 페르시아(기원전 559-328년)와 마케도니아의 군인들(기원전 327-312년)과 셀레우쿠스 1세(기원전 312-306년)의 지배를 차례로 받다가 기원전 305년에 모국에 복귀한 것을 보았다. 100년 이상(기원전 305-190년) 이 지역은 마우리야 제국의 궤도 주위를 맴돌았다. 마우리야 제국은 박트리아의 그리스계 왕들이 무력으로 인도 서북지역을 점령해서 그들의 땅 위에 그리스계 인도 왕국들을 세웠을 때까지는—그들의 마지막 왕국은 기원전 30년경까지 계속되었다—아직 붕괴되지 않았다.

야바나(그리스인)들이 점진적으로 제거됨으로서 인도 서북지역이 자유를 되찾은 것은 아니었다. 그리스의 지배를 샤까-빠흘라바족(Śaka-Phahlava)이 계승했다. 그들이 인도에 출현한 것은 기원전 110년경이었는데, 그들은 대략 기원후 60년까지 서북지역에 남아 있었다.

기원전 174년에서 129년 사이에 중앙아시아 민족들, 특히 월지(月支, Yüeh-chich)족은 오랜 기간 동요하고 있었다. 그들이 전진함에 따라, 〔카스피아해와 약사르테스(Jaxartes)〕 동쪽의 스키타이족은 〔서쪽으로 이동하면서〕 박트리아를 그리스 왕 헬리오클레스(Heliocles, 기원전 140년)로부터 빼앗았다. 그들은 남쪽으로 행진을 계속해서 아르삭세스 왕조의 파르티아(Parthia) 왕국과 충돌했다(기원전 128년-120년). 그들은 파르티아를 파괴한 뒤 헬만드(Helmand) 강 유역의 페르시아 지방, 드란기아나(Drangiana)를 집단적으로 점령했다. 이렇게 해서 그들은 그 지방을 "스키타이 나라"(Śakasthāna, Sijistān, Seisān)로 바꾸어 버린 그들의 동족 사카 하우마바르가(Saka Haumavarga, Amurgioi Scythian)족을 엄청나게 증강시켰다.

샤까족은 파르티아 왕 미트리다테스(Mithridates) 2세의 수렌(Suren, 총사령관)에 의해 그 지방에서 쫓겨나서 동쪽으로 갔다 그들은 아라코시아(Arachosia)와 게드로시아(Gedrosia)를 경유해서 신드(Sind)에까지 퍼졌다. 이렇게 해서 기원전 110년경—이것은 의심스러운 연대이다—에 고대 파탈레네(Patalene)는 인도-스키타이족의 발상지로 되었는데, 그곳에서 스키타이족은 인도 정복에 착수했다.

기원전 90년에서 80년 사이에 마우에스의 샤까족은 간다라(Puṣkarāvatī)와 서쪽 펀잡(Taxila)을 점령했다. 이 침입은 서(西)그리스 왕국의 종말을 의미했다. 동시에 몇 명의 스키타이 태수(太守)들이 인더스 강 상류의 츄크사(Chukhsa) 지방과 야무나 강 유역의 마투라에 정착했다.

기원전 58년 조금 전에 스키타이의 사히(Sāhi)족은 수라슈뜨라(Surāṣṭra, Kāthiāwār Gujarāt)에 널리 분산되었고, 아반띠(Ujjayni의 수도 Mālwā)에 이르렀다. 기원전 58년에 말와(Mālwā)의 왕이고, 아마도 계칸의 샤따바하나 왕조의 봉신(封臣)이었을 비끄라마디따(Vikramāditya)가 웃자이니에서 그들을 몰아내었다. 이 승리는 "비끄라마 기원(紀元)"이라는 유명한 인도 기원의 출발점이 되었다.

135년 뒤, 샤까 기원의 출발점인 서력 기원후 78년에 샤까족의 반격으로 인해 서인도와 중인도에 두 개의 스키타이 왕국이 세워졌다 : 1) 끄샤하라따(Kṣaharāta) 왕조 태수들의 왕국. 이 왕국은 기원후 124년에 샤따바하나의 왕조, 가우따미뿌뜨라 샤따까르니(Gautamīputra Śātakarṇi)에 의해 전복되어버린다; 2) 웃자이니의 대태수들의 왕국. 이 왕국은 기원후 4세기말까지 지속되다가 인도황제 짠드라굽따 2세의 기습공격을 받아 붕괴되어버린다.

기원전 38년에서 30년 사이에 샤까 아제스(Śaka Azes) 1세는 젤럼 강 동쪽에서 동그리스 왕국의 최후의 속령들을 정복했고, 서쪽의 까삐샤에서 그리스 왕 헤르마에우스(Hermaeus)의 유산을 인수했다.

기원후 1세기 초에 아르삭세스 왕조(Arsacid)의 파르티아족은 로마인들과 휴전조약을 체결하고 나서, 인도의 샤까족에게 그들의 권위를 강요할 수 있었다. 기원후 19년 경에 파르티아 왕 아르타반(Artaban) 3세의 수렌(Suren, 총사령관)으로 임명된 빠흘라바족 출신 곤도파레스(Gondophares)는 기원후 25년경에 인도-스키타이족에게 공격을 개시해 재빨리 샤까족의 속령(屬領)들을 대부분 정복했다. 이 시대의 왕들 가운데서 오직 곤도파레스만이 고전학(古錢學)과 금석학이라는 안개속에서 벗어나 문헌 속에 이름을 남겼다. 기독교와 이교의 전설은 그를 성(聖) 도마 사도와 티아나(Tyana)의 신플라톤학파 출신의 현자 아폴로니우스(Apollonius)와 결부시켜 생각한다. 그러나 이것은 후기에 만들어진 진위를 알 수 없는 전승이다.

기원후 60년경 곤도파레스의 후계자인 파코레스(Pacores)의 통치 말에, 인도 서북지방은 박트리아에서 온 꾸샤나 왕들의 수중에 들어갔다.

2. 이 사건들이 서쪽에서 전개되고 있는 동안, 기원전 40년 또는 30년경에 슝가-깐바(Śuṅga-Kāṇva) 왕조의 인도왕국 붕괴와 더불어 인도 대륙에 드 개의 새로운 강대국인 북쪽 데칸의 샤따바하나 왕조와 깔링가의 쩨디(Cedi) 왕조가 형성되었다.

기원전 60년에서 17년 사이에 통치했던 3명의 첫 샤따바하나 왕들은 깐바 왕조와 샤까 왕조와의 전쟁에서 승리함으로서 쁘라띠슈타나(Pratiṣṭhāna) 근방에 데칸 제국을 세웠다. 이 제국의 세력은 동(東) 말와(Mālwā)에서 마하라슈뜨라(Mahārāṣṭra)를 거쳐 아우란가바드(Aurangābād, Hyderābād) 지역에까지 미쳤다. 깔링가의 쩨디 왕조는 카라벨라(Khāravela, 기원전 28-17년) 왕의 통치하에서 일시적인 성공을 거두었다.

3. 기원전 20년에서 기원후 75년 사이에 스리랑카의 왕좌를 차지하고 있었던 유명한 밧따가마니 왕의 후계자들은 모두 11명이었다. 그 가운데 몇 사람은 잔인성(Coranāga 왕)과 방탕(Anulā 왕)으로, 반대로 몇 사람은 불교에 대한 신앙심과 자선(慈善)(Bhātikābhaya 왕과 Mahādāthika 왕)으로 유명했다.

*

*　　*

스키타이 유목민 무리가 인도에 밀려들어 왔을 때 일반적으로 인도인들, 특히 불교도들은 공포와 놀라움으로 질렸지만 실제로는 불평할 일이 그렇게 많지 않았다. 잔인함과 파괴는 단지 그들이 이 유목민들을 처음 만났을 때에만 나타났다. 샤까족은 파르티아에 오랫동안 머물면서 교화되었고, 그들 역시 헬레니즘〔그리스문화〕에 약간 물들었기 때문에 야바나들이 인도 서북지방에서 실시했던 정책을 계속실시했고 이미 확립된 제도와 관습을 자신들의 것으로 다시 취했다. 그들은 이란(Iran)의 신앙을 고수하면서 불교도들에게 호의를 보였다. 추크사(Chukhsa)의 스키타이 태수들은 마투라의 태수들처럼 설일체유부와 대중부 사원에, 군주로서 시주한 상가 시주자 명단에 그 이름들이 나오고 있다. 빠흘라바족으로 말하면, 그들은 자신들의 국경 안에서는 그렇지 않았다고 해도 적어도 국경 바깥에서는 종교에 대해 매우 관용적이었던 것으로 유명했다. 만약 곤도파레스 왕이 종파심이나 정신적인 편협성을 나타내었다면, 그가 어떻게 그렇게 쉽게 기독교와 이교(異教)의 전설속으로 들어갈 수 있었겠는가.

그럼에도 불구하고 이 투박하고 피상적으로 그리스화된 사람들의 정신에 영향을 미치기 위해 불교의 설법(說法)은 방법을 바꾸고 장황하고 학술적인 수뜨라들을 좀더 소박한 교리문답으로 바꾸어야 했다. 이를테면 신비적인 힘을 가지고 있을 뿐 아니라 일목요연하게 교리의 정수(精粹)를 표현하는 짧은 게송들이나, 기본적인 교리들을 쉽게 기억할 수 있는 알파벳순의(교리) 목록들을 작성했다. 약간 유치한 이와 같은 방법들은 전도사들의 유연성과 재치를 나타낸 것이 틀림없지만 교리의 전파에 어떤 특별한 발전 흔적을 남기지는 않았다. 그러나 곧 불교 교리는 중국인들에게 장황하고 자세하게 설명될 수 있게 되었고, 그들은 번역을 통해 방대한 불교 문헌에 접근하게 되었다.

다른 분야에서 우리의 관심을 끄는 시대가 있는데, 이것은 사람들이 오랫동안 믿어왔던 것처럼 기원전 2세기가 아니고 기원 초 무렵으로서 이 시대에 불교도들은 땅 사정이 허용되는 곳이라면 어디서든지—특히 서(西) 가츠 산맥(Ghats)—자연 암석에 짜이땨그리하(caityagṛha, 塔院窟, 石窟寺院)와 비하라(vihāra, 僧院窟)를 파는 습관을 가지게 되었다. 그러므로 오랜 세월동안 계속해서 행해질 이 암석건축의 초기 작품들을 여기에서 검토해보는 것은 바람직한 일이다.

Ⅰ. 역사적인 사실들

1. 샤까-빠흘라바족(Śaka-Pahlava)[1]

스키타이(Scythia)의 세계 인도 서북지방에서 그리스 점령에 종지부를 찍은 것은 인도인들이 아니라 중앙아시아에서 온 미개 유목

1 스키타이족 일반에 관해서는 다음 책들을 볼 것. E. H. Minns, *Scythians and Greeks*, Cambridge, 1913 ; M. Rostovtzeff, *Iranians and Greeks in South Russia*, Oxford, 1922 ; *Skythen und der Bosporus*, I, Berlin, 1931 ; E. Herzfeld, *Sakastān*, Arch. Mitt, aus Iran, IV, Berlin, 1932 ; R. Grousset, *L'empire des steppes*, Paris, 1939 ; W. M Mac Govern, *The early Empires of Central Asia*, Chapel Hill, 1939. 종교와 관습에 관해서는 다음책들을 볼 것. E. Benveniste, *Traditions iraniennes sur les classes sociales*, JA, 1938, p. 529-549 ; *Les Mages dans l'Ancien Iran*, Publ. de la Société des Études iraniennes, 15, Paris, 1938 ; J. Przyluski, *Nouveaux aspects de l'histoire des Scythes*, RUB, 1937, 3-4, p. 1-30. *Les Mages et les Médes*, RHR, CXXII, 1940, p. 85-101 ; *Le culte de l'étendard chez les Scythes et dans l'Inde*, Zalmoxis, I, 1938, p. 13-19.
파르티아족에 관해서는 다음 책들을 참고 할 것: M. Rostovtzeff의 *Cambridge Ancient History*, XI, ch. 3 ; W. W. *Tarn*, 같은 책, X, ch. 14(참고서 목록과 함께) ; N. C. Debevoise, *A Political History of Parthia*, Chicago, 1939 ; C. Huart와 L. Delaporte, *L'Iran Antique*, Paris, 1943, p. 319-340 ; R. Ghirshman, *L'Iran des origines à l'Islam*, Paris, 1951, p. 216-258.

민들이었다.

기원전 2세기 중에 활동을 개시한 유목민족들 가운데 첫 자리를 차지한 것은 월지(月支)족과 샤까족이었다.

월지족은 민속학적인 관점에서 아직 확실하게 확인되지 않고 있지만, 샤까족은 인도-유럽어족의 이란인종으로서, 기원전 8세기부터 역사적으로 알려졌다. 헤로도투스는 그의 '역사'(歷史, IV, 1-144)에서 이 민족에 대해 길게 기술하고 있다. 그리스인들은 그들을 스키타이(Scythian)족, 이란인들은 사카(Saka)족, 인도인들은 샤까(Śaka)족이라고 불렀다. 인도인들은 그들을 빠흘라바(Pahlava, Parthian)족과 밀접한 관계가 있다고 보았다.

인도의 스키타이-파르티아 시대에 대해서는, E. J. Rapson이 *Scythian and Parthian Invaders*(*Cambridge History of India*, I, p. 563-592)에서 매우 잘 기술하고 있다. L. de La Vallée Poussin은 *L'Inde aux temps des Mauryas*…(p. 275)에서 "모든 것은 Rapson의 (연대적인) 체계에 부합한다"라고 썼다. 이 (연대) 체계에 관해서는 다음 저술들에서 몇 가지 상세한 데이타와 가설들을 볼 수 있다. W. W. Tarn의 *Greeks in Bactria and India*, 제2판, Cambridge, 1951, VII-VIII장; A. Foucher, *La vieille route de l'Inde*, II, Paris, 1947, p. 220-222; John Marshall, *Taxila*, I, 1951 p. 44-66.

좀더 최근의 저작들은 랩슨의 연대체계를 피하는 경향이 있다. J. E. van Lohuizen-De Leeuw(*The "Scythian" Period*, Leiden, 1949)에 의하면 웃자이니와 마투라의 샤까족은 기원전 1세기 초로 거슬러 올라가고, 같은 세기의 후반에 인도-파르티아족을 통치했다(Maues, 기원전 60년에서 50년; Azes, 기원전 50년에서 30년; Gondophernes, 기원전 30년에서 15년). S. Chattopadhyaya는 *The Sakas in India*(Viśvabhāratī Annals, VII, Santiniketan, 1955)에서, 마우에스의 즉위를 기원전 32년경으로 설정하고, 기원후 20년까지 통치한 것으로 보고 있다. *History and Culture of the Indian People*, II, *The Age of Imperial Unity*(Bombay, 1951, p. 127)에서, D. C. Sircar는 다음과 같은 연대를 제안한다: Maues, 기원전 20년-기원후 22년; Azes 1세, 기원전 5년-기원후 30년; Azilises, 기원후 28년-40년; Azes 2세, 기원후 35년-79년.

샤까족과 빠흘라바족의 언어에 관해서는 아래에서 볼 것.

스키타이족은 뿌리깊은 유목민으로서 여러 부족으로 분산되었다. 각 부족은 자신들의 왕과 하위의 수령(首領)들을 가지고 있었다. 수령들은 사후에 말〔馬〕과 시종들과 함께 넓은 무덤(kurgan)에 매장되었다. 스키타이 군대들은 말을 타고, "초토(焦土)" 전술에 익숙한 사수(射手)들로 구성되어 있었다. 스키타이족은 경작을 하지 않고 단지 약탈에 노출되어 있던 정착 민족의 수확물을 노략질해서 살았다. 그들은 흑해 지방에서 폰투스(Pontus) 산맥의 그리스인들에게 먹고 남은 양식을 팔고, 그 대신 도자기와 금속 식기(食器)들을 입수했다. 스키타이인들의 무덤으로부터 (우랄 산맥의 광산에서 캐낸) 금으로 만든 장식품들이 많이 나왔는데, 그것들은 탁월한 예술적인 표현기법으로 수렵 장면을 묘사했고, 특히 동물 주제들을 즐겨 사용했다는 것을 나타내고 있다.

나크시 루스탐(Naqš-i-Rustam)에 있는 다리우스 왕 비문(Kent, p. 137)은 3그룹의 사카족을 기록하고 있다.

a. 사카 티그라카우다(Saka Tigrakhauda) "뾰죽한 모자를 쓴 사람들." 이들은 강력한 마사게타에(Massagetae)족, 사카라우카에(Sacaraucae)족, 다하에(Dahae)족들을 포함했는데, 카스피해와 약사르테스(Jaxartes) 사이에 펼쳐진 지역에 분산되어 있었다. 이들은 헤로도투스가 언급한 Σάχαι(사카이), 즉 스키타이족으로서, 이웃 박트리아인들과 함께 페르시아 왕 크세르크세스(Xerxes) 군대에서 복무했다. 헤로도투스는 "그들은 머리에 끝이 뾰족하고, 똑바르고, 딱딱한 모자를 썼다"고 기술했다.

b. 사카 하우마바르가(Saka Haumavarga). 그들은 헤로도투스가 말한(VII, 64) 'Σὰχαι 'Αμυργιοι(사카이 아미르기오이)족인

데, 틀림없이 페르시아 드란기아나(Drangiāna) 지방의 헬만드(Helmand) 계곡을 점유하고 있었을 것이다. 그후 이 지방은 "샤까족의 나라(Śakasthāna, Séistān)"라는 이름으로 불렸다.

c. 사카 파라드라야(Saka Paradraya), 즉 "해외의 스키타이족." 이들은 흑해의 북쪽, 러시아의 대초원(大草原)에 살았다.

기원전 7세기에 이 사카 파라드라야는 카르파티아(Carpathia) 산맥과 돈(Don) 강 사이에 위치한 지역과 동쪽으로는 돈 강과 드니에페르(Dnieper) 사이의 메마른 대초원을, 서쪽으로는 "검은 땅의 나라"의 비옥한 평원을 포함한 지역을 두루 돌아다녔다. 기원전 650년에서 620년 사이에 일군의 스키타이 침입자들은 북부 메소포타미아와 시리아를 정복했다. 한편 다른 한 무리는 카르파티아 산맥을 따라 다뉴브 강 중류까지 전진했다. 그러나 대부분의 스키타이 세력은 남부 러시아에 머물고 있었다. 바르 그 곳에서 그들은 기원전 512년경, 페르시아 왕 다리우스의 침략을 성공적으로 물리쳤고, 기원전 325년에 알렉산더의 장군 조피리온(Zopyrion)의 원정군을 괴멸시켰다. 그러나 300년 후에 그들은 켈트(Celt)족에 의해 발칸 반도와 중앙 유럽에서 쫓겨났다. 그들은 그후 수세기에 걸쳐 남부 러시아에서 사르마트(Sarmatian)족에 의해 밀려났다. 소수의 스키타이족은 크리미아와 루마니아[Dobruja]에서 피난처를 찾았다. 그러나 로마제국 치하에서 유럽의 스키타이족은 더 이상 어떠한 정치적인 역할도 하지 못했다.

아시아의 스키타이족의 역사도 똑같이 파란이 많았다. 약사르테스와 카스피해 연안의 샤까(Śaka)족은 중앙아시아의 다른 민족들에 이끌려 기원전 2세기 중에 파르티아 제국을 침입했다. 그러

나 미트리다테스(Mithridates) 2세 대왕에게 격파되었다. 그들의 일부는 세이스탄(Seistān)의 샤까족에게 가서 합류했지만, 그들과 함께 오랫동안 머물 수 없었다. 동쪽으로 내쫓긴 이 침략자들은 발루치스탄(Baluchistan: 파키스탄 서부 지역)을 거쳐 신드 강 하류 지방으로 가서 그곳을 점령했다. 이 지역은 그때부터 샤까드비빠(Śakadvipa)라는 이름을 가지게 되었다. 그들이 기원전 1세기 중에 서북 인도 정복에 착수했던 것은 바로 이 기지(基地)에서였다. 제1 진(陣)은 인더스 강을 거슬러 올라간 뒤, 서펀잡과 딱실라까지 진출했다. 제2 진은 남동쪽으로 가서 차례로 깟차(Kacchā, Cutch), 수라슈뜨라(Surāṣṭra, Kāthiawārと Gujarāt), 바루깟차(Barukaccha, Broach) 항구에 이르는 해안 지방을 점령했다. 그들은 거기에서 나라마다(Naramadā) 강을 건너 아반띠의 수도 웃자이니에 이르렀다.

지금부터는 차례로 중앙아시아의 월지족과 샤까족의 이동, 파르티아 제국의 침입, 인도의 정복에 대해 다루기로 하겠다.

중앙아시아의 월지족과 샤까족(기원전 174 – 129년) 우리는 이 민족의 이동에 대해서는 대부분 중국 역사서들, 즉 사마천(司馬遷, 기원전 80년경에 사망)의 사기(史記)와 반고(班固, 기원후 91년 또는 92년에 사망)가 쓰고 반소(班昭, 기원후 102년 뒤에 사망)가 완성한 전한서(前漢書)에 따른다.[2]

2 이 자료들은 A. Wylie가 연구했다: *Notes on the Western Regions*, Journal of the Anthropological Institute, X, 1881, p. 20(前漢書 96 (1)권과 61(1-6)권의 번역); XI, 1881 (전한서의 96 (2)권의 번역); P. Pelliot, *Tokharien et Koutchéen*,

기원전 2세기 초에 월지족은 서쪽 감숙성(甘肅省)에 위치한 "돈황(敦煌)과 기련산맥(祁連山脈) 사이"에 살았다. 이곳은 뒷날 그리스의 지리학자 프톨레미(VI, 16)가 타구로이족(Thaguroi), 타구론(Thaguron) 산, 토가라(Thogara) 시(市)를 언급하게 되는 곳이다. 그들은 가축 떼들과 함께 이곳 저곳으로 이동하는 유목민들로서 동쪽 몽고의 흉노(匈奴)족과 같은 풍습을 가지고 있었다. 월지족의 사수(射手)는 십만 또는 2십만이나 되었다. 처음에 그들은 강력했으므로 흉노족을 대수롭게 여기지 않았다. 그러나 묵특선우(冒頓單于, 기원전 209-174년)가 왕이 되자 그는 월지족을 공격하고 그들에게 도전했다. 그의 후계자인 흉노족 노상선우(老上單于, 기원전 174-160년)는 월지족의 왕까지도 죽여 그의 두개골로 술잔을 만들었다. 월지족의 한 작은 무리가 대집단에서 떨어져 나가 티베트 북동쪽 지방의 산맥, 리히트호펜 레인지(Richthofen Range, 南山山脈)로 갔다. 그곳에서 그들은 이후 "소월지(小月支)"라는 이름으로 중국 역사서에 알려지게 되었다. 대집단은 서쪽으로 이주해 마침내 박트리아에 도달했다. 그들을 "대월지"라 불렀다.

제1차 원정 중에(기원전 172-161년) 대월지족은 서쪽으로 진출해서 일리(Ili)와 페르가나(Ferghāna, 大宛) 중간에 위치한 이식쿨(Issik-kūl) 지방에 이르렀다. 그들은 오손(烏孫)족 나라를 빼

JA, 1934, p. 23-106; Haneda Tôru, *A propos des Ta Yue-tche et des Kouei-chouang*, Bull. de la Maison Franco-Japonaise, IV, 1933, p. 1-28; R. Grousset, *L'orientalisme et les études historiques*, Revue historique, Bulletin Critique, CLXXXI, 별책 I, Janv.-Mars, 1937.

앗고 난투미(Nan-tu-mi, 難兜靡) 왕을 죽였다. 그리고 나서 그들은 서쪽을 향해 계속해서 전진한 뒤 사이족(Sai, Śaka, 塞族)을 격퇴했다. 사이 왕(塞王, 샤까족의 왕)은 남쪽으로 달아나서 계빈(罽賓, Kapiśa)을 점령했다.

한편 유아 때부터 고아가 된 오손족 난토우미 왕의 아들은 기적적으로 늑대와 까마귀에 의해 양육되었는데, 흉노족의 왕에 의해 구제되었다. 쿤모(Kun-mo, 昆莫)라는 이름을 가지고 있었던 이 왕자는 장성한 뒤 월지족을 공격해 그들을 쳐부수었다.

기원전 133년에서 129년 사이에 있었던 제2차 원정 중에, "월지족은 멀리 달아나 페르가나에 들어갔다. 서쪽에서 그들은 대하족(大夏族, 박트리아 주민들)을 쳐서 굴복시켰다. 그리고 나서 그들은 왕정(王庭, 首都)을 옥서스〔嬀水〕 북쪽에 설치했다"(史記, 123권). 전한서(前漢書)에는 대월지국의 왕정은 감시성(監氏城, Marakanda, Samarkand이거나 또는 Balkh)에 있었다는 것과 대하족은 저항 없이 복종했다는 것을 추가하고 있다. "본래 대하인들은 대군장(大君長, 大首領)을 가지고 있지 않았다. 그들은 흔히 도시와 작은 마을에 소장(小長)들을 두었다. 그들은 나약한 국민이라 전쟁을 두려워했다. 그렇기 때문에 대월지족들이 쳐들어 오자 모두 굴복해 버렸다. 그들은 모두 중국 사신들을 맞아들였다"(전한서, 96권 上). 박트리아의 귀순은 서쪽 지방에 중국 사신 장건(張騫)이 여행을 했던 기원전 128년에 이루어졌다.

이 때 이미 몇 년 전에 동쪽 왕국의 그리스인들은 박트리아에서 철수해버렸다. 기원전 140년경에, 인도 원정 때문에 지쳐 있었던 헬리오클레스(Heliocles)는 북쪽으로부터의 침입에 대한 방비가 없는 박트리아 원주민들을 버리고 힌두쿠시의 남쪽으로 퇴각해 버렸다. 고대 역사가들은 이 일에 대해 간단한 암시를 하고 있다. "그리스인들에게서 박트리아를 빼앗은 유목민족들 가운데서 가장 잘 알려진 부족들은 아시오이족(Asioi), 파시아노이족(Pasianoi), 토카로이족(Tokharoi : 중국 역사서의 月支), 사카라울로이족(Sakarauloi, Śaka)이다.[3] 이 모든 사람들은 약사르테스의 다른 쪽에 위치한 지방들, 즉 사카이(Sakai) 족의 (현재) 속령(屬領)들과 소그디아나(Sogdiana)를 마주한 강변으로부터 왔는데, 그곳은 당시에 사카이족 자신들이 점령하고 있었다"(Strabo, XI, 8, 2). 폼페이우스 트로구스(Pompeius Trogus) 역시, "스키타이족 출신인 사라우카에(Saraucae)족과 아시아노이(Asianoi)족은 박트라(Bactra, 박트리아의 수도)와 소그디아나를 점령했다"고 말하고 있다(Prologue, XLI, Chambry 출판, II, p. 306).

이 자료들을 대조해 봄으로서 우리는 박트리아가 기원전 140년경에 샤까족을 포함한 여러 유목 부족들에 의해 그리스인들로부터 탈취되었고, 기원전 129경에 대월지(또는 토카로이)족의 손에 넘어갔다는 것을 알 수 있다.

샤까족의 파르티아 침입(기원전 128 - 110년) 미트리다테스 1세(Mithridates, 기원전 171-138년) 통치하에서 파르티아는 강력한 제국이 되었다. 기원전 160년에서 145년 사이에 미트리다테스는

3 이들 여러 민족을 확인하기 위해 많은 논의가 있었다. 이 주제에 대한 참고 문헌과 적극적인 비판은 H. W. Bailey의 다음 논문에서 볼 것. *Recent Work in "Tokharian,"* Transactions of the Philological Society, 1947, p. 126-153.

박트리아 왕 유크라티데스(Eucratides)로부터 2개의 태수령을 빼앗았고, 메디아(Media: 페르시아의 옛 왕국)를 정복하고, 메소포타미아에까지 침입해 들어가서 셀레우케이아(Seleuceia)에 수도를 세웠다. 그 지방의 그리스인들로부터 구원 요청을 받고 달려간 셀레우쿠스 왕조의 데메트리우스 2세 니카토르(Demetrius II Nicator)는 미트리다테스에게 패배를 당해 포로가 되었다(기원전 140-139년).

미트리다테스 1세의 후계자는 프라아테스 2세(Phraates, 기원전 137-128년)였다. 이 신왕은 셀레우쿠스 왕조의 안티오쿠스 7세 시데테스(Antiochus VII Sidetes, 기원전138-129년)의 공격과 마주해야 했다. 시데테스는 그의 형 데메트리우스 2세를 석방시키고 잃어버린 지방들을 되찾으려 했다. 전투의 시작은 파르티아인들에게 비참했다. 안티오쿠스 7세는 메소포타미아에 침입해 들어가서 세 번이나 연승을 거두고 엑바타나(Ecbatana)에 도달했다. 프라아테스 2세는 담판을 해야 했다(기원전 129년). 그는 10년 동안 억류해 두었던 데메트리우스 2세를 석방하고, 파르티에네(Parthyene)를 제외한 모든 정복 지방에서 철수했다. 그리고 조공을 바치기로 약속했다. 그러나 그리스인들의 태만 때문에 그들의 성공은 무(無)로 돌아가고 말았다. 메디아(Media)에 숙영하고 있던 그리스 군인들의 지나친 요구가 그곳 주민들을 격분시켰다. 주민들의 불만을 파르티아의 선동자들이 이용했다. 폭동이 일어났다. 안티오쿠스는 완전히 패배했다. 그 자신은 살해되었고 일부 군인들은 파르티아 군대에 합병되었다.

그의 승리를 이용하기로 결정한 프라아테스 2세는 시리아와 전쟁을 하기로 결심했다. 그러나 스키타이족의 이동 때문에 그는 국경 방위로 되돌아가야 했다. "스키타이족은 보상을 받는다는 약속 하에, 시리아 왕 안티오쿠스[7세]에 대립하고 있던 파르티아족의 구원요청을 받았다. 그러나 그들은 전쟁이 끝났을 때 도착했기 때문에 너무 늦게 왔다는 이유로 보상을 받지 못했다. 아무 소득도 없이 장거리 여행을 한 것에 화가 나서, 그들은 자신들의 노고에 대해 보상을 해주거나 다른 적군과의 전쟁에 써 줄 것을 요구했다. 그들은 사람들이 그들에게 보인 모욕적인 반응에 화가 나서 파르티아 영토를 파괴하기 시작했다…… 프라아테스는 안티오쿠스와의 전쟁에서 포로가 된 그리스 출신 군인들을 거느리고 전쟁에 나갔다. 그는 그들을 오만하고 잔인하게 다루었다. 프라아테스는, 포로로 되어 있는 상황이 그들의 적대 감정을 누그러지게 하지 않았고, 불쾌하기 짝이 없는 모욕이 그들을 한층 더 화나게 했다는 것을 전혀 생각하지 않았다. 그래서 파르티아의 군대가 굴복하는 것을 보자, 그들은 적군편으로 넘어가서 그들이 오래 전부터 바랐던 대로 파르티아 군대와 프라아테스 왕을 처참하게 살육함으로서 자신들이 포로로 잡혀 있는 것에 대해 복수를 했다." (Justin, XLII, 1, 2 – 5)

그의 숙부 아르타반 2세(Artaban, 기원전 128 – 123년)가 프라아테스 2세를 계승했다. 그러나 그는 토카리아(Tocharia)족과의 전쟁 중에 팔에 부상을 입어 곧 죽고 말았다.(Justin, XLII, 2, 2)

스키타이족, 즉 사까족이 기원전 130년경에 파르티아 제국의 대부분을 정복했다고 추측할 수 있는 많은 이유가 있다. 헤르츠펠트(Herzfeld)에 의하면,[4] 그들은 티그리스 강 동쪽과 아마도 페르시아만의 카라케네(Caracene, Muhammarah)에 아디아베네(Adiabene)의 스키타이 왕조를 창설했다. 기르쉬만(Ghirshman)에 의하면[5] 이 침략자들은 두 방향으로 분산되었다. 한 무리는 메르브(Merv), 헤카톰필로스(Hecatompylos), 엑바타나(Ecbatana)를 통해 똑바로 서쪽으로 나갔고, 다른 한 무리는 메르브에서 헤라트(Herat)로 내려가서 세이스탄(Seistān)의 풍요로운 지방을 향해 나아갔다. 유스틴(Justin, XLII, 2, 1)은 단지, 스키타이족은 파르티아를 파괴한 뒤 승리에 만족해서 그들의 나라로 되돌아갔다고만 말하고 있다. 그러나 앞에서 언급된 자료들에 의하면 이 나라는 카스피해와 약사르테스의 사카 티그라카우다(Saka Tigrakhauda)족의 나라이기만 한 것이 아니라 역시 사카 하우마바르가(Saka Haumavarga), 즉 세이스탄(Seistān)의 아미르기오이(Ἀμυργίοι)족이기도 했다. 세이스탄 지방에서는 스키타이족의 수가 많았다. 우리는 미트리다테스 1세가 약 25년전에 고용한 샤까족들을 그곳에 배치했다는 것과, 이 연대—기원전 155년—가 카로슈티 문자로 되어 있는 몇 개의 인도 비석에 사용된 고대 샤까 기원의 출발점일 것이라고 생각한다.

어쨌든 그 상황을 회복시켜야 했던 사람은 아르타반의 아들이자 계승자인 미트리다테스 2세(기원전 123-88년)였다. "그의 업적 덕택으로 그는 대왕이라는 별명을 갖게 되었다. 그는 역시 스키타이족과의 전투에서 몇 번 승리했을 뿐 아니라, 부모들이 받았던 모욕을 복수했다"(Justin, XLII, 2, 3과 5). 파르티아의 7대 가문

4 E. Herzfeld, *Iran in the ancient East*, p. 191.
5 R. Ghirshman, *L'Iran des origines à l'Islam*, Paris, 1951, p. 221.

중의 하나에 속해 있던 그의 봉신(封臣) 수렌(Suren, 총사령관)은 샤까족과 줄기찬 전투 끝에 파르티아와 세이스탄에서 그들을 몰아내었고, 그것에 대한 보상으로 세이스탄을 개인 봉토(封土)로 받았다. 그 수도는 알렉산드리아 프로프타시아(Alexandria-Prophthasia)에 있었다.

기원전 120년경에 그들의 제2 조국으로부터 내쫓긴 샤까족은 지난 날 알렉산더의 장군 크라테루스(Craterus)가 지나갔던 길을 반대방향으로 답습하면서, 헬만드(Helmand) 강의 왼쪽 강변을 따라가서 아라코시아(Arachosia)에 들어갔다. 그리고 볼란(Bolan) 또는 물라(Mulla)의 통로를 통해 중류 인더스(Periplus, 41과 Ptolemy, VII, 1, 55의 Abiria)와 인더스 하류지역에 도달했다 (Strabo XV, 1, 13과 Ptolemy, VII, 1, 55 등의 Patalene). 기원전 110년경에 정복이 끝난 신드 지방은 스키타이족의 작전기지가 되었는데, 그곳에서 그들은 서북인도를 정복했다. 몇 십년 뒤인 기원전 62년경에, 그들이 그곳에 꿋츠(Kutch) 반도와 까티아와르(Kāthiāwār)를 추가했을 때, 신드 지방은 정당하게 인도-스키타이 지방(Indo-Scythia)이라는 이름을 받았다. “인더스 강의 나머지 부분을 따라 위치한 전지방은 인도-스키타이 지방이라는 종속명(種屬名)을 가지고 있다. 하구(河口)와 평행선을 이루고 있는 부분은 파탈레네(Patalene)이다. 그 상류에 위치하고 있는 부분은 아비리아(Abiria)이고, 인더스의 하구와 칸티아(Kanthia) 만(灣)을 둘러싸고 있는 부분은 시라스트레네(Syrastrene)이다”(Ptolemy, VII, 1, 55).

샤까족과 빠흘라비족의 인도정복(기원전 90 - 기원후 50년) 1세기 반 동안 인도 서북지방은 샤까족 침략자들의 세력 아래에 있었다. 샤까족은 때로는 자신들의 이익을 위해서, 그리고 때로는 파르티아의 중앙 정권의 이름으로 행동했는데, 끝내 중앙정권은 그들이 정복해 놓은 결과를 빼앗아가버렸다. 인도인들은 자신들이 작성한 부족 명단에서 샤까-빠흘라바족을 야바나인들과 밀접하게 관련시키면서, 그들을 똑같이 멸시했다. 마누스므리띠(Manusmṛti, X, 43-44)에서는, 그들을 "의식(儀式)을 행하지 않고, 바라문들을 방문하지 않음으로서" 슈드라 계급으로 서서히 타락한 종족으로 간주하고 있다.

마우에스(기원전 90 - 53년) 스키타이족의 첫 정복자는 그리스어로 마우에스(Maues) 또는 마우아케스(Mauakes), 산스끄리뜨어로 모아(Moa) 또는 모가(Moga)라고 불렸다. 하자라(Hazāra) 지역의 만쉐라(Mānsherā)(Konow, p. 20)와 아톡크(Attock) 지역의 파테흐장(Fatehjang, 同, p. 22), 그리고 딱실라(同, p. 28-29)에서 나온 몇 개의 카로슈티 문자 비문들은 기원전 87년과 77년 이전에 "대왕, 대(大) 모가(Moga)의 치하에서" 샤까족이 서쪽 펀잡과 딱실라를 점유했다는 것을 증명하고 있다. 이 비문들 가운데서 처음 두 개는 샤까의 고대 연대로 68년, 세 번째 것은 78년으로 되어 있는데, 이 연대의 기원(紀元)은 서력 기원전 155년경에 시작된다.[6] 따라서 우리는 기원전 90년경에 한 무리의 샤까족이 마우에스의 인솔 아래 인더스 강의 양 연안을 따라 거슬러 올라가서, 아르케비우스(Archebius?) 왕으로부터 딱실라의 그리스 왕국을 빼앗았다는 것을 믿을 수 있다. 이 시대에 주조된 화폐가 이 정보을 확인해 준다. 왜냐하면 그때까지 ΒΑΣΙΛΕΩΣ ΜΑΥΟΥ(바실레우스 마우에스: 왕 마우에스)라는 칭호로서 만족하고 있었던 마우에스가, 데메트리우스와 아폴로도투스 1세가 딱실라에서 처음으로 시작한 "코끼리 머리: 헤르메스의 지팡이"와 "아플로: 세발 의자"형의 화폐를 주조했기 때문이다.

기원전 88년에 파르티아 왕조의 미트리다테스 2세 대왕이 죽자 "왕 중 왕(王中王)"이라는 그의 공식 칭호는 폐지되었는데, 기원전 57년에 오로데스(Orodes) 1세가 그것을 다시 사용했다. 마우에스는 그때까지 그를 아르삭세스 왕조(Arsacids)에 연결시키고 있었던 마지막 관계를 끊은 뒤, 그 기회를 이용해 이 칭호를 가로챘다. 그 이후부터 그는 2가지 언어로 된 자신의 화폐에서 ΒΑΣΙΛΕΩΣ ΒΑΣΙΛΕΩΝ ΜΕΓΑΛΟΥ ΜΑΥΟΥ(바실레우스 바실레온 메갈로스 마우에스), Rajatirajasa mahatasa Moasa(왕 중 왕 위대한 모아사), 그리고 딱실라의 카로슈티 문자 비문에서 Maharayasa mahaṃtasa Mogasa(대왕 위대한 모가사)라고 자칭했다(Konow, p. 28). 이 화폐들 가운데서 몇 개는 삼지창(三枝槍)을 가진 포세이돈(Poseidon)형인데, 이것은 아마도 인더스나 젤럼 강 해전의 승리를 기

6 이 고대 샤까 기원(紀元)의 출발점은 다음과 같이 많은 논란을 불러 일으켰다: 기원전 155년(Tarn); 기원전 150년(Rapson); 기원전 129년(van Lohuizen de Leeuw); 기원전 123년(M. N. Saka). St. Konow의 의하면 7가지 다른 기원이 서력 기원 전후 첫 몇 세기 동안에 통용되었다: 두 가지 빠르티아의 기원, 즉 구기원과 신기원, 비끄라마(Vikrama) 기원 (서력 기원전 58년), 아제스(Azes)의 기원, 서력 기원 50년에 시작하는 기원, 샤까 기원, 까니슈까 기원. 이 문제에 대한 설명과 논쟁에 대해서는 van Lohuizen의 *The "Scythian" Period*(p. 1-72)에서 볼 것.

념한 것일 것이다.

마우에스가 정복했던 서쪽 지방은 대단히 광범위했다. "코끼리: 인도 물소"와 "뿌슈까라바띠(Puṣkarāvatī)의 여신: 인도 물소"형의 화폐들은 그가 단지 딱실라만이 아니고, 역시 간다라의 뿌슈까라바띠까지 통치했다는 것을 증명하고 있다. 유크라티데스와 안티알키다스(Antialcidas)의 화폐에서 모방한 "왕좌 위의 제우스"의 까삐샤형 화폐들은 역시 그가 까삐샤에까지 지배 영역을 넓혔다는 것을 생각하게 해준다. 그렇지만 기원전 53년경에 그가 갑자기 죽자 파로파미사다에를 통치한 사람은 샤까족 출신이 아니고 그리스인 아민타스(Amyntas)였다.

마우에스는 속령들의 일부를 태수들의 중개를 통해 다스렸다. 뻬샤와르의 동쪽 유역과 현재의 하자라(Hazāra), 아톡크, 미안왈리(Miānwāli) 지역들을 포함한 인더스 강 상류 연안의 추크사(Chukhsa) 지방은 리아카 쿠술라카(Liaka Kusūlaka) 태수의 명령에 따랐는데, 그의 이름은 기원전 78년으로 추정되는 딱실라의 동판(銅板, Konow, p. 28)과 ΛIAKO KOZOΥΛO(리아코스 코줄로스)라는 그리스어 명문을 가진 "디오스쿠리의 필레이"형의 화폐에 나오고 있다. 이 태수와 아들 파티카(Pātika)는 크샤하라타(Kṣaharāta) 왕조의 스키타이 가문에 속했는데, 이 가문 출신 사람들이 수라슈뜨라(Surāṣṭra)와 아반띠를 통치했다.

마우에스의 제국이 젤럼 강 동쪽에까지 확장되었다는 것은 의심스럽다. 그렇지만 그의 시대에 샤까족 태수들은 마투라를 통치했고, 그곳에서 화폐를 주조했다. 그들이 왕좌를 빼앗았던 인도 왕들로부터 모방한 화폐들은 앞면에는 락슈미(Lakṣmī) 여신이, 뒷면에는 말〔馬〕이 나오고 있다. 기원전 87년에서 38년 사이에 차례로 계승했던 이들 태수(太守) 또는 대태수들은 쉬바고샤(Śivaghoṣa), 쉬바닷따(Śivadatta), 하가마샤(Hagāmaṣa), 하가나(Hagāna)라는 이름을 가지고 있었다.

왕 중 왕(sāhānu sāhi)과 종주(宗主, sāmantādhipati) 자격으로, 마우에스는 왕(sāhi)의 칭호를 가진—그러나 사실은 부족의 수령에 지나지 않았다—많은 봉신(封臣)들을 그의 지배 아래 두고 있었다. 그의 통치 말경, 여하튼 기원전 58년(Vikrama 기원의 출발점) 조금 전에, 한 사히(sāhi, 王)가 탈퇴함으로써 결과적으로 서인도와 중인도에서 스키타이 지배력의 신장을 가져왔는데, 그때 이미 쇠약한 징조를 나타내고 있던 깐바(Kaṇva) 제국은 국내 분쟁의 충격과 안드라국 군대의 기습공격을 받아 머지 않아 붕괴되고 말았다. 연대가 알려지지 않은 자이나교의 문헌인 깔라까짜리야까타나까(Kālakācāryakathānaka)는 다음과 같이 이 사건들을 말하고 있다.[7]

> 자이나교 승려 깔라까(Kālaka)는 여동생이 〔안드라 왕조를 섬기고 있던?〕 웃자이니의 왕 가르다빌라(Gardabhilla)에게 납치당했는데, 그는 사가꿀라(Sagakūla)의 꿀라 〔신드 지방에 위치한 샤까족의 꿀라〕에게 갔다. 그곳에서는 봉신들을 왕(Sāhi)이라고 불렀고, 그들의 최고 우두머리(sāmantāhivaï)를 "왕 중 왕"이라고 불렀다. 깔라까는 이 사히들 중의 한 사람과 함께 지냈다. 그리고 이 우

7 H. Jacobi 출판, ZDMG, XXXIV, 1880, p. 247 이하.

두머리가 다른 95명의 사히들과 함께 "왕 중 왕〔Maues?〕"에게서 총애를 잃었을 때, 깔라까는 그에게 힌두가데사(Hindugadesa, Hindukadeśa : 인도대륙)로 함께 가자고 청했다. 그들은 인더스를 건너 배를 타고 수랏타(Suraṭṭha, Surāṣṭra: 현재 Kāthiawār와 Gujarāt)로 가서 그 지방을 두 사람이 나누어 가졌다.

가을이 되자 깔라까는 그를 웃자이니로 데리고 갔는데, 그곳에서 가르다빌라는 포로가 되었다. 한 사히가 왕 중 왕으로 임명되었다. 이렇게 해서 샤까 왕들의 왕조가 세워졌다.

얼마 후 말라바(Mālavā) 왕인 비끄라마디땨(Vikramāditya)〔그리고 아마도 데칸의 샤따바하나 왕조의 봉신〕는 이 샤까 왕조를 타도하고 그 자신의 기원(紀元)을 수립했다〔서력 기원전 58년에 시작되는 비끄라마(Vikrama)의 기원〕. 그러나 이 왕조는 다른 샤까 왕에 의해 역시 타도되었는데, 그는 비끄라마 기원이 이미 135년이 흘렀을 때 그 자신의 기원을 수립했다〔서력 기원후 78년에 시작하는 샤까기원〕.

이 인용문으로부터 다음과 같은 결론이 나온다. 즉 서력 기원전 58년 조금 전에 스키타이 사히(Sāhi, 왕)들은 신드의 왕 중 왕에게서 떨어져나가 아빠란따(Aparānta)와 아반띠에 분산되었고, 수도인 웃자이니는 얼마동안 신드의 왕 중 왕으로부터 독립된 새로운 왕 중 왕에 의해 통치되었다는 것이다. 인도의 왕 비끄라마에 의해 기원전 58년에 웃자이니에서 쫓겨난 샤까족은 서해안의 수라슈뜨라에서, 그리고 바루깟챠(Bharukaccha)와 슈르빠라까(Śūrpāraka) 항구에 머물렀다. 그곳에 그들이 있었던 사실은 기원후 1세기에

에리트리아 해의 대항해(*Periplus of the Erythaean Sea*, 41)의 저자가 언급하고 있다. 135년 후에 한 샤까 왕이 아반띠도 정복하고 수도를 웃자이니에 정했다. 샤까 왕조 신기원의 출발점인 이 승리는—서력 기원후 78년으로 설정된다—두 개의 독립된 샤까 왕국, 즉 수라슈뜨라(Surāṣṭra)와 아빠란따(Aparānta)를 점유한 크샤하라타(Kṣaharāta) 태수들의 왕국과 아반띠에 세워진 웃자이니 대태수들의 왕국의 시작을 알린다. 두 왕국 모두 서력 기원후 78년을 샤까의 신기원으로 채택한 것 같다. 그리고 만약 이 연대 계산이 정확하다면 첫 번째 왕국은 기원후 124년에 샤따바하나(Śātavāhana) 왕조의 가우따미뿌뜨라 슈리 샤따까르니(Gautamīputra Śrī Śātakarṇi) 왕에 의해 전복되었고, 반면 두 번째 왕국 웃자이니의 태수들은 기원후 390년경까지 정권을 유지했는데, 이 연대에 그들의 영토는 인도 황제 짠드라굽따 2세 왕국에 합병되었다.

지금부터 우리는 기원전 1세기 후반 초에 샤까족이 인도영토의 상당부분을 장악하고 있었던 사실을 살펴보기로 하자.

1. 마우에스의 속령들은 아라코시아(Arachosia), 신드, 간다라, 서펀잡에까지 미쳤다. 간다라와 서펀잡 지역에서 마우에스 왕의 속령들은 동과 서그리스 왕국 마지막 후계자들의 영토 사이에 한 구석처럼 끼어 있었다. 마우에스 왕의 통치 말경, 파로파미사다에 또는 까삐샤(Kapiśa) 지역으로 축소된 서그리스 왕국을 그리스인으로 생각되는 아민타스라는 사람이 통치했다. 그때 힌두쿠시의 북쪽 비탈까지 박트리아를 점유하고 있었던 월지족 왕들에 의해 틀림없이 지지를 받고 있었던 이 아민타스는 까삐샤를 점령했거나, 그곳에서 독립을 선언했다. 그는 카로슈티 문자 명문을 가진

"왕좌 위의 제우스"형의 화폐를 주조했다. 그는 기원전 54년에서 49년까지 통치했고, 후계자는 헤르마에우스(Hermaeus)였던 것으로 생각된다.

2. 상류 인더스 유역의 추크사 지방은 마우에스의 봉신이었던 끄샤하라따(Kṣaharāta) 가문의 리아카 쿠술라카(Liaka Kusūlaka)의 지배 아래에 있었다.

3. 샤까족 태수들은 그들의 개인 이름으로 마투라 지방을 다스렸다.

4. 마지막으로, 마우에스의 세력권에서 벗어나 있었던 스키타이족의 사히(Sahi, 王)들은 인더스를 건너 바다를 통해 수라슈뜨라의 서쪽 해안에 이르렀다. 그들은 거기에서 아반띠로 가서 일시적으로 웃자이니를 점령했다. 그러나 비끄라마 왕은 그들을 그 곳에서 몰아내었다.

이 시대에 스키타이의 세력이 강력했다는 증거로서 수도우 루션(Pseudo-Lucien, Macrobii, 15)에 의하면 사카라우코이(Sakaraukoi)족은 그들이 선택한 왕 시나트루케스(Sinatruces, 기원전 77-70년)를 파르티아인들에게 강요할 수 있었다는 사실이다. 시나트루케스는 프라아테스 2세의 동생이거나 아르사케스 디카이우스(Arsaces Dikaius)의 아들로서 사카라우코이족 가운데서 오랫동안 살았다. 그러나 그리스 역사가들이 언급하고 있는 샤까족 출신 왕들간의 분열과 경쟁은 그들의 몰락을 가져왔다.

마우에스의 계승자들 역사가들은 마우에스의 뒤를 이은 샤까 또는 빠흘라바족 출신 왕들의 계승 차례에 대해 여러 가지 의견을 말했다. 그러나 타안(Tarn)과 마샬은 아라코시아에서 주조된 화폐들을 다음과 같이 분류했다.

헬리오클레스(Heliocles)에게서 모방을 했지만, 특수한 형식의 은화들은 앞면에는 말을 탄 왕을, 뒷면에는 선처로 정면으로 향하고 있는, 수염을 기르고 머리를 숙인 제우스 초상을 나타내고 있다. 이 은화들은 아라코시아에서 다음과 같이 차례차례로 주조되었다.

a. 보노네스(Vonones)와 순전히 경칭에 지나지 않는 "대왕의 형제"라고 불리는 보좌관 슈팔라호레스(Śpalahores). 앞면에 그리스어로 ΒΑΣΙΛΕΩΣ ΒΑΣΙΛΕΩΝ ΜΕΓΑΛΟΥ ΟΝΩΝΟΥ (바실레우스 바실레온 메갈로스 보노노스)라는 명문이, 뒷면에는 카로슈티 문자로 Maharajabhrata dhramikasa Śpalahorasa(대왕, 法을 수호하는 슈팔라호라사)라는 명문이 있다.

b. 보노네스와 슈팔라가다메스(Śpalagadames).

c. 슈팔리리세스(Śpalirises) 단독.

d. 슈팔리리세스와 아제스 1세.

e. 아제스 1세 단독.

역시 아라코시아에서 주조된 동화들은 두 그룹으로 분류된다. 첫째 그룹은 앞면에 오른손으로 스스로 왕관을 쓰고, 왼손에 철퇴와 사자 가죽을 들고 정면을 향한 헤라클레스가, 뒷면에 방패와 검(劍)을 가지고 왼편에 서 있는 전쟁의 여신 아테나(Athena)가 나온다. 이것들은 다음과 같은 순서로 주조되었다.

a. 보노네스와 슈팔라호레스(Śpalahores). 앞면에 그리스어로 ΒΑΣΙΛΕΩΣ ΒΑΣΙΛΕΩΝ ΜΕΓΑΛΟΥ ΟΝΩΝΟΥ(바실레우스 바실레온 메

갈로스 보노노스)라는 명문이, 뒷면에 카로슈티 문자로 Maharajabhrata dhramikasa Śpalahorasa(대왕, 법을 수호하는 슈팔라호라사)라는 명문이 나온다.

b. 보노네스와 슈팔라가다메스(Śpalagadames).

두 번째 그룹은 앞면에 점선(點線)으로 그려진 정사각형 안에 말을 타고 있는 왕이, 뒷면에는 바위 위에 앉아 무릎 위에 철퇴(鐵槌)를 갖고, 벌거벗은 채로 왕관을 쓴 헤라클레스가 나온다. 이 화폐들은 다음과 같은 순서로 주조되었다.

a. 슈팔리리스(Śpalyris = Śpalahores?)와 슈팔라가다메스. 앞면에 그리스어로 ΣΠΑΛΥΡΙΟΣ ΔΙΚΑΙΟΥ ΑΔΕΛΦΟΥ ΤΟΥ ΒΑΣΙΛΕΩΣ(슈팔리리오스 디케우 아델푸 투 바실레우스)라는 명문이, 뒷면에 카로슈티 문자로 Śpalahora putrasa dhramikasa Śpalagadamasa (슈팔라호라사의 아들 법을 수호하는 슈팔라가다마사)라는 명문이 나온다.

b. 아제스 1세.

c. 아질리세스.

이와 같은 전후 관련을 통해 타안과 마샬은[8] 마우에스의 계승을 다음과 같은 순서로 복원했다. 1. 보노네스와 그의 보좌관들인 슈팔라호레스(왕의 친형제 스팔리리오스 또는 슈팔리리스)와 슈팔라가다메스, 2. 슈팔리리세스, 3. 아제스 1세, 4. 아질리세스(Azilises), 5. 아제스 2세.

8 *Greeks in Bactria*, p. 347; *Taxila*, I, p. 49-50.

보노네스(기원전 53 - 40년) 마우에스가 사망한 뒤 사용되지 않았던 왕 중 왕이라는 황제의 칭호는 동 이란의 수렌(총사령관)이었던 파르티아족 출신 보노네스(Vonones)가 기원전 53년경에 다시 취(取)했다. 아라코시아에서 그의 종주권(宗主權)은 "대왕의 형제"인 슈팔라호레스 또는 슈팔리리스와 아들 슈팔라가다메스에 의해 인정되었다. 시르캅 도시 유적의 스키타이인들 거주층에서 발견된 이들 두 군주의 화폐들에서 우리는 그들이 보노네스의 보좌관으로서 딱실라에서 직무를 수행했다는 것을 믿을 수 있다. 그들은 아마도 까삐샤의 그리스계 왕이었던 아민타스(Amyntas)와 충돌했을 것이다. 그러나 기원전 49년경에 아민타스가 죽자 동편잡에 대한 파르티아의 지배는 일시적으로 중단되었다. 까삐샤에서 아민타스를 계승한 사람은 역시 그리스인 헤르마에우스(Hermaeus, 기원전 49 - 38년)였는데, 그는 그곳에서 ΒΑΣΙΛΕΩΣ ΣΩΤΗΡΟΣ ΕΡΜΑΙΟΥ (바실레우스 소테르 헤르마에오스), Mahārajasa tratārasa Heramayasa(대왕 구세자 헤라마야사)라는 명문을 가진 "왕의 흉상: 왕좌 위의 제우스"형의 화폐들을 주조했다. 이 왕은 곧 간다라와 동편잡을 빼앗았는데, 이 두 곳에서 상당히 많은 그의 화폐들이 발견되었다. 이 화폐들은 앞면에 지워진 그리스어 명문과 함께 오른편에는 왕의 흉상이 새겨져 있다. 뒷면에는, 카로슈티 문자로 Maharajasa Heramayasa (대왕 헤라마야사)라는 명문과 함께 오른손에 화환을 왼손에 종려나무 가지를 든 날개 달린 니케(Nike)가 새겨져 있다.[9]

기원전 49년경에 슈팔라가다메스가 사망한 뒤, 총사령관 보노네스는 슈팔리리세스를 보좌관과 "형제"로 임명했다. "서 있는 제우스"형의 은화에 슈팔리리세스는 실제로 왕의 형제라는 칭호를 가지고 있다. 그러나 그는 곧 독립을 하고 아들 아제스 1세와 제휴해서 먼저 "대왕"의 칭호를, 그리고 보노네스가 죽자 "왕 중 왕"의 칭호를 가로챘다.

슈팔리리세스(기원전 45 - 38년) 슈팔리리세스(Śpalirises)가 ΒΑCΙΛΕΩΝ ΒΑCΙΛΕΩC ΜΕΓΑΛΟΥ CΠΑΛΙΡΙCΟΥ (바실레온 바실레우스 메갈로스 슈팔리리소스), Maharajasa mahaṃtakasa Śpaliriśasa(대왕 위대한 슈팔리리샤사)라는 황제 칭호와 함께 나오고 있는 동화(銅貨)들은 까삐쉬(Kāpiśī) 도시의 특징을 나타내는 "왕좌 위의 제우스"형이다. 그렇지만 이 왕이 실제로 까삐샤를 점령했는지는 의심스럽다. 왜냐하면 파로파미사다에 지방은 헤르마에우스(Hermaeus)가 죽음을 맞이한 기원전 30년까지 그리스인들의 손에 남아 있었던 것 같기 때문이다. 아마도 보노네스의 까삐쉬형의 화폐주조는 단지 이론적으로 파로파미사다에 지방에 대한 파르티아의 권리를 주장하는 것을 목표로 삼았을 뿐일 것이다.

보노네스 시대에 다소간 자주적이었던 샤까족 태수들은 인도 서북지방의 몇 지역들을 계속해서 다스렸다. 즉 하가마샤(Hagā-

---

9 가부간 사람들은 Hermaeus를 중국 자료들에 나오는 Yin mo fou와 동일시했다. 이 계빈(罽賓) 왕은 중국의 元帝(기원전 48-33년)와 싸웠다. 이 사건들은 前漢書 96권 上에서 이야기되고 있다(참조, A. Wylie, *Journal of Anthropological Institute*, X, 1881, p. 33 이하; O. Franke, *Beiträge aus chinesischen Quellen für Kenntnis der Türkvölker und Skythen Zentralasiens*. Abhandl. d. preuss. Akad. zu Berlin, 1904, 1호, p. 63 이하). 설명을 위해서는 다음 책들을 볼 것: S. Konow, *Kharoṣṭhī Inscriptions*, p. XXIII-XXV; W. W. Tarn, *Greeks in Bactria*, p. 340; J. Marshall, *Taxila*, I, p. 48-49.

maṣa)와 하가나(Hagāna)는 마투라에서, 파티카(Pātika)는 추크사(Chukhsa)에서 통치했다. 크샤하라타 (Kṣaharata) 가문 출신 파티카는 마우에스 왕의 봉신인 리아카 쿠술라카(Liaka Kusūlaka)의 아들이었다. 딱실라의 동판(銅板, Konow, p. 28)에 의하면, 그가 부친의 생존시에 딱실라의 북쪽에서 한 사원과 세존 샤꺄무니의 "폐지된(désétablie)" 사리를 복원했기 때문에, 이 일로써 "대시주(大施主, mahādānapati)"라는 불교에서 사용하는 칭호를 얻게 되었다. 마투라의 사자주두의 비명은(Konow, p. 48) 그가 대태수(Mahākṣatrapa)라는 칭호와 함께 부친을 계승했다는 것, 그리고 아마도 메바키 미이카(Mevaki Miyika) 태수가 그의 동료이자 이웃이었다는 것을 알려준다.

아제스 1세(기원전 38 - 10년) 슈팔리리세스의 아들 아제스(Azes) 1세는 마우에스 이후 가장 강력한 샤까족 출신의 군주였다. 그는 부친의 생존시인 기원전 45년경에 이미 대왕이라는 칭호를 가졌다. 기원전 38년경에 즉위하자 그는 황제의 칭호를 계승했는데, 그것은 ΒΑΣΙΛΕΩΣ ΒΑΣΙΛΕΩΝ ΜΕΓΑΛΟΥ ΑΖΟΥ(바실레우스 바실레온 메갈로스 아조스), Maharajasa rajarajasa mahatasa Ayasa(왕 중 왕 위대한 아야사)라는 명문을 가진 "말 등에 앉은 왕: 서 있는 제우스"의 아라코시아(Arachosia)형 화폐들이 증명한다. 이 샤까족 왕의 화폐들 위에 제우스, 포세이돈, 팔라스, 헤르메스, 헤파에스투스(Hephaestus), 날개 달린 니케와 풍요의 뿔을 가진 데메테르(Demeter)와 같은 그리스 판테온의 모든 큰 신들이 차례로 나오고 있는 것은 놀라운 일이 아니다. 그가 정복한 지역들은 광대했다.

a. 그는 간다라(Puṣkāravatī)와 서편잡(딱실라)을 헤르마에우스로부터 되찾았다. 그가 이 두 지역의 특성을 나타내는 "뿌슈까라바띠(Puṣkāravatī) 도시: 인도의 소"와 "코끼리: 인도의 물소"형의 화폐들을 주조한 것이 그 증거이다.

b. 그는 젤럼 동쪽에서 유티데미드 왕가의 마지막 왕들로부터 수도가 샤깔라(Śākala)인 동편잡의 그리스 왕국을 정복했다. 사실 그는 얼마동안 아폴로도투스(Apollodotus)와 히포스트라투스(Hippostratus)의 화폐들을 재주조했는데, 유티데미드 왕가의 특징을 나타내는 "아테나 프로마코스(Athena Promachos)" 또는 "아테나"형을 채택했다.

c. 역시 틀림없이 그는 기원전 30년경에 헤르마에우스가 사망하자 까삐샤를 합병했을 것이다. 왜냐하면 자신과 후계자 아질리세스(Azilises)가 "왕홀(王笏)을 들고 서 있는 제우스 니케포루스(Zeus Nikephorus)"와 "왕좌에 앉아 있는 제우스 니케포루스"형의 그 지방 특유의 화폐들을 주조했기 때문이다.

d. 아제스의 지배권은 역시 마투라 지방에까지 미쳤는데, 그곳에서 기원전 58년에 시작된 비끄라마(Vikrama)라는 인도 연호(年號)가 통용되고 있었다. 아제스는 이 연대를 채택했지만, 그러나 "비끄라마 시대"라는 이름을 "아제스(Azes, Ayasa) 시대"라는 이름으로 바꾸었던 것 같다. 숫자가 지워진 샤흐다우르(Shahdaur)의 쉬바락쉬따(Śivarakṣita) 비문(Konow, p. 17), 134년(=기원후 76년)의 깔라완(Kālawān)의 동판(J. Marshall, *Taxila*, I, p. 327), 136년(=기원후 78년)의 딱실라의 은제원통(銀製圓筒, Konow, p. 77)은 아제스 시대 것으로 추정된다.

아제스 1세는 광대한 영토를 중개자들을 통해 다스렸다.

a. 추크사 태수령의 카라호스테스(Kharahostes) 태수는 마투라의 사자상 주두에(Konow, p. 48) 태자(太子)로서, 아르타(Arta)의 아들이고, 아부홀라(Abuhola)의 남편이고, 아야시 카무이아(Ayasi Kamuïa)의 아버지라고 언급되어 있다. 이 후자〔Kamuïa〕는 마투라 태수 라줄라(Rajula 또는 Rājuvula)와 결혼했다. 틀림없이 추크사의 태수로서 파티카(Pātika)를 계승한 카라호스테스는 앞면에 그리스어로 ΧΑΡΑΗΩCΤΕΙ CΑΤΡΑΠΕΙ ΑΡΤΑΟΥ(사트라페스 카라이오스테스 아르타오스)라는 명문과 함께 창을 세우고 말을 탄 왕을, 뒷면에 카로슈티 문자로 Chatrapasa pra Kharaöstasa Artasa putrasa(아르타사의 아들 카라외스타사 태수)라는 명문과 함께 오른편에 사자가 나오는 화폐들을 찍었을 것이다.

b. 비문과 화폐들을 통해 동시에 알려진 라주불라(Rājuvula)는 그 시대의 가장 강력한 태수였다. 그가 남긴 많은 화폐들은 적어도 다음과 같이 4종류로 나눌 수 있다.[10] 1. 앞면에 그리스어로 ΒΑCΙΛΕΙ ΒΑCΙΛΕΩC CΩΤΗΡΟC ΡΑΖΥ(바실레이 바실레우스 소테로스 라주: 구세자 라주 왕의 왕자)라는 명문(매우 마모되었고 부정확하다)과 함께 오른편에 왕의 흉상을, 그리고 뒷면에는 왼손에 방패를 들고 오른손으로 벼락을 던지는 아테나 프로마코스(Athena Promachos)와 카로슈티 문자로 된 Apratihatacakrasa chatrapasa Rajuvulasa(不敗의 태수 라주불라사)라는 명문이 있는 화폐들. 아테나 프로마코스형은 동편잡에서 메난더(Menander)에

10 J. Allan, *Catalogue of the Coins of Ancient India*, London, 1936, p. 185-189. 보충 자료로서, J. Marshall, *Taxila*, I, p. 54; II, p. 812-813.

의해 처음으로 시작되었고, 유티데미드의 전가계(全家系)에 의해 널리 사용되었다는 사실을 유의할 필요가 있다. 2. 마투라에서 주조되었고, 앞면에 브라흐미 문자로 Mahākhatapasa Rājuvulasa(대태수 라주불라사)라는 명문과 함께 두 개의 상징물 사이에 락슈미 여신을 나타내고 있는 납으로 된 화폐들. 3. 앞면에는 오른편에서 있는 사자와 지워진 그리스어 명문, 뒷면에는 카로슈티 문자의 sa Rajalasa aprati(불패의 라잘라사)라는 명문과 함께 팔을 뻗고 있는 헤라클레스의 정면 상이 새겨져 있는 납 화폐〔鉛貨〕들. 마샬에 의하면 이 형은 마우에스가 딱실라에서 시작했다는 것이다. 4. 뒷면에 카로슈티 문자로 Chatrapa ... Rajuvula(태수… 라주불라)라는 명문을 가진, "말을 탄 왕: 제우스 니케포로스(Nikephoros)" 형의 동화들.

마투라의 사자 주두(Konow, p. 48)와 모라(Mora)의 브라흐미 문자 명문(Lüders, 14)에서 라줄라(Rajula 또는 Rājūvula)는 대태수의 칭호를 가지고 있다. 아제스 1세가 동펀잡(샤깔라)을 정복한 뒤 라주불라는 "태수" 칭호를 가지고 먼저 이 지방을 다스렸던 것 같다. 그 뒤 그의 봉토는 동쪽으로는 마투라 지방으로, 서쪽으로는 딱실라 지방으로 확대되었다. 그때부터 그는 "대태수" 칭호를 사용했는데, 기원전 17년까지 살았던 것 같다. 그가 죽은 후에 영토는 아들 쇼다사(Śoḍāsa)를 포함한 여러 왕들이 나누어 가졌다.

아질리세스(기원전 10 - 기원후 5년)와 아제스 2세(기원후 5 - 19년)

왕들 중의 대왕 아질리세스(Azilises)는 처음에는 아버지 아제스 1세의 보호 아래, 그 다음에는 혼자서, 마지막으로는 아들 아제스 2

세와 공동으로 통치했다. 그의 다양한 화폐 주조, 즉 "서 있는 제우스"(아라코시아)형의 은화들, "서 있거나 앉아 있는 헤라클레스"(아라코시아), "도시의 여신과 제우스"(간다라), "코끼리와 인도황소"(딱실라)형의 동화들은 그가 통치한 나라들의 넓이를 증명해 준다. 그가 아들 아제스 2세와 공동으로 주조한 화폐는 구리로 되어 있다. 앞면에는 철퇴와 사자가죽을 가지고, 그 자신이 왕관을 쓰고 있는 헤라클레스와 ΒΑΣΙΛΕΩΣ ΒΑΣΙΛΕΩΝ ΜΕΓΑΛΟΥ ΑΖΙΛΙΣΟΥ(바실레우스 바실레온 메갈로스 아질리소스)라는 그리스어 명문이 새겨져 있다. 뒷면에는 카로슈티 문자로 된 Maharajasa rajatirajasa mahatasa Ayasa(대왕, 왕중왕 위대한 아야사)라는 명문과 오른편에 서 있는 말이 나온다.

아제스 2세는 뒷면에 카로슈티 문자로 Indravarmaputrasa Aśpavarmasa strategasa(인드라바르마의 아들 아슈파바르마사 태수)라는 명문을 가진 "말을 탄 왕: 팔라스(Pallas) 아테나"형의 화폐를 남겼다. 이것으로부터 결론을 내리면 아제스 2세는 아슈파바르마(Aśpavarma)라는 사람을 그의 부관으로 삼았다. 이 사람의 아버지 인드라바르마(Indravarma)는 이미 아질리세스 밑에서 일한 바 있었다.

게다가 아질리세스와 아제스 2세는 많은 봉신들의 도움을 받았다.

a. 서펀잡(딱실라)에서, 아질리소스 통치하의 인드라바르마와 아제스 2세 통치하의 아슈파바르마. 인드라바사(Iṃdravasa)라는 이름으로 인드라바르마는 "말을 탄 왕: 팔라스 아테나"형의 화폐를 주조했다. 그의 아들 아슈파바르마는 아마도 딱실라 근처 마할(Mahal)에서 발견된 군자 위에 이름이 나오는 이슈빠라까(Īśparaka)와 동일인일 것이다. 그것은 "음광부(飮光部, Kāśyapiya)를 위해 딱샤쉴라(Takṣaśilā)의 웃따라라마(Uttarārāma)의 4방 승가에 이슈빠라까가 한 기진(寄進)"(Konow, p. 88)이라고 되어 있다.

b. 동편잡(샤깔라)에서 바드라야샤(Bhadrayaśa)는 아테나 알키스(Alkis)형의 동화에서 ΒΑΣΙΛΕΥΣ ΣΩΤΗΡ(바실레우스 소테르 : 왕 구세자)라는 칭호를 취했다.[11]

c. 추크사의 태수령에서 마니굴라(Maṇigula, Konow, p. 82)는 리아카 쿠술라카(Liaka Kusūlaka), 파티카(Pātika), 아르타(Arṭa), 카라호스테스(Kharahostes)의 가계를 계승했다(Konow, p. 48).

d. 끝으로 마투라에서 아제스 1세의 대태수였던 라주불라의 아들, 쇼다사(Soḍāsa)는 기원전 17년부터 마투라의 한 지방에서만 부친을 계승했던 것 같다. 쇼다사는 마투라의 카로슈티 문자와 브라흐미 문자로 된 명문에서 태수와 대태수 칭호를 가지고 있다(사자주두, Konow, p. 48; Kaṅkālī Ṭīlā 橫梁, Lüders, 59; Jail Mound의 횡량, Lüders, 82; Morā의 비슈누 사원의 支柱, El, XXlV, 1938, p. 208). 오직 마투라 지방에서만 발견된 락슈미형의 화폐에서 그는 "대태수의 아들, 태수 쇼다사", "라주불라의 아들, 태수 쇼다사," 그리고 마지막으로 "대태수 쇼다사"라는 칭호를 가지고 있다.

11 J. Marshall, *Taxila*, II, p. 813, 184번.

곤도파레스(Gondphares, 기원후 19－45년) 기원전 1세기의 마지막 수십 년 동안, 아르삭세스왕조(Arsacid)는 로마와의 분쟁에 열중하느라 그들의 동쪽 영토에 관여할 여유를 거의 가지지 못했다. 그래서 이 왕조는 샤까족에게 인도를 거리낌없이 공격할 기회를 주었다.

오로데스 1세(Orodes, 기원전 57－38년)와 프라아테스 4세(Phraates, 기원전 37－2년)의 통치시대는 로마인들에 대한 치열한 투쟁이 그 특색을 이루었다. 기원전 53년에 오르데스의 수렌(총사령관)은 집정관 크라수스(Crassus)의 군대를 카르하에(Carrhae, Harran)의 전투에서 격파했다. 이 전투에서 로마 군대 2만 명이 죽고 1만 명이 포로가 되었다. 크라수스도 이 전투에서 죽었다. 수렌은 그의 시체에 모독을 가했다. 그의 오른손과 머리를 잘라 아르탁사타(Artaxata)에 보냈다. 실라케스(Sillaces)는 그것들을 오로데스와 그의 아들 파코루스(Pacorus) 발 밑에 던졌다.

기원전 42년에 파르티아족은 시리아와 유대아(Judea)를 침입했다. 그러나 38년에 그들은 안토니(Antony)의 장군 벤티디우스 바수스(Ventidius Bassus)로부터 타우루스(Taurus)에서 공격을 당해, 긴다루스(Gindarus)에서 참패했다. 파코루스는 이 전투에서 죽었다. 그때 오르데스는 권좌에서 물러나고 둘째 아들 프라아테스(Phraates) 4세가 왕위에 올랐다. 그는 곧 안토니 자신이 지휘하는 로마의 새로운 공격을 맞이해야 했다. 20년 전에 로마의 군대와 크라수스가 받은 치욕을 복수하기 위해 집정관 안토니는 유프라테스 강을 향해 전진했다. 그러나 다시 한 번 그 원정은 실패로 끝나, 참담한 후퇴가 뒤따랐다(기원전 36년).

아우구스투스(Augustus) 황제의 즉위와 더불어 그가 동양에 실시한 평화정책은 거의 1세기 동안 파르티아족을 황제 군대의 보호 아래 두었다. 프라아테스 4세는 아우구스투스에게 사절을 보내고 크라수스와 안토니로부터 노획한 전리품들을 반환했다. 그리고 자신의 네 아들을 로마에서 교육받게 했다. 게다가 황제가 그에게 무사(Musa)라는 이탈리아 출신 노예를 선물했는데, 그는 이 여자와 결혼해서 그녀를 왕비 자리에 앉혔다. 이 결혼으로부터 프라아타케스(Phraataces)라는 아들이 태어났다. 무사는 그를 파르티아 왕조의 왕좌에 앉히기 위해 주저하지 않고 늙은 왕 프라아테스 4세를 독살했다.

프라아타케스는 프라아테스 5세라는 이름으로 그의 어머니와 함께 얼마동안 나라를 통치했다(기원전 2-기원후 4년). 그러나 그는 끝내 귀족계급의 반란 때문에 로마영토로 피신해야 했다.

귀족들에 의해 권좌에 오른 찬탈자 오로데스 2세는 단지 4년 동안 왕좌를 차지했다(기원후 4-8년). 그는 잔혹하게 행동했기 때문에 사람들의 미움을 받아 사냥놀이를 하던 중에 암살당했다.

파르티아 귀족들이 프라아테스 4세의 네 아들 가운데서 한 사람을 왕좌에 올리게 보내달라고 로마에 요청을 하자 보노네스 1세가 선정되었다. 그의 통치기간은 짧았다(기원후 8-11년). 그는 서양에서 교육을 받아 페르시아 관습에 생소했기 때문에 신하들이 곧 싫어했다. 메디아(Media)국의 왕자이고 어머니 쪽으로 아르삭세스 왕조의 한 사람인 경쟁자 아르타반(Artaban)이 불평분자들에게 추대되어 권좌에 올랐다. 보노네스는 아르메니아(Armenia)로 가서 공석 중이었던 그곳 왕좌를 차지했다.

아르타반 3세는 로마제국과 완전히 화합해서 약 30년 동안 통치했다(기원후 11-40년). 그리고 그는 기원후 18년에, 이전에 로마제국과 프라아테스 4세가 체결했던 우호조약을 갱신했다.

아르타반의 총사령관이었던 오르타그네스(Orthagnes)는 "왕들 중의 대왕"이라는 칭호를 가지고 세이스탄(Seistān)을 다스렸다. 그는 곤도파레스와 그의 동생 구다(Guda 또는 Gada)를 아라코시아 지방의 봉신으로 삼았다. 앞면에 그리스어로 ΒΑCΙΛΕΥC ΒΑCΙΛΕΩΝ ΜΕΓΑC ΟΡΘΑΓΝΗC(바실레우스 바실레온 메가스 오르타그네스 : 왕 중 왕 위대한 오르타그네스)라는 명문과 함께 오르타그네스의 흉상을, 뒷면에 카로슈티 문자로 Maharajasa rajatirajasa mahatasa Gudapharnasa Guḍasa(대왕, 왕중왕 위대한 구다파르나사 구다스)라는 명문과 함께 서 있는 승리의 여신이 새겨진 그의 동화(銅貨)들이 있다.

총사령관(Suren)의 제일 봉신(封臣) 구다파라(Gudaphara)는 장래가 약속되어 있었고 그의 업적들은 연대기 못지 않게 전설에도 많이 나온다.

그는 이란어로 빈다파르나(Vindapharna)라고 불렸는데, 이것은 "영광의 정복자"라는 의미이다. 그러나 그의 이름은 대단히 다양한 모습으로 나타난다. 인도 서북 지방의 비문에는 구다파라, 화폐의 카로슈티 명문에는 구두파라(Guduphara) 또는 가다파르나(Gadapharna), 동일한 화폐의 그리스어 명문에는 운도페로스(Undopheros 또는 Undopherros, Gondopherros), 경외사도행전(經外使徒行傳)에서는 구드나파르(Gūdnafar 또는 Gundafor, Gundoforus, Goundaphorus)로 나온다.

기원후 19년경에 현대 역사학자들이 그를 부르는 것처럼, 이 곤도파레스는 오르타그네스를 계승해서 동이란의 수렌이 되었다. 이 칭호로 그는 하문(Hāmūn) 호수와 헬만드(Helmand) 강 사이에 위치한 아리아(Aria) 지방(드란기아나와 세이스탄)을, 그리고 카락스(Charax)의 이시도루스(Isidorus, 기원후 26년)가 쓴 만시오네스 파르티카에(*Mansiones Parthicae*, § 19)에서 "백(白) 인도('Ιυδιχή Λευχή)"라고 불리는 지방인 깐다하르(Kandahār 또는 Arachōsia)를 다스렸다.

곤도파레스는 아르삭세스 왕가와 완전 합의하에 임무를 수행했다. 그의 화폐들과 파르티아 왕들인 오르데스 1세, 프라아테스 4세, 아르타반 3세의 화폐들에 나오는 독특한 모노그램〔合字〕은 아마도 이와 같은 충성의 표시일 것이다.

그의 선임자인 오르타게네스 총사령관이 그의 종주(宗主)들의 본을 따서 "왕 중 왕"이라고 자처한 반면, 곤도파레스는 우선 "왕 구세자"라는 보다 겸손한 칭호로 만족해야 했다. 이것은 BACIΛEΩC CΩTHPOC ΥNΔOΦEPPOΥ(바실레우스 소테르 인도페로스), Maharajasa Gudapharnasa tratarasa(대왕 구다파르나사 구세자)라는 명문을 가진 "왕의 흉상: 니케"형의 화폐에 나온다.

우리는 일반적으로 기원후 25년경에 곤도파레스가 인도-스키타이족을 공격해 샤까 아제스 2세와 그의 장군 아슈파바르마(Aśpavarma)를 이기고 수도를 딱실라에 정했다고 믿고 있다. 아마도 바로 그때 그가 아르삭세스 왕조의 왕들과 그 자신을 대등하게 생각하면서, "왕 중 왕"이라는 황제의 칭호를 취했을 것이다. 그때부터 그는 BACIΛEΩICIΛEΩN MEΓAΛI ΥNΔOΦPP(바실레우스실레온 메갈로스 인도페로스 : 왕 중 왕 위대한 인도페로스), Maharaja rajatiraja tratara devavrata Gudapharasa(대왕, 왕중왕 구세자, 신에 충실한 구다파라사)라는 명문과 함께 "말을 탄 왕: 서 있는 제우스"형의 은화와 동화들을 주조했는데, 때로는 단독으로 때로는 한 보좌관을 동반한 모습으로 나왔다. 보좌관들이란 아슈파바르마(곤도파레스에 의해 그 직책이 유지된, 아제스 2세의 전 사령관)와 사산(Sasan 또는 Sasa), 그리고 곤도파레스의 "조카(ἀδελφιδέος, bhradaputra)"라고 불렸던 아브다가세스(Abdagases 또는 Avadagaśa)였다.

곤도파레스는 딱실라로부터 동쪽과 서쪽으로 정복지를 확장해 나갔다. 마샬(J. Marshall)에 따르면 그의 제국이 가장 넓었을 때는 세이스탄, 쿳츠(Cutch) 반도쪽의 연장부분과 함께 신드(Sakadvipa), 까티아와르, 아라코시아, 파로파미사다에, 간다라, 그리고 적어도 라비(Rāvi) 강까지의 펀잡 평야를 포함했다.

이 파르티아 군주(Gondophares)는 광대한 영토를 군사령관과 봉신들의 중개를 통해 다스렸다. 그들의 이름과 관직명을 화폐로써 알아보면 다음과 같다.

1. 틀림없이 딱실라에는 앞에서 언급한 보좌관들, 즉 군사령관 아슈파바르마, 사산(Sasan), 그리고 "곤도파레스의 조카" 아브다가세스 등을 배치했을 것이다.

아브다가세스는 (보좌관으로) 활약 중에 승진했던 것 같다. "말을 탄 왕: 서 있는 제우스"형의 은화에서는 그는 아직 단지 곤도파레스의 "조카"였다. 그 뒤 그의 단독 이름으로 주조된 "아테나"형의 동화에서는 "구세자 왕"이라고 자칭했는데, 그리스어로

BACIΛEΩC CΩTHPOC ABΔAΓACOΥ(바실레우스 소테르 아브다가소스), 그리고 쁘라끄리뜨어로 Tratarasa maharajasa Avadagaśasa(구세자 대왕 아브다가샤사)라고 되어 있다.

2. 마우에스 왕 때부터 크샤하라타(Kṣaharata) 가(家)의 태수들—리아카 쿠술라카(Liaka Kusūlaka), 파티카(Pātika), 아르타(Arṭa), 카라호스테스(Kharahostes)—에 의해서, 그리고 그 뒤 아제스 2세의 통치하에서는 마니굴라(Maṇigula)에 의해서 잘 알려진 추크사(Chukhsa)의 고대 스키타이 태수령은 곤도파레스가 마니굴라의 아들에게 위임했던 것 같다. 마니굴라의 아들은 고대 샤까 연대로 191년(서력 기원후 36년)이라고 연대를 밝힌 '아스코스 항아리(askos-vase)'의 명문에 지호니카(Jihoṇika)라는 이름으로 나오고 있다(Konow, p. 82). 그는 "그 도시〔Chukhsa〕의 여신"형의 화폐에서는 제이오니세스(Zeionises)라고 불렸다.

3. 곤도파레스의 모노그램은 Rajarajasa tratarasa dhramiasa Sapedanasa(왕 중 왕 구세자 法을 수호하는 사페다나사) 또는 Satavastrasa maharajasa(사타바스트라스 대왕)라는 이름으로 주조된 "왕의 흉상: 서 있는 니케"형 은화의 바탕을 장식하고 있다. 이 은화들은 존 마샬이 시르깝(Sirkap)에서 발견했다. 이것들은 틀림없이 신드 강 하류지방이나 까티아와르에 봉토(封土)들을 가지고 있었던 곤도파레스의 봉신들과 관련이 있었던 것이다. 아마도 사페다나(Sapedana, Sapedanes)는 인도 서해안의 항구들, 특히 수파라(Suppara, Śūrpāraka)와 칼리아나(Kalliana, Kalyāṇa)를 지배했던 산다네스(Sandanes)라고 생각된다. "그것이 산다네스의 수중에 들어간 이래 시장(市場)은 큰 곤란에 처했다. 이곳에

도착하는 그리스 선박들은 바리가자(Barygaza, Bharukaccha)에서 엄중한 감시하에 들어갈 우려가 있다"(*Periplus*., 52). 곤도파레스는 아마도 신드 지방의 이 왕들에게 명목상의 권력만 행사했던 것 같다. 이 왕들은 곤도파레스가 죽은 뒤에도 살아남아 그의 계승자인 파코레스(Pacores) 치하에서도 계속 통치했다.

간다라의 탁티 바히(Takht-i-Bahi)의 비문((Konow, p. 62)은 곤도파레스가 기원후 45년에도 여전히 생존해 있었다는 것을 증명하고 있다. 그것은, 연호가 명시되지 않은 시대의 103년에 해당하는 구두브하라(Guduvhara) 대왕 재위 26년에 발라사미(Balasami, Balasvāmin)라는 사람이 한 예배당을 건립한 것을 기념하고 있다. 만약 이 일이 기원전 58년에 시작된 아제스 또는 비크라마 시대와 관계가 있는 것이라면, 이 비문은 103-58= 기원후 45년에 세운 것이 되고, 곤도파레스는 그보다 26년 전, 즉 기원후 19년에 즉위한 것이 될 것이다.

인도-스키타이족 출신의 무수한 샤까-빠흘라바인들 가운데서 곤도파레스는 역사의 어두움에서 빠져나와 전설 속에 자리를 차지한 유일한 사람이다. 그의 이름과 구다(Guḍa), 아브다가세스(Abdagases)와 같은 측근 중 몇 사람의 이름은 기독교의 사도 도마(Thomas)의 인도 여행과 티아나(Tyana)의 아폴로니우스(Apollonius)의 딱실라 방문, 그리고 3명의 동방박사들의 나사렛 순례에 관한 기독교와 이교도의 전설들 가운데 나오고 있다.

곤도파레스와 성 도마 '도마(Thomas, 역시 Judas라고도 부른다) 행전(*Actes of Thomas*)'[12]에 의하면 이 사도(使徒)는 곤도파레스의 궁정에 가서 미즈다이(Mizdai) 왕의 도시에서 순교했다는 것이다.

예루살렘에서 사도들은 자신들이 전도해야 할 나라들을 나누었다. 유다 도마(Judas-Thomas)는 역시 디디무스(Didymus, 쌍동이)라고도 불렸는데, 그는 포교해야 할 곳으로 인도를 배정받았다. 그때 남쪽 지방에 합반(Ḥabbān; Abannes, Abban)이라는 한 인도 상인이 도착했다. 이 상인은 그의 주인인 인도의 왕 군다파르(Gundaphar, Goundaphoros, Gundaforus)로부터 숙달된 건축가를 한 명 구해오라는 임무를 띠고 있었다. 그는 시장을 거닐고 있었는데, 예수가 그에게 나타나 자신의 노예들 가운데 건축술에 노련한 사람을 은화 20냥(兩)에 팔겠다고 제의했다. 그 노예는 다른 사람 아닌 도마였다. 그는 이렇게 해서 상인과 함께 인도에 갈 기회를 가지게 되었다.

순풍을 만나 이 두 여행자는 빠르게 산다룩(Sandarūk) 항구(인도 서해안의 Andrapolis)에 도착했다. 그들은 그 나라 왕이 공주의 결혼식을 위해 베푼 잔치에 참석했다. 도마는 그곳에서 영원한 지혜와 영혼의 신비적인 결합을 축하하는 노래를 불렀다. 왕은 그에게 신혼부부를 축복해 달라고 청했다. 도마가 결혼식장에서 물러나자마자 크리스트(예수)가 도마의 모습을 하고 그 젊은 부부에게 나타나서, 결혼생활에서 성적으로 금욕을 하게 그들의 마음을 바꾸어 버렸다. 화가 난 왕은

---

12 W. Wright, *Apocryphal Acts of the Apostles*, London, 1871 : I, p. 171-333 (원문); II, p. 146l-298 (번역문); P. Bedjan, *Acta martyrum et sanctorum*, III, Paris, 1892, p. 3-175; M. Bonnet, *Acta Thomae graece*, Leipzig, 1883; *Acta apostolorum apocrypha*, II권 b, Leipzig, 1903.

도마와 그 일행을 찾았지만 이미 그들은 그 지방을 떠나버린 뒤였다.

도마는 여행을 계속한 뒤에 군다파르 왕의 궁정에 도착했다. 그는 웅장한 궁전을 건축하라는 명령을 받고 6개월 내에 그 일을 끝내겠다고 약속했다. 그러나 도마는 건축비용으로 받은 돈을 자선(慈善)을 위해 써버렸다. 속았다는 것을 알게 된 군다파르 왕은 자신을 위해 세운 건물을 눈으로 보게 해 달라고 요구했다. 왕은 자신이 지불한 비용으로 천상에 세워진 정신적인 궁전을 꿈속에서 보고 진정이 되었다. 왕과 왕의 동생 가드(Gad), 그리고 궁정의 모든 사람들이 개종했다. 그들을 따라 수많은 사람들이 참된 신앙을 신봉하게 되었다. 도마는 많은 기적을 행했다.

기적 이야기가 널리 퍼져나갔다. 이웃 왕국에서 마즈다이(Mazdai, Misdaios, Misdeus) 왕이 귀신들린 왕비와 공주를 고치기 위해 도마를 찾으러 시푸르(Sifūr, Siphōr, Sapor) 장군을 보냈다. 도마는 그가 개종시킨 사람들을 크산티포스(Xanthippos, Xenophon) 부제(副祭)에게 맡기고 마즈다이 왕국으로 갔다. 그곳에서 그는 테르티아(Tertia) 왕비와 미그도니아(Mygdonia)라는 한 귀족 부인을 개종시키고 결혼생활에서 성적인 금욕을 하도록 서약시켰다. 도마는 왕이 그를 투옥시키자 영세받을 지망자들의 교육을 끝내기 위해 마음대로 감옥에서 나왔다. 끝내 그는 도시 바깥으로 끌려가서 4명의 군인들의 창에 찔려 죽음을 당했다. 도마는 옛 왕들의 묘지에 매장되었지만 제자들이 그의 시체를 몰래 가져 나와 서양으로 옮겼다.

도마 사도행전은 고대 시리아어 문학의 정통적인 작품인데, 원래의 언어는 그리스어가 아니었다는 것이 증명되었다.[13] 이것은 특히 성가(聖歌)에서 — 세례(洗禮)의식을 하는 동안에 부르는 성가(聖歌, 제27章), 성찬식(聖餐式)을 위한 성가(제 50장), 영혼의 성가(제108 - 113장) — 그노시스파의 특징을 강하게 띠고 있다.[14] 이 저작은 엔크리트교도(Encratites), 아포스톨리크교도(Apostolic), 마니교도 또는 프리스키아누스교도(Priscillianist)들과 같은 이단자들의 수중에 들어 있었던 것이라고 4 - 5세기의 작가들이 기록하고 있다.[15] 그렇지만 가톨릭교도들이 거리낌없이 그것을 읽었다. 494년에 겔라시우스(Gelasius) 교황의 명령으로 교회가 인정한 성서들의 정전(正典)에서 그것을 제외시켜 버렸다.

성(聖) 도마의 인도 여행과 순교의 역사성에 대해서는 대단히 많은 논쟁이 있었다.[16] 독일의 예수회 수도자들인 달만(J. Dahlmann)과 베뜨(A. Väth)는 찬성 의사를, 벨기에의 예수회 수도자

13 F. C. Burkitt, *The Original Language of the Acts of Judas Thomas*, Journal of Theological Studies, I, p. 280 - 290, II, p. 429; III, p. 94; P. Peeters, *Traductions et traducteurs dans l'hagiographie orientale à l'époque byzantine*, Anal. Boll., XL, 1922, p. 255, 註 6; *Le tréfonds oriental de l'hagiographie byzantine*에서 다시 취하고 있다. Brussels, 1950, p. 179, 註 3; P. Devos, *Actes de Thomas et Actes de Paul*, Anal. Boll., LXIX, 1951, p. 124 이하.

14 K. Macke, *Syrische Lieder gnostischer Ursprungs*, Tübinger Theol. Quartalschrift, 1874, p. 3 - 70; A. Bevan, *The Hymn of the Soul*, Texts and Studies, V, 별책 3; G. Hoffmann, *Zwei Hymnen der Thomasakten*, Zeitschrift für die N. T. Wissenschaft, IV, 1903, p. 273 - 309; E. Preuschen, *Zwei gnostische Hymnen ausgelegt*, Giessen, 1904.

15 É, Amman, *Apocryphes du Nouveau Testament*, Dictionnaire de la Bible, 補遺, I, Paris, 1928, p. 501 : Epiphanius, *Haeres*., XLVII, 1, Migne PG, 41, 852 (Encratites); LXI, 1, Migne PG, 41, 1046(Apostolics); Augustine, *Cont. Faustum*, XXII, 79; *Cont. Adimant*., XVII, 2(Manichaeans), Migne PL, 42, 452와 758; Turribius, *Epist. ad Idac*, Migne PL, 54, 694(Priscillianists).

16 L. de La Vallée Poussin, *L'Inde aux temps des Mauryas*(p. 277)에서 참고서 목록을 볼 것 .

피터스(Peeters)는 반대 의사를 표했다.[17]

사실 성(聖) 도마가 전도한 국민들, 그의 죽음의 성질, 그리고 경우에 따라서는 순교 장소에 대해서, 전승(傳承)은 일치하지 않는다.[18]

알렉산드리아의 클레멘트(Clement)가 인용한(*Strom*., IV, 9; Migne PG, 8, 1281) 발렌시아 출신 그노시스파의 헤라클레온(Heracleon, 기원후 145 - 180년)에 의하면 도마 사도는 성 베드로와 성 바울이 죽은 후에 자연사했다는 것이다(Photius, *Bibl*., cod. 276; Migne PG, 104, 256). "모든 구원받은 자들 — 예를 들면 마태, 빌립, 도마, 레비와 그 외의 많은 다른 사람들 — 은 목소리로 행해진 고해(告解)를 한 후에 이 세상을 떠나지는 않았다." 다른 말로 하면, 사도들 모두가 다 순교한 것은 아니었다는 것이다.

오리겐(Origen, 기원후 185-254년, *Clement. Recognit*., IX, 29; Migne PG, 1, 1415)과 소크라테스(기원후 450년, *Historia ecclesi-*

---

17 J. Dahlmann, *Die Thomas-Legende und die ältesten historischen Beziehungen des Christentums zum fernen Osten*, Freiburg im Breisgau, 1912; A. Väth, *Der hl. Thomas der Apostel Indiens*, Aachen, 1925. P. Peeters, Dahlmann의 서평, Analecta(選集), Boll., XXXII, 1913, p. 75-77. 같은 *Analecta*(1925, p. 401)를 볼 것.

18 K. Staab, *Thomas hl. Apostel*, Lexikon für Theologie und Kirche, X, 1938, p. 109-111.
다른 경외서(經外書)들에 의하면, Barthélemy 성자 역시 인도에 복음을 전파하고, 그곳에서 Polymius 왕에게 처형을 당했다는 것이다. 참조, *Martyre de Barthélemy* [*Acta Apostolorum apocrypha*], Tischendore 출판, Leipzig, 1851, p. 243; R. A. Lipsius와 M. Bonnet, *Acta apostolorum apocrypha*, II, 1, p. 128-150; *Abdiae Apostolicae historiae*, Fabbicius 출판, Hambourg, 1719, p. 669.

astica, I, 19; Migne PG, 67, 125)에 의하면 성 도마가 파르티아인들에게 복음서를 가져다 주었다는 것이다.

성 제롬(Jerome, 331-420, *De vitis apost*., V; Migne PL, 23, 722)과 수도우 도로테아(Pseudo-Dorothea, *De LXX Dom*., *disc*.; Migne PL, 92, 1072)는 파르티아인들 외에 성 도마가 전도한 다른 국민들에 대해 언급하고, 도마 사도가 죽은 장소로서, 우리가 아는 한 아직 확인되지 않은 도시인 인도의 깔라미나(Kalamina)를 말하고 있다.

4세기와 5세기부터 도마를 인도의 사도와 순교자로 만든 다음과 같은 전통이 확립되었다 : 암브로스(Ambroise, 340-397년, *In Psalmos 45*; Migne PL, 14, 1143); 제롬(Jerome, 331-420년, *Epistula 59 ad Marcellam*; Hilberg, 546); 나지안주스(Nazianzus)의 그레고리(Gregory, 330-390년, *Oratio 33 contra Arianos*; Migne PG, 36, 228); 니케포루스(Nicephorus, *Historia ecclesiastica* II, 40; Migne PG, 145, 861); 놀라(Nola)의 파울리누스(Paulinus, 353-431년, *Carmen 18 fragmenta*; Migne PL, 61, 672).

아직 우리는 성 도마가 개종시켰다고 알려진 말라바르(Malabar) 기독교도들에 대한 전승의 성립 시대를 모른다. 이 전승에 의하면 도마 사도는 기원후 52년에 소코토라(Socotora)로부터 크란가노르(Cranganor, Malabar) 근처의 말란카라(Malankara) 섬에 갔다. 그리고 그는 크란가누르(Cranganur), 팔루르(Palur), 북 팔루르, 남 팔리푸람(Pallipuram), 나라남(Naranam), 넬락쿨(Nellakkul), 킬론(Quilon) 등 7개의 공동체를 세웠다. 그는 거기에서 코로만델의 말라이뿌르(Malaipur, 마드라스 교외)로 옮겨가서, 사간(Sagan) 왕을 개종시켰다. 한 바라문이 근처 산 위에서 그를 창으로 찔러 죽였다. 도마의 시체는 다른 전설에서처럼 에데사(Edessa)로 옮겨졌다.

도마 사도가 죽음을 당한 곳이라고 알려진 말라이뿌르(마드라스 근방의 Maliyāpur, 뒷날 San Thome)에서 1547년에, 10세기경에 만들어진 것으로 보이는 펠비(Pehlvie, 중기 이란어)어 경문(銘文)이 새겨져 있는 십자가를 발견했다.[19] 그런데 트라반코레(Travancore)에는 이 십자가의 복제품이 적어도 4개나 있다.

1122년 5월 5일 금요일, 교황 칼릭스투스 2세(Calixtus II, 1119-1124)의 로마 궁정은 자칭 인도 고위 성직자라는 사람의 뜻밖의 방문 때문에 떠들썩했다. 그의 열광적인 연설은 성 도마 사후의 기적 이야기를 서양인들이 믿도록 만들었다. 이 인도 고위 성직자의 이야기는 두 개의 이본(異本)으로 전해지고 있다. 그 가운데 두 번째 본(本)만이 그 기적의 무대가 피손(Physon) 강이 가로질러 흐르고 있는 한 인도 왕국의 수도, 훌나(Hulna)라는 것과 이 도시 근방에 있는 산 정상에 성 도마의 교회가 있다는 것을 명확히 밝히고 있다. 이 성자의 시신(屍身)을 보존하고 있었던 것으로 여겨지는 이 교회는 해마다 큰 기적의 무대가 되었다. "해마다 성 도마의 축제 전후의 각 8일 동안, 그 교회를 둘러싸고 있는 깊은 강이 좌우로 갈라져서 (사람들이) 건너갈 수 있게 된다. 축제 당일에는 기도를 드리는 모든 사람들의 먼 앞에 선 대주교가 (도마) 성인의 성골함(聖骨函)에 다가가 동료들의 도움을 받아, 그의 몸을 모셔내어 주교좌(主教座)에 내려놓는다. 모든 사람들은 봉헌물을 도마 사도에게 바치기 시작한다. 그러면 그는 팔을 내밀고 손을 편다. 단지 이교도들이 봉헌물을 올리면 팔을 오므려 그것을 거절한다."[20]

---

19 이 발견물에 관해서는 L. de La Vallée Poussin, *Dynasties et Histoire de l'Inde depuis Kaniṣka jusqu'aux invasions musulmanes*(p. 249)에서 참고서 목록 볼 것.

도마 사도가 인도에서—그것이 인도-스키타이에서였건 또는 코로만델에서였건 간에—죽었다는 사실이 의심스럽긴 해도, 한 기독교 전교단이 곤도파레스 왕의 통치 때 인도-스키타이에 들어갔다는 사실은 연대적으로 불가능하지는 않을 것이다. 그러나 설사 전도활동이 있었다 하더라도 명백한 결과는 없었다. 기독교가 실제로 그곳에 있다는 것을 입증하기 위해서는 인도 영토와 그 인근 지방에 기독교 교구들이 설치되기를 기다려야 한다. 그러나 사산 왕조(Sassanid, 기원후 226-642년)의 페르시아와 굽따 왕조의 인도에서 교구가 설립된 것이 5세기 이전에는 확인되지 않는다. 사르바지야(Sarbaziya, Gédrōsia), 세게스탄(Segestān, Séistān 또는 Drangiane), 메르브(Merv), (Khorāsān에 있던) 헤라트(Herat) 등의 칼데아(Chaldea, 바빌로니아 지방) 주교구(主教區)들은 424년에서야 동방공의회(東方公議會, Synodicon Oriental)를 통해 알려졌다.[21] 셀레우케이아(Seleuceia)의 제1차 공의회(410년)에 사산 제국의 여러 지방으로부터 많은 주교들이 참석하러간 것 같다. 그리고 제 2차 공의회(486년)에는 헤라트(Herāt)의 주교가 참석했다.[22]

---

20 P. Devos, *Le miracle posthume de saint Thomas l'Apôtre*, Anal. Boll., LXVI, 1948, p. 231-275. 풍부한 참고서 목록과 새로 발견된 자료들이 있음.

21 J.-B. Chabot 출판, Paris, 1902, p. 43; 번역서, p. 285.

22 특히 V. J. Labourt의 *Le christianisme dans l'empire perse sous la dynastie Sassanide*(Paris, 1904)를 볼 것; E. R. Hayes, *L'École d'Édesse*, Paris, 1930; A. Foucher, *La vieille route de l'Inde*, II, p. 290. 중앙아시아와 극동에서의 칼데아(Chaldea), 비자틴(Byzantine), 아르메니아, 시리아 교회의 확장에 관해서는 다음 자료들을 볼 것: H. É. Cardinal Tisserant, *Nestorienne(l'Église)*, Dict. de théologie cath., XI. Paris, 1931, col. 157-323; J. Dauvillier, *Les provinces chaldéennes de l'extérieur au Moyen Age*, Mélanges Cavallera, Toulouse,

코스마스 인디코플레우스테스(Cosmas Indicopleustes: Antioch의 Constantine)가 쓴 기독교지지(基督敎地誌, Topographia Christiana, III, p. 169 A-B)[23]의 한 구절이 인도에 기독교가 있었다는 것을 말해주는 확실한 첫 증거이다. 그것은 6세기(520-526년)로 거슬러 올라갈 뿐 아니라, 관용적인 종교정책으로 유명했던 굽따 왕조의 인도와 관계가 있다. "인도 내의 타프로바네(Taprobane, 스리랑카)에 한 기독교 교회와 사제들과 신도들이 있다. 말레(Male)에서도 마찬가지인데, 그곳에서는 후추가 자란다.[24] 칼리아나(Kalliana)라는 도시에는 페르시아에서 선임된 주교가 있다. 주민들이 그리스어를 사용하고 있는 디오스코리데스(Dioscorides, Socotora) 섬에도 역시 페르시아에서 선임되어 그들에게 파견된 사제들과 많은 기독교도들이 있다."

그렇지만 사실상 인도의 종교 지도를 작성한 중국의 구법승들, 특히 법현(法顯, 402-410년), 송운(宋雲, 518-522년), 현장(玄奘, 627-645년)의 서역 여행기에서는 그 어디에도 기독교도가

1948, p. 260-316; *Byzantins d'Asie centrale et d'Extrême-Orient au Moyen Age*, Jugie. Revue des Études byzantines, XI, 1953, p. 62-87; *Communication au IXe congrès international d'études byzantines faite à Thessaonique en avril 1953; L'Expansion de l'Église syrienne en Asie Centrale et en Extrême-Orient*, Orient Syrien, 1호 Janv.-Mars 1956, p. 1-12.

23 E. O. Winstedt 출판, *Cambridge*, 1909, p. 119.

24 현장의 서역기에 나오는 말라야(秣剌耶, Malaya)라고 생각된다(T. 2087, k. 10, p. 932 a 5). Kalliana(*Peripus*, 52, 53의 Kalliena; Ptolemy의 Kaliour, VII, 1, 91)는 브라흐미 문자로 된 비문들의 Kalyāṇa(Lüders, 986, 988, 998, 1000, 1001, 1013, 1014, 1032, 1177, 1179)로서 봄베이 항구의 동쪽해안의 현재 깔랴나(Kalyāna: 북쪽으로 19도 14부, 동쪽으로 73도 10부)이다. 나는 왜 L. de La Vallée Poussin이 이곳을 코친(Cochin)으로 보려고 하는지 그 이유를 모르겠다(*Dynasties et Histoire de l'Inde*, p. 249).

있었다는 것을 언급하지 않았다. 아마도 그들은 기독교도를 "데바(deva)의 신봉자들"과 혼동했던 것 같다.

곤도파레스로 되돌아와서, 그의 이름은 유대인들의 왕〔아기예수〕을 경배하기 위해 예루살렘에 갔던 동방 박사들 가운데 포함될 수 있었다. 중세기 이후 세 박사를 기억하고 있는 서양의 전통은 그들을 가스파르(Gaspar), 멜키오르(Melchior), 발타사르(Balthasar)라고 부른다. 이 이름들은 6세기의 저작인 *Excerpta Latina Barbari*(이방인의 라틴문학 발췌문)에 처음으로 나온 것 같다.[25] 폰 굿슈미트(A. von Gutschmid)는 이 3명 가운데서 첫번째인 가타스파르(Gathaspar) 또는 가타스파(Gathaspa)를 빠흘라바족 출신의 곤도파레스라고 보았다.[26]

딱실라의 왕과 티아나의 아폴로니우스 기원후 217년 조금 전, 아테네 사람 필로스트라투스(Philostratus)는 티아나(Tyana)의 아폴로니우스(Apollonius, 기원후 4-97년)에 대해 매우 소설적인 전기를 썼다.[27] 이 전기에서 그는 기원후 44년에, 신(新) 피타고라스학파의 현자 아폴로니우스와 그의 동료 다미스(Damis)가 딱실라의 왕 프라오테스(Phraotes)를 방문한 것에 대해 길고도 자세하게 기술하고 있다. 만약 이 이야기가 전적으로 허구적인 것이 아니라

---

25 A. Schoene이 Chronique d'Eusèbe의 부록, VI권(Berlin, 1875, vol. I, p. 228)으로 간행했다.

26 A. von Gutschmid, *Die Königsnamen in den apokryphen Apostelgeschichten*, Rheinisches Museum für Philol., N.F., vol. XIX, Frankfurt a. M., 1864, p. 161-183과 380-401. 역시 . F. Justi, *Miscellen zur iranischen Namenkunde*, ZDMG, XLIX, 1895, p. 688 참조.

27 C. L. Kayser 출판, Teubner, 1870; F. C. Conybeare 출판, Loeb, 1912.

고 한다면, 이 프라오테스(그의 파르티아식 이름은 틀림없이 Frahāta 또는 Frawarti였을 것이다)는 그 시대에 인도-스키타이의 왕들 중의 왕이었던 곤도파레스의 많은 태수들 가운데 한 사람이었음이 확실하다.

바빌론을 출발한 뒤 아폴로니우스와 다미스는 이란 사막을 가로질러 여행했다. 그리고 인도의 코카서스 산맥[Hindūkush]을 넘어 코펜 강(Kophēn, Kābul에 있는 江)의 여울을 건너 인더스에 도착했다. 거기에서, 인도의 한 태수가 갤리선 한 척을 그들이 사용할 수 있게 해 주고 딱실라의 왕 프라오테스(Phraotes) 앞으로 보내는 추천장을 써 주었다. 인더스 강을 건너 이 여행자들은 딱실라의 성벽 앞에 도착했다. "성벽 앞에는 회반죽을 입힌 돌로 건축한 약 100여 척 높이의 사원이 있었다. 사원 안에는, 측면에 주랑(柱廊)이 서 있는 높이 솟은 사원에 비해 너무 작지만, 그러나 매우 훌륭한 일종의 제대(祭臺)가 있었다. 사방 벽에는 뽀로스(Pōros, Porus)와 알렉산더의 무훈을 나타내는 동판(銅板)이 붙어 있었다"(Philostr., II, 20). 두 방문자는 딱실라 도시를 보고 감탄했다. "이 도시의 규모는 니니베(Ninive)와 대등하다. 그것은 그리스 도시들처럼 균형감 있게 건축되었다. 그 당시 뽀로스 왕국을 다스리던 사람의 왕궁이 그곳에 있었다"(同, II, 20). "집들은 겉으로 보기에 단층으로 되어 있는 것같이 건축되었지만 내부에 들어가 보면 깊이가 지상에 위치하고 있는 방 높이와 같은 지하 방들이 있었다"(同, II, 66).

필로스트라투스(Philostratus)가 제공한 이와 같은 자세한 묘사들은 발굴에서 드러난 것처럼, 딱실라-시르깝(Taxila-Sirkap)의 그리스-파르티아 양식 도시와 정확하게 일치한다. 존 마샬에 따르면 이 도시의 입구에 건축되었던 100척 높이의 사원은 바로 잔디알(Jaṇḍiāl)의 이란사원이다.[28] 이 건축물은 그리스 사원처럼 내진(內陣)과 성소(聖所) 사이에 방을 설치하는 대신, 분명히 높은 망루를 떠받쳤을 것같은 커다란 벽돌 구조물을 설치했다. 이 벽돌 구조물의 기초는 지하 20척 깊이로 박혀 있다. 내진으로부터 사원의 뒤쪽으로 통하는 외부 계단을 통해 이 망루에 이르게 된다. 성소를 장식하고 있는 이오니아 양식의 두 기둥은 인도에 있는 그리스 예술의 가장 오래된 표본 가운데 하나로 분류하기에 충분하다. 사실 알다시피 이오니아 양식이 그곳에 도입된 것은 처음이었는데, 뒷날 그리스 양식이 가미된 불교 예술파(Greco-Buddhist school)가 그것을 코린트(Corinthe) 양식으로 대체했다.

사람들은 필로스트라투스가 말한 딱실라의 이 도시와 샤따바하나 왕궁터를 발굴했다. 좌우대칭을 이루는 설계에 따라 건설된 이 도시는 하나의 간선도로가 북쪽에서 남쪽으로 관통했고, 교차도로들이 직각으로 그것을 가로질렀다.[29] 왕궁은 동남 구역에 위치하고 있었는데, 간선도로와 13번째 교차도로 사이의 한 모퉁이를 이루었다. 왕궁은 많은 방들로 이루어져 있었다. 즉 하나의 남자방(andreon), 하나의 여자방(gunaikeion), 경비초소, 사적이나 공적 회견을 위한 집회실들이 있었다.[30]

고고학자들의 주장에 의하면 아폴로니우스(Apollonius)가 그곳

28 J. Marshall, *Taxila*, I, p. 222-229; III, 원판(사진) 44.
29 Marshall, *Taxila*, I, p. 40; III, 원판 10.
30 Marshall, *Taxila*, I, p. 171-180; III, 원판 33.

을 방문하기 얼마 전에 그 지방은 지진으로 파괴되었다. 그 결과 이란의 이 대사원이 무너졌고, 다르마라지까(Dharmarājika) 스뚜빠와 그것을 둘러싸고 있던 작은 건축물들이 파괴되었다. 그리고 대부분의 주거용 집들도 무너졌다.[31] 이 도시, 더 정확하게 딱실라의 두 번째 장소인 시르깝은 그때 새로운 방법을 기초로 해서 재건되었다. 조잡하게 자른 연마석(硏磨石)을 진흙으로 접합하고, 그 위에 회반죽으로 덮어 이은 뒤, 정성껏 4각으로 자른 입방체의 연마석을 가지고 한 "마름모"형의 돌 공사는 건물에 그들이 이전에 알지 못했던 견고성을 주었다.[32] 건축물의 기초는 땅 속에 좀더 깊이 박혔다. 주거용의 집들은 이층으로 제한되었는데, 아래층이 일부는 지하였다. 이 사실은 "겉으로 보기에, 집들은 단지 단층으로 되어 있는 것 같다"고 기록한 것을 설명해 준다.

명백하게, 필로스트라투스(Philostratus)가 사용한 자료들 가운데 하나는, 스키토-파르티아의 딱실라-시르깝을 철저하게 자세히 알고 있었다. 그러나 그렇다고 해서 아폴로니우스가 했다는 인도 여행의 역사성이 보증되는 것은 아니다. 필로스트라투스가 티아나(Tyana)의 아폴로니우스 전기를 쓴 것은 셉티미우스 세베루스(Septimius Severus)의 두 번째 부인이었던 여황제 줄리아 돔나(Julia Domna)의 요청에 의해서였는데, 그녀는 기원후 217년에 사망했다. 이때 이미 전설은 신(新) 피타고라스 학파의 이 현자[아폴로니우스]를 이교(異敎)의 신으로 바꾸어 놓았다. 줄리아 돔나

---

31 Marshall, *Taxila*, I, p. 63, 118, 137, 237.

32 이와 같은 연속적인 양식의 돌 공사에 관해서는 J. Marshall, *A Guide to Taxila* (Delhi, 1936, 원판 V)를 볼 것.

의 아들 카라칼라(Caracalla, 211-217년)는 그를 위해 예배당을 세웠다.[33] 알렉산더 세베루스(Alexander Severus, 222-235년)는 그의 작품 라리움(Larium, 神들)에서 그를 크리스트, 아브라함, 오르페우스(Orpheus)와 나란히 소개했다.[34] 이 현자의 출현을 기뻐한 아우렐리안(Aurelian, 270-275년)은 그를 위해 티아나에 한 사원을 세웠다.[35]

디오클레티안(Diocletian, 284-305년) 황제의 통치하에서 비티니아(Bithynia)의 총독이었던 히에로클레스(Hierocles)는 그의 디스쿠르수스 필랄레테스(Discursus Philalethes : 진리를 사랑하는 디스쿠르수스)에서 아폴로니우스를 크리스트와, 그리고 그의 기적들을 복음서의 기적들과 비교했다. 그는 처음에는 카에사라에아(Caesaraea)의 유세비우스(Eusebius, 260-340년)와 콘스탄틴 대제의 스승 락탄티우스(Lactantius, 315년)와 같은 기독교의 호교론자들로부터 논박을 당했다. 그렇지만 뒷날, 제롬(Jerome, 348-420년), 아우구스티누스(Augustinus, 354-430년), 시도니우스 아폴리나리스(Sidonius Apollinaris, 430-488년)와 같은 기독교 저자들은 이교의 저자들인 아미아누스 마르켈리누스(Ammianus Marcellinus)와 유나피우스(Eunapius) 등과 함께 이 현자의 공덕을 찬양하면서, "성스럽고 경건하고 신성한 사람"(homo sanctus, venesabilis et divinus)"[36]이라고 불렀다.

---

33 Dion Cassius, *Hist*., LXXVII, 18.

34 Lampridius, *Severus Alexander*, XXIX (Scriptores Hist. Augustae, D. Magie 출판, II, p. 234).

35 Vopiscus, *Aurelianus*, XXIV.

필로스트라투스(Philostratus)는 아폴로니우스의 전기에서 직접 자료와 간접 자료들을 전혀 비판 없이 사용했다는 것을 확인할 수 있다. 자료에는 "아시리아인 다미스의 회상기(Memoires of the Assyrian Damis)", 아에게아(Aegea)의 막시무스(Maximus)와 마에레게네스(Maeregenes)가 이전에 편찬한 "아폴로니우스의 전기(*Lives of Apollonius*)," 진위를 알 수 없는 자료로써 마술사가 썼다고 추정되는 "서간(書簡)과 영감받은 말씀(*Correspondance and the Inspired Words*)" 등이 있다.

파코레스(기원후 50 - 60년) 기원후 50년경, 빠흘라바 출신의 파코레스(Pacores) 왕은 동 이란의 수렌(총사령관)으로서 곤도파레스를 계승했다. 이 시기에 파르티아 왕조는 권력문제 때문에 생긴 갈등에 시달리다가 분열되었다(Tacitus, Ann., Xl, 8-10; Xll, 10-14). 아르타반(Artaban) 3세가 죽은 뒤 5년 동안 그의 두 아들, 바르다네스(Vardanes)와 고타르제스(Gotarzes)는 왕권을 다투었다(기원후 41-45년). 사냥 놀이 중에 바르다네스가 암살당한 뒤 고타르제스는 혼자 기원후 51년까지 권력을 차지했다. 그의 잔혹함과 낭비에 지친 귀족들의 요청에 따라 클라우디우스(Claudius) 황제는 고타르제스 대신 프라아테스(Phraates) 4세의 손자이고 보노네스(Vonones) 1세의 아들인 메헤르다테스(Meherdates) 왕자를 파르티아에 보냈다. 메히르다테스는 배반을 당해 고타르제스의 수중에 떨어져, 페르시아의 관습에 따라 왕좌를 차지할 수 없도록 수

---

36 M. A. Canney, *Apollonius of Tyana*, ERE, I, p. 611.

족을 절단당했다. 51년에 고타르제스를 계승한 보노네스 2세는 단지 몇 달밖에 통치하지 못했고 화폐도 주조하지 않은 것 같다. 그의 아들 볼로게세스(Vologeses) 1세가 그를 대신했다(51–78년). 민족주의와 반(反) 그리스 운동이 모습을 드러냈다. 이 왕의 화폐에는 셈어계(Semitic) 글자들이 나타났고 그리스어 명문들이 차츰 사라졌다. 이 왕은 아베스타(Avesta, 조로아스터의 경전)의 단편들을 수집하도록 했다. 아르메니아(Armenia) 문제 때문에 볼로게세스는 로마 사람들과 충돌했다. 아시아의 총독이고 카파도키아(Cappadocia)와 갈라티아(Galatia)의 보좌관이었던 도미티우스 코르불로(Domitius Corbulo)는 아르탁사타(Artaxata)를 빼앗아 파괴하고, 전투 없이 티그라노케르타(Tigranocerta)를 점령했다(51년). 아르메니아는 이렇게 해서 다시 한 번 로마령이 되었지만 단지 일시적이었다. 왜냐하면 볼로게세스가 아르사모사타(Arsamosata)에서 승리함으로서 티리다테스(Tiridates)를 파르티아 왕조의 태수 자리에 복직시켰기 때문이다. 58년에서 63년 사이에 코르불로는 아르메니아를 재정복하려고 기도했다. 그는 카에사니우스 파에투스(Caesannius Paetus) 장군의 반대에도 불구하고 아르메니아 문제에 대해 파르티아 왕가와 협정을 맺는데 성공했다(63년). 볼로게세스는 긴 통치기간 동안 역시 아르메니아와 메디아를 파괴한 알라니(Alani)족의 침공을 물리쳐야 했고, 55년에는 그에게 반항한 자신의 아들 바르다네스(Vardanes) 2세와 싸워야 했다. 그리고 58년에는 히르카니아(Hyrcania)에서 일어난 폭동을 진압해야 했다.

중앙권력이 처해 있었던 어려움은 동이란의 수렌 파코레스에게 자유를 주었다. 아마도 세이스탄(Seistān)에 자리를 잡은 뒤, 그는 ΒΑCΙΛΕΥC ΒΑCΙΛΕΩΝ ΜΕΓΑC ΠΑΚΟΡΗC(바실레우스 바실레온 메가스 파쿠라스), Maharajasa rajatirajasa mahatasa Pakurasa(왕중 왕 위대한 파쿠라사)라는 제왕의 칭호와 함께 "왕의 흉상: 니케" 형의 화폐를 찍었을 것이다. 그의 아래쪽에 또는 옆에 ΒΑΣΙΛΕΥΣ(바실레우스)라는 칭호를 화폐에 새겨 놓은 사나바레스(Sanabares)라는 사람이 보인다.

그러나 수렌(Suren)의 권위는 파르티아 황제들의 권위보다 확고하지 못했다. 그것은 단지 명목상으로만 사산(Sasan), 사페다네스(Sapedanes), 사타바스트라(Satavastra) 등의 빠흘라바 수령들에게 영향을 미쳤는데, 그들은 결코 한 번도 서로 합의한 일없이 계속해서 신드 지역을 통치했다. 그들이 다스린 항구는 인더스 삼각지대의 바르바리콘(Barbaricon, 아마도 현재의 Bahardipur)이었을 것이다. 그러나 이 스키타이(좀더 정확하게는 인도 스키타이족)의 수도는 민나가라(Minnagara)라는 이름을 가지고 있었는데, 이것은 알렉산더 원정의 파탈라(Patala)와 동일한 곳이다. "에리트리아 해의 대항해(*Periplus*, § 38)"와 동시대 사람들의 증언에 의하면, "이곳은 파르티아족이 자기들끼리 계속해서 쫓고 쫓기면서 통치했다."

자이나교 저자들의 증언에 따르면,[37] 딱실라 지방은 기원후 57년경에 유행병으로 황폐되었다. 낫둘라뿌라(Naḍḍulapura, Rājputāna의 Nodol) 지역의 교단은 마나데비 수리(Mānadevi Sūri)

37 Devavimalagani의 *Hīrasaubhāgya*, p. 163-164; Prabhācandra Sūri의 *Prabhāvakacarita* 참조, ARArchSurv, 1914-1915, p. 36-41; *Taxila*, I, p. 65.

성자에게 그 재난과 싸우러 갈 임무를 맡겼다. 얼마 후 월지족이 간다라를 점령했고, 인도의 서북지방에서 샤까-빠흘라바족을 결정적으로 몰아내었다. "페스트가 있었던 3년 후, 이 대도시(딱실라)는 뚜루슈까(Turuṣka)족에 의해 파괴되었는데, 현재까지 〔이 고대 도시의〕 지하 집들 속에서 청동(青銅)과 돌로 만든 상(像)을 발견할 수 있다."

꾸샤나(Kuṣāṇa)족이라고도 하는 뚜루슈카족이 인도 서북지방을 정복한 것은 아제스 기원 103년(서력 기원 45년, Gondophares로부터 입증된 마지막 연대)과 마하반(Mahāban) 산악지방에 있는 빤즈따르(Panjtār)의 꾸샤나 비문 연대인, 역시 아제스 기원 122년(서력 기원 64년) 사이로 설정된다(Konow, p. 78). 아제스 136년(서력 기원 78년)이라고 되어 있는 딱실라 은제원통(銀製圓筒)(Konow, p. 77)은 당시 딱실라가 꾸샤나 왕조의 데바뿌뜨라(Devaputra) 손에 들어가 있었다는 것을 증명해 준다. 그리고 이 정복은 중국의 연대기 편찬자들에 의해서 입증된다. 이 침략으로 인해 파괴된 딱실라 도시는 기원후 80년경에 시르깝(Sirkap)으로부터 시르수크(Sirsukh)로 이전되었다.

2. 초기 샤따바하나 왕조

샤따바하나의 안드라족[38] 아쇼까 시대에, 마우리야 제국은 반도의 남쪽 끝에 위치한 께랄라(Kerala), 쫄라(Coḷa), 빤댜(Pāṇḍya) 지역들을 제외한 데칸의 대부분에까지 미쳤다. 마우리야 제국의 마지막 왕들은 북데칸의 몇몇 지역과 특히 비다르바(Vidarbha), 즉 베라르(Berār)에 대해 여전히 종주권을 행사했는데, 기원후 187년경에 베라르는 마우리야 궁정과 인척관계를 맺고 있던 야즈냐세나(Yajñasena)라는 사람이 통치했다. 그렇지만 그는 슝가 왕조의 초기 왕들이었던 뿌샤미뜨라와 아그니미뜨라의 종주권(宗主權)을 인정하고 아그니미뜨라의 처남인 비라세나(Vīrasena)와 함께 나라를 공유해야 했다.

앞 장(章)에서 보았듯이 약하고 분열된 슝가 왕조가 계승한 인도 제국은 통일을 유지할 수 없어 기원전 1세기에 강력한 두 가문인 북데칸의 샤따바하나(Śātavāhana)와 깔링가의 쩨디(Cedi) 가문들이 독립을 주장했다.

샤따바하나(異本에는 Śālivāhana) 왕조는 샤따바하나 가문(Śātavāhanakula)과 안드라족(Andhra, Andhrajāti)에 속해 있었다. 몇몇 왕들은 사따까르니(Sātakarṇi, 쁘라끄리뜨어로 Sātakani,

38 독자들은 L. de La Vallèe Poussin의 *L'Inde aux temps des Mauryas*(p. 203)에서 초기 참고서 목록을 볼 수 있다; 추가로 다음과 같은 참고서들이 있다. V. S. Suktrnkar, *On the Home of the so-called Andhra Kings*, ABORI, I, p. 21; S. A. Joglekar, *Śātavāhana and Śātakarṇi*, ABORI, XXVII, p. 237-287; R. C. Majumdar, *The Chronology of the Śātavāhana*, Asutosh Memorial Vol., II, Patna, 1926, p. 107-117; R. Dikshitar, *The Satiyaputras, Śātakarnis, Sātvatas and Nāsatyas, Indian Culture*, 1936, p. 549 이하; G. Bose, *Reconstruction of Andhra Chronology*, JASB V. 1939, p. 1-131; K. Gopalachari, *Early History of the Andhra Country*, Madras, 1941; B. V. Krishna Rao, *History of the Early Dynasties of Andhradeśa*, Madras, 1942; V. Ramesam, *Andhra Chronology* (90-1800 A. C.), Mylapore, 1946; P. L. Bhargava, *The Śātavāhana Dynasty of Dakṣiṇāpatha*, IHQ, XXVI, 1950, p. 325-329; S. L. Katare, *Simuka, Śātakarṇi, Śātavāhana*, IHQ, XXVIII, 1952, p. 68-78; S. B. Deo, *A Śātavāhana Legend*, IHQ, XXX, 1954, p. 276-281. *Śākarṇi*, JRAS, 1929, p. 273-279.

Sadakani, 그리고 역시 Sāta, Sada, Sati) 또는 역시 빌리바야꾸라(Vilivāyakura)라는 칭호를 가지고 있다.

프르질루스키(J. Przyluski)[39]는 이 어휘들을 문다(Munda)어 sada 또는 sāda "말〔馬〕," han 또는 hapan "아들," kon 또는 koni "아들," kura "도시" 등으로 설명했다. 그에 의하면, Śātavāhana 또는 Śātakārṇis는 Sādahanas(Sādapahanas) 또는 Sādakons, 즉 "말의 아들"일 것이라는 것, 그리고 그들의 수도 가운데 하나는 Sādakura, 즉 "말의 도시"였다는 것이다. 이 사실로서 프톨레미(VII,1, 6)는 히포코우라(Hippokoura), 즉 "말의 도시"라는 이름을 사데노이(Sadenoi)족의 아리아케(Ariake) 시(市)라고 보았다. 그리고 빌리바야쿠라(Vilivāyakura), 즉 "암말 도시의 왕"(산스끄리뜨어-빨리어, vaḍavā, vaḷavā "암말") 또는 벨레오코우로스(Beleokouros, Ptolemy, VII, 1, 83)라는 칭호는 아리아케의 몇몇 왕들이 사용했다. 사실 샤따바하나 왕조가 주조한 몇 개의 화폐에는 말의 상이 나오고 있다.

다른 어원들이 제시되었다. 즉 Śātavāhana 또는 Sātakarṇi에서 'śāta'는 "선원(船員)"을 의미하고, 'vāhana'는 (노 또는 돛 등의) "추진 수단"을, 그리고 karṇin은 "타수(舵手)"를 의미한다는 것이다.[40] 그런데 사실 몇 개의 샤따바하나의 화폐에는 배〔船〕 모양이 나오고 있다.

---

39 J. Przyluski, *Noms de villes indiennes dans la Géographie de Ptolémée*, Bull. de la Société de Linguistique, XXVII, 1927, p. 218-229; *Hippokoura et Śātakarṇi*, JRAS, 1929, p. 273-279.

40 Aravamuthan, *The Kaveri, the Maukharis and the Samgam Age*, p. 51 註.

뿌라나(Purāṇa)에 의하면, 샤따바하나 왕조의 최초의 군주인 시무까(Simuka) 또는 신두까(Sindhuka)는 안드라족(andhrajātīya, p. 38)에 속했다. 그리고 샤따바하나족은 안드라(Āndra, p. 35, 38, 43)족 또는 안드라브리땨(Āndhrabhṛtya), 즉 "안드라의 하인들"(p. 45)이다. 안드라국은 고다바리 강 하류와 하이데라바드(Haiderābād)의 고대 니잠(Nizām) 지역에 해당되는 끄리슈나 강 하류 사이에 위치한 뗄루구(Telugu)국이다. 그러나 이 지방은 바시슈티뿌뜨라 뿔루마비(Vāsiṣṭhīputra Pulumāvi) 왕 통치 때부터(기원후 130-159년) 샤따바하나의 영토에 소속되었지만 샤따바하나족의 발상지는 아니다. 그것은 좀더 서쪽에서 찾아야 한다.

원래 안드라족은 빈댜(Vindhya) 지방과 그 근방 데칸 지역에 살았다. 아이따레야 브라흐마나(Aitareya Brāhmaṇa, VII, 18, 2)에 의하면 그들을 비(非) 아리야의 다른 부족들과 함께 아리야바르따(Āryāvarta)의 남쪽에 거주했다. 아쇼까의 제13장 마애법칙(Bloch, p. 130-131)은 그들을 비다르바(Vidarbha) 또는 베라르(Berār)를 포함한 데칸 북쪽을 점령하고 있는 보자(Bhoja)족과 삐띠니까(Pitinika)족의 이웃이라고 생각했다. 플리니(Pliny, VI, 67)는 그들을, 대단히 많은 큰 마을들과 성벽과 당루로 방비시설을 갖춘 30개의 도시들을 가지고 있고, 그들의 왕에게 100,000명의 보병, 2,000명의 기병, 1,000마리의 코끼리를 공급하는 강력한 나라로 소개하고 있다. 프톨레미(VII, 1, 84)에 의하면 꽁깐(Koṅkan)의 도시들과 서해안의 항구들은 "안드라 해적들"(Andres Peiratai)의 것이었다. 불교문헌에서는 세따깐니까(Setakaṇṇika) 마을이[41] 마댜데샤(Madhyadeśa)의 남쪽 경계를 이루고 있다

(Vin., I, p. 197; Sumaṅgala, I, p. 173; Jātaka, I. p. 49). 안드라국의 수도인 안다뿌라(Andhapura)는 서쪽 데칸에 있는 마하나디(Mahānadī) 강 지류인 뗄레바하(Televāha) 강 유역에 있었다(Jātaka, I. p. 111). 마지막으로, 그리고 특히 샤따바하나족에 대해 언급하고 있는 가장 초기의 비문들은 북 마하라슈뜨라(Mahārāṣṭra)에 있는 나나가뜨(Nānāghāṭ, Lüders, 1113, 1114)와 나식(Nāsik, Lüders, 1144) 동굴들과 동 말와(Mālwā)의 산찌(Sāñcī, Lüders, 346)에서 나왔다 이 비문들은 뗄루구어가 아니고 쁘라끄리뜨어로 되어 있다. 시리 사따(Siri - Sāta) 또는 랑노 시리 사다바하〔나사〕(Raṃño Siri Sādavāha〔nasa〕)의 이름으로 찍은 최초의 화폐들도 역시 쁘라끄리뜨어로 되어 있다.

몇몇 뿌라나 선집(p. 38, 註. 2)들은 이 왕조의 창설자를 브리샬라(Vṛṣala), 즉 "낮은 카스트 사람"이라고 규정짓고 있다. 그리고 드바뜨링샤뜨뿟딸리까(Dvātriṁśatputtalikā)에 의하면 살리바하나(Sālivāhana)족은 브라흐마나(Brāhmana)와 나가(Nāga)의 잡종 출신이라는 것이다. 샤따바하나족은 아마도 바라문들에게 금지된 군직(軍職)에 종사함으로서 또는 드라비다나 스키타이 출신의 브리샬리(Vṛṣali)들과 결혼함으로서 지위가 떨어진 계급에 속했던 것 같다. 그러나 나식의 쁘라샤스띠(praśasti)에서는(Lüders,

---

41 그렇지만 본서 1권, p. 40, 註 3에서 이미 언급된 유사한 문헌들에 의해 이것을 판단해보건대, 세따깐니까(Setakaṇṇika) 촌은 틀림없이 샤따까르니(Śātakarṇi)와 아무 관계도 없다. 十誦律(T. 1435, k. 25, p. 181 c 29)과 四分律(T. 1428, k. 39, p. 846 a 6)은 이것을 "흰나무 촌"〔白木聚落 Śvetakhaṇḍaka?〕이라고 번역했다. 다른 자료들은 Śarāvati(또는 Sarāvatī; 티베트어로 Ḥdam - bu - can) 國과 江에 대해 말하고 있다.

1123) 구따미뿌뜨라 샤따까르니(Gutamīputra Śātakarṇi, 기원후 106-130년) 왕은 "유일한 브라흐마나(eka-bamhana)"와 "끄샤뜨리야들의 자만심과 자존심의 파괴자(kṣatriya-darpa-māna-madana)"라고 불린다.

뿌라나의 전승에서는(p. 36) 왕들의 숫자와 왕조의 지속기간이 서로 다르다. 최초의 연대계산에 따르면 약 300년 동안에 17, 18, 또는 19명의 안드라족 출신 왕들이 통치했다. 2번째 연대계산에 의하면 30명의 안드라족 출신 왕들이 411년, 412년, 456년 또는 460년 동안 통치했다. 일반적으로 반다르까르(R. G. Bhandarkar)가 주장한 것처럼, 첫 번째의 연대계산은 단지 그 왕가의 직계(直系)에 의한 것이고, 반면 두 번째 것은 방계(傍系) 왕들의 통치를 목록에 추가한 것이라고 생각된다. 뿌라나의 목록에 실린 안드라 왕들 가운데서 단지 절반만이 비문과 화폐들을 통해 확인되고 문헌에 언급되고 있다는 것을 첨가해 두기로 하자.

이 왕조의 시작연대는 여전히 논란의 여지가 많다. 랩슨(E. J. Rapson, CHI, p. 530)과 알랜(J. Allan, CSHI, p. 58)은 왕국의 창설자 시무까(Simuka)를 관례에 따라 기원전 200년경으로 설정한다.[42] 드 라 발레 뿌생(*L'Inde aux temps des Maurya*., p. 209, 215)은 이 연대 추정에 대해 유보적인 입장을 취하면서, 뿌라나의 공통 전승과 일치하도록 시무까를 기원전 100년경으로 환원했다.

---

42 이전의 역사가들은 초기 Sātavāhana 왕조가 언급되고 있는 Nānāghāṭ의 비명(碑銘)들을 기원전 200년경으로 설정했다. 그러나 현재 비명학자들은 그것들을 고문서 그룹 2의 A 가운데 설정하고, 기원전 100-75년이라는 연대를 부여하고 있다. 참조, N. G. Majumdar, *Monuments of Sāñchī*, I, p. 264, 註 1과 p. 277.

이 짧은 연대는 그루쎄(R. Grousset, *Asie Orientale*, p. 53), 필리오자(J. Filliozat, *Inde Classique*, 1, p. 240-268), 바샴(A. L. Basham, *Wonder that was India*, p. 61)과 서카(D. C. Sircar, HCIP, II, p. 195)가 채택했다. 그러나 긴 연대 역시 지지자들을 가지고 있는데, 특히 그들 가운데에는 인도출신 역사가들이 많다.

뿌라나(p. 38)에 의하면, "안드라의 시무까와 그의 동족들―(깐바 왕조의 마지막 왕인) 수샤르만(Suśarman)의 시종들―은 깐바 왕조와 수샤르만을 공격해서 슝가 정권의 잔재(殘滓)를 타파하고 그 땅을 차지했다. 이 사건은 마우리야의 짠드라굽따가 즉위한 후 294년에 일어났는데(마우리야 왕조의 통치기간은 137년, 슝가 왕조는 112년, 깐바 왕조는 30년이다), 이것은 여기서 채택한 연대계산에 의하면, 324년-294년 = 서력 기원후 30년이다 그러나 이 연대는 너무 낮은 것 같다. 깐바 왕조가 45년 동안 정권을 유지했다는 것은 확실치 않다. 만약 몇몇 뿌라나 선집들이 주장하고 있는 것처럼 바수데바가 (9년 대신) 5년을, 그리고 수샤르만이 (10년 대신) 4년을 통치했다면, 이 왕조의 총 통치기간은 35년으로 축소될 것이고, 그들의 멸망은 서력 기원전 40년으로 설정될 것이다.

샤따바하나 왕조의 첫 3왕(기원전 67 - 17년) 그들의 통치기간에 대한 정보는 역시 뿌라나(p. 38-39)가 제공해 준다. 시무까는 23년간 통치했고(기원전 60-37년), 동생 끄리슈나는 10년(기원전 37-27년) 또는 18년, 그리고 아들 슈리 샤따까르니(Śri Śātakarṇi)는 10년(기원전 27-17년)간 통치했다. 나나가뜨(Nānāghāṭ)

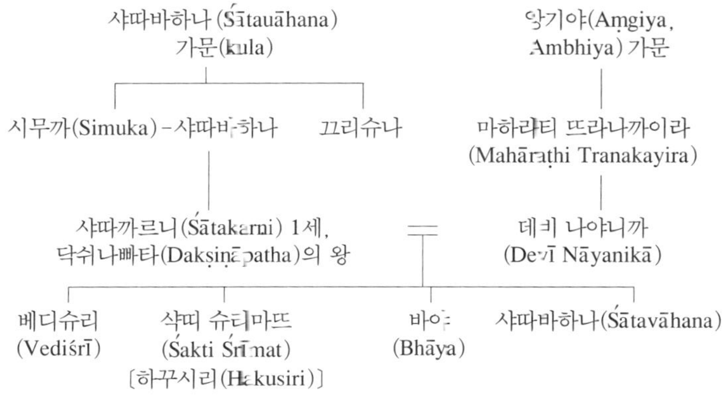

의 비명들 덕택으로(Lūders, 1112-1118) 우리는 그들의 가계를 위와 같이 세울 수 있다.[43]

시무까-샤따바하나(기원전 60-37년) 왕 통치 초에 몇 명의 스키타이 족 출신 사히(Sāhi, 왕)들은 그들의 최고 수령 마우에스(Maues)로부터 떨어져 나가 인더스 강을 건너, 바다를 타고 수라슈뜨라(Surāṣṭra)의 동쪽 해안에 이르러 동쪽 말와(Mālwā)의 웃자이니에까지 진출했다. 그들은 가르다빌라(Gardabhilla) 왕을 감옥에 가둔 뒤, 웃자이니에 한 명의 "왕 중 왕"을 세웠다. 이 왕은 잠깐 동안밖에 통치하지 못했다. 서력 기원전 58년에 말와의 왕이고 아마도 시무까 샤따바하나의 봉신이었던 비끄라마디땨(Vikramāditya)는 이 스키타이 왕조를 타도하고 새로운 기원(紀元), 즉 비끄라마(Vikrama) 기원을 창시해서 그의 승리를 나타낸 것 같다. 서력 기원후 78년까지 135년 동안 말와는 데칸의 인도 왕조들의 손에 머

43 H. Raychaudhuri(*Political History*, p. 418)와 S. L. Katare(IHQ, XXVIII, 1952, p. 76)가 작성한 족보들을 비교할 것.

물러 있게 되었다. 뿌라나(p. 38)에 의하면 이곳을 작전기지로 사용해서 서력 기원전 40년경에 시무까 샤따바하나는 "깐바 왕조의 마지막 왕 수샤르만(Suśarman)을 공격해서 슝가 왕조의 잔재들을 파괴하고 그 땅을 차지했다." 그가 갠지스 강 유역에까지, 그리고 마가다의 수도 빠딸리뿌뜨라에까지 정복해 나갔다는 것은 의심스럽다. 그러나 그가 슝가 왕조 때의 인도제국의 중심지였던 동쪽 말와와 비디샤를 점령했다는 것은 충분히 가능성이 있는 일이다.

말와(Mālwā)의 주인이었던 샤따바하나 왕조는 인도 서쪽 해안에서 진출로를 찾았다. 그들이 봄베이 지방에 체재했다는 사실이 알려져있다. 즉 시무까 샤따바하나의 이름이 나나가뜨 비명에 나오고(Lüders, 1113), 그의 동생이고 후계자인 끄리슈나의 이름도 나식의 한 비명에 나온다. 안드라족의 전진 때문에 샤까족 침입자들은 수라슈뜨라 지방(Kāthiāwār와 Gujarāt)으로 물러났다.

끄리슈나의 후계자는 시무까 샤따바하나의 아들이었거나 조카였던 샤따까르니 1세(기원전 27－17년)였다. 그는 통치 초부터 동쪽의 강력한 이웃이었던 깔링가의 왕 쩨디 카라벨라(Cedi Khāravela)의 침입을 받았던 것 같다. 하티굼파(Hāthigumphā)의 비문에 의하면(§ 3) "카라벨라는 즉위 2년에, 샤따까르니에 대해서는 전혀 걱정하지 않고, 서쪽 지방으로 말, 코끼리, 보병, 전차로 구성된 대군을 파견했다. 그리고 그는 이 군대와 함께 끄리슈나베나(Kṛṣṇaveṇā) 강—틀림없이 빈댜(Vindhya)에 그 근원을 두고 있는 와인 강가(Wain－Gaṅgā)강이었을 것이다—에 이르러 아시까(Asika, Ṛṣika) 도시를 공포에 몰아 넣었다."

전격적이고 일시적인 이 기습에도 불구하고 샤따까르니(Śātakarṇi) 1세는 트란스 빈댜에 강력한 제국을 세웠다. 그의 세력은 동 말와로부터 마라타(Maratha)국을 거쳐 아우란가바드(Aurangābād, Hyderābād) 지역에까지 미쳤다.

그를 "데칸의 영주(Dakṣiṇāpathapati)"라고 부른 나나가뜨의 한 비명(Lüders, 1112)은 다음과 같은 사실을 알려준다. 그는 "앙기야(Aṁgiya, Ambhiya) 가문의 영광" 뜨라나까이라 깔라야(Tranakayira Kallāya) 왕의 딸, 나야니까(Nāyanikā, Nāganikā) 공주와 결혼했고 베다의 큰 희생제들, 특히 한 번의 라자수야(Rājasūya, 卽位式)와 두 번의 아슈바메다(Aśvamedha, 馬祀)를 지냈다. 그리고 그는 승려들에게 사례금으로 수만 마리의 소와 수천 마리의 말과 수많은 코끼리들과 여러 곳의 마을과 수십 개의 화폐들을 아낌없이 주었다. 여하튼 마하라슈뜨라는 그의 통치하에서 대번영을 누렸다. 왜냐하면, "에리트리아 해의 대항해"(§ 52)에 의하면 소우파라(Souppara Śūrpāraka)와 칼리아나(Kalliana, Kalyāṇa)의 항구들은 고대 사라가누스(Saraganus, 쁘라끄리뜨어로 Sāḍaganna, 즉 Śātakarṇi 1세) 시대에, 원양항해의 영향 없이 열리는 진정한 "정기 시장"을 설립했기 때문이다. "에리트리아 해의 대항해(*Periplus*)"는 덧붙이기를, 그후 이 항구들이 산다네스(Sandanes)의 수중으로 넘어갔을 때 상황은 변했다는 것이다. 산다네스는, 우리가 앞에서 기원후 1세기의 전반을 통해 곤도파레스의 봉신이었던 빠흘라바 출신의 사페다네스(Sapedanes)와 동일인이라고 보았던 그 사람이다.

몇 가지 증거들이 — 근거가 좀 약한 것이 사실이지만 — 동 아반띠의 영토가 샤따까르니 1세의 것이었다고 생각할 수 있게 한다.

시리사따(Sirisāta)의 이름으로 주조된 "말와(Mālwā) 제조"의 화폐들은 일반적으로 그의 것이라고 생각된다.[44] 다른 한편 산찌 대스뚜빠 남문의 한 명문은(Lüders, 346), 그 문 상부의 대륜(臺輪)이 "바시티(Vāsiṭhī)의 아들이고, 시리 사따까니(Siri Sātakaṇi) 왕의 장인(匠人)들의 우두머리 아난다의 기진"[45]이라는 것을 알려주고 있다.

마지막으로 인도 문학은[46] 샤따까르니(Śātkarṇi, Śātavāhana 또는 Sālivāhana)라는 한 왕에 대해 자주 언급하고 있는데, 그의 수도가 쁘라띠슈타나(Pratiṣṭhāna, 고다바리 강 상류에 위치한 현재의 Paithan)에 있었고, 샥띠꾸마라(Śaktikumāra) 왕자가 그의 아들이었다. 이 왕자는 샤따까르니 1세일 가능성이 있다. 나나가뜨의 비명에 의하면 그의 아들 중 한 사람의 이름이 하꾸시리(Hakusiri 또는 Śaktiśrī)였다(Lüders, 1117). 여하튼 쁘라띠슈타나(Pratiṣṭhāna)는 오랫동안 샤따바하나 제국의 수도들 가운데 하나로 남아 있었다. 왜냐하면 기원후 2세기에 프톨레미의 지지(地誌, *Geography*, VII, 1, 82)에서 여전히 "시리프톨레마이우스(Si-

44 "말와 제조"라고 알려진 사따(Sāta) 화폐들은 일반적으로 Śātakarṇi 1세의 것으로 추정된다. "서인도 제조"라고 돼있는 몇 개의 화폐들은 "사따까르니 왕"의 것이다. 마지막으로, Sātavāhana라는 이름은 Simuka Sātavāhana 왕이 주조(鑄造)한 것이 틀림없는 몇 개의 화폐에서 발견되었다. 참조, S. A Katare, *King Sātavāhana of the Coins*, IHQ, XXVII, 1951, p. 210-214; *The Śā- tavāhana Kings Hāla and Sāti*, IHQ, XXX, 1954, p. 286-290.

45 그렇지만 산찌의 이 비명이 Śātavāhana 왕조가 Mālwā 지방을 점령했다는 명백한 증거는 될 수 없다. Śātakarṇi 1세의 장인(匠人)들의 우두머리인 Ānanda가 산찌에 단지 순례를 갔을 수도 있을 것이다. 참조, D. C. Sircar, *King Śātakarṇi of the Sañchi Inscription*, Thomas Comm. Vol., Bombay, 1939, p. 291-293.

46 H. Raychaudhuri, *Political History*, p. 417, 註 3에 출전들이 있음.

riptolemaius) 왕의 도시, 바이타나(Baithana)'를 언급하고 있는데, 문제의 이 프톨레마이우스는 대략 기원후 130년에서 159년까지 통치했던 샤따바하나 왕조의 슈리 뿔루마비(Śrī Pulumāvi) 바로 그 사람이기 때문이다.

샤따까르니 1세의 사후 그의 미망인, 마하라티(Mahārathī)의 공주 나가니까(Nāganikā)가 얼마동안 태자들의 후견인 자격으로 섭정을 했다. 나나가뜨의 비문들을 통해 판단해 보면(Lüders, 1112, 1115, 1117, 1118), 이 태자들은 베디시리(Vedisiri, Vediśrī), 바야(Bhāya), 샤따바하나, 하꾸시리(Hakusiri, Śaktiśrī) 등 4명이었는데, 이 가운데서 마지막 인물은 자이나교 문헌, 비라짜리뜨라(Vīracaritra)에서 언급된 "샬라바하나(Śālavāhana)의 아들 샥띠꾸마라(Śaktikumāra)"임에 틀림없다.[47]

샤따바하나 정권의 일시적인 실추(기원전 17 - 기원후 106년) 뿌라나의 가장 긴 명단에는(p. 39-40) 기원전 17년경에 맞이한 샤따까르니 1세의 죽음(제3번)과 기원후 106년에 설정되는 가우따미뿌뜨라 샤따까르니(Gautamīputra Śātakarṇi)의 즉위(제23번) 사이에 19명의 안드라 국왕들이 등장한다. 이들 대부분의 왕들은 방계(傍系)에 속했기 때문에, (여러 지방에서) 동시에 통치했다. 그들 가운데 단지 아삘라까(Āpīlaka, 제8번), 꾼딸라 스바띠까르나(Kuntala Svātikarṇa, 제13번), 할라(Hāla, 제17번)와 같은 몇 사람들만이 다른 자료들에도 이름이 나온다. 문학적인 전승에서 할

47 참조, Indian Antiquary, VIII, p. 201 ; Arch. Survey of Western India, V, p. 62 註.

라 왕은 전형적인 샤따바하나 왕가 출신으로, 위대한 정복자이고 탁월한 시인으로 나오고 있다.

라자쉐케라(Rājaśekhera)가 지은 쁘라반다꼬쌰(Prabandhakośa, Jinavijaya 출판, p. 72-73)에 의하면 샤따바하나 왕가에 속하는 할라 왕은 카라무카(Kharamukha) 장군에게 마투라를 점령하라고 명령했다. 그런데 이 장군은 그것이 어느 도시인지를 정확하게 알지 못했기 때문에 당시에 알려져 있었던 두 개의 마투라, 즉 인도 남단에 있는 빤다바(Pāṇḍava)의 마투라와 끄리슈나에 있는 북쪽의 뿌르바마투라(Pūrvamathurā)를 동시에 점령했다. 승전 소식을 들은 왕은 불같이 화가 나서 전쟁에서 승리한 카라무카 장군을 참수하라고 명령했다. 그러나 이 장군은 동료들의 도움으로 생명을 건지게 되었고, 제정신으로 돌아온 왕은 그의 명령이 집행되지 않은 것을 기뻐했다. 릴라바이(Līlāvai)에 의하면 할라(Hāla) 왕은 스리랑카의 한 공주에게 사랑에 빠졌는데, 그는 스리랑카를 정복하기 위해 비자야난다(Vijayānanda) 장군과 뽓띠사(Poṭṭisa) 대신을 파견했다. 인도의 남쪽에서 샤따바하나국의 군대는 빤댜(Pāṇḍya)의 왕 말라야짤라디빠(Malayācalādhipa)와 싸워 승리를 거두었다. 이 승리 뒤에, 계획된 결혼식을 올릴 수 있었다. 이 이야기는 우리가 알고 있는 인도 역사 속에서 전혀 확인할 수 없다는 것을 부언할 필요조차 없다.

전승은 역시 할라 왕을 마하라슈뜨리(Mahārāṣṭrī) 지방의 쁘라끄리뜨어로 된 서정 시집 삿따사이(Sattasaī), 즉 "700송(頌)"[48]의

48 이 작품에 대해서는 L. Renou, *Inde Classique*(II, p. 227-229)을 볼 것.

저자라 하고 있다. 그러나 사실 이것은 연대가 서로 다를 뿐 아니라, 여러 명의 저자들이 서명한 구절들이 들어 있는 하나의 편집물이다. 이 작품은 6개의 이본(異本)이 있는데 단지 430송만이 모든 본(本)에서 일치한다. 이 선집의 계속된 증대를 통해, 우리는 놀라울 정도로 일관성을 가진 최초의 핵심 부분을 알아볼 수 있다. 이것은 한 명 또는 여러 명의 저자들이, 구전(口傳)되어 오던 것을 수집해서 조직적으로 분류한 짧은 시로서, 마라티(Marāthi) 주민들의 삶과 꿈을 여러 각도에서 나타내고 있다.

그리고 시대는 확실치 않지만 연애 서사시집 브리하뜨까타(Bṛhatkathā)를 지은 사람은 역시 샤따바하나 왕조의 구나댜(Guṇādhya)라는 한 대신인 것 같다.[49] 원래 빠이샤찌(Paiśāci)어 산문으로 작성되었던 이 작품은 현재 산스끄리뜨어 운문으로 다시 손질된 3가지 이본들, 즉 두 개의 카슈미르본과 한 개의 네팔본을 통해서만 접할 수 있다. 이 작품은 밧사(Vatsa)의 왕 우다야나(Udayana)와 그의 아들 나라바하나닷따(Naravāhanadatta)의 연애사건을 을 다루고 있다.

끝으로 샤르바바르만(Śarvavarman) 대신(大臣)이 초보 산스끄리뜨어 문법서인 까딴뜨라(Kātantra)를 저술한 것은 한 샤따바하나 왕의 요청에 의해서였다. 이 왕은 산스끄리뜨어를 몰랐기 때문에, 그가 저지른 실수들이 궁중 여인들로부터 조소꺼리가 되었다. 그래서 그는 빠니니 문법서보다는 덜 복잡한 문법서를 짓도록 이 대신에게 요청했던 것이다.

---

49 같은 책, p. 243-245.

이 모든 이야기들 속에는 샤따바하나 왕조 사람들을 쁘라끄리뜨어 애호자들로, 한 걸음 나아가서 쁘라끄리뜨어 문학의 공인된 보호자들로 소개하는 경향을 가진 일련의 전통이 있다.[50] 사실, 2세기 전반부터 산스끄리뜨어를 자신들의 관용어(官用語)로 채택한 그들의 북쪽 이웃들인 웃자이니의 태수들과는 달리, 샤타바하나 왕조는 끝까지 중기 인도어 사용에 충실했다.

연대기나 사실에 대한 아무 고려도 없이 할라(Hāla) 왕의 것이라고 생각한 행적들에 속아서는 안 된다. 기원후 1세기 동안 데칸 왕국〔샤따바하나 왕조〕은 샤까족 침략자들의 되풀이된 기습 공격 때문에 빛을 잃게 되었다. 기원후 19년에서 45년 사이에 곤도파레스의 봉신이었던 산다네스(Sandanes) 또는 사페다나(Sapedana)는 사라가누스(Saraganus, Śātakarṇi 1세)의 계승자들로부터 서해안의 시장(市場)들, 그 가운데서도 특히 아빠란따(Aparānta)의 슈르빠라까(Śūrpāraka)와 깔랴나(Kalyāṇa)를 빼앗았다. 그리고 에트리아 해의 대항해(*Periplus*, § 52)에 의하면, 그는 항구의 무역을 엄격하게 통제했다. 중인도에서 샤까 기원(紀元)의 시작을 알리는 해인 기원후 78년에, 스키타이족이 공격을 해옴으로서 두 개의 새로운 샤까 왕국이 창설되었다. 서방 태수들의 왕국인 끄샤하라따(Kṣaharāta)와 웃자이니의 대태수들의 왕국인 까르다마까(Kārdamaka)가 그것이다. 전자는 부마까(Bhūmaka)와 나하빠나

50 샤따바하나 왕조가 쁘라끄리뜨어를 편애했다고 주장하는 전승에 관해서는 다음 자료들을 볼 것: Gairola, ZDMG, CVI, p. 155; *La Kāvyamīmāṃsā*, L. Renou 번역, Paris, 1946, p. 148, 註 31. 그렇지만 사후(事後)에 만들어졌을 수 있는 이 전승에서 이끌어낼 수 있는 것은 별로 없다: L. Renou, *Histoire de la langue sanskrite*, Paris, 1956, p. 99, 註 2.

(Nahapāna) 왕들 밑에서 북 꽁깐(Koṅkan)의 까티아와르(Kāthiāwār)까지 확장되었다가 기원후 125년에 가우따미뿌뜨라 샤따까르니(Gautamīputra Śātakarṇi)에 의해 전복되었다. 후자는 샤따바하나 왕조의 모든 공격에 저항하다가 388년에서 409년 사이에 인도 황제 짠드라굽따 2세의 공격을 받고 무너졌다.

3. 깔링가의 쩨디(Cedi) 왕조

기원 초에 샤까족과 인도의 주도권을 다투었던 두 번째 왕국은 깔링가의 쩨디였다. 이 왕국의 국토는 뿌리(Puri)와 간잠(Ganjām) 지역, 그리고 오릿사(Orissa)의 쭛딱끄(Cuttack) 지역에까지 미쳤고, 남쪽으로 텔루구(Telugu)어 사용지역을 잠식했다. 깔링가는 난다 왕조하에서 마가다 왕국에 소속되어 있었고, 처참한 전쟁 뒤에 아쇼까는 이 나라를 마우리아의 인도제국에 병합시켰다. 이 왕국은 그 당시 두 개의 정치적, 행정적인 지역으로 나누어졌다. 즉 또살리 지역(Tosalī: Bhuvaneśvar 근처에 있는 현재의 Dhauli)과 현재 자구다(Jaugaḍa) 근처의 사마빠(Samāpā) 지역이다. 1세기에 대(大) 플리니(Pliny, VI, 65-66)는 갠지스 강 하구 근처에 간가리데스 칼린가에(Gangarides Kalingae)가 있었다는 것을 기록했다. "그들의 수도는 페르탈리스(Pertalis. Tosali의 왜곡?)이다. 왕은 전투 태세에 들어갈 모든 준비를 갖춘 60,000명의 보병, 1,000명의 기병, 700마리의 코끼리를 가지고 있다."

깔링가가 언제 어떤 상황에서 독립을 회복하게 되었는지 알 수 없다. 기원전 1세기에 쩨디족 출신 마하 메가바하나(Mahā - Meghavāhana) 왕가의 통치하에서 깔링가는 강력한 국가로 되었다는 것이 우리가 알 수 있는 모든 것이다. 깔링가라자방샤(Kaliṅgarājavaṃśa)의 창시자인 마하 메가바하나 왕과 우다야기리(Udayagiri)의 비문(Lüders, 1347)에 언급되어 있는 바끄라데바(Vakradeva)라는 사람의 뒤를 카라벨라(Khāravela)가 계승했는데, 그는 오릿사의 부바네슈바르(Bhuvaneśvar) 근처의 우다야기리 산에 있는 하티굼파(Hāthigumphā) 석굴의 긴 비문 때문에 유명해졌다.[51] 이것은 심하게 손상된 송덕문(頌德文, praśasti)인데, 연대를 추정하기가 매우 어렵다. 그 내용은 카라벨라(Khāravela) 왕이 300년(또는 103년)전에 난다 왕조의 한 왕이 판 운하를 그의 재위 5년에 수도(首都)에까지 연장했다는 것이다. 만약 그것이 정말 기원전 324년에 통치가 끝난 마가다 왕 난다(Nanda)와 관계된 것이라면 카라벨라 왕의 재위 5년은, 늦어도 서력 기원전 24년에 해당된다.

---

51 읽고 해석하기에 극히 어려운 이 긴 비문에 대해서는, B. Barua, *Old Brāhmī Inscriptions in the Udayagiri and Khaṇḍagiri Caves*, Calcutta, 1929, p. 3-47; *Hāthigumpha Inscription of Kharavela*(개정판), IHQ, XIV, 1938, p. 459-485를 볼 것.

이 비문은 오랫동안 기원전 2세기 전반의 것으로 생각되었다. 오늘날 비명학자들은 이것을 고문서학 제3그룹에 분류하고, 기원전 50년에서 25년으로 추정한다(참조, N. G. Majumdar, *Monuments of Sāñchī*, I, p. 264, 註 1과 p. 277). *Cambridge History*(p. 314-315, 534, 602)와 *Cambridge Shorter History*(p. 57)는 역시 카라벨라(Khāravela) 왕을 기원전 169년경으로 설정했다. 현재, H. Raychaudhuri의 *Political History*(p. 419)와 *History and Culture of the Indian People*(II, p. 215-216)에서는 이 왕의 즉위를 기원전 28년경으로 설정한다; J. Filliozat는 *L'Inde Classique*(I, p. 268)에서 기원전 1세기로 보았다.

기원전 52년경에 태어난 이 왕은 생애의 첫 15년(기원전 52-37년) 동안은 자신의 나이에 어울리는 놀이와 운동을 하면서 보냈다. 태자의 지위에 오르고 나서 그는 9년 동안(기원전 37-28년) 공부에 몰두했는데, 특히 글씨, 산수, 법학을 배웠다. 24세 때였던 기원전 28년에 그는 깔링가의 대왕으로 즉위했다. 그는 하티싱하(Hathisiṃha)의 후손인 랄라까(Lalāka)라는 왕의 공주와 결혼했다. 카라벨라는 활동적인 군주였다. 그는 많은 나라들을 습격했기 때문에 대정복자(mahāvijaya)라는 별명을 얻게 되었는데, 이 습격에 대해서는 비문에 상세하게 나와 있다. 그러나 역시 그는 평화의 왕(kṣemarāja)이었고 정의의 왕(dharmarāja)이었다. 자이나교의 수행자들에 대한 그의 신심은 결코 변함이 없었다. 그는 수행자들로부터 비구들의 왕(bhiksurāja)이라고 불렸다. 그러나 그는 모든 편파적인 것을 경계했고 모든 종파들을 구별하지 않고 보호했다.

그는 즉위 첫 해(기원전 28년)에 깔링가 수도의 성벽을 수리했다. 2년(기원전 27년)에는 이웃 나라의 샤따까라니(Śātakarṇi) 〔1세〕 왕에 대해서는 전혀 걱정하지 않고, 서쪽으로 대군을 보내어 끄리슈나베나(Kṛṣṇaveṇā) 강에 이르러 아시까(Asika) 주민들을 공포에 떨게 했다. 3년째 되는 해는(기원전 26년) 매우 다양한 예술적 행사를 하는 데 바쳤다. 4년에는(기원전 25년), 비댜다라(Vidyādhara)라는 한 왕의 수도를 점령했고, 베라르(Berār)의 라슈뜨리까(Rāṣṭrika)인들과 보자까(Bhojaka)인들을 정복했다. 5년에는(기원전 24년) 난다 왕이 300년 전에 시작했던 운하를 수도에까지 연장했다. 6년에는(기원전 23년), 백성들에게 세금을 대폭

삭감해주었다. 7년에는, 호화롭게 차리고 사마따까(Samataka 또는 Sameta) 산의 성지(현재의 Pareshnāth)를 방문했다. 8년에는(기원전 21년), 바라바르(Barābar) 산 위의 고라타기리(Gorathagiri) 요새를 쳐부수고 라자그리하(Rājagṛha: 현재의 Bihār 州 Rājgir)를 공격했다. 이 소식을 듣고 한 그리스 왕(그의 이름은 비문에 반쯤 지워져 있는데, 아마도 Dimita이거나 Damita일 것이다)은 마투라에까지 달아났다. 9년에는(기원전 20년) 많은 비용을 들여 쁘라찌(Prācī) 강의 두 언덕에 승리의 대궁전(Mahāvijayaprāsāda)을 건립했다. 10년에는(기원전 19년), 바라따바르샤(Bhāratavarṣa)의 정복을 시작했다. 11년에(기원전 18년), 그는 삐뚜다(Pituḍa) 시(市)를 파괴했다. 이 도시는 프톨레미(VII, 1, 93)가 기록한 마이솔로이(Maisōloi)족의 피토우라(Pitoura)로서, 마드라스(Madras) 국의 마술리빠땀(Masulipatam)에 있던 왕의 주재지였다. 12년(기원전 17년)에, 쉬비(Śivi)족과 동맹을 맺은 그는 웃따라빠타(Uttarāpatha, 북인도)의 수령들을 경악 속에 몰아 넣었고, 마가다 사람들 사이에 공포심을 야기시켰다. 그리고 그의 코끼리와 말들에게 갠지스 강물을 마시게 했고, 마가다의 왕 바하사띠미따(Bahasatimita, Bṛhatsvātīmitra)를 그의 발 앞에 무릎 꿇게 했다. 앙가(Aṅga)와 마가다를 약탈하고 이전의 왕 난다가 깔링가에서 강탈해간 자이나 상(像)들을 모두 되찾았다. 같은 해에 그는 인도 남단의 빤댜(Pāṇḍya) 왕을 무찔렀다.

이 송덕문은 카라벨라 왕의 죽음 뿐 아니라 그의 가문의 최후에 대해서는 아무 것도 알려주지 않는다. 우다야기리(Udayagiri)의 만차뿌리(Mañchapuri) 석굴에 기록되어 있는(Lüders, 1348) 태자 바두카(Vaḍukha)는 아마도 그의 계승자들 가운데 한 사람이었을 것이다. 그러나 깔링가의 쩨디 왕국은 단지 일시적으로 성공했을 뿐이었다. 고대 지리학자들 가운데서 대(大) 플리니(Pliny, 기원후 23-79년)가 이 나라에 대해 언급하고 있는 유일한 사람이다. 에리트리아 해의 대항해(1세기 초)에서도, 기원후 121년에서 151년에 활약한 프톨레미의 "지지(地誌)"에서도 이 나라에 대한 언급은 없다.

4. 기원전 20년에서 기원후 75년까지의 스리랑카

왕들의 계승 인도대륙에서 샤까, 샤따바하나, 쩨디족이 주도권을 다투고 있는 동안, 스리랑카 섬은 밧따가마니(Vaṭṭagāmaṇi) 왕 후계자들의 통치하에서 파란 많은 동란기를 보내었다. 스리랑카 연대기(Dpv., XX, 22-35; XXI, 1-33; Mhv., XXXIV)는 "11왕의 장〔十一王章〕"이라는 제목으로 이 시대에 한 장(章)을 할애하고 있다.

이 왕들 가운데서 몇 사람은 비문에 언급되고 있다. 스리랑카어로 마하실루 마하띠스(Mahasiḷu Mahatis) 또는 다하델리야 띳사(Mahadeḷiyā Tissa)인 마하쭐리 마하띳사(Mahācūḷī-Mahātissa) (EZ, I, p. 61; III, p. 154-157, JCBRAS, XXXVI, p. 66; CJS, II, p. 150, 註1), 아만다가마니(Āmaṇdagāmanī)의 비문에 나오는 띳사(Tissa, CJS II, p. 179), 역시 마깔란(Makalan) 띳사 또는 깔라깐니(Kāḷakaṇṇi) 띳사라고 불리는 꾸따깐나띳사

왕	통치기간	불멸연대	기독교연대
25.마하쭐리 마하띳사 (Mahācūḷī-mahātissa)	14년	466 - 480	기원전 20-6
26. 쪼라나가(Coranāga)	12년	480 - 492	기원전 6-후 6
27. 띳사(Tissa)	3년	492 - 495	6-9
28. 시바(Siva)	1년 2개월	495 - 496	9-10
29. 바뚜까(Vaṭuka)	1년 2개월	496 - 497	10-11
30. 다루바띠까띳사 (Dārubhatikatissa)	1년 1개월	497 - 498	11-12
31. 닐리야(Niliya)	3개월	498	12
32. 아눌라(Anulā)	4개월	499	13
33. 꾸따깐나띳사(Kuṭakaṇṇatissa)	22년	499 - 521	13-35
34. 바띠까바야(Bhātikābhaya)	28년	521 - 549	35-63
35. 마하다티까 마하나가 (Mahādāṭhika-mahānāga)	12년	549 - 561	63-75

(Kutakaṇṇatissa), 그리고 몰라히띠야벨레갈라(Molāhiṭiya-velegala)의 비문에 나오는 바띠까바야(Bhātikābhaya) 또는 짧게 아바야(Abaya, EZ, III, p. 154) 등이 그들이다.

마하쭐리 마하띳사(Mahācūḷī-Mahātissa, 기원전 20-6년) 칼라따나가(Khallāṭanāga)의 아들인 그는 부친이 사망한 후, 삼촌인 밧따가마니의 양자가 되었다. 그는 왕위에 오르자 마하숨마(Mahā-summa) 장로에 대한 지극한 신앙심과 열렬한 헌신으로 이름을 떨쳤다. 그는 사원들을 세우는 것으로 만족하지 않고 몸소 경작(耕作) 일을 해서 번 품삯을 전부 이 장로에게 가져다주었다.

쪼라나가 마하나가(Coranāga Mahānāga, 기원전 6-기원후 6년) 밧따가마니의 아들인 그는 자신의 의형(義兄)이 통치하고 있을 때 모반을 했다가, 몰래 피신을 해야 했으나 불교 승려들은 그에게 은신처를 제공해 주지 않았다. 왕이 된 그는 승려들을 박해하고 사원들을 파괴하면서 복수했다. 그는 왕비 아눌라(Anulā)에게 독살당했다.

아눌라(Anulā, 기원후 6-13년) 아눌라는 대단히 음탕한 여자였다. 그녀의 방종은 끝이 없었다. 정부였던, 마하쭐리(Mahācūḷī)의 아들 띳사와 결합하기 위해 첫 남편이었던 쪼라나가(Coranāga) 왕을 암살한 뒤, 그녀는 5명의 왕들, 즉 그녀의 조카 띳사, 근위병 시바(Siva), 따밀족 출신 목수 바뚜까(Vaṭuka), 나무꾼 다루바띠까(Dārubhaṭika) 띳사, 승려 닐리야(Niḷiya)와 차례로 결혼해서 그들을 놀림감으로 삼았다가 모두 독약으로 제거해 버렸다. 드디어 모든 부부관계에서 자유롭게 된 그녀는 32명의 궁전 근위병들에게 무차별하게 몸을 맡겼다.

꾸따깐나띳사(Kuṭakaṇṇatissa, 기원후 13-35년) 마하쭐리(Mahācūḷī)의 두 번째 아들인 그는 악명 높은 아눌라(Anulā)를 두려워했기 때문에 출가했다. 그러나 그는 히스테리에 걸린 한 여자[아눌라]의 광기에 무방비 상태로 내맡겨진 백성들의 비참함을 보고 반란에 앞장서서 아눌라를 죽였다. 왕위에 오른 그는 장로들과 장로니들에 대해 깊은 신앙심을 가졌고 공공사업을 많이 했다. 그는 수도 아누라다뿌라를 7완척(腕尺, 약 3.5m) 높이의 성벽으로 둘러쌌을 뿐 아니라 반나까(Vaṇṇaka) 운하도 팠다.

바띠까바야(Bhātikābhaya, 기원후 35-63년) 꾸따깐나띳사(Kuṭakaṇṇatissa)의 아들인 바띠까바야는 28년 동안 통치했는데, 전 생애를 단지 마하비하라의 마하투빠(Mahāthūpa)를 예배하는 데 바쳤다. 그는 마하투빠를 밑에서 꼭대기까지 가장 귀한 재료들, 즉 전단향 나무 가루로 만든 반죽과 아바야바삐(Abhayavāpi) 호수로부터 끌어온 물을 주고 키운 향기로운 꽃들로 뒤덮었고, 많은 보석들을 섞은 회반죽과 수레바퀴처럼 큰 황금 연꽃들을 끼워 넣은 산호 그물로 뒤덮었다. 왕은 많은 축제를 개최했고, 보리수에 여러 번의 봉헌을 했고, 사방에서 온 비구들을 크게 환대했다. 그는 백성들에게 세금을 면제해 주었다.

그는 "책이라는 무거운 짐(ganthadhura)"을 지고 있는 승려들을 자신의 궁전과 별장에 초대해서 환대하면서, 그들에게 아무 것도 부족함이 없게 해 주었다(Mhv., XXXlV, 65-66). 비구들의 지적(知的)인 일이 공식적으로 인정된 것은 이것이 처음인 것 같다.

바띠까바야 왕이 했던 또 다른 일은 수행자들에게 막대한 수입을 가져다주는 저수지와 관개용 운하를 몇몇 교단에 준 것이다. 몰라히띠야벨레갈라(Molāhiṭiyavelegala)의 제1번 비문(EZ, III, 1930, p. 154)이 그것을 증명하고 있다: "경례드립니다! 꾸따까나(Kuṭakaṇa) 왕의 장자이고 데바나삐야 띠사(Devanapiya Tisa) 대왕의 손자인 아바야(Abaya) 왕은 금 항아리[수령자의 손에 물을 붓기 위해 사용하는 항아리]와 함께 아따라가가(Ataragaga) 지방의 가나...따까(Gaṇa...ṭaka) 운하(aḍi)를 삘리빠바따(Pilipavata) 사원에 거주하고 있는 비구들에게 기증했습니다."

바띠까바야 왕은 자신이 갖고 있었던 대 재판관의 권한을 비구들과 대신들에게 기꺼이 위임했다. 왕은 아비담미까 고다(Ābhidhammika-Godha) 장로가 내리는 능란한 판결을 듣고, 앞으로 모든 논쟁은 이 장로가 해결하도록 결정했다(Samanta., II, p. 307). 뒷날 멧띠야(Mettiyā) 비구니가 답바 말라뿟따(Dabba Mallaputta) 비구에 대해 제기한 비난에 대해 아바야기리(Abhayagiri) 사원과 마하비하라(Mahāvihāra) 사원간에 논쟁이 일어나자 왕은 대신인 디가까라야나(Dīghakārāyaṇa) 바라문에게 이 분쟁을 해결하도록 책임을 맡겼다. 마하비하라 비구들이 소송에 이겼다(同, III, p. 583).

마하다티까 마하나가(Mahādāṭhika Mahānāga, 기원후 63-75년)

바띠까바야의 동생인 이 왕은 대단히 관대해서 그 자신뿐 아니라 (따밀족 출신의 공주인) 부인과 두 아들, 그리고 궁정의 코끼리와 말을 승단에 기증하기까지 했다. 그는 마하투빠의 일주로와 주변을 포장하게 했고 모든 사원에 설법단을 설치했다. 그리고 마힌다와 그 일행이 스리랑카에 처음으로 발을 디딘 쩨띠야기리(Cetiyagiri)산—모든 산들 가운데서 가장 유명하다—주변을 정비했다.

그는 이 가파른 산의 정상에 목숨을 걸고 미힌딸레(Mihintaḷē)의 마하투빠를 세웠다.[52] 이 탑의 사방에 보석들을 박은 4개의 아

52 *Dīpavaṃsa* (XXI, 31)와 *Mahāvaṃsa*(XXXIV, 71)에서는, Ambatthala-mahāthūpa의 건립을 Mahādāthika가 한 것으로 보고 있다. 그러나 스리랑카의 전승에 의하면, 앞에서 언급된 (본서 1권, P. 527) Ambasthala Dāgaba는 Devānaṃpiyatissa의 계승자인 Uttiya 왕이 건립한 것이다(참조, Paranavitana, *The Stūpa in Ceylon*, p. 5). 그러므로 Missaka 산 정상에 Mahāḍāthika 왕이 건립했다고 하는

치를 세우고 붉은 천과 금으로 된 방울들과 진주장식으로 탑을 덮었다. 아직 보존 상태가 좋은 이 탑은 예술적인 가치는 별로 없고, 규모 면에서도 아누라다뿌라의 대탑보다 작다. 그렇지만 그 기단(基壇)의 지름이 40m이다. 밋사까(Missaka) 산꼭대기에 (이 탑 건축을 위한) 재료들을 수송한 일이 엄청난 작업이었다는 것을 나타낸다.

이 건축공사가 끝나자 마하다티까 왕은 축전을 개최했다. 그것은 스리랑카의 여러 연대기에 "기리반다 공양(Giribhaṇḍapūjā)"으로 잘 알려져 있다(Mahāvaṃsa, XXXlV, 75-81; Manoratha, l, p. 22; Visuddhimagga, Warren 출판, p. 316). 쩨이띠야기리 산의 둘레로 나선형의 길이 만들어졌다. 그것은 온갖 깃발과 개선문으로 장식되었다. 길 양편에는 노점(露店)들이 순례자들에게 음식을 공급했다. 까담바(Kadamba) 강에서 이 산의 정상까지 수천 개의 등불로 밝혀진 길은 천을 깔아 신도들이 목욕재계한 뒤 이 산에 오르는 동안 발을 깨끗하게 유지할 수 있도록 했다. 끝없이 이어진 등불들은 섬 전체를 사방으로 가로질렀고, 바다 위에도 1요자나 거리까지 계속되었다.

그 스뚜빠는 Mihintalē 산의 Mahāthūpa인 것 같다. 우리는 이 건축물의 사진을 Paranavitana의 *The Stūpa in Ceylon*, 원판 III a에서 볼 수 있다.

II. 샤까-빠흘라비족과 불교

샤까족의 특징 샤까족(Śaka)과 빠흘라바족(Pahlava), 즉 스키타이족(Scythian)과 파르티아족(Parthian)은 서력 기원초 인도 서북지역을 침략했다. 인도 자료들에 의하면 이 두 민족은 아주 밀접한 관계를 가지고 있었다. 그들은 양쪽 모두 그 기원이 스키타이(Scythia)이고, 일종의 동이란어를 사용했다.

기원후 3세기까지 거슬러 올라가는 인도 서북 지방의 카로슈티 문자 비문들과 동 투르케스탄의 인도 언어 비문들은 가장 오래된 샤까족 방언의 흔적들—고유명사들과 한 코탄(Khotan) 왕이 가지고 있었던 "군대의 수령(hinajha)"이라는 칭호 같은 몇 개의 차용어들—을 보여준다. 그러나 가장 중요한 자료는 20세기 초에 발견된 코탄어 필사본이다. 이 필사본은 인도 문자의 일종인 브라흐미 문자로 쓰여져 있다. 내용은 여러 가지 성질의 자료로 구성되어 있는데, 불교와 의학 문헌들, 인도 원작에서 번역되고 개작(改作)된 우화와 이야기들이다. 현재 우리가 알고 있는 것과 같은 샤까어(語) 또는 코탄 샤까어는 이미 방언(方言)으로 분화(分化)

된 것처럼 보이고, 카쉬가르(Kašgar, 疏勒)의 동쪽에 있는 마랄바쉬(Maralbaši, Barčuq) 지방의 방언과 밀접한 관계가 있음을 나타낸다. 이 방언은 베를린과 빠리에 소장되어 있는 얼마간의 자료를 통해 알려졌다.[1]

1 20세기초에 사람들이 전혀 몰랐던 이 언어는 오늘날 다음과 같은 몇몇 연구자들의 끈기 있는 노력 덕택으로 잘 알려지게 되었다: F. W. Bailey, O. Hausen, R. Hoernle, S. Konow, E. Leumann, H. Lüders, P. Pelliot, H. Reichelt, Helmer Smith, P. Tedesco와 F. W. Thomas. 첫 출판물들은 S. Konow의 *Khotansakische Grammatik*(Leipzig, 1941, p 73-75)에 목록으로 만들어졌다. 그 이래, F. W. Bailey 교수가 출판한 저작들은 동(東) 이란어의 비교 문법과 사전편찬의 창작이라는 결과에 이르게 되었다: *Hvatanika*, I-IV, BSOAS, VIII, p. 923-936; IX, p. 69-78; p. 521-543; X, p. 886-924; *Irano-Indica*, I-IV, BSOAS, XII, p. 319-332; XIII p. 12-139, p. 389-409; p. 920-938; *Indo-iranian Studies*, I-III, Transactions of the Philological Society, 1953, p. 21-42; 1954. p. 129-156; 1955, p. 55-82; *Indo-Turcica*, BSOAS, IX, p. 289-302; *Armeno-Indoiranica*, Transactions of the Philological Society, 1956, p. 88-126; *Kanaiska*, JRAS, 1942, p. 14-28, 250; *References to Turks in Khotanese manuscripts*, JRAS, 1939, p. 85-91; *The Jātakastava of Jñānayaśas*, BSOAS, IX, p. 851-859; *The Khotan Dharmapada*, BSOAS, XI, p. 488-512; *Gandhā rī*, BSOAS, XI, p. 764-797; *Khotanese Texts*, Cambridge, 1946; *Khotanese Buddhist Texts*, Cambridge, 1951; *A Khotanese Text concerning the Turks in Kanṭṣou*, Asia Major, I, 1949, p. 28-52; *The Seven Princes*, BSOAS, XII, p. 616-624; *The present State of Khotanese Studies*, Actes du XXIe C. des Or., p. 166-167; *Candra and Caṇḍa*, JRAS, 1949, p. 2-4; *The Staël-Holstein Miscellany*, Asia Major, II, p. 1-45; *Kāñcanasāra*, B. C. Law Volume, Poona, 1946, II, p. 11-13; *The Tumshuq Karmavācanā*, BSOAS, XIII, p. 649-670, 809-810; *A Title of Kaniska*, Adyar Library Bull., XX, p. 229-233; *Iranian Miṣṣa, Indian Bīja*, BSOAS, XVIII, p. 32-42; *Dvārā Matīnām*, BSOAS, XX, p. 41-59; *Adversaria Indoiranica*, BSOAS, XIX, p. 49-57; *Veda and Avesta*, University of Ceylon Review, 1957, p. 23-35, *A Problem of the Indo-Iranian Vocabulary*, Rocznik Orjent., XXI, 1957, p. 59-69. M. J. Dresden, *The Jātakastava, or Praise of the Buddha's Former Births, Indo-Scythian(Khotanese) Text*…, Philadelphia, 1955. 사까어(Sace)와 밀접한 관계를 가지고 있는 마랄바쉬(Maralbaši) 방언에 관해서는, 다음의 두 논문을 참조할 것: S. Konow, *Ein neuer*

헤로도투스(IV, 59-82)와 스트라보(VII, 3, 9)는 스키타이족에 대해 흥미 있는 내용을 몇 페이지에 걸쳐 쓰고 있다. 그러나 그것은 카스피해와 파미르 고원 사이의 동쪽 부족들보다는 돈(Don)강과 흑해의 유목민들과 더 많은 관련을 가지고 있다. 서사 시인(詩人) 코에릴루스(Choerilus, 기원전 420-400년)와 역사가 에포루스(Ephorus, 기원전 363-300년)가 "덕 있고 정의로운" 스키타이족에 대해 묘사해 놓은 목가적인 그림으로 우리를 속일 수는 없을 것 같다. 왜냐하면 식인(食人)풍속이라는 독특한 풍속까지 가지고 있었던 스키타이족의 잔인성은 가히 전설적인 사실이기 때문이다.

샤까족의 잔혹성 샤까족 출신 유목민들은 파르티아 왕들인 프라아테스(Phraates) 2세, 아르타반(Artaban) 2세, 미트리다테스(Mithridates) 2세들과 싸우면서 동이란을 가로질러 사카스테네(Sakastene)까지 길을 텄다. 그들은 파르티아족과 접촉하면서 아르삭세스 왕조의 제도를 본보기로 해서 조직화될 수 있었다. 그들은 한 명의 왕 중 왕(sāhānu sāhi)을 가지고 있었고, 이 왕 중 왕은 왕의 칭호를 가진 많은 봉신들(sāmanta)을 봉건 군주(mahādhipati)로 지배했다. 그렇지만 샤까족은 기원전 90년경에 마우에스(Maues)의 지휘 아래 북쪽으로 인더스를 거슬러 올라간 뒤, 간다라에 침투해 들어가서 딱실라의 그리스 왕국을 손아귀에 넣었을 때, 그들의 잔혹성은 여전했다. 몇 년 뒤, 동남방향으로 가서 깟차(Kacchā, Cutch 반도), 수라슈뜨라(Surāṣṭra, Kāthiāwār와 Gujarāt)를 차례

Saka- dialekt, SPAW, 1935, p. 772-823; *The Oldest Dialect of Khotanese Saka*, Norsk Tidsskrift for Sprogvidenskap, XIV, 1947, p. 155-190.

로 점령하고, 마침내 아반띠의 수도 웃자이니에 도달한 그들의 제2진 역시 매우 무시무시했다. 인도인 전체, 그 중에서도 특별히 불교도들이 샤까족과의 첫 접촉에서 고통을 받아야 했던 것은 전혀 놀랄 일이 아니다. 도시들은 완전히 파괴되었고, 스뚜빠들은 침해를 당했고, 성유물(聖遺物)들은 도난당했고, 사원들은 불태워졌다. 유가뿌라나(Yugapurāṇa, v. 124-130)는 샤까족의 이 왕을 "부(富)에 탐욕스럽고, 난폭하고, 고약한 성질에다 악하고, 파괴정신을 가진" 인물로 묘사했다. 유가뿌라나는 머지않아 이 왕이 패배할 것을 예견했지만, "샤까 왕국이 파괴될 때, 땅은 황폐될 것이다"라고 기록했다. 마하바라따(Mahābhārata), 까마수뜨라(Kāmasūtra)와 같은 인도 자료들은 "에리트리아 해의 대항해(Periplus.)"와 같은 그리스 자료들과 견해를 같이 해서, 스키타이족의 부도덕을 비난하고, 매춘과 근친간의 결혼을 허용하는 샤까족의 풍속을 통해 편잡, 마투라, 수라슈뜨라(Surāṣṭra)에 들어가게 된 도덕의 부패 현상을 개탄했다.[2]

불교도들은 스키타이족의 침략을 정법 소멸의 전조(前兆)처럼 생각했다. 아육왕전(T. 1042, k. 6, p. 126 c)이 이 사건에 관한 옛 예언(본서 1권, p. 388-397 참조)을 자신의 것으로 다시 취해, 서쪽으로부터 와서 인도를 약탈하고 스뚜빠들을 파괴하고 사원들을 황폐시키고 수행자들을 죽인 이 야만족 왕들(dasyu mleccha)에게 그리스, 스키타이, 파르티아의 국적을 부여한 것은 아마도 바로 이 때였을 것이다.

---

2 S. Chattopadhyaya, *The Śakas in India*, p. 84-85; *Periplus*, § 49. 참조, Herodotus, IV, 78.

미래에 3명의 잔인한 왕이 나타날 것이다. 첫 번째는 샤까, 두 번째는 야바나, 그리고 세 번째는 빠흘라바라고 불릴 것이다. 그들은 백성들을 박해하고 붓다의 법과 여래의 우슈니샤(uṣṇīṣa, 肉髻)와 불치사리(佛齒舍利)를 파괴할 것이다. 그들은 동쪽 인도를 침략할 것이다. 샤까 왕은 남쪽 지방에 있을 것이고, 빠흘라바 왕은 서쪽 지방에, 그리고 야바나 왕은 북쪽 지방에 있을 것이다. 그들은 각각 100,000봉신(封臣)들의 선두에서 스뚜빠와 사원들을 파괴하고 수행자들을 살육할 것이다. 그때 인간 모습을 하지 않은 악마들이 역시 사람들을 박해할 것이다. 많은 약탈자들과 강도들이 있을 것이다. 이 잔인한 왕들은 사람들을 괴롭히고, 벌을 주면서 공포에 떨게 할 것이다.

샤까족의 그리스화 인도인들, 그 가운데서도 특히 불교도들이 품었던 두려움은 공연한 것이었음이 드러났다. 무력으로 인도의 주인이 된 샤까족은 그 나라에 도입된 그리스의 정치제도와 문화를 최선을 다해 잘 본받아 곧 개화되었다. 그들은 그리스계 인도 왕들이 창시한 행정제도를 채택해서, 태수들, 군사령관들, 지사(知事)들을 존속시켰다. 그들은 그리스의 화폐주조를 모방했고, 자신들의 화폐에 그리스어와 카로슈티 문자로 된 2중 명문을 계속해서 사용했다. 그들은 데메트리우스가 도입한 셀레우쿠스 역(曆)을 채택했다. 그러나 이 달력의 처음에 나오는 날짜를 바꾸고, 달〔月〕들의 이름을 마케도니아식으로 계속 사용하기까지 했다. 맨처음에 그들은 그리스인들로부터 물려받은 예술적인 사고방식을 그대로 답습했다.[3]

3 J. Marshall, *Taxila*, I, p. 55–57.

기원전 2세기에 딱실라에 박트리아 사람들이 세운 시르깝의 두 번째 도시는 바둑판형의 전형적인 그리스 모델에 의거해서 스키토파르티아(Scytho-Parthes) 사람들이 재건했는데, 그것은 직각으로 교차하는 거리들과 정연하게 일렬로 줄을 지은 주택 구역으로 되어 있었다. 아마도 아제스 1세 통치 때 흙으로 된 옛 성벽에, 장방형의 보루들로 규칙적인 간격으로 나누어진 6km 길이의 석조 방어벽이 추가되었을 것이다. 이 새로운 성벽은 이렇게 해서 남쪽 방향으로 하티알(Hathiāl) 산봉우리를 포함하게 되었고, 딱실라는 처음으로 그리스적인 아시아 도시 모습을 가지게 되었는데, 그것은 방어 중심지로 사용된 성체와 중산 계급들이 살면서 상업에 전념한 상업 중심지로 이루어졌다.[4]

시르깝의 성문에서 반 마일 거리에 있는 잔디알(Jaṇḍiāl) 사원 역시 아제스 1세 시대에 건립된 것인데, 신전 입구, 성소(聖所), 내진(內陣)을 가진 개괄적인 설계에 의해서 뿐만 아니라, 사원 입구에 위치한 두 쌍의 이오니아 양식의 장식용 벽기둥(in antis)에 의해서도 그리스 사원과 매우 비슷하다. 그렇지만 이 건축물은 서양의 양식과 두 가지 점에서 다르다. 넓은 창문들이 일정한 간격으로 뚫려 있는 벽이 회랑이나 주랑(柱廊)을 대신하고 있다. 그리고 그 기초들이 지하 20척 깊이로 박혀 있는 넓은 벽돌 구조물은 성소(聖所)와 내진(內陣)을 갈라놓고 있다. 이 벽돌 구조물은 사람들이 외부의 층계를 통해 도달했던 높은 망루를 떠받쳤다고 생각된다. 이와 같은 특징들과 더불어 이 사원 내부에서 어떠한 상(像)

4 같은 책, p. 113-114; 140.

도 발견되지 않았다는 사실에서, 이 건축물은 성소 안에 불(火)의 제대(祭臺)를 설치했던 조로아스터교의 사원이었다고 생각된다.[5]

스키토 파르티아 시대의 다른 건축물들은 장식법에서 역시 그리스의 영향만을 나타내고 있다. 시르깝의 E구역에서 발견된 작은 스뚜빠의 장식은 절제(節制)보다는 더욱 열광적으로, 풍부하게 묘사된 아칸서스(acanthus) 잎만으로 구성되어 있다.[6]

시간이 지나면서 그리스 양식을 모방하는 일은 화폐에서 뿐만 아니라 조각에서도 점점 더 서툴게 되었다. 인도를 서방세계와 갈라놓은 파르티아라는 장벽 때문에 예술은 새로워지지 못했다. 지난 날 제련(製鍊)업자와 조각가들의 작업장들을 채웠던 그리스인들은 그들의 중국인들로서가 아니라, 신통치 않은 토착출신 장인(匠人)들로 대체되었다. 마우에스 왕이 주조했던 최초의 화폐들은 마지막 그리스계 인도 왕들의 화폐와 거의 비슷했지만, 아제스의 화폐들은 그것들의 생기 없는 모조품에 지나지 않았다. 장식술에 있어서는 겨우 복제된 야바나의 주제〔모티브〕와 더불어, 마투라의 영향하에 인도의 주제들, 특히 연꽃 주제가 도입되었다. 시르깝의 F구역에서 발견된 쌍두(雙頭) 독수리 스뚜빠라고 불리는 스뚜빠는, 반은 그리스적이고, 반은 인도적인 혼합된 착상이다. 이 스뚜빠 기단의 서쪽 면을 장식하는 8개의 코린트식 기둥들 사이의 공간에 그리스 사원의 정면과 이른바 벵골식의 아치, 그리고 고대인도 토라나(toraṇa, 탑문)가 두 개씩 복제되어 있다.[7]

---

5 같은 책, p. 225 이하.

6 같은 책, I, p. 158 ; III, 원판(사진) 27 a.

7 같은 책, p. 163, III, 원판. 28과 30 a.

샤까족과 불교 샤까족은 야바나의 유산을 전달받는 것으로 만족하지 않고, 종교에 관해서는 그리스계 인도 왕들의 정책을 계승해서 토착 종교들에 대해 관대한 태도를 보였을 뿐만 아니라, 그 가운데서 가장 강력한 종교인 불교에 대해서는 호의적이기까지 했다. 잔디알(Jaṇḍiāl)의 이란사원의 존재는 그렇다고 해서 그들이 자기 자신들의 신앙을 버리지 않았다는 것을 증명해 주고 있다. 바라문교도들과 자이나교도들, 그리고 불교도들은 샤까족의 침략 초기에 야기된 폐허들을 완전히 자유스럽게 재건할 수 있었다. 더욱이 샤까족 태수들은 몸소 이 복원을 돕기도 했다.

마우에스 치하에서, 기원전 78년에 새겨진 딱실라의 기념 명판(銘板)에 의하면 리아카 쿠술라카(Liaka Kusūlaka)의 아들이고, 추크사(Chukhsa)의 스키타이족 출신 태수 파티카(Pātika)는 "폐기된(apratiṭhavita)" 붓다 샤꺄무니의 사리를 복구하고, 그 곁에 모든 붓다들에게 경의를 표하면서, 부모들과 자신의 장수와 "세력 증진"을 위해 사원을 건립했다(Konow, p. 28-29). 비마란(Bīmarān)에서 무자바뜨(Mūjavat)의 아들 쉬바락쉬따(Śivarakṣita)라는 사람이 복구 작업 중에 동석(凍石) 항아리로써 낡은 용기(容器)를 대체했는데, 이 용기 속에 현재 대영 박물관에 소장되어 있는 유명한 금동제 사리 용기가 들어 있었다(Konow, p. 52). 마투라에서 대태수 라주불라(Rājuvula)의 부인 아야시아 카물라(Ayasia Kamūla)는 설일체유부 교단을 위해 하나의 사리와 스뚜빠, 그리고 상가라마〔僧伽藍〕를 건립했다. 그의 아들 쇼다사(Śoḍāsa)는 "전(全) 샤까국의 이름으로" 설일체유부 비구들에게 얼마간의 땅을 기증했는데, 그 비구들 가운데 아리야 붓다데바(Ārya

Buddhadeva)와 "대중부에 법(法)을 가르치는 책임을 맡은 부딜라(Budhila) 비구"가 언급되어 있다(마투라의 사자주두 비문, Konow, p. 48). 실벵 레비(S. Lévi)는 마투라 사자주두 비문의 아리야 붓다데바를 비바샤(Vibhāṣā)와 꼬샤(Kośa, Index, p. 124)에서 언급되고 있는 붓다데바 논사라 보았고, 부딜라를 대중부의 집진론(集眞論, Tattvasamuccayaśastra)의 저자로, 현장의 대당서역기에 나오는 불지라(佛地羅) 논사와 동일시했다(T. 2087, k. 3, p. 888 a 8).

샤까족의 점령하에서, 불교도들은 자신들의 출신지가 인도이든 외국이든 상관없이 "중생들의 이익과 행복을 위해" 우물 파기와 같은 그들의 관례적인 자선행위에 한가하게 몰두할 수 있었다. 이것은 아난다의 아들 인도 사람 상가미뜨라(Saṃghamitra, Konow, p. 65)와 다티아(Datia)의 아들 야바나 사람 타이도라(Thaidora)의 경우였다(同, p. 66).

우리가 앞에서 본 것처럼 아제스 2세 시대에 마투라의 대태수였던 쇼다사(Śoḍāsa)는 그의 이름을 불교, 자이나교, 비슈누교의 시설물들에 남겼다.

딱실라와 그 근방에는 샤까시대까지 거슬러 올라가는 불교 시설물들이 많다. 존 마샬은[8] 시르깝에서 E, F, G, C-1, E-1 구역에 위치한 스뚜빠들을 언급하고 있다. 아쇼까 시대에 건축한 대(大) 다르마라지까(Dharmarājika)의 기단 주위에 13기(基)의 작은 스뚜빠들이 있는데, 그 중 하나인 제8번 스뚜빠에서 마우에스

8 같은 책, I, p. 58.

와 아제스의 화폐들이 나왔다. 잔디알 사원의 북쪽에 2기의 스뚜빠(A와 B)와 하나의 사원이 있다. 같은 사원 동쪽, 바즈란(Bajrān)에 시라(Sira)라는 사람의 이름으로 봉헌한 한 개의 금판(金板)을 가진 스뚜빠가 있다(Konow, p. 86). 샤흐뿌르(Shāhpur) 마을 입구에는 시힐라(Sihila)와 시하락시따(Siharaksita) 형제가 세운 13번 스뚜빠가 있고(Konow, p. 87), 이름이 지워진 딱실라의 한 지사(知事)가 건립한 14번 스뚜빠가 있다(Konow, p. 5).

빠흘라바 왕조[9] 곤도파레스 통치하(기원후 19-45년)의 인도-스키타이에 대한 빠흘라바의 종주권 수립은 불교의 운명에 어떠한 반향도 불러 일으키지 않았다. 다하에(Dahae)족에 속했던 빠르니(Parni)족의 후예인 파르티아족은 샤까족처럼 스키타이 출신이었다. 기원전 247년이래 이란을 통치했던 그들은 메소포타미아와 아케메네스 왕조의 페르시아와 셀레우쿠스 왕조의 아시아 고대문화 상속자로 자처했다. 미트리다테스 1세 통치하에서(기원전 171-137년) 파르티아는 태수령들로 분할되어 적어도 18개의 봉토(封土)로 구성된 강력한 봉건국가로 되었다. 지배적인 세력은 7대 가문의 손에 들어 있었는데, 아르삭세스 가문(Arsacides)은 그 가운데 하나였다. 국가의 통치는 "원로원"과 "현자와 사제단"이 보좌하고 통제하는 '왕 중 왕'이 했다. 티그리스 강 유역의 셀레우케이아(Seleuceia) 또는 율레우스(Euleus, Susa) 강 유역의 셀레우케이아, 그리고 몇몇 유태인 식민지들처럼 제국(帝國) 내에 위치한 수많

9 파르티아족의 조직과 행정에 관해서는 R. Ghirshman의 *L'Iran des Origines à l'Islam*(Paris, 1951, p. 234-237)을 볼 것.

은 그리스령 도시들은 (노역, 세금 등의 의무에 대한) 면제와 특전을 누렸는데, 이것은 그들을 사실상 독립적인 위치로 만들었다. 왕위는 원칙적으로 세습제였다. 만약 왕이 아들 없이 죽으면 그 계승자는 반드시 귀족(Megistanes)들 가운데서 선출되었고, 그들에 의해 임명되었다. 왕의 위세는 거의 신의 위세와 같았다. 왕은 미트리다테스 왕이 제정한 의전(儀典)대로 3중관(重冠)을 썼고 테오스(Theos) 또는 테오파토르(Theopator)라는 칭호를 가졌다. 사후에는 그를 위한 성전(聖殿)과 상(像)이 세워지고 그는 예배의 대상이 되었다. 궁정은 온갖 호화스러운 사치품으로 둘러싸였고, 왕의 거주지는 계절에 맞게 또는 마음내키는 대로 제국의 4개 수도, 즉 아르삭(Arsak), 헤카톰필로스(Hecatompylos), 엑바타나(Ecbatana), 크테시폰(Ctesiphon) 가운데 어느 하나로 옮겨 다녔다.

현재 아르삭세스 왕조 초기에 관한 파르티아어 문헌들이 전해지지 않는 이유는, 기원전 50년경까지 제국의 공식 언어가 그리스어였기 때문이다. 미트리다테스 왕 시대이래 왕들이 한결같이 "그리스 애호자들"이라고 자처했던 아르삭세스 왕조의 화폐 명문들은 몇 세기 동안 그리스어로 되었고,[10] 비수툰(Bīsutūn)에 있는 샤(Shah, 왕)들을 기념하기 위해 세운 건축물들에도 그리스어로 비문들이 새겨졌다.[11] 법률 증서와 공증 증서에는 그리스어가 일반적으로 사용되었다. 예를 들면 두라(Dura, Sālihīyeh)에서 발견된 아르삭세스 왕조 시대의 상속법 문헌과[12] 자그로스(Zagros) 산맥

10 J. de Morgan, *Manuel de Numismatique Orientale* Paris, 1923-36, p. 152-169.

11 E. Herzfeld, *Am Tor von Asien : Felsdenkmale aus Irans Heldenzeit*, Berlin, 1920, 원판. XXI-XXIII.

의 아브로만(Avromān)에서 발견된 두 개의 매매계약 증서에서 이 사실을 알 수 있다. 그런데 이 두 개의 계약 증서들은 각각 기원전 88년과 22년에 만들어진 것이었다.[13] 지배계급은 그리스어를 읽고 말했다. 그리고 우리가 플루타르크(*Vie de Crassus*, 33)를 통해 알고 있는 것처럼, 로마 군대의 운명이 카르하에(Carrhae)에서 결정되었던 그 순간에(기원전 53년), 오로데스(Orodes) 왕은 유리피데스(Euripides)의 *Bacchae*(박카스 신)를 상연하는 곳에 가 있었다. 이와 같은 속물근성을 그리스-로마 사람들은 재미있어 했다. 세네카(Seneca)는 그의 *Consolatio ad Helviam*(헬비아를 위로하며, VII, 1)에서, "오랑캐 지역에 있는 저 그리스 도시들과 인도인과 페르시아인들이 사용하고 있는 그리스어란 도대체 무엇을 말하는 것인가?"라고 외치고 있다. 스트라보의 주장에 의하면(XI, 9, 2) 파르티아족은 그들이 지휘하는 많은 사람들과 그들이 이용할 수 있는 막대한 자원으로 기원후 1세기경에는 로마인들의 진짜 적수가 되었다. 그는 다음과 같이 말하고 있다: "파르티아족이 살고 있는 생활 방식에서, 그리고 그들의 체제 속에서 이와 같은 확장의 원인을 찾아야 한다. 그들의 체제는 여전히 야만인들의 정신과 특히 스키타이족의 미개 상태로 물들어져 있지만, 그럼에도 불구하고 정치적인 주도권과 군사적인 우위를 세우는데 소용되는 알 수 없는 무엇을 가지고 있는 것 같이 보인다."

우리는 파르티아인들의 종교에 대해 거의 알지 못하고 있다.[14]

12 B. Haussoulier, *Une loi grecque inédite sur les successions "ab intestat"*, Revue historique du droit français et étranger, II, 1923, p. 515-553.

13 E. H. Minns, *Parchments of the Parthian Period from Avroman in Kurdistan*, Journal of Hellenic Studies, XXXV, 1915, p. 22-65.

스키타이 관습에 의하면 그들은 아마도 계속해서 자연현상들을 숭배하고 태양과 달에게 예배를 드렸을 것이다. 볼로게세스(Vologeses) 1세의 동생인 아르메니아의 티리다테스(Tiridates)는 로마의 네로 황제 궁정에 체류하고 있었을 때, 여전히 피투성이 제물을 바치는 희생제(犧牲祭)를 지냈다(Tacitus, Annals, XV, 29). 그러나 파르티아의 지배하에서 이란 국민들은 변함 없이 아후라마즈다(Ahuramazda), 미트라(Mithra), 아나히타(Anahita)로 표현되는 조로아스터교의 3신설(神說)에 충실했다. 아나히타 신은 나나이아(Nanaia) 또는 아르테미스(Artemis)라는 이름으로 아직도 존경받고 있다. 이 여신에 대한 신앙은 대단히 널리 보급되었다. 이 사실은 아르삭(Arsak), 엑바타나(Ecbatana), 켄가바르(Kengavar), 엘리마이데(Elymaide), 수사(Susa), 이스타카르(Istakar), 쉬즈(Šiz)에서 이 여신의 이름을 가진 많은 성전(聖殿)들이 증명해 준다. 개혁된 조로아스터교가 권장한 사자(死者)들의 전시법—노천에 내다 놓아 독수리들에게 먹히게 하는 장례법—은 모든 사람들이 실행한 것 같지는 않다. 니푸르(Nippur), 카크제(Kakze), 두라 유로포스(Dura-Europos), 수사(Susa)에서 행했던 고고학적인 발굴에서, 죽은 사람들이 흙으로 구운 관 속에 부장품과 함께 매장되어 있는 파르티아 지하 묘지가 있었던 것을 볼 수 있었다. 이 풍속은 기원전 1세기 말까지 계속되었다. 열렬하게 전도(傳道)하는 열성이 없는 파르티아인들은 그들이 정복한 민족들을 자신들의 신앙으로 개종시키려고 하기는커녕, 제국 내에 자리

14 R. Ghirshman, *L'Iran des Origines à l'Islam*, p. 239-243.

잡고 있던 그리스의 식민지들뿐만 아니라 작은 유대 국가들과의 관계에서도 완전히 관용적이었다. 곤도파레스는 아마도 그가 통치했던 인도 국민들에게 보여준 자유주의 정신 때문에 그의 화폐에 나오고 있는 “구세자(trātā)”라는 칭호를 가지게 되었을 것이다. 그는 기독교와 이교의 전설 속에서, 식견이 있고 모든 외국 포교에 개방된 왕으로서, 성(聖) 도마 사도와 마법사 아폴로니우스(Apollonius)를 기꺼이 자신의 궁정에 맞아들였던 왕으로 나오고 있다. 그의 이름이 한 예배당의 건립과 관련하여 나오고 있는 탁티바히(Takht-Ī-Bahī, Konow, p. 62)의 비문은 불교도들이 이 외국의 왕인 곤도파레스에게 불평할 일이 없었다는 것을 증명해 준다. 기원후 2세기에서 3세기에 중국에 온 초기의 불교 전도승들 가운데는 안식국(安息國), 즉 아르삭세스 왕조의 페르시아 출신 승려들이 있었다. 예를 들면 안세고(安世高)와 같은 사람이다. 그는 왕위를 버리고 출가했는데, 불교 경전을 한역(漢譯)한 최초의 위대한 역경자로 인정받는다. 그는 기원후 148년에서 170년 사이에 낙양(洛陽)에서 활약했다. 그러나 역경 목록들이 그의 번역이라고 전하고 있는 176개 경(經) 가운데서 단지 소수만이 — 드미에빌(P. Demiéville)에 의하면 4개의 경 — 확실한 것으로 생각할 수 있을 것 같다. 이란 출신의 다른 역경자들 가운데서 역시 우바새 안현(安玄, 168-189년)과 사문 안법경(安法鏡, An Fa-k'in, 281-306년)이 있었는데, 그들 역시 낙양에서 활약했다. 그렇지만 불교에 호감을 가진 대다수의 샤까-빠흘라바인들은 샤꺄무니의 가르침을 받아들이고 이해할 준비가 제대로 되어 있지 않았다.

새로운 형식의 포교 이들 투박한 사람들의 마음을 움직이기 위해, 불교 전도사들은 샤까족에게는 스키타이인들처럼, 빠흘라바라족에게는 파르티아인들처럼 행동해야 했다. 샤꺄무니가 연기법(緣起法)을 곧장 그의 동시대 청년들에게, 즉 "출가 생활을 택하기 위해 가정 생활을 떠난 양가(良家)의 자제들에게" 가르칠 수 있었던 시대, 마우리아 시대의 전도사들이 재가신도들에게 점진적인 가르침(次第說, anupūrvī kathā)인 불교교리의 참된 요지(要旨)를 설해 인도에서 많은 사람들을 불교에 귀의시켰던 시대, 나가세나와 박식한 논사들이—사실이든 허위든 간에—궤변에 익숙한 야바나의 왕들과 대등하게 토론을 했던 시대, 그런 시대는 이미 지나가 버렸다. 배화교도(拜火教徒)들에게, 그리고 아나히따(Anahita) 여신의 신봉자들에게 방대한 3장(藏, Tripiṭaka)을 가르친다는 것은 가능한 일이 아니었다. 매우 단순한 방법을 통해 그들에게 불교정신을 고취하고 핵심적인 진리들을 가르치는 것으로 한정해야 했다. 그것은 몇 개의 암시적인 게송(偈頌)이나 또는 암송할 수 있도록 알파벳순으로 된 기초교리 정도였다. 극히 사소한 "붓다의 말씀"도 그 가치를 가지고 있었던 것이 항상 인정되었다. 그래서 앙굿따라니까야(II, p. 178)는 이미, "글자와 법(法)의 이해를 통해—비록 그것이 4운각(韻脚)의 간단한 한 구절의 게송〔詩〕에 지나지 않는다 할지라도—그리고 법에 일치하는 행위를 통해, 사람들은 유식하고 좋은 법의 기억자라고 불릴 자격이 있다"고 주장했다. 이 시대에는, 게송의 기록에 의한 가치는 불가사의한 힘을 가지고 있었다. 금강경(金剛經, Vajracchedikā)과 같은 소승과 대승의 두 경계에 위치하고 있던 불교 경전들은(Conze 편찬, p. 37),

"다른 사람에게 그것을 가르치거나 설명하기 위해, 단지 4운각으로 된 하나의 게송일지라도 그것을 경전에서 취하는 모든 재가의 남녀들은 바로 이 일을 통해 무한하고 무량한 큰 공덕을 얻게 된다"라고 되풀이해서 말하고 있다.

그때부터 붓다 당시에 아슈바지뜨(Aśvajit) 비구가 샤리뿌뜨라에게 전했고, 연기법(緣起法)을 매우 잘 요약하고 있는 유명한 그 게송은 불교의 크레도(credo, 信條)의 위치를 차지하게 되었다.

제법은 원인에서 생긴다〔諸法從緣起〕
여래는 제법의 원인을 설했다〔如來說是因〕
그는 역시 제법의 소멸을 설했다〔彼法因緣滅〕
이것이 대사문의 교리이다〔是大沙門說〕.[15]

이 게송은 인도와 세린디아(Serindia)에서 불교기념 건조물과 불상 위에 끊임없이 되풀이 되어 나왔고, 중국에서는 운남(雲南, Yunnan)의 명문 벽돌들 위에서 발견되었다.[16] 사람들은 이것을 부적(符籍) 대신 스뚜빠에 넣었는데, 이것이 스뚜빠를 보호해주고 파괴로부터 막아준다고 믿었다.[17] 경전에서는 이 게송 뒤에 종종

---

15 Vinaya pāli, I, p. 40; Mahāvastu, III, p. 62 : ye dhammāhetuppabhavātesaṃ hetuṃ tathāgatoāha tesañ ca yo nirodho evaṃvādī mahāsamaṇo.
저자는 이 게송(偈頌)을 4성제〔quatre vérités saintes〕와 관련된 것이라고 말하고 있지만 착오가 틀림없다고 생각되므로 연기법(緣起法)이라고 고쳤다(역자주).

16 W. Liebenthal, *Sanskrit Inscriptions from Yunnan*, I, Monumenta Serica, XII, 1947, p. 1-40; II, Sino-Indian Studies, V, 1955, p. 1-23.

17 Abhisamayālaṃkārāloka, U. Wogihara(荻原雲來) 출판, p. 207.

유명한 한 대구(對句)가 뒤따른다.

죄를 피하는 것〔諸惡莫作〕,
선을 행하는 것〔諸善奉行〕,
생각을 깨끗하게 하는 것〔自淨其意〕,
이것이 붓다들의 가르침이다〔是諸佛教〕.[18]

정각을 성취한 그날 밤, 샤꺄무니가 발견한 12연기법, 즉 prātītyasamutpāda에 대한 설명은 역시 많은 기념 건조물에 나온다. 까니슈까 왕 20년에 마니파띠아(Maniphatia)라는 사람이 서북 인도 쁘라끄리뜨어 본(本)을, 설일체유부 소속의 한 사원을 위해 만든 동제(銅製) 사리함 위에 새겼다(Konow, p. 155).

인도 서북지방에서 설일체유부는 이방인들을 위해 게송으로 된 참된 포교를 실시했는데, 그것은 많은 교화문학에 의해 뒷받침 되었다. 이 문학에서는 한 편의 완전한 게송을 얻기 위해 왕이나 바라문들이 기울인 영웅적인 노력이 찬양되고 있다.[19] 가장 인기를 얻었던 게송들 가운데서 몇 가지를 인용하면 다음과 같다.

제행은 실로 무상하다〔諸行無常〕.
그것은 생멸의 성질을 가지고 있다〔是生滅法〕.

---

18 Dīgha, II, p. 49; Dhammapada, v. 183; Nettipakaraṇa, p. 43, 등등. sabbapāpassa akaraṇaṃ kusalassa upasampadāsacittapariyodapanaṃ etaṃ Buddhānaāsāsanaṃ. T. 210(法句經), p. 567 b.

19 이와 같은 문학 양식에 대해서는, *Traité de la Grande Vertu de Sagesse* (Larnotte, Louvain, 1949, p. 689 註)에서 몇 가지 참조사항을 볼 수 있다.

그것은 생겨나서 파괴된다〔生滅滅已〕.
그것의 적멸(寂滅)이 행복이다〔寂滅爲樂〕.[20]

또는,

쌓인 것은 모두 무너진다〔常者皆盡〕.
올라간 것은 모두 떨어진다〔高者亦墮〕.
만남은 이별로 끝난다〔合者有離〕.
삶은 죽음에 이른다〔生者有死〕.[21]

역시,

사랑하는 것에서 슬픔이 생긴다〔愛喜生憂〕.
사랑하는 것에서 근심이 생긴다〔愛喜生畏〕.
사랑하는 것을 피하라, 더 이상 슬픔은 없다〔無所愛喜〕.
어디에서 근심이 생기겠는가〔何憂何畏〕?[22]

---

20 Dīgha, II, p. 157; Saṃyutta, I, p. 6, 158, 200; II, p. 193, 등등.
anityābata saṃskāra utpādavyayadharmiṇaḥ
utpadya hi nirudhyante teṣāṃ vyupaśamaḥ sukham. T.210(法句經), p. 559 a.

21 Udānavarga, I, 22 (Chakravarti 출판, p. 4); Nettipakaraṇa, p. 146; Mahāvastu, III, p. 152, 183; Divyāvadāna, p. 27, 100, 486 : sarve kṣayāntānicayāḥ patanā ntāḥ samucchrayāḥ saṃyogāviprayogānā maraṇāntaṃ ca jīvitam. T. 210(法句經), p. 559 a.

22 Dhammapada, v. 212; Avadānāśataka, I, p. 191 : priyebhyo jāyate śokaḥ priyebhyo j yate bhayam priyebhyo vipramuktānāṃ nāsti śokaḥ kuto bhayam. T. 210(法句經), p. 567a.

마지막으로,

선행을 닦아라〔樂法樂學行〕.
악행을 피하라〔愼莫行惡法〕.
법을 실천하는 자는 평화롭게 산다〔能善行法者〕.
이 세상과 저 세상에서〔今世後世樂〕.[23]

대승불교도들은 포고용의 이 초보적인 형식을 다라니(dhāraṇī)로써 게송을 보충해서 자신들의 것으로 다시 사용했다. 다라니란 의미는 있지만 앞뒤가 맞지 않는 몇 개의 말들이 난해한 많은 음절 가운데 사라져 버리는 주문(呪文)이다.

이미 법장부의 소승부파는 전통적인 3장에 다라니장(藏)과 보살장(菩薩藏)이라는 새로운 두 장(藏)을 추가했는데, 이 부파는 중국의 불교전도를 위해 주도적인 역할을 맡기 전에 서쪽 인도, 특히 웃디야나(Uḍḍiyana)와 수라슈뜨라(Surāṣṭra)에서 활약했다.[24] 불교연구를 쉽게 하기 위해 기억을 돕는 수단(dhāraṇīmukha)을 이용한 것은 아마도 이 부파가 처음이었을 것이다. 가르침은 알파벳의 글자 수와 동일한 수의 항목들로 이루어져 있었다. 그리고 알파벳의 각 글자나 음절은 하나의 교리를 요약된 형식으로 설명하는 한 단어 또는 한 문장의 시작이 되었다. 이상한 일은 이와 같은 가르침이 맨 먼저 이방의 미개인들인 스키타이인들이나 파르티아

23 Dhammapada, v. 169; Avadānaśataka, I, p. 220 : dharmaṃ caret sucaritaṃ nainaṃ duścaritaṃ caret dharmacārī sukhaṃ śete asmiṃl loke paratra ca.
24 P. Demiéville, *L'origine des sectes bouddhiques*, p. 60-61.

인들에게 베풀어졌다는 점이다. 이렇게 생각할 수 있는 이유는, 이 가르침이 근거로 한 알파벳은 인도어의 알파벳이 아니고 샤까어 또는 코탄어의 알파벳이기 때문이다. 브라흐미 철자교본에서 모방한 샤까어 알파벳은 유성 치찰음(有聲 齒擦音) z를 내는 yas글자와 같이, 이란어의 고유한 소리를 적는데 사용하는 몇 가지 특별한 서기법(書記法)에 의해 인도어 알파벳과 구별되었다.[25] 단지 42개의 글자들은 고유한 순서에 따라, a(阿), ra(羅), pa(波), ca(遮), na(那)등으로 배열되었다. 그래서 이 알파벳에 아라빠짜나(Arapacana)라는 이름이 붙여진 것이다. 법장부의 율장은 출가자들과 재가자들이 공동으로 행한 낭송〔合誦〕들을 기록하고 있다. 이 율장에 의하면 때로는 두 사람이 함께 전후 순서 없이 아라파차나(阿羅波遮那, Arapacana)를 낭송했다. 때로는 그들 중 한 사람이 아직 a를 발음하지 않았는데 두 번째 사람이 처음 말 a를 반복하기도 했다.[26]

대승불교도들은 '아라빠짜나'의 기억술을 대규모로 활용했다. 그들은 특히 그것을 사용해서 신도들에게 제법(諸法)은 공(空)이라는 자신들의 근본적인 명제를 주입시켰다. 그들은 다음과 같이 말했다. "제법은 원래 태어남이 없기(anutpanna, 無生) 때문에 a라는 글자이다. 제법은 더러움(rajas, 染)이 없기 때문에 ra라는 글자이다. 제법은 절대(paramārtha, 眞諦)를 가리키기 때문에 pa라

25 아라빠짜나(Arapacana) 알파벳에 관해서는 다음 논문들을 참조할 것: S. Lévi, *Ysa*, *Mémoires S. Lévi*, Paris, 1937, p. 355-363; St. Konow, *The Arapacana Alphabet and the Śakas*, Acta Orientalia, XII, 1934, p. 13-24.

26 四分律, T. 1428, k. 11, p. 639 a 14.

는 글자이다. 제법은 생과 사(cyavana)가 없기 때문에 ca라는 글자이다. 제법은 이름(nāman, 名)을 가지고 있지 않기에 na라는 글자이다. 등등."[27]

반야경들은 이런 알파벳식의 가르침으로 가득 차 있는데, 그 표본들을 10만송(頌, śatasāhasrikā), 2만 5천송(Pañcaviṃśatisāhasrikā), 1만 8천송(Aṣṭadaśasāhasrikā) 반야경에서 볼 수 있다.[28] 화엄경의 입법계품(入法界品, Gaṇḍavyūha)은 보디삿뜨바의 특권을 설명하기 위해 동일한 방법을 이용했다.[29] 끝으로 네팔, 티베트, 중국불교에서는 아라빠짜나(Arapacana)의 5개 첫 글자들이 문수사리(文殊師利) 보살에게 드리는 밀교적인 예배에 나온다.[30]

샤까-빠흘라바족과 함께 우리는 외부적인 모든 영향에 넓게 개방된 불교가 대승(大乘)쪽을 향해 빠르게 가고 있던 시대에 도달하게 된다. 이 이방인들의 활동은 이곳에서 밝혀진 몇 가지 사실에 한정되지 않았던 것은 명백하다.[31] 샤까무니의 분명치 않은 두 명

27 Pañcaviṃśati, N. Dutt 출판, p. 212.

28 Satasāhasrikā, R. Mitra 출판, p. 1450-1451; 大般若波羅蜜多經, T. 220(1), k. 53, p. 302 b-c; Pañcaviṃśati, N. Dutt 출판, p. 212-213; 大般若波羅蜜多經, T. 220(3), k. 415, p. 81 c-82 b; 放光般若經, T. 221, k. 4, p. 26 b-c; 光讚經, T. 222, k. 7, p. 195 c-196 b; 摩訶般若波羅蜜經, T. 223, k. 5, p. 256 b-c; 大智度論, T. 1509, k. 48, p. 407 c-409 a; Aṣṭadaśa, 大般若波羅蜜多經, T. 220(3), k. 490, p. 489 a-490 a.

29 Gaṇḍavyūha, D. T. Suzuki(鈴木大拙) 출판, p. 448-450; 華嚴經(60권본), T. 278, k. 57, p. 765 c; 華嚴經(80권본), T. 279, k. 76, p. 418 a; 華嚴經(40권본), T. 293, k. 31, p. 804 a; 華嚴經入法界品, T. 295, p. 877 a; 七星如意輪秘密要經, T. 1019, p. 707 c.

30 金剛頂經, T. 1171-1174 참조, Hôbôgirin(法寶義林), *Arapashana*, p. 34.

31 불교와 이란종교(iranisme)에 관해서는 다음과 같은 책들을 볼 것. P. Pelliot, *Un traité manichéen retrouvé en Chine*, JA, 1911, p. 565-587; *Les influences*

의 제자들인 마이뜨레야(Maitreya)와 아지따(Ajita)를 메시아(Messiah), 사오쉬안트(Saoshiant)의 모습을 취한 구세주, 미래불로 바꾸기 위해서는 인도 밖에서 강력한 메시아 운동의 개화(開花)가 필요했다. 대승불교의 붓다들 가운데서 가장 중요한 붓다로서 서방극락을 지배하고 있는 무량수(無量壽)와 무량광(無量光)인 광명의 신 아미따바(Amitābha, 阿彌陀)가, 이란의 태양신을 불교와 힌두교식으로 복제한 것에 불과하다는 사실에는 의문의 여지가 있다. 끝으로, 대승불교의 보디삿뜨바들과 마즈다교(Mazdaism: 조로아스터교)의 아메샤스펜타(Ameshaspenta)들간에 이상한 유사점이 있다. 두 경우에 그들 모두는 자비로운 정령(精靈)들인데, 이름만 알려져 있을 뿐 그들의 역사와 끝없이 되풀이된 활약상은 분명치 않다. 우리는 이들이 끼친 영향 문제를 다루지 않을 것이다. 왜냐하면 이 문제의 성질과 중요성을 밝히기란 너

---

iraniennes en Asie Centrale et en Extrême-Orient, Leçon d'ouverture au Collège de France, 4 Déc. 1911; J. Przyluski, *La légende de l'empereur Aśoka*, Paris, 1923, p. 14, 15, 145, 158, 179; *Les Udumbara*, JA, 1926, p. 1-59; *La ville du Cakravartin*, RO, V, 1927, p. 165-185; *La croyance au Messie dans l'Inde et dans l'Iran*, RHR, C, 1929, p. 1-12; *Un dieu iranien dans l'Inde*, RO, VII, 1931, p. 1-9; *Deva et Asura*, RO, VIII, 1932, p. 25-29; *L'influence iranienne en Grèce et dans l'Inde*, RUB, III, 1932, p. 283-294; *Les sept puissances divines dans l'Inde et l'Iran*, Revue d'Hist. et de Phil. rel., s. d.; *Les rapports entre l'Inde et l'Iran depuis l'époque védique*, RHR, CXXII, 1940, p. 5-24; *Une cosmogonie commune à l'Iran et à l'Inde*, JA, 1937, p. 481-493; L. de La Vallée Poussin, *Dogme et philosophie du Bouddhisme*, Paris, 1930, p. 193; *L'Inde aux temps des Mauryas*, p. 243; *Dynasties et Histoire de l'Inde*, p. 352; A. Foucher, *Art gréco-bouddhique*, II, p. 566; *Vieille route de l'Inde*, II, p. 285-289; E. Abbeg, *Der Messiasglaube in Indien und Iran*, Leipzig, 1928; É. Benveniste 外, *La civilisation iranienne*, Paris, 1952.

무나 어렵기 때문이다. 분명하고 쉽게 입증할 수 있는 자료들에 비추어 보아, 불교역사에서 그리스인들, 스키타이인들, 그리고 곧 꾸샤나인들과 같은 이방인들이 맡았던 무시하지 못할 역할을 강조하는 것으로 충분하다.

III. 석굴 건축의 시작[1]

불교의 성전(聖殿, caityagṛha)과 승원(僧院, vihāra)에 대해서는 제3장(1권, p. 601-603)에서 이미 언급되었다. 바르후뜨와 산찌의 부조들로부터 이 고대 건축물들의 토대는 돌이나 벽돌로, 상부 구조물은 목재로 되었다는 것을 알 수 있다. 산찌에서 행해진 여러 번의 발굴 덕택으로 광장의 남쪽 부분에서, 연속된 3기(期)에 속한 유명한 제40번 성전의 폐허가 빛을 보게 되었다.[2] 제1 스

---

1 석굴 건축의 기원에 관해서는 다음과 같은 책을 볼 것: J. Fergusson과 J. Burgess, *The Cave-Temples of India*, London, 1880; J. Burgess, *Report on the Buddhist Cave Temples and their Inscriptions*, London, 1883; J. Fergusson, *History of Indian and Eastern Architecture*, 제2판, J. Burgess가 개정, 2 vol., London, 1910; G. Jouveau-Dubreuil, *Archéologie du Sud de l'Inde*, 2 vol., Paris, 1914; John Marshall, *Cambridge History of India*, I, Cambridge, 1922, p. 634-642; R. S. Wauchope, *Buddhist Cave Temples of India*, Calcutta, 1933; J. Ph. Vogel, *Buddhist Art in India, Ceylan and Java*, Oxford, 1936, p. 57-64; H. Marchal, *L'architecture comparée dans l'Inde et l'Extrême-Orient*, Paris, 1944; S. Kramrisch, *The Hindu Temple*, 2 vol., Calcutta, 1946; P. Brown, *Indian Architecture, Buddhist and Hindu*, 제3판, Bombay, 1956; B. Rowland, *The Art and Architecture of India*, London, 1953.

2 *Monuments of Sāñchī*, I, p. 64-68; III, 원판. 109, 110. 추측에 의한 復元圖,

뚜빠의 최초의 핵심 부분과 아쇼까 석주처럼 마우리야 시대까지 거슬러 올라가는 초기 건축물은 후진(後陣) 홀 형태를 가지고 있었는데, 이것은 높이 3m 30, 길이 26m, 넓이 14m의 장방형 테라스 위에 세워졌다. 이 테라스에는 기념건조물〔스뚜빠〕의 동서 양쪽에 각각 설치된 두 개의 계단을 통해 접근했다. 목재로 되었던 상부 구조물은 틀림없이 뿌샤미뜨라의 박해 때 아쇼까 스뚜빠와 동시에 파괴되었을 것이다. 동일한 설계도에 따라 건축된 노천의 성전들은 세월이 가져온 파괴를 견뎌내지 못했다. 그리고 하이데라바드(Hyderābād) 주(州)의 떼르(Ter, Tagara)와 끼스뜨나 주(Kistna-District)의 체자를라(Chezārla)의 성전들처럼 현재까지 남아 있는 흔하지 않은 표본들은 그 연대가 기원후 4세기 이상 소급되지 않는다.[3]

그러나 노천 건축물과 더불어 불교도들은 오랫동안 석굴 건축물에 의지했다. 지질(地質)이 허용되는 곳이라면 어디에서나 그들은 자연 그대로의 바위에 짜이땨그리하(caityagṛha, 塔院窟)와 비하라(vihāra, 僧院窟)들을 파서 고대 목조건축의 형태와 양식을 돌에 재현하려고 했다.

불교도들만이 이와 같은 새로운 건축 형태를 실행한 것은 아니었다. 아쇼까 시대에 판 비하르(Bihār) 지방의 석굴들은 적어도 대부분의 경우 아지비까(Ājīvika) 교단에 속했다. 틀림없이 기원

IABH, 원판(사진) 16, 도면 4.

3 떼르(Ter)의 짜이땨, HIEA, I, p. 126, 도면 48, 49; AAI, p. 124, 도면 16; IABH, 원판 16, 도면 1. Chezārla의 짜이땨, HIEA, I, p. 127, 도면 50-52; GIIK, 원판 35, 도면 147.

전 1세기에 시작했을 오릿사(Orissa) 지방의 석굴들은 주로 자이나교도들이 점유했다.

비하르 지방의 아지비까 석굴[4] 비하르 지방에서 가장 유명한 석굴들은 바라바르(Barābar, Gayā의 북쪽 25km)와 나가르주니(Nāgārjunī, Barābar의 북동쪽 1km), 그리고 쉬따마르히(Śitāmarhi, Rājagṛha의 남쪽 20km)의 석굴들이다.

a. 바라바르의 석굴들은 라자 삐야닷시(lāja Piyadassi) 아쇼까가 그의 재위 12년과 19년, 즉 기원전 256년과 249년에 아지비까 수행자들에게 기진(寄進)한 것이다(Bloch, p. 156). 까르나 차우빠르(Karna Chaupār)의 석굴은 단순하고 작은 장방형이다. 수다마(Sudāma 또는 Nyagrodha)와 로마샤 리쉬(Lomaśa Ṛṣi) 석굴들은 제대(祭臺)가 설치되었던 원형의 방과 좁은 복도를 통해 연결되는 장방형의 방으로 구성되어 있었음이 틀림없다. 로마샤 리쉬 석굴의 정면은 특별히 잘 보존되어 있다. 현관 지붕 밑에 위치한 정면의 문은 한 줄의 코끼리와 마까라(makara, 摩竭漁)로 장식된 볼록한 — 초기의 목재 서까래의 비정상적인 형태 — 횡량(橫梁) 으로 꾸며져 있다.[5]

b. 나가라주니(Nāgārjunī)에서, 바히야까(Vahiyakā), 고삐까(Gopikā), 바다티까(Vaḍathikā)라고 알려진 이 석굴들은 아쇼까왕의 손자 다샤라타(Daṣaratha)라고 신원이 확인된 데바남삐야 다

---

4 Bihār의 동굴들에 관해서는, HIEA, I, p. 130-133; IABH, p. 13-15.

5 Lomas Rishi의 정면, CHI, 원판(사진) 11, 도면 25; HCIP, II, 원판 7, 도면 13; GIIK, 원판 9, 도면 28; AAI, 원판 7, 도면 b; IABH, 원판 9, 도면 1. Sudāma의 내부, IABH, 원판 9, 도면 2와 3. Bihār의 동굴들, Guṇṭupalle(Madras) 사원, Pitalkhora 비하라[精舍]의 추측에 의한 복원도, IABH, 원판 8.

샬라타(Devāṇampiya Daśalatha; Lüders, 954-956)가 역시 아지비까 수행자들에게 기진한 것이다.

c. 비하르 지방에서 가장 오래된 석굴은 아마도 쉬따마르히(Śitāmarhi)의 석굴일 것이다. 이것은 평면적으로는 장방형이고 단면적으로는 타원형이다.

오릿사의 자이나교 석굴[6] 오릿사 지방의 부바네슈바르(Bhuvaneśvar) 근방, 칸다기리(Khaṇḍagiri)와 우다야기리(Udayagiri)에 인접한 산에는 대부분이 자이나교의 수행자들에게 속한 30여 개의 석굴들이 굴착(掘鑿)되었다. 이 석굴들은 여러 비문에서 볼 수 있는 확실한 증거(Lüders, 12) 뿐만 아니라, 전혀 짜이따그리하(聖殿)가 없는 건축양식의 특징으로서도 알 수 있다.

명백하게 가장 오래된 2개의 석굴은 우다야기리 산 위에 있는 하티굼파(Hāthigumphā)와 만차뿌리(Mañchapurī) 석굴이다. 하티굼파 석굴은 인공적으로 확장된 자연 석굴이다. 이 석굴 속에는 우리가 앞에서(본서, p.102) 보았듯이 기원전 마지막 수십 년 동안 통치했던 깔링가국의 카라벨라(Khāravela) 왕의 유명한 비문이 있다(Lüders, 1345). 만차뿌리 석굴은 2층으로 되어 있는데, 위층에는 카라벨라 왕의 정비(正妃)의 비문이 있고(Barua, p. 55),

6 Orissa의 동굴들에 대해서는 HIEA, II, p. 9-19; IABH, p. 36-38. Rānī Gumphā의 평면도와 복원도, IABH, 원판 32. Manchapurī, Ananta Gumphā, Rānī Gumphā, Alakāpurī의 사진, CH., 원판 27-28, 도면 73-80; Rānī Gumphā, AAI, 원판(사진). 20, 도면 b; IABH, 원판(사진) 31, 도면 1-2. 이 비문들은 B. Barua에 의해 모두 출판되었다: *Old Brāhmī Inscriptions in the Udayagiri and Khaṇḍagiri Caves*, Calcutta, 1929.

아래층에는 그의 전임자였던 바까데빠시리(Vakadepasiri, Śri Vakradeva) 왕과 바두카(Vaḍukha) 왕자의 비문들이 있다(Lüders, 1347-1348). 베란다는 고부조(高浮彫)의 굽도리(frise)로 장식되어 있는데, 빈약하고 조잡한 솜씨지만 바르후뜨 것보다는 훨씬 진보된 기법이다.

칸다기리 산 위의 아난따 굼파(Ananta Gumphā)는 단층으로 되어 있지만 아치들과 정문의 굽도리에는, 연꽃 위에 서서 코끼리들에 둘러싸여 있는 락슈미 여신과 부조 판면(板面)에 초승달과 별들과 함께, 태양신의 4두2륜 전차(戰車)와 같은 흥미로운 조각들이 나와 있다.

라니 굼파(Rānī Gumphā) 석굴은 우다야기리 석굴들 가운데서 가장 넓고 장식도 많다. 이 석굴의 두 층은 각각 베란다를 한 개씩 가지고 있다. 베란다의 뒷편과 양옆에는 작은 방들이 있다. 아래층 베란다는 길이가 13m이고 위층 베란다는 단지 6m이다. 이것들은 두 개 모두 상당히 다른 솜씨와 기법을 나타낸 굽도리들로 장식되어 있는데, 위층의 굽도리가 구성의 일관성, 조형적인 완성도, 인물들의 동작과 자연미에 있어 아래층 굽도리보다 우수하다.

우다야기리 산 위의 가네시 굼파(Ganesh Gumphā) 석굴과 자야비자야(Jayavijaya) 석굴의 베란다들을 장식하고 있는 부조들은 새로운 변화를 가져올 수 없었던 한 예술이 급속하게 쇠퇴한 것을 보여준다.

불교 석굴 불교도들과 함께 이룬 석굴 건축술은 경쟁 상태에 있었던 다른 교단들이 달성하지 못한 발전과 완성을 보게 되었다. 인도의 서해안과 그 인근의 서(西) 가츠 산맥(Ghāts)에는 불교 석굴들이 가장 많았는데, 그 이유는 지층이 석굴을 정비하고 계속해서 확대하기에 매우 적합했기 때문이었다.

초기의 고고학자들은 최초의 석굴들의 연대를 기원전 2세기 초로 추정했다.[7] 그렇지만 좀더 주의 깊게 검토한 결과 이 석굴들이 슝가 시대에 완성된 바르후뜨, 보드가야 또는 산찌와 동시대의 건축물이 아니고, 샤까-빠흘라바 왕조와 초기 샤따바하나 왕조 시대인 기원 전후에 조성되기 시작한 시설물들이라는 사실을 알게 되었다.

"(석굴들 속에서 찾아낸) 조각들의 구성은 유달리 엉뚱하고 제멋대로이다. 그리고 이 조각들의 양식은 일반적으로 그다지 높은 수준은 아니다. 그러나 부조의 제작 기법, 구성의 자유, 개별적인 자세들, 장식의 처리 등에서 이 조각들이 고대 조각파의 초기 작품에 속하는 것이 아니라 후기 작품들 가운데 분류되어야 한다는 것을 쉽게 확인할 수 있다. 이 조각들의 연대는 기원전 1세기 전반보다 훨씬 더 오래되었을 수는 없을 것이다."[8]

석굴 속에서 찾아낸 명문(銘文)들을 검토한 결과 같은 결론에 도달했다. 나나가뜨(Nānāghāt)의 명문들은—이것들은 불교 것이 아니다—예외로 하고, 석굴 명문들은 고문서학 상으로 고대 브라흐미 문자 명문들의 마지막 그룹에 속한다. 마줌다르(N. G. Majumdar)에 의하면[9] 이 명문들은 5개의 고문서학 군(群)으로 구

7 역시 H. Marchal의 *L'architecture comparée*(p. 87-90)에서 인도의 기념 건조물에 대한 연대적인 분류를 볼 것.

8 J. Marshall, CHI, I, p. 638.

분된다.

1. 제1군 — 산찌, 기르나르(Girnār), 룸민데이의 아쇼까 법칙들과 삐쁘라흐와(Piprāhwā) 사리용기의 명문들이 여기에 해당된다.

2. 제2군 — 산찌 제1 스뚜빠의 지면에 있는 난순, 베스나가르(Besnagar)의 헬리오도루스(Heliodorus)의 석주, 가순디(Ghasundī)의 석주, 마하라자 바가바따(Mahārāja Bhāgavata) 12년에 새겨진 빌사(Bhīlsa)의 석주, 산찌 제2 스뚜빠의 지면에 있는 난순, 같은 스뚜빠의 사리 용기들, 끝으로 바르후뜨 스뚜빠의 난순이 여기에 속한다.

3. 제2군 A — 바르후뜨 스뚜빠 정문의 다나부띠(Dhanabhūti) 왕의 명문, 나나가뜨의 나야니까(Nāyanikā) 왕비의 명문, 보드가야 대탑 난순의 명문들과 마투라의 초기 비문들(Parkham의 Yakṣa, Brahasvā-timitra, Viṣṇumitra와 Utaradāsaka의 비문들)이 여기에 해당된다.

4. 제3군 — 산찌 제1 스뚜빠의 4문(門)의 명문, 오릿사의 카라벨라 왕 명문과 빠보사(Pabhosa)의 바하사띠미뜨라(Bahasatimitra) 왕과 아샤다세나 Āṣāḍhasena) 왕 명문들이 여기에 속한다.

5. 제3군 A — 아요댜(Ayodhyā)의 다나데바(Dhanadeva) 왕, 꼬삼(Kosam)의 고띠뿌따(Gotīputa), 아모히니(Amohinī)의 쇼다사(Śoḍā-sa) 태수, 그리고 나식의 나하빠나(Nahapāna) 태수의 명문들이 여기에 포함된다.

불교의 초기 석굴 건축 연대는 기원전 1세기의 마지막 몇 십 년

9 *Monuments of Sāñchī*, I, p. 264, 註 1; III, 원판 CXLI.

이상 더 올라가지는 않는 것 같다. 그러나 이 건축 양식은 수세기 동안 계속되었다. 초기 석굴 지역들은 한결같이 확장되었을 뿐 아니라, 역시 새로운 석굴들이 서해안과 데칸의 여러 장소에서 건축되었다. 불교도들은 7세기 이상, 즉 기원전 50년에서 기원후 700년까지 석굴을 팠다.[10]

모든 시설물들은 반드시 두 개의 독립된 석굴, 즉 짜이땨그리하(聖殿, caityagṛha, cetiyaghaha)와 비하라(僧院, vihāra)로 구성되었다.

짜이땨그리하(간단하게 caitya)는 가톨릭의 고딕식 대성당과 많은 유사점을 가지고 있다. 석굴의 입구를 차단하는 정면은 하나의 출입문으로 뚫려 있고, 그 문 위에 공기와 광선이 통하게 되어 있는 말편자(馬蹄, U자)형의 아치가 있다. 짜이땨(caitya)는 장방형의 방으로 맨 끝에 후진(後陣)이 있다. 이 방은 후진의 뒤에서 만나는 두 줄의 원주들에 의해 내부적으로 하나의 중앙 홀〔身廊, nave〕과 두 개의 측랑(側廊)으로 나누어진다. 중앙 홀의 안쪽에는 스뚜빠 형태를 재현한 사리탑(舍利塔), 즉 다가바(dāgaba)가 자리 잡고 있다. 중앙 홀은 활 모양으로 구부러진 일련의 들보들로 이루어진 원통형의 둥근 천장으로 덮여 있고, 이 들보들의 아래 끝 부분은 두 줄의 원주 위에 얹혀 있다. 측랑들은 중앙 홀보다 낮은데, 천장은 반원통형으로 되어 있다.

비구들의 주거로 사용된 비하라는 세 부분으로 이루어져 있다. 1. 베란다: 이것은 바위를 파서 만든 것으로 석굴 입구에 설치되어

10 이 두 가지 극단적인 연대는 J. Ph. Vogel이 *Buddhist Art*(p. 57)에서 인정하고 있다.

있다. 베란다의 천장은 대개 조각이 된 한 줄의 기둥들이 떠받치고 있다. 2. 중앙 홀: 평평한 천장으로 덮여 있고, 많은 작은 방들의 현관으로 사용된다. 이 방들의 문은 "말편자"형으로 장식되어 있고, 난순으로 연결되어 있다. 이것은 흔히 볼 수 있는 장식이다. 3. 중앙 홀을 3면으로 둘러싸고 있는 작은 방들: 작고 컴컴한 이 방들에는—적어도 초기 비하라에는—한 개 내지 두 개의 돌침대가 설치되어 있다.

고대 석굴들은 목조 건축물의 형태와 양식을 재현하려고 애를 많이 썼기 때문에 여전히 그것들과 매우 비슷하다. 장식은 소박, 간결한 것이 특징이고, 전통적인 말편자(U자형)와 난순 이외의 다른 주제들은 사용되지 않았다. 석굴에 불상은 없었다. 그러나 만약 불상이 있다면, 그것은 틀림없이 후기에 첨가된 것이다. 짜이땨의 기둥들은 주두도 주추도 없고, 기둥줄기〔柱幹〕에는 조각이 없었다. 이 기둥들은 목조 건축물에서처럼 안쪽으로 심하게 기울어져 있었다. 초기의 비하라에서는 거의 대부분 중앙 홀의 천장을 떠받치는 기둥들이 없었다.

이 오래된 석굴들은, 조각으로 가득 채워지고 불상들이 증가된 좀더 후기의 굽따시대 석굴들과 뚜렷한 대조를 이룬다. 짜이땨 내부는 입구에 큰 규모의 현관이 있고, 내부의 기둥들은 화려하게 조각된 주추와 주두를 갖추고 있다. 마찬가지로 비하라들은 보다 쾌적하고 아름답게 되었다. 베란다는 다양한 주제들의 조각으로 장식되었다. 중앙 홀의 천장은 기둥들이 떠받치고 있는데, 이 기둥의 수는 끊임없이 증가하는 경향이 있었다. 마지막으로 안쪽의 벽은 일반적으로 예배당을 향해 있는데, 이 예배당은 불상이 봉안되어 있는 소규모의 짜이땨이다.

여기서는 명문(銘文)들에 근거해서, 창건연대가 기원 전후까지 거슬러 올라갈 수 있는 가장 오래된 석굴들만 다르기로 하겠다.

바자 서(西) 가츠(Ghāts)에 있는 바자(Bhājā)의 18개 석굴들은 봄베이와 뿌나(Poona) 사이의 말라비(Malavli) 마을 근처에 위치하고 있다. 석굴들은 두드러지게 고풍스럽다. 그러나 이 석굴들에서 발견된 몇 개의 명문들(Lüders, 1078-1085)로써는 그 연대를 확실하게 결정할 수 없다.

전혀 조각이 없는 제12번 짜이땨는 길이가 18m이다. 반원형으로 된 일련의 아치형 들보들을 면밀하게 재현한 천장을, 안쪽으로 심하게 기울어진, 주두도 주추도 없는 27개의 8각형 기둥들이 떠받치고 있다. 지난 날 석굴의 통로를 막았던 목조 칸막이에는, 단지 지주(支柱)들만 남아 있다. 짜이땨의 양쪽에는 별로 중요하지 않은 비하라들이 있다.

오른쪽으로 몇 발자국 떨어진 곳에 한 그룹의 이상한 다가바(dāgaba, 小塔)들이 9기(基)는 노천에, 5기는 석굴 안에 있다.[11] 이 다가바들은 지름이 1m에서 2m 사이의 각기 다른 크기의 돌로 된 스뚜빠들이다. 이것들은 담마기리(Dhammagiri), 암삐끼나까(Ampikiṇaka), 상가디나(Saṃghadina) 등의 이름을 가진 바냠따(Bhañaṃta) 출신 장로들을 기념하기 위해 건립되었다(Lüders, 1080-

11 Bhājā의 12번 짜이땨 : 단면도와 평면도, HIEA, I p. 134, 도면 58 ; AAI, p. 64, 도면 6 ; IABH, 원판(사진) 20.—사진, HIEA, I, p. 135, 도면 60 ; GIIK, 원판 9, 도면 29 ; AAI, 원판 28 ; IABH, 원판 22, 도면 1.—인근의 2기(基)의 스뚜빠들 사진, ASI, 원판. 2, 도면 b.

무주

바자, 12번 짜이뜨

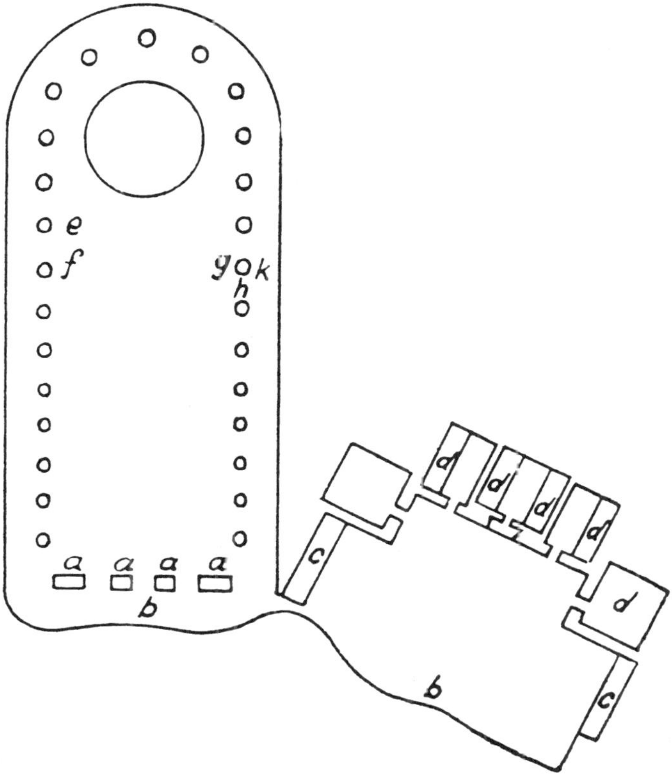

J. Burgess

바자, 12번 짜이땨

1082).

좀 더 남쪽에 "태양의 석굴"이라 불리는 매우 흥미로운 비하라가 있다. 현재 무너진 비란다는 번갈아 4각형과 8각형으로 된 기둥들이 떠받치고 있다.[12] 중앙 홀은 약 5m에서 5m 25의 불규칙한 4각형이다. 이 석굴에는 방마다 한 개씩의 돌침대를 갖춘 8개의

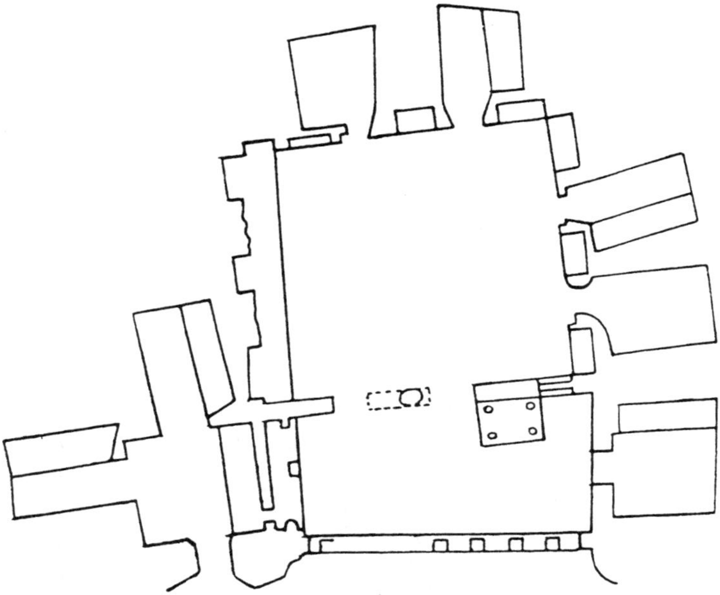

바자, 비하라

작은 방이 있다. 이 방들 가운데 4개는 중앙 홀 쪽으로 향해 있다. 다섯 번째 방은 베란다와 연결되어 있다. 나머지 3개는 별도로 입구가 나 있다. 벽들은 흥미로운 부조들로 장식되어 있다. 그것들 가운데 하나—베란다의 서쪽 끝에 조각되어 있다—에는 3사람이 타고 있는 4두 마차가 나오는데, 이들 가운데 한 사람은 왕이고 두 사람은 시중을 들고 있는 여인들이다. 호위병들이 마차를 둘러

12 Bhājā의 비하라 : 평면도, HIEA, I, p. 177, 도면 96. —베란다와 내부의 사진들, ASI, 원판 2, 도면 a ; 원판 3, 도면 a. —추측에 의한 복원도, IABH, 원판 30.

싸고 있다. 마차의 바퀴 앞에는 기괴한 귀신 형태들로 합성된 한 존재가 서 있다.[13] 오랫동안 사람들은 이 부조가 태양의 신 수리야(Sūrya)의 마차를 나타낸 것이라고 믿었다.

꼰다네 까를리(Kārli)의 북서쪽 약 15km지점에 있는 꼰다네(Kondāne) 석굴들은 바자(Bhājā) 석굴들과 대략 동시대의 것이다. 길이 20m, 넓이 8m, 높이 8m 50의 이 짜이따에는 30개의 기둥이 있는데, 이 기둥들은 역시 장식도 없고 똑같이 안쪽으로 기울어져 있다.[14] 이 짜이따의 다가바—지름 2m 70—위에는 비정상적인 높이의 평두〔平頭〕가 얹혀 있다. 정면의 장식용 모티브로는 단지 난순과 말편자만을 사용하고 있다.

이 곳 비하라는 삐딸코라(Pitalkhorā) 비하라와 함께, 중앙 홀〔身廊〕에 열주(列柱)를 도입함으로써 주목할 만한 개혁을 나타내고 있다.[15]

삐딸코라 깐데시(Kandesh)에 있는 인댜드리(Indhyādri) 산 속의 삐딸코라(Pitalkhorā) 협곡은 불교, 바라문, 자이나 교단들에 은거처를 제공했다. 현재 붕괴된 불교 짜이따에서 몇 개의 명문들이 나왔는데(Lüders, 1187-1193), 이 명문들은 달리 명시되지 않은 한 왕의 의사(醫師, rājaveja) 마길라 바치뿌따(Magila Vachī-

14 Kondāne의 짜이따, HIEA, I, p. 137; IABH, p. 28.—단면도와 평면도, IABH, 원판 20.—사진, CHI, I, 원판 26, 도면 69; HCIP, II, 원판 8, 도면 15; IABH, 원판 22, 도면 2; 원판 27.

15 HCIP, II, p. 505, 註 2.

puta)라는 사람과 쁘라띠슈타나(Pratiṣṭhāna) 출신의 여러 가문들이 성전에 한 보시를 기념하기 위한 것이다.

아잔따의 초기 석굴 하이데라바드(Hyderābād)의 니잠 주(Nizām 州) 서북쪽에 위치한 아잔타(Ajaṇṭā) 석굴은 모두 29개다. 이 석굴들은 기원전 1세기 말에서 기원후 6세기까지 여러 시대에 걸쳐, 밑으로 강이 흘러가는 높은 산의 수직 암벽에 판 것이다. 소승불교도의 것으로 알려진 제8번, 9번, 10번, 12번, 13번 석굴들은 이 종합 시설물의 중앙에 자리잡고 있다. 이것들은 짜이땨이건 비하라이건 간에, 초기 양식과 전혀 구별되지 않는다.

9번과 10번 짜이땨는 고대 양식에 충실하다. 즉 목재나 벽돌로 된 칸막이—이것에 대해서는 현재 아무 것도 남아 있지 않다—주추도 주두(柱頭)도 없는 무(無) 장식의 기둥들, 궁륭의 곡선에 꼭 맞는 목재 들보들로 되어 있다.

10번 짜이땨는 길이 29m, 넓이 12m, 높이 11m이다. 39개의 원주(圓柱)가 비정상적인 높이의 트리포리엄〔장식 목적의 아케이드〕을 받치고 있다. 중앙 홀의 궁륭(穹窿)은 원래 목재 서까래로 씌워져 있었다. 그러나 양편 측랑(側廊)의 천장은 바위에 직접 판 들보들로 이루어졌다.[16]

9번 짜이땨는 길이 13m 50, 넓이 7m, 높이 7m이다. 원주의 수

---

16 Ajaṇṭā의 10번 짜이땨 : 단면도와 평면도, IABH, 원판 21.—도면, HIEA, I, p. 149 도면 71-72.**13** 이 부조의 사진 : CHI, I, 원판 26, 도면 70; HCIP, II, 원판 20, 도면 49; GIIK, 원판 7, 도면 24; ASI, I, 원판 8, 도면 b; AAI, 원판 18, 도면 b.

는 모두 39개다. 궁륭은 이전에 목재 들보들을 가지고 있었다.[17] 이 석굴에서 가장 흥미로운 점은 뒷벽에 있다. 그것은 평면으로 되어 있고 후진은 더 이상 없다. 게다가 측랑들의 천장은 평평하고 더 이상 반원형의 궁륭이 아니다.[18]

역시 똑같이 소박한 점이, 비하라로 사용되었던 12번과 13번 석굴의 특징을 이루고 있다.[19] 내부의 주랑 현관도 없고 홀 내부의 열주(列柱)도 없다. 12번 비하라는 한 면이 11m씩인 정4각형이다. 내부의 3면은 각각 4개씩의 작은 방들과 연결되어 있고, 이 방들의 문 위에는 말편자형의 닫집이 있다. 각 방에는 2개씩의 돌침대들이 있다. 규모가 좀더 작은 13번 비하라에는 단지 7개의 작은 방이 있는데, 각 방에는 한 개씩의 돌침대가 있다.

이들 고대 석굴들과 굽따 또는 후기 굽따 시대에 판 대승불교 석굴들 사이에는 시간적으로 긴 간격이 놓여 있다. 대승불교 석굴들은 훌륭한 조각들로 사치스럽게 장식되었다. 벽을 뒤덮은 그림들, 그리고 열주들과 천장들은 아잔따의 이름을 유명하게 만들었다.

준나르 봄베이 지방 아흐메드나가르(Ahmednagar)의 서북쪽에 위치한 준나르(Junnar)의 종합 시설물은 적어도 150개의 석굴들을 포함하고 있는데, 이것은 각기 다른 5개 군(群)으로 나누어진다.[20]

---

17 아잔따의 9번 짜이따 : 단면도와 평면도, IABH, 원판 20—안내서, *Murray's Handbook*, p. 70.

18 HCIP, II, p. 499.

19 아잔따의 12번과 13번 비하라, HIEA, I, p. 179-180; *Murray's Handbook*, p. 71.

20 Junnar의 위치, HIEA, I, p. 155-159; IABH, p. 29.—Mānmoda 군(群)의 정면 사진, IABH, 원판 26, 도면 1

ⓒ Hyderābād 고고학 연

아잔따, 12번 비하라 내부

이 석굴들은 초기의 석굴 건축양식(Bhājā, Kondāne, Pitalkorā와 아잔타의 초기 석굴들)과 기원후 첫 몇 세기 동안 발달한 더욱 진보된 양식 간의 과도기적인 단계를 나타내고 있다.[21]

페르세폴리스(Persepolis) 양식의 주두(柱頭)를 가지고 있는 한 줄의 8각형 기둥들로 떠받혀진 베란다로 유명한 가네샤 레나(Gaṇeśa Leṇa) 비하라는 15m에 17m의 넓은 장방형의 방인데, 그 천장은 어떠한 열주(列柱)도 떠받치고 있지 않다.[22]

준나르의 석굴들은 양식이 간결하고 소박한 것이 특징이다. 다른 곳에서 알려지지 않은 건축양식들이 이곳에서 발견되는데, 특히 바닥이 직선으로 되어 있고, 천장이 평평하고 열주가 없는 짜이따들을 보게 된다. 또한 원형의 작은 짜이따가 있는데, 둥근 천장은 다가바(dāgaba) 주위로 둥글게 줄지어선 12개의 장식 없는 기둥들이 떠받히고 있다.[23] 이와 닮은 한 건축물이 역시 안드라국의 군뚜빨레(Guṇṭupalle)에서 발견되었다. 그리고 바르후뜨의 여러 부조에서 이미 이와 같은 형태가 나왔다.

이 장소에서 많은 비문들이 나왔는데(Lüders, 1150-1183), 그 가운데 하나는 나하빠나(Nahapāna) 태수 재위 46년의 것이다(기원후 124년). 역시 비문들에 의하면 법상부(法上部, 同, 1152), 제다산부(制多山部, 同, 1171), 아빠지따(Apajīta 또는 Aparājita, 同, 1158, 1163)와 같은 많은 불교 부파의 수행자들이 이 시설물

21 HCIP, II, p. 499, 註 1.
22 Gaṇeśa Leṇa의 베란다, HCIP, II, 원판 12, 도면 24.
23 준나르의 원형 짜이따 : 평면도와 단면도, HIEA, I, p. 158, 도면 79-80; HCIP, II, p. 496.

에 거주했다. 여러 기진자(寄進者)들 가운데는 그리스 또는 스키타이와 같은 외국출신들도 있었다. 가따(Gata) 지방의 그리스인 이릴라(Irila, 1154), 역시 가따 지방의 그리스인 찌따(Ciṭa, 1182), 그리스인 쫀다(Coṃda, 1156), 샤까족 출신 우바새 아두투마(Āḍuthuma, 1162), 나하빠나(Nahapāna) 왕의 대신으로서 샤까족 출신인 아야마(Ayama, 1174) 등이 그들이다.

벳사(Bedsā) 바자(Bhājā) 근처에 있는 이곳은 주목할 만한 얼마간의 혁신을 보여주고 있다.

짜이따는 높이 3m인 26개의 8각 기둥 위의 리브(rib: 둥근 지붕의 서까래)들로 이루어진 궁륭으로 덮여 있다. 기둥들은 여전히 무장식(無裝飾)으로, 주추도 주두도 없지만 고대 목조 건축물에서처럼 내부 쪽으로 기울어진 대신, 수직으로 서 있다. 이 짜이따는 더 이상 나무나 돌로 된 간소한 칸막이로 막혀진 대신, 조각된 4개의 기둥이 떠받히고 있는 높은 주랑 현관이 그 앞에 설치되었다. 이와 같은 경우는 아마도 이것이 처음일 것이다. 이 기둥들은 뚜렷한 페르세폴리스 양식으로, 한 쌍의 남녀가 올라타고 있는 한 무리의 동물들(말, 물소, 코끼리)을 떠받친 주두를 가진 원주이다. 주랑 현관의 내부 벽은 말편자(U자)형의 창문(kuḍu) 조각과 난순(欄楯) 조각이 번갈아 나오는 건축 상의 모티브들로 장식되었다. 이 벽에는 두 개의 문이 있는데, 하나는 중앙 홀 쪽으로, 다른 하나는 왼쪽 측랑 쪽으로 나 있다.[24]

짜이따의 오른쪽에 이 분야에서 독특한 석굴이 하나 있다. 궁륭형의 천장과 후진(後陣) 형태는 이 석굴이 짜이따를 생각나게 하지만, 중앙 홀과 통하는 9개의 작은 방들은 이것이 주거 구역으로 비구들이 사용했던 비하라〔僧院〕였다는 것을 분명하게 말해 주고 있다.

나식 나식(Nāsik) 근방에, 지난 날에는 띠란후(Tiraṇhu, Triraśmi)로, 현재는 뜨림바쯔(Trimbac)로 불리는 지상 1,000m 높이의 산맥이 있다. 그 동쪽 끝에 소승불교도들이 33개의 석굴을 팠는데, 이것들은 빤둘레나(Pāṇḍuleṇa)라는 이름으로 알려졌다. 이 석굴들은 기원후 첫 200년으로 거슬러 올라간다. 그래서 (이 석굴들의 이름이) 샤따바하나 왕조의 왕들과 끄샤하라따(Kṣaharāta) 왕조의 대태수들이 통치했던 시대의 비문들에 나온다. 그들은 샤따바하나 왕가의 끄리슈나(기원전 37-27년, Lüders, 1144), 가우따미뿌뜨라 샤따까르니(Gautamīputra Śātakarṇi, 기원후 106-130년, 同, 1125-1126), 바시슈티뿌뜨라 뿔로마(Vāsiṣṭhīputra Pulomā, 기원후 130-159년, 同, 1147, 1122, 1123, 1124), 야즈냐슈리 샤따까르니(Yajñaśrī Śātakarṇi, 기원후 174-203년, 同, 1146), 나하빠나(Nahapāna, 기원후 119-125년, 同, 1131-1135) 태수들이다.

이 석굴들에는 여러 불교 부파 소속 사람들, 즉 "4방승가(方僧伽)"의 쁘라브라지따빅슈(Pravrajitabhikṣu, Lüders, 1128, 1131,

---

24 Bedsā의 짜이땨 : 안내서, HIEA, I, p. 138-140; IABH, p. 29-30; 짜이땨와 비하라의 평면도, HIEA, I, p. 138, 도면 63; 짜이땨의 단면도와 평면도, IABH, 원판 20. 홀과 베란다의 사진, GIIK, 원판 10, 도면 32와 33; HCIP, 원판 9, 도면 17; 기둥과 베란다의 내부 칸막이의 재현, HIEA, I, p. 139-140, 도면 64-65.

벳사, 짜이따의 내부

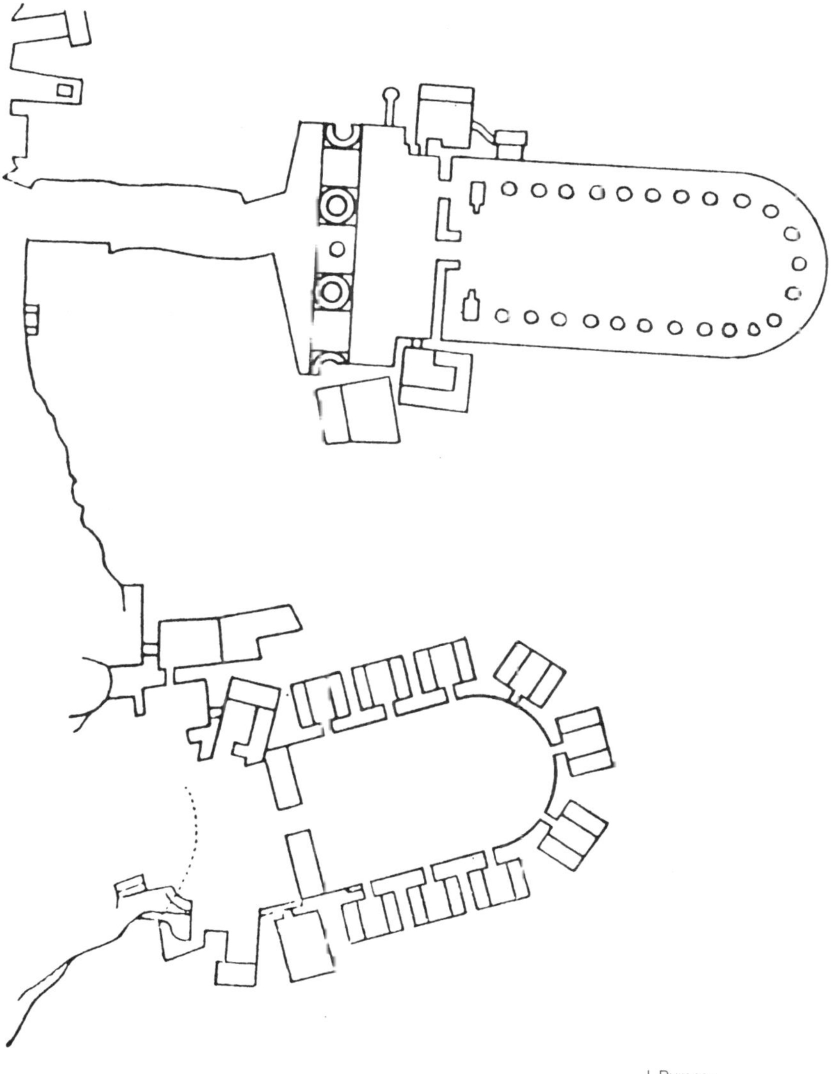

J. Burgess

벳사, 석굴

1133, 1137, 1139, 1140, 1146), 현주부(賢胄部, 同, 1123, 1141)와 제다산부(制多山部, 同, 1130) 수행자들이 살았다

한 대신(大臣)의 딸 바따빨리까(Bhaṭapālikā)라는 사람의 시주로 조영(造營)된(Lüders, 1141) 18번 석굴은 길이 12m, 넓이 6m 50, 높이 7m인 짜이땨이다. 이것은 한쪽에 5개씩의 2줄로 된 8각 기둥에 의해 중앙 홀과 2개의 측랑으로 분리되어 있고, 후진의 한가운데를 차지한 다가바도 역시 5개의 기둥으로 둘러싸여 있다. 벳사(Bedsā)에서는 입구가 회랑현관으로 덮여 있는데, 나식의 짜이땨는 아직 간단한 정면만을 가지고 있다. 그러나 그것을 담비까(Dhambhika) 마을 사람들이 훌륭하게 조각을 했다. 그리고 나다시리(Nadāsirī)라는 여성이 기진한 보호자 약샤상(像)이 입구에 세워져 있다(Lüders, 1142). 바위에 이층으로 파서 만든 이 정면은 전통적인 장식용 주제들, 불교식 난순, 스뚜빠, (주추는 없지만 주두가 있는) 기둥, 말편자형의 가짜 창문 등을 조화롭게 결합시켰다. 이것은 겹쳐진 두 개의 통로로 뚫려 있는데 아랫부분에는, 중앙 홀과 연결된 좁은 장방형의 문이 나있고 그 윗부분에는 공기와 광선이 자유스럽게 통과할 수 있는 말편자형의 창이 나 있다.[25]

8번 석굴은 나하빠나(Nahapāna) 비하라라는 이름으로 알려져 있다. 나하빠나는 스키타이 출신의 태수로서 기원후 119년에서 125년 사이에 서해안을 통치했다. 이 태수의 이름은 사실 그의 사

---

25 Nāsik의 18번 짜이땨 18 : *Murray's Handbook*, p. 40; IABH, p. 29,—단면도와 평면도, IABH, 원판 20.—정면 사진, HIEA, I, p. 141, 도면 66; CHI, I, 원판 26, 도면 72; GIIK, 원판 9, 도면 31; IABH, 원판 36, 도면 1; HCIP, II, 원판 8, 도면 16.—내부 홀의 사진, ASI, I, 원판 4, 도면 b.

무주

나식, 18번 짜이따의 정면

위 우샤바다따(Uṣavadāta)의 이름처럼 이 석굴의 많은 명문에 나오고 있다(Lüders, 1131-1135). 사람들은 넓은 베란다 밑을 통해 그곳에 들어간다. 이 베란다는 정교하게 다듬어졌고, 주추와 주두가 갖추어져 있는 6개의 기둥으로 떠받쳐져 있다.

"주추는 구근(球根, ghaṭa) 모양의 커다란 항아리 형태를 하고 있고, 아쇼까 시대의 것처럼 종(鐘) 형태의 주두는 서로 마주보고 누워 있는 두 마리의 다른 동물들—그 위에는 작은 인물들이 올라타고 있다—을 떠받치고 있는 계단식 피라미드를 받치고 있다" (J. Auboyer). 3개의 문을 통해 중앙 홀에 들어갈 수 있다. 중앙 홀은 한 면이 12m씩인 정4각형이고, 내부의 열주는 없다. 16개의 작은 방들은 홀의 안쪽을 향해 있다.[26]

8번 석굴의 정확한 복제품인 3번 석굴은 기원후 106년에서 130년까지 통치한 가우따미뿌뜨라 샤따까르니 왕 시대의 비하라이다 (Lüders, 1125-1126).[27]

고대의 어느 때 고행자 보빠끼(Bopaki)가 판 15번 비하라는 바수(Vāsu) 부인의 힘으로 확장, 완성되었다. 그녀는 기원후 174년에서 203년까지 통치했다고 하는 야즈냐슈리 샤따까르니(Yajñaśrī Śātakarṇi) 왕의 총사령관 부인이었다(Lüders, 1146). 중앙 홀은 기저(基底)가 11m 25, 정상이 13m 20, 측면이 18m 30인 불규칙

26 나식(Nahapāna의 석굴)의 18번 비하라 : 안내서, HIEA, I, p. 184-186.—평면도, HIEA, I, p. 184, 도면 102.—베란다의 사진, ASI, I, 원판 3, 도면 b : HCIP, II, 원판 9, 도면 22.—베란다 기둥의 재현, HIEA, I, p. 185, 도면 103.

27 나식 제 3번 비하라(Gautamīputra Śātakarṇi 석굴) : 안내서, HIEA, I, p. 186; IABA, p. 35.—베란다의 사진, ASI, I, 원판 9, 도면 a; HCIP, II, 원판 12, 도면 23; IABH, 원판 29, 도면 1.—베란다 기둥의 재현, HIEA, I, p. 195, 도면 104.

무주

나식, 가우따미뿌뜨라의 3번 비하라

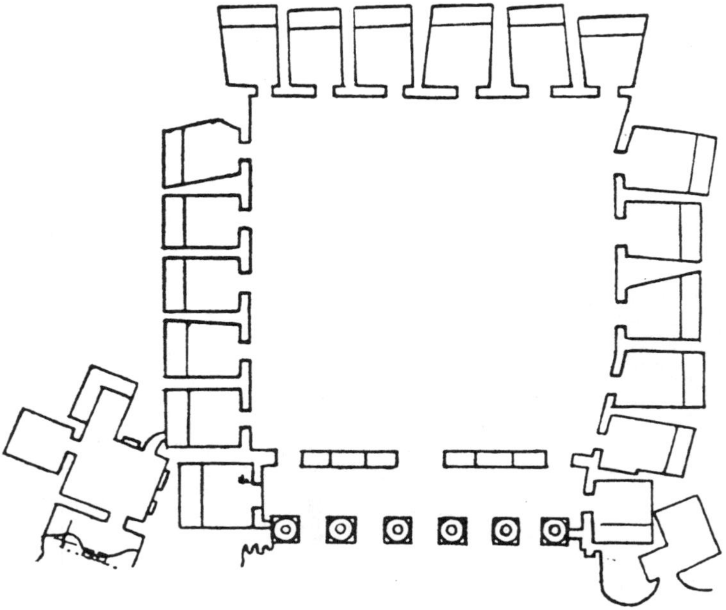
J. Burgess

나식, 8번 비하라

한 장방형이다. 각 측면에 8개씩의 작은 방이 있는데, 이 방들의 대부분은 중앙 홀 쪽으로 향해 있다.[28] 비하라의 맨뒤에, 화려하게 조각된 두 개의 기둥이[29] 떠받치고 있는 현관은 거대한 좌불상(坐佛像)을 봉안하고 있는 법당과 연결되어 있다. 그리고 이 불상은 한 무리의 시종과 난쟁이들로 둘러싸여 있는데, 이들의 존재는 이 비하라가 후기에 대승불교도들에 의해 확장되었다는 것을 나타낸다.

---

28 나식 15번 비하라(Yajñaśrī Śātakarṇi 석굴) : 안내서, HIEA, I, p. 186-187; IABH, p. 35.—평면도, HIEA, I, p. 187, 도면 105.

29 이 기둥들 가운데서 한 기둥의 재현, HIEA, I, p. 188, 도면 106.

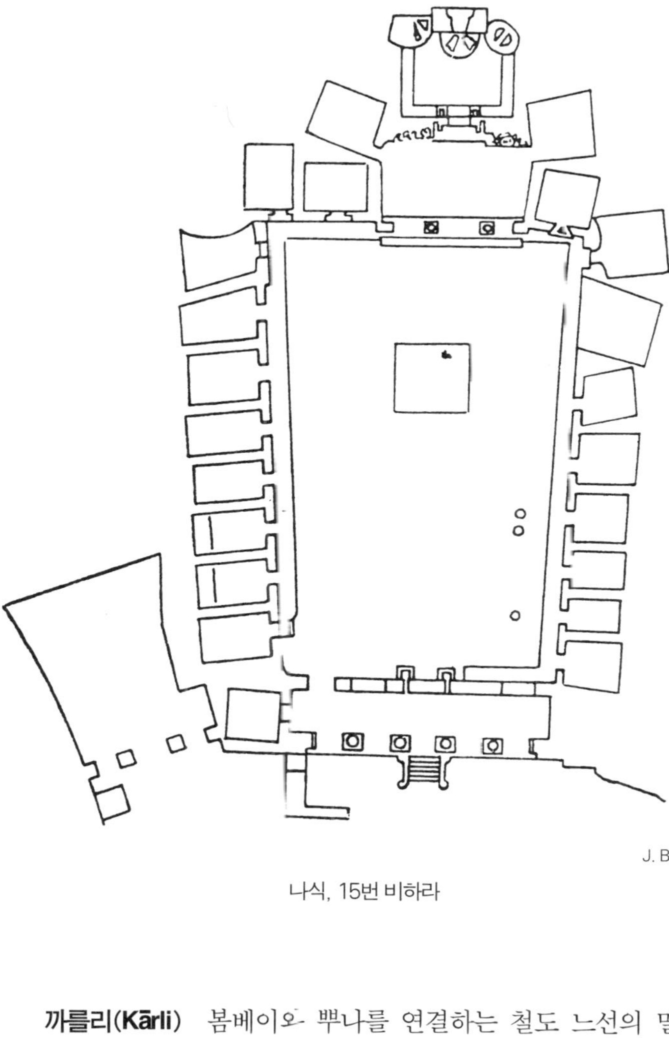

J. Burgess

나식, 15번 비하라

까를리(Kārli) 봄베이오 뿌나를 연결하는 철도 느선의 말라블리(Malavli) 역 근처에 고대 비문들이 발루라까 레나(Valūraka Leṇa)라고 불렀던 몇 개의 석굴이 있다(Lüders, 1099, 1100, 1105). 기원후 1세기부터 대중부 수행자들이 살았던 이 석굴들은(同,

1105, 1106) 그 후 안드라국의 단야까따까(Dhānyakaṭaka) 시(市) 출신의 많은 수행자들과 재가신도들에 의해 확장되고 첨가되었는데, 이 도시에는 이 부파의 신봉자들이 많았다. 데누까따까(Dhenukāṭaka)에서 온 기진자들 가운데서, 향료 판매상 싱하다따(Siṃhadata, 同, 1090), 목수 사미(Sāmi 1092), 야바나인 시하다야(Sihadhaya, 1093), 야바나인 당마(Dhaṃma, 1096), 미따데바나까(Mitadevaṇaka, 1097) 등의 이름을 들 수 있다. 그러나 상좌부에서 갈라져 나온 다른 부파들도 이 곳을 조영하는 데 기여했다. 그 가운데는 법상부(法上部, Lüdrs, 1094-95)의 풍송자(諷誦者) 사띠미따(Sātimita)와 선세부(善歲部, Sauvarṣaka, 1106)의 하라파라나(Harapharaṇa)라는 사람도 들어 있다. 몇 개의 명문들은 나하빠나 태수(Nahapāna, 기원후 119-125년, Lüders, 1099), 가우따미뿌뜨라 샤따까르니 왕(기원후 106-130년, 同 1105), 바시슈티뿌뜨라 뿔로마 왕(기원후 130-159년, 同, 1100-1106) 통치 시대에까지 거슬러 올라간다.

이 모든 석굴 가운데, 유명한 까를리 짜이땨는 명실상부하게 잠부드비빠(Jambudvīpa)의 모든 석굴사원 가운데서 가장 아름답다는 평을 받는데, 이것은 바이자얀띠(Vaijayantī)의 은행가 부따빨라(Bhutapāla)가 건립했다(Lüders, 1087).[30]

---

30 Kārli의 짜이땨 : J. Marshall, 안내서, CHI, I, p. 635-636; P. Brown, IABH, p. 30-32.—단면도와 평면도, HIEA I, p. 143, 도면 67-68; AAI, p. 66, 도면 7; IABH, 원판 21.—사자주(獅子柱)와 현관의 재현, ASI, I, 원판 5, 도면 a; CHI, I, 원판 25, 도면 67; HIEA, I, p. 144, 도면 69; AAI, 원판 29, 도면 a.—현관의 세부, ASI, I, 원판 5, 도면 b; GIIK, 원판 10, 도면 35; IABH, 원판 23, 도면 2.—중앙문, ASI, I, 원판 6, 도면a; HCIP, III, 원판 10, 도면 20. 짜이땨 와 다가바의 내부, CHI, I, 원판 25, 도면 68; ASI, I, 원판 6, 도면 b; J. Ph. Vogel,

입구 정면에는 지난날, 2개의 "사자주(獅子柱, sihathabha)"가 서 있었다. 오른편 기둥이 있었던 자리에는 힌두 성전이 대신 들어섰다. 왼편 것은 "고띠(Goṭi)의 아들, 마하라티 아기미뜨라나까(Mahārathi Agimitraṇaka) 왕이 기진한 것"(Lüders, 1088)인데, 홈이 파진 기둥으로, 주추는 없지만 등을 맞댄 4마리의 사자들을 떠받치고 있는 주두(柱頭)가 있다.

현관은 입구 옆에 잇대어 세워져 있는데, 깊이 4m 50에다 높이 18m이다. 입구의 바깥 벽은 8각형 기둥들로 이루어져 있고, 이 기둥들은 두 줄로 포개져 있는데 옛날에는 목재 조각으로 장식된 자연 암벽의 칸막이로 분리되어 있었다. 안쪽 벽에는 각각 중앙 홀과 양편 측랑(側廊)들로 통하는 3개의 문이 나 있다. 그 가운데 문 위에는 말편자형의 넓은 문이 나 있는데, 이곳을 통해 공기와 광선이 들어간다.

엄밀한 의미로 이 짜이따는 카톨릭의 고딕식 대성당 형태를 하고 있다. 그 길이는 37m 50이고, 넓이 13m 50, 그리고 밑바닥에서 궁륭의 정상까지의 높이가 13m 50이다. 이것은 37개의 기둥을 가지고 있다. 후진(後陣)의 가장자리를 이루는 7개의 기둥은 고대 건축물에서처럼 주두도 주추도 없는 8각형이다. 이와 반대로 중앙 홀〔身廊〕과 측랑을 분리시키는 두 줄로 된 15개 기둥들은 항아리 모양의 주추와 홈이 파진 종(鐘) 모양의 주두를 갖추고 있다. 이 주두 위에는 몰이꾼이 딸린 무릎 꿇은 코끼리들, 말들, 그리고

Buddhist Art, 원판 25 ; AAI, 원판 29, 도면 b ; IABH, 원판 24, 도면 1 ; HCIP, II, 원판 9, 도면 18. — 익랑(翼廊) 기둥들의 세부, ASI, I, 원판 7 ; IABH, pl. 24, 도면 2 ; HCIP, II, pl. 10, 도면 19

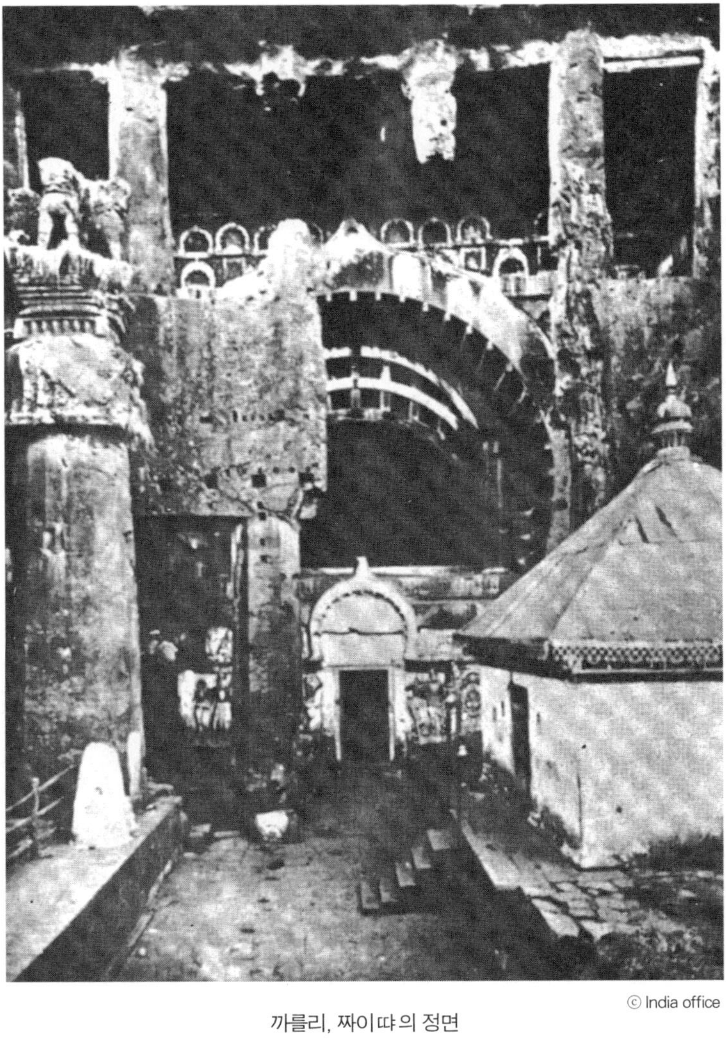

© India office

까르리, 짜이땨의 정면

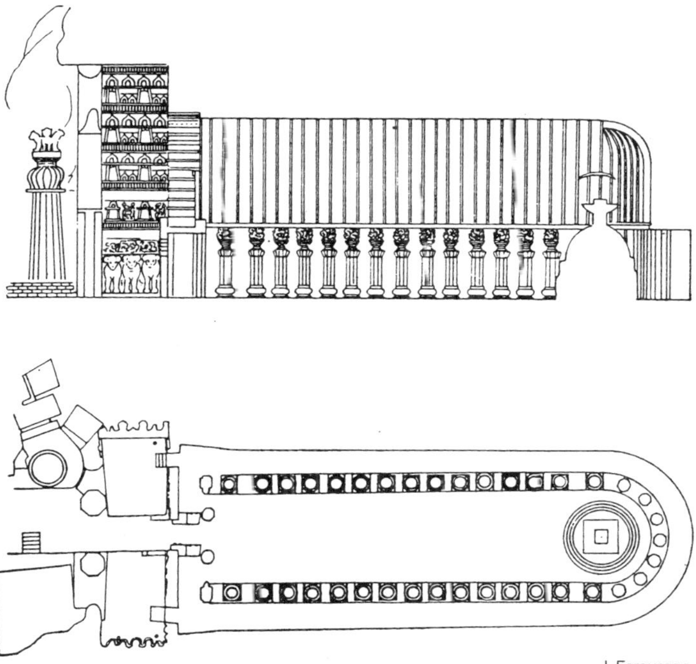

까를리 짜이따, 단면도와 평면도

호랑이들이 있다. 중앙 홀의 넓이는 7m 50이고, 측랑들은 단지 3m씩이다.

이 짜이따의 나머지 부분은 희미한 빛 속에 싸여 있는 반면, 후진의 중앙을 차지하고 있는 다가바(dāgaba, 스투파)는 외부로부터 들어오는 모든 빛을 그쪽으로 끌어당긴다. 소박함이 두드러진 이 다가바는 전통적인 형태다. 포개진 두 개의 원형 드럼(drum), 전혀 조각이 없는 반구형의 돔, 불쑥 내민 계단식의 평판(平板)을 가진 입방체의 평두(平頭), 그리고 산개(傘蓋)를 받치고 있는 산간(傘竿)으로 되어 있다.

깐헤리(Kanheri) 봄베이 북쪽 25km, 타나(Thānā)의 서북쪽 10km 지점에 있는 살셋뜨(Salsett) 섬에, 지난 날에는 깐하살라(Kanhasala) 또는 끄리슈나샤일라(Kṛṣṇaśaila)라고 불렀던 깐헤리 석굴들이 있다(Lüders, 1013, 1024). 모두 109개이다. 이 석굴들은 기원후 2세기에서 9세기까지 여러 불교 부파들, 즉 비구상가(同, 1021), 4방상가(同, 1006, 1016, 1024), 현주부(賢胄部, Bhadrāyaṇiya, 同, 987, 1018), 서산주부(西山住部, Aparaśaila, 同, 1020)를 위해 파서 정비한 것 같다. 이 공사를 재정적으로 뒷받침한 신도들은 단지 나식(Lüders, 985)이나 슈르빠라까(Śūrpāraka, 995, 1005)와 같은 인근에서만 온 것이 아니라, 역시 까르나따(Kārṇaṭa)의 칼랴나(Kalyāṇa, Lüders, 986, 998, 1000, 1001, 1013, 1014, 1024, 1032) 또는 안드라국의 단야까따까(Dhānyakaṭaka, Dhenukāṭaka; 바로잡음, 1020)와 같은 먼 지방에서도 왔다. 기진(寄進)에 동참한 왕과 군주들 가운데 바시슈티뿌뜨라 뿔로마(Vāsiṣṭhiputra Pulomā, 기원후 130-159년, Lüders, 994), 야즈냐슈리 샤따까르니(Yajñaśri Śātakarṇi, 기원후 174-203년, 同, 987, 1024), 따르할라(Tarhala)에서 발견된 몇 개의 화폐를 통해 알려진 마다리뿌따 사까세나(Māḍhariputa Sakasena, 同, 1001, 1002) 등의 이름을 들 수 있다. 좀더 뒤에도, 비명 1021번에 나오는 쭈뚜꿀라난다(Cuṭukulānanda)는 그의 이름이거나 또는 동명이인의 이름으로 역시 바나바시(Vanavasī, 同, 1186)와 말라

무주

까를리, 짜이땨의 내부

발리(Maḷavalli, 同, 1195) 비명에서도 볼 수 있다.

비명 988번은 불교도들이 그들의 공덕 행위를 기록했던 진정한 공덕 메모장(puṇyapustaka)을 이루고 있다: "(다음과 같이) 비구들에게 기진되었다; 대략 3가지 물건들이 소빠라까하라(Sopārakāhāra, Śūrpāraka 지역)에서 만들어졌다; 하나의 성전과 하나의 응접실, 그리고 작은 방들〔僧房〕이 칼리아나(Kāliaṇa, Kalyāṇa)의 아발리까비하라(Abālikāvihāra, Ambālikāvihāra)에서 건축되었다; 하나의 성전과 13개의 작은 방들이 건축되어 빠띠타나(Patiṭhāṇa, Pratiṣṭhāna)에 있는 몇 곳의 비하라에 기진되었다; 하나의 성전〔kuti, 佛堂〕과 하나의 방〔koḍhi, 會堂〕이 라자딸라까 빠이타나빠타(Rājatalāka Paiṭhāṇapatha, Pratiṣṭhānapatha)에서 굴착(掘鑿)되었다; 하나의 승가람(僧伽藍, saghārāma)이 사다세바주(Sadasevājū)의 비하라에서 건축되어 기진되었다."

3번 석굴은 거대한 규모의 짜이땨이다. 길이 26m에 넓이 12m, 그리고 높이 11m이다.[31] 야즈나슈리 샤따까르니(기원후 174-203년) 왕의 치세 때, 상인들인 가자세나(Gajasena)와 가자미따(Gajamita) 두 형제가 현주부(賢胄部)의 비구들을 위해 조영했다. 6명의 건축가(navakārmika)들이 공사를 감독했는데, 그 가운데 5명은 승려이고 1명은 속인이었다. 보디까(Bodhika) 대덕(大德)의 감독 아래 여러 장인(匠人) 집단들이 공사를 했다(Lüders, 987).

내부 열주(列柱)의 34개 기둥 위에는 매우 다양한 주제들, 즉 스뚜빠, 보리수와 붓다의 발자국, 코끼리 등의 주제를 사용한 조각

31 Kānheri의 3번 짜이땨 : 안내서, HIEA, I, p. 162-164; *Murray's Handbook*, p. 31; IABH, p. 32.—평면도, IABH, 원판 21.

으로 지나치게 꾸민 주두들이 얹혀 있다.[32] 현관의 양쪽 끝에는 두 체(體)의 불상이 서 있는데, 그 중 하나는 3장법사로서 대성전의 주지직(mahāgandhakuṭīvārika)을 맡은 샤꺄족 출신 비구 붓다고사(Buddhaghosa)가 기진한 것이다(同, 989).

불상과 보살상들은 깐헤리에서 자주 발견되지만, 가장 오래된 짜이땨들을 장식하고 있는 상(像)들은 명백히 대승불교의 주도하에 후기에 첨가된 것이다.

석굴 건축의 기원에 대한 설명은 여기에서 끝내기로 한다. 이 건축양식은 굽따 시대와 후기 굽따 시대에 전성기를 이루었는데, 가장 유명한 것만 언급하면 바그(Bagh), (제2 양식의) 아잔따, 엘로라, 아우란가바드(Aurangābād)의 석굴들이다.

32 이 기둥들 중 한 기둥의 재현, HIEA, I, p. 164, 도면 85.

Histoire du Buddhisme Indien

제6장 부파불교

I. 부파의 기원과 분포

부파의 기원과 특성[1] 붓다의 관심사 가운데 하나는 자신이 창설한

---

1 부파불교에 대해서는 다음 책들을 볼 것: St. Julien, *Listes diverses des noms des dix-huit sectes schismatiques qui sont sorties du bouddhisme*, JA, 총서 제5권, XIV, 1859, p. 327 이하; M. V. Vassilief, *Der Buddhismus*, Berlin, 1860, p. 224 이하; E. Schiefner, *Tāranātha's History of Buddhism in Indien*, St.-Petersburg, 1869, p. 270-274; T. W. Rhys Davids, *The sects of the Buddhists*, JRAS, 1891, p. 409 이하; *Schools of Buddhist Belief*, JRAS, 1892, p. 1 이하; *Buddhist Sects*, ERE, XI, 1920, p. 307-309; I. P. Minayeff, *Recherches sur le bouddhisme*, Paris, 1894, p. 187 이하; H. Kern, *Histoire du Bouddhisme dans l'Inde*, II, Paris, 1903, p. 481-498; W. W. Rockhill, *Life of the Buddha*, London, 1907, p. 182 이하; W. W. Geiger, *The Mahāvaṃsa translated*, London, 1934, p. 276-287; N. Dutt, *Early History of the Spread of Buddhism and the Buddhist Schools*, Calcutta, 1925; *Early Monastic Buddhism*, II, Calcutta, 1945, p. 47-206(Indian Historical Quarterly에 발표된 불교 부파들에 대한 많은 논문들을 다시 취한 저작); R. Kimura, *Introduction to the History of Early Buddhist Schools*, Calcutta, 1925; J. Masuda *Origin and Doctrines of Early Indian Buddhist Schools*, Asia Major, II, 1925, p. 1-78; J. Przyluski, *Le Concile de Rājagṛha*, Paris, 1926, p. 307-331; *Sautrāntika et Dārṣṭāntika*, RO, VIII, 1932, p. 14-24; *Dārṣṭāntika, Sautrāntika and Sarvāstivādin*, IHQ, XVI, 1940, p. 246-254; M. Walleser, *Die Sekten des alten Buddhismus*, Heidelberg, 1927; P. Demiéville, *L'origine des sectes bouddhiques d'après Paramārtha*, MCB, I, 1931-32, p. 15-64; E. Obermiller, *History of Buddhism by Bu-ston*, II,

교단의 화합을 확실하게 하는 것이었다. 그러나 원심력(遠心力)이 곧 표면화되면서 상가(Saṃgha)의 통일을 위협했다. 상가의 위계(位階)와 권위의 부재 때문에 불교는 분열되려는 경향과 작용으로부터 자신을 지키기가 어려웠다.

붓다의 생전에도 두 번의 분열이 일어났다. 그것은 곧 수습된 까우샴비(Kauśāmbī) 경우와 이탈교단(離脫教團)을 세우기까지 했던 데바닷따(Devadatta)의 경우였다. 데바닷따의 분파 흔적은 현장(玄奘) 법사가 인도에 갔던 7세기에도 여전히 남아 있었다. 아쇼까 왕 때에는 교단이 발전을 이룩하기도 했지만 비구들 간의 불화로 인해 그 반작용도 있었다. 그래서 아쇼까 황제는 꼬삼(Kosam) 법칙(法勅)과 산찌와 사르나트 법칙에서 상가의 화합을 파괴하는 자들을 교단에서 추방하겠다고 위협하지 않을 수 없었다. 그러나 그의 치하에서 대중부의 대분열로 인해 초기 교단은 두 개의 주부파(主部派), 즉 전통주의자들인 상좌부(上座部, Sthavira)와 마하데바(Mahādeva, 大天)의 5사(事)를 지지한 다수의 이교파(離教派)인 대중부(大衆部, Mahāsāṃghika)로 나뉘어졌다. 스리랑카 교단 역시 불화를 피할 수 없었다. 둣타가마니

Heidelberg, 1932, p. 97-100; E. J. Thomas, *The History of Buddhist Thought*, London, 1933, p. 288-292; Teramoto(寺本婉雅)와 Hiramatsu(平松嗣) *Samayabhedoparacanacakra*, 등등, Kyôtô, 1935; M. J. Dikshit, *A new Buddhist Sect in Kānheri*, IHQ, XVIII, 1942, p. 60-63; J. N. Banerjea, *Schools of Buddhism in Early Indian Inscriptions*, IHQ, 1948, p. 251-258; A. Bareau, *Les sectes bouddhiques du Petit Véhicule et leurs Abhidharmapiṭaka*, BEFEO, XLIV, 1951, p. 1-11; *Les sectes bouddhiques du Petit Véhicule*, Saigon, 1955; *Trois traités sur les sectes bouddhiques attribués à Vasumitra, Bhavya et Vinītadeva*, JA, CCXLII, 1954, p. 229-266; CCXLIV, 1956, p. 167-200.

(Duṭṭhagāmaṇi) 왕 통치하에서 마하비하라(Mahāvihāra, 大寺) 비구들은 동료비구들로부터 갈라져 아바야기리(Abhayagiri, 無畏山寺)에 적대적인 교단을 설립하고 마힌다가 창설한 최초의 교단과 모든 관계를 끊었다.

불교도들은 교단불화(saṃgharāji)와 교단분열(教團分裂, saṃghabheda)에 대해 매우 분명한 생각을 가지고 있었다. 빨리어본 율장(II, p. 204)에 의하면 분열이란 출가자의 모든 특권을 가진, 최소한 9명으로 이루어진 일군(一群)의 비구들이 같은 부파에 속하고 동일한 구역〔界〕에 거주하면서 의도적으로, 그리고 자발적으로 법(法)과 율(律)에 반대되는 해석을 표명하고, 정식으로 행해진 표결에 따라 그들의 동료비구들로부터 떨어져 나가 포살(布薩, uposatha)과 자자(自恣, pravāraṇā) 의식과 그 이외의 다른 공식적인 교단 행사들을 행하는 경우를 말한다. 만약 분파 행동자의 수가 9명 이하이면 그것은 분열(分裂)이 아니고 단지 불화(不和)이다.

마우리야 시대에 대중부가 상좌부에서 분리된 것은 정식으로 행해진 투표의 결과였다. 이 분열이 이루어졌다고 해서, (교단) 분열의 진행이 중단된 것은 아니었다. 새로운 대립의 결과로 이 두 파는 그들 역시 일련의 니까야(Nikāya)로 세분되었다. 니까야라는 말은 일반적으로 부파(部派)라고 번역되지만, 좀더 정확하게는, 교리와 계율상의 어떤 점들에 대해 특별한 견해를 주장하는 "집단," 또는 파(派)를 가리키는 것이다.

니까야들은 반드시 교단의 분파에서 비롯된 것은 아니다. 그 대부분은 전 인도에 흩어져 있던 4방승가(四方僧伽, catrudiśasaṃgha) 내에서 자연히 전개되었다. 니까야들은 시간과 공간을 통해 샤꺄무니의 메시지가 확장되는 동안에 그것이 겪은 교리적인 발전 단계를 나타내고 있다. 니까야는 기독교 내에서 전개된 수도회(修道會)들, 좀더 정확하게 말해서 서로 대립 없이 함께 살고 있는 "개혁교회들"과 비슷하다고 할 수 있다. 즉 칼뱅교도(Calvinist)가 루터교도(Lutheran)의 견해와 실천에는 완전하게 찬동하지는 않지만 같은 활동에 참여하고 있는 것과 같다.

일반적으로 불교의 여러 부파 신봉자들 간에 과격한 대립은 전혀 없었다. 그들 모두는 자신들을 샤꺄무니의 제자라고 생각했고 동일한 권리와 특권을 누렸다. 그들은 모두 윤회와 열반이 실재(實在)한다는 것을 공언했고 일제히 연기법을 신봉했다. 그들은 단지 법(法)과 율(律)의 이차적인 문제들에 대해서만 의견을 달리 했을 뿐이다. 다시 말하면 그들은 동료들이 제기한 어떤 주제들을 받아들이지 않거나, 긴급하지도 흥미롭지도 않아 보이는 문제들에 대해 의사표시하기를 피했다. 다른 부파 사람들과의 관계는 우호적이었고 관대했다. 여행하는 비구는 도중에서 만나는 모든 불교사원에 머물 수 있었고, 그곳에서 손님으로 기꺼이 맞이되어 사원 예절의 규정에 따라 대접을 받았다. 그리고 누구도 개인이 가지고 있는 교리적인 견해에 대해 따져 물을 수 없었다.[2] 이와 같은 예의관습은 항상 지켜지고 있어서, 4세기에서 7세기에 인도를 여행했던 중국 구법승들은, 동일한 사원에서 다른 부파의 승려들이 외관상으로 완전하게 화합을 이루면서 살고 있는 것을 자주 볼 수 있었다.

---

2 Vinaya pāli, II, p. 207-212, 219; 五分律, T. 1421, k. 27, p. 178 c 5-179 a 26; 摩訶僧祇律, T. 1425, k. 19, p. 381 a 18-c 24; 四分律, T. 1428, k. 49, p. 930 c 7-931 c 28; 十誦律, T. 1435, k. 41, p. 300 a 11-b15; c 7-19.

부파의 형성은 주로 인도 전역에 걸친 교단의 지리적 확장에 기인했다. 각 상가(Saṃgha)는 그들이 점유하고 있던 지방에서 특수한 문제들과 마주하게 되었다. 예를 들면 어떤 상가에 유명한 학승이 있을 경우, 그 상가는 불가피하게 다른 문제보다 그 학승이 주장하는 문제에 관심을 더 가지게 되었다. 동일한 사원의 수행자들은 어떤 특정 분야의 지식을 전문으로 하는 경향이 있었는데, 그것은 경과 율과 논모(論母)의 암송, 설법(說法), 어떤 특수한 경전집(經典集)의 암송, 명상이나 경학(經學)의 실천이었다. 기존의 사원에서는 몇몇 실천 관습들이 당연히 새로 만들어졌다. 관습들은 어느 곳에서나 동일하지는 않았다. 어떤 상가들은 계율을 적용하는 데 있어서 특별히 엄격했고, 그와 반대로 어떤 상가들은 관용적인 경향이 있었다. 신도 단체와의 관계는 각 교단에 나름대로의 독특한 분위기를 만들었다. 어떤 교단은 왕의 호의와 보호를 기대할 수 있었고, 반대로 어떤 교단은 왕의 적대행위로부터 자신을 지켜야 했다. 어떤 교단은 외부세계를 향해 문호를 개방했고, 어떤 교단은 세상을 등지고 은둔했다. 상가는 자리잡고 있는 지역들, 즉 갠지스 강 유역 아리야족의 인도, 남쪽 드라비다족의 인도, 북쪽과 서쪽의 그리스-스키타이(greco-scythe)족들의 인도 등, 그 지역에 따라 한없이 다양성을 나타내었다. 상가가 처해있는 환경이 언어와 방언의 사용, 의복과 음식의 유형을 결정지었다. 마가다, 아반띠, 간다라와 같은 특히 비옥한 몇몇 지방들은 많은 사원들을 수용할 수 있었다. 밀림지는 소수의 수행자들만을 부양할 수 있었다. 빠딸리뿌뜨라의 아쇼까라마에서처럼 너무 많은 출가 후보자들이 있을 경우에는 몇 개의 사원으로 분산해야 했는데, 때로는 멀리까지 떨어져 나갔다. 새로 설립된 이 사원들이 본사(本寺)의 정신과 관습을 그대로 유지했던 것은 당연한 일이다.

대부분의 소승부파들은 불멸후 2-3세기, 즉 짧은 연대기로는 기원전 마지막 2세기 동안에 생겨났다. 그렇지만 그들의 역사를 알려주고 있는 자료들은 훨씬 후대의 것이다. 이 자료들은 한 편으로는 카로슈티 문자나 꾸샤나 시대의 브라흐미 문자로 된 몇 개의 비문들인데, 이것들은 여러 장소에서 이러저러한 부파가 있었다는 것을 알려주고 있다. 다른 한 편으로는 기원후 첫 몇 세기 동안에 편찬된 논서들로서 이곳엔 여러 부파들의 고유한 교리적인 명제들이 서술되어 있기도 하고, 때로는 그것을 논박해 놓기도 했다. 이 논서들 가운데서 빨리어로 된 논사(論事, Kathāvatthu), 바수미트라(Vasumitra, 世友)의[3] 이부종륜론(異部宗輪論, Samayabhedoparacanacakra, 2세기?), 바뱌(Bhavya, 淸弁)의 이부분파해설주(異部分派解說註, Nikāyabhedavibhaṅga, 6세기), 그리고 비니따데바(Vinītadeva, 調伏天)의 이부종륜론중이부해설집(異部宗輪論中異部解說集, Samayabhedoparacanacakranikāyabhedopadarśanasaṃgraha, 8세기)을 들 수 있다.

다시 거론되겠지만 이 논서(syllabus)들은 그것들이 편찬되었던 바로 그 시대의 상가의 상황을 서술하는 일에 관심이 없지 않았다. 그렇지만 논서들은 부파 형성에 관한 의사(擬似) 역사 전승에 크

3 우리는 적어도 5명의 Vasumitra를 알고 있다(참조, Watters, I, p. 273-274; 위에서 인용된 J. Masuda의 책, p. 7). 일반적으로 이 논서의 저자는 불멸후 400년에 살았고, 까니슈까 치하에서 Mahāvibhāṣā의 결집에 참여한 바수미뜨라와 동일시된다.

게 의존하고 있다.

우리는 이들 논서에서 부파들이 취한 명칭의 기원에 관한 정보를 발견할 수 있다. 그러나 그 대부분은 가공적인 것이다. 부파들은 4가지의 다른 근원에서 그들의 명칭을 취하고 있다.

a. 주장한 교리 : "장로들의 교리를 주장하는" 상좌부(Sthaviravādin), "출세간법을 말한" 설출세부(說出世部, Lokattaravādin), "윤회와 열반은 단지 허구적인 명칭일 뿐이라고 주장하는" 일설부(一說部, Ekavyavahārika), "진정한 가르침과 허구적인 명칭을 구별한" 설가부(說假部, Prajñaptivādin), "분별을 세우는" 분별설부(分別說部, Vibhajyavādin), "여러 생(生)을 통해 5온(蘊)이 이동한다고 주장하고, 경전의 권위만을 인정하는" 설전부-경량부(說轉部-經量部, Saṃkrāntivadin-Sautrāntika).

b. 회중(會衆)의 구성 : "큰 회중의 파"인 대중부(大衆部, Mahāsaṃghika), "법을 많이 들은 사람들의 파"인 다문부(多聞部, Bahuśrutīya), "법이 높은 파"인 법상부(法上部, Dharmottarīya), "현자들의 수레의 파"인 현주부(賢胄部, Bhadrāyanīya).

c. 부파의 장소 : "설산에 거주하는" 설산부(雪山部, Haimavata), "6개의 도시에 거주하는" 육성부(六城部, Saṇṇagarika), 역시 "밀림에 사는" 밀림산부(密林山部, Ṣaṇḍagarika), 안드라국의 "제다(制多, Caitya) 산에 사는" 제다산부(制多山部, Aityaśaila 또는 Caitika, Caityika), 안드라국의 동쪽과 서쪽의 산악 지방에 사는 동산주부(東山住部, Pūrvaśaila)와 서산주부(西山住部, Aparaśaila).

d. 부파의 창시자 : 이들 대부분은 어원(語源)을 제공하기 위해

생각해낸 가공적인 인물이다. "그 지방을 통치한" 한 바라문의 제자들인 화지부(化地部, Mahīśāsaka), "주민(住民)의 아들"(Vatsyaputra?) 또는 "어린 암소의 아들"(Vātsīputra)이라는 이름을 가진 한 아라한의 제자들인 독자부(犢子部, Vātsīputrīya), 창시자의 이름이 "바른 측량(測量, Saṃmita)"이라는 정량부(正量部, Saṃmatīya), 다르마굽따(Dharmagupta)라는 이름을 가진 마우드갈랴야나(Maudgalyāyana)의 제자가 창시한 법장부(法藏部, Dharmaguptaka), 까샤삐야(Kāśyapīya) 가문의 "좋은 해(Suvarṣaka, 善歲)"라는 이름을 가진 사람에게 소급하는 선세부-음광부(善歲部-飮光部, Sauvarṣaka-Kāśyapīyā).

때로는 부파의 이름이 확립되지 않은 경우도 있다. 그렇다고 해서 주석가들이 설명을 못한 것은 아니다. 그래서 고꿀리까(Gokulika), 즉 "암소 떼의 부파"라는 의미의 우가부(牛家部)는 역시 꾹꾸띠까(Kukkuṭika)와 꾹꿀리까(Kukkulika)라고 불리기도 했다. 꾹꾸띠까, 즉 계윤부(雞胤部)는 "수탉의 후예(後裔)"라는 의미인데, 이것은 그들의 조상 가운데 한 마리의 수탉(kukkuṭa)이 있었기 때문이고, 꾹꿀리까라는 명칭은 이 부파의 사람들이 재(灰, kukūla. 빨리어 kukkuḷa)의 산에 거주했거나 또는 "모든 존재[諸行]는 전적으로 잿더미일 뿐이다"라고 가르쳤기 때문이었다.

고대 저자들은 민간어원설(民間語源說)을 가지고 역사뿐 아니라 철학까지도 했다는 인상을 피할 수 없다. 왜냐하면 설일체유부의 발지론(發智論)의 저자인 까땨야니뿌뜨라(Kātyāyanīputra, 迦多衍尼子)처럼 잘 알려진 몇몇 논사들은 제외하고, 소위 말하는 부파의 창시자들은 허구적인 인물들이기 때문이다. 게다가 그들이 담당할 수 있었던 역할은, 부파들을 붓다 당시까지 소급시키고, 부파들에게 샤꺄무니의 직계 제자 한 명씩을 그 창시자로 배정하기 위한 고대 저자들의 부단한 관심에 의해 빛을 잃어버렸다. 저자들은 상좌부를 위해서는 마하까샤빠(Mahākāśyapa)를, 대중부를 위해서는 바슈빠(Bāṣpa)를, 다문부를 위해서는 야즈냐발꺄(Yājñavalkya)를, 설가부(說假部)를 위해서는 마하까땨야나(Mahākātyāyana)를 배정했고, 설일체유부를 위해서는 까샤빠-아난다-마댠띠까(Madhyāntika)-샤나바신(śāṇavāsin)-우빠굽따(Upagupta)-뿌르나(Pūrṇa)-메짜까(Mecaka)-까땨야니뿌뜨라(Kātyāyanīputra)의 계보를, 독자부를 위해서는 샤리뿌뜨라-라훌라-밧시뿌뜨라의 계보를, 선세부(善歲部)를 위해서는 깔로다이(Kāḷodāyi)와 굽따(Guptā) 비구니의 아들인 수바르샤까(Suvarṣaka)를 배정했다. 만약 현대 역사학자가 이와 같은 관점을 받아들여야 한다면, 모든 소승 부파들이 불교의 시초부터 성립되었다는 것을 인정하지 않으면 안될 것이다. 그런데 고대 저자 자신들은 소승 부파들이 불멸후 200년에서 300년 사이에 성립되었다는 것을 인정했다.

이 의사(擬似) 역사 정보들과 함께 역시 여러 논서〔syllabus〕에는 부파들이 채택한 다양한 교리 주제들의 목록이 포함되어 있다. 그래서 우리는 족히 20여 개의 부파에 분산되어 있는— 때로는 까타밧투(Kathāvatthu, 論事)에 들어 있다—약 500개의 논제에 대한 서술(敍述)과 반론(反論)을 알 수 있다. 앙드레 바로(André Bareau)에 의하면 명제를 작성하는 데 있어서도, 그것을 각 부파에 배정하는 데 있어서도, "자료들은 서로 모순되는 것이 극히 드

물다는 것, 기껏해야 10번 정도 뿐"[4]이라는 것이다.

이 놀랄 만한 일치는 까타밧투의 편찬자(또는 편찬자들)와 바수미뜨라, 바뱌, 비니따데바와 같은 논서〔syllabus〕 저자들이 공통 전승을 사용했다는 것, 그리고 "부파의 교의학(敎義學)"이라는 제목이 붙을 수 있었을 동일한 문학 양식을 발전시켰다는 것을 보여준다.

이렇게 기술된 교의학이 어느 정도로 역사적인 사실과 일치하는지 우리는 생각해 보아야 한다.

사람들은 이 논서들이 불교의 대(大) 부파들의 교리적인 방향에 대해 정확한 설명을 제공해 준다는 것을 기꺼이 인정할 것이다. 아무도 상좌부가 아라한의 특권에 부여한 중요성, 설일체유부가 취한 실재론적인 관점, 대중부와 그 지말부파들의 초세간적인 경향, 독자부-정량부로 하여금 필설로 설명할 수 없는 뿟갈라(pudgala, 補特伽羅)를 채택하게 한 잠재적인 유심론(唯心論)을 부정할 수 없을 것이다.

그러나 그 출처가 부파들의 것이라고 논서들이 추정하고 있는 명제들의 목록을 부파 자신들이 작성했다고 보기는 의심스럽다. 게다가 더욱 의심스러운 것은 부파들이 역사적, 지리적 이유 때문에 그들의 부파에 속했거나, 그들의 지역에 거주한 모든 사람들에게 자신들의 신봉자가 되도록 강요했다는 사실이다. 부파들이 그들의 입장을 밝히게 되어 있었을 제한된 (소규모의) 집회들에 대해 언급한 곳은 불교전승의 그 어디에도 없다.

4 A. Bareau, *Les sectes bouddhiques du Petit Véhicule*, p. 290.

불교문헌 어느 곳에서도 한 특정 부파가 주장한 교리들을 전체적으로, 그리고 세부적으로 설명하거나 증명하기 위해 체계적인 시도를 한 것은 볼 수 없다. 대(大) 저자들은 그들이 진술한 교리들을 선택하는 데 있어서 완전히 자유로웠다는 것을 나타내고 있다. 그리고 그들은 일반적으로 자신들이 절충주의자였다는 것을 보여준다. 그들은 어떤 특정 부파를 위해 일한 종파적인 사람들이 아니라 그들 개인적인 견해를 말한 학자들이었다. 전승에 의하면, 아슈바고샤(Aśvaghoṣa, 馬鳴)는 설일체유부 출신으로서 비바사사(毘婆沙師, Vāibhaṣika)인 빠르슈바(Pārśva, 脇尊者)의 제자이다. 그러나 아슈바고샤 자신은 사운다라난다(Saundarānanda, 端正한 難陀, XVII, 18)에서 "존재는 비존재의 뒤를 잇는다"라고 주장했는데, 이것은 설일체유부가 단호하게 배격한 명제이다. 존스튼(E. H. Johnston)은 자신이 출판한 붓다짜리따(Buddhacarita, p. XXXIII)에서, 아슈바고샤가 다문부(多聞部)에 가까운 것 같은 점들을 지적하고 있다. 그러나 그의 주장처럼, "현재로서 최선의 입장은, 아슈바고샤가 다문부 소속이었거나 다문부가 분리되어 나온 부파(Kaukulika?)의 지지자였다"고 결론을 내린 것은 옳지 않다. 바수반두는 원칙적으로 설일체유부의 비바사사[註釋家]였다. 그러나 그는 아비다르마꼬샤(Abhidharmakośa, 俱舍論)에서 자주 경량부의 관점을 취하고 있다. 바수미뜨라는 샤리뿌뜨라비다르마(Śāriputrābhidharma)를 독자부의 기본 문헌으로 보고 있다. 그러나 이 제목(T. 1548, 舍利弗阿毘曇論)으로 우리에게 전해진 논서에서는, 윤회하는 뿟갈라의 존재에 대한 독자부-정량부의 중심 주제가 명백히 부정되고 있다. 그래서 앙드레 바로(A. Bareau)는

이 아비다르마(Abhidharma)의 출처를 독자부 이외의 다른 곳에서 찾아야 했다.[5]

이와 같은 확인으로부터 결론을 내릴 수 있는 것은, 논서들의 저자들이 증거자료에 입각해서, 부파들의 교리적인 입장을 나타내는 이상적인 일람표를 만들었다는 것이다. 신봉자들은 이 논서들을 지지하도록 강요당하지 않았을 뿐 아니라, 사실 자신들의 개인적인 저작에서 그것들을 전혀 참작하지 않았기도 했다.

부파의 지리적 분포 인도의 여러 지역에서 부파들의 존재는 기원전 200년에서 기원후 300년까지 카로슈티 문자와 브라흐미 문자로 된 비명을 통해 확인된다. 부파들이 분산된 것은 이 연대 이전이었을 뿐 아니라, 기원전 마지막 2세기까지 거슬러 올라간다는 것은 의심의 여지가 없다. 이 비명들의 일람표를 여기에 제시하는 것은 시대착오를 범하는 것은 아니다.

아래의 도표에서 참고 사항들은 코노(St. Konow)의 "카로슈티 문자 비명"(*Kharoṣṭhī Inscriptions*), 뤼더스(Lüders)의 "브라흐미 문자 비명 목록"(*List of Brãhmī Inscriptions*), "인도 금속학"(*Epigraphia Indica*: EI)과 쉬바라마무르띠(Śivaramamūrti: Mūrti)의 "아마라바띠의 조각"(*Amarãvatī Sculptures*)에서 취한 것이다.

5 본서 1권, p. 373의 註 27 참조.

I. 사르바스띠바딘(Sarvāstivādin, 說一切有部).

1) 사르바스띠바뜨라(Sarvastivatra, Konow, p. 48) - 마투라의 사자 주두(獅子柱頭, 기원후 1세기).

2) 사르바스띠바뜨라(Sarvastivatra, Konow, p. 48) - 상동(上同).

3) 사르바스띠바띤(Sarvastivatin, Konow, p. 137) - 샤흐지끼 데리(Shāh-jī-kī Ḍherī), 까니슈까의 사리용기. 까니슈까 왕 1년(기원후 128-151년).

4) 사〔르바스띠〕바다띠(Sa〔rvasti〕vadati, Konow, p. 145) - 제다(Zeda)의 바위. 까니슈까 왕 11년(기원후 128-151년).

5) 사르바스띠바다(Sarvastivada, Konow, p. 155) - 꾸람(Kurram)의 동(銅) 스뚜빠. 까니슈까 왕 20년(기원후 128-151년).

6) 샤르바스띠바딘(Syarvastivadin, Konow, p. 176) - 데라이(Ḍ-herai)의 명문(銘文) 그릇 파편. 연대 표시 없음.

7) 사르바스띠바디(Sarvāstivādi, Lüders, 12) - 까만(Kāman)의 불상. 명시되지 않은 연호로 74년.

8) 사르바스띠바딘(Sarvāstivādin, Lüders, 918 - 919) - 슈라바스띠의 불상. 까니슈까 왕의 통치(기원후 128-151년).

9) 사르바스띠바딘(Sarvāstivādin, Lüders, 929 a - 929 b) - 사르나뜨(바라나시)의 불교 난순. 연대 표시 없음.

10) 샤바스티디야(Śavasthidiya, Lüders, 125) - 마투라의 불상. 연대 표시 없음.

II. 하이마바따(Haimavata, 雪山部 : 상좌부 그룹)

11) 헤마바따(Hemavata, Lüders, 156) - 소나리(Sonārī) 제2 스뚜빠

의 수정함(水晶函). 슝가 시대(기원전 2세기).

12) 헤마바따(Hemavata, Lüders, 158) – 소나리 제2 스뚜빠의 동석함(凍石函). 슝가 시대(기원전 2세기).

13) 헤마바따(Hemavata, Lüders, 155 ; Majumdar, 3) – 산찌 제2 스뚜빠의 동석함. 슝가 시대(기원전 2세기).

III. 밧시뿌뜨리야(Vātsīputrīya, 犢子部 : 설일체유부의 지말 부파).

14) 밧시뿌뜨리까(Vātsiputrika, Lüders, 923) – 사르나뜨의 불교 석주. 굽따 시대(4세기).

IV. 마히사사까(Mahisāsaka, 化地部 : 설일체유부의 지말 부파).

15) 마히[사]사까(Mahi[sā]saka, El, XX, p. 24) – 나가르주니꼰다, 익슈바꾸(Ikṣvāku) 왕조의 에후불라 샨따물라(Ehuvula Śāntamūla) 2세의 11년(3세기 말).

16) 마히샤사까(Mahīśāsaka, El, 1, p. 238) – 솔트 레인지(Salt Range, 펀잡)의 꾸라(Kura) 석주. 또라마나 샤하 자위블라(Toramāṇa Shāha Jaüvla) 왕 치하(5세기 말).

V. 까쉬야삐야(Kāśiyapīya, 飮光部 : 설일체유부의 지말 부파).

17) 까....(KA..., Konow, p. 63) – 탁티 바히(Takht-ī-Bahī)의 명문(銘文) 도자기. 연대 표시 없음.

18) 까샤비아(Kaśavia, Konow, p. 88) – 딱실라의 동(銅) 국자. 이슈빠라까(Iśparaka)의 기진(寄進). 그는 틀림없이 아제스(Azes) 2세 봉신(封臣) 아슈빠바르마(Aśpavarma)일 것이다. 기원후 5–19년

(본서, p. 61-62 참조).

19) 까쉬야비야(Kaṣiyaviya, Konow, p. 89) - 우라샤(Uraśā) 왕국의 베다디(Bedadi)의 동(銅) 국자. 연대 표시 없음.

20) 까[샤]야비야(Kaṣ[y]aviya, Konow, p. 122) - 빨라뚜 데리(Pālā-ṭū Ḍherī)의 항아리. 연대 표시 없음.

21) 까슈샤삐야(Kaśśapiya, Lüders, 904) - 빠보사(Pabhosā)의 불교 석굴. 우다까(Udaka) 10년. 그는 틀림없이 슝가 왕조의 5대 왕일 것이다(본서 1권, p. 689 참조).

22) 소바사까(Sovasaka, Lüders, 1106) - 까를리(Kārli)의 석굴. 바시슈티뿌뜨라 뿔로마(Vāsiṣṭhīputra Pulomā) 왕 24년(기원후 130-159년).

VI. 사우뜨란띠까(Sautrāntika, 經量部 - 설일체유부의 지말 부파).[6]

23) 수땅띠까(Sutaṃtika, Lüders, 797) - 바르후뜨의 석주. 슝가 시대(기원전 2세기).

24) 수따띠까(Sutātika, Lüders, 635) - 산찌. 슝가 시대.

25) 수따띠끼니(Sutātikinī, Sutatikini, Lüders, 352, 319) - 산찌. 슝가 시대.

VII. 다르못따리야(Dharmottarīya, 法上部 : 독자부의 지말 부파).

26) 다무따리야(Dhamutariya, Lüders, 1094-95) - 까를리의 짜이따에 2개의 석주 기진(寄進). 이것은 슈르빠라까(Śūrpāraka)의 법상

6 그러나 조금 뒤에 보게 되겠지만, 이 비문들이 사용한 sautrāntika라는 용어가 Sautrāntika(經量部)의 신봉자를 가리키는 지는 의심스럽다.

부에 속한 사띠미따(Sātimita) 장로가 기진한 것이다. 연대 표시 없음.

27) 담무따리야(Dhammutariya, Lüders, 1152) – 준나르(Junnar)의 석굴. 연대 표시 없음.

VIII. 바드라야니야(Bhadrāyanīya, 賢胄部 : 독자부의 지말 부파).

28) 〔바다야〕니야(〔Bhādāya〕nīya, Lüders, 987) – 깐헤리(Kānheri)의 석굴. 자즈냐슈리 샤따까르니(Jajñaśrī Śātakarṇi) 왕의 통치 때(기원후 174–203년).

29) 바드라자닛자(Bhādrajaṇijja, Lüders, 1018) – 깐헤리의 석굴. 연대 표시 없음.

30) 바다바니야(Bhadāvanīya, Lüders, 1123) – 나식(Nāsik)의 석굴. 바시슈티뿌뜨라 뿔로마(Vāsiṣṭhīputra Pulomā) 왕 19년(기원후 130–159년).

31) 바다야니야(Bhadāyaniya, Lüders, 1124) – 나식의 석굴. 바시슈티뿌뜨라 뿔로마 왕 19년(기원후 130 – 159년).

IX. 상마띠야(Saṃmatīya, 正量部 : 독자부의 지말 부파).

32) 삼미띠야(Sammitiya, Lüders, 923) – 사르나뜨(바라나시)의 불교 석주. 굽따 시대(4세기).

X. 마하상기까(Mahāsāṃghika, 大衆部).

33) 마하사기아(Mahasaghia, Konow, p. 48) – 마투라의 사자주두(1세기).

34) 마하상기가(Mahasaṃghiga, Konow, p. 170) - 와르닥(Wardak)의 항아리. 까니수까 기원 51년(기원후 179년).

35) 마하사기야(Mahāsaghiya, Lüders, 1105) - 까를리의 석굴. 가우따미뿌뜨라 쌰따까르니(Gautamīputra Śātakarṇi) 왕 18년 (기원후 106-130년).

36) 마하사기야(Mahāsaghiya, Lüders, 1106) - 까를리의 석굴. 바시슈티뿌뜨라 뿔로마 왕 24년(기원후 130-159년).

37) 아이라항가(Ayirahaṃgha, El, XX, p. 17) - 나가르주니꼰다의 석주. 익슈바꾸 왕조의 마타리뿌뜨라 비라뿌루샤닷따(Māṭharīputra Vīrapuruṣadatta) 왕 6년(기원후 250 - 275년).

38) 아이라하가(Ayirahagha, El, XX, p. 20) - 나가르주니꼰다의 석주. 앞과 같은 연대.

XI. 바후슈루띠야(Bahuśrutīya, 多聞部 : 대중부의 지말 부파).

39) 바후〔슈띠〕아까(Bah〔uṣuti〕aka, Konow, p. 122) - 빨라뚜 데리(Pālāṭū Ḍherī)의 항아리. 연대 표시 없음.

40) 바후수띠야(Bahusutīya, El, XX, p. 24) - 나가르주니꼰다의 석주. 마타리뿌뜨라 비라뿌루샤닷따(Māṭharīputra Vīrapuruṣadatta) 왕 통치 때(기원후 250 - 275년).

41) 바후수띠야(Bahusutīya, El, XX, p. 62) - 나가르주니꼰다의 석주. 익슈바꾸 왕조의 에후불라 샨따물라(Ehuvula Śāntamūla) 2세의 통치 2년(기원후 3세기 말).

XII. 제다산부 또는 샤일라브(制多山部, Caitika 또는 Śaila : 대중부의 지말 부파).

42) 쩨띠끼야(Cetikiya, Lüders, 1248) - 아마라바띠의 명문석(銘文石). 바시슈티뿌뜨라 뿔로마 왕 통치 때(기원후 130–159년).

43) 쩨띠까(Cetika, Mūrti, no 33, p. 278) - 아마라바띠의 포석(鋪石). 연대 표시 없음.

44) 쩨띠야방다까(Cetiyavaṃdaka, Lüders, 1223) - 아마라바띠의 조각. 연대 표시 없음.

45) 쩨띠아바다까(Cetiavadaka, Lüders, 1263) - 아마라바띠의 조각. 연대 표시 없음.

46) 라자기리의 쩨띠끼야(Cetikiya, Lüders, 1250) - 아마라바띠의 조각. 연대 표시 없음.

47) 자디끼야(Jadikiya, Lüders, 1244) - 아마라바띠의 석주. 연대 표시 없음.

48) 쩨띠까(Cetika, Lüders, 1130) - 나식의 석굴. 연대 표시 없음.

49) 쩨띠야(Cetiya, Lüders, 1171) - 준나르의 석굴. 연대 표시 없음.

50) 셀리야(Seliya, Lüders, 1270) - 아마라바띠의 석주. 연대 표시 없음.

51) 마하바나셀리야(Mahāvanaseliya, Lüders, 1230) - 아마라바띠의 석주. 연대 표시 없음.

52) 마하바나셀라(Mahāvanasela, Lüders, 1272) - 아마라바띠의 조각. 연대 표시 없음.

XIII. 뿌르바샤일라(Pūrvaśaila, 東山住部)와 아빠라샤일라(Aparaśaila, 西山住部).

53) 뿌바셀〔리〕야(Puvasel〔i〕ya, El, XXIV, p. 259) - 다라니꼬따

(Dharanikota)의 법륜(法輪) 석주. 이것은 틀림없이 바시슈티뿌뜨라 뿔로마 왕 통치 때(기원후 130–159년)일 것이다.

54) 뿌바셀리야(Puvaseliya, An. Rep. A. S. I., 1923–24, p. 93) – 알루루(Allūru, Kistna 州). 연대 표시 없음.

55) 아빠라마하비나셀리야(Aparamahavinaseliya, El, XX, p. 17) – 나가르쥬니꼰다 석주. 마타리뿌뜨라 비라뿌루샤닷따(Māṭharīputra Vīrapuruṣadatta) 왕 6년(기원후 250 – 275년).

56) 아빠라마하비나셀리야(Aparamahāvinaseliya, El, XX, p. 19) – 나가르쥬니꼰다 석주. 같은 왕 6년.

57) 아빠라마하비나셀리야(Aparamahavinaseliya, El, XX, p. 21) – 나가르쥬니꼰다 성전. 같은 왕 18년

58) [아빠]라셀리야([Apa]raseliya, El, XXVII, p. 4) – 간따샬라(Ghaṇṭaśālā)의 포석(鋪石). 이곳은 고대 우카시리바다마나(Ukhasirivadhamāna)로서, 프톨레미의 바르다가나(Bardamana, VII, 1, 93)이다.

59) 아빠라셀라(Aparīsela, Lüders, 1020, IHQ의 교정본과 함께, XVIII, 1942, p. 40) – 깐헤리 석굴. 연대 표시 없음.

XIV. 안다까(Andhaka)파의 지말 부파들.

60) 라자기리니바시까(Rājagirinivāsika, Lüders, 1250) – 아마라바띠의 조각. 연대 표시 없음.

61) 라자기리(Rājagiri, Lüders, 1225) – 아마라바띠의 조각. 연대 표시 없음.

62) 시다따(Sidhata, Lüders, 1281; Murti, 제 102번, p. 298) – 아마

라바띠의 조각. 연대 표시 없음.

XV. 스리랑카의 상좌부.

63) 땅바빵나까(Taṃbapa〔ṃ〕ṇaka, EI, XX, p. 22) - 나가르주니꼰다의 성전(聖殿). 익슈바꾸 왕조의 마타리뿌뜨라 비라뿌루샤닷따(Māṭharīputra Vīrapuruṣadatta) 왕 14년(기원후 250 - 275년).

현재의 목록은 지금까지 발견된 명문(銘文)들에서 임의로 취한 것이기 때문에 아마도 불완전할 것이다. 그리고 새로운 발견물들이 나오면 이것을 보완하게 될 것이다. 이 목록에서 성급한 결론을 끌어내지 않도록 조심해야겠지만, 그러나 문헌학적인 자료에 비추어 이것을 해석해 볼 수는 있다.

기원전 1세기 말부터 설일체유부(1 - 10번)는 인도 서북 지역과 마투라 지역에서 확고하게 자리를 잡았고, 역시 슈라바스띠와 바라나시에서도 모습을 나타내었다. 기원전 2세기부터 아반띠는 그때까지 근본상좌부(Mūlasthavira)라고 불렸던 설산부(11 - 13번) 성자들의 사리를 공경했다.

바수미뜨라에 의하면 설일체유부에서 4개의 지말부파가 나왔다. 즉 1. 독자부와 그 지말부파인 법상부, 현주부, 정량부, 육성부(六城部) ; 2. 화지부와 그 지말부파인 법장부 ; 3. 역시 선세부(善歲部)라 불리는 음광부 ; 4. 경량부이다.

명문들에 의하면, 굽따 시대에 독자부와 정량부(14번과 32번)가 바라나시에서 설일체유부를 대신하는 것을 보게 된다. 화지부(15번과 16번)는 (펀잡의) 솔트 레인지(Salt Range)의 꾸라(Kura) 지방과 안드라국의 나가르주니꼰다에서만 알려져 있는데, 그곳에서 이 부파들은 대중부의 한가운데에 작은 섬을 이루고 있었다. 게다가 그들의 비나야[律藏]는 법현(法顯)에 의해 스리랑카에서 발견되었다. 음광부(17번 - 21번)는 서북 지역에 상당히 많은 수가 있었고 까우샴비 근처인 쁘라보사(Prabhosā)에도 있었다. 아불라마(Abulāmā)에 살고 있던 하라파라나(Harapharaṇa)라는 이란(Iran) 이름을 가진 선세부(善歲部, Suvarṣaka)의 한 신도가(22번) 까를리의 상가에 아홉 개의 작은 방[僧房]을 가진 하나의 회당(會堂)을 기진했다. 경량부는 부파라기보다는 일종의 철학적인 운동이었다. 현재까지 경량부에 속한 사원의 존재는 어떠한 비문으로서도 확인된 바 없다. 23 - 25번에서 언급된 sutaṃtika(經師), sutātikinī(諸經에 精通한)라는 표현은 부파들의 이름이라기보다는 오히려 "경전에 정통한" 특징의 사람들에게 붙여진 형용사처럼 보인다.

독자부에서 생겨난 4개의 부파 가운데서 단지 3부파만이 비명에 이름이 나온다. 즉 슈르빠라까(Śūrpāraka)와 준나르의 법상부(26 - 27번)와 나식과 간헤리의 현주부(28 - 31번), 그리고 바라나시의 정량부(32번)이다. 6성부(城部, Ṣaṇṇagarika)의 출처는 알 수 없다. 이 부파의 이름은 "6개 도시에 거주하는"이라는 의미를 가지고 있지만 역시 밀림산부(密林山部, Ṣaṇḍagairika), 즉 "밀림에 사는"이라고 해석될 수도 있다.

이러한 애매한 점은 화지부에서 분리된 부파인 법장부에도 있다. 어떠한 비명에서도 법장부를 부파라고 말하지는 않는다. 법장부는 항상 어떤 때는 재가자들에게(Lüders, 615번, 727번, 1185번), 어떤 때는 출가자들에게(同, 154번, 288번) 적용되는 고유명사이다. 현장과 의정(義淨)의 시대에 법장부의 소집단들이 웃디야나(Uḍḍiyāna), 중앙아시아, 중국에서 언급되고 있다. 법장부의 영향은 특히 중국에 (크게) 미쳤는데, 이 나라에서 이 부파의 쁘라띠목샤〔戒本〕가 오랫동안 계율로 사용되었다.

의정의 시대까지(7세기 말) 대중부는 마가다에서 대부분의 세력을 유지하고 있었지만, 그들의 긴 역사 가운데 이미 슈라세나(Śūrasena)국의 마투라와 서북 인도의 와르닥(33번), 그리고 역시 서해안의 까를리(35-36번)로 분산되었다. 와르닥에서는 바라마레그라(Varamaregra) 승원을 가지고 있었고, 까를리에서는 법상부와 인접해 있었다. 그러나 서력(西曆) 기원초의 몇 세기 동안 대중부의 중심 근거지는 안드라국이었는데, 보다 특별하게는 군뚜르(Guntur) 지역이었다. 이 부파는 그곳에서 종종 "성스러운 교단(Ayirahaṃgha)"이라는 명칭을 취했는 데(37-38번), 특히 다문부, 제다산부 또는 샤일라부(Śaila) 등 많은 지말 부파로 분열되었다.

다문부(多聞部)는 안드라국의 나가르주니꼰다에 사원을 가지고 있었다(37-38번). 그러나 역시 서북 지역의 빨라뚜 데리(Pālāṭū Ḍherī)로 이주했다(39번). 제다산부(Caitika 또는 Caityavandaka, 42-47번)는 안드라국에 그 수가 많았다. 그들은 그곳에서 마하짜이땨(Mahācaitya)라는 이름으로 알려진, 그 시대의 가장 아름다운 성전들을 세웠다. 비명들은, 틀림없이 아마라바띠의 유명한 그 스뚜빠와 동일한 것이라고 보아야 할 단야까따까(Dhānyakaṭaka 또는 Dhāranikota)의 마하쩨띠야(Lüders, 1243; Mūrti, 45번, p. 282)를, 그리고 벨라기리 작가야뻬따(Velagiri-Jaggayyapeṭa)의 마하쩨띠야(Lüders, 1202), 나가르주니꼰다 니바굿따(Nāgārjunikoṇḍa-Nibaguṭṭa)의 마하쩨띠야(Mahācetiya, EI, XX, p. 22), 라자기리의 마하쩨띠야(Lüders, 1225), 깐따까셀라(Kaṇṭakasela)의 마하쩨띠야(EI, XX, p. 22)에 대해 언급하고 있다. 그런데 보겔(J. P. Vogel)은 깐따까셀라를 프톨레미(VII, 1, 15)가 마이솔로스(Maisolos, Kṛṣṇā) 강의 하구(河口) 근처에 위치하고 있다고 기록한 칸타코실라(Kantakossyla) 국제 항(港)이라는 것을 확인했다. 대(大) 샤따바하나 왕조시대, 즉 기원후 2세기에 제다산부는 현주부와 함께 나식의 석굴들(48번)을, 법상부와 함께 준나르 석굴들(49번)을 공유했다.

단야까따까 근처의 나무가 우거진 산을 차지하고 있던 대중부 소속의 수행자들은 샤일라(Śaila, 50번) 또는 마하바나샤일라(Mahavanaśaila, 51-52번)라는 이름을 취했다. 현장은 그의 여행기(西域記, T. 2087, k. 10, p. 930 c)에서 단야까따까 동쪽에 위치한 산 위에 동산주부의 사원이 있었고, 이 도시의 서쪽에 서산주부의 사원이 있었다고 기록했다. 사실 명문들은 다라니꼬따(Dharanikota, 53번)의 동산주부—역시 끼스뜨나(Kistna, 54번) 지역의 알루루(Allūru)에도 나온다—를 아빠라마하비나셀리야(Aparamahāvinaseliya, 55-57번)라는 이름으로 나가르주니꼰다에서 알려져 있던 서산주부와 조심스럽게 구별짓고 있다. 이 부파〔Aparamahāvinaseliya〕는 역시 끼스뜨나 지역에서 우카시리바다마나(Ukhasirivadhamāna)의 자리를 차지하고 있었다. 이곳은 마술리빠땀(Masulipatam, 58번)의 서쪽 13마일 지점에 위치한 현재의 간따샬라(Ghaṇṭaśālā) 마을 부지에 있었다. 그리고 이 부파는 서해안의 깐헤리(59번)로 이주해 갔는데, 그곳에서 현주부와 이웃

이 되었다. 그들은 멀리 떨어져 있었지만 동향 사람들인 데누까까따(Dhenukākata), 즉 단야까따까의 신도들이 재정적으로 그들을 계속해서 지원했다.

아마라바띠의 명문(銘文)들은 역시 시다따(Sidhata, 62번)와 라자기리니바시까(Rājagirinivāsika, 王山部, 60-61번)를 언급하고 있는데, 이 부파들은 빨리어 자료에서는 싯닷타까(Siddhatthaka, 義城部, Dpv., V, 54 ; Mhv., V, 12)와 라자기리야(Rājagiriya, 王山部, 上同)라는 이름으로 알려져 있다. 이들은 안다까파에 소속되어 있었다.

명문들이 기록하고 있는 이 종교적인 기진(寄進)은 단지 개인으로부터만이 아니고 역시 씨족들(kula), 단체들(gaṇa), 그리고 협회(sahaya)로부터 받은 것이었다. 이 후자들 가운데 몇몇은, 즉 웃자이니의 사피네야까(Saphineyaka=Savinayaka)와 따빠시야(Tāpasiya, Lüders, 198, 229; 219, 220, 228, 307, 409), 준나르의 아빠라지따(Aparājita)와 아빠구리야(Apaguriya, 1158, 1163, 1152), 바루깟차의 랑꾸디야(Laṃkudiya, 1169)와 아마라바띠의 성스러운(aïra, ārya) 우따이빠바히(Utayipabhāhi, 1276) 등은 문헌에 언급되지 않은 불교 부파들이었을 가능성이 있다. 이것은 상가의 분열이 전통적인 명단들을 통해 추측할 수 있는 것보다 훨씬 더 심화돼 있었다는 것을 가리키고 있는 것 같다.

부파의 계보 중국과 인도의 몇몇 연대기 작가들이 부파들의 계보를 세우고, 그 역사—오히려 전설—를 대략적으로나마 쓰고, 부파들의 교리를 목록으로 만드려고 생각했을 때 부파들은 이미 그들의 배후에 긴 역사를 가지고 있었다. 연대기 작가들은 이 목적을 위해 불충분한 자료들밖에 사용할 수 없었으므로 부족한 정보들을 상상으로 보충하면서, 그것을 밝히고 그때 그때의 상황에 맞추기 위해 이 작업을 끊임없이 되풀이했다. 이와 같은 편찬작업은 수세기 동안 계속되었다. 부파들의 계보도(系譜圖)를 세우기 위해 현대 역사가들이 하고 있는 노력을 생각할 때, 이 문제는 여전히 계속되고 있다고 말할 수 있다.[7] 우리는 이미 너무나 얼키고 설킨 이 문제를 더 복잡하게 만들지 말고, 여기서는 단지 자료들의 현황만을 정리해 보기로 한다.

케른(Kern)은 다음과 같이 썼다: "부파의 수는 관례에 따라 18개로 정해졌다. 마치 이론상 18뿌라나(Purāṇa)가 있고, 때로 18카스트를 인정하는 것과 같다. 이 사실은 세 경우에서 이론과 상치된다. 우리가 다른 목록들에 있는 부파 이름들을 합쳐 보면, 그 가운데서 일치하는 목록이 두 가지가 없을 뿐 아니라, 그 전체는 공식적인 숫자보다 많다. 모든 목록들 가운데 가장 오래된 한 목록에서는(Dpv., V, 51) 명백하게 18부파가 있다고 말하고, 동시에 24부파가 있다고 주장한다."[8]

그러나 연대기 작가들이 18이라는 숫자를 유지한 것은 그것이 전통적인 가치를 가지고 있었기 때문이었고, 역시 최초의 공식적인 목록 또는 그렇게 간주된 목록이 18이라는 이 숫자에서 멈추었기 때문이다. 그 이후 새로운 부파들은 옛 부파들에 추가되었다.

---

7 A. Bareau, *Les Sectes bouddhiques*(p. 30)에서, "거의 확실하게 부파들의 실재적인 계보를 나타내고 있는" 도표를 볼 것.

8 H. Kern, *Histoire du bouddhisme dans l'Inde*, II, Paris, 1903, p. 481.

초기 연대기 작가들의 관심은 무엇보다도 부파들의 수가 18이거나 24라는 것보다는 부파들 간에 확립된 세부 분열 쪽으로 향했다. 그래서 우리는 연대기적인 순서로 2개, 3개, 5개, 그리고 4개의 지말 분열이 잇따라 나타나는 것을 보게 된다. 그것들은 수세기에 걸친 교단 역사의 내부상황을 어느 정도 나타내고 있다.

1. 2군(群) 목록

상좌부의 목록 티베트의 역사가 타라나타(Tāranātha)는 1608년에 출판된 그의 "인도 불교사"에서(p. 270-271), 그가 상좌부의 것이라고 추정하는 2군(群)으로 된 18부파의 목록을 전재하고 있다.

I. 대중부: 1. 근본대중부, 2. 비바하라부(鞞婆訶羅部, Vyavahārika), 3. 설출세부, 4. 다문부, 5. 설가부, 6. 제다산부, 7.동산주부, 8. 서산주부.

II. 상좌부: 1. 근본상좌부, 2. 설일체유부, 3. 독자부, 4. 법상부, 5. 현주부, 6. 정량부, 7. 화지부, 8. 법장부, 9. 선세부(善歲部), 10. 북도파(北道派, Uttarīya).

타라나타는 이 목록의 출처를 인용하지 않고 있지만, 고대의 여러 목록들은 동일한 분류법을 채택했다.

바수미뜨라의 목록 불결후 4세기(기원후 2세기)에 살았고, 그 사실 여부는 알 수 없지만, 사람들이 비바사론(Vibhāṣā)과 구사론(Kośa, V, p. 53)의 저자인 설일체유부의 대논사[世親]와 동일인으로 보려고 하는 바수미뜨라(Vasumitra, 世友)라는 사람은 사마야베도빠라짜나짜끄라(Samayabhedoparacanacakra, 異部宗輪論)를 썼다. 이것은 한문으로 3번, 티베트어로 1번 번역되었다.

a. 18부론(十八部論) — 5세기에 꾸마라지바(Kumārajīva, 鳩摩羅什)가 한역했다(T. 2032, p. 17 b-c; 참조, P. Demiéville, *Versions chinoises du Milindapañhā*=那先比丘經, p. 48, 註. 1).

b. 부집이론(部執異論) — 빠라마르타(Paramārtha, 眞諦)가 557-569년에 한역했다(T. 2033, p. 20 a-b). 이 번역본과 주석서는 드미에빌이 "부파의 기원(*Origine des sectes*)"이라는 이름으로 불역(佛譯)했다(MCB, I, 1931, p. 15-64).

c. 이부종륜론(異部宗輪論) — 662년에 현장이 한역했다(T. 2031, p. 15 a-b). 이 번역본을 마수다(J. Masuda)가 "불교 부파의 기원과 교리"(*Origin and Doctrines of Buddhist Schools*, Asia Major, II, 1925, p. 1-78)라는 제목으로 영역(英譯)을, 바로(A. Bareau)가 "불교 부파의 3론(論)"(*Trois traités sur les Sectes bouddhiques*, JA, 1954, p. 235-266)이라는 제목으로 불역(佛譯)했다.

d. 슝 룩끼 베박 꾀빼 코르로(Gźuṅ lugs-kyi bye-brag bkod-paḥi ḥkhor-lo)(Tanjur, Mdo XC, 11 ; Cordier, III, p. 414; Lalou, p. 117 b) — (이 티베트어 번역의) 간기(刊記)에서는 바수반두[世親] 또는 바수미뜨라[世友]를 저자로, 다르마까라(Dharmākara)를 번역자로 보고 있다. 이 본(本)은 바실리예프(M. V. Vassilief)가 "불교"(*Der Buddhismus*, Berlin, p. 224 이하)라는 제목으로 독일어로 번역했다.

e. 이부종륜론술기(異部宗輪論述記, TKS, A, LXXXIII, 3, 217 a 이하) — 현장의 번역본에 대한 규기(窺基)의 한문 주석이다. 이것은 "번역을 하면서, 현장에게서 받은 가르침에 따라" 기술한 것이다.

꾸마라지바와 빠라마르타 번역본들과 약간의 차이만 있을 뿐인 현장의 번역본에 의하면 바수미뜨라는 부파들을 다음과 같이 분류했다.

I. 대중부(大衆部, Mahāsāṃghika):

1. 일설부(一說部, Ekavyavahārika), 2. 출세간부(出世間部, Lokottaravādin), 3. 계윤부(雞胤部, Kaukkuṭika 또는 Kaukūlika) 4. 다문부(多聞部, Bahuśrutīya), 5. 설가부(說假部, Prajñaptivādin), 6. 제다산부(制多山部, Caityaśaila), 7. 서산주부(西山住部, Aparaśaila), 8. 북산주부(北山住部, Uttaśaila).

II. 상좌부(上座部, Sthaviravāda):

1. 설일체유부(說一切有部, Sarvāstivāda 또는 說因部= Hetuvāda)

2. 독자부(犢子部, Vātsīputrīya),
- 3. 법상부(法上部, Dharmottarīya)
- 4. 현주부(賢胄部, Bhadrāyanīya)
- 5. 정량부(正量部, Saṃmatīya)
- 6. 밀림산부(密林山部, Chan-

nagirika 또는 Saṇṇagarika=六城部)

7. 화지부(化地部, Mahīśāsaka),

8.법장부(法藏部, Dharmaguptaka)

9. 음광부(飮光部, Kāśyapīyā 또는 Sauvarṣaka=善歲部)

10. 경량부(經量部, Sautrāntika 또는 Saṃkrāntivādin=說轉部)

11. 근본설일체유부(根本說一切有部, Mūlasarvāstivāda 또는 Haimavata=雪山部)

역시 바수미뜨라에 의하면 대중부와 상좌부로 교단이 결정적으로 분열을 일으킨 것은 불멸후 116년에 마하데바(Mahādeva, 大天) 1세가 일으킨 이단(異端) 때문이었다.[9]

라자그리하의 북쪽에 은둔해 있었던 대중부는 불멸후 2세기에 4부파, 즉 일설부, 설출세부, 계윤부, 다문부로 분열되었다. 다문부의 창시자는 경전의 심오한 의미에 정통한 야즈냐발꺄(Yājñavalkya)라는 사람이었다. 불멸후 3세기에 마하데바 2세가 수계(授戒) 문제 때문에 일으킨 논쟁은 새로운 불화를 야기시켰다. 마하데바의 지지자들은 (안드라국?)의 산악지방으로 갔는데, 그곳에서 그들은 제다산부를 형성했다. 이 부파는 곧 동쪽 파(Pūrvaśaila, 東山住部)와 서쪽 파(Uttaraśaila, 西山住部)로 분열되었다.

불멸후 200년 동안 상좌부는 붓다의 성스러운 말씀을 전승한 이름 높은 장로들, 즉 까샤빠, 아난다, 마댠띠까, 샤나바신(Śā-

9 본서 1권, p. 535-536, 558-559 참조.

navāsin), 우빠굽따, 뿌르나, 메짜까(Mecaka), 까땨야니뿌뜨라(Kātyāyanīputra)와 같은 장로들의 권위 아래 동질성을 유지했다. 불멸후 3세기 초, 까땨니뿌뜨라가 죽은 후 상좌부는 1) 경전의 가르침을 고수하고 설산에 은둔하면서 설산부라는 이름을 취했던 전통주의적인 상좌부와, 2) 아비다르마 분야의 추구가 위험스러운 개혁처럼 보였던 까땨니뿌뜨라에게 동조한 설일체유부로 양분되었다.

불멸후 3세기에서 4세기 초에 설일체유부로부터 독자부, 화지부, 음광부, 경량부의 4개 지말(枝末) 부파들이 나왔다.

독자부는 그 창시자가 밧시뿌뜨라(Vātsīputra) 바라문이었는데, 그의 스승 라훌라는 그에게 9품으로 된 샤리뿌뜨라비다르마(Śāriputrābhidharma) 또는 다르마락샤나비다르마(Dharmalakṣaṇābhidharma)를 가르쳤다. 그의 제자들은 수뜨라[經]들을 사용해 이 논서의 의미를 보충하려고 했다. 이와 같은 교리의 보강 때문에 4개의 새로운 부파들이 출현하게 되었다. 즉 법상부, 현주부, (Saṃmita 아라한이 창시한) 정량부, 밀림산부(Channagirika)가 그것이다.

화지부는 한 바라문이 설립했는데, 그는 출가하기 전에 한 지역의 통치자로서 "그 땅을 바로잡았다." 아라한이 되고 나서, 그는 베다와 산스끄리뜨어 문법을 사용해서 붓다의 수뜨라들을 꾸몄다. 화지부에서 나온 법장부는 "보살장(菩薩藏)"을 편찬했다. 그리고 그들은 이와 같은 개혁을 마우드갈랴야나(Maudgalyayana)의 권위를 내세워 정당화했다.

음광부 또는 선세부(善歲部)는 수바르샤까 까샤빠(Suvarṣaka Kāśyapa) 아라한으로부터 비롯되었다. 그는 자칭 붓다의 동시대 사람으로서 호교적이고 교훈적인 한 성전집의 저자이다.

경량부(經量部) 또는 설전부(說轉部, Saṃkrāntivādin)는 이 부파들의 명칭이 가리키는 것처럼 경전의 권위만을 인정하고, 스깐다(skandha, 蘊)들이 여러 생을 거쳐 통과한다고 가르쳤다.

우리는 앞에서 바수미뜨라가 제공한 정보들이 가지고 있는 부자연스러운 성질을 지적했다.

사리불문경(Śāriputrapariprcchā)의 목록 2군(群)으로 된 목록은 기원후 317년에서 420년 사이에 한 미지의 저자가 서툴게 번역한 대중부의 편집물인 사리불문경(舍利弗問經, T. 1465 p. 900 c 6)에 역시 나오고 있다.

I. 마하승기부(摩訶僧祇부)

- 불멸후 2세기
  1. 비바하라부(鞞婆訶羅部, Vyavahāra)
  2. 노가위다라부(盧迦尉多羅部, Lokottara)
  3. 구구라부(拘拘羅部, Kukkulika)
  4. 바수루다가부(婆收婁多柯部, Bahuśrutaka)
  5. 발납야제바야나부(鉢蠟若帝婆耶那部, Prajñaptivādin)
- 불멸후 3세기
  6. 마하제바부(摩訶提婆部, Mahādeva)
  7. 질다라부(質多羅部, Caitra, Caitika)
  8. 말다리부(末多利部, Matara, Uttaraśaila)

- II. 타비라부(陀俾羅部, Sthavira)
  - 1. 살바다부(薩婆多部, (Sarvāstivādin)
    - 2. 미사새부(彌沙塞部, Mahīśāsaka)
    - 3. 담무굴다가부(曇無屈多迦部,Dharmaguptaka)
    - 4. 소바리사부(蘇婆利師部, Suvarṣa)
  - 5. 독자부(犢子部, Vātsīputrīya)
    - 6. 담마위다별가부(曇摩尉多別迦部, Dharmottarika)
    - 7. 발다라야니부(跋陀羅耶尼部, Bhadrāyanīya)
    - 8. 사마제부(沙摩帝部, Saṃmatīya)
    - 9. 사나리가부(沙那利迦部, Saṇṇagarika)
  - 10. 가섭유부(迦葉維部, Kāśyapīyā)
  - 11. 수다란바제나부(修多蘭婆提那部, Sūtravādin)

  (2~11: 불멸후 3세기)
  - 12. 승가란제가부(僧伽蘭提迦部, Saṃkrāntika) ; 불멸후 4세기

빨리어 목록 5세기경의 디빠방사(V, 39-54), 마하방사(V, 1-13), 까타밧투 앗타까타(Kathāvatthu-aṭṭhakathā, p. 2-3, 5, 그 밖의 여러 곳), 10세기 말의 마하보디방사(Mahābodhivaṃsa, p. 96-97), 14세기의 니까야상그라하(Nikāyasaṃgraha, p. 6-9), 19

- I. 마하상기까(Mahāsāṃghika)
  - 1. 고꿀리까(Gokulika)
    - 2. 빤냣띠(Paṇṇatti)
    - 3. 바훗수따까 또는 바훌리까(Bahussutaka, Bahulika)
    - 4. 쩨띠야(Cetiya)
  - 5. 에까뵤하리까(Ekavyohārika)

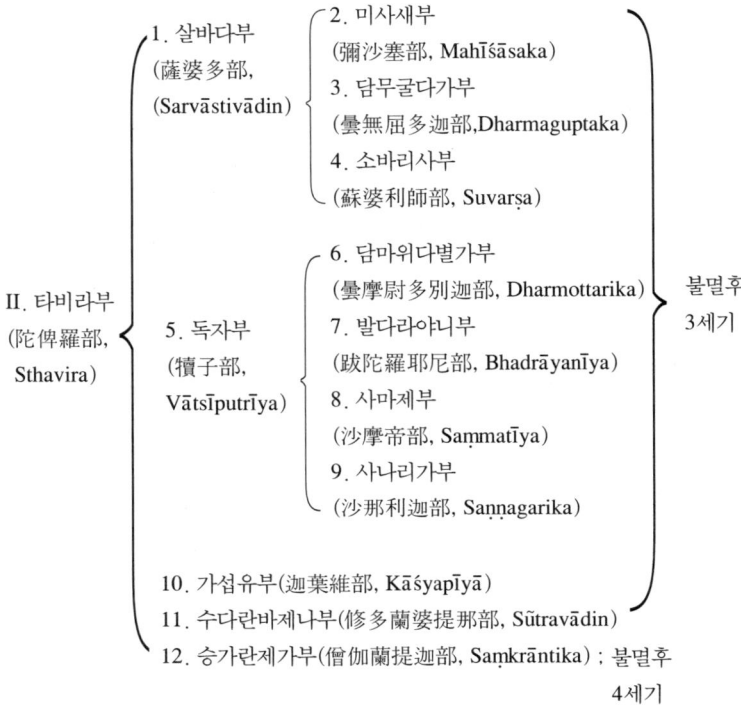

- II. 테라바다 (Theravāda)
  - 1. 마힝사사까 (Mahiṃsāsaka)
    - 2. 삽밧티바다 (Sabbatthivāda) → 3. 깟사삐야(Kassapiya) → 4. 상깐띠까(Saṃkantika) → 5. 숫따바다(Suttavāda)
    - 6. 담마굿띠까 (Dhammaguttika)
  - 7. 밧지뿟따까 (Vajjiputtaka)
    - 8. 담뭇따리야(Dhammuttariya)
    - 9. 바드라야니까(Bhadrayānika)
    - 10. 찬다가리까(Chandāgārika)
    - 11. 삼미띠야(Saṃmitiya)

세기 말의 사사나방사(Sāsanavaṃsa, p. 14, 24-25) 등의 빨리어와 스리랑카어 자료들은 같은 식으로 부파의 계보를 세우고 있다.

부파의 성립 연대에 대해서, 연대기(Mhv., V, 2, 11-13)는 다음과 같은 자료들을 제공한다.

1. 불멸후 첫 100년 동안(기원전 486-386년), 상좌부는 "하나로 결합되어 있었다."

2. 두 번째 100년 동안, 즉 제2결집(불멸후 100년, 기원전 386년)과 제3결집(불멸후 236년, 기원전 250년) 사이에 앞의 목록에 나와 있는 18(異本에는 17)부파가 성립되었다.

3. 불멸후 세 번째 100년 동안(기원전 286-186년)에 헤마바따(Hemavata, 雪山部), 라자기리야(Rājagiriya, 王山部), 싯닷티까(Siddhatthika, 義成部), 뿝바셀리야(Pubbaseliya, 東山部), 아빠라셀리야(Aparaseliya, 西山部), 바지리야(Vājiriya, 金剛部) 등 새로운 6개의 부파가 인드 대륙에서 성립되었다. 이 가운데 몇 부파는 앞에서 보았듯이 아마라바띠 비명에 언급되어 있다. 니까야상그라하(Nikāyasaṃgraha, C. M. Fernando 번역, Colombo,

1908, p. 9)에 의하면 이 부파들은 불멸후 255년(기원전 231년)에 주부파(主部派)에서 떨어져 나온 대중부의 6개 지말 부파로서, 여기에서 뒷날 베뚤랴(Vetulya), 안다까(Andhaka), 안야 마하상기까(Anya-Mahāsāṃghika) 등의 새로운 3개 부파가 나오게 된다.[10]

4. 불멸후 236년(기원전 250년)에 상좌부는 마힌다의 인솔 아래 스리랑카에 이주했다. 이 부파는 마하비하라(Mahāvihāia) 비구들에 의해 스리랑카에서 재현되었는데, 이들은 데바남삐야띳사(Devānaṃpiyatissa) 왕이 그들에게 준 아누라다뿌라의 남쪽에 위치한 마하메가바나(Mahāmeghavana)를 차지했다. 이 성역(聖域) 내에는 데바남삐야띳사 왕이 건축한 투빠라마 다가바(Thūpārāma Dāgaba)(본서 1권, p. 521), 상가밋타(Saṃghamittā) 비구니가 보드가야에서 가지고 가서 심은 보리수(본서 1권, p. 523), 둣타가마니(Duṭṭhagāmaṇi) 왕이 건축한 로하빠사다(Lohapāsāda)의 포살당, 그리고 같은 왕이 세운 대단히 유명한 마하투빠(Mahāthūpa), 즉 루반벨리(Ruvanveli) 다가바(본서 1권, p. 701-704)가 있다. 마하비하라의 비구들은 현재도 역시 자신들을 불교의 법과 율의 가장 권위 있는 보유자로 생각하고 있다. 그들을 다른 부파와 혼동하는 것은 자신들을 모욕하는 것이라고 생각할 것이다. 그들은, "거대한 보리수와 같은 상좌부는 승자(勝者, 붓다)의 모든 가르침을 빠진 것도 없고 덧붙인 것도 없이 모두 보유하고 있다. 다른 부파들은 나무 위의 가시들처럼 (이 부파에서) 생겨났다" (Dpv., V, 52)라고 말한다.

---

10 본서 1권, p. 559-560 참조.

그렇지만 내부적인 분쟁은 스리랑카 자체에서도 상좌부의 통일을 손상시켰다.

1) 밧따가마니 왕의 통치하에서, 정확하게 불결후 454년(기원전 32년)에, 앞에서 언급한 상황하에서 (계율상) 관용적인 비구들은 마하비하라의 동료들로부터 떨어져 나가 아누라다뿌라의 북쪽에 있던 아바야기리(Abhayagiri)에 새로 세운 사원으로 갔다. 그곳에서 그들은 담마루찌까부(Dhammarucika, 法喜部)를 형성했다(Mhv., XXXIII, 97).

2) 보하리까띳사(Vohārikatissa) 왕 통치 때(블멸후 746-768년, 기원후 260-282년), 스리랑카에서 베뚤라바다(Vetullavāda, 方廣說)라는 이름으로 알려진 마하야나〔大乘〕의 이단(異端)이 이 섬에 나타났다. 이것은 까삘라(Kapila) 대신(大臣)에 의해 제압을 당했지만(Dpv., XXII, 43-44; Mhv., XXXVI, 41), 담마루찌까부 가운데 어느 정도 공긍연한 신봉자들을 가지고 있었다.

3) 고타까바야(Gothakabhaya) 왕 통치하에서(불멸후 785-798년, 기원후 299-312년), 담마루찌까부의 한 무리가 닥키나비하라(Dakkhiṇavihāra) 사원에서 별개 단체를 만들어 사갈리야부(Sāgaliya, 海部)라는 이름을 취했다(Mhv., V, 13). 스리랑카의 연대기인 니까야상그라하(Nikāyasaṃgraha)에 의하면 사갈라(Sāgala) 장로가 일으킨 이 분열은 불멸후 795년(기원후 309년)에 일어났다.

4) 마하세나(Mahāsena) 왕 통치하에서(불멸후 808-835년, 기원후 322-349년) 이 사갈리야부는 닥키나라마(Dakkhiṇārāma)의 비구 띳사(Tissa)의 선동을 받아 아누라다뿌라에 건립된 제따바나의 새 사원을 차지하러 갔다(Mhv., XXXVII, 32-33). 이 때

부터 그들은 제따바니야(Jetavanīya), 즉 기타림사파(祇陀林寺派)라는 이름을 가지게 되었다.

문수사리문경(文殊師利問經, Mañjuśrīpariprccha)의 목록 518년에 상가바라(Saṃghabhara, 僧伽婆羅)가 한역한 이 경(T. 468, p. 501 a-c)은, 2군(群)으로 배열되었고, 100년 간격으로 각각 분리되어 나간 것으로 소개된 18부파의 목록을 가지고 있다

I. 대중부 : 1. 일설부→2. 설출세부→3.우가부(牛家部)→4. 다문부→5.제다산부→6. 동산주부→7. 북산주부.
II. 상좌부: 1. 설일체유부→2. 설산부→3. 독자부→4.법상부→5.현주부→6. 정량부→7. 밀림산부→8. 화지부→9. 법장부→10. 음광부→11. 경량부.

바바(Bhavya, 淸弁)의 제1 목록 땅규르(Tanjur, Mdo XC, 12; Cordier, III, p. 414)에 "데빠 타데빠르 예빠 덴낸빠르 세빠"(Sde pa tha dad par ḥbyed pa daṅ rnam par bśad pa)라는 제목으로, 디빵까라슈리즈냐나 "아띠샤"(Dīpaṃkaraśrijñāna "Atīśa," 기원후 981-1054년)가 티베트어로 번역한 니까야베다비방가뱌캬나(Nikāyabhedavibhaṅgavyākhyāna)가 있다. 저자는 바뱌(Bhavya)라는 사람으로 되어 있는데, 그는 아마도 위대한 저술가인 바비베까(Bhāviveka) 또는 바바비베까(Bhāvaviveka)와 동일 인물일 것이다. 그는 기원후 6세기 후반에 생존했고 마댜마까(Madhyamaka)의 스바딴뜨리까 사우뜨란띠까(Svātantrika-

Sautrāntika, 自立派-經部) 말파(末派)의 창시자였다.

니까야베다(Nikāyabheda)는 록힐(W. W. Rockhill), 발레서(M. Walleser), 바로(A. Bareau)가 각각 "붓다의 생애"(*Life of Buddha*, London, 1884, p. 181-196), "고대불교의 부파"(*Die Sekten des alten Buddhismus*, Heidelberg, 1927, p. 78-93), "불교부파의 3론(論)"(*Trois traités sur les Sectes bouddhiques*, JA, 1956, p. 167-1910)이라는 제목으로 번역했다. 니까야베다는 적어도 3가지 부파 목록을 가지고 있는데, 그것은 2군으로 된 제1목록과 제3목록, 그리고 3군으로 된 제2목록이다.

제1목록(Rockhill, p. 182; Walleser, p. 78-79; Bareau, p. 168)은 상좌부의 전통적인 도표를 재현한 것으로서 다음과 같이 시작된다. "붓다 세존의 반열반 후 160년, 다르마 아쇼까[法阿育王]가 꾸수마뿌라(Kusumapura=Pāṭaliputra)에서 통치하고 있을 때, 몇 가지 논쟁이 일어나서 교단에 대분열이 생겼고, 교단은 먼저 대중부와 상좌부 2파로 분열되었다."

I. 대중부: 1. 근본 대중부, 2. 일설부, 3. 설출세부, 4. 다문부, 5. 설가부, 6. 제다산부, 7. 동산주부, 8. 서산주부

II. 상좌부: 1. 근본 상좌부 또는 설산부, 2. 설일체유부 또는 분별설부, 설인부(說因部, Hetuvādin), 무룬따까부(Muruṇṭaka), 3. 독자부, 4. 법상부, 5. 현주부, 6. 정량부[이 부파는 역시 아반따까(Avantaka)와 꾸루꿀라(Kurukulla)라고도 불린다], 7. 화지부, 8. 법장부, 9. 천세부 또는 음광부, 10. 북도파(北道派, Uttarīya)

또는 설전부(說轉部, Saṃkrāntivādin).

정량부의 목록(=바뱌의 제3목록, 타라나타의 제3목록) 부파들의 기원과 계보에 관한 정량부의 견해는 바뱌의 제3목록(Rockhill, p. 186; Walleser, p. 81; Bareau, p. 172-173)과 타라나타의 제3목록(p. 271-272)이 제시하고 있는 일치된 정보들을 통해 알 수 있다.

부파의 계보 앞에, 불멸후 137년에 일어난 대중부 분열에 관한 유명한 그 구절이 나오는데, 우리는 앞에서 그것을 이미 검토했다 (본서 1권, p. 546-47, 558).

정량부는 아래와 같이 부파의 계보를 이해했다.

I. 본(本) 대중부

- 1. 일설부
- 2. 우가부
  - 3. 다문부
  - 4. 설가부
  - 5. 제다산부

II. 본(本) 상좌부

- 1. 근본상좌부
  - 2. 설일체유부
    - 3. 분별설부
      - 4. 화지부
      - 5. 법장부
      - 6. 스리랑카부
      - 7. 음광부
    - 8. 설전부
  - 9. 독자부
    - 10. 대산부(大山部) (Mahāgiriya)
      - 11. 법상부
      - 12. 현주부
      - 13. 육성부
    - 14. 정량부
- 15. 설산부

2. 3군(群) 목록

한편으로 2군(群) 목록들이 여전히 통용되고 있는데도 3군(群)

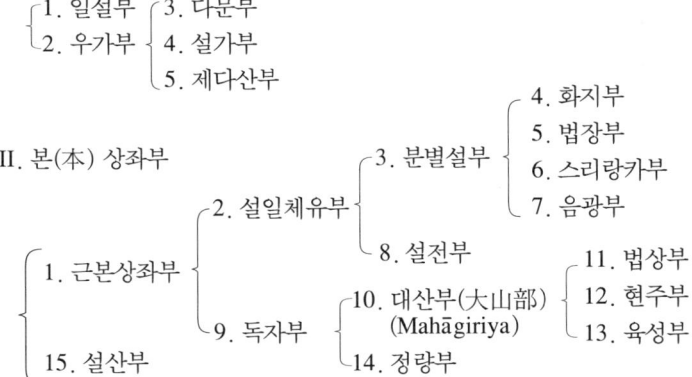

목록이 유포되었다. 이 목록은 그 주부파로서 상좌부와 대중부 뿐만 아니라, 역시 분별설부를 인정했다. 그런데 이 분별설부는 몇 부파들이 교리적인 논쟁거리로 삼았던 분별설을 지지하는 사람들이었다.

대중부의 목록 티베트의 역사가 타라나타(p. 271)는 3군으로 된 목록을 대중부에서 기원한 것으로 소개하고 있다.

- I. 상좌부
  - 1. 설일체유부
    - 2. 근본설일체유부
    - 3. 경량부
  - 4. 독자부
    - 5. 정량부
    - 6. 법상부
    - 7. 현주부
    - 8. 육성부

II. 대중부: 1. 근본대중부, 2. 동산주부, 3. 서산주부, 4. 왕산부,
5. 설산부, 6. 제다산부, 7. 의성부(義成部), 8.우가부

III. 분별설부: 1. 화지부, 2. 음광부, 3. 법장부,
4. 스리랑카부(Tāmraśāṭīya)

이 목록이 비교적 후기 것이라는 점은 마하방사에서 불멸후 3세기의 부파로 기록돼 있는 왕산부(王山部, Rājagirika)와 설산부를 이 목록에서 언급하고 있는 것으로부터 분명히 알 수 있다. 역시 땀라빠르니야(Tāmraparṇya, 스리랑카부)라고도 불렸던 땀라샤띠야(Tāmraśāṭīya)는 타프로바네(Taprobane, 스리랑카)의 비구들이다. 그들 가운데는 유명한 논사들도 있었는데, 이들이 주장한 이론들은 (뒷날) 바수반두[世親]와 아상가[無着]가 논의하게 된다.

바뱌의 제2 목록 바뱌의 제2 목록(Rockhill, p. 186; Walleser, p. 81; Bareau, p. 171)은 앞의 것을 글자 그대로 다시 옮기고 있다.

3. 5군 목록

5부파 기원후 4세기부터 우리는 인도 문헌들과 특히 중국 문헌들 가운데서 항상 똑같은 5개 부파에 대해, 그것들이 유일한 것은 아니라 해도 적어도 가장 중요한 부파들이라는 암시를 많이 발견한다.

1. 대비구삼천위의(大比丘三千威儀, T. 1470), 제2권, p. 925 c 29: 이 번역은 안세고(安世高, 기원후 148-170년)가 한 것으로 되어 있지만 틀림없이 그 연대가 4세기 또는 5세기로 추정된다. 이 구절은 승복의 색깔을 다루고 있다. 설일체유부는 적색〔絳袈裟〕, 법장부는 흑색〔皁袈裟〕, 음광부는 목련색〔木蘭袈裟〕, 화지부는 청색〔青袈裟〕, 대중부는 황색〔黃袈裟〕이다(Lin, AM, p. 80-81 참조).

2. 사리불문경(舍利弗問經, T. 1465), p. 900 c: 314년에서 420년 사이에 이름이 알려지지 않은 사람이 번역했다〔失譯〕. 이 구절 역시 승복 색깔을 다루고 있다. 대중부는 황색〔黃衣〕, 법장부는 짙은 적색〔赤衣〕, 설일체유부는 흑색〔皁衣〕, 음광부는 목련색〔木蘭衣〕, 화지부는 청색〔青衣〕이다(Lin, AM, p. 81-82 참조).

3. 대방등대집경(大方等大集經, T. 397), 제22권, p. 159 a-b:

414년에서 421년 사이에 한역되었다. 여기에는 여러 부류의 제자들, 즉 법장부, 설일체유부, 음광부, 화지부, 독자부, 대중부(소속의 제자들)에 관한 붓다의 수기(授記)가 포함되어 있다. 그러나 이 구절은 6개 군(群)으로 구별을 지으면서도, 5개 부파에 대한 일반적인 소견만으로 끝난다(Lin, AM, p. 299 – 300).

4. 마하승기율의 발문(摩訶僧祇律 跋文, T. 1425), 제40권, p. 548 b: 법현이 416년에서 418년까지 불타발타라(佛陀跋陀羅)와 함께 번역한 마하승기율(摩訶僧祇律)에 대한 그의 발문(跋文)이다. 여기에서 법장부, 화지부, 음광부, 설일체유부, 대중부 등 5부파를 열거하고 있다.

5. 승우(僧祐, 444–518년)의 출삼장기집(出三藏記集, T. 2145), 제3권, p. 20 – 21: 중국의 이 석학은 여기에서 5개 율장의 역사를 편찬했다. 즉, 1)설일체유부의 10송율(T. 1435), 2)법장부의 4분율(T. 1428), 3)화지부의 5분율(T. 1421), 4)대중부의 마하승기율(T. 1425) — 그는 이것을 독자부율(犢子部律)과 동일시했다. 5) 음광부율. 이것은 한역되지 않았다(Lin, AM, p. 297 – 298 참조).

6. 고승전(高僧傳, T. 2059), 제11권, p. 403 a: 혜교(慧皎, 519 – 544년)가 지었다. 그는 우바굴다(優波掘多, Upagupta)의 제자 5명과 율장을 가진 5부파, 즉 설일체유부, 법장부, 대중부, 화지부,* 음광부의 창시자들에 대해 말하고 있다.

7. 불본행집경(佛本行集經, T. 190), 제60권, p. 932 a 17: 587년에 사나굴다(闍那崛多, Jñānaguta)가 한역했다. 간기(刊記)는 유사

* 원문에는 화지부(化地部)가 아니라 바차부라(婆嗟富羅), 즉 Vātsiputrīya=犢子部로 되어 있다. T. 2059, p. 403 a 26을 볼 것(역자주).

하지만 독립된 5가지의 붓다 전기(傳記)를 열거하고 있는데, 그것들은 대중부, 설일체유부, 음광부, 법장부, 화지부 등 5개의 다른 부파에 속해 있다.

8. 삼론현의(三論玄義, T. 1852), p. 10 a: 길장(吉藏)이 지었다. 그는 파르티아〔安息國〕 출신의 중국인으로서 549년에서 624년까지 생존했다. 길장은 우빠굽따 시대에 갈라져서 법장부, 대중부, 화지부, 음광부, 독자부 등 5개의 부파를 창시한 동시대의 다섯 장로들〔同世五師〕에 대해 말하고 있다.

9. 서역기(西域記, T. 2087), 제3권, p. 882 b: 630년경에 인도에 도착한 현장은 오장나국(烏仗那國, Uḍḍiyāna)에서 법장부, 화지부, 음광부, 설일체유부, 대중부 등 5부파의 율장을 발견했다.

10, 번역명의집(飜譯名義集, T. 2131), 제4권, p. 1113: 이것은 중국인 법운(法雲, 1088-1158년)이 편찬한 일종의 마하븃빳띠(Mahā-vyutpatti)이다. 하나의 대율장을 법장부, 설일체유부, 음광부, 화지부,* 독자부 등 5부의 율장으로 갈라놓은 5명의 우빠굽따 제자들을 문제로 삼고 있다.

이와 같은 증거들은 — 이것들은 쉽게 추가될 수 있을 것이다 — 5부파설이 인도, 특히 중국에서 얼마나 인기를 누렸는가를 보여준다.

승우의 목록 중국인 승우(僧祐, 444-518년)는 출삼장기집(出三藏記集, T. 2145, k. 3, p. 20 a)에서, 그의 동시대 사람들이 일반

* 본서에는 화지부〔彌沙塞〕가 빠졌음. T. 2131, k. 4, p. 1113 b 13(역자주).

적으로 받아들인 이 전승을 사용해서 5부파들을 주부파로 삼아, 부파의 새로운 분류를 시도했다.

I. 1. 설일체유부 2. 독자부 { 3. 법상부 / 4. 현주부 / 5. 육성부 }

II. 6. 화지부

III. 7. 음광부 { 8. 설전부 / 9. 정량부 }

IV. 10. 대중부 { 11. 일설부 / 12. 다문부 / 13. 설가부 / 14. 제다산부 / 15. 서산주부 / 16. 북산주부 }

V. 17. 법장부

4. 4군 목록들

법장부의 소멸 법장부는 중국에서 작성된 5부파의 목록에서 대부분의 경우 영광의 자리를 차지했다. 중국에 율장이 확산되는데 이 부파가 맡았던 역할을 생각하면 당연한 일이다. 외국 사문 상가바르만(Saṃghavarman, 康僧鎧)이 252년에 번역한 담무덕율부잡갈마(曇無德律部雜羯磨, T. 1432)와 파르티아〔曹魏〕출신 다르마사땨(Dharmasatya, 曇諦)가 254년에 번역한 갈마(羯磨, T. 1433)와 같은 최초의 갈마본(羯磨本, karmavācanā)들은 이 부파의 것이었다. 의정(義淨)에 의하면 중국에서는 주로 법장부 율장을 채택했다. 드 그루(J. de Groot)에 의하면 이 부파의 쁘라띠목샤[戒本]가 제국(帝國)의 마지막 날까지 소승불교 최고의 율전(律典)으로 간주되었다.[11]

도세(道世)가 668년에 찬술한 법원주림(法苑珠林, T. 2122, k. 89, p. 944 c)에서 전하고 있는 위(僞)전승은 한조(漢朝)의 건녕(Kien-ning, 建寧?) 원년(기원후 168년)에 5명의 북인도 사문들과 법령(法領)을 포함한 3명의 월지인, 그리고 2명의 인도인들이 장안에서 법장부의 계본(戒本)과 갈마본(羯磨本)을 번역했다고 주장하고 있다.[12] 그러나 법령은 4세기 말에 살았던 인물이므로 이 전승이 그에게 부여한 역할을 맡을 수 없었다.[13] 그렇지만 이 전설은 법장부의 계율서들이 서북 인도 출신 비구들의 중개를 통해 중국에 들어왔다는 점에서는 사실이다.

법장부는 인도 서북지방을 제외하고 인도대륙에서는 미미한 역할밖에 하지 못했다. 카로슈티와 브라흐미 문자로 된 불교 비문들은 이 부파에 대해 언급하고 있지 않다.

법현의 시대(5세기 초)에 웃디야나(Uḍḍiyāna)에서 500개의 상가라마[僧伽藍]를 가지고 있었던 소승 불교도들은 그 다음 200년 동안에 대승 불교도들에게 그 자리를 내주었다. 현장은 서역기(T.

11 J. J. M. de Groot, *Le code du Mahāyāna en Chine*, Amsterdam, 1893, p. 3.

12 S. Lévi, *Les seize Arhat protecteurs de la Loi*, JA, 1916, 별쇄본, p. 40-41 .

13 P. Pelliot, *Meou-tseu*, 즉 제거된 의문들(*doutes levés*), T 'oung Pao, 1920, 5권, p. 344-346. 확인된 최초의 Prātimokṣa의 번역은 기원후 250년에 Dharmakāla가 한 것이다. 그러나 이 번역본은 소실되었다. 우리는 法藏部의 雜羯磨(T. 1432)와 羯磨(T. 1433)를 가지고 있는데, 전자는 康僧鎧(Saṃghavarman)가 252년에, 후자는 曇諦가 254년에 번역했다.

2087, k. 3, p. 882 b)에서, 630년경에 그들이 사라진 것을 확인하고 있다: "슈바바스뚜(Śubhavastu) 강 양 언덕에 옛날에는 1,400개의 가람(伽藍)이 있었는데 그 대부분은 이미 비었다. 지난 날 이 나라의 승려들 숫자는 18,000명이었다. 그러나 현재는 차츰 줄어들었다. 그들은 모두 대승을 연구하고 선정(禪定)을 실천하고 있다. 그들은 경전을 암송하는 데는 숙달되어 있지만 그 깊은 의미를 이해하려고 하지 않는다. 그들의 계행은 청정하다. 그리고 그들은 특히 주문〔禁呪〕에 정통하다." 현장 법사는 이 수행자들이 5개의 율장들, 그 가운데서도 특히 법장부의 율장을 읽었다는 것을 덧붙이고 있다. 이것이 서역기에서 하고 있는 이 부파에 대한 유일한 암시이다.

반세기 후인 671년경에 의정이 인도에 도착했을 때도 사정은 마찬가지였다. 중앙아시아의 쿠차(Kučā) 도시와 코탄과 웃디야나에는 법장부와 화지부, 그리고 음광부 소속의 수행자들은 단지 소수였다. 그들은 설일체유부와 근본설일체유부의 집단 속으로 사라져 버렸다.

그래서 6세기부터 법장부는 인도의 한 부파로 간주되지 않게 되었다. 그리고 지난 날 중국에서 이 부파의 영향이 매우 컸지만 더 이상 법장부를 주 부파의 하나로 목록 속에 존속시킬 수 없었다. 그래서 현장과 의정은 이 부파에 대해 언급하기를 포기하고, 5군(群)으로 된 옛 목록을 단지 4군으로 된 새 목록으로 바꾸었다.

현장의 4군 목록 현장의 서역기에는 7세기의 인드불교에 관한 많은 정보가 담겨 있다. 현장은 부파의 계보를 세워 보려고는 하지 않고 그가 지나간 곳마다 그곳 사원들과 수행자들의 숫자만을 기록했고, 경우에 따라서는 수행자들의 특성을 언급해 놓기만 했다.

그는 오로지 서술적인 방법을 사용해 인도 수행자들을 8개 부류로 구별지었다.

1. 한 마디로 비구들이다. 이들은 어떠한 부파에도 소속되지 않고, 어느 정도 정법(正法: 불교)에 적대적인 지방에 소그룹으로 퍼져 있었다. 그들은 일반적으로 분명한 교리도 없었고, 그들 교단의 계율도 매우 불완전하게만 지켰다.

2. 부파가 분명하게 밝혀지지 않은 소승불교 비구들.

3. 대중부와 설출세부의 비구들.

4. 설일체유부의 비구들.

5. 엄밀한 의미의 상좌부와 대승 상좌부의 비구들. 이 후자들은 어느 정도까지는 대승불교 교리의 영향을 받았다.

6. 정량부의 비구들. 그들의 영향이 점점 커졌다.

7. 대승불교 수행자들. 이들은 몇몇 지역들, 즉 웃디야나(18,000), 가즈니(Ghazni, 10,000명), 마가다(10,000명), 오릿사(10,000명), 남부 꼬살라(10,000명) 등과 같은 지역들을 대거 차지하고 있었다.

8. "소승과 대승불교를 동시에 연구하는" 비구들. 이들은 아마도 최초에 소승교도들이 살았던 사원에 살면서, 소승사원의 계율을 계속해서 지켰던 대승교도들일 것이다.

이 도표에 의하면 우리는 현장 법사 시대에, 1)상좌부와 대승상좌부(Mahāyānasthavira), 2)대중부, 3)설출세부, 4)정량부 등 단지 4개의 소승부파만 여전히 남아 있었다는 것을 확인할 수 있다. 이 이외에도 소속 부파를 명확하게 말할 수 없었던 수천 명의 소승 수행자들이 있었다.

현장이 작성한 목록은 다음과 같다.

I. 상좌부

나라	사원 수	승려 수	서역기(T. 2087)
1. 사마따따(Samaṭata)	30+	2,000+	p. 927 c 23
2. 드라비다(Drāviḍa)	100+	10,000+	p. 931 c 4
Iª. 대승-상좌부			
3.보드 가야	1	1,000	p. 918 b 14
4. 깔링가	10+	500+	p. 929 a 3
5. 스리랑카	200+	20,000+	p. 934 a 14-15
6.바루깟차(Bharukaccha)	10+	300+	p. 935 c 1-2
7. 수라슈뜨라(Surāṣṭra)	50+	3,000+	p. 936 c 15
합계	401+	36,800+	

II. 대중부

나라	사원 수	승려 수	서역기(T. 2087)
1. 안다르 압(Andar-āb, 힌두쿠시)	3	수십	p. 940 a 2
2. 까슈미라	1	100+	p. 888 a 7-8
3. 단야까따까(Dhānyakaṭaka)	20+	1,000+	p. 930 c 14
합계	24+	1,100+	
IIª. 설출세부			
4. 바미안	수십	수천	p. 873 b 12

III. 설일체유부

나라	사원 수	승려 수	서역기(T. 2087)
1. 아그니(Agni, Qarašahr)	10+	2,000+	p. 870 a 11
2. 쿠차(Kucā)	100+	5,000+	p. 870 a 24
3. 바루까(Bharuka, Aqsu)	수십	1,000+	p. 870 c 18
4. 게직국(揭職國, Gaz 계곡)	10+	300+	p. 873 a 27-28
5. 까반다(Kabhanda, Taš Kurgān)	10+	500+	p. 941 c 9
6. 오쇄국(烏鎩國)	10+	1,000+	p. 942 b 16-17
7. 카쉬가르(Kašgar)	수백	10,000+	p. 942 c 19-20
8. 따마사바나(Tamasāvana) (Kaśmīr mérid)	1	300+	p. 889 b 29
9. 마띠뿌르(Matipur, Bijnōr 州)	10+	800+	p. 891 b 25
10. 나바데바꿀라(Navadevakula) (Kanyākubja의 동남)	3	500+	p. 896 a 19-20
11. 마가다(Magadha)	1	200+	p. 925 b 17
12. 이라나빠르바따(Īraṇaparvata, Mongyr)	2	2,000+	p. 926 a 18
13. 구르자라뜨라(Gūrjarātra, Gujarāt)	1	100+	p. 936 c 25
합계	158+	23,700+	

IV. 정량부

나라	사원 수	승려 수	서역기(T. 2087)
1. 아힛차뜨라(Ahicchatra)	10+	1,000+	p. 892 c 29
2. 까뻬타(Kapitha, Sāmkāśya)	4	1,000+	p. 893 a 19
3. 아야무카(Ayamukha, Oudh)	5	1,000+	p. 897 a 10-11
4. 비쇼까(Viśoka,Oudh)	20+	3,000+	p. 898 c 12-13
5. 슈라바스띠(Śrāvastī)	수백(황폐)	극소수	p. 899 a 9
6. 까삘라바스뚜	1,000(황폐)	3,000(이본, 30)	p. 900 c 26-28
7. 바라나시(Vārānasī)[14]	30+	3,000+	p. 905 b 4-5
8. 므리가다바(Mṛgadāva, Sārnāth)	1	1,500+	p. 905 b 17
9. 바이샬리(Vaiśālī)	1	극소수	p. 908 b 5
10. 이라나빠르바따(Īraṇaparvata, Monghyr)	10+	4,000+	p. 926 a 15-16

11. 까르나수바르나(Karṇasuvarṇa)	10+	2,000+	p. 928 a 20-21
12. 말라바(Mālava, Baroda)	수백	20,000+	p. 935 c 11
13. 발라비(Valabhī, Kāthiāwār)	100+	6,000+	p. 936 b 19-20
14. 아난다뿌라(Ānandapura)	10+	1,000-	p. 936 c 8
15. 신드(Sindh)	수백	10,000+	p. 937 a 28
16. 아점바시라국(阿點婆翅羅國)	80+	5,000+	p. 937 c 22
(인더스 삼각주)			
17. 비다집라국(臂多勢羅國)	50+	3,000+	p. 938 b 4
(삼각주 지방)			
18. 아반다국(阿軬荼國, 중류 Sindh)	20+	2,000+	p. 938 b 17
합계	1,351+	66,500+	

V. 소승불교(부파이름 명시되지 않음)

나라	사원 수	승려 수	서역기(T. 2087)
1. 박트라(Bactra)	100+	3,000+	p. 872 c 4-5
2. 뿌슈까라바띠(Puṣkarāvatī)	1(황폐)	소수	p. 881 a 17-18
3. 발노사성(跋虜沙城)	1	50	p. 881 b 10-11
(Shāhbāz-Gaṛhī)			
4. 샤깔라(Śākala)	1	100+	p. 889 b 4-5
5. 꿀루따(Kulūtā)		소수	p. 890 a 3
6. 빠리야뜨라(Pāriyātra)	8(황폐)	소수	p. 890 a 25-26
(Bairāṭ)			
7. 스타네슈바라(Sthāneśvara)	3	700+	p. 890 c 14
8. 슈루그나(Śrughna)	5	1,000+	p. 891 a 21
10. 마띠뿌르(Matipur)	1	200+	p. 891 c 17-18
11. 고비샤나(Goviśana)	2	100+	p. 892 c 19-20
12. 쁘라야가(Prayāga)	2	극소수	p. 897 a 24-25
13. 까우샴비	10+	300+	p. 898 a 3-4
14. 전주국(戰主國, Ghāzīpur?)	10+	1,000-	p. 907 c 1
15. 마가다	1	50+	p. 925 c 13-14
16. 짬빠	수십	200+	p. 926 c 20-21
합계	145+	6,700+	

위의 도표에 나타난 결과에 의하면 7세기 초에 소승불교 신봉자들은 다음과 같이 분포되어 있었다.

상좌부	401개 사원	36,000 수행자
대중부	24개 사원	1,100 수행자
설일체유부	158개 사원	23,700 수행자
정량부	1,351개 사원	66,500 수행자
불 명시(明示)	145개 사원	6,700 수행자
	2,079개 사원	134,800 수행자

이 통계는 불완전하지만, 우리는 여기에서 몇 가지 흥미있는 결론을 끌어낼 수 있다.

1. 논서들이 한결같이 언급하고 있는 약 18개의 전통적인 부파들 가운데 4개의 부파들이 다른 모든 부파들의 빛을 잃게 할 정도로 주도적인 역할을 했다. 가장 중요한 부파는 의심할 바 없이 정량부였는데, 단지 이 한 부파만으로 그 교세가 소승 교단의 절반을 차지했다. 인도대륙에서 다른 3부파는 분명하게 쇠퇴하고 있었다. 36,800명의 상좌부 수행자들 가운데 20,000명이 스리랑카에, 그리고 10,000명이 데칸(Deccan)에 거주하고 있었다. 대중부는 힌두쿠시를 제외하고 다른 곳에서는 소멸되어 가고 있었다. 힌두쿠시의 광대한 바미안(Bāmyān) 지역에는 여전히 수천 명의 설출세

14 三藏法師傳(T. 2053, k. 3, p. 235 c3)에 의하면 Vārāṇasī에는 2,000명 이상의 설일체유부 비구들이 살고 있던 30개 이상의 사원이 있었다. 그러나 우리는 굽따 시대로 거슬러 올라가는 Sārnāth의 한 비문(Lüders, 923)을 통해 바라나시에서 정량부(Saṃmatīya)가 설일체유부를 계승했다는 것을 알 수 있다.

부 수행자들이 살고 있었다. 지난 날 인도 서북지역에서 그렇게도 강력했던 설일체유부는 그곳에서 겨우 명맥을 유지하고 있었다. 조사된 23,700명의 수행자들 가운데 19,800명이 중앙아시아의 오아시스들, 즉 카쉬가르(Kašgar, 疏勒), 타쉬 쿠르간(Taš Kurgān), 악수(Aqsu, 古墨), 쿠차(Kučā, 龜玆)와 카라샤흐르(Qarašahr, 焉耆)에 분포되어 있었다.

2. 열거된 134,800명의 소승 수행자들 가운데 6,700명은 어떠한 부파에도 소속되지 않았다. 만약 반대 경우였다면 세심하고 정확했던 현장(玄奘)이 틀림없이 그것을 언급했을 것이다.

3. 인도와 중앙아시아 두 곳에서 소승과 대승 상호간의 중요성은 대체로 비슷했다. 현장이 제공한 자료에 의하면(참조, É. Lamotte, *Sur la formation du Mahāyāna*, Asiatica, Festschrift Weller, Leipzig, 1954, p. 394-395), 순수한 대승교도들과 (대승과 소승을 동시에 실천하는) 혼합 대승교도들을 모두 합치면 2,521개 사원에 수행자가 119,430명이었다. 이 숫자는 2,079개의 사원과 134,800명의 수행자들을 가지고 있었던 소승 부파들의 숫자와 상당히 비슷하다.

의정(義淨)의 4군 목록 현장 이후 100년도 채 되지 않았던 기원후 671년에서 695년까지 인도와 남해를 여행했던 중국의 구법승 의정은 남해기귀내법전(南海寄歸內法傳, T. 2125, k. 1, p. 205 a-b)에서 다음과 같이 자세한 정보를 제공하고 있다.

여러 부파 분열에 관해서 인도〔西國〕의 전승에 의하면 단지 4대 분류법이 있다. 부파들의 출현과 소멸, 그들의 명칭의 다양함에 대해서 사람들의 주장은 일치하지 않는다……그렇지만 5천축(天竺)과 남해의 여러 섬에서는 모두 4니까야〔4부〕를 말하고 있다. 그러나 신봉자들 숫자는 장소에 따라 다르다.

1. 아리야막하승기니가야(阿離耶莫訶僧祇尼迦耶, Ārya Mahāsāṃghikanikāya, 대중부)는 7부파로 세분되었다. 3장의 각 장(藏)은 10만송씩이다〔즉 3×100,000= 300,000송〕. 한문으로 번역하면 이것은 약 1,000권(卷)이 된다.

2. 아리야실타폐라니가야(阿離耶悉他陛攞尼迦耶, Ārya Sthaviranikāya, 상좌부)는 3부파로 세분되었다. 그리고 그들의 3장 규모는 앞 부파의 것과 같다.

3. 아리야모라살바실저바타니가야(阿離耶慕攞薩婆悉底婆拖尼迦耶, Ārya Mūlasarvāstivādanikāya, 근본 설일체유부)는 4부파로 세분되었다〔그러나 p. 206 c 1-2에서, 의정은 단지 3부파, 즉 1.법장부, 2.화지부, 3.음광부만을 인용하고 있다〕. 그리고 그들의 3장 역시 앞의 것과 같은 규모이다.

4. 아리야삼밀율저니가야(阿離耶三蜜栗底尼迦耶, Ārya Saṃmatīyanikāya, 정량부)는 4부파로 세분되었다. 그리고 삼장은 300,000송으로 되어 있는데,* 이 가운데 30,000송은 율장이다.

그러나 이 부파들의 교리적인 전승에 대해서는 일치하지 않는 점이 많다. 현재 상태로서는, 사람들은 18부파를 말하고 있다. 나는 천축에서 5개의 주(主) 부파 분열에 대해 말하는 것을 들은 일이 없다.[15]

---

* 본서에서 200,000송이라고 잘못 번역된 것을 바로잡았음. T. 2125, k. 1, p. 205 a 28-b1 참조(역자주).

4부파의 지리적인 확장에 대해서 의정(義淨)은 몇 가지 자세한 설명을 덧붙이고 있다: 대중부는 마가다〔중인도〕에서 계속되고, 라따(Lāṭa)와 신두〔서인도〕에서 약간, 그리고 인도의 북쪽과 서쪽에서 약간 계속되고 있다. 이 부파는 동인도에서 다른 부파들과 공존하고 있다. 그러나 스리랑카에서는 배척당했다. 상좌부는 남인도와 특히 스리랑카에서 지배적이다. 이 부파는 마가다〔중인도〕에서 계속되고, 라따와 신두에서 약간 계속되고 있다. 그리고 동인도에서는 다른 부파들과 공존하고 있다. 근본설일체유부는 마가다에서 대단히 번창하고, 북인도 전체에서는 압도적이다. 이 부파는 라따와 신두에서 얼마간의 신봉자들을 가지고 있고, 동인도에서는 다른 부파들과 공존하고 있다. 정량부는 특히 라따와 신두에 다시 나타났다. 이 부파는 마가다에서 신봉되고 있고, 남인도에서 약간 행해지고 있다. 그리고 동인도에서는 다른 부파들과 공존하고 있다.

비니따데바의 설일체유부 목록 설일체유부, 그리고 특히 비니따데바(Vinītadeva, 調伏天)는 뒷날 현장과 의정에 의해 확인된 사실들을 기록하면서, 4군으로 나누어진 상가 목록을 작성했다. 이 부파는 목록에, 전통적으로 들고 있는 18개 부파를 다시 등장시켰지만, 그 부파들 가운데 몇몇은 좀더 후기에 성립된 다른 부파로 대체되었다. 4군으로 된 이 목록은 다음과 같은 곳에 나온다.

a. 비니따데바의 이부종륜론중이부해설집(異部宗輪論中異部解說集, Smayabhedoparacanacakranikāyabhedopadarśanasaṃgra-

15 Lin Li-Kouang 번역.

ha)의 한 구절 가운데 나온다. 저자는 8세기 말에서 9세기 전반에 생존했다. 이 저술의 산스끄리뜨어 원본은 없어졌지만 티베트어본은 남아 있다(Tanjour, Mdo XC, 13; Cordier, III, p. 414 ; Lalou, p. 117 b). 이것은 전체 또는 부분적으로 록힐(Rockhill, *Life*, p. 181-193), 린(Lin, AM, p. 185의 註), 바로(Bareau, JA, 1956, p. 192-200)가 번역했다.

b. 번역명의집(飜譯名義集, Mahāvyutpatti, 9077-9098번)에 나온다. 이것은 기원후 800년경의 저작이다.

c. 부톤(Bu-ston, II, p. 99)과 타라나타(Tāranātha, p. 272)의 불교사에 나온다. 타라나타는 이 목록의 기원을 설일체유부라고 보았다.

I. 대중부 : 1. 동산주부, 2. 서산주부, 3. 설산부, 4. 설출세부, 5. 설가부

II. 설일체유부: 1. 근본설일체유부, 2. 음광부, 3. 화지부, 4. 법장부, 5. 다문부, 6. 스리랑카부, 7. 분별설부.

III. 상좌부: 1. 기타림사파, 2. 무외산사파, 3. 대사파(大寺派).

IV. 정량부: 1. 까우루꿀라파(Kaurukullaka), 2. 아반따파(Avantaka), 3. 독자부

기타림사파(祇陀林寺派, Jetavanīya)에 대한 언급은, 이 목록이 4세기 이후에 작성된 것이라는 것을 증명한다. 사실 해부(海部, Sāgaliya)가 기타림사(Jetavanavihāra)에 자리를 잡고 나서 기타림사파라는 이름을 가지게 된 것은 마하세나 왕의 통치 하에서였을 뿐이다.

2쁘릿차(Pṛcchā, 問)의 목록 거의 비슷한 목록이 10세기 말에서 11세기 초 사이에 티베트어로 번역된 비구초하문(比丘初夏問, Bhikṣuvarṣāgrapṛcchā)과 사미초하문(沙彌初夏問, Śrāmaṇeravarṣāgrapṛcchā)의 한 구절 가운데 나온다(Mdo XC, 21과 Mdo XC, 6; Cordier, III, p. 416과 412 참조). 부톤(II, p. 98)이 언급한 이 목록을 린(Lin, AM, p. 182-183)이 불어로 번역했다.

I. 설일체유부 : 1. 음광부, 2. 화지부, 3. 법장부 4. 근본설일체유부.

II. 대중부: 1. 동산주부, 2. 서산주부, 3.설산부, 4. 분별설부, 5. 설가부, 6. 설출세부.

III. 정량부: 1. 스리랑카부, 2. 아반따파, 3. 까우쿠꿀라파, 4. 다문부, 5. 독자부.

IV. 상좌부: 1. 기타림사파, 2. 무외산사파 3. 대사파

이 목록은 날림으로 작성된 것이다. 분별설부는 상좌부 소속인데 여기서는 대중부로 되어 있고, 다문부는 대중부 소속인데 정량부로 되어 있다. 이와 같은 후기의 편찬자들은 오직 18부파들을 4개의 군(群)으로 배열하는 데만 관심을 가졌을 뿐이었다. 그 편성은 표면적으로 전혀 비판도 없이 되었다. 사실 18부파는 더이상 이론적으로 밖에 존재하지 않았다.

5. 전거(典據)가 의심스러운 전승

8세기 말경, 인도불교가 명백하게 붕괴 조짐을 나타내고 있을 때, 인도-티베트 주석가들은 4대 부파 각각에 일정한 스승, 특별한 언어, 독특한 가사(袈裟), 그리고 특징이 있는 종교적인 명칭을 부여할 생각을 했다.

이 사실들은 앞에서 인용한 비구초하문(比丘初夏問)과 8세기에 샤꺄쁘라바(Śākyaprabha)라는 사람이 저술한 사미초하문(沙彌初夏問)의 주석서 쁘라바바띠(Prabhāvatī, Mdo LXXXIX, 3; Cordier, III, p. 410)와 같은 몇몇 인도 후기 문헌에 나오고 있다. 이 사실들을 티베트 역사가들인 부톤이 인도불교사(II, p. 99-100)에서, 그리고 잠양 세빠(Jam-yaṅ bśad-pa, 18세기말)가 "그룹 타(Grub-mthaḥ)"에서 다시 취해 완성했다. 서구의 초기 인도학자들은 이것들을 사실로 받아들였던 것 같다. 즉, 크소마 드 쾨뢰스(A. Csoma de Körös, *Tibetan-English Dictionary*, 1834, p. 276; *Notices on the different Systems of Buddhism*, J. As. Soc. Bengal, VII, p. 142 이하), 바씰리에프(V. Vassilief, *Bouddhisme*, La Comme 번역, 1865, p. 270-271), 뷔르누프(E. Burnouf, *Introduction à l'histoire du bouddhisme indien*, 제2판, 1876, p. 397)가 그들이다. 좀더 최근에는 고인이 된 린 리광(Lin Li-Kouang, AM, p. 176-187)이 최초의 불교언어에 대해 쓴 훌륭한 논문의 한 장(章)에서, 역시 이 사실들에 의거했다. 요약하면 다음과 같다.

1. 설일체유부는 끄샤뜨리야 출신 라훌라바드라(Rāhulabhadra)를 그들의 스승으로 삼았다. 이 부파 소속 사람들은 산스끄리뜨어를 사용했다. 25조(條)에서 29조 가사를 입었고, 문장(紋章)으로는 연꽃을 사용했다. 그들의 이름[法名]은 마띠(mati), 슈리(śrī), 쁘라바(prabha), 끼르띠(kīrti), 바드라(bhadra)로 끝났다. 2. 대중부는 바라문 출신의 마하까샤빠를 그들의 스승으로 삼았다. 그들은 쁘라끄리뜨어를 사용했다. 23조에서 27조 가사를 입었고, 문장으로는 조개껍질을 사용했다. 그들의 이름은 미뜨라(mitra), 즈냐나(jñāna), 굽따(gupta), 가르바(garbha)로 끝났다. 3. 정량부는 슈드라 출신의 우빨리(Upāli)를 그들의 스승으로 생각했다. 그들은 아빠브랑샤(Apabhraṃśa)어를 사용했다. 21조에서 25조 가사를 입었고, 문장으로는 빈랑(檳榔) 나뭇잎을 사용했다. 그들의 이름은 다사(dāsa), 세나(sena)로 끝났다. 4. 상좌부는 바이샤 출신의 까땨야나(Kātyāyana)를 그들의 스승으로 삼고, 빠이샤찌(Paiśācī)어를 사용했다. 그들의 가사와 문장은 정량부의 것과 같았다. 이름은 데라(dera), 아까라(ākara), 바르만(varman), 세나(sena), 지바(jīva), 발라(bala)로 끝났다.

이 분류 체계로부터 사실상 취할 것은 아무 것도 없다.

6. 결론

이 의사(擬似) 역사적인 많은 노작(勞作)들을 통해서 몇 가지 진실이 여기 저기에 보인다. 카로슈티 문자와 브라흐미 문자로 된 명문들은 기원후 최초 200년 동안 대부분의 소승부파들이 전 인도에 퍼졌다는 것을 보여주고 있다. 몇 부파들은 이미 분열되었다. 예를 들면 대중부는 카불(Kābul)의 서쪽에 위치한 와르닥(Wardak)과 봄베이 지역에 위치한 까를리(Kārli)와 같은 먼 지점들을 차지했다. 다른 부파들은 대 개편을 한 뒤 다시 합쳐져서 같은 시설물에서 함께 평화롭게 살았다. 준나르(Junnar)에는 법상부와 제다산부가 있었고, 까를리에는 현주부와 제다산부가 있었다. 마투라와 와르닥에는 설일체유부와 대중부가 있었고, 사르나트에는 설일체유부와 정량부가 있었다. 나가르주니꼰다에는 대중부, 다문부, 서산주부, 화지부, 스리랑카부가 있었다. 이 시대부터 부파들은 너무나 복잡하게 뒤얽혔기 때문에 그것을 풀어 보려는 모든 희망은 사라졌다.

그렇지만 바로 이 시기에 바수미트라〔世友〕가 자신의 이름을 결부시켜 작성한 2군(群)으로 된 상좌부 목록이 나왔다. 이것은 출판 때부터 이미 시대에 뒤떨어졌지만, 몇 가지 이본들과 더불어 사리불문경(Śāriputra-Paripṛcchā)과 문수사리문경(Mañjuśrī-Paripṛcchā)을 지은 익명의 저자들과 스리랑카의 연대기 작가들에 의해, 그리고 역시 7세기에는 편찬자 바뱌(Bhavya)에 의해 다시 채택되었다. 이 목록은 아쇼까 시대에 교단이 상좌부와 대중부 두 파로 분열되었고, 그 이후 결코 다시 합쳐지지 않은 대분열의 기억으로 완전히 지배당하고 있다.

대중부는 곧 이것〔2군 목록〕을 3군 목록으로 대체했다. 그리고 이 3군 목록은 일반적으로는 분별설부에, 그리고 좀더 특별하게는 스리랑카의 땀라샤띠야(Tāmraśāṭīya)부에 가장 중요한 자리를 내주었다. 대중부는 스리랑카 서해안의 안드라시마운도우(Andrasimoundou) 곶(岬)의 안드라국 대중부 영지(領地)와 연결되는 직행 해로를 통해 이 부파와 계속 관계를 유지했다 (Ptolemy, VII, 4, 3).

4세기에 중국인들은 다른 각도로 교단을 보았다. 그들은 율장 연구와 붓다 전기를 전문으로 한 5개의 소승 부파들이 우세했던 서북인도와 지속적인 관계를 유지했다. 중국인들이 보기에 가장 저명한 부파는 법장부였다. 그들은 기원후 3세기 중엽부터 이 부파의 계본(戒本, prātimokṣa)과 갈마본(羯磨本, karmavācanā)을 채택했다. 그래서 박식한 승우(僧祐)는 인도 부파의 계보에 대해 그의 동국인인 중국사람들에게 정보를 제공하려 했을 때, 서북지방의 5부파가 주된 역할을 맡고 있던 5군 목록을 택했다. 법장부는 그 가운데 포함되어 있었다.

7세기에 먼저 현장이, 그 다음 의정이 인도에 오랫동안 체류하면서 확인했던 놀라운 사실은, 그들이 중국에서 그렇게 많이 그 이름을 들었던 유명한 법장부가 인도에서는 거의 사라져 버렸고, 쿠차(Kučā, 龜玆), 코탄(Khotan, 于闐), 웃디야나(Uḍḍiyāna)에 소수의 신봉자들만 가지고 있었다는 것이다. 상좌부, 대중부, 설일체유부, 정량부 등 4대 소승 부파들이 인도대륙에 영향을 미치면서 다른 모든 부파들의 빛을 잃어 버리게 했다. 이 가운데 단연 정량부의 수가 가장 많았다. 이와 같은 사실들을 받아들이고 새로운 상황을 기록하지 않으면 안 되었다. 그래서 객관적이고 현실주의자들이었던 이 중국 승려들은 자신들의 기록에서 법장부를 삭제하고 단지 4대 부파만을 존속시켰다. 이렇게 해서 4군 목록이 이전에 승우(僧祐)가 작성했던 5군 목록을 대신하게 되었다.

이 새로운 분류는 설일체유부 출신의 비니따데바(9세기)와 이름이 알려지지 않은 다른 연대기 작가들에 의해 인도 전통과 관행에 순응되었다. 이 4대 부파는 각각 주 부파의 역할을 맡게 되었다. 그런 다음 이 4개의 목록 속에 어느 정도 아무렇게나— 왜냐하면 그것들은 더 이상 중요하지 않았다.— 전통에 의해 확립된 숫자인 18개의 부파들을 배열했다.

최종적으로 이 목록은 인도-티베트 주석가들의 손에 들어갔다. 이 주석가들은 그것을 체계화하려는 정신으로 전혀 비판도 없이 4대 부파의 각각에 독특한 의복, 고유한 문장(紋章), 특이한 종교적인 이름, 그리고 독자적인 방언 조차도 궁리해서 부여했다.

그러나 모든 전통이 아무리 시대에 뒤진 것이라 해도 경건하게 보존되는 인도에서, 2군, 3군, 5군, 그리고 4군으로 된 여러 가지 목록들은 다음 목록이 발표됨과 동시에 하나씩 삭제되는 것이 아니라 그것들과 병행하여 유지되거나 계속해서 정기적으로 재현되었다. 이 점이 바로 부파 계보 문제를 대단히 복잡하게 할 뿐 아니라 사실 무익하게 만드는 것이다.

II. 부파의 업적

기원전 마지막 300년 동안 부파들이 이룩한 업적을 몇 마디로 요약한다면, 그것은 정신적인 인도정복이라고 할 수 있다. 샤꺄무니의 제자들이 펼친 활동은 매우 다양한 형태를 취했다. 그것은 포교단 조직, 전도, 스뚜빠와 짜이뜨야와 사원의 건립, 모든 계층의 인도 및 외국 출신 주민들과의 접촉, 군주들과의 관계, 한 마디로 말해서 정법 전도를 확보할 수 있는 모든 주도권이었다.

성공적이었던 이 모든 업적들 가운데서 우리는 단지 두 가지 점에 대해 검토하기로 하겠다. 한 가지는 샤꺄무니의 가르침을 모든 사람들이 접할 수 있도록 통속어들과 산스끄리뜨어를 사용했다는 점이고, 다른 한 가지는 이 가르침을 항상 좀더 깊이 철학적으로 완성해가면서 체계적으로 설명했다는 점이다. 불교 언어들의 성립과 아비다르마(Abhidharma) 연구의 발전은 출가 수행자들이 이룬 공적가운데 가장 주목할 만한 두 가지 업적이다. 이 일은 재가신도들과의 협력으로 이르어졌기 때문에 그들에게드 얼마간의 공적을 인정하지 않을 수 없다.

1. 불교 언어의 형성

부파들의 중요한 업적은 붓다의 말씀을 대중화시킨 것이다. 부파들은 유연하고 자유스러운 정신으로 언어적인 편견에 사로잡히지 않았다. 부파들은 샤꺄무니의 가르침을 최대한 널리 보급하기 위해 필요한 만큼의 많은 언어로 그것을 옮기는데 주저하지 않았다. 산스끄리뜨어 사용이 아직 엘리트들에게 한정되어 있었던 고대에, 부파들은 가급적 중기 인도 방언들을 사용했다. 뒷날 "완전한 언어", 즉 산스끄리뜨어의 사용이 일반화되었을 때 그들은 쁘라끄리뜨어의 원형을 근거로 해서 점점 더 세련되고 다양한 산스끄리뜨어를 사용했다. 마침내 불교 전도(傳道)가 인도 대륙의 범위를 넘어서면서 아시아를 정복하기 시작했을 때 전도사들은 이방의 언어들을 주저하지 않고 채택했다. 그 가운데서 중요한 것들만 말한다면 중앙아시아의 방언들—샤까어(Śaka), 즉 코탄어(Khotanese), 소그디아나어(Sogdian), 쿠차어(Kuchean), 아그네아어(Agnean)—중국어, 티벳어, 터키어 등이다.

우리는 여기에서 언어 사용에 관한 고대의 전통을 검토하고, 그 다음 불교의 주된 언어들을 살펴보기로 하겠다.

a. 언어 사용에 관한 전통

붓다의 언어[1] 여러 율장들과 비바사(Vibhāṣā)의 여러 이본들이

1 Hôbôgirin(法宝義林), *Butsugo*(佛語, III, p. 207-209), *Button*(佛音, III, p. 215-217).

율장들에 할애한 주석서들은 붓다의 언어들에 대해 언급하고 있다. 그 목록은 다음과 같다.

1. 10송율(十誦律, T. 1435, k. 26, p. 193 a).
2. 근본설일체유부율장(Gilgit 필사본들, III, 1, p. 256-259)과 티베트어본.
3. 출요경(出曜經, T. 212, k. 23, p. 734 b).
4. 대비바사론(大毘婆沙論, T. 1545, k. 79, p. 410 a).
5. 아비담비바사론(阿毘曇毘婆沙論, T. 1546, k. 41, p. 306 c).
6. 비바사론 (鞞婆沙論, T. 1547, k. 9, p. 482 c).

붓다가 라자그리하, 슈라바스띠, 바라나시, 바이샬리, 까우샴비 등에서 전도순회를 하면서 마가다인, 꼬살라인, 까쉬인(Kāśi), 브리지인(Vṛji), 밧사인(Vatsa)들이 사용했던 여러 가지 방언으로 성스러운 진리를 가르쳤던 것은 당연한 일이다. 그런데 이 방언들은 다양한 "성스러운 언어〔聖語, āryā vāc〕" 또는 "(인도) 중국어(Madhyadeśavāc, 中國之語)"라고 생각할 수 있다. 이 언어는 인도-아리야어 이외의 다른 것이 아니다.

한편 붓다는 언어적인 재능을 가지고 있었을 뿐 아니라, 필요한 경우에는 자신을 좀더 잘 이해시키기 위해 또는 청중들의 선호(選好)에 응하기 위해, 비(非) 아리야어 계통의 언어들도 사용했던 것은 의심의 여지가 없다. 그것은 특히 붓다가 우두마(Udumā) 근처의 만다끼니(Mandākinī, 漫陀耆尼) 호숫가에서 4천왕, 즉 지국천(持國天, Dhṛtarāṣṭra), 증장천(增長天, Virūḍhaka), 광목천(廣目

天, Virupakṣa), 다문천(多聞天, Vaiśravaṇa)들을 귀의시켰을 때의 경우였다. 설법의 주제는 우다나바르가(Udānavarga, H. Beckh의 티베트어 출판, XXVI, 16-18, p. 88)의 3게송으로 이루어졌다: "육체(色)가 다할 때 수(受)가 식어버리고, 상(想)이 파괴되고, 행(行)이 진정(鎭靜)되고, 식(識)이 소멸된다. 바로 이것이 진실로 고(苦)의 끝이다; 보아야 할 것을 보는 것으로 만족하고, 들어야 하고, 숙고해야 하고, 알아야 할 것을 듣고, 숙고하고, 아는 것으로 만족하라. 이것과 다른 것은 모두 다 고통스럽고, 매우 고통스럽다. 바로 이것이 진실로 고(苦)의 끝이다; 촉(觸)이 없는 것, 기쁨이 없는 것, 평정(平靜), 전체적인 포기, 바로 이것이 진실로 고(苦)의 끝이다."

붓다는 먼저 두 개의 첫 게송을 산스끄리뜨어〔대부분의 자료에서는 聖語(Āryavāc), 出曜經에서는 中國之語(Mādyadeśavāc)〕로 말했다.

Jīrṇaḥ kāyo vedanā śītībhūtā
saṃjñā niruddhā saṃskārā vyupaśāntā
vijñānam astaṃgatam eṣa evānto duḥkhasya.
Dṛṣṭe dṛṣṭamātraṃ bhavatu
śrute cintite vijñāte vijñātamātram.

지국천왕과 증장천왕은 그것을 이해할 수 있었다. 그러나 광목천왕과 다문천왕은 이해할 수 없었다. 그래서 붓다는 그들을 위해 "야만어(野蠻語, Dasyuvāc)"를 사용했다.

붓다는 광목천왕을 위해서 드라비다어(Drāvidian, 中論, T. 1564) 또는 따밀어(Tamil, 出曜經, T. 212)를 사용했는데, 그것을 대비바사론(T. 1545)에서는 "남인도 변방국들의 속어〔南印度邊國俗語〕"라고 정의했다.

Ene mene daṣphe daṇḍaṣphe eṣa evānto duḥkhasya.

끝으로, 붓다는 다문천왕을 위해서는 일종의 믈렛차(mleccha, 篾戾車)어를 사용했다.

Māṣā tuṣā saṃśāmā sarvatra virāṭhi esa evānto duḥkhasya.

결국 그들 4왕은 붓다의 가르침을 이해하고 붓다에게 귀의했다. 그들은 동서남북 4방에서 정법을 수호할 임무를 받았다.

이 에피소드를 주석하면서 대비바사론(T. 1545, k. 79, p. 410 b-c)은 다음과 같이 말하고 있다: "붓다가 다르게 자신을 표현하는 것은 그가 모든 언어로 분명하게 자신을 표현할 수 있다는 것을 나타내기 위해서이다. 이렇게 해서 그는 단지 성어(聖語)로서만 설법을 할 수 있을 뿐 〔다른 언어에 대해서는 자재(自在)하지 못하다고〕 생각하고 있는 사람들의 의심을 없앴다……여래는 어떤 언어로써든지 그가 원하는 모든 것을 표현할 수 있다. 그가 중국어〔至那國語〕로 표현하는 것은 이 언어가 중국인들에게 가장 좋은 것이기 때문이다. 그가 발크어(Balkh, 博喝羅語)로 말하는 것도 동일한 이유에서이다……게다가 붓다의 말씀은 경쾌하고 날카롭고 유창

하므로 그가 모든 종류의 언어로 말하더라도 사람들은 그가 그것들을 모두 동시에 말하고 있다고 생각하게 된다. 이를테면 그가 중국어로, 발크어로, 샤까어로 말해도 사람들은 붓다가 이 모든 언어들을 중단 없이, 말하자면 동시에 말하고 있다고 생각하는 것이다".

그렇지만 이 "언어적인 재능"은 붓다의 음성이 가지고 있는 유일한 특성이 아니다. 초기의 한 게송— 대비바사론은 이 게송의 정전성(正典性)을 의심했다— 은 사실 다음과 같이 말한다(T, 1545, k. 79, p. 410 a16): "붓다는 법을 설하기 위해 단 한 마디〔一音〕만을 사용한다. 그런데 중생들은 각각 그 부류에 따라 그 뜻을 (다르게) 이해한다. 그들 모두는, '세존께서는 내가 사용하는 언어와 동일한 언어로 말씀하시고 있다. 그가 이러이러한 의미를 진술하는 것은 오직 나 혼자만을 위해서이다' 라고 생각한다." 바수미뜨라에 의하면(J. Masuda, *Origin and Doctrines*, p. 19), 대중부의 한 명제는, 비록 설일체유부에 의해 반박된 것이긴 하지만, "붓다는 모든 법을 설하기 위해서 하나의 음성(ekavāgudāhāra)만을 사용한다〔佛以一音爲說法〕"라는 것이다. 이와 같은 관점은 화엄경(T. 279, k. 80, p. 443 c 28), 유마경(T. 475, k. 1, p. 538 a)과 같은 대승경전에 의해 채택되었다. 그리고 나가르주나는 니루빠마스따바(Nirupamastava, st. 7)에서 이 이론을 극단적으로 밀고 나가, "세존이시여, 당신은 한 마디도 말씀하시지 않았습니다. 그러나 모든 신도들은 법의 비〔法雨〕로 길러졌습니다"라고 외친다.

이와 같은 사변(思辨)은 언어영역에 속하는 것이 아니라 철학영역에 속한다. 따라서 다시 역사영역으로 되돌아오지 않으면 안 된다.

불교도에 의한 방언의 채택[2] 이 문제는 많이 논의된 유명한 한 구절에서 다루어지고 있는데, 여러 율장에 다시 나온다.

1. 빨리어본 율장(II, p. 139).

그때 바라문 출신 야멜루와 떼꿀라(Yamelu-Tekulā)라는 두 형제 비구들이 있었는데, 그들의 목소리는 아름다웠고, 발음도 좋았다(kalyāṇavākkaraṇā). 그들은 세존이 계신 곳에 가서 말했다: "가지각색의 이름들(nāman), 가지각색의 씨족들(gotra), 가지각색의 출신(jati), 가지각색의 가문(kula)의 비구들이 있습니다. 그들은 붓다의 말씀을 자신들의 표현방식으로 낭송하면서 그것을 왜곡합니다(te sakāya niruttiyā buddhacanaṃ dūsenti). 붓다의 말씀을 'chandas'로 옮깁시다(buddhavacanaṃ chandaso āropema)." 붓다는 대답했다: "붓다의 말을 찬다스(chandas)로 옮겨서는 안 된다. 그렇게 하는 사람은 죄를 짓게 된다(dukkaṭa). 나는 붓다의 말을 각자 자신의 표현방식으로〔언어로〕 배울것을 명한다(sakāya niruttiyā pariyāpuṇituṃ)."

"chandas"와 "sakā nirutti"라는 이 두 표현은 서로 가장 다른 해석의 표적이 되었다:

chandas(闡陀)란 "베다(Veda) 같은 훌륭한 언어의 표현 방식"

2 S. Lévi, *La récitation primitive des textes bouddhiques*, JA, 1915, p. 441-447; M. Winternitz, *History of Indian Literature*, II, p. 602; L. de La Vallée Poussin, *Indo-européens*··, p. 200; E. J. Thomas, *Life of Buddha*, p. 253-254; J. Filliozat, *Inde Classique*, II, p. 326; F. Edgerton, *Buddhist Hybrid Sanskrit*(Grammar), p. 1-2; L. Renou, *Histoire de la langue sanskrite*, p. 84.

(vedaṃ viya sakkatabhāsāya vācanāmaggo)을 의미한다. 이것은 붓다고사의 설명이다(Sammantapāsādika, Vl, p. 1214). 현대 주석가들은 다음과 같이 여러 가지로 해석하고 있다: "산스끄리뜨어 운문(韻文)"(Rhys Davids와 Oldenberg), "운문"(S. Lévi), "산스끄리뜨어"(de La Vallée Poussin), "운율(韻律)"(E. J. Thomas), "불교 문헌의 산스끄리뜨어화"(Lin Li-kouang), "베다식 운문화(韻文化)"(Filliozat), "베다어"(F. Edgerton), "산스끄리뜨 바샤(bhāṣā: 언어)가 아니라, 중기 인도 방언들을 제외하고, 이 시대에 알려진 방언의 유일한 형태인 찬다스(chandas)"(L. Renou).

친절하게도 르누(Renou)는 한 주석 가운데서 이 문제에 대한 자신의 생각을 다음과 같이 나에게 명확히 밝혀 주었다: "chandas에 대한 이 구절은 나에게 항상 어느 정도 수수께끼처럼 보였다. 어떻게 붓다의 말이 베다의 운문에 의해 정리될 수 있었을까? 이것은 낭송을 위해 정음법(正音法)의 규칙들을 따랐다는 것을 의미하는 것이지(참조. Helmer Smith, *Saddanīti*, p. 1131), 정확하게 베다 산스끄리뜨어로 옮겼다는 것은 아닐 것이다. 그것은 실현 불가능한 일이었다. 그것은 틀림없이 억양을 가리키는 것이다."

'Sakāya niruttiyā' 라는 말은 설명하기가 보다 쉽다. 여러 학자들은, "각자는 그 자신의 방언으로"(Rhys Davids, Oldenberg, Edgerton), "각자는 자신의 말하는 방식대로"(S. Lévi), "각자는 그 자신의 발음으로"(de La Vallée Poussin), "그 자신의 문법으로"(E. J. Thomas), "각자는 자신의 방언으로"(Lin Li-kouang), "자신의 구술적인 설명으로"(J. Filliozat), "각자는 자신의 표현 방식으로, 즉 자신의 방언으로"(L. Renou)라고 나름대로 해석하고 있다.

붓다는 심사숙고 끝에, 베다를 암송할 때 사용하는 억양으로 불교 성전들을 낭송하는 것을 금지하고, 각 제자는 붓다의 말씀을 그 자신의 방언으로 가르치라고 지시했던 것 같다.

니룻띠(nirutti)라는 말은 단지 발음만이 아니고 방언 전체를 가리킨다는 내용이 맛지마니까야(Majjhima, III, p. 234-235 ; 역시 T. 26, k. 43, p. 703 a)의 한 구절에 나오는데, 그곳에서 붓다는 방언(janapadaniruttiyā abhiniveso)에 대한 모든 편견과 속어(俗語)(samaññaya atisāra)에 대한 모든 과장을 피하도록 권고했다.

예를 들면 하나의 동일한 도구[그릇, 器]를 지방에 따라 빠띠(pāti), 빳따(patta), 빗타(vittha), 사라바(sarāva), 다로빠(dhāropa), 뽀나(poṇa), 삐실라(pisīla)라고 부른다. 그것이 유일하게 정확하다는 구실로, 어떤 한 단어에만 집착해서는 안 된다. 그 사람이 현재 살고 있는 지방에서 통용되는 말을 채택해야 한다.

사실 'nirukti'는 언어를 의미한다. 꼬샤뱌캬(Kośavyākhyā, 荻原雲來 출판, p. 52)에 인용된 것으로서, 즈냐나쁘라스타나(Jñānaprasthāna)는 여래(如來)의 말(vāc)을 정의하도록 요청받았을 때 일련의 동의어를 모아놓았는데, 그 가운데서 'nirukti'는 다음과 같다: Tathāgatasya yā vāg vacanaṃ, vyāhāro, gīr, niruktir, vākpatho, vāgghoso, vākkarma, vāgvijñaptiḥ.

다른 율장들은 여기에 해 놓은 설명을 따르고 있다.

2. 5분율(五分律, T. 1421, k. 26, p. 174 b)

각 나라 언어의 발음(pradesaśvara, 國音)을 따라 읽고 낭송해도 된다. 그러나 붓다의 뜻〔佛意〕을 잘못 해석하거나 위반하지 않도록 주의해야 한다. 외도들의 책에서 사용하는 언어(bāhyaka)로 붓다의 말〔佛語〕을 바꾸는 것은 금지한다〔聽隨國音讀誦 但不得違失佛意 不聽以佛語作外書語〕.

3. 4분율(四分律, T. 1428, k. 52, p. 955 a)

한 바라문이 붓다에게 세간의 아름다운 말〔世間好言論〕로써 불경을 정리(整理)하도록 허락해 줄 것을 청했다. 붓다는 그에게 말했다. "불경을 외도들의 언어와 섞으면 그것은 파손될 것이다. 그러나 지방의 통속어(通俗語)의 해석에 따라 불경을 낭송하고 배우는 것은 허락한다〔此乃是毁損 以外道言論而欲雜糅佛經佛言 聽隨國俗言音所解誦習佛經〕."

4. 비니모경(毘尼母經, T. 1463, k. 4, p. 822 a)

두 바라문이 붓다에게 chandas(闡陀)의 배열 규칙에 의해〔依闡陀至持論, chando〔vi〕citiśāstra〕 문(文, vyañjana 또는 akṣara)과 구(句, pada)를 정리해서 불경을 편집하고 편찬할 수 있게 해달라고 청하면서, 소리(言音, svara)가 돋보이고, 의미(義, arta)가 역시 분명하게(顯, vyakta) 되도록 하려 했다. 붓다는 대답했다: "나의 불법(佛法)에서는 아름다운 말〔美言〕이 중요하지 않다. 내가 바라는 모든 것은 의미〔義〕와 논리〔理〕가 불완전하지 않도록 하는 것이다. 모든 사람들이 이해할 수 있는 소리〔언어〕로 법을 설해야 한다. 이와 같은 이유로 그 나라들의 사정에 따라 행해야 한다고 말하는 것이다〔隨諸衆生應與何音而得受悟應爲說之 是故名爲隨國應作〕."

5. 10송율(十誦律, T. 1435, k. 38, p. 274 a 21)

두 바라문이 있었는데, 그들은 불교에 귀의해서 출가했다. 그들은 본래 외도의 4베다서를 낭송했다. 출가한 후에 그들은 동일한 억양(svara, 音聲)으로〔베다식으로〕 불경을 낭송했다. 그 후 두 사람 가운데 한 사람이 죽었다. 다른 한 사람이 혼자 남았는데, 그가 (전에) 외웠던 불경들을 잊어버려서 (그것을) 더 이상 유창하게 외울 수 없었다. 그는 다른 도반을 찾았으나 찾을 수 없었다. 슬프고 즐겁지 않아서 그는 이 일을 붓다에게 말했다. 붓다는 그에게, "앞으로는 불경을 외서(外書, 외도들의 책)의 억양으로 낭송하는 사람은 누구든지 죄를 짓는 것이 될 것이다"라고 말했다.

6. 근본설일체유부비나야잡사(根本說一切有部毘奈耶雜事, T. 1451, k. 6, p. 232 a-c)

불교에 귀의한 바라문의 두 아들이 이전에 한 바라문으로부터 베다식 멜로디 억양법〔歌詠聲法, Sāmasvaradharma〕을 배웠기 때문에, 지금은 습관에 의해 옛 방식으로 (불경)을 낭송했다. 그때 갑자기 그들 가운데 한 사람이 병으로 죽었다. 살아남은 사람은 슬픔에 빠져 대부분의 경(經)들을 잊어버렸다. 그는 붓다의 여러 제자들에게 그것들을 다시 가르쳐 달라고 청했다. 그러나 그들이 경을 낭송해주자 그는 불만스러워하면서, "문장〔文〕은 완전히 틀렸다. 억양〔聲韻, svara〕은 길게 발음되지 않기 때문에 무엇인가 부족하다"라고 말했다. 마침내 그는 샤리뿌뜨라에게 도움을 청했는데, 샤리뿌뜨라는 소리〔聲〕를 그 자신보다 더 길게 발음했다. 그러자 바라문은 그를 칭찬하면서, 다른 사람들은 모두 (경을) 잘못 낭송했다고 말했다. 붓다는 이 사실을 듣고 다음과 같이 명령했다. "비구들은 멜로디〔歌詠, sāman〕와 긴 억양〔引聲, āyatasvara〕과 함께 경법(經法)을 낭송해서는 안 된다. 만약 비구들이 천다(闡陀, chandas)의 억양으로 경전을 낭송하면, 그들은 법을 위반한 죄〔越法罪〕를 범하게 될 것이다. 그렇지만 지방어의 발음〔方國言音, pradesaśvara〕이 긴 억양을 필요로 한다면 그렇게 해도 잘못이 없다." 〔번역자 의정(義淨)의 주석〕: "천다(闡陀)란 바라문식의 낭송법이다. 억양〔聲〕을 길게 한다. 손가락으로 공중에 점을 찍어 박자〔節段〕를 나타낸다. 스승이 먼저 읊고 다른 사람들이 뒤를 따른다."

우리가 개괄한 6개 율장의 요약은 모두 하나의 동일한 에피소드와 관계가 있다는 것은 의심의 여지가 없다. 즉 불교에 귀의한 두 바라문이 불경을 낭송하기 위해 베다교에서 사용하는 방법들, 즉 주로 멜로디〔歌詠, sāman〕와 긴 억양〔長聲, āyatasvara〕을 포함한 천다(闡陀, chandas)를 응용했다는 것이다.

린 리쾅(Lin Li-kouang, 林黎光, AM, p. 220)에 의하면 처음의 4율장들은 "불교 문헌들을 산스끄리뜨어 규범에 맞추는 것을 금지하고 방언(方言) 사용을 허가"하고 있다. 10송율[유부 율장]에서는 이 금지와 허가 부분이 삭제되었지만, 단지 베다식 억양을 사용하는 것만은 못하게 했다. 끝으로 근본설일체유부는 설일체유부가 한 것처럼 산스끄리뜨어 사용 금지를 삼갔지만, "방언들을 채택한 흔적은 간직하고 있다."

우리 생각으로는 이와 같은 구별이 반드시 필요한 것은 아니다. 그리고 일찍이 산스끄리뜨어 사용이 금지되었다는 것은 매우 의심스럽다. 율장들은 비구들에게 불경을 베다식으로 낭송하는 것, 다른 말로 해서 멜로디와 긴 억양을 가진 찬다스(chandas)를 적용하는 것을 금지하고 있다. 반대로 발음과 용어에 관해서는 방언의 사용을 허가하고 있다.

10송율에서, 중기 인도어의 방언을 사용할 수 있다는 것에 대해 더 이상 언급하지 않는 것은, 어떤 시기부터 — 우리가 일반적으로 믿고 있는 것보다 후기 — 설일체유부가 산스끄리뜨어를 일반적으로 사용했기 때문이었다. 그러므로 더 이상 빠라끄리뜨어 사용의 합법성에 대해 사람들을 안심시킬 필요가 없었다.

사실 불교 수행자들은 언어사용에 있어서 완전한 자유를 누렸다. 그리고 방언의 선택은 결국 뿌리깊은 습관이나 기회라는 단순한 이유에 달려 있었다. 앞에서 언급된 인도-티베트 자료들은 설일체유부가 산스끄리뜨어를 사용했고, 대중부는 쁘라끄리뜨어를, 정량부(正量部)는 아빠브랑샤어(Apabhraṃśa)를, 그리고 상좌부는 빠이샤찌어(Paiśācī)를 사용했다고 주장하면서 체계화하는 잘못을 범했다. 이 일들은 틀림없이 중세기까지도 더욱 복잡했다. 비말라쁘라바(Vimalaprabhā)의 산스끄리뜨어 필사본에 의하면[3] 삐따까(Piṭaka)는 96개의 다른 언어로 쓰여졌고, 붓다의 열반 후 불전 편찬자(saṃgītikāraka)들은 책의 형태로 3승(乘)의 교리를 문자로 편찬했다는 것이다. 붓다의 명령으로 삼장은 마가다어(Magadhabhāṣā)로, 수뜨란따(Sūtrānta)는 신두어(Sindhubhāṣā)로, 빠라미따(Pāramitā)는 산스끄리뜨어로, 만뜨라와 딴뜨라(Mantra, Tantra)는 산스끄리뜨어, 쁘라끄리뜨어, 아빠브랑샤어, 그리고 야만어(野蠻語, Mlecchabhāṣā)인 샤바라(Śabara)어로 보존되었다. 과장과 연대의 잘못을 제외하고, 비말라쁘라바는 적어도 불교 언어들의 다양성에 대해 주의를 환기시킨 공은 가지고 있다. 그리고 이 다양성은 중앙아시아에서 발견된 필사본들에 의해 확인되었다.

삼장 언어에 관한 상좌부 견해 스리랑카 상좌부는 인도 불교도들이 대륙에서 이룩한 경전제작에 관한 일은 고의로 무시해 버렸지만, 그들 자신의 삼장의 역사에 대해서는 확고한 생각을 가지고 있었다.

붓다가 비구들에게 자신의 가르침을 그들 자신의 방언(sakāya niruttiyā)으로 배우도록 명령한, 앞에서 인용한 빨리어 율장의 그 구절(II, p. 139)을 해석하면서, 붓다고사는 사만따빠사디까(Samantapasādikā, Vl, p. 1214)에서, 붓다는 비구들에게 "그 자신의 언어" 즉 "정각자가 사용한 마가다의 매개언어"(媒介言語, sammāsambuddhena vuttappakāro Māgadhikavohāro)로 붓다의 말씀을 배우도록 지시했다고 주장했다.

이 해석에서 알 수 있는 것은 기원전 6세기의 마가다어는 붓다

3 이 말은 N. Dutt가 인용한 것이다: *Early History of the Spread of Buddhism and the Buddhist Schools*, London, 1925, p. 251-252.

가 사용했을 뿐 아니라 빨리어 삼장을 편찬한 근본언어(mūlabhāsā)라는 사실이다(Saddhammasaṃgaha, p. 55, 56, 57). 사실 마가다어는 빨리(pāli), 즉 성전(聖典)의 언어였을 것이다. 여기서 성전이란 앗타까타(aṭṭhakathā), 즉 주석서(참조, Visuddhimagga, p. 87, 381, 등)와 달리 근본 성전을 말한다. 사실은 "빨리(pāli)"라는 말이 "빨리 어(語)"라는 의미로 사용된 것은 아주 후대의 일이였다. 그것은 오랫동안 빠타(paṭha), 즉 "문헌(文獻)"이라는 말과 동의어였다.[4]

스리랑카 전승은 성전의 역사를 한 걸음 한 걸음 따라갈 수 있게 해주고 있는데, 그 큰 단계들은 다음과 같다.

마가다국에서 소집되었던 3번의 결집(結集)은 차례 차례로 한결같이 마가다어로 법의 편찬(dhammasaṃgaha)을 했다. 불멸 1년에(기원전 486년) 개최되었던 라자가하(Rājagaha, 王舍城)의 결집에서는 "두 부분으로 된 비나야와 5니까야(Nikāya)" (Vin., II, p. 287; Dpv., IV, 32 ; V, 11)를 편찬했다. 어쩌면 아비담마(Sumaṅgala, p. 17; Samanta, p. 18) 역시 편찬했을 것이다. — 불멸후 100년(기원전 386년)에 개최되었던 베살리(Vesālī)의 결집에서는 적어도 비나야에 관한 한(Vin., II, p. 307; Dpv., IV, 52; Mhv., IV, 63) 동일한 내용을 재결집했다. — 불멸 236년(기원전 250년)에 빠딸리뿟따의 결집에서는 새로운 성전 편찬을 했다. 그리고 그때 목갈리뿟따 띳사가 아비달마서인 까타밧툽빠까라나(Kathāvatthuppakaraṇa, 論事)를 저술했다(Dpv., IIV, 56; Mhv., V, 278).

4 R. Siddhartha, *Origin and Development of Pāli Language*, Buddhistic Studies, Calcutta, 1931, p. 641 이하.

같은 해에 마힌다와 그 동료들은 아반띠에서 잠시 체류한 뒤, 이 성전(pāli)과 주석서(aṭṭhakathā)들을 가지고 스리랑카로 갔다. 이 주석서들은 적어도 부분적으로는 정전집(正典集)에 삽입되었다. 예를 들면 디가니까야의 상기띠숫딴따(Saṃgītisuttanta, III, p. 207), 맛지마니까야의 삿짜비방가(Saccavibhaṅga)와 마두삔디까숫따(Madhupiṇḍikasutta III, p. 248 ; I, p. 110), 그리고 쿳다까니까야의 닛데사(Niddesa) 등과 같은 것이 그것으로서, 주석서적인 특징이 명백하다. 그러나 다른 주석서들은 아마도 똑같이 오래된 것이겠지만 정전집에 들어가지는 못했다.

마힌다는 최초의 성전 언어, 즉 마가다어로 유지되었던 성전(pāli)에서 아무 것도 바꾸지 않았다. 반대로 그는 독립된 주석서들을 스리랑카어로 번역했다. 사실 맛지마니까야의 주석서(I, p. 1)는 다음과 같이 말하고 있다: "스리랑카에 수입된 앗타까타〔註釋書〕들을 이 섬 주민들을 위해 마하 마힌다가 스리랑카어로 옮겼다." 그리고 이 정보는 쭐라방사(Cūḷavaṃsa, XXXVII, 228-229)에서 확인된다: "스리랑카어로 된 주석서들은 정확하다. 지자(智者) 마힌다는, 세 번의 결집에 제출되었고, 정각을 이룬 붓다가 가르쳤고, 사리뿟따가 낭송한 이 전승〔주석서〕들을 검토한 뒤 그것들을 스리랑카어로 번역했다. 그리고 이 전승들은 스리랑카 사람들 사이에 유포되고 있다."

우리는 스리랑카어로 된 이 주석서들에 대해서 삿담마상가하(Saddhammasaṃgaha, JPTS, 1890, p. 55 이하)와 간다방사(Gandhavaṃsa, JPTS, 1886, p. 59, 68)가 전해주고 있는 제목들을 제외하고는 더 이상 아는 것이 없다. "장로들"(Porāṇācariya)

의 저작이라고 하는 숫따삐따까(Suttapiṭaka)의 주석서인 마하 앗타까타(Mahā-Aṭṭhakathā), 아비담마의 주석서인 마하빳짜리(Mahāpaccarī), 간다짜리야(Gandhācariya)부파의 저작이라고 추정되는 율장의 주석서 꾸룬디(Kurundī)가 그것이다.[5]

마힌다는 고(古) 주석서들을 스리랑카어로 번역하는 것으로 만족하지 않았다. 그는 스리랑카에 도착한 바로 그 해에 아누라다뿌라의 투빠라마(Thūpārāma)에서 결집을 개최했다. 이 사실에 대해 사만따빠사디까(p. 103; 善見律毘婆沙, T. 1462, k. 4, p. 694 a)가 그 기억을 간직하고 있다. 데바남삐야띳사(Devānaṃpiya-tissa) 왕의 조카 마하 아릿타(Mahā-Ariṭṭha)는 마힌다의 초청으로 법좌(法座)에 앉아 68명의 아라한들과 68,000명의 비구들 앞에서 율장을 낭송했다.

세월이 흘렀다. 그리고 밧따가마니 왕의 통치 초기에 있었던 전쟁과 기근의 비극적인 몇 해를 보낸 뒤, 즉 불멸후 451년에서 454년(기원전 35-32년) 사이에 한 무리의 비구들이 마딸레(Mātale) 근처에 위치한 알루비하라(Aluvihāra)에 모여 삼장을 문자로 결집했다. 이 잊을 수 없는 (중요한) 사건은 이미 앞에서 자세하게 언급되었다(본서 1권, p. 708-713).

그때부터 마가다어로 된 삼장 문헌은 최종적인 형태로 작성되었다. 마힌다와 장로들이 작성한 스리랑카어 주석서들은 5세기에 붓다고사가 마가다어(Māgadhī)로 다시 옮겼다. "고단은 그를 미륵(彌勒, Metteyya)과 동일하다고 선언하고, 삼장 문헌을 주석서

5 W. Geiger, *Pāli Literatur und Sprache*, Strassburg, 1916, p. 17-18.

들과 함께 그에게 건네주었다. 붓다고사는 간타까라(Ganthākara)의 외딴 사원[아누라다뿌라의 마하비하라 末寺]에 은둔해서 스리랑카어로 된 모든 주석서들을 다른 모든 언어의 근본어(根本語, sabbesaṃ mūlabhāsā)인 마가다 방언(māgadhāya niruttiyā)으로 옮겼다"(Cūlavaṃsa, XXXVII, 242-244).

지금까지 우리가 개괄한 전승들은 적어도 명료하다는 장점을 가지고 있다. 스리랑카 사람들에게 "빨리(Pāli)"라는 말은 삼장의 성전을 의미하는 것이고, 이 성전은 붓다가 사용한 언어인 마가다어(Māgadhabhāsa)로 쓰여졌다는 것이다. 그러나 서양학자들은 "빨리어(Pāli)"를 스리랑카 삼장의 언어라 부르고, 우리가 아래에서 곧 보게 되겠지만, 이 언어가 기원전 5세기의 마가다 방언(Māgadhī)과 동일하다는 것을 매우 의심스럽게 생각한다.

b. 불교의 언어들[6]

몇몇 언어학자들은 스리랑카의 전통에 따라 빨리어를 갠지스 중류 동쪽 지방의 쁘라끄리뜨어와 결부시킨다. 리스 데이비스(T.

---

6 인도 언어들 일반, 특히 불교 언어들에 대해, 독자들은 필요한 모든 문헌 정보를 L. Renou의 다음과 같은 책에서 볼 수 있다: *Bibliographie védique*(Paris, 1931, p. 222-302); *Histoire de la langue sanskrite*, Paris, 1956; *Introduction générale à l'Altindische Grammatik de J. Wackernagel*(再版), Göttingen, 1957.

불교 언어들에 관한 전체적인 지침을 위해서는 다음 책들을 볼 것: L. de La Vallée Poussin, *Indo-européens*…, p. 200-206; W. Wüst, *Indisch*, Berlin, 1929; J. Mansion, *Esquisse d'une histoire de la langue sanscrite*, Paris, 1931; J. Bloch, *L'Indo-Aryen*, Paris, 1934; Lin Li-Kouang, *L'Aide-Mémoire de la Vraie Loi*, Paris, 1949, p. 162-227; L. Renou, *Histoire de la langue sanskrite*, p. 206-222.

W. Rhys Davids)는[7] 빨리어가 기원전 6세기에서 5세기에 사용된 꼬살라(Kosala)의 방언에 근거하고 있을 것이라고 보았다. 발레서(M. Walleser)는[8] "빨리(Pāli)"라는 명칭은 빠딸리(Pāṭali)라는 말의 파생어라고 보고, 이것에 근거해서 빨리어는 마가다의 수도 빠딸리뿌뜨라(Paṭāliputra)에서 통용되었던 빠딸리어(Paṭālibhāsā) 외에 다른 것이 아니라고 생각했다. 빈디쉬(E. Windisch)와 가이거(W. Geiger)는[9] 빨리어를 갠지스 중류 지방의 교육된 엘리트들이 매개언어(媒介言語, lingua franca)로 사용할 수 있을 정도로 발달된 마가다어라고 보았다. 그들은 그것이 마가다어의 극단적인 특징이 없어져서, 아르다마가다어(Ardhamāgadhī) 즉 자이나 경전의 아르샤(Ārṣa, 讚歌)에 가까워졌다고 믿었다. 필리오자(J. Filliozat)에 의하면,[10] 빨리어는 "기원전 5세기의 진정한 마가다어일 수 있을 것이다. 그러나 그것〔빨리어〕은 엄밀한 의미의 마가다와 다른 광대한 마가다 제국의 한 지방에서 기원했기 때문에 마가다어〔마가다 지방의 언어〕라는 명칭을 받게 되었을 것이다".

이 문제를 다루기 전에 먼저 우리는 불교 문헌들을 기록하기 위해 사용되었던 인도 언어들을 검토해 보는 것이 좋을 것이다. 그것들은 동쪽 방언들의 흔적들, 서북 지방의 쁘라끄리뜨어, 빨리어, 혼합 산스끄리뜨어, 표준 산스끄리뜨어 등 모두 5가지다.

---

7 T. W. Rhys Davids, *Buddhist India*, London, 1903, p. 153 이하; CHI, I, p. 187; *Pāli Dictionary*, p. V.

8 M. Walleser, *Sprache und Heimat des Pāli Kanons*, Heidelberg, 1924.

9 E. Windisch, *Actes du XIVe Congrés intern. des Orientalistes*, Paris, 1906, I, p. 252 이하; W. Geiger, *Pāli Literatur und sprache*, Strassburg, 1916, p. 3-4.

10 J. Filliozat, *Inde Classique*, II, p. 327.

마가다어로 된 불교문헌의 흔적 우리는 빨리어와 산스끄리뜨어로 된 불교 문헌들 가운데서, 빨리어와 산스끄리뜨어 규범에서는 생소하지만 이미 알려진 마가다의 방언들, 즉 동쪽 그룹(갠지스 유역과 깔링가)의 아쇼까 관용(官用) 언어, 중앙아시아에서 발견된 아슈바고샤[馬鳴]의 몇 개 희곡에 사용된 마가다어,[11] 아르다마가다어, 즉 자이나 경전의 아르샤(Ārṣa), 문법학자들이 사용한 마가다어와 유사성을 나타내는 음성학적, 형태학적 처리들을 발견한다.

학자들은 오래전에 빨리어 문헌들 여기저기에서 수집된 마가다어적인 요소들을 지적했는데, 그것은 (bhikkhavo 경우) 호격(呼格) 복수 bhikkhave, 그리고 bālo ca paṇḍito ca(현자와 어리석은 자)의 경우 bāle ca paṇḍite ca(Dīgha I, p. 55)와 같은 표현법에서 -e로 된 주격단수의 예이다.[12]

뤼더스(Lüders)는 이 비정상적인 형태들 가운데서 아쇼까 관용어(官用語)와 대부분 일치하지만 이미 부분적으로 언어학적인 발달이 훨씬 앞선 단계에 위치한, "불교의 고대 아르다마가다어"의 흔적들을 보았다.[13]

실벵 레비(S. Lévi)는,[14] 바브라의 법칙에서(Bloch, p. 154) 아

---

11 H. Lüders, *Bruchstücke buddhistischer Dramen*, I, Berlin., 1911; *Das Śāriputraprakaraṇa, ein Drama des Aśvaghoṣa*, SBAW, 1911, p. 388 이하.

12 L. de Vallée Poussin, *Indo-européens*…, p. 202, 註 1.

13 H. Lüders, *Bruchstücke buddhistischer Dramen*, p. 40; SBAW, 1913, p. 994 이하, 1006 이하; 1927, p. 123. Lüders의 주장은 T. Michelson(*Am. J. Phil.*, XLI, 1920, p. 264, 272)와 J. Bloch(*Aśoka et l'Ardhamāgadhī*, BEFEO, XLIV, 1947-50, 別冊, 1, p. 46)에 의해 논박되었다. 그럼에도 불구하고 Bloch는 아쇼까 언어와 자이나교 언어 사이의 공통점에 대한 목록을 작성했다. 그러나 이 사실들이 너무나 특수하기 때문에 두 언어를 동일시할 수 없다는 결론에 도달했다.

쇼까가 인용한 불교문헌들의 제목에 대한 검토와 불교 어휘의 몇 가지 술어에 대한 연구를 통해, 아쇼까 관용어보다 더욱 발달되었고, 몇 가지 초기의 특징들을 나타내고 있는 마가다 방언으로 작성된 불교 "성전(聖典) 이전의 언어(langue précanonique)"를 가정했다. 그것은 (Rāhula의 경우) Lāghula에서 산스끄리뜨어 r 대신 l의 출현, 모음간의 무성폐쇄음(無聲閉鎖音)의 유성음화(有聲音化), 산스끄리뜨어 adhikṛtya와 빨리어 adhikicca에 대해 adhigicya와 같은 단어에서 경구개(硬口蓋) 반모음을 유지하는 것과 같은 경우이다.[15]

이와 같은 확인 덕택으로 레비(S. Lévi)는 불분명한 구성의 몇 가지 전문 술어들, 이를테면 쁘라띠목샤[戒本]에 목록으로 만들어져 있는 징벌(懲罰)종목과 같은 술어들의 어원을 밝힐 수 있었다. 산스끄리뜨어와 빨리어의 pārājikā dharmāḥ(波羅夷法)는 "교단으로부터 추방하는(parāc-) 죄"인 *pārācika(波羅夷罪)에서 유래했을 것이다. 산스끄리뜨어 saṅghāvaśeṣa와 빨리어 saṅghādisesa는 "(가벼운 죄를) 위반한 자에게 승단생활의 나머지(avaśeṣa 또

14 S. Lévi, *Observations sur une langue précanonique du bouddhisme*, JA, 1912, p. 495-514.

15 그러나 adhigicya = adhikṛtya라는 등식은 단지 문헌학적인 추측에 불과할 뿐이다. "아르다마가다어(AMg.) vigiṃc-와 이것의 현대적인 상당어구(相當語句)들에 의거해서 이 구절을 이해할 수 없을까? 이 구절에서는 adhigicya가 '거짓말을 출발점으로 삼으면서 붓다 세존이 Lāghula에게 한 설법'으로서가 아니라, '거짓말을 물리치면서 한 설법'으로 나온다. 어근(語根)에 관한 문제가 풀림과 동시에, 동명사의 접미사 -ya의 문제가 풀릴 것이다. Dhammapaliyāya의 제목 속에 포함된 사람 이름 Lāghula-의 gh를 제외하고는 음성상의 관점에서 아무 것도 예외적인 것은 남지 않을 것이다(J. Bloch, *Trois notes*, BEFEO, XLIV, 1947-50, 별책 1, p. 48-50)

는 atiśeṣa)를 남겨주는 죄"인 *saṅghātiśeṣa(僧殘)에서 유래했을 것이다. 빨리어 pācittiya, 산스끄리뜨어 prāyaścittika 또는 pāyantika는 "어떠한 심사숙고도 하기 전에(prāc-) 범한 죄"인 *prākcittika(捨墮法)에서 유래했을 것이다.

이 분야의 연구를 계속한 뤼더스는 그의 사후, 많은 메모를 남겼는데, 최근에 발트쉬미트가 그것들을 *Beobachtungen über die Sprache des buddhistischen Urkanons*(불교 초기 경전의 언어에 관한 고찰, Berlin, 1954)라는 이름의 저작 속에 유작(遺作)으로 출판했다.[16] 우리는 그곳에서 뤼더스가 초기 경전의 언어로 생각했던 "불교의 고대 아르다마가다어"에 대해 매우 정밀하게 기술(記述)해 놓은 것을 볼 수 있다.

이 저작은 동쪽 방언의 두 가지 특징적인 현상의 연구로 시작되지만, 이 현상들은 빨리어와 산스끄리뜨어 불교 문헌들 가운데서 산발적으로 확인된다. 첫째, 그것은 호격(呼格) 복수 (bhikkhavo의 경우) bhikkhave에서 -e의 유지, (tadyathā의 경우) seyyathā, (yad-bhūyaḥ의 경우) yebhuyyena와 같은 어법(語法), -e로 돼 있는 아주 많은 단수 주격들(Dīgha, III, p. 25에서, ke ca chave sigāle ke pana sīhanāde)과 -āse로 돼 있는 복수 주격들(Dīgha, II, p. 255와 Saṃyutta, 1, p. 27에서, ye keci buddhaṃ saraṇaṃ gatā- se)이다. 둘째, 그것은 산스끄리뜨어와 빨리어가 일반적으로 r을 가지고 있어야 하는 곳에 동쪽 (지방의) l을 유지하고 있는 점으로서, 예를 들면 (agaru의 경우) agalu, (antarīkṣa의 경우) anta-

16 이 저서에 관해서는, V. Pisani(OLZ, 1955, p. 403-404)와 D. S. Ruegg(JA, 1955, p. 260-264)을 볼 것.

likkha, (Ṛṣigiri의 경우) Isigili 등이다.

그 다음, 초기 성전 언어의 음성학에 관한 한 장(章)이 나온다. 이것은 모음간의 폐쇄음의 약화로 특징을 나타낸다. 무성폐쇄음은 유성이 되거나 yaśruti로 약화(弱化)된다. 즉 k는 (eḍamuka의 경우) eḷamuga에서 g로, k는 (dhanika에 대해) dhaniya에서 ya로, t는 (yātayati의 경우) yādeti에서 d로, 그리고 p는 (vyāpṛta의 경우) vyāvaṭa에서 v로 된다.

모음(母音) 사이에서 유성폐쇄음들은 사라진다. 즉 g는 (*saṃrāgaṇīya로부터) sārāṇīya에서 탈락하고, j는 (nija의 경우) niya에서 탈락한다. 그리고 d는 (sampādayati의 경우) sampāyati에서 탈락한다.

자음군(子音群)에서 동일한 약화현상이 있다. 그것은 완화되거나 동화된다. kkh는 (śakṣyati의 sakkhati의 경우) sagghati에서 ggh가 된다. nd와 ny는 (Chanda의 경우) Channa에서, 그리고 (saṃmanyate의 경우) sammannati에서 nn으로 동화된다.

뤼더스의 연구는 초기 경전에서 명사의 굴절에 대한 고찰로 끝난다. -a로 된 어간에서, 그는 (빨리어에서는 정상인 ā 대신) am 형태의 단수 탈격(奪格)들을 지적하고 있다. 예를 들면 담마빠다(Dhammapada)의 게송 314에서, akataṃ dukkataṃ seyyo(번역하면, "행위를 하지 않는 것이 나쁜 행위를 하는 것보다 낫다")이다. 그리고 (보통 빨리어에서는 e 대신) -am 형태의 복수 대격(對格)들, 즉 담마빠다의 게송 87에서, kaṇhaṃ dhammaṃ vippahāya(복수로 번역하면, "나쁜 다르마들을 버리고 나서")의 경우이다. 역시 율장(II, p. 110)과 앙굿따라니까야(II, p. 72)의 몇몇 구절들에서

(보통 빨리어에서는 su 대신) hi 형태의 복수 처격(處格)들로서 Virūpakkhehi me mettaṃ mettaṃ erāpathehi me(번역하면 "나는 비루빡카[Virūpakkha]에게 호의를 가지고 있다. 나는 에라빠타[Erāpatha]에게 호의를 가지고 있다") 등의 경우이다. 현재분사들의 어미변화에서는, 예를 들면 sampajāno "전문가," passo "예언자" 등에서 nt로 된 정상적인 형태와 함께 nt가 없는 형태들을 볼 수 있다.

뤼더스는 틀림없이 그가 지적한 모든 특징들은 단 하나의 동일한 동쪽 방언, 즉 이미 알려져 있는 마가다어와 대단히 가깝지만, ś 대신 s를 사용함으로서 그것과 구별되는 원시경전의 고대 아르다마가다어에 속하는 것이라고 생각한 것 같다. 그렇지만 우리는 이 특징들이 여러 개의 동쪽 방언들에서 비롯된 것이 아닌가 하고 생각해 볼 수 있다.

아쇼까의 관용어(官用語)에서는 빨리어에서처럼, 산스끄리뜨어와 서북 인도지방의 아쇼까 법칙에서 구별짓고 있는 3개의 인도아리아어의 치찰음(齒擦音) ś, ṣ, s는 단 하나의 동일한 치찰음 s로 된다. 그렇지만 동쪽 방언들에서 ś의 존재는 순수한 마가다어로 된 기록들과 마우리야 시대의 브라흐미 문자로 된 고대 비문(碑文)들을 통해 동시에 확인된다. 그래서 (śarīranidhāne의 경우) salilanidhane에서 ś를 s로 바꾼 삐쁘라와(Piprāwā) 사리용기의 명문과는 달리(Lüders, 931), 고따 나그뿌르(Ghota-Nagpur, Lüders, 921)의 람그리하(Rāmgṛha)의 한 명문은 본래의 치찰음을 devadaśikyī [사원의 시녀]와 balanaśeya [바라나시의 주민]에서 ś로 환원하고 있다. 그러므로 동쪽 언어[東方語]는 고대에 적어도 두 가지 다른 양상으로 나타났던 것이 틀림없다. 이것은 뤼더스가 말하는 고대 아르다마가다어의 동질성을 뒷받침하는 것이 아니다. 따라서 불교를 위한 다수의 초기언어들이 있었을 것이라고 린(Lin)이 가정한 것은 이유가 없는 것이 아니다.[17]

이것들은 뤼더스가 고대 아르다마가다어를 재구성할 수 있었던 빨리어와 산스끄리뜨어 문헌에서 만난 변칙(變則, 異例)들이다. 그러므로 고대 아르다마가다어는— 뤼더스가 그것을 최초로 알아내었다— 전혀 빨리어의 언어적 기층(基層)을 나타낼 수 없다.

그러나 뤼더스에 의하면 아르다마가다어로 된 문헌들은 빨리어 경전들과 산스끄리뜨어 경전들의 문헌 기층인 원시경전(Urkanon)을 형성했는데, 이 경전들은 적어도 부분적으로는 그것(원시경전)의 번역이거나 번안(飜案)이었을 것이라는 주장이다. 그렇지만 이 주장의 정당성은 증명되지 않는다. 우리가 앞에서 결집 전승에 대한 비판(본서 1권, p. 255–277)과 초기 불교 성전 성립(p. 277–376)에 할애한 부분에서, 성전도 삼장도 마우리야 시대 말 이전에는 문제가 되지 않았고, 빨리어 성전에 관해서도 역시 그 집록은 기원후 5세기의 붓다고사 시대 이전에는 증결되지 않았다는 것을 충분히 보았다. 모든 사람이 동의해줄 것을 기대하지는 않지만, 필자는 감히 아쇼까 시대 이전에는 마가다어나 다른 언어로 된 성전은 없었다고 단언한다. 빨리어와 산스끄리뜨어 삼장의 교정자들이 그 후에 그들의 성전을 만들기 위해 사용했던 하나 또는 여러 개의 동쪽 언어로 편찬된 불교 문헌들이 있었다. 그러나 이 문헌들은— 오

17 Lin, *Aide-Mémoire de la Vraie Loi*(正法念處經), p. 227.

히려 낭송(朗誦)들이라고 하는 편이 좋을 것이다. 왜냐하면 그것은 구두(口頭) 출판이었지 문자 출판이 아니었기 때문이다— 레비(S. Lévi)의 적절한 표현에 의하면, 단지 "불교성전 이전의 언어(langue précanonique du Bouddhisme)"가 존재했다는 것을 나타낸다.

빨리어(Pāli)[18] 빨리어(Pālibhāsā)는 남방 불교 성전(pāli) 언어이다. 이 언어는 먼저 중인도에서 사용되었고, 그 뒤 스리랑카 섬에 칩거, 보존돼 있다가, 그곳에서 오늘날 인도차이나 반도 서쪽의 3분의 2에 해당하는 지역을 차지하는 여러 나라에 유포되었다. 빨리어는 "고대 중기 인도어"로서 산스끄리뜨어에서 파생된 "고대 쁘라끄리뜨어"이다. 그러나 그것은 산스끄리뜨어보다는 베다어에 더 가깝다. 왜냐하면 일련의 고풍스러운 특징들 때문이다. 빨리어의 사용은—대단히 먼 과거에까지 거슬러 올라갈 수 있다—현대까지 연장되고 있지만, 단지 불교의 종교적 사상을 나타내는 데에만 한정되어 있다. 그래서 매우 다양한 문학 양식의 요구에 적합했

---

18 빨리어에 관해서는, M. Mayrhofer의 *Handbuch des Pāli*(2 vol. Heidelberg, 1951)에 문법서와 사전들의 목록이 있다. L. Renou는 *Inde Classique*, I(p. 75-78)에서 이 방언에 대해 훌륭한 언어학적인 기술(記述)을 하고 있다. 많이 논의된 빨리어의 발상지 문제에 대해서는, M. Winternitz, *History of Indian Literature*, II(p. 601-605)에 참고도서 목록이 있다; 그 이후 다음과 같은 연구서들이 나왔다: R. Siddhartha, *Origin and Development of Pāli language*, Buddhistic Studies, Calcutta, 1931, p. 641-656; A. B. Keith, *The Home of Pāli*, Buddhistic Studies, p. 728-748; A. B. Keith, *Pāli, the Language of the Southern Buddhists*, IHQ, I, 1925, p. 501-517; S. V. Viswanatha, *Derivation of Pāli*, IHQ, VII, 1931, p. 377-379; H. C. Seth, *Note on the Origin of Pāli*, Nagpur Univ. Jouranl, II, 1936; G. B. Bagchi, *The Origin and Home of Pāli*, Indian Culture, III, 1936, p. 777-780.

던 산스크리어의 유연성은 빨리어에서 전혀 발견되지 않는다. 언어학적인 면에서 볼 때 빨리어는 거의 변화를 가져오지 않았다. 단지 고풍(古風, 고문체)을 버렸고, 여기 저기에 동쪽 방언들("마가다어적 요소들")의 영향과 싱할리어, 드라비다어, 특히 산스끄리뜨어의 영향을 나타내고 있을 뿐이다.

가장 오래된 빨리어 문헌들인 불교 성전들은 스리랑카에서만 보존되었지만, 아무도 빨리어 발상지를 스리랑카 섬이라고는 생각하지 않는다. 이 언어는 인도 대륙에서 유래한 것이 틀림없다. 그러나 그 본고장이 어디인지는 아직 확실히 모른다. 사람들은 마가다(붓다고사, Windisch, Geiger), 깔링가(Oldenberg), 딱실라(Grierson), 빈댜(Konow), 웃자이니 지방(Westergaard, Kuhn, Franke), 까우샴비(Przyluski) 등을 내세우면서 논쟁을 벌였다.

빨리어에 대한 많은 가설들은 빨리어의 혼합적인 특징을 통해 설명될 수 있는데, 이 특징은 빨리어를 가장 거리가 먼 방언들과 차례로 비교할 수 있게 해준다. 방언의 혼합 현상은 특히 음성학에서 나타난다. 산스끄리뜨어의 모음 ṛ에, 정해진 법칙도 없이 가장 다양한 대용어(代用語)들이 부응(副應)한다. 예를 들면, (tṛṇa의 경우) tiṇa에서 i, (kṛta의 경우) kata에서 a, (ṛju의 경우) uju에서 u가 되고, 때로는 전개되고 있는 모음 외에 자음 r 형태의 설음화(舌音化) 현상이 있는데, (ṛc의 경우) iru로 된다. 산스끄리뜨어 ry군(群)은, 그것이 그대로 있지 않을 때는 i를 삽입하거나(ariya=ārya), yy (ayya=ārya)로, 그리고 ll(pallaṅka=paryaṅka)로 동화되거나, 그것이 결합되는 앞 모음과 접촉할 때 y를 삽입하는 음위전환(音位轉換: 음〔절〕의 위치 전환)을 당할 수 있다(acchera=āśscarya). kṣ군은 단어의 첫머리에서는 kh로 된다(khetta=kṣetra). 그러나 단어 내에서는 kkh(cakkhu=cakṣus), kk(ikka=rkṣa) 또는 cch(accha=ṛkṣa)로 된다. 이상하게도, 처리 방법에 따라 다음과 같이 특별한 의미가 부가되는 경우가 종종 있다: mṛga는 maga "야수(野獸)"와 miga "영양(羚羊)"에 해당하고, vṛddhi는 vaḍḍhi "성공(成功)"과 vuddhi "성장(成長)"에, kṣaṇa는 khaṇa "순간(瞬間)"과 chaṇa "축전(祝典)"에, artha는 aṭṭa "소송(訴訟)"과 attha "물건(物件)"에 해당한다.

따라서 빨리어의 혼합 양식의 특징은 다른 쁘라끄리뜨어들과 온갖 비교를 할 수 있게 해준다. 즉,

1. 우리가 앞에서 본 것처럼,[19] 몇몇 역사가들이 채택한 스리랑카 전승은, 동쪽 갠지스강 유역의 마가다어(語)에서 빨리어의 언어학적 바탕을 보고 있다. 그러나 이 이론은 지지를 받을 수 없다. 왜냐하면 빨리어는 마가다어의 특징을 공유하고 있지 않거나, 단지 예외적으로만 r이 l로, -ah가 e로 변화하는 특징과, 앞에서 서술된 유보조건을 붙여서 몇 지방에서 ś, ṣ , s의 3가지 치찰음(齒擦音)이 ś로 바뀌는 특징만 공유하고 있기 때문이다.

2. 스리랑카 섬과 인도의 동해안 사이에 있었던 빈번한 왕래, 그리고 칸다기리(Khaṇḍagiri)에서 발견된 비라 마하메가바하나(Vira Mahāmeghavāhana) 왕의 비명과 빨리어 문헌들 사이의 막연한 유사성을 내세우면서, 올덴베르그는[20] 빨리어가 깔링가의 언어라는 가설을 제시했다. 깔링가의 우다야기리(Udayagiri)와 칸다

19 본서, p. 246-247, 250-251

20 H. Oldenberg 출판, *Vinaya Piṭaka*, I, p. L 이하.

기리 동굴의 브라흐미 문자로 된 고비문(古碑文)들을 자세하게 연구한 바루아(B. Barua)는[21] 이 비문들의 언어가 바로 빨리어라고 단언하고 있다. 그렇지만 이 비문들은 빨리어 규범에 맞지 않는 몇 가지 특징들을 아르다마가다어와 공유하고 있다. kaḍāra(빨리어, kāḷāra), taḍāga(同, taḷāka), veḍuriya(同, veḷuriya)에서 ḷ 대신 반전음(反轉音) ḍ의 유지, 그리고 padhame(同, paṭhame), saṃghāta(同, saṃkhāta), taḍāga(同, taḷāka)에서 모음 사이에 위치하는 무성패쇄음의 유성화, 마지막으로 acitayitā, ghātāpayitā에서 (-tvā 대신) -tā로 된 절대분사(絶對分詞)의 사용 등이 그 예이다.

3. 그리어슨(G. Grierson)은 인도 서북지방에서, 그리고 코노우(Konow)는 빈댜산맥 지역에서[22] 빨리어와 구어(口語) 방언인 빠이샤찌어(Paiśācī)간의 유사성을 밝혀 내었다. 그리어슨은 빨리어를 께까야(Kekaya)에서 공통어로 사용된 마가다 방언의 문학적 형식으로, 그리고 딱샤쉴라(Takṣaśilā) 옛 대학의 학문적 언어로 생각하고 있다. 코노우는 빈댜에서 빠이샤찌어와 빨리어의 기원을 찾고 있다. 두 언어 사이의 접점(接點) 가운데 무성폐쇄음의 유성화, 모음 사이의 자음유지, 삽입음(bhāriya, sināna)의 사용, jñ, ṇy, ny의 ññ으로 전환, 모음 사이에 y의 유지, -a로 된 어간(語幹)의 -o로 된 주격, r의 보존 등을 들 수 있다. 그러나 이와 같은 유사성은 역시 다른 쁘라끄리뜨어들도 공유하고 있기 때문

21 B. Barua, *Old brāhmī Inscriptions in the Udayagiri and Khaṇḍagiri Caves*, Calcutta, 1929, p. 157-165.

22 G. Grierson, *Bhandarkar Comm*. Vol., p. 117-123; St. Konow, ZDMG, LXIV, 1910, p. 114 이하; JRAS, 1921, p. 244 이하, 그리고 p. 424 이하.

에, 빨리어와 빠이사찌어 사이의 밀접한 관계를 입증하기에는 부족하다.

4. 프랑케(R. O. Franke)는[23] 빨리어와 서북 지방(간다라), 마댜데샤(마투라), 서쪽 지방(Kāthiāwār), 남서 지방(Junnar와 Nāsik)의 서쪽 쁘라끄리뜨어들간의 일치점과 불일치점에 대한 목록을 작성하는 데 몰두했다. 그는 이 연구로부터 빨리어의 기초가 된 방언은 카로슈티 문자를 사용한 지역의 남부 또는 남동부(서북 지방 쁘라끄리뜨어들의 발상지), 마투라의 남부와 아마도 역시 산찌와 바르후뜨의 남부, 동쪽 쁘라끄리뜨어들의 서부 또는 남서부, 기르나르(Girnār)의 동부와 나식의 북부에서 사용되었을 것이라고 결론을 내렸다. 프랑케는 빨리어의 가능한 발상지로서 서쪽과 중앙 빈댜(Vindhya) 산맥 사이에 펼쳐져 있는 지방, 좀더 확실하게는 웃자이니(Ujjayinī)를 제안했다. 그는 베스테르가르드(N. L.Westergaard)와 쿤(E. Kuhn)이[24] 이미 펼쳤던 논쟁을 되풀이하면서, 불교 전승에 의해 아쇼까가 마가다국의 왕위에 오르기 전에 웃자이니의 부왕(副王)이었다는 사실, 그의 부인 즉 마힌다의 어머니가 산찌 근방의 쩨띠야기리(Cetiyagiri) 지방 출신이었다는 사실, 그리고 마힌다가 빨리어 문헌을 가져갔다는 스리랑카로 출발하기 전 그 자신이 젊은 시절 그곳에서 살았다는 사실을 환기시킨다.

5. 우리는 앞에서(본서 1권, p. 597-598) 마힌다와 그의 편력

---

23 R. O. Franke, *Pāli und Sanskrit*, Strassburg, 1902.

24 N. L. Westergaard, *Über den ältesten Zeitraum der indischen Geschichte*, p. 47; E. Kuhn, *Beiträge zur Pāli-Grammatik*, Berlin, 1875, p. 9.

(遍歷)에 관한 전승의 가치에 대해 검토했다. 그렇지만 아쇼까의 법칙에 나오는 모든 방언들 가운데 기르나르 법칙의 방언이 빨리어와 가장 가깝다는 것은 의심의 여지가 없다. 그것은 언어적 특색 가운데서 이 방언들의 특징에 의해서보다는 그 양(量)에 의해서 더욱 주목할 만한데, 여기서는 다음과 같은 점들을 지적하는 것으로 충분할 것이다. (guru의 경우) garu에서 u를 a로, 그리고 (khalu의 경우) kho에서 u를 o로 처리; a, i 또는 u로써 모음 ṛ을 대체; 어간에서 최소한 ṇ의 유지(Girnār: gaṇanā, 그러나 mitrena); (bahubhiḥ의 경우) bahūhi와 같은 구격(具格)과 (bhavati의 경우) hoti와 같은 어떤 형태의 동사에서 bh로부터 h로 변화; 3가지 치찰음의 s로 이행, 즉 (paśu의 경우) pasu, (doṣa의 경우) dosa; 특히 복수 속격(屬格)에서 비음화된 장모음들의 생략, 즉 (bhūtānām의 경우) bhūtānam, (yeṣām의 경우) yesam; -a로 된 어간들의 어미변화, -o로 된 단수 주격, -ā로 된 탈격, -e 또는 -mhi로 된 처격(處格), -e로 된 복수 대격(對格); -an으로 된 어간들의 어미변화에서 몇몇 사격(斜格)은 ñ으로 된다(빨리어 구격 raññā는 Girnār에서는 rāñā; 빨리어 속격 raññо는 Girnār에서 rāño로 되어 있다); 지시대명사 idam에서 주격 ayam은 여성뿐 아니라 남성 구실도 할 수 있다; -e 또는 -eyya로 된 능동태 원망법(願望法) 단수 3인칭, (산스끄리뜨어 -ta와 대조적으로) -tha로 된 반조태(反照態) 원망법 단수 3인칭.

앞의 한 장(章)에서(본서 1권, p. 802-806) 우리는 바르후뜨와 산찌의 기념건축물에 나오는 쁘라끄리뜨어 명문들이 빨리어와 얼마나 닮았는지를 보았다. 그것들은 빨리어와 함께 공동으로 -āto

로 된 단수 탈격들을 가지고 있는데(예를 들면 Vāḍivahanāto, Kurarāto, Arapānāto, Bhogavaḍhanāto, Pokharāto), 이것은 나식(khetāto)과 마투라에서 역시 확인되었지만, 아쇼까의 비문에서는 전혀 볼 수 없는 어미이다. 바르후뜨와 산찌의 주된 특징은 빨리어 문헌 및 서북지방과 중인도 지역의 비문들에도 뚜렷하게 영향을 미친 이 마가다어적 요소들이 전혀 없다는 것이다.

앞에 나온 모든 사실로부터, 그리고 산만하고 연대가 잘못된데다 철자가 틀린 비명(碑銘) 자료를 비교하여 얻은 가치를 과대평가하지 않고 우리가 내릴 수 있는 결론은, 마가다어도 아르다마가다어도 빨리어의 언어적인 기저(基底)를 이루고 있지 않다는 것, 그리고 빨리어의 발상지는—이만큼 혼합적인 한 언어에 대해 발상지를 말할 수 있다면—까티아와르(Kāthiāwār)까지 연장된 아반띠 지역의 서쪽 쁘라끄리뜨어 사용 지역들 가운데서 찾아야 한다는 것이다. 빨리어 문헌들 여기저기에 흩어져 있는 마가다어적 요소들은 아마도 빨리어 삼장을 최초로 편찬한 사람들이 어느 정도 맹종적으로 사용한 마가다 방언으로 된 불교성전을 낭송한 것에서 비롯된 것 같다.

6. 만약 이와 같은 결론이 입증된다면, 마가다어로 된 원형들을 근거로 작업한 삼장의 편찬자들이 어느 시대쯤 그들의 노작(勞作)의 대부분을 완성했는지 생각해야 한다. 그것은 불교 전도사들이 스리랑카에 도착하기 오래 전이었는가,—그들이 빨리어 성전의 초안을 그곳에 가져갔다—아니면 그 일과 비교적 가까운 연대였는가?

이것은 다루기 어려운 문제이기 때문에 사람들은 이와 같은 까다로운 문제에 손대기를 주저한다.

한 편, 빨리어의 구어적(口語的) 가르침은 먼 과거에까지 거슬러 올라갈 수 있다: "몇 가지 특징들은 빨리어를 고전어보다는 오히려 베다어에 접근시킨다. 그래서 그것은 대명사의 구격(具格)으로서 베다어의 tebhis와 yebhis를 상기시키는 tehi와 yehi 형과 고전어 -tum을 가진 부정사(不定詞)에 대해 -tave를 가진 부정사를 제시하고 있다. -tvāna를 가진 절대분사(絶對分詞)는 -tvā를 가진 표준 산스끄리뜨어 절대분사와는 다른 형으로 소급된다. idha나 sabbadhi와 같은 형은 베다어보다도 이전의 것처럼 보인다." 게다가 "추론과 설법(說法)에 있어서 베다의 산문, 특히 우빠니샤드의 산문과 문체상의 관계는 분명하다."[25] 이와 같은 사실은 불교의 시초부터 마가다에서의 최초의 합송(合誦, 결집)이 동쪽의 한 방언을 기초로 해서 정상적으로 이루어졌을 때, 아반띠에서 마하 깟짜야나(Mahā - Kaccāyana)와 그의 파(派)에 의해, 다른 합송〔결집〕이 빨리어로 이루어졌을 수 있다고 생각하게 한다.

이와 반대로 우리는 확인된 가장 오래된 빨리어 문헌들(Sīla, Pārāyaṇa, Aṭṭhakavagga, Pāṭimokkha, Nikāya)에서 이 가르침이 취한 형태는 서북인도와 기르나르(Girnār)의 아쇼까 비문들보다 언어학적으로, 그리고 형태학적으로 더욱 진보된 상태를 나타내고 있다는 것을 인정해야 한다. 우리는 이 사실로써 이미 "알려져 있는" 빨리어 문헌들이 보다 후기 단계, 즉 아쇼까 시대 후기 단계의 붓다 말씀이 성문화(成文化)되었음을 나타내고 있다는 결론에

25 L. Renou, *Inde Classique*, I p. 76-77.

도달할 수 있을 것이다. 마찬가지로 자이나 성전의 아르다마가다어는 마하비라(Mahāvīra)의 시대(기원전 6-5세기)라고 추측하고 있는 것보다 언어학적으로 더 발전된 상태를 나타내고 있는 것 같다.

여기에서 우리는 빨리어 문헌들보다 더 오래된 언어학적 단계라고 보는 음성학적, 구문론적 영역의 몇 가지 고어체(古語体)만을 아쇼까 비문들에서 언급하기로 한다.

1. 샤흐바즈가리히(Shāhbāzgaṛhī)와 만세흐라(Mānsehrā)의 아쇼까법칙(法勅)들은, 빨리어가 s 한 가지로 귀결시킨 본래의 3개 치찰음들을 유지하고 있다. 만약 빨리어 경우에서처럼 모음 ṛ을 a, u 또는 i로 대신하는 일이 생기면, 그것들은 대체로 모음을 수반하는 유음(流音)〔l, r 따위〕의 자음화 형태로 그것을 보존한다. 예를 들면 grahastha(빨리어, gahaṭṭha)에서 ra, driḍha(同, daḷha)에서 ri, kirṭa(同, kata)에서 ir, śruneyu에서 ru가 그것이다. 유음(流音) r은 일반적으로 선행하는 모음과 결합하여 유지된다: dharma(빨리어, dhamma), draśana(同, dassana); 역시 뒤에 오는 자음과 결합하여 유지된다: vagra(同, vagga), athra와 aṭhra(同, attha), savra(同, sabba). 마지막으로, 빨리어가 동화시키기를 결코 잊어버리지 않는 몇 개의 자음군(子音群)이 유지되고 있다: akṣati에서 kṣ, atikratam에서 kr, agra에서 gr, khudrakena에서 dr, dhruva에서 dhr 등이 그것이다.

2. 기르나르의 법칙에서 사용한 언어는 많은 경우 빨리어와 매우 비슷하다. 그러나 대단히 많은 고어체로써 그것과 구별된다. 그것은 두 개의 자음 앞에 대부분의 경우 장모음을 유지한다. 즉 ā-

tpa(산스끄리뜨어, ātma-; 빨리어, atta), asamāta(산스끄리뜨어, asamāpta; 빨리어, asamatta) 등과 같다. t와 함께 tr을 유지하고(trī 또는 tī, tatra 또는 tata), p와 함께 pr을(prāṇa 또는 pāṇa), -tavya 또는 -taya로 돼 있는 동사적 형용사에서 v와 함께 vy를 유지하기 때문에 그것은 모든 자음군들을 절대로 동화시키지 않는다. st군(群)은 asti, nāsti, hasti에서 그대로 남는다. 그러나 st는 sṭitā에서 sṭ로 바뀐다.

3. 산스끄리뜨어의 명사 합성어(合成語) 발달에 관해 르누(L. Lenou)가 한 최근의 한 연구는[26] 아쇼까 비문들이 빨리어 문헌들에 비해 음성학적인 면에서 뿐 아니라 구조적인 면에서도 오래되었다는 것을 증명하고 있다. 아쇼까 법칙들은 명사 합성어를 언어학적인 혁신이 있기 이전에 이미 사용했는데, 거기에는 2개 요소로 된 합성어 이외에 다른 합성어는 거의 포함돼 있지 않다. 이와는 반대로, "고대 형식의 빨리어 산문은 명백하게 새로운 단계, 즉 가정경(家庭經, Gṛhyasūtra)과 법경(法經, Dharmasūtra)의 단계에 놓여지는데,"[27] 이 단계에서 두 개의 요소로 된 초기적인 구성은 어휘의 삽입 또는 병렬(竝列)을 통해 점점 더 복잡한 조합(組合)을 이루게 된다. 르누는 디가니까야(Dīgha, I, p. 76)에서, aniccucchādanaparimaddanabhedanaviddhaṃsanadhammo, 즉 "쇠퇴하고, 부서지고, 소멸되고, 붕괴되는 것을 법으로 하는 무상한 것"이라는 조합을 지적하고 있다.

---

26 L. Renou, *Sur l'évolution des composés nominaux en sanskrit*, Bull. de la Société Linguistique de Paris, LII, 1956, p. 96-116.

27 같은 논문, p. 109.

따라서 언어학적 발달의 관점에서 보면, 빨리어 문헌은 아쇼까 법칙들보다 후기 단계에 속한다. 빨리어 문헌의 비교적 후기 연대는 그것이 산스끄리뜨어 영향을 받기 쉬웠다는 것을 설명해 주는데, 이 영향은 "산스끄리뜨어 규범을 참작하여 빨리어 문헌들을 개정했다"고 의심 받고 있는 붓다고사 시대를 기다릴 것까지도 없이 매우 일찍 나타났었을 수 있다.[28]

서북 지방의 쁘라끄리뜨어 앞에서(본서 1권, p. 567, 641-650) 우리는 아쇼까와 그의 관리들에 의해 강력하게 후원을 받은 불교의 전도(傳道)가 어떤 상황에서 까슈미라-간다라, 즉 인도의 서북 지방을 포함한 많은 지방에 이르게 되었는가를 보았다. 마우리야 시대 말부터 이 지방은 사실상 불교에 가담하게 되었다.

이 지방에 정착한 불교 전도사들은 그들의 스승의 조언과 이미 잘 수립된 전통에 충실했다. 그들은 서북 인도 지방의 쁘라끄리뜨어 또는 역시 간다라어(Gāndhārī)라는 이름으로 알려진 중기 인도어를 그들의 매개언어로 채택했다.[29] 매우 널리 보급된 이 방언은 종교뿐 아니라 세속적인 일련의 모든 참고 자료들을 포함하고 있는데, 그 가운데서 중요한 것은 다음과 같다. 1. 샤흐바즈가리히(Sh)와 만세흐라(M)의 카로슈티 문자로 된 아쇼까 법칙들;[30] 2. 서력 기원 경에 코탄(Khotan)에 도입된 뒤뜨뢰여 드 랭스(Dut-

28 J. Bloch, *L'Indo-Aryen*, p. 8.

29 H. W. Bailey, *Gāndhārī*, BSOAS, XI, 1946, p. 764-797.

30 E. Hultzsch의 *Inscriptions of Aśoka*(Oxford, 1925, p. LXXXIV-XCIX)에서 이 두 법칙(法勅)에 대한 언어학적인 연구와 J. Bloch가 출판한 *Inscriptions d'Aśoka*(Paris, 1950)에 대한 저자 자신의 서론을 볼 것.

reuil de Rhins)의 필사본 쁘라끄리뜨어 다르마빠다(Dh);[31] 3. 대략 꾸샤나 시대로 소급되는 백여 개의 카로슈티 문자 명문들;[32] 4. 기원후 3세기로 소급되는 나무, 가죽 또는 명주에 쓰여진 니야(Niya)의 기록들이 그것이다. 이것들은 카도타(Cad' ota)에서 발견되었는데 남 세린디아(Serindia)의 샨샨(Shan-shan, 鄯善) 왕국의 수도 크로라이나(Krorayina)의 공용어(公用語)였다;[33] 5. 코탄어, 쿠차어, 아그네아어(Agnean)로 된 중앙아시아의 문헌들 및

---

31 필사본의 출판 : E. Senart, *Le manuscrit kharoṣṭhī du Dhammapada; Les fragments Dutreuil de Rhins*, JA, s. 9, XII권, 1898, p. 193-308, 545 이하; B. Barua와 S. Mitra, *Prākrit Dhammapada*, Calcutta, 1921; H. W. Bailey, *The Khotan Dharmapada*, BSOAS, XI, 1945, p. 488-512. 여러 가지 연구: Académie des Inscriptions의 서평들, 1895년 5월 14일에서 1898년 4월 15일까지; E. Senart, OC. XI, Paris, 1897, p. 1 이하; G. Bühler, *On the Origin of the Indian Brahma Alphabet*, 제2판, Strassburg, 1898, p. 122 이하; H. Lüders, *Bemerkungen zu dem Kharoṣṭhī-Manuskript des Dhammapada*, NGGW, 1899, p. 474-494; T. W. Rhys Davids, *The Gosinga Kharoṣṭhī Manuscript*, JRAS, 1899, p. 426 이하; *Buddhist India*, London, 1903, p. 128; R. O. Franke, *Zum Manuskript Dutreuil de Rhins*, ZDMG, LX, 1906, p. 477-511; J. Bloch, *Le dialecte des fragments Dutreuil de Rhins*, JA, 1912, p. 331-337; St. Konow, *Bemerkungen über die Kharoṣṭhī-Handschrift des Dhammapada*, Festschrift Windisch, 1914, p. 85 이하; *Remarks on a Kharoṣṭhī Inscription from the Kurram Valley*, IS, p. 53-67; *Note on the Ancient North-Western Prākrit*, ISS, p. 603-612; P. K. Mukherjee, *The Dhammapada and the Udānavarga*, IHQ, XI, 1935, p. 741-760

32 St. Konow가 출판한 *Kharoṣṭhī Inscriptions*, Calcutta, 1929.

33 A. M. Boyer, E. J. Rapson, P. S. Noble, *Kharoṣṭhī Inscriptions discovered by Sir Aurel Stein in Chinese Turkestan*, 3 vol., Oxford, 1920-29; T. Burrow, *A translation of the Kharoṣṭhī Documents from Chinese Turkestan*, London, 1940. 역시 다음 책들을 볼 것: P. S. Noble, *A Kharoṣṭhī Inscription from Endere*, BSOS, VI, 2, p. 445-455; T. Burrow, *The Dialectic Position of the Niya Prākrit*, ISS, p. 419-435; *The Language of the Kharoṣṭhī Documents from Chinese Turkestan*, Cambridge, 1937; *Further Kharoṣṭhī Documents from Niya*, BSOS, IX, p. 111-124.

법장부 소속 디르가가마(Dīrghāgama)의 한역인 장아함(長阿含)과 같은 인도 서북 지방 불교 문헌들의 티베트어본과 한문본에서 수집된 많은 차용어들.

인도 서북 지방의 쁘라끄리뜨어권(圈)은 우디쨔(Udicya) 지방과 일치한다. 까우쉬따끼 브라흐마나(Kauśitakī Brāhmaṇa, VII, 6)에 의하면, 우디쨔는 중부 지방, 동쪽 또는 서쪽지방보다 더욱 세련된 방언을 사용한 지방이었다: "이 언어가 가장 탁월한 식별력과 함께 사용되는 곳은 북쪽지방이다. 사람들은 이 언어를 배우기 위해 북쪽 지방으로 간다. 그리고 그들은 그 곳에서 온 사람들이 이 언어로 말하는 것을 듣기 좋아한다." 사실 그곳은 아리야인들이 가장 깊숙이 침투해서 점령했던 곳이다. 그러나 고전 산스끄리뜨어와 나란히 놓였던 쁘라끄리뜨어는 동일한 규범들에 지배되지 않는다. 이 언어는 긴 세월 동안에, 그것이 퍼져 있었던 넓은 지역에서 틀림없이 방언의 분화(分化)를 나타내었을 것이다. 그러나 이 점에 대해, 우리가 사용할 수 있는 참고자료들은 단지 막연한 생각만을 갖게 해줄 뿐이다. 지리적인 위치 때문에 이 지방의 쁘라끄리뜨어는 인접한 방언들, 즉 동쪽 이란어뿐 아니라 토카라어(Tokharien)의 영향을 받았다. 반대로 그것은 중앙아시아 언어들의 어휘들 가운데 적지 않은 흔적을 남겼다. 독자들은 베일리(H. W. Bailey)가 이 문제에 대해 쓴 많은 중요한 연구논문들을 참조할 수 있다.[34]

사실 인도 서북 지방의 쁘라끄리뜨어로 된 불교 문헌들은 그다

34 본서, p. 112 주(註) 참조.

지 많지 않다. 다르마빠다(Dharmapada, 法句經) 외에 우리는 단지 몇 개의 꾸샤나 명문(銘文)들, 이를테면 꾸람(Kurram)의 사리용기(Konow, p. 155)나 와르닥(Wardak, 同., p. 170)의 항아리와 같은 곳에 나오는 소수의 짧은 인용문들만을 지적할 수 있을 뿐이다. 그러나 우리는 얼마간의 원본들이 사라졌다는 것을 믿을 수 있다. 장아함의 한역본(T. 1)은 서북지방의 쁘라끄리뜨어의 원본에 근거를 두고 있었던 것 같다. 그리고 빨리어본과 한역본만을 통해 알려진 밀린다빤하(Milindapañha)는 아마도 최초에 동편잡에서 성립되었을 것이다. (그 근거는) 밀린다빤하에 등장한 주인공이 그곳을 통치했다는 것이다. 이 원본들이 사라져 버린 것은 틀림없이 필사(筆寫) 전통이 상당히 후기에 시작되었기 때문인데, 그때는 이미 혼합 산스끄리뜨어나, 비교적 순수한 형태의 불교 산스끄리뜨어가 쁘라끄리뜨어를 대신했던 것이다.

뒤뜨뢰여 드 랭스의 필사본 다르마빠다는 더욱 귀중하다. 이 필사본에 포함되어 있는 대부분의 금언(金言)들은 빨리어본 다르마빠다, 티베트어본 다르마빠다와 우다나바르가(Udānavarga, Ched-du-brjodpaḥi-tshoms, H. Beckh 출판), 그리고 한역 다르마빠다(法句經, T. 210-213)에서 유사한 것을 볼 수 있다. 그러나 그 분류법은 다르다.

다르마빠다의 게송들은 인도의 보편적인 지혜의 표현이다. 그것들 모두가 다 불교에서 유래한 것은 아니다. 그 가운데 많은 것은 마누 법전(Laws of Manu), 마하바라따(Mahābhārata), 자이나교의 문헌 또는 설화문학(Pañcatantra 등)처럼 서로 다른 작품들에서 소재를 얻었다.[35] 불교 승려들은 모두 그 게송들을 암송할 수 있다. 그렇기 때문에 이 금언들이 처음으로 나타난 정확한 장소를 안다는 것은 불가능하다. 아마도 그것들 가운데 어떤 것은 마가다어뿐 아니라 역시 다른 방언들로 암송되었을 것이다. 그러나 빨리어본 다르마빠다와 쁘라끄리뜨어본 다르마빠다의 원초형인 마가다어로 된 집록(集錄)이 존재했다는 것은 증명되지 않았다.

뒤뜨뢰여 드 랭스의 필사본에 사용된 언어가 틀림없이 인도 서북지방의 쁘라끄리뜨어라는 사실은 카로슈티 문자로 된 비명(碑銘)에 나오는 방언과의 많은 접점(接點)을 통해 증명되었다. 즉 어떤 위치에서 모음 ṛ의 자음화 현상이 있다. 예를 들면 pradhavi는 paḍhavi(산스끄리뜨어 pṛthivī)로 된다; 모음간의 무성폐쇄음의 약화 현상도 있다. 예를 들면 산스끄리뜨어 saṃkārakūṭa가 sagarauḍa로, kṣīrapāka가 kṣiravaya로, ghātayati가 ghadhedi로, pāpe가 pave로 된다; 아누스바라(anusvara=ṃ)를 생략하는 경향도 있다; 첫 번째나 두 번째 r을 가진 자음군의 상대적인 강세, 즉 artha는 atha로, dharma는 dhama로 된다; manuśa에서 ṣy의 ś로 변화; kṣ군의 처리에서 망설임, 즉 때로는 kṣaya, kṣiravayo에서 구분부호(區分符號: ṭṣ 또는 ṭṣh 효과)와 함께 유지되기도 하고, 때로는 bhichave, bhichati에서 서쪽 지방의 ch로 표현되기도 하고, bhikhu, khaṇo, pradimukhe에서 동쪽 지방의 kh로 표현되기도 한다. 우리는 형태론의 영역에서도 동일한 종류의 일치점들을 지적

35 이와 유사한 것들에 대해서는 다음 논문들을 볼 것: L. de La Vallée Poussin, *Essai d'identification des gāthās et des udānas en prose de l'Udānavarga de Dharmatrāta*, JA, 1912, p. 311-330; R. O. Franke, *Dhamma-Wrote*, Iena, 1923, p. 93-119.

할 수 있을 것이다.

그렇지만 쁘라끄리뜨어 다르마빠다와 인도 서북 지방에서 나온 다른 기록들 사이에는 분명한 차이가 있다. 산스끄리뜨어 사용에 맞추어, 샤흐바즈가리히와 만세흐라의 아쇼까 법칙들과 꾸샤나 시대의 비문들은 하나의 비음(鼻音)을 앞세운 폐쇄음들을 있는 그대로 유지한다: aṃtaraṃ(Sh), viyaṃjanate(M), paṃca, mahaṃtasa, puyayaṃto(Patika). 이것과는 반대로 다르마빠다는 비음이 탈락한 뒤에 무성폐쇄음을 유성화한다: paga(산스끄리뜨어, paṅka), paja(同, pañca), aṇadara(同, anantara), subaśu(同, saṃpaśyan). 그리고 비음 다음에 항상 무성폐쇄음들을 삭제하거나 축소한다: kuñaru(산스끄리뜨어, kuñjara), daṇa(同, daṇḍa), vinadi(同, vindati), banha(同, bandha), gamhira(同, gambhīra). 블로쉬(J. Bloch)가[36] 확인한 바에 의하면 이와 같은 현상들은 쁘라끄리뜨어의 전체적인 발전과 일치하지 않을 뿐 아니라, 전체적인 발전을 능가하고 있는데, 이것은 현대 인도의 몇 개의 방언들, 특히 펀잡어와 신드어(Sindhi)에서 다시 발견된다. 게다가 이러한 현상들은 이 방언들의 경우 아주 오래되었다. 왜냐하면 알렉산더 대왕의 원정에 따라갔던 역사가들이 이미 산스끄리뜨어로 샹깔라(Śāṃkala) 또는 샤깔라(Śākala)라는 펀잡 도시 이름을 상갈라(Σάγγαλα)라고 옮겨 쓰고 있기 때문이다.

다른 특징들이 다시 다르마빠다(Dharmapada)의 언어에 특별한 모습을 나타내고 있다. 카로슈티 문자로 된 비문들은 -e(때로는 i

36 JA, 1912, p. 331-337.

로 표시되기도 한다)로 된 짧은 처격(處格)과 함께, 샤흐바즈가리히에서 -aspi 또는 -asi로 된 (oradhanaspi, apakaraṇasi), 꾸샤나 시대 비문에서 -a(m)mi 또는 -asi로 된 (gahami, hasasi), 그리고 니야(Niya)에서는 -aṃmi로 된 긴 형태의 처격(處格)을 가지고 있다. 이 긴 형태의 처격은 다르마빠다에는 없다. 다르마빠다는 그것을 속격(屬格)으로 대체하기까지 한다. 그래서 asmi loki parasayi는 빨리어 asmiṃ loke paramhi ca〔이 세상과 저 세상에서〕와 비교된다.

-a로 된 어간에서, 단수 주격은 샤흐바즈가리히 법칙(法勅)에서 때로는 -o(jano)로, 때로는 비사르가(visarga)의 탈락에 의해 -a로 (jana), 때로는 -e(jane)로 된다. 그러나 이 -e는 마가다어적 요소가 아니다. 왜냐하면 꾸샤나 시대의 비문에서, 그것은 와르닥(Wardak)이 제외된 인더스의 서쪽에서 발견되고(Peshāwār에서는 kūpaḥ khanapitaḥ 경우 kue khaṇavide), -o(異本에서는, -a)로 된 어미는 이 강(인더스) 동쪽에서 발견되는 규칙이다(딱실라에서는 parityāgaḥ의 경우 parichago; stūpaḥ pratiṣṭhāpitaḥ의 경우 thuvo pratithavito). 쁘라끄리뜨어본 다르마빠다에서는 -e로 된 남성 단수 주격은 없고, 단지 -o, -a, -u로 된 것만 있다(akrodhu aṇuvayasa vipramutu; kaeṇa savrudo bhikhu). 이와 같은 제한 때문에 그것〔쁘라끄리뜨어본 다르마빠다〕을 서북 지방 쁘라끄리뜨어의 동쪽(편잡어) 부분에 분류한다.

마지막으로 아쇼까의 비문들은 -tu(śrutu=산스끄리뜨어 śrutvā), -ti(sthitvā의 경우 현재형 tiṣṭhati로부터 tiṭhiti), 그리고 -ya(saṃkhyā의 경우 saṃkhaya)로 된 절대분사(絶對分詞)를 가지고 있다. 꾸샤나 시대 비문들의 절대분사는 -ta(kṛtvā의 경우, karita)와 -ya (likhiya)로 되어 있다. 그러나 다르마빠다는 kitva(산스끄리뜨어 kṛtvā; 빨리어 katvā)와 chitvana(빨리어 chetvāna)를 유지하고, 역시 nihai(빨리어 nidhāya)도 사용한다.

기원전 1세기 말의 불교 언어 지금까지 확인된 사실로부터 3가지 결론이 나올 수 있을 것 같다.

1. 우리가 대략 기원전 1세기말로 정할 수 있는 연대까지, 불교도들은 붓다의 말씀을 그들의 지방 언어들(sakāya niruttiyā), 더 정확하게 말하면 그들이 상대했던 청중들 각자의 쁘라끄리뜨어들로써 전했다. 채택되었던 쁘라끄리뜨어들의 정확한 숫자에 대해서는 모른다. 그러나 그것들 가운데서 3가지에 대해서는 흔적들과 기록들까지 있다.

a. 빨리어와 산스끄리뜨어로 된 불교 문헌들 가운데 한 가지 또는 몇 가지 마가다어로 낭송한 흔적들. 바브라 법칙은 마가다어로 된 몇 가지 경(經) 제목들을 열거하고 있다(본서 1권, p. 457-463 참조).

b. 빨리어, 즉 혼합 양식의 쁘라끄리뜨어로 한 낭송들. 이 언어의 기저(基底)는 서쪽 방언, 아마도 까티아와르에까지 연장된 아반띠의 방언에서 찾아야 할 것이다.

c. 인도 서북 지방, 좀더 정확하게 말해서 펀잡 지방의 쁘라끄리뜨어로 된 낭송들. 뒤뜨뢰이 드 랭스 필사본이 그것에 대한 하나의 표본을 제공해 주었다.

2. 우리가 그것들을 이용할 수 있는 형태로서는, 외관상으로 명백하게 혼합적인 불교 쁘라끄리뜨어들은 모두 언어학상 각기 비교

될 수 있는 아쇼까 법칙들보다 발전된 단계에 있다.

a. 뤼더스와 레비, 그리고 다른 학자들이 불교 문헌들에서 지적한 마가다어적 요소들은 갠지스 유역과 깔링가의 법칙들에 나오는, 소위 말하는 아쇼까의 관용어(官用語)보다 명백하게 후기의 것이다.

b. 서북 지방(Shāhbāzgaṛhī, Mānsehrā)의 법칙들과 서쪽 지방(Girnār)의 법칙들은 모두 빨리어 흔적이 더 이상 없는 일련의 고풍스러운 말투를 포함하고 있다.

c. 서북 지방 간다라어의 범위 내에서 미루어 보면, 뒤뜨뢰여 드 랭스 필사본의 언어는 편잡 지방에 국한된 방언처럼 보인다.

그러나 불교 전도는 아쇼까 왕 시대 — 긴 연대에 의하면 불멸 218년, 짧은 연대에 의하면 100년에 즉위 — 이전에 시작되었다. 그렇다면 아쇼까의 쁘라끄리뜨어들보다 언어학적으로 더 발전된 형태로 나타나고 있는 사실을 어떻게 설명할 수 있겠는가?

아쇼까 법칙들의 언어는 의도적으로 고풍스런 투로 되었다고 종종 말하고 있지만, 이 설명은 언어학자들뿐 아니라 모든 사람들이 이해할 수 있도록 하기 위해 법칙을 공포했다는 아쇼까의 명백한 증언 앞에서 설득력을 잃어 버린다: "이 법칙은 신들의 벗이고, 친절한 눈길을 가진 왕〔天愛喜見王: 아쇼까〕의 명령으로 새겨졌다. 이것은 간단한 것, 중간 길이의 것, 그리고 자세한 것이 있다…… 왜냐하면 나의 제국은 광대하고, 나는 (이것을) 많이 새기게 했고, 앞으로도 많이 새기게 할 것이기 때문이다. 이것들 가운데는 어떤 주제들이 가지고 있는 매력 때문에 자주 반복되는 것이 있는데, 그것은 사람들이 그것에 따르도록 하기 위해서이다" (Bloch, p. 133-134).

그러므로 우리가 가지고 있는 문헌들은 붓다와 첫 제자들이 법을 설하기 위해 사용했던 언어 상태를 반영하고 있지는 않다. 이 문헌들은 보다 후기 단계의 편찬이라는 것을 나타내고 있다. 분명히, 바로 이것이 원시 경전(Urkanon)을 찾기 위한 탐색을 정당화했던 이유이다. 그렇지만 불교가 전도를 시작한 것이 아쇼까 시대보다 1-2세기 이전이었음에도 불구하고 우리가 알 수 있는 언어 형태는 마우리야 시대보다 더 위로 거슬러 올라가지 않는다.

3. 비록 마가다어와 서북 지방의 쁘라끄리뜨어로, 그리고 마우리야 시대의 빨리어로 된 경전의 낭송이 있었다고 해도, 낭송된 문헌들이 이 시대에 벌써 문자 경전을 이루고 있었다는 사실이 증명되는 것은 아니다.

우리는 제2장에서(본서 1권, p. 248-277) 풍송자(諷誦者, bhāṇaka)들의 전문화와 소위 말하는 라자그리하 결집의 문자 편찬에 관한 불교전승을 자세하게 검토했다. 우리는 이 편찬의 범위와 내용에 대해 제공된 자료들이 서로 모순되고 진위를 알 수 없는 것이라는 결론에 도달했다.

불교 언어들에 대한 검토는 초기 성전의 존재에 대해 유리하게 작용하지 않는다. 바브라 법칙이 인용하고 있는 몇 개의 경(經) 제목들과 빨리어와 산스끄리뜨어 문헌에 나오는 몇 개의 마가다어적 요소의 흔적을 가지고 마가다어로 된 원시 경전의 존재를 밝히기에는 충분하지 않다. 뒷날 더 발견될지도 모르지만, 뒤뜨뢰이 드랭스의 다르마빠다만으로서는 현재 우리가 가지고 있는 자료에서 인도 서북 지방의 쁘라끄리뜨어로 된 성전이 존재했다고 결론을 내릴 수는 없다. 빨리어 성전의 경우, 그것은 단지 기원후 5세기에서야 확정적으로 성립되었다. 우리가 앞에서 본 것처럼(본서 1권, p. 294-296), 후기 성전 문헌들(Milindapañha, Visuddhimagga, Aṭṭhakathā, Divyāvadāna)이 최초로 삼장(tipiṭaka 또는 piṭa-kattaya)에 대해 언급하고 있는 문헌들이다. peṭakin(삼장에 정통한), pañcanekāyika(5니까야에 정통한)라는 표현들이 바르후뜨와 산찌의 비문에 나타난 것은 슝가 왕조 시대 이전은 아니다. 이것들은 전체적으로 불교 교리에 정통한 비구들을 가리키는 것 같은 막연한 용어들이다.

혼합 산스끄리뜨어[37] 불교 문학은 여러 가지 쁘라끄리뜨어로 된 문헌들 외에, 혼합(混合) 산스끄리뜨어로 된 작품들을 제공했다. 이 혼합 산스끄리뜨어는 역시 "준(準) 산스끄리뜨어," "게송어(偈頌語)," 또는 "혼합 산스끄리뜨어"라고도 불리는데, 이것은 산스끄리뜨어 형태를 쁘라끄리뜨어 형태에 병치(竝置)한 일종의 특수 용어이다.

37 혼합 산스끄리뜨어에 관해서는, M. Winternitz, *History of Indian Literature*, II, p. 226에서 오래된 참고도서 목록을 볼 수 있다; L. de La Vallée Poussin, *Indo-Européens...* p. 205; Lin, *Aide-Mémoire de la Vraie Loi*, p.162-175. 현재 이 분야에서 가장 중요한 책은 F. Edgerton의 *Buddhist Hybrid Sanskrit*(*Grammar*, *Dictionary*, *Reader*, 3. vol., New Haven, 1953)이다. 저자는 그의 견해를 *The Buddha and Language*(IHQ, XXXII, 1956, p. 129-135)에 요약해 두었다. 중요한 서평들: L. Renou, JA, 1953, p. 283-287(참조, *Histoire de la Langue Sanskrite*, p. 220-222); J. Filliozat, T'oung Pao, XLIII, p. 147-171); E. Waldschmidt, GGA, 1954, p. 92-100; F. Weller, OLZ, 1955, p. 465; H. W. Bailey, JRAS, 1955, p. 13-24; J. Brough, BSOAS, XVI, 1954, p. 421; W. Brown, JAOS, 71. p. 167-168. 혼합 산스끄리뜨어에 응용한 작시법(作詩法)에 관해서는: H. Smith, *En marge du vocabulaire sanskrit des bouddhistes*, Upsala의 Orientalia Suecana, II, 2-4, p. 119-128; III, 1, p. 31-35; *Analecta Rythmica*, Orientalia Suecana, XIX, 7, p. 1-17; *Retractationes Rythmicae*, Studia Orientalia Fennica, XVI, 5, p. 3-37.

혼합 산스끄리뜨어로 된 작품들은 가장 오래된 것은 아니지만, 대략 기원후 첫 몇 세기까지 소급되고, 소승불교와 대승불교 양쪽에 모두 속한다. 그것들은 2군(群)으로 분류될 수 있다.

1. 운문과 산문이 모두 혼합 산스끄리뜨어로 되어 있는 작품들:

1) 마하바스뚜(Mahāvastu) - 이것은 대중부 계통의 설출세부(說出世部)가 편찬한 것으로서 이미 많은 언어학적 연구의 대상이 되었다. 세나르(É. Senart)가 간행한 3권(Paris, 1882-97, I, p. IV 이하); 존스(J. Jones)가 번역한 3권(London, 1949-56; III, p. XIV 이하); 빈디쉬(E. Windisch)의 *Māra und Buddha*(魔羅와 붓다, Leipzig, 1895, p. 3, 41, 43); *Buddha's Geburt*(붓다의 탄생, Leipzig, 1908, p. 144); *Die Komposition des Mahāvastu*(마하바스뚜의 구성, ASGW, XXVII, 1909, p. 476); 올덴베르그(H. Oldenberg)의 *Studien zum Mahāvastu*(마하바스뚜의 연구, NGGW, 1912, p. 124); *Studien zur Geschichte des buddhistishen Kanon*(불교 경전사의 연구, NGGW, 1908, p. 156); 히엔린 찌(Hiän-Lin Dschi, 季羨林)의, *Die Verwendung des Aorists als Kriterium für Alter und Ursprung buddhistishe Texte*(불교 문헌의 연대와 근원에 대한 표준으로서 아오리스트의 적용, NAWG, 1949, p. 245-301).

2) 빅슈와 빅슈니쁘라끼르나까(Bhikṣu-와 Bhikṣuṇīprakīrṇaka, 比丘-, 比丘尼雜誦律) - 한 단편이 쉭샤사뭇짜야(Śikṣāsamuccaya, 大乘集菩薩學論, Bendall 편찬, p. 154-157)에 인용되고 있다. 그리고 티베트에서 발견된 완전한 필사본이 곧 출판되어 나올 것이

다(L. Renou, HLS, p. 209, 註. 3).

3) 한 짧은 자따까(jātaka) - 케른(H. Kern)이 자따까말라(Jātakamālā)의 교정본 부록으로 출판했다(Boston, 1891, p. 240-241).

4) 까란다뷰하(Kāraṇḍavyūha, 大乘莊嚴寶王經) - 사마스라미(S. Samasrami)가 1873년 캘컷타에서 출판한 이 산문본은 마하바스뚜와 유사한 형태의 혼합 산스끄리뜨어이다. 투치(G. Tucci)가 출판한 운문본 *La redazione poetica del Kāraṇḍavyūha*(까란다뷰하의 운문본, Accad. di Torino, IVIII, p. 605 - 630)는 거의 고전 산스끄리뜨어로 되어 있다. 참조: 마줌데르(P. Ch. Majumder)의 *The Kāraṇḍavyūha: Its Metrical Version*(까란다뷰하: 그 운문본 IHQ, XXIV, 1948, p. 293-299); 레가메이(C. Régamey)의 *Randbemerkungen zur Sprache und Textueberlieferung des Kāraṇḍavyūha*(까란다뷰하의 언어와 문헌 전승에 대한 어구 주석, Asiatica, Festschrift Weller, Leipzig, 1954, p. 514-527). 돈황의 필사본들을 사용해서 랄루(M. Lalou)와 레가메이가 준비 중인 새로운 출판본(참조, M. Lalou, A *Tun-huang Prelude to the Kāraṇḍavyūha*, IHQ, XIV, 1938, p. 198-200).

2. 단지 운문만 혼합 산스끄리뜨어로 되어 있고, 산문은 일반적으로 정확한 산스끄리뜨어로 되어 있는 작품들.

1) 랄리따비스따라(Lalitavistara, 方廣大莊嚴經) - 대승불교 색채가 강한 설일체유부의 작품. — 미트라(R. Mitra 출판, Calcutta, 1877); 레프만(S. Lefmann, Halle, 1902-08); 벨러(F. Weller), *Zum Lalitavistara, I, Ueber die Prosa des Lalitavistara*(랄리따비스따라의

산문에 관하여, Leipzig, 1915); 에저튼(F. Edgerton), *The Aorist in Buddhist Hybrid Sanskrit*(불교 혼합 산스끄리뜨어의 아오리스트, JAOS, IVII, 1937, p. 16-34; 히엔린 찌(Hiän-Lin Dschi), *Die Verwendung*..., p. 263.

2) 삿다르마스므리띠우빠스타나(Saddharmasmṛtyupasthāna, 正法念處經) - 후기 소승불교의 저작. 다르마사뭇짜야(Dharmasamuccaya)라는 제목의 운문으로 된 부분은 린 리쾅(Lin Li-Kouang, 林黎光)이 출판했고(Paris, 1946), 베일리(D. R. Shackleton Bailey)가 교정했다(JRAS, 1955, p. 37-54). 거의 정확한 산스끄리뜨어로 되어 있지만 이 시(詩)들은 중기 인도어와 빨리어 문헌들과 유사성을 나타내고 있다(Lin, AM, p. 162-166).

3) 쁘라즈냐빠라미따(Prajñāpāramitā, 般若經) - 산문은 산스끄리뜨어로 되어 있다. 그러나 이 문헌의 전체를 요약하고 있는 한 게송집은 혼합 산스끄리뜨어로 되어 있다. 참조, 오베르밀러(E. Obermiller)의 라뜨나구나상짜야가타(Ratnaguṇasaṃcayagāthā, 佛母寶德藏般若經, Moscou-Leningrad, 1937) - 바즈랏체디까(Vajracchedikā, 金剛般若經)를 위해서는, 뮐러(M. Müller)의 고판(古版)(Oxford, 1881)이 있지만 현재 콘제(E. Conze)가 로마에서 1957년에 다시 출판했다. 이것은 투치(G. Tucci)의 *Minor Buddhist Texts*, 1 (Rome, 1956, p. 172-192)에서 출판된 길기트(Gilgit) 단편들을 사용하고 있다.

4) 삿다르마뿐다리까(Saddharmapuṇḍarīka, 法華經) - 이것은 현재까지 출판된 여러 판(版)들 가운데서 다수의 이본들이 있다. 케른-난조(네팔본)(H. Kern-南條文雄, St. Pétersbourg, 1908-1912); 회른레(R. Hoernle), *Manuscript Remains*(필사본 遺稿, 카쉬가르

본)(Oxford, 1916, p. 132-166); 오기와라(荻原雲來)-쯔찌다미(土田勝彌)(東京, 1934-35); 바루흐(W. Baruch)의 *Beiträge zum Saddharmapuṇḍarīka*(법화경에 대한 기여, Gilgit의 단편들, Leiden, 1938); 두트(N. Dutt), Calcutta, 1952(Mironov의 해석과 함께). 삿다르마뿐다리까는 먼저 중기 인도어로 쓰여졌다는 것과 그 게송(gāthā)들에 나오는 혼합 산스끄리뜨어를 산스끄리뜨어와 빨리어 사이의 중간 단계라고 보는 것은 잘못이다: 참조, 르누(L. Renou), *Introduction ā Wackernagel*(p. 81, 註. 281; p. 83, 286); 두트(N. Dutt), *Manuscripts of the Saddharm apuṇḍarika, their Linguistic Peculiarities*(삿다르마뿐다리까의 필사본들, 그 언어적 특수성)(IHQ, XXIX, 1953, Paris, 133-148). — 티베트어본들로부터 이끌어낸 부분에 대해서는, 시몬슨(N. Simonsson)의 *Indo-tibetische Studien*, I(인도 티베트 연구, I, Uppsala, 1957)을 볼 것.

5) 수카바띠뷰하(Sukhāvatīvyūha, 極樂莊嚴經)-참조, 아시카가(足利惇)의 대무량수경중서게(大無量壽經重誓偈)의 범문(梵文)에 대하여(東洋學論叢, feb. 1952, p. 55-68); 대무량수경탄불게(大無量壽經嘆佛偈)의 범문에 대하여(佛教學研究, 8-9, juil. 1953, p. 1-8).

6) 아바땅사까 부(部)(Avataṃsaka Collection, 華嚴部)-간다뷰하(Gaṇḍavyūha, 華嚴經, 鈴木大拙 - 泉芳璟, 京都, 1934-36)는 바드라짜리쁘라니다나(Bhadracarīpraṇidhāna, 普賢行願)라는 제목으로 된 62개의 게송으로 끝난다(同, IV, p. 543). 이것은 와타나베(渡邊海旭)가 라이프찌히(Leipzig)에서 1912년에 별쇄본으로 출판했다. - 다샤부미까수뜨라(Daśabhūmikasūtra, 十地經)의 게송들은 수사(J. Rahder-S. Susa)가 1931-1932년에 The Eastern Buddhist(동방불교),

vol. V. n° 4; VI. n° 1에서, *The Gāthās of the Daśabhūmika-Sūtra*(十地經의 게송)라는 제목으로 출판했다; 콘도(R. Kondō)는 *Daśabhūmīśvaro nāma Mahāyānasūtram*(十地經이라고 부르는 대승경)을 1936년에 동경에서 개정, 출판했다.

7) 라뜨나꾸따(Ratnakūṭa Compilation, 寶積部) - 스타엘 - 홀스타인(Staël - Holstein)이 *Kāśyapaparivarta*(迦葉所問經)를 상해(上海)에서 1926년에 출판. 린 리쾅의 *Aide - Mémoire de la Vraie* Loi(正法念處經, p.167-171)에서 언어학적 연구. —*Rāṣṭrapālaparipṛcchā*(제18會)는 피노(L. Finot)가 상트 페테르스부르그(St. -Pétersbourg)에서 1901년에 출판(언어학적 연구, p. XII 이하.); 엔신크(J. Ensink)의 *The Question of Rāṣṭrapālaparipṛcchā*(제18會의 문제, Zwolle, 1952)(언어학적 연구, p. XIII 이하).

8) 사마디라자수뜨라(Samādhirājasūtra, 三昧王經) - 레가메이(C. Régamey)의 출판, *Three Chapters from the Samādhirājasūtra*(삼매왕경에서 3장, Varsovie, 1938. 언어학적 연구, p. 14 - 19); 두트(N. Dutt)의 출판, 길기트 필사본 제2권 3부(*Gilgit Manuscritpts*, t. II, 3 parts, Srinagar, 1941-1953. 언어학적 연구, part 1, p. V-XI).

9) 수바르나바솟따마수뜨라(Suvarṇabhāsottamasūtra, 金光明經). - 호케이 이즈미(泉芳璟)의 출판(京都, 1931); 노벨(J. Nobel, Leipzig, 1937. 풍부한 언어학적 주석과 함께). 역시 린 리쾅의 *Aide-Mémoire de la Vraie Loi*, p. 171 - 173을 볼 것.

10) 우다나바르가(Udānavarga, 우다나 品)의 교정본들에서 혼합 산스끄리뜨어 형태 - 피셸(R. Pischel)의 *The Turfan - Recensionen des Dhammapada*(담마빠다의 투르판본)(SBAW, 1908, p. 968 - 985); 드

라 발레 뿌생(L. de La Vallée Poussin)의 *Documents sanskrits de la seconde collection A. Stein*(A. 스타인 제2 컬렉션의 산스끄리뜨어 문헌, JRAS, 1912, p. 355-377); 레비(S. Lévi)의 *Textes sanskrits de Touen-Houang*(돈황의 산스끄리뜨어 문헌들, JA, 1910, p. 433-456); *L'Apramādavarga, Étude sur les recensions des Dharmapadas*(담마빠다의 교정본들에 관한 연구, JA, 1912, p. 203-294); 챠끄라바르띠(N. P. Chakravarti)의 *L'Udānavarga Sanskrit*(산스끄리뜨어 우다나품, I, Paris, 1930).—이본(異本)들에 대해서는, 무케르지(P. K. Mukherjee)의 *The Dhammapada and the Udānavarga*(法句經과 우다나品, IHQ, XI, 1935, p. 741-760)를 볼 것.

벤달(C. Bendall)은 쉭샤사뭇짜야(Śikṣāsamuccaya)에서, 혼합 산스끄리뜨어로 된 많은 게송들의 인용문을 뽑아 출판했다(St.-Pétersbourg, 1897-1902).

이 목록은 완벽한 것이라고 하기에는 거리가 멀다. 사람들은 이 작품들의 대부분이 전승될 때 우여곡절을 통해 많은 변화를 겪었음을 보았을 것이다. 삿다르마뿐다리까(Saddharmapuṇḍarīka)는 네팔, 중앙아시아(코탄), 까슈미르(길기트)에서 유래한 최소한 3개의 이본이 있다. 그리고 쁘라끄리뜨어적인 표현들은 코탄본에 가장 많다. 마찬가지로 바즈랏체디까(Vajracchedikā, 能斷般若經)와 우다나바르가(Udānavarga, 우다나品)에서는 산스끄리뜨어에 비해 쁘라끄리뜨어적인 표현의 비율이 필사본이나 필사본의 단편들에 따라 현저한 변화를 나타낸다. 흔히 현존하는 교정본들을 근거로 정확한 산스끄리뜨어로 돼 있는 것처럼 보이는 작품들이,

필사본 전승을 철저하게 연구해보면 혼합 언어로 되어 있다는 것을 알 수 있다. 이것은 특히 까란다뷰하(Kāraṇḍavyūha)의 경우이다. 랄루(M. Lalou)와 레가메이(C. Régamey)가 현재 준비하고 있는 교정본에서 우리는 많은 쁘라끄리뜨어적인 표현들을 보게 되겠지만, 1873년에 출판된 캘컷타의 고판(古版)에도 이와 같은 쁘라끄리뜨어적인 표현이 있었다는 것은 의심의 여지가 없다. 혼합 산스끄리뜨어로 된 문헌들의 산스끄리뜨어화 정도는 적어도 부분적으로는 각 필사생(筆寫生)들의 개인적인 경향에 의해 설명된다.

하나의 동일한 작품 속에 중기 인도어의 특징들이 반드시 고르게 섞여 있는 것은 아니다. 마하바스뚜(Mahāvastu)의 게송에는 산문 구절에서보다 쁘라끄리뜨어적 요소들이 더 많다. 이것은 틀림없이 게송을 표준화하는 것이 산문을 표준화하는 것보다 더 어려웠기 때문일 것이다. 그렇지만 -e로 된 원망법(願望法)의 3인칭 단수와 같은 중기 인도어 형식들은 운율의 훼손 없이 쉽게 -et로 산스끄리뜨어화 될 수 있었을 것이다. 그럼에도 불구하고 그것들은 게송들 속에 보존되어 있다.

언어적인 사실에 대한 판단은 하나의 동일한 작품 내에서 문체의 변화에 따라 복잡해진다. 올덴베르그는 마하바스뚜에서 적어도 두 개의 다른 어법(語法)을 식별해 내었다. B 문체(文體)는 가장 오래된 것으로서 성전 빨리어와 비슷하다. 이것은 인칭동사들, 특히 아오리스트(aoriste)와 완료(完了)에 많고, 연결 불변화사(不變化詞) khalu를 특히 선호한다는 것을 나타내고 있다. 그리고 adrākṣīt ... dṛṣṭvā ca... prasīde와 ekānte asthāsi, ekāntasthitaḥ... uvāca와 같은 상투적인 형식들 위에 문장을 짓는다. 이와 같은 형식들은 빨리어 자료들을 통해 잘 알려진 관용적 어법이다. A 문체는 좀더 후기 것인데, 특히 명사적 어법을 사용하기 좋아하고, 긴 합성어를 특히 좋아한다. 인칭동사의 사용은 감소되고 현재형에 한정되는 경향이 있다. 연결 불변화사 khalu는 대명사 ta-의 어떤 한 형태 또는 그 파생어들 다음에 오는 dāni에게 자리를 양보한다.

혼합 산스끄리뜨어의 기원에 관한 여러 가지 가설들이 나왔다.[38] 저자들이 단지 불완전하게 알고 있었던 산스끄리뜨어를 (바르게) 쓰고 있다고 믿고 본의 아니게 많은 잘못을 범했거나 또는 쁘라끄리뜨어로 쓴 저자들이 쁘라끄리뜨어에다 산스끄리뜨어 형식을 섞는 것이 유리하다고 믿었거나 또는 율장이 저자들에게 지방 언어〔方言〕를 사용하게 했을 때, 그들이 쁘라끄리뜨어를 완전히 버리기를 망설였기 때문일 것이다.

그러나 작가들의 일이 쁘라끄리뜨어로 작성된 원작들을 혼합 산스끄리뜨어로 옮기는 것이 아니라, 고대 경전 문헌들 속에 통용되는 단어들과 문장 표현들을 사용해서 혼합 산스끄리뜨어로 직접 자신들이 작품을 쓰는 것이었다는 것을 아는 것이 무엇보다 중요하다.

혼합 형태의 불교 산스끄리뜨어는 하강 곡선상의 한 단계처럼 보인다. 그리고 쁘라끄리뜨어가 서력 기원후 첫 몇 백년 동안 그 뒤를 따르다가 3세기에 북인도에서 사라졌다. 우리는 루이 르누(L. Renou)가 주장한 것처럼, 혼합 산스끄리뜨어는 엄밀하게 불교적인 현상이 아니라 인도 언어의 전체적 발전의 일면이었다는 사실을 강조해야 한다. 동일하지는 않지만 유사한 이 혼합 언어는 2세기와 3세기의

38 이 가설들은 J. Mansion의 *Esquisse d'une histoire de la langue sanskrite*(Paris, 1931, p. 105-109)에서 논의되었다.

비문들(모두가 불교 비문은 아니다)과 단편적으로 보존된, 그리고 부분적으로 불교적인 영향을 받은 몇몇 전문서들 가운데서 다시 발견된다. 전문서들이란 베버(Weber) 단편이라고 불리는 사전학의 단편과 수학(數學)을 다룬 바크샬리(Bakhshali) 수뜨라들, 그리고 의학(醫學)을 다룬 바우어(Bower) 필사본과 같은 것을 말한다.[39]

참고자료의 결함을 고려하면서 비명에 나오는 혼합 산스끄리뜨어의 역사적인 개요를 다음과 같이 추측할 수 있다.[40]

1. 기원전 3세기에 아쇼까 법칙에서 처음으로 사용된 쁘라끄리뜨어들은 기원전 1세기말까지 비명에서 꼭 필요했다. 바르후뜨 스뚜빠와 보드가야의 고대 난순(欄楯), 그리고 "빌사의 탑들"(Bhīlsa Topes, 산찌, 소나리, 삿다라, 보즈뿌르, 안데르)의 불교 명문들, 우다야기리(Udayagiri)와 칸다기리(Khaṇḍagiri)의 자이나교 명문들은 모두 쁘라끄리뜨어로 되어 있다. 이 관례 가운데서 유일한 예외는 슝가 시대로 거슬러 올라가는 것 같이 보이는 3개의 명문들, 즉 뿌샤미뜨라(Puṣyamitra)와 그의 여섯 번째 아들이고 계승자의 이름을 인용하고 있는 아요댜(Ayodhyā)의 산스끄리뜨어 비명(EI, XX, 1929, p. 57)과, 아마도 슝가 왕조의 제5대 왕이었을 우다까(Udāka)의 통치 시대와 관계되는 빠보사(Pabhosā)의 혼합 산스끄

39 L. Renou, HLS, p. 220, 註; *Introduction à Wackernagel*, p. 82, 註 286.

40 L. Renou, *Introduction à Wackernagel*, p. 20과 p. 83, 註 283-295. 문학적인 쁘라끄리뜨어들에 관해서는 다음 논문들을 볼 것 : R. Pischel, *Grammatik der Prākrit-Sprachen*, Strassburg, 1900; S. Sen, *Comparative Grammar of Middle Indo-Aryan*, Calcutta, 1951. 비명학(碑銘學)적인 쁘라끄리뜨어들에 관해서는 M. A. Mehendale, *Historical Grammar of Inscriptional Prākrits*(Poona, 1948 ; 그리고 J. Bloch의 서평, JA, 1949, p. 384)를 볼 것.

리뜨어로 된 두 개의 비명(Lüders, 904-905) 뿐이다.

2. 서력 기원후 첫 300년 동안 쁘라끄리뜨어는 혼합 산스끄리뜨어와 더불어 〔순수〕 산스끄리뜨어와 심하게 경쟁을 벌였다. 그러나 산스끄리뜨어 영향의 중요성은 지방에 따라 다르다.

a. 데칸 지역은 쁘라끄리뜨어 사용을 고수했다. 이것은 특히 샤따바하나(Śātavāhana) 왕조의 공적이고 관용적(官用的)인 문체의 비명과 빠이샤찌어(Paiśācī)가 섞인 비명체(碑銘體) 쁘라끄리뜨어로 되어 있는 아마라바띠(Amarāvati, 기원후 2세기)와 나가르주니꼰다의 불교 비명들의 경우이다.

b. 카로슈티 문자로 된 꾸샤나 시대의 비명들은 역시 거의 마지막까지 서북 지방의 쁘라끄리뜨어를 고수했다. 그렇지만 (비문의) 편찬자가 기원후 151-152년부터 연대를 적은 뻬샤와르(Peshāwar) 박물관의 제21번 비문은(Konow, p. 157) Daṇasya avaptir astu라는 산스끄리뜨어식 관용 표현(慣用表現)으로 끝난다. 그리고 토르 데라이(Thor Ḍherai, Konow, p. 176)에 있는 좀더 후기의 비명은 거의 〔순수〕 산스끄리뜨어로 되어 있다.

c. 역시 쁘라끄리뜨어는 서해안과 봄베이 지방의 석굴들에서—대부분 불교석굴이다—아주 분명하게 우위를 차지하고 있다. 나나가뜨(Nānāghāṭ, Lüders, 1112-1120), 바자(Bhājā, 1078-1085), 꼰다네(Kondāne, 1071), 삐딸코라(Pitalkhorā, 1187-1193), 준나르(Junnar, 1150-1183), 벳사(Bedsā, 1109-1111), 까를리(Kārli, 1086-1108)에서는 쁘라끄리뜨어만이 나온다. 그러나 나식에서는 예외적으로 혼합 산스끄리뜨어(Lüders, 1131, 1136, 1137)에만이 아니라 〔순수〕 산스끄리뜨에도(1145) 적당한

자리를 내주고 있다.

나식에는 기원후 119년에서 125년까지 통치했다고 하는 나하빠나(Nahapāna) 태수의 사위, 우샤바다따(Uṣavadāta)의 비명이 5개 있는데, 그 가운데 4개(Lüders, 1132-1135)는 쁘라끄리뜨어로 되어 있지만 1개는(1131) 혼합 산스끄리뜨어이다. 쁘라끄리뜨어로 된 나식 비명(Lüders, 1132)의 내용은 다음과 같다: Sidhaṃ rāṃño Kṣaharātasa kṣatrapasa Nahapānasa dīhitu Dīnikaputrasa Uṣavadātasa kuḍuṃbiniya Dakhamitrāya deyadhaṃmaṃ ovarako.

"성공! 이 (승)방(僧房)은 닥샤미뜨라(Dakṣamitrā)가 기진(寄進)한 것으로서, 그녀는 디니까(Dīnika)의 아들 리샤바닷따(Ṛṣabhadatta)의 부인이고, 끄샤하라따(Kṣaharāta)(家)의 대태수 나하빠나(Nahapāna) 왕의 딸이다."

혼합 산스끄리뜨어로 된 나식 비문(Lüders, 1131)의 내용은 다음과 같다: *Siddhaṃ rājñaḥ Kṣaharātasya kṣatrapasya* Nahapānasya jāmātrā Dīnikaputreṇa Uṣavadātena... dharmātmanā idaṃ leṇaṃ kāritaṃ imā ca podhiyo.

"성공! 디니까의 아들이고 끄샤하라따의 대태수 나하빠나 왕의 사위인 리샤바닷따는 법(dharma)에 고무되어, 이 석굴과 저수(貯水) 탱크들을 조성했다."

산스끄리뜨어로 된 나식 비문(Lüders, 1145)은 Deyadharmmo yaṃ upāsikāyā Mammāyā layanam: "이 종교적인 기진(寄進)은 — 하나의 석굴 — 재가신도 맘마(Mammā)가 한 것이다"라고 되어 있다.

9세기까지 수행자들이 거주했던 깐헤리 동굴의 비명들은 대부분 쁘라끄리뜨어로 되어 있다. 그러나 그 가운데 몇 개는 혼합 산스끄리뜨어(984, 1018)와 〔순수〕 산스끄리뜨어(989-992, 994)로 되어 있다.

d. 중인도의 언어적인 상황은 완전히 반대인데, 그곳에서는 쁘라끄리뜨어들이 분명하게 감소되고 있다. 뤼더스(16번-149번) 목록에서 조사된 마투라의 133개 브라흐미 문자 명문(銘文) 가운데 단지 8개만이 쁘라끄리뜨어로 되어 있고(92번, 93번, 97번, 100번, 101번, 104번, 117번), 다른 것들은 혼합 산스끄리뜨어이다. 그리고 단지 몇 개만이 〔순수〕 산스끄리뜨어로 되어 있다(111번, 147-148번 참조). 동시대의 슈라바스띠 명문들(918-919번)과 사르나트 명문들(922-930번)은 이런 사태가 꾸샤나 대제국의 동쪽(갠지스 강) 지역에서 일어났다는 것을 보여준다.

대부분의 마투라 비명들은 연대 표시가 없다. 그러나 혼합 산스끄리뜨어는 그 명문들 가운데 매우 일찍부터, 즉 샤까족들의 점령 시기 말부터 나타난다. 왜냐하면 그것들 가운데 최소한 3개는(Lüders, 59, 82; El, XXIV, 1938, p. 208) 아제스(Azes) 2세(기원후 5-19년)의 봉신 쇼다사(Śoḍāsa) 태수의 통치 때 것이기 때문이다. 서카(D. C. Sircar)가 복원한 것에 따르면 아래의 것은 3번째 비명의 내용이다(JBRS, XXXlX, 1953, p. 48).

1-5. ... ...

6. Vasunā bhagava〔to Vāsude〕

7. vasya mahāsthāna〔ke devaku〕

8. laṃ toraṇaṃ ve〔dikā prati〕

9. sṭhāpitaṃ. Prīto [bha] [vatu Vāsu]

10. devaḥ Svāmi[sya] [mahākṣatra]

11. pasya Śoḍā[sa] [sya śāsanaṃ]

12. saṃvartayatam.

“바수(Vasu)가 하나의 예배당, 하나의 정문, 하나의 난순(欄楯)을 주(主) 바수데바(Vāsudeva)의 대경내(大境內)에 건립했습니다. 바수데바는 기뻐하소서. 군주, 쇼다사 대태수의 권력이 지속되기를 기원합니다.”

여기에 다시 혼합 산스끄리뜨어 비명이 하나 있는데(Lüders, 925), 특히 잘 보존된 것으로서, 꾸샤나 제국의 대황제 까니슈까 3년(기원후 130년)이라고 되어 있다. 이것은 현재 사르나트 박물관에 소장되어 있다.

1. Mahārajasya Kāṇiṣkasya saṃ 3 he 3 di 22

2. etaye purvaye bhikṣusya Puṣyavuddhisya saddhyevi-

3. hārisya bhikṣusya Balasya trepiṭakasya

4. Bodhisatvo chatrayaṣṭi ca pratiṣṭhāpiṭo

5. Bārāṇasiye Bhagavato caṃkame sahā māt[ā]

6. pitihi sahā upaddhyāyācerehi saddhyevihāri-

7. hi aṃtevāsikehi ca sahā Buddhamitraye trepiṭika-

8. ye sahā kṣatrapena Vanaspparena Kkarapallā-

9. nena ca sahā ca ca[tu]hi pariṣāhi sarvasatvanaṃ

10. hitasukhārtthaṃ.

“까니슈까 대왕 3년, 겨울의 3번째 [달] 22일, 위에서 [표시된] 날에, 뿌샤브릿디(Puṣyavṛddhi) 비구의 도반(道伴)인 삼장 법사

발라(Bala) 비구가 한 〔기진〕은 한 체(體)의 보디삿뜨바의 〔상〕과 산개(傘蓋)가 달린 한 개의 산간(傘竿)으로서 바라나시, 즉 세존(世尊)의 경행처(經行處)에 세워졌다. 〔이 기진은〕 그의 어머니와 아버지, 스승들과 후견인, 도반들과 제자들, 그리고 삼장에 정통한 붓다미뜨라(Buddhamitra) 〔비구니〕, 바나습빠라(Vanasppara) 태수와 카라빨라나(Kharapallāna), 그리고 사방승가(四方僧伽)의 협력으로, 중생들의 이익과 행복을 위해 〔조성되었다〕."

비문에 나오는 혼합 산스끄리뜨어의 역사에, 그리고 서력 기원후 최초의 몇 세기 동안 갠지스 지역의 인도에서 혼합 산스끄리뜨어가 쁘라끄리뜨어에 대해 거둔 명백한 승리에 할애되었던 탈선은 무익(無益)한 것이 아니었다. 왜냐하면 불교문학에서 혼합 산스끄리뜨가 놓여져야 할 것은 바로 이와같은 관점에서여야 했기 때문이다.

루이 르누(L. Renou)가 지적한 것처럼,[41] "혼합 산스끄리뜨어는 정확한 산스끄리뜨어를 구사할 수 없었던, 조금밖에 교육받지 못한 저자들에 의해 만들어진 것이 아니라," 쁘라끄리뜨어와 산스끄리뜨어를 그들 개인적인 판단에 의해 배합(配合)하여 하나의 문학 언어로서 종종 능란하게 구사했던 저자들에 의해 만들어졌을 수 있다.

비문 작성자들이, 관례상 확립된 규칙들 이외에는 다른 어떠한 규칙에도 구애받지 않고, 기념 시설물과 기증물(寄贈物)을 위해 가장 좋게 비문을 작성했던 것처럼, 그렇게 마하바스뚜(Mahāvastu), 랄리따비스따라(Lalitavistara), 삿다르마뿐다리까(Sad-

41 *Histoire de la langue sanskrite*, p. 222.

dharmapuṇḍarīka)의 저자들은 이전의 형식으로부터 반드시 항상 영감을 받은 것은 아니고, 때로는 자신들의 작품들을 직접 혼합 산스끄리뜨어로 썼다. 그들은 저자로서 행동했지, 단지 번역자나 번안자(飜案者)로서 행동하지는 않았다.

물론 마하바스뚜가 바라나시의 설법〔初轉法輪〕, 마하고빈다숫따(Mahāgovindasutta), 디가나카숫따(Dīghanakhasutta), 마라상윳따(Mārasaṃyutta), 그리고 쿳다까(Khuddaka)로부터 전체 구절들을 생략하지 않고 전부 인용할 때는 쁘라끄리뜨어로 기억된 최초의 원본들에 가능한 가장 가까운 상태를 유지했다. 그러나 마하바스뚜가 자따까를 말할 때나 붓다의 생애에 대해 자세하게 이야기할 때는, 필요한 경우 그 자체의 영감을 자연적인 흐름에 내맡길 줄 알았다.

히엔린 찌(Hiän-lin Dschi)가 주장한 것처럼, 혼합 방언과 산스끄리뜨어로 된 불교 작품들은 고대 아르다마가다어로 작성된 초기 경전이 제법 완전하게 치환(置換)된 것이라고 주장하는 것은 지나치게 독단적인 태도이다.[42] 마하바스뚜의 〔B 문체로 돼 있는〕 오래된 부분에서조차도 본문과 인용문을 구별해야 한다. 히엔 린 찌가 주장한 것처럼, "삿다르마뿐다리까와 어쩌면 오래된 다른 대승 작품들의 원본은 고대 아르다마가다어로 작성되었다"[43]고 단언하는 것은 더욱 경솔한 일이다. 우선 보기에 — 저자가 잘 본 것처럼 — 이것은 대승불교의 발상지(發祥地)를 소승불교의 발상지와

42 Hiän-Lin Dschi, *Die Verwendung des Aorists*…, p. 295.
43 같은 책, *Die Umwandlung der Endung -am in -o und -u im Mittelindischen*, NGAW, 1944, p. 141. 역시 E. Waldschmidt, GGA, 1954, p. 99를 볼 것.

동일한 장소, 즉 마가다(Magadha)로 설정하지 않을 수 없게 된다. 소승과 대승의 모든 성전들이 원칙적으로 불교의 첫 100년까지 거슬러 올라갔고, 그 다음 몇 백년 동안은 완전히 불모상태였다고 생각하기는 어렵다. 게다가 산스끄리뜨어 문헌들의 문학적인 계보를 설명하기 위해, 우리는 그것들과 소위 말하는 초기 성전 사이에 일련의 중간 단계들을 상정해야 한다. 그래서 접미사-am이 -u로 대체되는 랄리따비스따라와 삿다르마뿐다리까의 몇 부분에 대해, 히엔린 찌는 이 문헌들이 인도 동쪽지방의 고대 아르다마가다어로 된 원형으로부터 직접 행해진 번역의 결과로 현재의 형태를 가질 수는 없었지만, 인도 서북 지방의 한 방언으로 된 번역의 중간 단계를 전제로 한다는 것을 증명하려고 했다.

필사(筆寫) 전통에서 일어날 수 있는 불가피한 변화를 고려해 볼 때, 우리는 혼합 산스끄리뜨어와 준(準) 산스끄리뜨어로 된 문헌의 저자들이 그들의 작품을 대략, 현재 우리에게 전해진 형태로 썼다고 생각한다. 그리고 쁘라끄리뜨어적인 요소가 산문에서보다는 게송에서 더 두드러진 것은 무엇보다도 문학형식의 이유 때문이라고 생각한다.

이 문헌들은 전문용어, 문장 표현, 그리고 몇몇 문법적인 형식을 통해 성전 문헌과 매우 가깝다. 우리는 이 문헌들 가운데서 빨리어로 정확하게 대비되는 구절들뿐 아니라 전체 페이지들조차도 발견할 수 있다. 이것은 삼장에 정통했던 저자들의 머리 속에는 옛 성전 문헌들로 가득 차 있었고, 이 문헌들이 그들의 입술에서 끊임없이 되살아났기 때문이다. 이 설법 전문가들에게는 쁘라끄리뜨어적인 표현들을 혼합 산스끄리뜨어나 불교 산스끄리뜨어로 바꾸는 것은 너무나 쉬운 일이었다. 그러나 전통의 무게는 그들을 단순한 암송자의 역할만을 하게 하지는 않았다. 그들은 필요한 경우에 새 것을 옛 것에 첨가할 수도 있었다.

언어학자들은 혼합 언어로 된 텍스트들이 산스끄리뜨어와 병치(倂置)하는 쁘라끄리뜨어의 기원에 대해 여러 가지로 생각한다.

에저튼(F. Edgerton)은 그의 "불교 혼합 산스끄리뜨어 문법(*Buddhist Hybrid Sanskrit Gramman*)"에서 실용적인 목표를 추구하면서, 혼합 산스끄리뜨어로 된 20여 개의 작품에서 발견된 모든 혼합어들을 음성학과 형태론이라는 전통적인 틀에다 분류했다. 그 결과 두 가지 사실, 즉 음성 변화뿐 아니라 명사와 동사 어미들의 사용에 관한 뜻하지 않은 다양성을 알게 되었다. 즉 -a로 된 어간들의 단수 남성 주격은 -o, -u, -ū, -a, -ā, -e, -aṃ의 어미를 취할 수 있고, -i와 -ī로 된 어간들을 위해서는 직접격(直接格)에서 25개까지의 어미들이 가능했다.[44] 에저튼의 이 역작(力作)은 개개의 저작에 근거한 일련의 기술문법(記述文法)에 의해 완성되었더라면 더 좋았을 것이다.

히엔린 찌에 의하면 마하바스뚜의 쁘라끄리뜨어는 적어도 "동쪽 언어"의 5가지 특징에 의해, 그 기원이 마가다라는 것을 나타낸다. 즉 -āho로 되어 있는 남성 복수 호격(amātyāho); eva와 함께 불변화사(不變化詞) yeva; -eyaṃ과 -eya와 함께 -ehaṃ과 -eha로 돼 있는 단수 원망법(願望法)의 제1인칭과 3인칭(tiṣṭhehaṃ, dadeha); y에서 v로 바뀌는 불확정 변화(tāyo의 경우 tāva; karā-

44 F. Edgerton, *Buddhist Hybrid Sanskrit*, p. 49-50(-a로 된 語幹들을 위해서); p. 69-70(-i로 된 어간들을 위하서).

yo의 경우 karāvo); 동사 hoti와 hosi 형태들이[45] 그것이다. 그러나 에저튼이 정확하게 지적한 것처럼,[46] 이 현상들은 마가다어 이외의 다른 곳에서도 역시 발견되는 것으로서, 혼합 쁘라끄리뜨어의 동쪽 기원을 전혀 증명하지 못한다.

중기 인도어와 직접 상응하지 않는 조어(造語)들에 대해 에저튼이 작성한 일람표는[47] 더욱 흥미롭다. 즉 -esmin, -esmiṃ 또는 -esmi에서 -a로 된 어간들의 단수 처격(處格); -āvo로 된 여성 직접격(-ā로 된 명사들); -etsuḥ, etsu, -ire와 -ure로 된 3인칭 복수 동사 어미들; -i로 된 절대분사; (tiṣṭhati의 경우) sthihati, (abhūt의 경우) abhūṣi, (산스끄리뜨어 gamiṣyati의 경우) gaṃsati 등과 같은 동사 형태들이 그것이다.

이런 상태로부터 에저튼은[48] 다음과 같이 결론을 내렸다: 1. 불교 혼합 산스끄리뜨어의 주 기저(基底)를 이루는 쁘라끄리뜨어가 동쪽 지방의 방언이었다고 믿을 이유가 없다는 것, 2. 빨리어의 경우에서처럼, 이 쁘라끄리뜨어가 가지고 있는 방언 특유의 본질적인 통일성을 의심할 이유가 없다는 것이다.

불교 작가들이 사용한 혼합 산스끄리뜨어의 복합적이고도 문학적인 성질을 생각하면, 이 언어의 기원 장소를 규명하기 위한 모든 기도(企圖)는 거의 가능성이 없다는 것을 알 수 있다. 이 언어의 취급과 특히 산스끄리뜨어에 대한 쁘라끄리뜨어의 배합은 대체로 저자들의 개인적인 취향에 달린 것이지, 지리적 조건들이 결정적

45 Hiän-Lin Dschi, *Die Verwendung des Aorists*…, p. 269-271.
46 F. Edgerton, *Buddhist Hybrid Sanskrit*, p. 3-4.
47 같은 책, p. 12-13.
48 같은 책, p. 11.

인 영향을 미친 것은 아니다.

그렇지만 중인도와 특히 마투라에서, 혼합적인 성질의 금석문 쁘라끄리뜨어가 거둔 성공을 생각할 때, 혼합 산스끄리뜨어 문학을 발전시킨 사람들은 데칸 지방이나 서북 인도 불교도들이라기보다는 오히려 마댜데샤(Madhyadeśa) 지방의 불교도들일 가능성이 있다.

불교 산스끄리뜨어[49] 기원전 마지막 몇 세기 동안 불교 문학은 중기 인도 쁘라끄리뜨어들, 즉 마가다어, 서북 인도의 쁘라끄리뜨어(간다라어, Gāndhārī), 빨리어만을 사용했다. 기원후 첫 3세기 동안 이 쁘라끄리뜨어들은 혼합 산스끄리뜨어와 매우 심한 경쟁상태에 있었다. 마침내 굽따 왕조 초기부터(기원후 4세기) 비교적 정확한 불교 산스끄리뜨어가 결정적으로 쁘라끄리뜨어들과 혼합 산스끄리뜨어를 대신하게 되었다. 그러나 이 최종적인 발전 단계는 꾸샤나 시대인 기원후 2세기부터 이미 준비되고 있었다.

여기에 역시, 불교 언어역사와 비명체(碑銘体) 산스끄리뜨어 역사간에 밀접한 유사성이 있다. 기원후 첫 3세기 동안 쁘라끄리뜨어들이 남(南)인도에서 지지를 받고 혼합 산스끄리뜨어가 북인도에서 성공을 거두고 있을 때 이미 몇 개의 산스끄리뜨어 비문들

49 혼합 산스끄리뜨어를 제외하면, 자세한 불교 산스끄리뜨 문법서는 아직 부족하다. 그러나 정확한 정보는 L. Renou의 *Inde Classique*, I(p. 72)과 *Histoire de la langue sanskrite*(p. 214-220)에서 찾을 수 있다. 좀더 일반적인 수준의 내용을 위해서는, J. Filliozat의 다음 논문을 볼 것 : *Langues de relations et langues de culture dans l'Inde*, Travaux de l'Institut de Linguistique, I, Paris, 1956, p. 135-154.

이 나타났다. 그들의 대부분은 짜이땨(caitya)와 정사의 건립, 토지의 기진, (시설물의) 정비작업에 관한 기록들이다. 전문어로 말하면 그것들은 법률기록들과 닮았다. 그렇지만 샤까(Śaka) 기원 72년(서력 기원 150년)부터, 주나가드(Junāgaḍh, Kāthiāwār의 Girnār)의 유명한 암벽에 왕(rājan) 대태수 루드라다만(Rudradāman)은 산스끄리뜨어로 자신의 송덕문을 새기게 했다(Lüders, 965). 이 송덕문은 문장의 풍부함과 합성어의 규모 그리고 문체의 형태에 의해서 학문적인 성질의 문학작품인 까뱌(kāvya, 詩的 작품)의 수준에 미친다.

웃자이니의 태수가 보여준 이와 같은 본보기를 굽타 왕조의 황제들이 본받았다. 그들의 영광과 공덕은 운문이나 산문으로 그 시대의 가장 위대한 시인들이었던 깔리다사(Kālidāsa)와 바라비(Bhāravi)와 겨룰 만한 재능을 갖고 있었던 조신(朝臣)들에 의해 찬양되었다. 이들이 지은 가장 유명한 송덕문(頌德文, praśasti)들 가운데서 우리는 다음과 같은 것을 들 수 있다. 즉 하리세나(Harisena)가 지은 사무드라굽따(Samudragupta)의 송덕문: 이것은 단 한 문장으로서 33행(行)으로 되어 있다(Allahābād, 기원후 375-390년: Fleet, 1번, p. 6-10); 밧사밧띠(Vatsabhaṭṭi)가 지은 꾸마라굽따(Kumarāgupta)의 송덕문(Mandasor, 기원후 473-474년: Fleet, 18번, p. 81-84); 바술라(Vāsula)가 지은 야쇼다르만(Yaśodharman)의 송덕문(Mandasor, 연대미상, Fleet, 33번, p. 146-147); 마지막으로, 좀더 후기 것으로서 라비끼르띠(Ravikīrti)가 지은 짤루꺄(Cālukya)와 뿔라께쉰(Pulakéśin) 2세의 운문 송덕문: 이것은 16개의 독립된 시구(詩句)로 되어 있다(El, Vl, p.

4).[50] 이 기록들은 금석문에서 산스끄리뜨어의 승리를 나타내는 것인데, 이 승리는 문학에서보다도 더욱 신속하고 더욱 빨리 왔다.

산스끄리뜨어에 대한 지식은 다양한 계층의 주민들 사이에 계속 확대되었다. 산스끄리뜨어는 학술적인 정확성 때문에 교리와 사상 보급을 위해 이상적인 도구가 되었다. 이 언어가 제한된 바라문 엘리트들에게만 사용되었던 시대는 지나갔다. 붓다가 제자들에게 지방 언어를 사용하도록 권고했던 이유들은 이제 효력을 잃어버렸다. 그때부터 불교도들은 붓다의 말씀을 산스끄리뜨어로 옮기는 것을 더 이상 꺼려하지 않았다.

불행하게도 우리는 이 주도권을 누구에게 부여해야 할 것인지 모를 뿐 아니라, 시간과 공간적으로도 그것을 정확하게 어디에 위치시켜야 할 것인지도 모른다.

사람들은 앞에서(본서, p. 299) 말한 그 전승을 매우 중요시했는데, 그것에 의하면 설일체유부가 산스끄리뜨어를 사용했다는 것이다.[51] 이 사실은 정확하다. 그러나 단지 어느 한 시대에만 그렇다. 산스끄리뜨어를 확정적으로 채택하기 전에 설일체유부는 쁘라끄리뜨어를 사용했을 수 있다. 동일한 전승은 대중부가 쁘라끄리뜨어를 사용했다고 말하고 있다. 그럼에도 불구하고 비록 이 부파가 마하바스뚜에서는 혼합 산스끄리뜨어를 사용했지만, 그들의 율장(T. 1425, 摩訶僧祇律)에서는 〔순수〕 산스끄리뜨어를 사용했다. 이 사실은 바미얀(Bāmyān)에서 발견된 율장의 몇몇 단편들에서

---

50 L. Renou의 *Anthologie sanskrite*(Paris, 1947, p. 383-390)에서 Samudragupta 왕과 Pulakeśin 2세에 대한 칭송사의 불어 번역을 볼 것.

51 특히 Lin Li-Kouang, *Aide-Mémoire*, p. 197-201.

드러났다.[52] 시간과 더불어, 단지 설일체유부 뿐 아니라 인도 대륙의 모든 불교 부파들은 산스끄리뜨어의 매력에 지고 말았다.

사람들은 오랫동안 산스끄리뜨어 성전의 제작이 빨리어 성전의 편찬과 동시에 이루어졌다고 믿었다. 프르질루스키(J. Przylusky)는 다음과 같이 썼다: "최초의 성전 문헌들은 마가다의 방언으로 작성되었다. 상좌부와 설일체유부는 까우샴비와 마투라 지방에서 자신들의 입지가 확실하게 되었을 때, 그들은 각각 명성의 원천과 포교의 도구였던 하나의 문어(文語)를 가졌다. 그래서 사람들은 마투라에서는 산스끄리뜨어로, 까우샴비에서는 빨리어로 성전들을 열심히 번역했다."[53] 드 라 발레 뿌생은 이 주장이 가장 그럴 듯하다고 생각하고 다음과 같이 말했다: "까우샴비-산찌-말라바(Mālava)의 교단들이 빨리어 성전을 받아들였을 때, 야무나(Yamunā)와 서북인도 교단들은 그 지방의 언어적 유행에 따라 마가다어로 된 초기 성전을 산스끄리뜨어로 옮겼고, 까우샴비-산찌-말라바 편찬 본(本)들을 가지고 그것(산스끄리뜨어)을 향상시켰다. 서력 기원 훨씬 이전에 시작된 이 작업은 오랫동안 계속되었다."[54]

비록 빨리어 성전의 기초가 마가다어로 된 문헌을 기반으로 해서 마우리야 시대에 세워졌지만, 그것들은 언어학적으로 아쇼까법칙(法勅)보다 진보된 단계에 속하고 있다고 하는 이 두 권위자들

---

52 S. Lévi, *Note sur des manuscrits sanskrits provenant de Bamiyan et de Gilgit*, JA, 1932, p. 4-8.

53 J. Przyluski, *La légende d'Aśoka*, p. 89.

54 L. de La Vallée Poussin, *Dynasties et histoire de l'Inde*, p. 337.

의 주장에 우리는 동의한다(본서, p. 267-268). 그 대신 우리는 이른바 설일체유부의 산스끄리뜨어 성전이 동일한 시대, 즉 "서력 기원 훨씬 이전"에 대체로 성립되었다는 주장이 증명되었다고는 생각하지 않는다.

산스끄리뜨어로 된 많은 불교 수뜨라들이 중앙아시아에서 발견되었다(본서 1권, p. 302-303). 그러나 이 필사본들의 발견은 수뜨라들이 산스끄리뜨어로 옮겨진 연대에 대해서 우리에게 아무 것도 알려 주지 않는다. 사실 디뱌바다나(Divyāvadāna)에 부분적으로 전재(轉載)된 아쇼까 왕전〔Légende d'Aśoka〕은 마투라와 관계를 가지고 있음을 드러내고, 아쇼까 왕의 전속사제(專屬司祭)였던 그 지방의 영웅 우빠굽따(Upagupta)를 기리고 있다. 그러나 디뱌바다나가 정확한 산스끄리뜨어로 되어 있다는 사실이, 산스끄리뜨어가 마우리야 시대에 마투라에서 이미 사용되었고, 불교 문헌에 일반적으로 적용되었다는 것을 의미하지는 않는다.

사실 우리가 얼마간 확실하게 연대를 정할 수 있는 최초의 표준 산스끄리뜨어 작품들은 아슈바고샤〔馬鳴〕, 나가르주나〔龍樹〕, 아리야데바〔聖提婆〕, 마뜨리쩨따(Mātṛceṭa)의 저술들이다. 그런데 전통은 까니슈까 왕으로부터 바수데바(Vasudeva) 왕까지(기원후 128-230년), 꾸샤나 왕조의 위대한 황제들의 통치 시대와 관련시키고 있다. 이 저자들이 쥐었던 산스끄리뜨어 사용의 주도권은 머지 않아 있게 된 불교 성전의 산스끄리뜨어화(化)보다 앞섰을 수 있다.

이 전환 작업은 집중적이고 조직적인 노력을 요하는 거창한 일이었다. 이런 류(類)의 계획은 필연적으로 역사에 흔적을 남기게 되었을 것이다.

그런데 현장이 까슈미르에서 수집한 한 전승에 의하면 까니슈까 왕 통치 하에서(기원후 128-151년) 모든 불교 저술들이 전체적으로 재검토되었고 학술적으로 주석(註釋)되었다는 것이다.

> 까니슈까 왕이 까슈미르에서 소집한 결집 모임은 경장(經藏)을 설명하기 위해 오파제삭론(鄔波第鑠論, Upadeśaśāstra) 10만송, 율장을 설명하기 위해 비나야비바사론(毘奈耶毘婆沙論, Vinayavibhāṣāśāstra) 10만송, 논장을 설명하기 위해 아비달마비바사론(阿毘達磨毘婆沙論, Abhidharmavibhāṣāśāstra) 10만송을 지었다. 삼장을 완전히 설명하기 위해 모두 30만송, 9백 60만 언(言)을 지었다. 상세하게 삼장을 주석하고 이것을 천고의 후세에 보였다〔備釋三藏懸諸千古〕. 그 "지엽(枝葉)"까지 추구하여, 그 깊고 얕은 의미를 검토하지 않은 것은〔단 한 문헌〕도 없었다. (이리하여 불법의) 전체적인 의미는 다시 밝혀졌고, 가장 작은 말〔微言〕들도 설명되었다. 이 논설들은 널리 유포되어 후진(後進)들은 이것에 의지하게 되었다. 까니슈까 왕은 이 논서들을 동판에 새기게 했다. 그는 돌 상자에 그것을 넣어 봉한 뒤 탑을 건립해서 그 속에 이 상자들을 안치했다. 그는 약샤〔藥叉神〕들에게 이 장소를 보호해서 이학(異學)들이 이 논서들을 그곳에서 끄집어내지 못하게 하도록 명령했다. 그러나 그것들을 연구하고자 하는 사람들은 그 자리에서 그렇게 할 수 있었다(大唐西域記, T. 2087, k. 3, p. 887 a).

이 전승의 가치를 과대평가하려고 하지는 않지만, 현재 전승되고 있는 비바사론(毘婆沙論, T. 1545-47)들이 그 표본을 제공하는 논서들이 작성된 다음, 성전 문헌들의 전반적인 개정이 있었다는 것을 우리는 믿을 수 있다. 그리고 이 논서들이 산스끄리뜨어로 되었으므로, 성전 문헌들도 동일한 언어로 개정되었을 것이다.

산스끄리뜨어 작품들은 그 수가 너무나 많기 때문에 그것들을 모두 열거하기는 불가능하다. 우리는 그 가운데서 단지 몇 가지만을 언급하기로 하겠다.

초기 대승경전 우리는 혼합 산스끄리뜨어를 다룬 부분에서(본서, p. 281-282), 단지 게송들만 혼합 산스끄리뜨어로 되었고, 산문들은 전반적으로 정확한 산스끄리뜨어로 된 작품들의 목록을 보았다. 이것들은 주로 대승경전들인데, 그 가운데서 어떤 것은 서력기원 1-2세기까지 거슬러 올라갈 수 있다. 언어학적인 관점에서 보면 혼합적인 특징에 의해, 이 대승 경전들은 한 편으로 혼합 산스끄리뜨어와 다른 한 편으로 정확한 산스끄리뜨어 사이의 과도기적인 단계를 나타내고 있다.

지나친 신비주의, 종교적으로 다른 이상〔붓다의 경지에 접근〕, 그리고 진보적인 철학적 입장(dharmanairātmya) 때문에 전통 불교와 대립하게 되었던 대승불교 신봉자들은 계율과 (성전) 문헌들의 영역에서 옛 관례들을 주저하지 않고 깨뜨렸다. 그들은 방등경(方等經, Vaipulyasūtra)을 초기 경전에 첨가하면서, 그것을 산문으로 편찬하는 데 〔순수〕 산스끄리뜨어를 사용한 최초의 사람들이 되었다. 그들이 게송들에서 혼합 산스끄리뜨어를 유지했던 것은 아마도 교육적인 이유 때문이었을 것이다. 일반적으로 게송들은 요약된 형태로, 그 앞에 나온 긴 설명들을 반복하고 있다. 일상적으로 사용하는 방언들과 아주 가까운 혼합 언어로 게송들을 기억하는 것이, 음성학적으로나 형태학적으로 훨씬 엄격함을 요하는 〔순수〕 산스끄리뜨어로 기억하는 것보다 쉬웠다.

초기 대승경전들은 산문 부분에서조차도 동일한 단계의 산스끄리뜨어화(化)를 나타내지 않는다. 같은 경전 내에서도 산스끄리트어화는 본(本)에 따라 서로 다를 수 있다.

혼합 산스끄리뜨어와 〔순수〕 산스끄리뜨어를 동시에 사용하는 이 경전들은 순수 쁘라끄리뜨 방언으로 된 하나의 원본에서 유래한 것일까? 이 가설은 문헌 역사에서 매우 복잡한 문제를 일으키겠지만 학자들의 지지를 받았다. 대승경전의 저자들이 혼합 산스끄리뜨어 게송과 〔순수〕 산스끄리뜨어 산문을 바로 작성하는 문학 양식을 사용했다고 생각하는 것이 보다 간단하고 자연스럽다. 그들의 작품들에 산재해 있는 성전적인 겉모습을 가진 구절들은 경전을 무의식적으로 차용한 것으로서 설명될 수 있다.

산스끄리뜨어 성전 성전의 성립에 할애한 부분에서(본서 1권, p. 277-376), 우리는 산스끄리뜨어 성전이 빨리어 성전과 동시에 존재했다는 것을 보았다. 양쪽 모두 마가다 방언으로 된 원형에서 비롯되었다. 산스끄리뜨어 성전은 빨리어 성전과 같은 통일성과 동질성을 가지고 있다는 인상을 주지 않는다. 그 이유는 그것이 좀더 늦게 만들어졌다는 것과 초기 문헌들과 비교해서, 그것은 부파들의 형성 이후에 작성된 좀더 후기 문헌들을 포함하고 있기 때문이다.

대체로 말하면, 설일체유부는 수뜨라, 빠라디목샤〔戒本〕, 까르마바짜나〔羯磨本〕를 중기 인도어에서 산스끄리뜨어로 옮겼지만, 그들의 방대한 율장과 아비다르마서들은 자신들이 직접 산스끄리뜨어로 썼다고 말할 수 있다. 우리는 여기에서 단지 산스끄리뜨어로 전환한 문제만을 다룰 것인데, 그 특징들은 다음과 같다.

1. 중앙아시아에서 발견된 수뜨라의 단편들은 "외관상으로는 거의 정확한 산스끄리뜨어이지만 빨리어 성전을 글자 그대로 복사한 것들이다. 구문(構文)은 빨리어본의 구문과 완전히 일치하고, 어형(語形)은 산스끄리뜨어화된 인상을 준다."[55]

산스끄리뜨어 번역의 정확성은 기성의 관용표현들을 글자 그대로 채택했을 정도이다. 발트쉬미트(E. Waldschmidt)는 자신이 간행한 마하빠리니르바나수뜨라(Mahāparinirvāṇasūtra, p. 517 이하)에서 다음과 같은 여러 개의 "고정된 관용구들"을 지적했다.

"그때 세존께서는 아침에 옷을 입으시고 발우(鉢盂)와 가사(袈裟)를 들고, 비구 무리들과 함께 ....의 집으로 가셨다. 그곳에 들어가셔서, 그에게 정해진 자리에 앉으셨다.":

빨리어: atha kho bhagavā pubbaṇhasamayaṃ nivāsetvā patta-cīvaram ādāya saddhiṃ bhikkhusaṃghena yena... ten' upasaṃkami upasaṃkamitvā paññatte āsane nisīdi.

55 L. Renou, *Histoire de la langue sanskrite*, p. 207.

산스끄리뜨어: atha bhagavān pūrvāhne nivasya pātracīvaram ādāya bhikṣusaṃghaparivṛto bhikṣusaṃghapuraskṛto yena… tenopajagāma upetya purastād bhikṣusaṃghasya prajñapta evāsane nyasīdat.

뿐만 아니라 불교 경전에는 불변적인 형식으로 중요한 불교 교리들을 진술하는 틀에 박힌 짧은 문장들이 많다. 산스끄리뜨어 문헌은 그것을 충실하게 재현하고 있다. 수천의 다른 예문들 가운데서, "연기법"에 대해 말한 것을 보면 다음과 같다:

"무명(無明)에서 행(行)이 생긴다. 행에서 식(識)이 생긴다. 식에서 명색(名色)이 생긴다. 명색에서 육입(六入)이 생긴다. 6입에서 촉(觸)이 생긴다. 촉에서 수(受)가 생긴다. 수에서 애(愛)가 생긴다. 애에서 취(取)가 생긴다. 취에서 유(有)가 생긴다. 유에서 생(生)이 생긴다. 생에서 노(老)와 사(死), 우(憂)와 비(悲), 고(苦), 수(愁)와 뇌(惱)가 생긴다. 그것〔무명〕은 모든 고(苦)의 근원이다."

빨리어: avijjāpaccayā saṅkhārā, saṅkhārapaccayā viññāṇam, viññānapa-ccayā nāmarūpaṃ nāmarūpapaccayā salāyatanaṃ, salāyatanapaccayā phasso, phassapaccayā vedanā, vedanāpaccaya taṇhā, taṇhāpaccayāupādānam, upādānapaccayā bhavo, bhavapaccayā jāti, jātipaccayā jarāmaraṇam sokaparidevadukkhadomanassupāyāsā sambhavanti. evam etassa kevalassa dukkhakkhandassa samudayo hoti.

서북 인도 지방의 쁘라끄리뜨어: avijapracagra saṃk'araṃ, saṃk'arapra cagra viñana, viñanapracagra namaruva, namaruvapracagra ṣaḍrayadana, ṣaḍrayadanapracagra phasa, phasapracagra vedana, vedanapracagra taṣ'a, taṣ'apracagra uvadana, uvadanapracagra bhava, bhavapracagra jadi, jadipracagra jaramaranaśograparidevadukhadormanastaüvagrasa. evam asa kevalasa dukhak'aṃdhasa saṃmudae bhavadi.

산스끄리뜨어: avidyāpratyayāḥ saṃskārāḥ, saṃskārapratyayaṃ vijñānaṃ, vijñānapratyayaṃ nāmarūpaṃ, nāmarūpapratyayaṃ sadāyatanaṃ, ṣaḍāyatanapratyayaḥ sparśaḥ, sparśapratyayā vedanā, vedanāpratyayā tṛṣṇā, tṛṣṇāpratyayam upādānam, upādānapratyayo bhavo, bhavapratyayā jātiḥ, jātipratyayā jarāmaraṇaśokaparidevaduḥkhadaur-manasyopāyāsāḥ saṃbhavanti, evam asya kevalasya mahato duḥkhaskandhasyotpādo bhavati.

다르마빠다〔法句經〕의 한 구절(361)을 가지고 이 비교 검토를 끝내기로 하자: "몸〔身〕을 제어하는 것은 좋다. 말〔口〕을 제어하는 것은 좋다. 마음〔意〕을 제어하는 것은 좋다. 어쨌든 제어된 비구는 모든 고(苦)에서 해방된다."

빨리어: kāyena saṃvaro sādhu, sādhu vācāya saṃvaro manasā saṃvaro sādhu, sādhu sabbattha saṃvaro sabbattha saṃvuto bhikkhu sabbadukkhā pamuccati.

서북 지방의 쁘라끄리뜨어: Kaena sañamu sadhu, sadhu vayai sañamu manena sañamu sadhu, sadhu sarvatra sañamu sarvatra sañato bhikhu savadugatio jahi.

혼합 산스끄리뜨어: Kāyena saṃvaro sādhu, manasā sādhu

saṃvaraḥ sarvatra saṃvṛto bhikṣu sarvaduḥkhā pramucyata.

산스끄리뜨어: Kāyena saṃvaraḥ sādhu, sādhu vācā ca saṃvaraḥ manasā saṃvaraḥ sādhu, sādhu sarvatra saṃvaraḥ sarvatra saṃvṛto bhikṣuḥ sarvaduḥkhāt praṃucyate.

2. 쁘라끄리뜨어적인 요소들은 〔경전 문헌을〕 산스끄리뜨어로 전환할 때 완전히 제거되지 않았다.

피노(Finot)는[56] 설일체유부의 쁘라띠목샤수뜨라(Prātimokṣasūtra)에서 samanugāhyamāna(= -grāhyamāṇa), kāḍa(=kāla), vijñu(=vijña), kaḍiśāmo(=kālaśyama), adhiṣṭhahet (=adhitiṣṭhet), upalāḍayet(=upalālayet)를, 그리고 대단히 빈번하게 호격(呼格)과 착오를 일으킨 주격 āyuṣmaṃ을 지적했다.

코초(Qočo)의 필사본 단편들인 D 424에서, 발트슈미트는[57] 쁘라끄리뜨어적인 요소로서 (다음과 같은 것을) 들고 있다. 즉 sthāmaśaḥ(=sthāmnā), purastima(=pūrva), suvani(=suparnī), putrebhiḥ(=putraiḥ), śiṣyebhiḥ(=śiṣyaiḥ). 간혹 mahārājaḥ 대신 mahārājā.

산스끄리뜨어본 마하빠리니르바나수뜨라(Mahāparinirvāṇasūtra)[58] 역시 다음과 같은 형식들을 포함하고 있다. 즉 posa(= purusa), doṣa (=dveṣa), mukuṭa(=makuṭa), āmantrayate 대신 ā

---

56 L. Finot, *Le Prātimokṣasūtra des Sarvāstivādin*, JA, 1913, p. 470(별쇄본, p. 10). 역시 J. Filliozat—H. Kuno, *Fragments du Vinaya des Sarvāstivādin*(JA, 1938, p. 24)을 볼 것.

57 E. Waldschmidt, *Bruchstücke buddh. Sūtras*, p. 5.

58 E. Waldschmidt, *Das Mahāparinirvāṇasūtra*, I, p. 7, 註 1.

mantrayati, 현재 어간 위에 이루어진 미래 riñcișyaṃti(=rekṣyante), 그리고 접두사를 가진 동사에서 -tvā로 되어 있는 대단히 많은 절대분사(絶對分詞), 즉 praveśayitvā, saṃdarśayitvā 등이 그것이다.

이상한 형식들이 적지 않다. 코초의 필사본은 유성폐쇄음의 강화(强化)를 나타내는 경향을 가지고 있다. 즉 koṣṭhākāra(=koṣṭhāgāra), saṃkrāma(= saṃgrāma), samutra(=samudra), motante(=modante) 등이 그것이다. 그러나 āmandrayati(=āmantrayati), vinipādaṃ(=vinipātam)처럼 그 반대의 예도 있다.

3. 필사생들의 부주의 때문에 상당히 많은 오류와 착오가 생겼다. 가장 빈번한 것 가운데 다음과 같은 것을 들 수 있다. (1) 후음(喉音)과 치음(齒音) 앞에서조차 아누스바라(anusvara)를 일반화하는 경향: saṃgha, saṃnisanna; (2) 비사르가(visarga)의 생략; (3) 산디(sandhi)에 대한 오류들; (4) 장모음 표기의 등한시; (5) r 앞의 자음을 중복시키는 경향.

4. 이 문헌들에서 불교 산스끄리뜨어 일반에 대한 특징들이 가장 분명하게 나타나고 있다.[59]

a. 특수한 어휘. 이것은 빨리어 어휘와 혼합이 되었고, 확실한 산스끄리뜨어 어원이 없는 용어들로 구성되어 있는데(tathāgata, 如來),[60] 이 말들은 때로는 생략 때문에(ṛddhi "신통력"), 때로는 의미의 확대 때문에(dharma, "법, 교리, 설교[법], 진리, 사물") 새

---

59 이것은 L. Renou가 지적한 특징들이다. 참조, *Inde Classique*, I, p. 72; *Histoire de langue sanskrite*, p. 214.

60 이 용어에 관해서는, É. Lamotte, *Traité de la Grande Vertu de Sagesse*, I, p. 126, 註의 참고서 목록을 볼 것; J. Filliozat, JA, 1952, p. 266.

로운 의미를 취한다(raṇa"愛慾").

b. 표현 수단들의 빈약. 이것은 형태론적 · 구문론적인 제약의 완화를 수반한다(L. Renou, HLG, p. 214-220 참조).

c. 약화된 문체. 문장은 병렬된 소(小) 그룹으로 되고, 그것을 빨리어와 유사하게 만드는 반복과 연결 습관을 가진다.

시간이 경과함에 따라 성전 문헌들의 산스끄리뜨어화는 더욱 더 완벽하게 되었다. 이 점에서 본다면 근본설일체유부의 집록들, 특히 이 부파의 빅슈쁘라띠목샤(Bhikṣupratimokṣa)와 비나야들 — 그것들의 상당 부분은 길기트(Gilgit) 발견물 가운데서 나왔다 — 은 설일체유부의 집록들보다 현저하게 발전되었다. 그렇지만 이 성전문헌들 역시 그것이 근거로 했던 쁘라끄리뜨어 원형들의 명백한 특징을 간직하고 있다.

산스끄리뜨어 외전 문학 기원후 제2세기의 공적으로 돌려야 할 것은 산스끄리뜨어의 정착뿐 만이 아니다. 꾸샤나 시대는 역시 산스끄리뜨어로 된 외전(外典) 문학의 시작을 알린다. 그리고 이 외전 문학에는 가지각색의 장르가 있다.

a. 아쇼까바다나(Aśokāvadāna)의 처음 몇 장(章)은 기원후 300년경에 아육왕전(阿育王傳, T. 2042)이라는 제목으로 파르티아 출신 법흠(法欽)이 한역했다.[61] 이 전설의 일부는 꾸마랄라따(Kumāralāta)가 깔빠나만디띠까(Kalpanāmanditikā, 大莊嚴論經)에서, 그리고 디뱌바다나(Divyāvadāna)의 편찬자가 거듭 사용

61 J. Przyluski, *La Légende d'Aśoka*, p. XI 과 434.

했다.[62] 다른 한편, 아바다나샤따까(Avadānaśataka)는 찬집백연경(撰集百緣經, T. 200)이라는 제목으로 지겸(支謙)이 3세기 전반에 한역했다. 우리는 이 사실로서 산스끄리뜨어 설화체(說話体) 문학의 시작을 기원후 2세기로 설정할 수 있다.

아바다나샤따까[63]와 디뱌바다나에서,[64] 양쪽 모두 아바다나(Avadāna, 譬喩)들의 언어는 "서툴고 소박"하다(Renou). 그리고 비찌뜨라까르니까(Vicitrakarṇikā)와 디바빙샤따바다나(Divāviṃśatyavadāna)와 같은 몇몇 집록(集錄)들은 중기 인도 언어의 영향을 나타낸다.[65]

한편, 아바다나들은 초기 성전 전승에 속하는데, 빠리니르바나수뜨라(Parinirvāṇasūtra)와 다른 산스끄리뜨어 수뜨라들로부터 모든 구절들을 인용하고 있다.[66] 다른 한편, 그것들은 쁘라끄리뜨

---

62 H. Lüders, *Bruchstücke der Kalpanāmāṇḍitikā des Kumāralāta*, Leipzig, 1926, p. 71-132.

63 J. S. Speyer 출판, 2 vol., St-Pétersbourg, 1902-04.

64 Cowell-Neil이 출판한 Divyāvadāna의 고판(古版)에(Cambridge, 1886), J. S. Speyer가 많은 수정을 가했다(WZKM, XVI, 1902, p. 103 이하, 340 이하; R. Ware, JAOS, XIVIII, 1928, p. 159 이하; E. J. Thomas, BSOAS, X, 1940, p. 654-656; D. R. Schackleton Bailey, JRAS, 1950, p. 166-184; 1951, p. 82-102. 역시 특별한 장(章)들에 관한 다음과 같은 연구 논문들을 볼 것: R. Ware, *Studies in the Divyāvadāna*: I. *Sukārikāvadāna*, JAOS, XIVIII, p. 159-165; II, *Dānādhikāra*, JAOS, XLIX, p. 40-51; III, *The Preamble to the Saṃgharakṣitāvadāna*, HJAS, 1938, p. 47-67; K. S. Ch'en, *A study of the Svāgata Story*, HJAS, IX, 1947, p. 207-314; W. Zinkgräf, *Vom Divyāvadāna zur Avadānakalpalatā*, Heidelberg, 1940; S. Mukhopadhyaya, *Śārdulakarṇāvadāna*, Santiniketan, 1924; J. Nobel, *Udrāyaṇa, König von Roruka*, 2 vol., Wiesbaden, 1955; J. Brough, *Some Notes on Maitrakanyaka*, BSOAS, XX, 1957, p. 111-132.

65 R. L. Turner, JRAS, 1913, p. 289.

66 J. S. Speyer 출판, II권, p. XVI 이하; ZDMG, LIII, 1899, p. 120 이하; H.

어본 원형들이 받아들였던 문체(文體) 습관들을 버리고, 새로운 형식과 상투적인 문구들을 창시했다. 이것들은 후기 빨리어 성전에서는 유례(類例)가 없지만, 대승경전에서는 간혹 되풀이되고 있었다.

피어(L. Feer)와 스페이어(J. S. Speyer)는[67] 디뱌바다나와 아바다나샤따까에서 계속 되풀이된 상투적인 문구들의 목록을 작성했다. 한 예로서 아바다나샤따까에서 32번이나 되풀이된 붓다의 육체에 대한 묘사를 보기로 하자.

Atha〔N.〕bhagavantaṃ dadarśa dvātriṃśata mahāpuruṣalakṣaṇaiḥ samalaṅkṛtam aśītyā cānuvyañjanair virājitagātraṃ vyāmaprabhālaṅkṛtaṃ sūryasahasrātirekaprabhaṃ jaṅgamam iva ratnaparvataṃ samantato bhadrakam.

"N.은 위대한 사람의 32상(相)을 갖춘 세존을 만났다. 그의 육체는 80종호(種好)로 빛나고, 한 발 넓이의 광채로 장식되어서, 1,000개의 태양보다 더 눈부셨고, 움직이는 보석산 같았으며, 모든 점에서 훌륭했다."

b. 샤께따(Śāketa)의 바라문 출신으로서 까니슈까(기원후 128-151년) 왕과 동시대 사람인 아슈바고샤(Aśvaghoṣa, 馬鳴)는 불교적 영감을 가진 서정적인 서사시의 창시자이고 사실상 유일한 대표자였다. 그가 저술한 붓다짜리따(Buddhacarita, 佛所行讚)와 사운다라난다(Saundarananda, 단정한 난다)는[68] 고전 마하까뱌

Oldenberg, ZDMG, LII, p. 672; NGGW, 1912, p. 168 이하.

67 L. Feer, *Avadāna-Śataka, traduit du sanskrit*, Paris, 1891, p. 1-14; J. S. Speyer 출판, *Avadānaśataka*; II, p. XVI-XX.

68 E. H. Johnston이 출판하고 번역한 것이다 : *The Buddhacarita*, 2 vol., Calcutta,

(Mahākāvya)와 같은 수준이다. 철학적인 부분은 전통적인 어휘와 문장구조에 충실하다. 서술적이고 기술적(記述的)인 부분에는 재치 있는 표현들, 문체 형태들, 복잡한 운율들, 학문적인 문법 형식들이 많다. 아슈바고샤는 바라문적인 뛰어난 솜씨를 충분히 과시함으로써 지식이 적은 그의 동종자(同宗者: 불교도)들의 마음을 사로잡고 싶어했던 것 같다. 효과를 위한 기교와 거의 이해하기 어렵다고 말해도 좋을 정도까지 나아간 그의 간결한 문장은 쇠퇴기 예술의 인상을 준다.[69]

c. 아슈바고샤보다 약간 후에 활약한 그의 제자 마뜨리쩨따(Matṛceṭa)는 불교 찬송시(讚頌詩)를 전문으로 다루었다.[70] 이것은 신비주의와 철학을 결합시킨 소(小)장르였다. 이 시(詩)는 서정적인 서사시보다는 단순하지만 문법적인 기교에 사로잡혔다.

진위(眞僞)는 알 수 없지만 나가르주나의 저작이라고 하는 짜뚜후스따바(Catuḥstava)는[71] 동일한 문체로 되어 있다. 이것은 4개의 찬송시를 모아놓은 것인데, 그 가운데 단지 두 개만 원문으로 전해

1936; *The Saundarananda*, 2 vol., Calcutta, 1932.

69 Aśvaghoṣa의 현학적인 면에 관해서는: L. Renou, *Inde Classique*, II, p. 205-207; *Histoire de la langue sanskrite*, p. 212. 몇 가지 혼합적인 형태에 관해서는: F. Weller, *Zwei zentralasiatische Fragmente des Buddhacarita*, ASAW, XIVI, 1953, Heft 4, p. 1-26; *Ein zentralasiatisches Fragment des Saundarananda*, Mitt. des Inst. für Orientforschung, I, 1953, p. 400-423.

70 D. R. Shackleton Bailey, *The Śatapañcāśatka of Mātṛceṭa*, Cambridge, 1951; *The Varṇārhavarṇa of Mātṛceṭa*, BSOAS, XIII, 1950, p. 671-810; 947-1003.

71 L. de La Vallée Poussin, *Les quatre odes de Nāgārjuna*, Muséon, XIV, 1913, p. 1-18; MCB, I, 1932, p. 395; III, 1934, p. 374; P. Patel, IHQ, VIII, 1932, p. 316과 689; X, 1934, p. 82; G. Tucci, *Two Hymns of the Catuḥstava of Nāgārjuna*, JRAS, 1932, p. 309-325; *Catuḥstavasamāsārtha of Amṛtākara*, Minor Buddhist Texts, I, Rome, 1956, p. 235-245.

지고 있다. 마뜨리쩨따와 나가르주나는 역시 항상 산스끄리뜨어로 서한체(書翰体)를 사용했다. 그것들은 마뜨리쩨따가 까니슈까 2세(기원후 270년)에게 보낸 마하라자까니슈깔레카(Mahārājakaniṣkalekha)와 샤따바하나(Śātavāhana)라고 불렸던 남인도의 잔따가(Jantaka) 왕에게 나가르주나가 보낸 권계왕송(勸誡王頌, Suhṛllekha)이다.[72] 우리는 이 편지들을 단지 티베트어역과 한역을 통해서만 알고 있다. 아마도 외국 전도사들로부터 모방한 것 같은 이 편지 포교는 인도에서 큰 성공을 거두지 못했다.

d. 역시 매우 일찍부터 불교 논사(論師)들은 산스끄리뜨어를 학문적인 언어로 채택했다. 그들은 끝까지 이 선택에 충실했다. 불교 논서들의 형식은 이중으로 되어 있다. 즉 몇 개의 인용문이나 게송으로 된 요약문을 곁들인 산문의 철학적인 논(論, śāstra)의 형식, 그리고 가르칠 자료인 간결한 수뜨라—주로 주석서(bhāṣya)를 통해 얼마간 설명이 필요한 수뜨라—로 요약된 "기억을 위한 운문(kārikā)" 형식이다.

까니슈까 왕의 결집 이후에 활약했던 까슈미르 지방의 아라한들은 소승불교의 가장 완벽한 백과사전인 마하비바샤(Mahāvibhāṣā)를 공동으로 편찬했다. 이 저작은 아비달마대비바사론(阿毘達磨大毘婆沙論)이라는 이름으로 단지 한역으로만 전해지고 있지만 (T. 1545) 최초에는 산스끄리뜨어로 편찬되었음이 틀림없다. 이것은 설일체유부 논장(論藏)의 기본서인 즈냐나쁘라스타나(Jñā

72 F. W. Thomas, *Mahārājakanikalekha*, Ind. Ant., 1903, p. 345 이하; H. Wenzel, *Friendly Epistel of Nāgārjuna*, Jour. of the PTS, 1886, p. 1-32; S. Beal, *Suhṛllekha or Friendly Letter by Nāgārjuna*, London, 1892. 서한체에 관해서는 S. Lévi, *Kaniṣka et Śātavāhana*(JA, 1936, p. 107-115)를 볼 것.

naprasthāna, 發智論)—까따야니뿌뜨라(Kātyāyanīputra, 迦多衍尼子)가 지었다—의 주석서(註釋書)라고 생각된다. 설일체유부의 이 논장이 이미 산스끄리뜨어로 작성되었다는 것은 불가능한 일이 아닐 것이다.[73] 그렇다면, "산스끄리뜨어로 된 논(śāstra)"의 원형들은 2세기 이전까지도 거슬러 올라갈 수 있을 것이다.

기억을 위한 가장 오래된 운문(韻文)들은 나가르주나의 마다미까까리까(Mādhyamikakārikā, 中頌)이다.[74] 이것에는 저자의 주석인 아꾸또바야(Akutobhaya, 無畏疏)가 붙어 있었는데, 그것은 현재 티베트어본으로만 남아 있다. 그러나 우리는 짠드라끼르띠(Candrakīrti, 6세기)의 쁘라산나빠다(Prasannapadā, 淨明句論)로써 그것을 대신할 수 있다. 역시, 나가르주나의 제자이자 경쟁자였던 아리야데바(Āryadeva, 聖提婆)의 짜뚜후샤따까(Catuḥśataka, 四百論)의[75] 일부분도 현재 전해지고 있다. 슌야바다(Śūnyavāda)

73 J. Takakusu(高楠順次郎)는 *On the Abhidharma Literature*(Jour. of the PTS, 1905, p. 84)에서 다음과 같이 주저하고 있다: "그렇지만, (Jñānaprasthāna의) 원본이 어떤 언어로 저작되었는지 확인할 방법은 없다. 우리가 말할 수 있는 모든 것은 상가데바(Saṃghadeva)와 담마삐야(Dhammapiya)가 까수미라(Kaśmīra)에서 가지고 온 원본은 빨리어에 가까운 방언이었던 것 같다는 것 뿐이다. 그 반면 현장이 사용한 원본은 다른 경우에서처럼 산스끄리뜨어였던 것 같다. 그러나 이와 같은 추정은 단지 이들 번역에서 사용된 중국 표의문자(表意文字)의 발음상 의미에 의한 것일 뿐, 다른 어떠한 증거에 의해서도 확인된 것은 아니다."
그렇지만 Jñānaprasthāna에 대해 8번이나 언급하고 있는 야쇼미뜨라(Yaśomitra)의 Kośavyākhyā는 이것에서 산스끄리뜨어로 된 긴 구절을 인용하고 있다(참조, Wogihara 출판, p. 52, l. 15-22). 산스끄리뜨어본 Jñānaprasthāna가 존재했던 것은 확실하다.

74 L. de La Vallée Poussin의 출판, St. Pétersbourg, 1903.

75 P. L. Vaidya의 출판, *Études sur Āryadeva et son Catuḥśataka*, Paris, 1923; V. Bhattacharya, *The Catuḥśataka of Āryadeva*, II (단지 이것만 출판되었다), Calcutta, 1931.

의 대승부파 기본 교리를 설명하고 있는 이 두 작품은 놀라울 정도로 간결하고 명확한 언어로 쓰여졌다. 한 철학 체계가 이처럼 완벽한 표현 도구를 발견한 것은 드문 일이다.

이와 같은 모든 사실로부터, 루드라다만(Rudradāman) 태수가 기르나르(Girnār)의 암벽에 자신의 송덕문(頌德文)을 새기게 했던 무렵에는, 산스끄리뜨어가 인도 대륙에서 전형적인 불교 언어로 인정받았다는 것을 알 수 있다. 샤꺄무니의 모든 제자들은—그들이 이야기꾼이었건, 시인이었건, 편지 대서인이었건, 철학자이었건 간에— 그들 스승(Buddha)의 인물과 사상을 찬양하기 위해 산스끄리뜨어를 사용했다.

산스끄리뜨어는 이 특권을 결코 잃어버리지 않았는데, 이것은 바수반두(Vasubandhu, 世親)와 아상가(Asaṅga, 無着), 그리고 이들의 경쟁자들의 재능 덕택으로 굽따 시대에는 더욱 더 명백하게 되었다.

2. 아비다르마의 발달

우리는 제2장에서 성전, 즉 삼장(三藏, Tripiṭaka)의 형성에 있어서 부파들이 맡았던 역할을 보았다. 즉 모든 부파들에게 공동 유산을 이루는 수뜨라(Sūtra, 經)들의 편찬, 비나야(Vinaya, 律)의 발전과 가장 유명한 부파들— 상좌부, 화지부, 대중부, 법장부, 설일체유부, 근본설일체유부— 의 이름이 결부돼 있는 율장들의 제작, 그리고 수뜨라들의 여기저기에 흩어져 있던 붓다의 가르침을 체계적으로 설명한 아비다르마(Abhidharma) 서(書)들의 출판이 그것이다. 상좌부와 설일체유부는 아비다르마의 편찬에 있어서 그 명성을 날렸다. 아비다르마를 경외서(經外書)라고 물리친 부파들, 예를 들면 경량부(經量部) 같은 부파들도 공식적으로는 아니지만 실제로는 아비다르마서와 같은 가치를 가진 철학적인 논서들을 짓지 않으면 안 되었다.

까타밧투(Kathāvatthu, 論事)와 바수미뜨라(Vasumitra, 世友), 바바(Bhavay, 淸弁), 비니따데바(Vinitadeva, 調伏天)의 논서〔syllabus〕들은 소승 18부파들의 교리와 계율에 대한 입장을 요약한 약 500개의 논제(論題)들을 서술하고 있다. 여기에서, 우리는 이 많은 정보로부터 교리의 성립에 있어서 명백한 발전을 보여주는 독특한 몇 가지 논제들을 발췌하는 것으로 한정하려 한다. 이것들의 대부분은 수뜨라에 나오고 있는 최초의 가르침과 일치하는 것으로서 교리에 대한 설명일 뿐, 그것에서 벗어난 것은 아니다. 그것들은 붓다가 바라나시의 첫 설법에서 가르친 4성제에 대한 자세한 내용을 명백하게 설명하는 데 이바지한다.

법(法, Dharma)의 분류[1] 제1성제(聖諦)에 의하면 제법(諸法, sa-

---

1 Yamakami Sogen, *Systems of Buddhistic Thought*, Calcutta, 1912; O. Rosenberg, *Probleme der buddhistischen Philosophie*, Heidelberg, 1924; Th. Stcherbatsky, *Central Conception of Buddhism*, London 1923; H. Von Glasenapp, *Zur Geschichte der buddhistischen Dharma-Theorie*, ZDMG, XCII, 1938, p. 383-420; *Der Ursprung der buddhistischen Dharma-Theorie*, WZKM, XIVI, 1939, p. 242-266; *Entwicklungsstufen des ind Denkens*, Halle, 1940, p. 338 이하.

몇몇 저자들에 의하면, 법(法: dharma) 이론은 초기불교와 관계가 없었다: A. B. Keith, BSOS, VI, 1932, p. 393-404; IHQ, XII, 1936, p. 1-20; St. Schayer, *Archiv Orientální*, VII, 1935 p. 121-132; Polish Bulletin of Oriental Studies, ṃskāra)은 무상하고, 고(苦)이고, 무아이다. 이 법칙은 개인의 삶과 구제(救濟)에 관계가 있는 모든 현상, 즉 5온(蘊, skandha)과 12처(處, āyatana)와 18계(界, dhātu)에 적용된다. 그러나 부파들은 성전에서 이미 제시된 이들 오래된 분류법에,[2] 존재의 모든 요소(dharma, 法)를 포함하는 새로운 분류법을 추가했다. 이 분류법에 의하면 존재의 모든 요소들은 두 그룹으로 나누어진다. 즉 원인으로부터 생기고 생성(生成)의 법칙에 따르는 유위법(有爲法, saṃskṛta)과 인과법의 작용에서 벗어난 무위법(無爲法, asaṃskṛta)이다.

상좌부(上座部)는 82법(法, dharma)의 목록을 만들었다: 81가지의 유위법(sankhata)과 1가지의 무위법(asankhata)이다.[3]

유위법은 3가지 범주, 즉 1. 색(色, rūpa), 2. 심소(心所, cetasika), 3. 심(心, citta)으로 나누어진다.

I. 색((色, rūpa)은 우주에 있는 물질적인 모든 것을 통틀어 28법(dhamma)에 포함시킨다.

4대(大, dhātu)는 물질의 근본 요소로서 지(地, paṭhavī), 수(水, āpo), 화(火, tejo), 풍(風, vāyo)이고, 그 특성으로서 각각 견성(堅性), 습성(濕性), 난성(煖性), 동성(動性)을 가지고 있다.

이 4대에서 파생된 24가지 현상들, 즉 소조색〔所造色〕은 다음과 같이 나누어진다.

I, 1937, p. 8-17.

2 본서 1권, p. 76-82.

3 Abhidhammattha-saṅgaha에서 작성된 목록으로 S. Z. Aung가 *Compendium of Philosophy*(London, 1929)에서 번역했다. 그리고 H. von Glasenapp가 *Die Philosophie der Inder*(Stuttgart, 1949, p. 326-332)에서 요약했다.

(1-5) 지각(知覺)의 내적인 근거(內處, ajjhattika āyatana)를 구성하는 5개의 육체적인 감각 기관들(五根, indriya), 즉 안근(眼根), 이근(耳根), 비근(鼻根), 설근(舌根), 신근(身根).

(6-10) 지각의 외적인 근거(外處, bāhira āyatana)를 구성하는 5개의 물질적인 감각 대상들(五境, visaya), 즉 색경(色境: 형태), 성경(聲境: 소리), 향경(香境: 냄새), 미경(味境: 맛), 촉경(觸境: 만져서 알 수 있는 것).

(11-12) 성적(性的)인 특성, 즉 여근(女根, itthi-indriya)과 남근(男根, purisa-indriya).

(13) 정신적 삶의 육체적인 근거로서 심기(心基: 心藏, hadaya-vatthu).

(14-15) 신체와 언어적인 표시, 즉 신표(身表, kāya-viññatti)와 어표(語表, vacī-viññatti). 다른 말로 하면 의도적이고 자발적인 행위를 외적으로, 물질적으로 표현하는 동작과 같.

(16) 육체적인 생명력(rūpajīvita, 色命).

(17) 육체적인 몸의 경계로서 허공(虛空, ākāsa).

(18-20) 육체의 3가지 속성, 즉 경쾌성(輕快性, lahutā), 유연성(柔軟性, mudutā), 적업성(適業性, kammaññatā).

(21-23) 유위법의 3가지 성질, 즉 적집(積集=發達, upacaya), 상속(相續, santati), 노-무상성(老-無常性, jarā-aniccattā). 이것은 초기경전(Aṅguttara, I, p. 152)에 생(生=發生, uppāda), 주(住=持續, ṭhitasa), 이(異=變化, aññathattam), 멸(消滅, vaya)이라는 이름으로 언급되어 있다.

(24) 물질적인 음식(食, āhāra)〔飯食, kabaḷiṅkāra-āhāra〕

II. 52심소(心所, cetasika: 심의 여러 가지 속성). 심(心, citta 또는 viññāna)에 종속하는 정신적인 요소들인데, 이것들은 항상 심(心)에 따라다닌다.[4] 심소는 3가지 범주로 분류된다.

(1) 윤리적으로 선(kusala)한 25가지 심소〔善心所〕- 신(信, saddhā) 등.

(2) 윤리적으로 악(akusala)한 14가지 심소〔不善心所〕- 우치(愚癡, moha) 등.

(3) 윤리적으로 중성적인(avyākata, 無記) 13가지 심소〔同他心所〕. 그 특성은 그것들이 상응하는 심(心)의 성질에 달려 있다. (13가지 가운데) 촉(觸, phassa) 등 처음의 7가지는 모든 의식 행위에 공통적인 것이고〔共一切心所〕, 심(尋, vitakka) 등 나머지 6가지는 특별한 의식 상태에 고유한 것이다〔雜心所〕.

III. 심(citta, 마음)은 순수한 마음〔心〕, 정신(精神) 또는 정신 상태이다. 이것은 의(意, manas)와 식(識, viññāna)과 동의어이다.

일상생활에서, 심(心)은 절대로 혼자 나타나지 않고 다른 법(dhamma)들과 함께 나타난다. 다른 법들이란 심(心)의 기관〔根〕과 그 대상〔境〕으로 사용되는 물질적인 법〔色法〕들과 그것〔心〕을 바로 선행(先行)하는 정신적인 법〔心法〕 또는 정신 상태들이다. 마음〔心〕은 계속해서 흐르는 강과 끊임없이 새로워지는 강물에 비교될 수 있다.

불교도들은 물질적인 법들〔色法〕과 심(心)에 협력하는 정신적 요소들〔心所法〕을 모두 자립적이고 독립적인 것이라고 생각한다.

---

4 상세한 목록은 Nyanatiloka의 *Guide through the Abhidhammapiṭaka*(Colombo, p. 12, 도표)를 볼 것.

유위법의 3가지 성질은 심(心)을 동반하는 것, 그리고 심의 발생과 지속과 소멸을 결정하는 것, 그러나 심과 뒤섞이지 않는 것이다. 이것들은 외적인 요소일 뿐 단순한 속성은 아니다. 정신적인 요소들〔心所法〕은 심이 짓는 업(業)의 가치를 결정하고, 해탈의 길에 심의 발전 흔적을 남기기 때문에 물질적인 담마들〔色法〕보다 우위에 있다. 상좌부는 정신〔心〕이 마음 또는 정신적 요소들과 관계해서 나타날 수 있는 상태를 총 89가지〔89心〕라고 본다.[5] cittāni〔心들〕라고 불리는 이와 같은 정신 상태들은 때로는 선(善)으로 나타나기도 하고, 때로는 악(惡)의 3가지 뿌리, 즉 탐(貪, lobha), 진(瞋, dosa), 치(癡, moha) 중의 어느 하나와 관계해서 불선(不善)으로 나타나기도 하고, 때로는 업의 단순한 결과(vipaka, 異熟)로서 또는 독립적인 작용(kriyā, 唯作)으로서 윤리적으로 불확정적인 것, 즉 무기(無記, avyākata)로 나타나기도 한다. 이것〔정신 상태〕들은 욕계(kāmadhātu)와 욕계의 5도(道)로부터 색계(rūpādhatu)와 무색계(arūpādhatu)뿐 아니라, 불교 (수행)도의 4단계까지 생(生)의 모든 수준을 포함한다.

이 체계에서 물질적인 담마〔色法〕와 정신적인 요소들의 작용이 중요하지만, 그 중심에 있으면서 생성(生成) 작용을 결정하는 것은 심(心)이다. 그러므로 상좌부는 심의 작용을 밝히는데 몰두했다. 그들은 식(識)에서 viññānakicca(識作用)라고 불리는 14가지 작용들을 구별지었다.[6]

---

5 상세한 목록은 Nyanatiloka의 같은 책.

6 Nyanatiloka, *Buddhist Dictionary*, Dodanduwa, 1950, p. 166-168과 권말(卷末)의 도표. 그 체계는 窺基가 成唯識論掌中樞要에 요약했다: T. 1831, p. 635 b-c(참조, É. Lamotte, *La Somme du Grand Véhicule*, Louvain, 1931, II, p. *8).

1. 결생심(結生心, Paṭisandhi). 생(生)으로 되돌아오는 순간의 식(識). 생(生)은 이전의 생으로부터 현재의 생으로 넘어온 것이 아니라, 과거 생에서 실현된 조건들, 즉 업, 의지작용, 성향, 대상 등에 의해서〔즉 과거세의 선업과 악업의 결과로서〕 현재에 생을 받게 된다. 산(山)에 반향된 메아리는 통행인이 지른 고함이 아니다. 그러나 누가 고함을 지르지 않았다면 메아리는 일어나지 않았을 것이다. 이 과정에서 같은 것도 없고 다른 것도 없다. 재생(再生) 때의 심(心)은 죽을 때의 심과 같지 않지만, 그러나 그것에서 나온 것이다. 마치 버터는 우유가 아니지만, 우유 없이 버터가 없는 것과 같다.

2. 유분심(有分心, Bhavaṅga). 결생심의 뒤를 바로 잇는 잠재의식. 이것은 전생에 짓고, 죽음 직전에 기억되는 자발적인 행위〔業〕의 결과로서 그 대상을 재현한다.

3. 전심(轉心, Āvajjana). 물질적인 대상〔境〕이 감각의 영역〔五根〕에 도달할 때, 그것은 감각 기관에 작용해서 잠재의식으로부터 반응을 일으킨다. 즉시 의계(意界, manodhātu) 또는 "의식계(意識界, manoviññānadhātu)"는 잠재의식으로부터 떠오르고 대상이 나타난 것을 알린다〔有分心에서 表面心으로 인도하는 것〕.

4-8. 견(見, Dassana), 문(聞, Savana) 등. 선한 행위〔善異熟〕나 악한 행위〔不善異熟〕의 결과로서 생긴 시각, 청각, 미각, 후각, 촉각은 각각 해당되는 감각기관을 통해 느껴진다. 그렇지만 비록 우리가 보고 듣기는 하지만 아직 보고 듣는 것에 대한 의식은 없다.

9. 수용심(受用心, Sampaṭicchana). 감각기관을 통해 지각된 대상을 의계(意界, manodhātu)가 받아들인다.

10. 분별심(分別心, Santīraṇa). 의계가 받아들인 대상을 "의식계"(manoviññānadhātu)가 검토한다[대상을 분별하는 작용].

11. 영기심(令起心, Votṭhapana). 검토된 대상을 "의식계"가 기계적으로 "결정한다"[대상을 판정, 확인한다].

12. 속행심(速行心, Javana). 이렇게 결정된 대상을 몇 가지 심(心)의 상태가 정확하게 파악한다.

13. 피소연심(彼所緣心, Tad-ārammaṇa). 인식된 대상은 확인, 등록된다. 일단 이 작용이 끝나면, 이 심(心)은 잠재의식(bhavaṅga) 속으로 사라진다.

14. 사심(死心, Cuti). 죽는 순간의 심. 이것은 잠재의식의 흐름(bhavaṅgasota)을 중단시키지만, 결생심(結生心, paṭisandhi)이 나타나는 것을 결정짓는다.

*

설일체유부는 상좌부와 상당히 비슷한 법(法)의 목록을 가지고 있다. 그것은 72가지의 유위법(saṃskṛta)과 3가지의 무위법(asaṃskṛta)을 포함하고 있다[5位 75法].[7]

유위법은 다음과 같이 4종류[位]로 나누어진다.

1. 11색법(色法, rūpa). 5근(根, indriya), 5경(境, viṣaya), 무표색(無表色, avijñapti)이다. 무표색에 대해서는 설명이 필요하다. 업(業)은 의지 작용(cetanā, 思)으로서, 순전히 정신적인 행위이다. 이 의지 작용으로부터 신업(身業) 또는 어업(語業)이 생기는데, 업은 이 의지 작용을 표면적으로, 그리고 물질적으로 나타낸

7 도표는: R. Kimura, *The Original and Developed Doctrines of Indian Buddhism*, Calcutta, 1920, p. 14. 설명은 H. von Glasenapp, *Philos. der Inder*, p. 332-338.

것이다. 이것들이 표색(表色, vijñapti)이다. 동시에 이렇게 표현된 의지 작용으로부터 대요소(大要素, 四大)들에서 파생된, 눈에 보이지는 않지만 물질적인 업(業)이 발생하게 된다. 이것은 계속해서 존재하고 증대하면서 사실상 윤리적 책임 상태를 구성한다. 이것이 무표색(無表色, avijñapti)이다.

예를 들면 살인(殺人)은 죽이려는 의도 속에 존재할 수 있는데, 그것은 육체적인 표색(vijñapti), 즉 죽이는 동작에 의해서 바깥으로 표현된다. 그러나 살인 행위를 자신이 직접 하지 않았어도 살인을 지시한 사람의 경우, 역시 살인 행위는 이루어진다. 살해된 사람이 죽는 순간 살인의 무표색은 그 범죄를 선동한 자에게 생기게 된다. 설사 그 순간에 그 선동자가 방심을 하고 있었거나 아무 생각 없이 있었다 해도 마찬가지다. 그리고 보이지 않지만 실재하는 이 무표색은 그로 하여금 살인을 범하게 만드는 것이다.

II. 심법(心法, citta). 심(心)은 역시 의(意, manas), 식(識, vijñāna)이라고 불린다. 이것은 어떠한 내용도 없는 순수한 의식 상태이다.

III. 46심소법(心所法, caitta). 마음의 작용들 또는 심(心)을 동반(同伴)하고 그것과 협력하는 정신 요소들. 이것은 6종류로 분류된다〔6類 46種〕.

(1) 모든 심과 상응(相應)하는 10종의 보편적인 마음 작용인 대지법(大地法, mahābhūmika): 수(受, vedanā), 상(想, saṃjñā) 등.

(2) 모든 선심(善心)과 상응하는 10종의 마음 작용인 대선지법(大善地法, kuśala mahābhūmika): 신(信, śraddhā), 불방일(不放逸, apramāda) 등.

(3) 모든 번뇌심(煩惱心)과 상응하는 6종의 마음 작용인 대번뇌지법(大煩惱地法, kleśa-mahābhūmika): 우치(愚癡, moha), 방일(放逸, pramāda) 등.

(4) 모든 불선심과 상응하는 2종의 마음 작용인 대불선지법(大不善地法, akuśala-mahābhūmika): 무참(無慚, āhrikya)과 무괴(無愧, anapatrāpya).

(5) 소번뇌와 상응하는 10종 마음 작용인 소번뇌지법(小煩惱地法, parīttakleśa-bhūmika): 분(忿, krodha), 한(恨, upanāha) 등.

(6) 8종의 부정지법(不定地法, aniyata). 이것은 때로는 선심에 관련되기도 하고, 때로는 불선심 또는 부정심(不定心)에 관련되기도 한다: 심(尋, vitarka)), 사(伺, vicāra) 등.

IV. 14심불상응행법(心不相應行法, cittaviprayuktasaṃskāra). 이것은 물질〔色〕도, 마음〔心〕도 아니다. 〔그러나 그것들에 의해 발현(發現)되는 일종의 세력이다.〕.

(1) 득(得, prāpti): 획득된 대상을 그 소유자에게 묶는 세력.

(2) 비득(非得, aprāpti): 획득된 대상을 그 소유자로부터 떼어놓는 세력.

(3) 중동분(衆同分, sabhāgatā): 유정(有情)들로 하여금 서로 닮게 하는 세력.

(4-6) 무상과(無想果, āsaṃjñika), 무상정(無想定, āsaṃjñisamāpatti), 멸진정(滅盡定, nirodhasamāpatti): 무상천(無想天)의 신들과 무상정이나 멸진정에 들어간 수행자들의 마음〔心〕과 마음 작용〔心所〕을 멈추게 하는 세력.

(7) 명근(命根, jivitendriya): (유정의) 체온과 식(識)을 보존하

고 유지하는 세력.

(8-11) 4상(相): "유위법의 4가지 성질(saṃskṛtalakṣaṇa)"인 생(生), 주(住), 이(異), 멸(滅). 이 성질에 의해 유위법은 생겨나서 짧은 순간 지속되다가 파손되어 곧 사라진다.

(12-14) 명신(名身, nāma-kāya), 구신(句身, pada-kāya), 문신(文身, vyañjana-kāya): 생각이나 판단을 일으키는 단어와 문장과 단음(單音)들의 집성. 〔이 3가지는 사물과 진리를 이해하도록 하는 세력을 가지고 있다.〕

실재(實在)를, 순간적으로 지속하고 독립돼 있는 요소들로 나누는 설일체유부의 다원론(多元論)은, 결코 원자(原子)를 하나의 불변적인 실체(實体)로 보지 않는 인도의 다른 유사한 이론들과 구별되는 원자론[8]을 내세웠다.

설일체유부는 원칙적으로 3종류의 원자들을 구별한다. 즉 1. 극미(極微, paramāṇu: 극한의 미립자) - 오직 마음으로서만 생각할 수 있을 만큼 미세하고 쪼갤 수 없는 원자, 2. 미취(微聚, aṇu: 미립자) - 최소한 7개의 극미로 입방체 형태를 이루고 있는 엄밀한 의미의 원자, 3. 미진(微塵, rajas) - 7개의 엄밀한 의미의 원자들로 형성되어 있는 것으로, 보디삿뜨바의 눈에만 보인다. 색법(色法, rūpa-dharma)은 원자들로 이루어져 있는 것이 아니고, 그 반대로 원자가 몇 개의 색법으로 구성되어 있고, 공간의 최소 부분으로 생각된다. 색법 자체는 면적〔方分〕을 가지고 있지 않다.[9]

8 Kośa, I, p. 89-92; II, p. 144-149; III, p. 213.

*

설일체유부의 실재론(實在論)은 모든 불교 부파들에 의해 공유되지는 못했다. 대중부의 한 부파인 설가부(說假部)는 유위법이 단순한 명칭(prajñapti)에 지나지 않고, 같은 말이지만, 12처(處, ā-yatana, 識의 12근거)가 완전한 실체들이 아니라고 주장했다.[10]

경량부(經量部)는 유명론(唯名論)을 이와 같은 극단으로 몰고 가지 않고 설일체유부의 이론에 대해 가혹하지만 건설적인 비판을 했다. 그들은 육체적인 업〔身業〕과 무표업(無表業, avijñapti)[11]의 객관적인 실재성을 부정했다. 그들은 마음〔心〕의 실재는 인정하지만 마음 작용들〔心所, caitta〕[12]은 전적으로 또는 부분적으로 받아들이지 않았다. 끝으로 그들은 14불상응행법(不相應行法)을 순전한 정신적인 허구라고 생각했다. 특히 유위법의 성, 주, 이, 멸은 생멸하는 법(法)과는 전혀 다른 실체(實體)가 아니라, 시작해서 계속되다가, 변해서 사라지는 연속들의 단순한 변형일 뿐이다.[13] 경량부에 의하면 파괴란 자동적인 것이다. 즉 법(dharma)은 정상적인 상황에서 스스로 끊임없이 사라지고, 스스로 끊임없이 다시 생겨난다는 것이다.[14]

이와 같은 관점의 불일치 때문에 부파들은 법(Dharma)의 성질

9 O. Rosenberg, *Probleme*, p. 156, 158; O. Strauss, *Ind. Philosophie*, Münich, 1925, p. 208-209.

10 J. Masuda, *Origin and Doctrines*, p. 36; A. Bareau, *Les Sectes bouddhiques*. p. 85.

11 Kośa, IV, p. 12-14; A. Bareau, p. 157.

12 Kośa, II, p. 150 註.

13 Kośa, II, p. 226-238.

14 Kośa, IV, p. 5-8.

자체에 대해 다른 견해들을 표명하게 되었다.

법(Dharma)의 성질 소승의 대부파들은 모든 법(法, Dharma)에 실체(實体, dravya), 즉 자성(自性, svabhāva)이 있다고 보았지만, 그것은 무상(anitya)한 것이라고 생각했다. 법은 동시에 원인이고 결과이다. 법이 존재하지 않을 때는, 그것은 다른 법들과의 기능적인 상관관계에 의해 생기고, 그 작용을 발휘한 뒤에, 그것은 더 이상 존재하지 않는다.

이와 같은 일반적인 견해는 뒷날 대승 논사들에 의해 논박을 당했지만, 그러나 많은 설명이 가능하다.

상좌부(上座部)는 법의 초월적인 성질에 대해 길게 따지지 않았다. 그들은 법이 그들에게 모습을 나타내고 있는 그대로 사실을 받아들였을 뿐, 더 깊이 추구하려 하지 않았고, 법의 실재(實在) 단계를 문제삼으려고도 하지 않았다. 상좌부는 미리 독일시인 괴테(Goethe)의 조언을 따랐다: "현상 뒤에 아무 것도 찾지 마라. (현상) 그 자체가 가르침이다."[15]

모든 법(Dharma)은 시간 안에서 작용한다. 그러나 이 다루기 어려운 문제에 관해서 상좌부는 분별설부(Vibhajyavādin)라는 별명을 그들에게 얻게 해준 분별설(分別說)을 고집했다: "분별설부는 현재와 과거의 일부분, 즉 과보를 아직 초래하지 않은 업(業)은 존재하고, 미래와 과거의 일부분, 즉 과보를 이미 초래한 업은 존재하지 않는다는 것을 주장하는 부파이다."[16] 바꾸어 말하면 법은

15 H. von Glasenapp, *Philosophie*, p. 327에서 인용.

작용하고 있는 순간이나 또는 여전히 작용해야만 하는 한에서만 존재한다.

사실 붓다가 이미 확인한 것처럼(Aṅguttara, IV, p. 137; I, p. 10), 법은 오랫동안 지속하지 않는다. "강물은 멈추지 않는다. 강물은 1초(khaṇa), 1분(laya), 1시간(muhutta)도 멈추지 않는다. 마찬가지로 생각[心]의 흐름도...." 하나의 색법이 지속되는 동안, 16심찰나(心刹那)가 일어났다 사라진다. 어떠한 예를 가지고서도 이 순간적인 시간의 짧음을 알게 할 수는 없다. 그래서 붓다는 어떠한 법(Dharma)의 "회전(回轉)"도 심(心)의 회전처럼 짧은 것(lahuparivatta)은 보지 못한다고 말했다.[17]

*

"일체유(一切有)의 지지자들"인 설일체유부(說一切有部)는 더욱 실재론자들이다. 그들은 모든 것, 즉 과거, 현재, 미래의 일체가 존재한다고 주장한 사실 때문에 이와 같은 이름을 가지게 되었다.[18] 설일체유부에 의하면 법은 3세(世)에 존재한다. 그들은 자신

16 Kośa, V, p. 52. 사실, Kathāvatthu, I, 6-8(p. 115-155)에서 상좌부(Theravādin)는 설일체유부가 주장하는 과거와 미래의 존재를, 그리고 음광부(Kaśyapīya)가 주장하는 어떤 과거와 어떤 미래의 존재를 논박한다(참조, A. Bareau, p. 213-214); 그러나 정통적인 전승에 의하면 상좌부는 빠달리뿌뜨라 결집에서 자신들은 분별설부(Vibhajyavādin)라고 선언했다는 것이다(본서 1권, p 370 볼 것). 그렇지만 이 단어의 정확한 철학적 의미는 분명하지 않다; 참조, Kośa, V, p. 23-24, 註; L. de La Vallée Poussin, *Études Asiatiques*, I, Paris, 1925, p. 345, 註 1.

17 L. de La Vallée Poussin, *Notes sur le moment ou kṣaṇa des bouddhistes*, RO, VIII, 1931, p. 1-9.

18 J. Masuda, p. 39; A. Bareau, p. 137; Kathāvatthu, I, 6, p. 115-143; 阿毘達磨識身足論, T. 1539, k. 1, p. 531 a-536 a(번역, L. de La Vallée Poussin, *La controverse du temps et du Pudgala dans le Vijñānakāya*, Études Asiatiques, Paris, 1925, I, p. 346-358); Kośa, V, p. 49-65. St. Schayer, *Contributions*

들의 논거(論據)를 경전과 추리(推理)로부터 끌어낸 증거에 근거를 두고 있다.

1. 과거와 미래는 존재한다. 왜냐하면 붓다는, "배움이 있는 성스러운 슈라바까(Śrāvaka, 聲聞)는 *과거의 색*(*rūpa paseé*)을 고려하지 않고, *미래의 색*(*rūpa future*)을 좋아하지 않는다"라고 말했기 때문이다(Majjhima, III, p. 188).

2. 붓다는 역시 말했다(Saṃyutta, II, p. 72). "식(識)은 두 가지 사실, 즉 1) 안근(眼根)과 색(色), 2) 의근(意根)과 법(法, dharma)에 의해서 생긴다." 그러나 의식(意識)은 즉시 안식(眼識)을 뒤따른다. 만약 안근에 의해 *전*에, 따라서 *과거*에 지각된 색(色)이 더 이상 존재하지 않는다면, 의식은 그것[色]에 의해서 일어나지 않을 것이다.

3. 만약 과거에 감각 기관에 의해 지각된 대상이 식(識)이 일어나는 그 순간에 더 이상 존재하지 않는다면, 이 후자[識]는 일어나지 않을 것이다. 왜냐하면 대상 없이 식은 없기 때문이다.

4. 만약 과거가 존재하지 않는다면 어떻게 선업 또는 악업이 미래에 그 과보를 맺을 수 있겠는가? 사실 과보가 발생되는 순간 과보의 원인(vipākahetu, 異熟因)인 업(業)은 과거이다.

이 사실에서 설일체유부가 취한 역설적인 입장이 나오게 되었다. 즉 단위(單位, dravya)로서 또는 자성(自性, svabhāva)으로서, 법(dharma)은 항상 존재하지만 (그것은) 3세(世)를 관통한다는 것

---

to the Problem of Time in Indian Philosophy, Mém. Acad. Polon., 제31집, Cracovie, 1938; A. Bareau, *The notion of Time in Early Buddhism*, East and West, VII, 1957, p. 353-364.

이다.

설일체유부의 논사들은 이 과정에 대해 다음과 같은 4가지 다른 설명을 제시했다.[19]

1. 다르마뜨라따(Dharmatrāta, 法救)는 양식(樣式)의 변형(bhāvānyathātva), 즉 유부동(類不同)을 주장한다. 하나의 법(dharma)이 한 시기에서 다른 시기로 넘어갈 때 그 본질(dravya)은 바뀌지 않지만 그 양식(bhāva, 類)은 바뀐다. 법이 미래에서 현재로 이동할 때 그것은 미래의 양식〔類〕을 버리고 현재의 양식을 획득한다. 법(法)이 현재에서 과거로 이동할 때, 그것은 현재의 양식을 버리고 과거의 양식을 획득한다. 그러나 그 본질은 항상 동일하다. 마치 금 그릇〔金器〕이 부서지고 변화되어 형태(ākṛti)를 바꾸어도 그 색깔은 바뀌지 않는 것과 같다. 그리고 우유가 응유(凝乳)로 변하면서 어떤 속성(guna)과 맛은 잃어버리지만 그 색깔을 잃어버리지 않는 것과 같다.

2. 고샤까(Ghoṣaka, 妙音)는 상(相)의 다름(laksaṇānyathātva), 즉 상부동(相不同)을 주장한다. 법이 과거로 될 때, 그것은 과거의 상(lakṣaṇa, 특성)을 갖게 되지만 현재와 미래의 상을 잃어버리지 않는다. 법이 미래로 될 때는 그것은 미래의 상을 갖게 되지만 현재와 과거의 상을 잃어버리지 않는다. 현재로 될 대, 그것은 과거와 미래의 상을 잃어버리지 않고 현재의 상을 가진다. 그러므로 그것〔法〕은 3세에 존재한다.... 마치 한 여자에게 애착을 느끼고 있는 남자가 다른 여자들에 대해 마음이 멀어지지 않는 것과 같다.

---

19 大毘婆沙論, T. 1545, k. 77. p. 396 a 이하 ; Kośa, V, p. 52-55.

3. 바수미뜨라(Vasumitra, 世友)는 상황들의 다름(avasthānyathātva), 즉 위부동(位不同)을 주장한다. 이것은 뒷날 바수반두(Vasubandhu, 世親)가 지지했다. 법은 3세를 통해 진행하면서 이러저러한 상황〔位〕을 취한다. 법은 본질(dravya)의 차이에 의해서가 아니라 상황의 차이에 의해서 다르게 된다. 그것은 마치 숫가지〔籌〕가 1자리〔位〕에 놓여지면 1이라 하고, 10자리 또는 100자리에 놓여지면 10 또는 100이라 하는 것과 같다.

4. 붓다데바(Buddhadeva, 覺天)는 관계의 상호작용(anyyonyathātva), 즉 대부동(待不同)을 주장한다. 3세를 통해서 나아가는 법(dharma)은 그 관계에 따라 다른 이름을 취한다. 즉 앞서는 것과 뒤따르는 것과의 관계에 따라 과거, 미래, 현재라고 부른다. 예를 들면 한 사람의 동일한 여자가 딸이기도 하고 어머니이기도 한 것과 같다.

그러나 이론상으로는 법의 자성(自性)은 항상 존재하지만, 실제로는 법은 찰나적이다. 그것은 유위법의 4가지 성질〔四相〕, 즉 생, 주, 이, 멸이 그 작용을 끝마치는데 필요한 시간 동안만 계속한다. 이 시간은 너무나 짧기 때문에 누구도 그것을 이해할 수 없다. 변변치 않은 한 예로서 시간의 최소 단위인 찰나(刹那, kṣaṇa)의 길이를 알 수 있다. 즉 힘센 사람〔壯士〕이 손가락으로 딱하고 소리를 내는 시간에 64찰나가 지나간다.[20]

*

오직 후기 화지부(化地部)만이 모든 것이 존재한다는 설일체유

20 大毘婆沙論, T. 1545, k. 136, p. 701 b 14; 順正理論, T. 1562, k. 32, p. 521 c 13-14; Kośa, III, p. 178; Madhyamakavṛtti, p. 547; Divya, p. 142; Mahāvyutpatti, 8226.

부의 주장을 지지했다.[21] 대다수의 부파들은 설일체유부가 주장한 삼세의 존재에 반대했다. 그리고 경량부는 그것을 가차없이 비판했다.

경량부는 유명한 한 게송에서 다음과 같이 말하고 있다. 즉 "〔당신들에 의하면〕 법의 자성(自性)은 항상 존재하지만, 당신들은 존재가 영원하다고도 주장하지 않고, 존재가 자성과 다르다고도 주장하지 않는다. 이것은 분명히, 〔어떠한 정당성도 증명하지 않고〕 군주식(君主式)으로 행동하는 것이다."[22] 경량부는, "우리가 보기에는 현재만이 존재한다. 과거란 존재했던 것이고(yad bhūtapūrvam), 미래란 원인이 주어지면 존재하게 될 것이다(yad bhaviṣyati). 그러나 과거와 미래는 사실상 현재가 존재하는 것처럼 존재하지는 않는다"라고 말한다.[23]

경량부(經量部, Sautrāntika)는 법을 단지 현재에 국한하는 것으로 만족하지 않고, 그 지속기간을 제로〔零〕로 만들었다. 그 (지속) 순간(kṣaṇa)이란 "움직이는 법(dharma)이 하나의 원자 크기로 이동하는 시간"이다.[24] "원자는 공간적인 부분을 가지고 있지 않으므로, 앞부분과 뒷부분이 없다." 사실 유위법의 특성으로 붓다가 가르쳤고 설일체유부가 받아들인 생, 주, 이, 멸은 어떠한 고유한 실체도 없는, 단지 추론적인 존재일 뿐이다. 법은 나타난 후

---

21 J. Masuda, p. 62; A. Bareau, p. 187.

22 Kośa, V, p. 58; Kośavyākhyā에 산스끄리뜨어 원본, p. 472, 그리고 Pañjikā, p. 581.

svabhāvaḥ sarvadā cāsti bhāvo nityaś ca neṣyate
na ca svabhāvād bhāvo 'nyo vyaktam Īśvaraceṣṭitam.

23 Kośa, V, p. 58.

24 Kośa, III, P. 177.

저절로 즉시 소멸〔滅〕한다.[25] 법-원인(dharma-cause)은 법-결과(dharma-effet)를 초래하는데, 그것은 마치 저울의 한 쪽 대가 올라갈 때 다른 쪽 대가 내려가는 것과 같다.

존재란 단지 나란히 놓인 순간(kṣaṇa)들의 연속된 사슬일 뿐이라는 결과가 된다. 외부 세계의 대상들은 그대로는 직접 지각될 수 없다. 왜냐하면 그것들은 순간적인 것이므로 파악되기 오래 전에 사라져 버리기 때문이다. 사람들은 이미 지나가 버린 것만을 지각한다.

경량부는 이런 상황에서, 인식하는 것(vijānāti)은 무엇이고, 인식은 무엇에(kasya vijñānam) 기인하는가를 생각했다. 인식은 대상에 대해서 전혀 아무 것도 하지 않는다.[26] 인식은 단지 "대상처럼 나타난다." 마치 과일과 같다. 그것은 아무 것도 하지 않지만 씨앗에 응해서, 씨앗을 다시 나타낸다. 왜냐하면 과일은 씨앗처럼 나타나기 때문이다.[27] 대상은 이미 지나가 버렸기 때문에 직접 지각되지 않는다. 그러나 그것은 의식 속에 영상(影像)을 남기는데, 의식이 이 영상을 재현한다. 그리고 이 (영상의) 재현이 이미 과거에 속하는 어떤 것을 현재에 존재하는 것이라고 믿게 만드는 것이다.

이전의 불교인들에게 의식은 아직 아무 내용이 없는 순수한 식(識)일 뿐이었다. 그와 반대로 경량부는 의식이 영상(ākāra: 行相)들로 채워져 있다고 주장했다. 그리고 이 결정적인 한 걸음이 불교적 사변(思辨)을 관념론의 길로 끌어들였다.

---

25 Kośa, IV, p. 4.
26 Kośa, I, p. 86.
27 Kośa, IX, p. 280-281.

고(苦)의 보편성을 선언하는 제1성제〔苦聖諦〕는 겉으로는 단순해 보이지만, 그것이 어떻게 불교도들에게 생각할 많은 재료를 제공할 수 있었는지 우리는 볼 수 있다.

고(苦)의 원인에 관한 제2성제〔集聖諦〕(본서 1권, p. 83-95)는 좀더 어려운 문제들을 제기한다. 무상하고 고이고 무아인 제법(諸法)은 우연히 생기는 것이 아니라 연기법(pratītyasamutpāda)의 엄격한 기계론에 의해서 생긴다는 것이다. 이 인과(因果) 관계를 나타내는 12지(支)는 서로 조건이 된다. 그리고 어떻게 번뇌(kleśa)가 업(karman)을 일으키고, 어떻게 업이 과보(vipāka)를 초래하는가를 보여준다. 여러 생(生)을 통한 과보는 윤회하는 어떠한 실체와도 관계없이 나타난다는 것. 그리고 〔실체적인 영혼 같은〕 아뜨만(Ātman)은 물론 존재하지 않는다는 것이다.

논사(論師)들은 인과(因果) 사슬의 지(支)들을 지배하는 인과 관계의 성질에 대해, 그리고 윤회하는 어떤 실체의 개입이 없는 윤회과정에 대해 길게 따지게 되었다.

인과(因果)의 성질 인과의 개념은 성전 가운데 수없이 언급되고 있다. 그리고 그것을 표현하기 위한 용어들도 hetu(因), kāraṇa(因), nidāna(因緣), saṃbhava(原因), pratyaya(緣) 등으로 많다. 그렇지만 연기법을 설명하는 데 있어서는, 그 표현이 명확하지 않다. "이것이 있기 때문에 저것이 있다. 이것이 생기기 때문에 저것이 생긴다〔此有故 彼有 此起故 彼起〕: 즉 행(行)은 무명을 조건으로 한다, 등."[28]

부파들은 현상〔諸法〕의 생성(生成)에 관여하는 다양한 원인과 조건의 성질을 밝히는 데 몰두했다. 그리고 이와 같은 분석(分析) 작업이 이 정도로 멀리까지 추진된 것은 인류 사상사에서 드문 일이었다. 그러나 이곳에서 이 문제에 대해 자세히 다루기에는 지면이 부족하다. 상좌부는 발취론(發趣論, Paṭṭhāna)에서[29] 인연(因緣, hetu), 소연연(所緣緣, ārammaṇa), 증상연(增上緣, adhipati), 무간연(無間緣, anantara), 등무간연(等無間緣, samantara) 등, 24종 연(緣, paccaya)까지 구별짓고 있다는 것을 언급하는 것으로 충분하다. 상좌부는 그것들이 서로 모순되지 않는다는 것과 그것들 가운데 많은 것이 동일하다는 것을 인정한다. 섭아비달마의론(攝阿毘達磨義論, Abhidhammattha Saṅgaha)에 의하면 이 연(緣)들은 단지 4가지 연(緣), 즉 소연연(所緣緣), 친의연(親依緣, upanissaya), 업연(業緣, karma), 유연(有緣, atthi)으로 귀결된다. 업(業)이란, 명확하게 말하면 선하거나 악한 세속적인 의지 작용(cetanā)인데, 이것은 몸〔身〕, 목소리〔口〕 또는 마음〔意〕을 통해 선업과 악업으로 나타난다. "유(有)"라고 하는 연(緣), 즉 유연(有緣)은 모든 현상에서 확인되는데, 현상의 유(有)는 다른 현상들의 존재를 조건짓는다.

설일체유부는 hetu(因)와 pratyaya(緣)라는 두 단어의 동의성(同義性)을 인정하면서도 설명할 때는 그것들을 구별지었다.[30] 이 부파는 1. 능작인(能作因, kāraṇahetu), 2. 구유인(俱有因, sahabhūhetu), 3. 동류인(同類因, sabhāgahetu), 4. 상응인(相應

28 Saṃyutta, II, p. 28, 65.
29 Nyanatiloka, *Guide through the Abhidhammapiṭaka*, p. 97-109.
30 예를 들면, Kośa, II, p. 244 이하.

因, samprayuktakahetu), 5. 변행인(遍行因, sarvatragahetu), 6. 이숙인(異熟因, vipākahetu) 등 6인(因)을 제시했다. 그리고 4연(緣), 즉 1. 인연(因緣, hetupratyaya), 2. 등무간연(等無間緣, samanantarapratyaya), 3. 소연연(所緣緣, ālambanapratyaya), 4. 증상연(增上緣, adhipatipratyaya)을 말했다. 일반적인 원칙에 의하면 모든 법(dharma)은 자기 자신을 제외한 모든 유위법의 원인이 된다. 왜냐하면 어떠한 법도 다른 법들의 생기(生起)에 방해가 되지 않기 때문이다.[31] 이와 같은 개념의 확장 때문에, 불교 논사들은 제법(諸法)에서 그것이 동시에 원인과 결과가 되는 무수한 관계를 발견할 수 있었다.

무아(無我, Anātman)와 상속(相續, Saṃtāna) 소승불교는 두 가지 기초 위에 근거를 둔 체계이다. 즉 정신적-물질적 현상의 존재에 대한 긍정(skandhavāda, 蘊說)과 자아(自我) 또는 개아(個我)의 존재에 대한 부정(nairātmyavāda, 無我說)이다. 이 뒷 명제는 성전에[32] 명백하게 나온다. 그러나 이 성전은 무아설에 대한 증거를 제공하는 부파들에 속한 것이었다.

상좌부는 까타밧투와 밀린다빤하에서, 그리고 설일체유부-비바사사(毘婆沙師, Vaibhāṣika)는 식신족론(識身足論, Vijñānakāya)과 비바사론(毘婆沙論, Vibhāṣā)에서, 경량부는 구사론(俱舍論, Kośa)에서,[33] 실체적이고 자립적인 자아(ātman)는 외도들이

31 Kośa, II, p. 245.

32 본서 1권, p. 75-78.

33 L. de La Vallée Poussin이 佛譯한 Kośa(5권) 9장 서문의 註(p. 227-229)에 자세한 출전(出典)이 나와 있음.

생각하는 것처럼, 그 자체로서 존재하지 않고 단지 요소들의 연속(skandhasaṃtāna, 蘊相續)을 가리키는 것에 불과하다는 사실을 밝히기 위해 많은 논쟁을 했다. 그들은 자아에 대한 믿음이 번뇌의 발생을 조장하면서 존재를 무한정으로 연장하고 해탈을 불가능하게 만든다는 것을 보여 주었다. 어떠한 증거도, 다시 말해 권위(權威, āgama, 聖敎量)의 증거도, 지각(知覺, pratyakṣa, 現量)의 증거도, 추리((推理, anumāna, 比量)의 증거도 오온에서 독립된 자아가 존재한다는 것을 입증하지 못한다. 마치 그것은 항아리나 옷처럼, 실체로서가 아니고 단지 명칭으로서만 존재한다.

그러나 자아(自我)는 그 자체로서 존재하지 않지만, 업의 과보가 있다는 것은 이론의 여지없는 교리이다. 붓다고사의 표현을 다시 취한다면, 주체(主體)는 없지만 업은 존재한다. 고통을 느끼는 자는 없지만, 고(苦)—업의 결과—는 존재한다. 만약 내〔我〕가 계속해서 되풀이되는 하나의 연속이고, 일시적인 현상에 불과하다면 어떻게 업이 나〔我〕와 관계를 가지게 되며, 그리고 특히 내가 어떻게 그 과보를 받을 수 있는가?

부파들은 자신들의 독특한 교리 체계의 범위 내에서 이 중대한 문제를 해결했다.

1. 설일체유부는, 우리가 앞에서 본 것처럼, 3세(世)가 존재한다는 것을 믿고, 물질〔色〕과 정신〔心〕으로부터 분리된 14개의 법, 즉 득(得, prāpti)을 비롯한 심불상응행법(心不相應行法)의 실재를 인정하는 실재론자들이다.[34]

34 Kośa, II, p. 179.

의도된 자발적인 행위〔業〕는 반드시 과보를 초래한다. 그러나 이 과보는 언제나 즉시 나타나는 것은 아니다. 디바바다나(Divyā-vadāna)는 다음과 같이 말한다: "업은 수 백만 겁 후에도 사라지지 않는다. 업은 복합적인 조건〔緣〕과 적절한 때를 만나야 과보를 맺는다."[35] 업이 이루어지는 순간, 그것은 과(果)를 "취(取, pratigṛhṇāti, ākṣipati: 取果)"한다. 그러나 업이 그 과를 "주는 것(dadāti, prayacchati: 與果)"은 오직 업이 사라졌을 때이다.[36]

업이 이루어지는 순간, 그것〔業〕은 '책임의 주체'인 정신적-물질적 상속(相續) 안에 그 자신의 "득(得, prāpti)"을 만들어 낸다. 이 득(得)은 생기자마자 사라지는 하나의 일시적인 법(dharma)이지만 그 자신과 닮은 득을 발생시킨다. 업이 그 과를 "취(取)"하는 순간 우리는 이 득(得)을 몸에 배게 한다. 그리고 그 업이 과를 "주는" 순간까지 우리는 항상 되풀이하면서 그것을 계속 유지한다. (업이 과를 주는) 그 순간, 득(得)의 끊임없는 생성은 중단되고 우리는 그때 과를 받게 된다. 이렇게 해서 업은 그것을 짓고 그 득(得)을 유지한 사람에게 과를 주게 된다(즉 생기시킨다).

2. 경량부는 과를 "준다"〔與果〕는 과거의 존재와 득(prāpti)에게 부여된 기묘한 역할을 조롱했다. 이 부파는 득(得)을 전혀 근거가 없는 창작이라고 생각했다.

경량부는 과보가 과거의 업에 의해서 직접 생긴다는 것을 인정

35 Divya, p. 54, 131, 141, 191, 282, 311, 504, 582, 584; Pañjikā, p. 468; Madhyamakavṛtti, p. 324.

36 Kośa, II, p. 293; Karmasiddhiprakaraṇa(成業論), MCB, IV, 1936, 별쇄본, p. 81.

하지 않았다— 왜냐하면 과거의 업은 존재한 후에 더 이상 존재하지 않기 때문이다— 그러나 (과보는) 사실 상속(相續)의 특별한 상태(saṃtānaviśeṣa, 相續差別), 즉 업에 선행하는 상태로부터 생긴다고 주장했다.[37] 그들은 상속이라는 말을, 일렬(一列)로 중단없이 서로 계속되는 물질적 정신적인 요소〔蘊〕들이라고 이해했는데, 이 연쇄(連鎖)의 최초 원인은 업(業)이다. 업이 이루어지는 순간, 그것은 상속을 변화시키고 이 변화는 전변(轉變, pariṇāma)을 결정짓는다. 이 전변의 최후 순간은 특별한 또는 절정(絶頂)의 효력, 다시 말하면 즉시 과보를 일으키는 능력을 가지게 된다. 이 최후의 순간은 다른 순간들과 구별된다. 그래서 그것을 "전변의 최상의 순간," 즉 viśeṣa, 차별(差別)이라고 하는 것이다.

그러므로 설일체유부가 말한 것처럼 업은 그것이 현재일 때 과를 취하고〔取果〕, 업이 과거일 때 그것을 준다〔與果〕고 말하는 것은 잘못이다. 현재의 업이 요소〔蘊〕들의 상속을 변화시키는 것이라고 말하는 것으로 충분하다. 이렇게 변화된 상속은 전변(轉變)한다. 그리고 이 전변의 최후에 업은 성숙한다. 자연에서, 과일이 씨〔種子〕에서 직접 나오지 않는 것과 마찬가지다. 그것은 긴 전변(과정)의 끝에 있게 된다. 과일은 씨에서 비롯하지만, 그 중간 단계로 새싹, 줄기, 잎, 그리고 꽃을 전제로 하고, 마침내 꽃에서 과일이 나온다.

경량부의 일파〔經爲量者〕는 마침내 세의식(細意識, sūkṣmacitta)의 존재를 인정하게 되었는데, 이것은 현상세계의 모든 종자(一

37 Kośa, II, p. 185, 272 ; V, p. 63 ; IX, p. 296 ; Karmasiddhi., p. 88.

切種子, sarvabījaka)를 갖추고 있는 과보이다.[38] 바로 이 과보에 의해서 세의식은 생을 받은 뒤 죽을 때까지 상속 상태로 계속하고, 사후에 새로운 생으로 옮겨간다(saṃkrāmati). 세의식은 여러 가지 모양으로 열반에 도달할 때까지 이렇게 계속되다가 열반에서 마침내 소멸된다. 경량부의 이 세의식은 뒷날 대승불교의 유식파 논사들이 생각해 내게 되는 "장식(藏識, ālayavijñāna)"과 유사하다. 그렇지만 경량부는 여전히 외적 대상의 실재를 믿는 반면 유식파(唯識派, Vijñānavādin)는 오직 식(識)의 존재만을 인정하는 것이 다르다.

3. 설일체유부와 경량부가 생각해낸 상속(相續, saṃtāna) 이론은 초기 불교의 무아(無我, Anātman) 교리에 손상을 입히지 않았다. 그러나 이 교리는 독자부-정량부(犢子部-正量部)가 주창(主唱)한 "정의할 수 없는 개아(avaktavya pudgala: 不可說 個我)"의 교리〔補特伽羅說〕에 의해 심하게 위협을 당했던 것 같다.[39] 이 부파는 기원후 4세기에서 7세기까지 큰 성공을 거두었는데, 현장(玄奘)이 인도를 여행했을 대 그 신봉자들이 많았다.[40]

---

38 Karmasiddhi, p. 100-103.

39 J. Masuda, p. 53; A. Bareau, p. 115. 뿟갈라(Pudgala)설은 三彌底部論(T. 1649)에서 기술되고 있다; 그것은 Kathāvatthu, I, 1(p. 1-69)에서 설명되고, 논박 당한다; 大毘婆沙論, T. 1545, k. 9, 42 c; k. 11, p. 55 a; Kośa, IX, p. 232; 成實論, T. 1646, k. 3, p. 259 a; 大智度論, T. 1509, k. 1, p. 61 a; 十住毘婆沙論, T. 1521, k. 9, p. 69 b; 攝大乘論, T. 1595, k. 2, p. 160 c; Siddhi, p. 14-16.

40 이 부파의 논사들 중의 한 사람은 아마도 聖敎要實論을 저작한 구파(瞿波, Gopa) 아라한(또는 비구)이었을 것이다. 그는 성교요실론에서 人我(Ātman)의 존재를 가르쳤다. 玄奘에 의하면 그는 비색가국(鞞索伽國, Viśoka)인으로서, 설일체유부의 識身足論의 저자인 제바설마(提婆設摩, Devaśarman)의 동시대

이 부파는 뿟갈라(Pudgala, 補特伽羅), 즉 개아(個我), 인아(人我)를 인정했는데, 그것은 온(蘊)과 동일하지도 않고, 그것과 다르지도 않은〔非卽非離蘊〕 존재이다. 뿟갈라는 온(蘊)과 동일하지 않다. (온과 동일하다면) 그것은 소멸(消滅, uccheda)할 수 있을 것이기 때문이다. 그러나 그것은 온(蘊)과 다르지 않다. (온과 다르다면) 그것은 영원하고(śaśvata) 따라서 무위적(無爲的, asaṃskṛta)일 것이기 때문이다. 불과 연료의 경우처럼 뿟갈라와 온(蘊)의 관계도 마찬가지다. 즉 불은 연료와 동일하지 않다. 왜냐하면 연료는 뜨겁지 않기 때문이다. 불은 연료와 다르지 않다. 왜냐하면 "연소되는 것〔연료, 所燒〕"은 연소시키는 것〔불, 能燒〕과 같기 때문이다.[41]

이 부파가 제시한 권위 있는 논거들 가운데 유명한 중담경(重擔經)이 있는데(Saṃyutta, III, p. 25; 雜阿含, 3, 73), 이 경에서 붓다는 짐〔重擔〕은 5온이고, 짐꾼〔擔者〕은 이러이러한 이름과 이러이러한 씨족의 이러이러한 사람(pudgala, 士夫)이라고 설명하고 있다.[42]

독자부-정량부에 의하면 이 인아(人我, pudgala)가 이 세상에서 저 세상으로 옮겨가는(saṃkrāmati) 유일한 다르마(dharma, 法)이다. 과보의 구조를 설명하기 위해 상정(想定)된 "불실법(不失法, avipraṇāśa: 主體的 原理)"이라는 이상야릇한 이론은 틀림없이 이 부파의 것 같이 보인다.[43] 선업이나 악업은 생기자마자 곧

인이고 그의 경쟁자였다(T. 2053, k. 3, p. 234 c 7-8; 大唐西域記, T. 2087, k. 5, p. 898 c16-17).

41 Kośa, IX, p. 234.

42 Kośa, IX, p. 256; T. 1558, k. 29, p. 152 c.

43 不失法(avipraṇāśa) 이론은 Karmasiddhi에서 설명되고 있다(별쇄본, p. 86-

사라지지만, 그것이 사라지기전에 반드시 업의 주체(agent)에 자신의 "불실법"을 맡긴다. 이 불실법은 채권(債券, pattra)에, 그리고 업(業)은 부채(負債, ṛna)에 견줄 수 있다. 불실법은 불상응행법의 하나이다. 이것은 윤리적 관점에서 보면 무기(無記)로서, 죄인에게도 성자에게도 작용한다. 그것은 4가지 세계, 즉 욕계(kāma-dhā- tu), 색계(rūpa-dhātu), 무색계(ārūpya-dhātu), 무루계(無漏界, anāsravadhātu) 중 한 곳에서 그 과보를 초래하지 않는 한 계속해서 존재한다. 불실법은 과보를 초래했을 때 또는 그것이 일반적으로 과보를 맺어야 할 세계보다 상급 세계에 도달해서 그 과보에서 벗어날 때 그것은 더 이상 작용하지 않는다.

모든 불교 부파들은 독자부-정량부의 이 정체불명의 뿟갈라에 대항해 동맹을 맺었다. 그들은 그것〔뿟갈라〕을 외도들이 주장한 아뜨만의 복귀(復歸)라고 의심했고, 붓다가 비난한 자아(自我)에 대한 믿음(身見, satkāyadṛṣṭi)으로 오염이 되었다고 판단했다. 여하튼 두 가지 사실 가운데 하나였다. 즉 뿟갈라가 실체(實体, dravya-tas)로서 존재하고 그것이 영원하고 절대적이거나— 이것은 비불교적인 교리이다— 또는 단지 명칭(prajñaptitas)만으로서 존재하거나였다. 모든 불교도들은 (이 두 번째 주장에) 동의한다.

87); Kośa, II, p. 304; 順正理論, T. 1562, k. 19, p. 444 b 23; Madhyamakālaṃkā- rakārikā, XVII, 14(中論, T. 1564, k. 3, p. 22 b 22-23; Madhyamakavṛtti, p. 317-323); Madhyamakāvatāra, L. de La Vallée Poussin에 의한 티베트어본, St.-Pétersbourg, 1907, p. 126, I. 12(번역, Muséon, 1910, p. 318); 般若燈釋論, T. 1566, k. 10, p. 100 c 24 이하. 규기(窺基)는 이 이론을 정량부(Saṃmatīya) 것이라고 생각했다(참조, *Siddhi*, p. 71).

무위(無爲)와 열반(涅槃)[44] 제3성제〔滅聖諦〕는 고(苦)의 소멸, 즉 열반(Nirvāna)이다. 존재의 현상들, 즉 원인과 결과의 작용에 의해 조건지어진 생성(生成)의 법인 유위법(有爲法, saṃskṛta)과는 반대로, 열반은 어떠한 원인으로부터도 생기지 않는 무위법(無爲法, asaṃskṛta)이고 절대이다.

상좌부는 하나의 무위법, 즉 하나의 열반만을 인정한다. 그 반면 설일체유부는 3개의 무위법을 인정한다.[45] 즉 1은 허공(虛空, ākāsa)이다. 허공은 물질을 방해하지 않고, 물질에 의해 방해받지 않는다. 2-3은 두 종류의 열반으로서 택멸(擇滅, pratisaṃkhyā-nirodha)과 비택멸(非擇滅, apratisaṃkhyānirodha)이다. 택멸은 진리를 이해함으로써 이루어진 지혜와 오염된 법〔번뇌〕으로부터 벗어남으로써 이루어진 지혜를 가지고 고(苦)를 소멸시킨 것이고〔지혜의 힘에 의해 얻어진 열반〕, 비택멸은 지혜에 의하지 않고 미래 법(dharma)의 생기(生起)를 완전히 차단함으로써 이루어진 고의 소멸이다〔생기의 인연이 다함으로서 얻어진 열반〕.

대중부와 같은[46] 몇몇 부파들은 이보다 더 많은 수의 무위법을 말한다. 허공과 두 종류의 열반만이 무위가 아니라, 역시 비물질적인 영역〔無色界〕들과 연기법조차도 무위이다. 이것에 대해 우리는 장로부와 설일체유부와 함께 반론을 제기할 수 있다. 즉 만약 연기법의 12지(支, aṅga) 하나하나가 유위적이라면, 어떻게 그 전체가

---

44 무위(無爲, Asaṃskṛta)에 대해서는, A. Bareau의 해박한 논문, *L'Absolu en philosophie bouddhique*(Paris, 1951)를 볼 것; 열반에 대해서는, 본서 1권, p. 95-98 참조할 것.

45 Kośa, I, p. 7-8.

46 J. Masuda, p. 29; A. Bareau, p. 67.

무위적일 수 있는지 이해하기 어렵다는 것이다.

경량부는 열반을 포함한 무위법의 실재 존재를 부인했다.[47] 그렇지만 그들은 고(苦)의 끝은 인정했다.— 그렇지 않다면 그들은 불교도가 아닐 것이다— 그러나 그들은 이 "순수부재(純粹不在)"를 하나의 실체처럼 생각하기를 거부했다.

초경험적 절대 경지인 열반의 성질에 대한 견해는 다양했다.

1. 드 라 발레 뿌생이 주장한 것처럼, 붓다와 직계 제자들의 고대 사고방식에 의하면, 열반은 견고한 거주처(居住處)처럼 이해되었고, 요가 수행자들이 말하는 신비적인 세계처럼 생각되었을지도 모른다.[48] 엘리아데(M. Eliade)가 한 최근의 연구는 이와 같은 해석에 유리하다.

2. 설일체유부의 열반은 실체(dravya)일 뿐 아니라, "열반을 제외한 모든 것은 거짓[假]이다"라는 그 이름에 어울리는 유일자(唯一者)이고, 불생(不生)이고, 해탈[出離]이다. 그러나 "열반한 자(nirvāné)"는 존재하지 않는다.[49] 이 마지막 명제는 불교적 논리와 일치한다. 만약 윤회가 개아(個我) 또는 자아의 개입 없이 전개된다면, 윤회의 끝인 열반은 결코 "열반한 자"의 거주처일 수는 없다.

모든 번뇌가 고갈된(kṣīṇāsrava, 漏盡) 성자는 유여의열반(有餘依涅槃, sopadhiśeṣa)을 취득한다. 그는 번뇌의 조건(kleśopadhi)

---

47 Kośa, II, p. 278-279.

48 L. de La Vallée Poussin, *Une dernière note sur le Nirvāṇa*, Linossier의 Mélanges(논총), II, p. 329-354.

49 L. de La Vallée Poussin, *Documents d'Abhidharma, Textes relatifs au Nirvāṇa*, BEFEO, XXX, 1930, p. 1-28, 247-298; *Les deux Nirvāṇa d'après la Vibhāṣā*, Ac. de Belg., 14 oct. 1929.

에서 해방된다. 그러나 태어날 때 받은 육체의 조건은 여전히 유지된다. 성자는 큰 요소들〔四大〕과 물질의 상속이 단절되지 않는 한, 그리고 5근(根)에 근거를 둔 심(心)의 상속이 계속되는 한 살아 있게 된다.[50]

성자의 사후에 삶은 파괴되고, 정신적-물질적 상속은 단절되어, 다시 발생하지 않기 때문에 속박의 완전한 소멸이 있게 된다. 이것을 무여의열반(無餘依涅槃, nirupadhiśeṣa)이라 부른다.

3. 우리가 바로 앞에서 보았듯이 경량부는 3무위(無爲)가 실재하지 않는다고 주장한다. 즉 허공이란 단지 지탱하는 물체가 없는 것일 뿐이고, 열반이란 존재의 법들과 번뇌가 소멸한 후 그것들이 다시 발생하지 않는 것이다. 열반이란 긍정적이고 실재했던 연기(緣起)의 부정적이고 실재하지 않는 결말이다. 그것은 "존재의 뒤를 잇는 비존재(paścāda abhāva)"이고, 더 이상 아무 것도 없는 지멸(止滅, nirodha)이다.[51]

만약 사람들이 경량부에게, "붓다는 불생(不生), 열반계(涅槃界, Nirvāṇadhātu)를 가르쳤다. 그런데 당신들이 말하는 열반은 단지 부재(不在)일 뿐이다"라고 말한다면, 경량부는 아리야데바(Āryadeva, 聖提婆)의 논서에 대한 한 주석자가 말했던 것처럼, "경전에서는 열반계가 있다고 말한다. 그러나 그것은 열반을 부인하는 사람들, 그리고 시작이 없었던 윤회는 끝도 없을 것이라고 생각하는 사람들을 타이르기 위해서이다. 그렇지만 번뇌와 고(苦)라는 불〔火〕의 완전한 소멸은 있다"라고 대답할 수 있을 것이다.[52]

---

50 Kośa, VI, p. 211 註.
51 Kośa, II, p. 282, 284.

4. 온(蘊)과의 관계에서, 분명하게 정의를 내릴 수는 없지만 뿟갈라를 진정한 실체(dravya)라고 생각하는 독자부-정량부는 "열반한 자(nirvāné)"가 어떤 식으로든 존재하는 일종의 열반-존재(Nirvāṇa-existence)를 찬양하면서 그 자신들의 입장을 일관성 있게 유지했다.

여기에서 다시 그들은 너무 격렬한 반응을 유발하지 않도록 하기 위해 신중하게 그들의 명제를 표명했다. 그들은 "열반은 확실히 제법(諸法)과 동일하다고도, 확실히 제법과 다르다고도 말할 수 없다. 그것은 확실히 존재한다고도, 역시 확실히 존재하지 않는다고도 말할 수 없다"고 주장했다.[53]

도(道, Mārga). 제4성제〔道聖諦〕는 고(苦) 소멸의 길, 즉 열반의 길로서, 8지(支, aṣṭāṅgika) 또는 8개의 "길(道)"로 이루어져 있다. 이것은 차례차례로 행해야 하는 것이 아니라 동시에 행해야 하는 것으로 되어 있고, 결국 정견(正見, samyagdṛṣṭi)에 집중되어 있다. 정견은 믿음과 이해라는 가장 연약한 싹〔萌芽〕으로부터 출발하지만, 깨달음〔覺〕과 직관(直觀, vipaśyanā)이라는 가장 높은 단계에 이를 때까지 점차 증진한다. 따라서 정견은 도(道)의 결과를 획득하고 열반에 도달하기 위해 필요 불가결한 조건이다.

붓다와 초기 성전 문헌들은 이 도(道)를[54] 3가지의 기본적이고 불가분적 요소들인 계(戒, śīla), 정(定, samādhi), 혜(慧, prajñā)

---

52 L. de La Vallée Poussin, *Madhyamaka*, MCB, II, 1932, p. 28.
53 M. Walleser, *Sekten*, p. 87; A. Bareau, p. 117.
54 본서 1권, p. 99-108 참조.

로 분석했다. 역시 이 문헌들은 수행생활의 4대 결과〔四果〕를 정의 했다. 이 4과(果)는 수다원(須陀洹, srotaāpanna, 預流)을 제법의 본질, 특히 자아의 본질에 관한 모든 미혹으로부터 해방시켜 주고, 사다함((斯陀含, sakṛdāgāmin, 一來)을 욕계(kāmadhātu)에 속하는 9품(品) 번뇌 가운데 상(上) 6품으로부터 해방시켜주고, 아나함(阿那含, anāgāmin, 不還)을 욕계에 속하는 모든 번뇌〔나머지 3품〕로부터 해방시켜주고, 마지막으로, 아라한(阿羅漢, arhat, 應供)을 상2계〔上二界 : 색계와 무색계〕에 속하는 모든 번뇌로부터 해방시켜준다.

그렇지만 출세간(lokottara) 도의 여러 단계에 대해 명확하게 밝혀준 것은 불교 부파들이었다. 이 도(道)의 목적은 어떤 세계나 천국을 얻는 것이 아니라 그 세계들 저 너머, 존재들이 살고 있는 이 대양(大洋)의 다른 쪽 언덕, 즉 열반에 이르게 하는 것이 그 목적이다.

각 부파는 도(道)에 관한 나름대로의 독자적인 이론을 가지고 있다. 그러나 우리는 여기서 이 문제에 대해 자세히 검토할 수 없다. 가장 명확한 것이라고 할 수는 없겠지만, 적어도 가장 잘 구성된 설일체유부-비바사사(毘婆沙師)가 말하는 도(道)의 체계를 간략하게 설명하는 것으로 그치겠다.[55]

도(道)는 동시에 지적인 훈련〔4성제에 대한 명상〕과 윤리적이고 신비적인 훈련〔번뇌로부터 초탈〕처럼 생각된다. 도의 주된 요

55 다음의 두 논문에서 대단히 분명한 설명을 볼 수 있다: L. de La Vallée Poussin, *Note sommaire sur le Chemin*(Kośa, 4권의 서문); E. Obermiller, *The Doctrine of Prajñāpāramitā as exposed in the Abhisamayālaṃkāra of Maitreya*에서, *The Path of the Śrāvaka*(Acta Orientalia, XI, 1932, p. 18-26).

소는 마음의 완전한 평온(śamatha, 止)과 초월적인 분석〔통찰〕(vipaśyanā, 觀)이다. 이것은 기본적으로 16가지 행상(ṣoḍaśākāra, 16行相)으로 4성제에 대해 정신을 집중하는 것(samādhi)이 그 특징이다.[56]

1. 고(苦, duḥkha)에 관한 4가지 행상(行相) - a. 무상(無常, anitya), b. 고(苦, duḥkha), c. 공(空, śūnya), d. 무아(無我, anātmaka).

2. 고의 원인(集, samudaya)에 관한 4가지 행상 - a. 인(因, hetu), b. 집(集, Samudaya), c. 생(生, prabhava), d. 연(緣, pratyaya).

3. 고의 멸(滅, nirodha)에 관한 4가지 행상 - a. 멸(滅, nirodha), b.정(靜, śānta), c. 묘(妙, praṇīta), d. 리(離, niḥsaraṇa).

4. 도(道, mārga)에 관한 4가지 행상 — a. 도(道, mārga), b. 여(如, nyāya), c. 행(行, pratipatti), d. 출(出, nairyānika).

4성제에 대한 완전한 이해를 얻고, 동시에 모든 번뇌를 근절하기 위해 수행자, 즉 전통적인 표현에 의하면 성문(聲聞, śrāvaka)은 5단계를 거쳐야 한다. 첫 2단계까지는 아직 범부(凡夫, pṛthagjana)이고, 제3단계부터 이미 성자(聖者, ārya)이다.

I. 자량도(資糧道, saṃbhāramārga : 공덕 축적의 단계).

생(生)에 대한 혐오심과 해탈 또는 열반에 대한 소망을 품고, 성

56 이 목록은 표준적인 것은 아니지만 이 부파에서 인정했다: 法救(Dharmatrāta)의 雜阿毘曇心論, T. 1552, k. 5, p. 918 a-b; 大毘婆沙論, T. 1545, k. 79, p. 408 c; Kośa, VI, p. 163; VII, p. 30-34; Mahāvyutpatti, 1190-1205.

문은 "해탈을 일으키는 선근을 심는다(mokṣabhagīya kuśalamū-la)."

비구 또는 적어도 우바새(upāsaka)로 처신하면서, 성문은 자신을 성자들의 계보〔聖種, āryavaṃśa〕에 들게 하는 윤리적인 자질을 함양함으로서 내면적으로 욕망과 싸운다. 그리고 의복, 음식, 와구(臥具)에 만족하고, 열반과 그곳으로 인도하는 도를 즐긴다.[57]

부정관(不淨觀, aśubhabhāvanā)—부패한 시체를 관(觀)하는 것—과 수식관(數息觀, ānāpanasmṛti)은[58] 성문에게 욕망과 방일(放逸)에 맞서 효과적으로 싸울 수 있게 해주고 그에게 관(觀, darśana)을 준비시킨다.

이 관은 신(身, kāya), 수(受, vedanā), 심(心, citta), 법(法, dharma)을 각각 그 대상으로 삼는 4념처(念處, smṛtyupasthāna)로 이루어져 있다.[59] 이 수행은 문(聞, śruta), 사(思, cintā), 수(修, bhāvanā)로부터 나온 지혜(prajñā)로 이루어지고, 이 지혜는 제법을 자상과 공상(自相-共相, svasāmānya-lakṣaṇa: 특수성-보편성)에 따라 볼 수 있게 해 준다. 공상에 따라 본다는 것은, "제법은 무상하고, 괴롭고, 공이고, 무아"라고 보는 것이다. 그러나 이 지혜는 부정(不淨)하고 불완전한 것이다. 왜냐하면 이것은 모든 번뇌와 미혹이 완전히 없어진 것이 아니기 때문이다.

57 Dīgha, III, p. 224; Aṅguttara, II, p. 27; Kośa, VI, p. 146-148.
58 Kośa, VI, p. 148-153.
59 Dīgha, II, p. 290 이하; Majjhima, I, p. 56; Saṃyutta, V, p. 141, 166; Aṅguttara, IV, p. 457; Kośa, VI, p. 153 이하.

II. 가행도(加行道, prayogamārga: 준비적 수행단계).

수행자가 정(定)—미지정(未至定, anāgamya), 중간정(中間定, dhyānāntara) 또는 정(定, dhyāna)—에 몰입하고 있는 동안, 앞에서 서술한 법념처(法念處, dharma-smṛtyupasthāna) 뒤에 "4선근(善根, nirvedhabhāgīya kuśalamūla)"을 획득하게 된다. 4선근이란 난(煖, uṣmagata), 정(頂, mūrdhan), 인(忍, kṣānti), 세제일법(世第一法, laukikāgradharma)이다.[60] 이것은 고급 염처(念處)로서 그 대상은 더 이상 법의 공상(共相)이 아니고 4성제와 16행상이다〔4제 16행상觀〕. 16행상은 수행자에게 한층 더 분명하게 나타난다. 그러나 16행상에 대한 지혜는 그것이 비록 세제일법의 정상에 있기는 하지만 아직 부정(不淨, 有漏)한 것이다.

III. 견도(見道, darśanamārga)

엄밀한 의미의 도(道)의 시작을 나타내는 이 단계〔位〕는 16행상으로 4성제를 관(觀, darśana)하고 한 범주의 번뇌(kleśa)를 끊어 없애는 것이 그 특징이다.[61]

이 관(觀)은 현관(現觀, abhisamaya)이고 무루지(無漏智, anāsravā prajñā)이다. 왜냐하면 이것은 모든 미혹(迷惑, viparyāsa), 특히 자아에 대한 잘못된 견해(satkayādṛṣṭi, 有身見)가 없기 때문

---

60 nibbedhabhāgiya라는 표현은 표준적인 것이지만(Dīgha, III, p. 251, 277; Aṅguttara, III, p. 427), 4 kuśalamūla의 목록은 그렇지 않다. 이 목록은 Divyāvadāna, p. 50, 79-80에서 볼 수 있다; Jñānaprasthāna, Sastri 출판, p. 6-7; 大毘婆沙論, T. 1545, k. 6 p. 29 c; Kośa, VI, p. 169; Pañjikā, p. 426; Sūtrālaṃkāra, p. 93; Mahāvyutpatti, 1211-1215.

61 Kośa, VI, p. 135.

이고, 4성제를 관(觀)하는 데 장애가 될 뿐 아니라 정견(正見, dṛg-heya)에 의해서만 단멸될 수 있는 번뇌를 제거하기 때문이다.

이 현관(現觀)은 단계적이다〔漸觀〕. 왜냐하면 그것은 4성제의 각각에 대해 4심(心, 刹那)씩, 16심〔찰나〕으로 발전시키기 때문이다. 4성제는 사실 욕망이 있는 낮은 세계인 욕계(欲界)와 상2계〔上二界〕인 색계(色界)와 무색계(無色界)에 적용된다.

제1성제인 고성제로부터 시작해 보자. 이것은 먼저 욕계, 그 다음 상2계와 관계가 있다. 이것에 적용되는 관(觀)은 4찰나(刹那) 또는 4심(心)으로 이루어져 있다.[62]

1. 고법지인(苦法智忍, duḥkhe dharmajñānakṣānti) — 욕계에 속하는 고에 관한 지혜와 관계 있는 인(忍). 이 인(忍, kṣānti)은 인가결정(忍可決定)의 의미로서, 이미 의심〔惑〕도 번뇌〔癡〕도 없는 것이 아니라, 정확하게 말해서 이 의심과 번뇌를 끊는 것이다. 수행자는 다음과 같이 생각한다: "틀림없이 욕계에서 제법은 무상이고, 고이고, 공이고, 무아이다." 이 인(忍)은 어떤 의심, 어떤 범주의 번뇌를 끊어 없앤다. 그렇기 때문에 그것은 단도(斷道, prahāṇamārga)를 이루는데, 이것은 역시 무간도(無間道, ānantaryamārga)라고도 한다. 이 단도를 통해 성문은 범부에서 성자로 바뀌게 되고, 어느 날엔가 절대선(絶對善, samyaktvaniyāmāvakrānti, 正性離生), 즉 열반을 확실하게 획득하게 된다.

2. 고법지(苦法智, duḥkhe dharmajñāna) — 욕계에 속하는 고와 관계 있는 지혜. 인(忍)이 수행자에게서 욕계의 고와 관계 있는

62 Kośa, VI, p. 189-191.

모든 의심〔疑〕의 요소를 제거하고, 욕계와 관련 있는 번뇌〔惑〕를 몰아내 버렸을 때, 수행자는 확고하고 의심 없는 지혜(dharmajñāna, 法智)를 통해 의심과 번뇌와의 단절을 이루게 된다. 그리고 그는, "틀림없이, 욕계에서 제법은 무상이고, 고이고......"라고 생각한다. 문제의 번뇌로부터 벗어난 이 지혜를 해탈도(解脫道, vimuktimārga)라고 부른다.

3과 4. 고류지인(苦類智忍, duḥkhe 'nvayajñānakṣāntiḥ)과 고류지(苦類智, duḥkhe 'nvayajñāna)—그 후 수행자는 다른 또 두 가지 심(心), 즉 인(忍, kṣānti)의 심과 지(智, jñāna)의 심으로써 이번에는 상(上) 2계, 즉 색계와 무색계와 관계 있는 고제(苦諦)를 이해한다. 이 두 가지는 모두 앞의 두 가지를 계승하기 때문에 (앞의 것과) 유사(類似)하다는 의미로 유(類, anvaya)라고 한다.

따라서 단계적인 관〔漸觀〕의 16심 또는 16찰나는 다음과 같이 분류된다.

I. 고(苦, Duḥkhe)
- 1. 고법지인(苦法智忍, dharmajñānakṣānti) } 욕계
- 2. 고법지(苦法智, dharmajñāna) } 욕계
- 3. 고류지인(苦類智忍, anvayajñānakṣānti) } 색계와 무색계
- 4. 고류지(苦類智, anvayajñāna) } 색계와 무색계

II. 집(集, Samudaya)
- 1. 집법지인(集法智忍, dharmajñānakṣānti) } 욕계
- 2. 집법지(集法智, dharmajñāna) } 욕계
- 3. 집류지인(集類智忍, anvayajñānakṣānti) } 색계와 무색계
- 4. 집류지(集類智, anvayajñāna) } 색계와 무색계

III. 멸(滅, Nirodhe)
- 1. 멸법지인(滅法智忍, dharmajñānakṣānti) } 욕계
- 2. 멸법지(滅法智, dharmajñāna) } 욕계

	3. 멸류지인(滅類智忍, anvayajñānakṣānti)	색계와 무색계
	4. 멸류지(滅類智, anvayajñāna)	
IV. 도(道, Mārga)	1. 도법지인(道法智忍, dharmajñānakṣānti)	욕계
	2. 도법지(道法智, dharmajñāna)	
	3. 도류지인(道類智忍, anvayajñānakṣānti)	색계와 무색계
	4. 도류지(道類智, anvayajñāna)	

그러므로 모두 8인(忍, kṣānti)의 찰나〔心〕와 8지(智, jñāna)의 찰나〔心〕가 있다. 8지(智)의 찰나〔심〕 가운데서 4법지(法智, dharmajñāna)의 찰나〔심〕는 욕계와 관계가 있고 4유지(類智, anvayajñāna)의 찰나는 상(上) 2계와 관계가 있다.

제16찰나〔심〕, 즉 도류지(道類智, mārge 'nvayajñāna)는 더 이상 견도(見道, darśanamārga)에 속하지 않는다. 그것은 수도(修道, bhāvanāmārga)의 시작이다.[63] 사실 이 순간부터 수행자는 견소단(見所斷, darśanaheya)의 모든 번뇌를 단멸시킬 수 있다. 수행자는 이때부터 수행 생활의 첫 결과인 예류과(預流果, Srotaāpanna, 須陀洹)를 획득한다. 그는, (적어도 설일체유부의 교리에 의하면), 거기에서 아래로 떨어지지 않는다. 해탈은 확보되고 속도는 빨라진다. 왜냐하면 그는 최대한 7번 재생한 뒤 열반을 획득할 수 있을 것이기 때문이다〔極七返生〕.

IV. 수도 (修道, bhāvanāmārga)

견도는 단지 4성제를 관(觀)하는 데 방해가 되는 "견소단(見所

63 Kośa, VI, p. 191-192.

斷, dṛgheya)"의 번뇌만 끊는다. 이것은 32가지의 뿌리 깊은 번뇌들인데, 그 주된 것은 유신견(有身見, satkāyadṛṣṭi)이다.[64] 그러나 견도(見道)는 그 대상이, "자아(自我)"와 달리, 현실적일 수 있는 탐(貪, rāga), 진(瞋, dveṣa) 등 무수한 선천적인 번뇌들을 그대로 둔다. (예를 들면) 탐욕의 대상인 유쾌한 감각〔樂受〕은 현실적이다.

"선천적"이라고 부를 수 있는 이 번뇌(sahaja kleśa: 俱生起의 번뇌)들은 "명상(瞑想)에 의해 소멸되는 것," 즉 수소단(修所斷, bhāvanāheya)의 번뇌이다.[65] 그러므로 수도(修道, bhāvanāmārga)를 위해 필요한 것은 4성제에 대한 반복적인 성찰(punaḥ punar āmukhīkaraṇa)과 지속적인 노력(abhyāsa, 修習)이라고 정의했다.

이 선천적인 번뇌들은 3계(界)의 9지(地, 段階)에 분산되고(1地는 욕계; 2지에서 5지는 색계의 4禪; 6지에서 9지는 무색계의 4處), 이들 각 지(地)에 9개씩의 다른 품(九品: 上上, 上中, 上下, 中上, 中中, 中下, 下上, 下中, 下下)으로 나타난다.[66] 따라서 무간도(無間道, ānantaryamārga)—또는 단도(斷道, prahāṇamārga)—의 찰나〔心〕와 수행자가 번뇌의 단멸을 얻는 해탈도(解脫道, vimuktimārga)의 찰나〔心〕에 의해 각각 끊는 81품(品: 종류)씩의 번뇌가 있다. 이들 162찰나〔心〕가 수도(修道, bhāvanāmārga)를 구성한다.

수도(修道)의 제12찰나에, 수행자는 욕계 제6품의 번뇌〔中下

64 Kośa, VI, p. 11.
65 Kośa, VI, p. 257.
66 Kośa, VI, p. 198 – 199.

品〕에서 해방된다. 그때부터 수행자는 도(道)의 두 번째 결과를 얻어 사다함(斯陀含, Sakṛdāgāmin: 一來)이 된다. 즉 그는 욕계에 단지 한 번만 다시 태어난다.[67]

수도의 제18찰나에, 수행자는 욕계의 9번째이고 마지막 품의 번뇌〔下下品〕에서 해방된다. 그래서 그는 도의 세 번째 결과를 얻어 아나함(阿那含, Anāgāmin: 不還)이 된다. 그는 욕계에 더 이상 다시 태어나지 않고, 단지 상2계(上二界)의 신들 가운데 태어나는 것이 확실하게 된다.[68]

수도의 제161찰나에 수행자는 제81번째의 번뇌를 끊는데, 이것은 동시에 무색계(無色界, Ārūpya)의 4번째이자 마지막 지(地)—"비상비비상처천"(非想非非想處天, Naivasaṃjñānāsaṃjñāyatana), 역시 "유정천"(有頂天, Bhavāgra)이라고 불린다—의 아홉 번째이자 마지막 번뇌다〔九品惑〕. 이 마지막 번뇌를 단멸(斷滅)하는 것은 "금강유정"(金剛喩定, Vajropamasamādhi)이라는 이름을 가진 정(定)이다.[69] 이 번뇌의 단멸 다음에 즉시 제162찰나가 뒤따른다.

V. 무학도(無學道, aśaikṣamārga; 阿羅漢道).

금강유정(金剛喩定) 다음에 해탈의 찰나가 뒤따른다. 이 찰나로써 수행자는 마지막 번뇌를 단멸하고, 그 사실로써 모든 번뇌(kleśa)와 오염(汚染, āsrava)을 끊는다. 그는 이제부터 "모든 사

67 Kośa, VI, p. 208.
68 Kośa, VI, p. 209.
69 Kośa, VI, p. 227-229.

람들의 존경을 받아 마땅한 성자[應供]"인 아라한(阿羅漢, Arhat)이고, "악을 소멸하기 위해 더 이상 노력할(śikṣ-) 필요가 없는 성자"인 무학(無學, Aśaikṣa)이다.[70] 그는 진지(盡智, kṣayajñāna: 현재의 苦를 모두 소멸했다고 자각하는 지혜)를 가지게 되고,[71] 그가 동요하지 않게 될 때—설일체유부에 의하면 항상 그런 것은 아니다—무생지(無生智, anutpādajñāna: 미래의 고는 생기지 않는다고 자각하는 지혜)를 가지게 된다.[72] 좀더 간단히 말하면, 그는 자신에게 모든 악이 소멸되었고, 더 이상 다시 태어나지 않는다는 것을 알게 된다.

여기에 기술된 도(道)는 무루도(無漏道, anāsrava), 또는 출세간도(出世間道)로서 이 도에서 수도(修道, bhāvanā)는 견도(見道, darśana) 다음에 온다. 그렇지만 이 무루적이고, 출세간적인 도(道)는 유루적(有漏的, sāsrava, samala)이고 세간적(世間的, laukika)인 도와 결합될 수 있다.

사실 신견(身見) 등, 견소단의 번뇌(dṛgheya kleśa)는 성제현관(聖諦現觀, abhisamaya)에 의해서만 단멸될 수 있는 반면, 수소단의 번뇌는—비상비비상처천, 즉 유정천(有頂天)의 9품 번뇌는 제외하고[73]—4성제의 이해에 선행하는 유루적인, 즉 세간적인 명상(laukikā bhāvanā)에 의해 단멸될 수 있다. 사실 모든 수행자는, 설사 그들이 불교도가 아니라 해도 타고난 단순한 염오심(厭惡心)

---

70 Kośa, VI, p. 230.
71 Kośa, VI, p. 230.
72 Kośa, VI, p. 240.
73 이와 같은 제한을 하는 이유에 대해서는, Kośa, VI, p. 233을 참조할 것.

에 의해서 욕계의 거친 쾌락과 유정천(有頂天)을 제외한 상2계의 미세한 쾌락에서조차 멀어질 수 있다.

이것은 특히 붓다 샤꺄무니의 경우였다. 보드가야의 보리수 밑에 앉아 있었을 때 그는 아직 범부에 지나지 않았지만 전적으로 세간적인 명상을 통해 유정천의 9품 번뇌를 제외한 3계의 모든 선천적인 번뇌로부터 멀어졌다.

그때부터, 샤꺄무니는 깨달음〔覺〕에 이르기 위해 두 가지 일에 전념해야 했다. 그 첫째 것은 16심의 찰나 동안에 견도위를 통과하는 것이었는데, 이것은 견소단의 번뇌(dṛgheya)에서 그를 해방시켜 주었다. 두 번째 것은 유정천과 관계 있는 9품의 선천적〔俱生, sahaja〕 번뇌에서 그를 해방시켜주는 결과를 가져왔다. 그는 이 9품 번뇌들 각각에 무간도(無間道, ānantaryamārga)의 심(心)과 해탈도(解脫道, vimuktimārga)의 심, 즉 18심을 적용하면서 이 결과를 얻었다.

붓다가 보리수 밑에서 깨달음에 이르기 위해 이루어야 했던 것은 현관(現觀, abhisamaya) 16심에다 수도(修道, bhāvanā) 18심을 더해서, 모두 34심이었다. 이것은 비바사(T. 1545, k. 153, p. 780 a 27, 780 c 5)와 꼬샤(Kośa, II, p. 206, Vl, p. 177)가 인정한 숫자이다.

설일체유부가 생각해내었던 이와 같은 불교의 실천 도(道)는 현학자(衒學者)들이 만들어낸 감탄할 만한 불후의 작품이다. 그것은 4성제의 이해와 해탈도의 단계는 점진적이고 단계적이라는 확신에 근거를 두고 있다. 설일체유부가 비바사론(T. 1545, k. 78)과 구사론(Kośa, Vl, p. 185-189)에서 말한 이 확신은 후기 화지부

(J. Masuda, p. 32), 안다까(Andhaka)부, 정량부와 현주부(Kathā vatthu 주석서, II, 9. 212-220)가 동의했다. 이 확신은 붓다가 한 엄숙한 선언에 근거를 두고 있다. 4성제의 이해는 점진적으로 되는 것이지, 단 한 번에 되는 것이 아니라고 붓다는 언명했고(caturṇām āryasatyānam anupūrvābhisamayo na tvekābhisamayaḥ), (이와 같은) 그의 생각은 담마빠다(제239송), 숫따니빠따(제962송), 앙굿따라니까야(IV, p. 200-201)와 같은 경전의 여러 곳에서 자세하게 언급되었다. 특히 건축 중인 궁전, 4계단의 층층다리, 4단의 사닥다리와 같은 3개의 비유는 잡아함(T. 99, 436-437經, k. 16, p. 113 a-b), 상윳따니까야(V, p. 452-453), 꼬샤뱌캬(Kośavyākhyā, p. 543-544)에서 상술되었다.

그러나 여기에 추천된 체계는 몇몇 부파들에게는 너무 다루기 힘들고 복잡하게 보였다. 상좌부(Kathāvatthu, II, 9, p. 212-220), 대중부(J. Masuda, p. 21), 초기 화지부(J. Masuda, p. 59), 그리고 분별설부(Vibhāṣā, T. 1545, k. 103, p. 533 a 22-23)들은 4성제를 단 한 번에 전체적으로 이해한다는 관점을 지지하는 사람들이다. 즉 단 한 순간의 확실한 이해를 통해 4성제의 모든 행상(行相)을 즉시 알 수 있다는 것이다. 우리가 앞에서 보았듯이(본서 1권, p. 534) 대중부 계통의 부파들이 채택한 마하데바(Mahādeva)의 다섯 번째 이단적 명제에 따르면, "아 괴롭다!"라는 부르짖음이 즉각적으로 도(道), 즉 견도(darśanamārga)의 첫 단계 뿐 아니라 수도(修道, bhāvanāmārga)에도 이르게 한다는 것이다. 그렇지만 이 부파들이 자신들의 논제의 근거로 삼았던 몇몇 경전들(Saṃyutta, V, p. 437; Suttanipāta, IV, p. 231; Vinaya, I, p. 11

= Saṃyutta, IV, p. 47, 107= Aṅguttara, IV, p. 186; Kathā vatthu, I, p. 220에서 인용한 경전들)은 명백하게 입증이 되지 않는다. 그리고 바수반두[世親]는 자신이 원했던 대로 거리낌없이 그것들을 해석했다(Kośa, Vl, p. 185-189).

그것은 어쨌든 간에, 불교의 최초의 몇 세기로부터, 2대 명제가 신비가들간에 서로 대립하게 되었다: 그것은 점진적인 이해로서 점오(漸悟, anupūrva)라는 입장과 "딱 잘라(eka)," 또는 "단박에(yugapat)" 하는 이해로서 돈오(頓悟, yugapat)라는 입장이었다. 이 논쟁은 오랫동안 은밀히 진행된 뒤에 격화되어 8세기에 티베트의 티송데쩬(Khri sroṅ lde bcan) 왕 치하에서 마침내 터지고 말았다. 라사(Lhasa) 결집에서 대승(大乘)이라는 별명을 가진 중국 승려 화상(Hva-śaṅ)이 대표로 된 "돈문파(頓門派)"와 인도 출신 까말라쉴라(Kamalaśīla)가 중심 인물이 된 "점문파(漸門派)"가 대립했다. 이 기억할 만한 사건에 대해 뽈 드미에빌(P. Demiéville)은 매우 명석하고 해박할 뿐 아니라 방대한 연구서를 냈다.[74]

붓다가 바라나시에서 했던 첫 설법의 아주 단순한 설명을 전체 논서와 비교할 때, 우리는 부파들이 아주 예상 외의 자세한 내용으로 4성제의 메시지를 밝히기 위해 기울인 노력에 대해 오직 존경과 찬탄을 표할 수밖에 없다. 역시 우리는 제자들이 자신들의 스승인 붓다의 정신에 완전히 충실했다는 것을 주목해야 할 것이다. 아비다르마에서 이룩된 진보는 진전 또는 특히 일탈(逸脫)이라기보

74 P. Demiéville, *Le Concile de Lhasa*, I(Bibliothèque de l'Institut des Hautes Études Chinoises, VII), Paris, 1952.

다는 교리에 대한 설명이다. 이것들은 사원의 작은 방에서 작업한 논사(論師)들의 일로서, 이 작은 방은 전문가들 사이에서 실행되고 토론된 일의 중요성을 이해할 수 없는 군중들의 소음으로부터 멀리 떨어져 있었다.

그럼에도 불구하고, 주위 상황의 영향은 사원의 바로 내부에까지 미쳤고, 불교 이론가[論師]들로 하여금 몇몇 문제점에 대해 어느 선까지는 재가신도들이 바라는 바를 수용하지 않을 수 없게 만들었다.

3. 재가신도들의 소망에 대한 양보

재가신도 계층의 영향 불교는 단지 열반을 얻고자 하는 사람들을 위한 신비적인 철학만은 아니다. 그것은 역시 하나의 종교로서 사원의 좁은 영역을 벗어나 모든 계층의 주민들에게 전파되었다. 교리와 의식(儀式) 상의 몇 가지 점에 대해 출가자들은 재가신도들의 소망과 타협하지 말았어야 했던 것은 의심할 나위 없다.

우리는 제1장의 끝에서 교단의 비공식적 구성원인 우바새(優婆塞, upāskak)들이 출가 수행자들과 동등한 권리를 획득하기 위해, 그리고 비구들의 지위에 올라가기 위해 바친 노력을 보았다. 그 길고 힘든 투쟁은 결국 재가신도들의 승리로 돌아갔다. 이 승리는 소승 부파들의 부분적인 승리였다. 몇 부파들은 재가신도가 성위(聖位)에 도달할 가능성을 인정했고, 출가자-아라한의 특권을 제한하는 데 동의했다. 이것은 대승불교에서 완전한 승리를 얻었다. 대승불교에서는, "양가(良家)의 자제들"이 출가 수행자들과 똑같이 성불(成佛)을 소망할 수 있게 되었다.

우리는 아비다르마 논사들이 이 경우에 동의했던 교리적인 분야의 양보에 대해 여기에서 재론하지 않겠다. 검토될 문제는 보다 일반적인 것이 될 것이다. 다음 장(章)에서 보게 되겠지만, 점차 증가한 포교의 성공은, 원래 철학적이고, 신비적 메시지였던 불교를 신(神, 더 정확하게는 신격화된 붓다), 판테온〔諸神〕, 성인들, 신화와 예배로 이루어진 하나의 진정한 종교로 변화시켜 버리는 결과가 되었다. 이 종교는 곧 사원 내부로 침투해서 비록 약간이긴 하지만 학식있는 논사들에게 영향을 미쳤다. 왜냐하면, 비구들은 민중들 가운데서 모집되었고, 세속적인 모든 유대를 자동적으로 끊기 위해서는 출가하는 것만으로 충분하지 않았기 때문이다. 황색 가사를 입고 있어도, 비구는 여전히 그 시대와 환경의 영향을 받는 사람이었다. 그렇지만 기원 1세기 경에, 경전에 나오는 고대 교리들을 4부중(部衆) 가운데서 통용되고 있던 사상들과 대조해 본 학승(學僧)들은, 인도와 외국의 재가신도 계층의 영향 하에서 정법(正法)이 받은 변화를 실감하지 않을 수 없었다. 그들은 교리와 계율 영역의 개혁에 맞서기 위해 필요한 권위가 부족했다. 그럼에도 불구하고 그들은 상당히 능란했기 때문에 그 운동을 지휘했을 뿐 아니라 샤꺄무니가 남긴 메시지의 핵심을 유지했다. 그러나 부분적으로 새로운 사상을 따랐는데, 그것으로부터 결국 대승불교가 나오게 되었다.

본래의 정통성과 혁신적인 경향간의 투쟁은 특별히 인도 대륙에서 두드러졌다. 스리랑카는 대륙에서 멀리 떨어져 있었기 때문에 외부의 영향으로부터 오랫동안 정통성을 유지할 수 있었다. 건축에 관심이 많았던 왕들의 보호 아래 마힌다의 제자들은 외부적으로 드러난 성대한 의식을 널리 행했던 것이 사실이다. 위에서 우리는 데바남삐야띳사(Devānaṃpiyatissa, 기원전 250-210년) 왕에 의한 마하비하라의 설립, 둣타가마니(Duṭṭhagāmaṇi, 기원전 104-80년) 왕에 의한 로하빠사다(Lohapāsāda, 靑銅宮殿)와 마하투빠(Mahāthūpa)의 건립, 밧따가마니(Vaṭṭagāmaṇi, 기원전 32년) 왕에 의한 아바야기리비하라(Abhayagirivihāra)의 창건을 알리는 성대한 의식들을 보았다. 그러나 왕들과 승려들이 주최한 이 모든 성대한 의식은 아주 엄격하게 정통적인 방침을 따랐고 민간신앙은 개입되지 않았다. 밧따가마니 왕 통치하에서 아바야기리의 비구들이 닥키나비하라(Dakkhiṇavihāra)의 비구들을 자신들의 편에 끌어들이면서 마하비하라 교단에서 이탈한 것은 오로지 계율상의 이유 때문이었다. 담마루찌(Dhammaruci) 장로의 인솔 아래 인도 대륙에서 온 밧지뿟따까(Vajjiputtaka 犢子部)의 비구들로 보강된 이 이교자(離教者)들은 별로 중요하지 않은 계율 문제들 외에는 정통파 장로들과 차이가 없었다. 대승적인 사상은 단지 3세기 후반, 보하리까띳사(Vohārikatissa, 기원후 260-282년) 왕 때에서야 스리랑카에 침투했다. 아바야기리의 비구들은 베뚤라(Vetulla, 大乘)의 이단적인 삐따까(Piṭaka)를 공공연하게 채택했다. 그러나 보하리까띳사 왕과 까삘라(Kapila) 대신의 개입으로, 이 위경(僞經)들은 불태워졌고, 아바야기리 비구들은 총애를 잃어버렸다. 따라서 스리랑카 교단은 기원전 250년에 창설된 이래 기원후 3세기 말까지, 공공연한 또는 은밀한 모습으로 인도 대륙의 교단들을 매우 깊이 바꾸어 놓은 새로운 사상으로부터 사실상 보호되었다.

인도 서북 지방에서 외국의 모든 정치적 또는 종교적 영향을 받았던 설일체유부와 대중부 교단들은 끊임없이 혁신적인 경향과 타협해야 했고 그들의 입장을 줄곧 바꾸어야 했다. 서민 감정에 이끌려서, 이 교단들은 초월적인 붓다의 속성과 특권들, 보디삿뜨바로 있었을 때 붓다가 이룬 행적들, 불교적인 신앙심에서 작은 신들에게 내어준 자리, 외적인 종교의례의 중요성과 예배의 합법성을 항상 더 많이 강조하게 되었다. 이 모든 문제들은 종교적인 영역에 속하는 것으로서, 아비달마가 몰두했던 교리의 철학적인 노작(勞作)과는 간접적인 관련만 있었을 뿐이었다. 그러므로 이 문제들은 별도로 다룰 가치가 있다.

설일체유부와 대중부의 불교학 빨리어 니까야(Nikāya)와 특히 산스끄리뜨어 아가마(Āgama)에서,[1] 이미 붓다의 몸을 3가지〔三身〕로 구별하는 경향이 있음을 확인할 수 있다. 즉 자궁으로부터 태어났고, 4대(大)로 형성되었고, 늙음과 죽음에 종속돼 있고, 부패하기 쉬운 몸인 부신(腐身, pūtikāya)과 마라(Māra)들 가운데서는 마라가 되고, 브라흐마(Brahmā)들 가운데서는 브라흐마가 되면서 높은 세계〔上界〕들을 방문하는 의생신(意生身, manomayakāya), 그리고 마지막으로, 특히 가르침 그 자체로서 신도들에 의해 무엇보다도 숭배되는 법신(法身, dharmakāya)이 그것이다. 그들

---

1 P. Demiéville이 수집한 출전, Hôbôgirin(法宝義林), Busshin(佛身), p. 174 이하.

은, "나는 세존의 아들로서, 그의 입으로부터 태어났고, 다르마〔法〕로부터 태어났고, 다르마에 의해 창조되었고, 다르마의 상속자이다.[2] 그것은 무슨 까닭인가? 붓다들은 다르마를 몸〔身〕으로 삼고, 브라흐만을 몸으로 삼고, 다르마이고, 브라흐만이기 때문이다"[3]라고 말한다. 붓다의 물질적인 몸(rūpakāya, 色身)에서, 그의 부패하는 몸에서(pūtikāya) 그를 보는 것은 아무 소용도 없다. 그의 법신에서, 즉 그의 가르침에서 그를 보아야 한다.[4] 그의 가르침의 원리인 연기법을 보는 것이 바로 법신을 보는 것이고, 붓다를 보는 것이다.[5]

이것은 대단히 중요하지만 산만한 개념들에 지나지 않는데, 설일체유부가 이 개념들을 체계화했다.[6] 이 브파는 붓다에게 각기 다른 3신(身)을 부여했다. 1) 이숙신(異熟身, vipākakāya): 역시 색신(色身, rūpakāya) 또는 생신(生身, janmakāya)이라고 부른다. 수행의 완성을 통해 그에게 새겨진 모든 상호(相好)를 가지고 룸비니 동산에서 마야(Māyā) 부인으로부터 태어난 몸이다. 신통력을 가지고 있긴 하지만, 진짜 탄생에 의해 자궁〔胎〕으로부터 나왔고, 단순한 화생신(化生身, aupapāduka)이 아닌 이 몸은 부정(不

2 Dīgha, III, p. 84; comp. Saṃyutta, II, p. 221, Itivuttaka, p. 101.

3 Dīgha, III, p. 84; Majjhima, III, p. 195; comp. Theragāghā, v. 491.

4 Saṃyutta, III, p. 120; Divyāvadāna, p. 19, 396-397. Subhūti는 동굴 속에서 무상을 관(觀)하고 있었지만, 붓다의 dharmakāya(法身)에게 인사한 최초의 사람이었다. 그는 이렇게 해서 샤꺄무니의 janmakāya(生身)에게 인사하기 위해 상까샤(Sāṃkāśya)에 갔던 웃빨라바르나(Utpalavarṇā) 비구니를 앞섰다(出典, Lamotte의 *Traité de la Grande Vertu de Sagesse*, II, p. 635 註).

5 Majjhima, I, p. 190-191.

6 설명과 출전들은 L. de La Vallée Poussin, *Siddhi*, p. 766-773에서 볼 것.

淨, sāsrava)하다. 2) 법신(法身, dharmakāya): 설일체유부는 붓다의 육신(肉身) 위에 법신(法身)을 놓았다. 법신은 유위법(有爲法, saṃskṛta)이지만 무루법(無漏法, anāsrava), 즉 계(śīla), 정(samādhi), 혜(prajñā), 해탈(vimukti), 해탈지견(解脫知見, vimuktijñānadarśana)의 집대성으로서, 이것을 지닐 때 보디삿뜨바는 붓다가 된다. 신봉자들은 붓다의 육신에 귀의하는 것이 아니라 그의 무루법에 귀의한다. 무루법은 모든 붓다에게 동일한 것으로서 3원덕(圓德)을 가지고 있다. 3원덕이란, a. 인원덕(因圓德, hetusaṃpad): 복덕과 지혜의 구족(puṇyajñānasaṃbhāra), b. 과원덕(果圓德, phalasaṃpad): 특수한 지혜와 능력의 구족(具足), 모든 번뇌와 장애의 단절, c. 은원덕(恩圓德): 유정들을 위한 이익의 구족이다. 현장 법사가 수집한 전승에 의하면(T. 2087, k. 8, p. 912 b) 아쇼까 왕은 5분법신(分法身)을 위해 5개의 특별한 탑을 세웠다. 3) 화신(化身, nirmāṇakāya): 붓다는 어떤 상황에서는 수많은 화신을 만든다. 화신들은 대마법사들이 가지고 있는 응화력(應化力, nirmāṇa)과 가지력(加持力, adhiṣṭhāna)에 의존하는데, 그것은 대 마법사들로 하여금 마음대로 말하고 행동하게 하는 자신들의 분신들을 만들어 내기도 하고, 그들의 사후에 이 분신들을 유지할 수 있게도 한다.

3신(身)에 대한 이와 같은 철학적인 사변(思辨)들은, 대승 논사들이 얼마간 변경해서 자신들의 것으로 다시 취하게 되었지만, 설일체유부에게는 샤꺄무니의 역사적인 존재를, 민간신앙이 붓다에게 부여한 초월적인 성질과 조화시킬 수 있는 타협안처럼 보였다. 대중부와 그 후예들〔지말 부파〕은 붓다가 "출세간적(lokottara)"이라는 것을 선언함으로서 초월적인 붓다를 위해 역사적인 붓다를 주저없이 포기했다.

대중부는 다음과 같이 말하고 있는 상윳따니까야의 한 구절(III, p. 140)에 비중을 두고 있다. 즉 "여래는 세상에 태어나 세상에서 자랐다. 움직이든 서 있든 그는 세간법에 의해 오염되지 않는다(anupalitto lokena)." 이것으로부터 대중부는 탄생신(誕生身)을 포함한 붓다의 모든 것은 무루(無漏, anāsrava)라고 결론을 내리면서, 다음과 같이 말했다: "그의 탄생은 순전히 화생(化生, upapāduka)이다. 그의 존재는 단순한 허구다. 그의 몸〔肉身〕은 정신적인 것이다. 그리고 그가 실제 그에게 관계가 없는 인간적인 특성과 행동들을 외면적으로 나타내는 것은 단지 세상에 순응하기 위해서일 뿐이다(lokānuvartana)".

대중부의 가현설(假現說)은 마하바스뚜의 서문—사실 이 문헌에서 가장 오래된 부분은 아니다—에 명백하게 다음과 같이 서술되어 있다: "정각을 성취한 붓다들에게는 세간(世間)과 공통적인 것은 전혀 아무 것도 없다. 그래서 이 위대한 성자들에게는 모든 것이 출세간적이다. 그들의 탄생조차도 출세간적이다"(I, p. 159). "모든 보디삿뜨바들은 모태(母胎)에 상처를 입히지 않고(어머니의) 오른쪽 옆구리를 통해 그곳에 들어갔다가, 10달 후에 태어난다"(I, p. 148). "세존의 행위는 초월적이다. 그의 선근(善根)은 초월적이다! 현자(賢者)에게는 걷기, 머물기, 앉거나 누운 자세〔行, 住, 坐, 臥〕는 초월적이다. 존재의 모든 속박을 소멸한 선서(善逝, Sugata)의 육신 역시 초월적이다. 이 사실은 의심의 여지가 없다. 의복을 착용하는 것은 현자에게 초월적이다. 이 사실은 의심의 여지가 없다. 음식물을 섭취하는 것도 선서에게는 역시 초월적이다. 이 영웅적인 사람들이 베푼 가르침은 전적으로 초월적인 것으로 간주된다. 그리고 진실에 따라, 나는 가장 현명한 이 존재들의 위대함을 선언한다. 알맞은 장소와 때를 만나 업이 적당하게 무르익을 때, 도사(導師, 붓다)들은 진실하고 유익한 법을 설한다. 붓다들은 인간적으로 세간의 관습을 따르지만, 역시 출세간적인 관습을 따른다. 이 탁월한 사람들은 4가지 거동〔行, 住, 坐 ,臥〕을 취한다. 그러나 어떠한 피로도 이 자비로운 존재들에게 영향을 미치지 않는다. 그들은 발을 씻지만 먼지는 발에 묻지 않는다. 그들의 발은 연잎 같다. 이것〔발을 씻는 것〕은 단지 (상황에) 수순(隨順)하는 것일 뿐이다. 정각자(正覺者)들은 목욕을 하지만 그들에게 더러움은 없다. 그들의 모습은 금원반(金圓盤)과 같다. 목욕하는 것은 단지 (상황에) 수순하는 것일 뿐이다..... 붓다들은 (그들이 원하기만 하면) 업을 중단시킬 수 있지만 승자(勝者)들은 업을 드러내고 그들의 탁월한 능력을 숨긴다. 이것은 단지 수순하는 것일 뿐이다. 그들은 음식물을 취한다. 그러나 배고픔은 그들을 괴롭히지 않는다. 이것은 사람들에게 보시할 기회를 주기 위한 것이고, 단지 수순하는 태도에 의해서이다... 붓다의 육신은 성교(性交)의 결과가 아니지만, 붓다들은 그들의 부모에 대해 말한다. 이것은 단지 수순하는 것일 뿐이다"(I, p. 167-170).

그 기원은 설일체유부이지만, 대승 방등경(方等經, vaipulya)에 매우 가까운 랄리따비스따라(Lalitavistara, VIII, p. 118-119)에서 젊은 샤꺄무니는 동일하게 반향하는 게송들을 읊고 있다: "내가 태어났을 때, 이 3천대천세계(三千大千世界)는 진동했다. 샤끄라(Śakra), 브라흐마, 아수라, 마호라가(Mahoraga), 짠드라(Candra), 수리야(Sūrya), 바이슈라바나(Vaiśravaṇa), 꾸마라(Kumāra)는 머리를 내 발에 숙이면서 나에게 경의를 표했다. 어떤 다른 신이 자신의 탁월함으로 나와 구별될 수 있겠는가? ... 나는 신들 위에 있는 신(devātideva, 天中天)이고, 모든 신들보다 높다(uttamaḥ sarvadevaiḥ). 나와 같은 신은 없다. 어떻게 나보다 더 높은 신이 있을 수 있겠는가? ..... 신들과 사람들〔人天〕은 (나에 대해) '그는 그 스스로 신이다'라고 한결같이 말할 것이다(svayam eva devaḥ)."

대중부의 가현설(假現說)은 단지 안드라국의 산악 지방에 자리 잡은 제다산부(Caitika), 동산주부(Pūrva), 서산주부(Aparaśaila)의 신봉자들 가운데서 뿐 아니라, 역시 웃따라빠타까(Uttarāpathaka, 北道派)라는 분명하지 않은 이름으로 알려진 북쪽의 불교도들 가운데서도 열렬한 지지자들을 얻었다. 스리랑카의 상좌부와 인도 대륙의 설일체유부는 이 가현설과 싸웠지만 허사였다. 가현설은 스리랑카형(Vetullavāda)과 인도형(Śūnyavāda와 Vijñānavāda, 派)으로 대승불교의 근본적인 입장들 가운데 하나였다.

바수미뜨라(世友), 바뱌(青辨), 비니따데바(調伏天)가 쓴 부파에 관한 논서들에는, 그들이 대중부와 그 지말 부파들의 공동적인 것으로 보는 약 15개의 가현설에 대한 명제들이 언급돼 있다.[7] 즉 붓다들은 출세간적(lokottara)인 (존재)다. 그들은 유루법(sāsrava)에 사로잡히지 않는다. 그들의 모든 연설(演說)은 법의 가르

7 J. Masuda, p. 18-21; A. Bareau, p. 57-60.

침과 일치하는데, 그들은 그것을 단 한 번의 발성(發聲)으로 설명할 수 있다(ekavāgudāhāra). 그들이 설한 모든 수뜨라〔經典〕는 명확하고 결정적인 의미를 가지고 있다(nītārtha). 그들의 색신(色身, rūpakāya)과 위신력(威信力, prabhāva), 그리고 그들의 수명(āyus)의 길이는 무한대다. 끊임없는 삼매(samādhi)에 들어서, 그들은 법을 설하고, 질문에 답하고, 문장을 구성하는 데도 조금도 피로를 느끼지 않는다. 그들은 단 한 순간의 생각으로 모든 것을 이해한다. 그들은 반열반에 들 때까지 항상 누진지(漏盡智, āsravakṣaya)와 무생지(無生智, anutpādajñāna)라는 두 가지 지혜를 가지고 있다.

까타밧투에는 비슷한 명제들이 대중부, 안다까(Andhaka)파, 웃따라빠타까(Uttarāpathaka)파, 베뚤야까(Vetulyaka)파들의 것이라고 말하고 있다. (이 명제들에 의하면) 붓다들은 우주의 모든 지역 어디에나 나타나고(XXl, 6, p. 608), 그들의 신통력으로 모든 자연 법칙을 중단시킬 수 있다(XXl, 4, p. 606). 그들의 행동(vyavahāra)은 초월적이다(II, 10, p. 221). 그들의 대변(大便) 냄새조차도 모든 향기를 능가한다(XVIII, 4, p. 563). 그들은 한 번도 인간 세상에 거주하지 않았다(XVIII, 1, p. 559).

보디삿뜨바의 특성과 경력 무상정각(無上正覺)에 이르기 전에, 붓다들은 무수한 생애 동안 보디삿뜨바, 즉 미래의 붓다는 길고도 고된 경력(經歷)을 거쳐야 한다. 사람들이 붓다들의 전생에 대해 점점 더 큰 관심을 보이게 되자, 불교 이론가〔論師〕들은 보디삿뜨바의 특성과 그들이 붓다의 경지를 획득하기 위해 실천해야 하는 활약들을 정의해야 했다. 소승불교에서는 아직 보디삿뜨바의 경력이 단지 회고적인 가치만 가지고 있을 뿐, 본보기적인 가치는 가지고 있지 않았다. 그것은 단지 과거 7불(佛), 즉 비바시불(毘婆尸佛, Vipaśyin), 시기불(尸棄佛, Śikhin), 비사부불(毘舍浮佛, Viśvabhū), 구류손불(拘留孫佛, Krakucchanda), 구나함불(拘那含佛, Kanakamuni), 가섭불(迦葉佛, Kāśyapa), 석가모니불(釋迦牟尼佛, Śākyamuni)에 관계한 것으로서, 사람들은 이들에 대한 역사를 설명하려고 했다. 보디삿뜨바의 경력이 불교 신도들에게 본보기로 제시된 것은 대승불교가 출현한 이후였다.

보디삿뜨바는 모든 중생들의 이익과 행복을 위해 어느 날 무상정등각(無上正等覺)을 성취한다는 원(願)을 세우면서 보리심(菩提心, bodhicitta)을 낸 사람이다. 그것은 출가 수행자들이 소중히 여기는 개인적인 완성에 대한 관심과는 대조적으로, 재가신도들이 특별히 높이 평가하는 이타적인 이상(理想)이다. 발보리심(發菩提心, cittotpāda)에 의해서 보디삿뜨바는 그 결과[정각의 달성]가 결정되지만, 이 결과로 향하는 가띠(gati: 태어날 세계, 道)는 (아직) 결정되지 않는다. 진정한 보디삿뜨바는 보디(bodhi, 覺)와 가띠(gati) 두 가지가 모두 결정된 사람이고(niyata),[8] 틀림없이 정각에 도달할 사람일 뿐 아니라, 보디로 향하는 그의 가띠(gati)의 기간과 재생(再生)의 성질에 대해서 결정된 사람이다. 소승 논사들은 이 결정의 명확한 순간에 대해 여러가지 주장을 하고 있다.

8 이 nyama(또는 niyāma: 不退轉位)에 관해서는, Kośa, VI, p. 180을 볼 것.

설일체유부에 의하면 보디삿뜨바의 수행기간은 3아승기겁(阿僧祇劫, asṃkhyeyakalpa)과 거기에 뒤따르는 "추가 100겁〔餘百劫〕"으로 이루어져 있다.[9] 3아승기겁 동안 보디삿뜨바는 보시(布施, dāna), 지계(持戒, śīla), 인욕(忍辱, kṣānti), 정진(精進, vīrya), 선정(禪定, dhyāna), 지혜(智慧, prajñā)의 6바라밀(波羅蜜, pāramitā)을 실천한다. 첫 번째 아승기겁 동안에 보디삿뜨바는 자신이 붓다가 될 것인지 확실하게 알 수 없다. 두 번째 아승기겁 끝에 가서야 자신이 붓다가 될 것이라는 것을 확실하게 알게 된다. 그러나 아직 그것을 감히 공언하지 못한다. 세 번째 아승기겁 끝에 가서 대인상(大人相: 32相)을 갖추는 데 필요한 공덕(功德)을 닦는다. 그는 그때 무외심(無畏心)를 일으키고, "나는 붓다가 될 것이다"라고 사자후(獅子吼)를 토한다. 이것에서 알 수 있는 것은, 3아승기겁 동안 보디삿뜨바는 아직 범부(凡夫, pṛthagjana)일 뿐으로, bodhi에 대해서는 결정되었지만 gati에 대해서는 결정되지 않았다는 사실이다. 그가 bodhi와 gati 두 가지가 모두 결정되고, 신들과 인간들에 의해 인정될 진정한 보디삿뜨바로서의 32상(相)을 갖출 공덕을 닦는 것은 단지 추가된 100겁〔餘百劫〕 동안이다. 이 공덕의 결과로서 보디삿뜨바는 5가지 "열등한 것"을 제거하고 5가지 "높은 것"을 얻는다. 즉, 1. 악도(惡道)를 면하고 선도(善道)를 얻는다. 2. 태어나는 가정은 천하지 않고 고귀하다. 3. 항상 남자로 태어난다. 4. 신체장애가 없다. 5. 아무 것도 잊어버리지 않고, 자신의 전생들을 기억한다.

---

9 大毘婆沙論, T. 1545, k. 176, p. 886 c; Kośa, IV, p. 220 이하; 順正理論, T. 1562, k. 44, p. 590 b-c.

설일체유부에 의하면 보디삿뜨바는 3아승기겁 다음에 오는 겁〔추가된 100劫〕에서 niyama(不退轉位)를 얻고, bodhi를 성취하기 직전 보리수 아래에서 성자위(聖者位)를 획득한다. 반면, 대중부에 의하면 "보디삿뜨바는 첫 번째 아승기겁 동안에는 niyata(즉 聖者)는 아니고, 아직 범부(凡夫, pṛthagjana)이다. 그는 두 번째 아승기겁 초에 성자(Ārya)가 되고, 세 번째 아승기겁 초에 수기(授記, vyākaraṇa)를 받는다. 첫 번째 아승기겁 동안 보디삿뜨바는 중생들의 구제를 위해 악도에 태어날 원(願)을 세운다. 그러나 이 원은 과보를 맺지 않는다. 보디삿뜨바는 자신의 업(業)에 따라 태어난다. 그리고 나서, 그가 원하는 대로 태어난다"라고 말한다.[10] 역시 대중부에 의하면 보디삿뜨바들은 모태(母胎)에서, 태아의 정상적인 발전 단계인 깔랄라(kalala, 최초의 1주일), 아르부다(arbuda, 제27일), 뻬쉰(peśin, 제37일), 가나(ghana, 제4주의 7일)를 거치지 않는다. 그들은 화신(化身)하기 위해 흰 코끼리 모습을 취하고, 태어날 때는 어머니 옆구리로 나온다. 그들은 욕망〔欲想〕도, 화냄〔恚想〕도, 악의〔害想〕도 가지지 않는다. 그들은 중생들의 이익을 위해 악도에 태어날 원을 세운다. 그들은 자신들에게 알맞은 세계〔gati, 道〕를 어디든지 자유스럽게 선택한다.[11] 이 마지막 명제는 제다산부(制多山部)의 지말 부파들로부터 논박을 당했는데, 그들의 주장에 따르면 보디삿뜨바는 범부로서, 아직 자신이 지은 업(業) 때문에 악드(惡道)에 다시 태어난다는 것이다.[12] 그러

10 Vasumitra의 논제 16에 관해서는, 규기(窺基), II, p. 27 b : Siddhi, p. 735 참조.

11 J. Masuda, p. 21 : A. Bareau, p. 61.

나 까타밧투(XXIII, 3, p. 623)는 대중부의 명제와 유사한, 하나의 명제를 안다까(Andhaka)파의 것이라고 보았다. 이 명제에 의하면 보디삿뜨바는 자진해서, 그리고 완전히 자유롭게 지옥에 가기도 하고, 자신이 선택한 태(胎)에 들어가기도 하고, 요가를 닦는 스승들의 지도 아래 고행에 전념하기도 한다.

대승 논사들은 이와 같은 생각들을 대부분 다시 채택했다. 그렇지만 마하바스뚜(1, p. 46-63)에서 말하고 있는 보디삿뜨바의 실천 행들은 뒷날 나오게 될 사변(思辯)들과 단지 부분적으로만 일치한다. 이 실천 행은 모두 4가지로서, 1. 보디삿뜨바의 타고난 특성들을 발전시키기 위한 준비행인 자성행(自性行, prakṛticaryā), 2. 주로 발보리심으로 이루어진 원행(願行, praṇidhi 또는 願性行, praṇidhanācaryā), 3. 미래의 붓다가 자신의 모든 활동을 보리심에 맞추는 순성행(順性行, anulomacaryā), 4. 보리(bodhi, 정각)를 얻을 때까지 결코 뒤로 물러나지 않는 불퇴전행(不退轉行, avivartanacaryā)이 그것이다.

'순성(順性)' 이라는 이름의 세 번째 행(行)은 10지(地, bhūmi) 기간 중에 이루어진다(Mahāvastu, 1, p. 63-157). 10지란, 1. 난등지(難登地: 도달하기 어려운 지, durārohā), 2. 결만지(結鬘地: 속박된 지, baddhamānā), 3. 화장엄지(華莊嚴地: 꽃으로 장식된 지, puṣpamaṇḍitā), 4. 명휘지(明輝地: 우아한 지, rucirā), 5. 광심지(廣心地: 마음이 넓은 지, cittavistarā), 6. 묘상구족지(妙相具足地: 相好를 갖춘 지, rūpavatī), 7. 난승지(難勝地: 정복하기 어

12 J. Masuda, p. 38; A. Bareau, p. 88.

려운 지, durjayā), 8. 생탄인연지(生誕因緣地: 탄생 증명지, janmanirdeśa), 9. 왕자지(王子地: 왕태자의 지, yauvarājya), 10. 관정지(灌頂地: 戴冠式의 지, abhiṣeka)이다.

몇몇 저자들은 아주 서투르게 정의된 이 체계를 반야경(般若波羅蜜多, Prajñāpāramitā), 입중론(入中論, Madhyamakāvatāra), 십지경(十地經, Daśabhūmika), 보살지지경(菩薩地持經, Bodhisattvabhūmi), 대승장엄경론송(大乘莊嚴經論頌, Mahāyānasūtrālaṃkāra), 섭대승론(攝大乘論, Mahāyānasaṃgraha), 성유식론(成唯識論, Siddhi)과 같은 대승 경과 논에서 성립된 것처럼 보이는 보디삿뜨바의 경력과 일치시켜 보려고 했다. 그러나 모든 것을 일치시키려고 하다가 결국 혼란에 빠지고 말았다. 앞에서 말한 것처럼 마하바스뚜에서 언급하고 있는 보디삿뜨바의 행(行, caryā)들은 본보기로서의 가치보다 회고적인 가치를 가지고 있다. 그것들은 과거 붓다들의 종교적인 이야기일 뿐, 모든 "양가(良家)의 자제들"에게 추천된 인생계획은 아니다. 난등(難登), 결만(結鬘)등, 순성행(順性行)의 10지 명칭들은 환희(歡喜), 이구(離垢) 등의 대승 10지 명칭들과 전혀 공통점이 없을 뿐 아니라, 그 단계를 구성하지도 않는다. 그리고 그것들은 마지막 2지인 왕자, 관정(灌頂)지를 제외하고는 보디사트바의 정신적인 향상에 어떠한 진보도 나타내지 않는다. 대승불교의 지(地, bhūmi)와는 달리 그것들은 바라밀의 실천뿐 아니라, 제거해야 할 장애(障礙, āvaraṇa)나 알아야 할 10법계(法界, Dharmadhātu)와도 관계가 없다. 특히 불퇴전행(不退轉行, avivartanacaryā)이라 불리는 4번째 행은 마하바스뚜에서 생각되고 있는 것처럼 구별 없이 10

지(地) 모두에 해당될 뿐, 아직 특수한 지, 즉 일반적으로 제8지에 도달함으로서 결정적으로 획득하게되는 특권처럼 생각되지는 않는다.[13]

소승교도들에게는 보디삿뜨바의 특성과 경력에 관한 철학적 사변들은 아무런 경전적인 근거도 가지고 있지 않다는 것이 분명하다. 대승 불교의 논사들과는 달리 그들은 대승경전의 권위에 의거할 수단조차도 가지고 있지 않았다.

환희지(歡喜地, pramuditā)에서 법운지(法雲地, dharmamegha)까지의 보디삿뜨바 10지(地)는 본서에서 다루지 않는다. 그것은 대승불교교리를 기술할 다른 곳에서 취급하게 될 것이다. 그러나 우리는 여기에서 3승(乘)에 속하는 지(地)들을 단 하나의 도표에 분류하려는 시도—틀림없이 이것은 대승불교에서 나온 것 같다[14]—에 대해 언급해야 한다.

13 이 모든 것에 관해서는, N. Dutt, *Early Monastic Buddhism*, II(p. 305-311)을 볼 것.

14 이 목록은 사실 반야경(Prajñāpāramitā)류의 문헌들 가운데 사방 흩어져 있다: Pañcaviṃśati, Dutt 출판, p. 225, 235; Śatasāhasrikā, Ghosa 출판, p. 1473, 1520; Āloka, Wogihara(荻原雲來) 출판, p. 104; 放光般若經, T. 221, k. 4, p. 29 b 25-26; 光讚經, T. 222, k. 7, p. 199 a 1-2; 摩訶般若波羅蜜經, T. 223, k. 6, p. 259 c 12-14; 大般若波羅蜜多經, T. 220, k. 55(제5권) p. 309 b 21-23; T. 220, k. 416(제7권), p. 88 c 20-21; 大智度論, T. 1509, k. 49, p. 411 a 26-29. 참조, E. Obermiller, *The Doctrine of Prajñāpāramitā*, p. 48-51; *Analysis of the Abhisamayālaṃkāra*, II, p. 178; N. Dutt, *Aspects of Mahāyāna Buddhism*, p. 240-241; L. de La Villée Poussin, *Siddhi*, 補遺, p. 727.

I. 성문승(聲聞乘, Śrāvakayāna)
- 1. 정관지(淨觀地, Śuklavidarśanā 또는 乾慧地, Śuṣklavidarśanā)
- 2. 성지(性地, Gotrabhūmi)
- 3. 팔인지(八人地, Aṣṭamaka)
- 4. 견지(見地, Darśana)
- 5. 박지(薄地, Tanu)
- 6. 이욕지(離欲地, Vītarāga)
- 7. 이작지(已作地, Kṛtāvi)

II. 연각승(緣覺乘, Pratyekabuddhayāna): 8. 성문승과 같음.

III. 대승(大乘, Mahayana)
- 9. 보살지(Bodhisattvabhūmi): 환희지(歡喜地, Pramuditā) 등 10지.
- 10. 불지(佛地, Buddhabhūmi).

3승이 공유하는 이 도록은 아마도 3승(乘, Triyāna)을 통일시키려는 생각 — 이것은 법화경(法華經)에 자주 나타난다 — 에서 비롯되었을 것이다. 소승불교도는 이 문제와 아무 관계도 없다.

제6도(道, gati) 몇몇 예외(Dīgha, III, p. 264)를 제외하고 일반적으로 경전(Dīgha, III, p. 234; Majjhima, I, p. 73; Saṃyutta, V, p. 474; Aṅguttara, IV, p. 459)에서는 단지 5도(道, gati) — 중생들이 이 곳으로 윤회한다 — 만을 말하고 있다. 5도란 3악도(惡道, durgati)와 2선도(善道, sugati)이다. 전자는 지옥도(地獄道, naraka), 축생도(畜生道, tiryagoni), 아귀도(餓鬼道, preta)로서, 이 곳에서 붓다를 만나 법을 듣는 것이 불가능하지는 않지만 매우 어렵다. 후자는 인간도(人間道, anuṣya)와 천상도(天上道, deva)로서, 이 곳에서는 도(道)에 이르러 해탈을 이루기가 비교적 쉽다. 그렇지만 많은 아수라(Asura), 나가(Nāga), 약샤(Yakṣa), 간다르

바(Gandharva) 등, 민간 신앙의 대상들이 불교 만신전(萬神殿)에 들어왔기 때문에 불교 이론가들은 이 문제를 다시 생각하지 않을 수 없었다. 이 잡종 존재들을 어디에 배치할 것인가? 이들 가운데서 베마찌뜨라(Vemacitra) 아수라, 바즈라빠니(Vajrapāṇi, 金剛力士) 약샤, 빤찌까(Pañcika, 鬼子母의 남편) 약샤, 귀자모 하리띠(Hāritī)와 같은 몇몇 존재들은 우바새 자격으로 정법을 신봉했고, 특히 공덕을 많이 지으면서 살았다.

5도라는 전통적인 숫자에 충실했던 부파들 — 상좌부,[15] 설일체유부,[16] 사리불아비담론부(舍利弗阿毘曇論部, T. 1548, k. 26, p. 690 b 4) — 은 이 국외자들을 현존하는 도(道, gati)들, 특히 아귀도(餓鬼道)와 천상도(deva) 가운데에 배치하려고 했다. 이런 류의 시도를 비바사론(T. 1545, k. 172, p. 867)에서 볼 수 있다.

이와 반대로 다른 부파들은 이들 잡종 존재들에게 별도로 장소를 마련해 주는 것이 보다 바람직하다고 생각하고 그들을 위해 아수라(阿修羅)라고 하는 제6의 도(gati)를 새로 만들었다. 이것은 안달부(安達部, Andhaka), 북도파(北道派,Uttarāpathaka, Kathāvattha, VIII, 1, p. 360), 대중부(Mahāvastu, I, p. 42, 337 ; II, p. 368), 독자부(T. 1545, k. 2, p. 8 b 24 ; T. 1546, k. 1, p. 6 a ; T. 1509, k. 10, p. 135 c 24)가 채택한 해결책이었다. 산스끄리뜨어본 샷가띠까리까(Ṣaḍgatikārikā, 제94송)[17]와 아함부(阿含部)에 포함되지 않은 경전군(經典群)으로서 도(道, gati)에 관해 말하고

15 Kathāvatthu, VIII, 1, p. 360.

16 Kośa, III, p. 11.

17 P. Mus 출판, *La lumière sur les Six Voies*, Paris, 1939, p. 282.

있는 경전군들 역시 6도를 다루고 있다(T. 723, 725, 726, 729).

대승 경전과 논서에서도 동일한 우유부단과 망설임이 발견된다. 예를 들면 삿다르마뿐다리까(Saddharmapuṇḍarīka, 法華經)에서 때로는 5도를(p. 131), 때로는 6도를 말하고 있다(p. 6, 9, 135, 346, 372). 나가르주나는 중론(中論, Madhyamakaśāstra)에서 5도를 열거하지만(p. 269, 304), 권발제왕요게(勸發諸王要偈, T. 1673, Suhṛllekha)와 대지도론(T. 1509, k. 10, p. 135 c)에서는 6도를 제시한다.

불교문학에서 별도로 한 자리를 차지하고 있는 방대한 스므리띠우빠스타나수뜨라(Smṛtyupasthānasūtra)의 경우, 5도 이상은 결코 말하지 않는다.[18] 명백하게, 불교 논사들은 다루기 힘든 이 힌두교의 종교적인 목신(牧神)을 받아들이기를 주저했다.

보시의 가치와 예배의 합법성 윤리학자들은 역시 예배의 표현과 의식(儀式)에 대해 결정적인 태도를 취하게 되었는데, 예배의 중요성은 종교적인 신앙심이 발달해감에 따라 증대해 갔다.

우리는 제1장에서(본서 1권, p. 149-168), 재가신도들의 의무 가운데 보시(布施, tyāga)가 차지하는 위치를 보았고, 여래의 사리(舍利)에 합당한 경의를 표하는 일은 출가 수행자의 몫이라기보다는 재가 신도의 몫이었다는 것도 보았다.

붓다 자신은 보시의 이익에 대해 다음과 같이 자세하게 말했다. 즉 너그럽게 베푸는 보시자는 모든 사람들로부터 사랑을 받고, 정직한 사람들로부터 존경을 받고, 기탄없이 칭찬을 받고, 어디에서

18 Lin Li-Kouang, *L'Aide-Memoire de la Vraie Loi*, p. 24.

나 환대를 받고, 죽은 뒤에 천상에 올라간다는 것이다(Aṅguttara, III, p. 38-41).

보시는 내세의 지복(至福)을 추구하는 재가신도에게는 필수적이지만, 열반을 동경하는 비구에게는 별로 유익하지 못하다. 보시는 열반에 이르는 길의 3가지 기본 요소인 계, 정, 혜 가운데 포함되지 않는다. 출가 수행자가 중생들에 대해—그들이 행복하건 불행하건 간에—자(慈, matrī), 비(悲, karuṇā), 희(喜, muditā) 등의 무량심(無量心, apramāṇacitta)을 내적으로 계발(啓發)하는 것은 단지 보조적인 것이다. 출가 수행자는, "모든 고통과 비애, 즉 이 세상의 온갖 형태의 고(苦)는 사람에게 소중한 것으로부터 비롯된다고 경고를 받는다. 소중한 것이 더 이상 아무 것도 없는 곳에, 고는 다시 일어나지 않는다. 그렇기 때문에 이 세상에 소중한 것을 아무 것도 가지지 않은 사람은 기쁨이 많고, 슬픔으로부터 해방된다"(Udāna, p. 92).

수행자가 계발하는 자비심은 결코 관능적인 사랑이나, 타고난 감정으로 퇴보해서는 안 된다. 수행자는 "부정관(aśubhabhāvanā)"의 실천을 통해 애욕(愛慾, rāga)과 싸워야 한다. 야외의 묘지에서 (부패되어) 여러 단계로 분해되고 있는 시체들을 관찰하면서 인간의 모든 육체는 아무리 아름답다고 해도 피할 도리 없이 같은 운명에 처해져 있다는 것을 생각해야 한다. 수행자는 엄격히 공정하게 그 자신의 자비심을 유지하기 위해, 붓다가 당부한 4무량심 가운데 네 번째이자 마지막인 사무량심(捨無量心, upekṣā-brahmavihāra)을 실천해야 한다. 수행자는 중생을 평등하게 보고〔upekṣā, 捨〕, 애정에 있어서 부모와 자식과 친척에게 결코 우선권을 주어서는 안 된다. 더군다나 수행자는 자발적으로 택한 가난〔淸貧〕 때문에 보시나 자선(慈善)을 할 수 있는 상황이 아니다. 그가 할 수 있는 유일한 보시는 법보시(法布施), 즉 종교적인 가르침뿐이다.

보시가 아무리 공덕이 있다고 할지라도 그것은 괴로운 윤회의 근본이 되는 무명과 번뇌에 대해 즉효(卽效)가 있는 해독제는 아니다. 보시는 그 자체로서 고(苦)를 끝낼 수도, 열반을 확보할 수도 없다. 일상 생활에서 보시는 해로운 무명과 망상(妄想)으로 오염되기 때문이다. 불교에 의하면 아(我), 자아(自我), 인격(ātman)이라는 것은 어떠한 객관적인 실재(實在)에도 상응하지 않는 순전히 상투적인 표현(vyavahāravacana, 世間說)이다. 아(我)도 없고 아소(我所)도 없다. 모든 것은 연기(緣起, pratītyasamutpāda)의 영원한 법칙에 의해 생멸하는 육체적 정신적 현상들의 생성(生成) 이외에 아무 것도 아니다. 만약 내가 보시를 하면 나의 맹목적인 의식(意識)은 나에게, "나는 어떤 것을 어떤 사람에게 준다"라고 말한다. 그리고 자신을 제3자에 대한 후원자라고 자처하면서, 아(我)에 대한 믿음〔有身見, satkāyadṛṣṭi)에 훨씬 더 깊이 빠지게 된다. 사실 주는 자〔授與者〕도 없고 받는 자〔受領者〕도 없다. 왜냐하면 자아(自我)가 존재하지 않기 때문이다. 대승불교는 보시된 물건 역시 존재하지 않는다고 부언한다. 왜냐하면 존재(dharma)를 구성하는 요소들은 본성이 공(空)하기(lakṣaṇaśūnya, 相空) 때문이다. 그래서 자아에 대한 믿음으로 오염된 보시는 기껏해야 단지 천상계나 인간계에 좋은 조건으로 태어날 수 있게 해줄 뿐이다. 보시로서 해탈을 성취할 수는 없다.

다른 한 편 보시는 재가신도의 주된 의무로 남게 되는데, 그들은 상가에 의복, 음식, 자리〔坐具〕, 의약품을 공급하면서 상가를 유지할 의무를 가진다. 경전에는 보시의 가치를 찬양하는 설법들이 많이 있다.

보시란 신체와 음성으로 짓는 행위로서 — 따라서 그것은 몸짓과 말이다 — 보시하는 사람〔布施者〕으로 하여금 다른 사람에게 경의를 표하거나 그들을 도와주고자 하는 바램을 통해 자신의 이익을 희생하게 하는 관대한 의지의 결과이다. 보시의 가치는 보시하는 사람의 자질, 보시물의 중요성, 보시받는 사람의 우수성에 따라 다르다〔三輪淸淨〕.

보시하는 사람은, "신앙으로 고취되어, 존경심을 가지고, 알맞은 때, 기꺼운 마음으로, 그 자신에게도 다른 사람에게도 해를 입히지 않고 보시를 할 때" 특히 보시자로서 자격을 가지게 된다(Aṅguttara, III, p. 172). 의도가 물건보다 더 중요하다. 기독교 성경처럼(마가복음, XII, 41-44; 루가복음, XXI, 1-4) 불교 경전들은(大莊嚴論經, T. 201, k. 4, p. 279 c) 오물 속에서 발견한 두 개의 동전을 비구들에게 보시한 가난한 처녀를 칭찬하고 있다. 왜냐하면 보시의 가치는 보시하는 사람의 의도에 있기 때문이다.

그렇지만 물질적인 면이 등한시되어서는 안 된다. 보시물(布施物)은 그 색깔, 냄새, 맛, 감촉이 완전할 때 좋다.

그러나 보시의 가치는 특히 보시 받는 사람의 우수성에 달려 있다. 왜냐하면 보시 행위에서 두 가지 공덕을 구별해야 하기 때문이다. 그것은 보시 그 자체에 존재하는 공덕(dānapuṇya, 施功德)과 보시 받는 자가 보시물에서 획득하는 기쁨의 결과로서 생기는 공덕(paribhogapuṇya, 受用功德)이다. "공덕전(功德田, puṇya-kṣetra)," 즉 보시 받는 자의 우수성은 그가 속하여 있는 세계(gati), 그의 불행과 선행, 그리고 그의 자질에 따라 다르다. 그러므로 짐승에게 주는 것보다는 사람에게 주는 것이 더 좋고, 부자에게 주는 것보다는 가난한 사람에게, 이방인에게 주는 것보다는 친척에게, 죄인에게 주는 것보다는 성자에게 주는 편이 더 좋다(Majjhima, III, p. 254-255).

물론 이 모든 것은 이론의 여지가 있다. 그래서 부파들은 장황하게 따지지 않을 수 없었다.

라자기리야(Rājagirīya, 王山部)와 싯다르티까(Siddhārthika, 義成部; Kathāvatthu, VII, 4, p. 339-340)는 보시를 물질적인 영역이 아니라 정신적인 영역으로 보았다. 왜냐하면 붓다가 규정한 것은 음식, 음료, 의복 등으로 이루어진 물질적인 봉헌물이 아니라 계율의 준수이기 때문이었다. 계율의 준수는 5대 보시를 이루는 것으로서, 중생들에게 공포와 적의(敵意), 그리고 악의(惡意)를 없애준다(Aṅguttara, IV, p. 246).

웃따라빠타까(Uttarāpathaka, Kathāvatthu, XVII, II, p. 556-557)에 의하면 오직 보시자(布施者)만이 보시물을 "정화(淨化)" 할 뿐 보시를 받는 자는 그렇게 하지 못한다. 만약 이것과 반대라고 가정하면, 보시를 받는 자가 그 자신이 획득하지 않은 공덕을 누릴 것이기 때문이다. 그러나 우리는 상좌부가 한 경전을 가지고 했던 것처럼, 이 주장을 반박할 수 있다. 그 경전에서, 보시는 4가지 방식으로 정화될 수 있다고 붓다가 언명하고 있다. 즉 단지 보시하는 사람에 의해서, 단지 보시 받는 사람에 의해서, 두 가지 모두에 의해서, 두 가지 중의 어느 것도 아닌 것에 의해서이다(Majjhima, III, p. 256).

불교적 견해에 의하면 예배(pūjā)는 오직 보다 높은 형태의 보시로서 동일한 이익을 얻는다. 붓다와 상가와 스뚜빠(또는 caitya)는 최상의 복전(福田)들이다.

먼저, 다음과 같은 의문이 제기된다: 예배는 어느 정도로 유익하고 의무적인가? 설일체유부에 의하면(Kośa, IV, p. 234) 예배는 아직 열반의 길에 들어가지 않은 사람이나, 이 길에 들어갔지만 욕계(kāmadhātu)에서 벗어나지 않은 사람에게는 대단히 유익하다. 사실, 예배는 진리의 이해를 도와주거나 그것을 생기게 한다. 그리고 낙보(樂報), 즉 욕계의 좋은 곳에 다시 태어나도록 보장해 준다. 그렇지만 이것은 도(道)에 들어간 사람과 욕계에서 벗어나서 상급의 세계〔색계와 무색계〕에 다시 태어나게 돼 있는 사람에게는 무익하다. 왜냐하면 예배는 상급의 세계에서는 과보를 초래할 수 없기 때문이다. 그렇지만 사리(舍利)와 스뚜빠는 단지 감사하는 마음에서라 해도, 모든 사람들의 존경을 받을 만하다.

더욱 어려운 문제는, 이미 열반에 들어간 붓다에게 드리는 예배와 살아 있는 교단 구성원들의 집단인 상가(Saṃgha)에 드리는 예배의 효과 문제이다. 초기 성전들은 약간의 망설임을 나타내었다. 맛지마니까야(Majjhima(III, p. 254), 디뱌바다나(Divyāvadāna, p. 71, 166), 꼬샤(Kośa, VII, p. 85)에 의하면 여래(如來)들은 최상의 복전(福田)으로서 이 복전은 확실하고, 즐겁고, 풍부한 과보와 훌륭한 결과를 초래한다. "만약 어떤 사람이 붓다들로 이루어진 복전에 적은 선근(善根)을 심으면, 그는 먼저 선도(善道)를 차지하고, 그 다음 열반을 얻는다"(Divya, p. 166 ; T. 125, k. 24, p. 678 a 1-2).

그렇지만 디가니까야(III, p. 255)와 숫따니빠따(제569偈)에 의하면 봉헌물을 받아 마땅한 존재들은 도(道)의 결과를 성취한 8부류의 뿟갈라(pudgala, 人)들이다. 그리고 상가에 하는 보시는 모든 보시 가운데서 가장 유익하다. 맛지마니까야(III, p. 253)에서 붓다는 마하빠라자빠띠(Mahāprajāpatī)가 그에게 바친 두 벌의 가사를 거절하면서 그녀에게 말한다. "가우따미(Gautamī)여, (이것을) 상가에 주십시요. 상가에 이것을 줌으로서, 그대는 나를 공경하게 되고 역시 상가를 공경하게 되는 것입니다."

이와 같은 망설임 앞에서, 부파들은 각각 자신들의 길을 따랐다. 상좌부(Kathāvatthu, XVII, 10, p. 555 ; XVII, 9, p. 553)와 설일체유부(Kośa, IV, p. 238)는 붓다에게 하는 보시와 상가에 하는 보시는 두 가지 모두 큰 과보를 맺는다고 생각했다. 한 편으로, 붓다는 비길 데 없는 존재로서 봉헌물을 받을 자격을 가진 모든 존재들의 맨 위에 자리잡고 있다. 다른 한 편으로, "공양물을 바치는 사람들, 공덕을 추구하고, 그 공덕으로써 보다 좋은 생의 근거를 만들고자 하는 사람들은 큰 과보를 획득하기 위해 상가에 보시를 해야 한다"(Saṃyutta, I, p. 233).

화지부(化地部)에 의하면[19] 붓다는 상가에 포함된다. 그러나 붓다는 이미 오래 전에 열반에 들어가 버렸으므로, 사람들이 그에게 하는 보시를 조금도 누릴 수 없다. 그렇기 때문에 열반에 들어가

19 J. Masuda, p. 62 ; A. Bareau, p. 185.

버린 붓다에게 하는 보시는 살아 있는 사람들로 구성된 상가〔僧伽〕에 하는 보시보다 덜 유익하다.

이와 반대로 법장부에 의하면,[20] 붓다는 상가에 포함되지 않는다. 붓다는 비할 데 없는 최상의 존재이므로, 그에게 한 보시는 상가에 한 보시를 훨씬 능가한다. 사실 보시의 공덕은 그것을 받는 자의 가치에 비례한다.

그러나 붓다의 사리를 봉안하고 있는 스뚜빠와 짜이땨에 하는 봉헌이 유익한지 그렇지 않은지를 알고자 하는 의문이 제기되었다. 법장부,[21] 설일체유부,[22] 근본설일체유부[23]는 유익하다고 답한다. 왜냐하면 사리는 붓다를 상징하기 때문이고, 붓다가 사리와 그 자신 사이에 어떠한 차이도 없다고 언명했기 때문이고, 열반에 들 때, 붓다는 스뚜빠에 할 모든 보시를 미리 받았기 때문이다. 스뚜빠에 하는 보시를 아무도 받지 않는 것은 사실이다. 그러나 만약 보시는 어떤 사람이 그것을 받을 때 공덕을 초래한다면, 아무도 그것을 받지 않을 때 왜 그것이 공덕을 초래하지 않는다는 것인가? 그러므로 스뚜빠에 하는 보시는 공덕이 있다.

그러나 제다산부,[24] 동산주부,[25] 서산주부,[26] 후기 화지부[27]는 반

20 J. Masuda, p. 64; A. Bareau, p. 192. 법장부에 의하면, 붓다는 상가에 포함된다고 바수미뜨라가 말했다고 한 것은 틀림없이 착오에 의해서 일 것이다.
21 J. Masuda, p. 64; A. Bareau, p. 192.
22 Kośa, IV, p. 156.
23 A. Bareau, p. 154.
24 J. Masuda, p. 38; A. Bareau, p. 88.
25 J. Masuda, p. 38; A. Bareau, p. 100.
26 J. Masuda, p. 38; A. Bareau, p. 105.
27 J. Masuda, p. 63; A. Bareau, p. 188.

대 주장을 편다. 스뚜빠와 짜이땨는 생명이 없는 물체이기 때문에 사람이 그것들에 한 보시의 이익을 지각할 수 없다. 그래서 사리(舍利)에 한 보시의 효력은 단지 보시를 한 사람의 정신적인 경향(傾向)에서 생길 뿐이다.

그렇지만 붓다와 상가에 귀의(śaraṇa)하는 비구와 우바새는 붓다와 상가를 구성하는 유학(有學, Śaikṣa)과 무학(無學, Aśaikṣa)의 법(Dharma)—미래의 성자와 현재 성자의 정신적인 자격—에 귀의한다(Kośa, IV, p. 77–78). 그 대신 붓다 또는 상가에 하는 보시는 "사람들(pudgala)"에게 하는 것이지 붓다와 상가를 구성하는 "성스러운 자격"에 하는 것이 아니다. 마하순냐따바딘(Mahāsuññatā vā din, 大空宗)이라는 이름으로 알려진 베뚤라까(Vetullaka, 方廣部)의 한 파는, 이 사실로부터 결론 내리기를, 절대적인 관점(paramatthato)에서 보면 붓다와 상가는 그들에게 행해진 보시를 받을 수도, 정화할 수도 없다는 것, 붓다와 상가에 바친 보시물은 효과가 없다는 것, 보시는 오로지 보시하는 자에 의해서만 신성하게 될 뿐, 받는 자에 의해서는 신성하게 되지 않는다는 것이다(Kathāvatthu, XVII, 6–11, p. 549–557).

까따밧뚜에서도, 바수미뜨라, 바뱌, 비니따데바의 논서에서도 불상(佛像, pratimā) 문제는 나오지 않는다. 바르후뜨, 보드가야, 산찌 등 중인도의 초기 조각파와 아마라바띠 조각의 초기 양식에서는 마지막 생[現生]의 붓다를 인간 모습으로 나타내기를 피했다. 설일체유부 율장의 한 구절(十誦律, T. 1435, k. 48, p. 351 c–352)은 "붓다 몸을 상(像)으로 만드는 것"을 금지했다는 것을 암시하고 있다[如佛身像不應作]. 대중부율(摩訶僧祇律, T. 1425, k.

33, p. 496 c-497 a)과 법장부율(四分律, T. 1428, k. 50-51, p. 936 이하)과 같은 다른 율장들은 상(像)으로써 탑과 사원 꾸미는 것을 허용하고 있지만, 그것은 불상이라기보다는 신(Deva), 비구, 용, 동물, 풍경의 그림들이다.

푸쉐(A. Foucher)의 주장에 따르면, "우리는 서력 기원 이전에 만들어진 불상을 가지고 있지 않다." 따라서 불교 문헌들은 연대의 잘못을 범했다. 문헌들에 의하면 샤꺄무니의 최초의 상(像)은 그의 재세시(在世時)에 은행가 아나타삔다다(Anāthapiṇḍada, 給孤獨長者)의 요청에 따라(根本說一切有部毘奈耶, T. 1442, k. 28, p. 782 b; 根本說一切有部尼陀那目得迦, T. 1452, k. 5, p. 434 b) 또는 빔비사라 왕의 요청에 따라(T. 1442, k. 45, p. 874 a; Divyāvadāna, p. 547), 또는 우다야나(Udayana, 優塡) 왕과 쁘라세나짓 왕의 개입으로(增壹阿含, T. 125, k. 28, p. 706 a) 제작되었다는 것이다. 역시 우리는 매우 조심스럽게 스리랑카 전승을 취급해야 하는데, 이 전승에 의하면 세존의 모습을 우러러 바라보고 싶어 했던 아쇼까 왕이 마하깔라(Mahākāla) 용왕(Nāga)으로부터 32상(相)과 80수호(隨好)를 갖춘 완벽한 불상을 받았다는 것이다(Mahāvaṃsa, V, 87 이하; Samanta., I, p. 43). 한 편 스리랑카에서는 아쇼까 왕과 동시대 인물인 데바남삐야띳사 왕이 투빠라마에 붓다 샤꺄무니의 "대석상(大石像, urusilāpaṭimā)"을 세웠다고 한다(Mahāvaṃsa, XXXVI, 128).

이와는 반대로, 우리는 4체(体)의 불상을 봉안한 불당(佛堂, paṭimāghara)을 스리랑카의 바사바(Vasabha, 기원후 121-165년, Mahāvaṃsa, XXXV, 89) 왕이 건립했고, 보디가라(Bodhighara)에 2체의 청동상을 보하리까띳사(Vohārikatissa, 기원후 260-282년) 왕이 건립했다고 기록하고 있는 같은 연대기의 증언에 대해서는 거의 이의를 제기할 수 없다(Mahāvaṃsa, XXXVII, 31).

그렇지만 "불상을 가진 (어떠한) 사원"도 기원후 5세기에 편찬된 빨리어 주석서들에서 언급되지 않았다. 붓다고사와 그의 소속 부파는 비구들에게 제저당(制底堂, cetiyaghara), 보리수당(菩提樹堂, bodhighara), 포살당(布薩堂, uposathaghara), 그리고 다른 주거지(pariveṇa)들을 쓸고 소재하도록 권했지만, 그러나 이 주석서들은 그 어디에도 불당(佛堂)에 대해서는 언급하지 않았다. 예배는 오로지 투빠(thūpa, 塔)와 보리수에게만 드린다. 투빠와 보리수를 손상하는 것은 중죄(ānantariyakarmma, 無間業)이다. 그 대신 불상을 파괴하거나 손상하는 사람들은 어떠한 위협도 당하지 않았다. 불상은 사리를 봉안하고 있을 경우에만 성스럽다. 고대에는 붓다에 대한 명상(buddhālambanapīti)으로부터 얻는 기쁨은 오늘날처럼 불상에 대한 명상에서가 아니라, 쩨띠야(cetiya, 靈廟)나 보리수에 대한 정중한 존경으로부터 나왔다.

그렇지만 꾸샤나 시대브터 불상이 대량으로 제작되었고 대승불교 사상의 영향 아래 성화상(聖畫像)들은 민간 신앙과 개인 신앙에 더욱 중요한 역할을 하게 되었다는 것은 의심의 여지가 없다. 의정(義淨)에 의하면(南海寄歸內法傳, T. 2125, k. 3, p. 221 b) 7세기에 인도와 남해(南海)의 승려들은 모두 그들의 방이나 창문 위 또는 벽의 감실(龕室)에 불상을 모시고 존경과 숭배심을 가지고 보살폈다. 그들은 매일 아침 불상을 씻어주고 그 앞에 꽃과 향을 바쳤다. 정오에 그들은 자신들의 점심 식사의 일부를 불상에게 올렸다. 그들은 음식을 먹거나 잠을 잘 때 천으로 불상을 가려놓았다.

이와 같은 열성에도 불구하고 불상 숭배는 결코 사리(śarīra, dhātu) 숭배와 같은 정통 신앙의 자격을 누리지 못했다. 그래서 불상 숭배를 정당화하기 위한 시도를 해야 했다. "사람들이 비록 진흙으로 만든 신상(神像) 앞에서 절을 하지만, 그들은 전혀 진흙을 생각하지 않는다. 그들은 신들을 생각하면서 절을 하는 것이다." 아쇼까 왕전에서 이미 전개되었던 이 논쟁(Divya., p. 363; 阿育王傳, T. 2042, k. 5, p. 120 a; 阿育王經, T. 2043, k. 8, p. 160 c)은 2승〔소승과 대승〕의 저자들에 의해 되풀이되었다(大莊嚴論經, T. 201, k. 9, p. 309 b; 大智度論, T. 1509, k. 1, p. 64 c 등). 물신숭배(物神崇拜)와 불상 매매에 따른 위험은 논사(論師)들의 주의(注意)를 벗어나지 못했다. 따라서 사람들은 "목상(木像)이나 석상(石像)은 상처를 입어도 고통을 느끼지 못한다. 그것에 봉헌물을 바쳐도 그것은 기쁨을 느끼지 못한다. 왜냐하면 그 본성이 공(空)하기 때문"이라는 사실을 역설한다(大毘盧遮那成佛經疏, T. 1796, k. 20, p. 784 b). 그리고 상업적인 목적으로 상아, 목재, 구리, 청동으로 불상을 제작하는 것을 금지했다. 왜냐하면 "불상을 파는 것은 부모를 파는 것과 같은 죄이기 때문이다"(法苑珠林, T. 2122, k. 33, p. 540 a).

전체적으로 볼 때 서민 감정의 다양한 요구 앞에서 수도자들의 반응은 유연성도 기민성도 부족하지 않았다. 즉 샤꺄무니의 옛 메시지의 정신과 요점을 거의 손상없이 유지하면서 유연성을 발휘했고, 가능한 가장 많은 수의 신도들을 끌어들이기 위해 때와 장소에 따라 새로운 상황에 적응하면서 유연성을 발휘했다. 일상생활에서 교단(教團)은 결정적인 태도를 취하지 않으면서, 승인없이 묵인했고, 동의없이 인정했다. 다루기 어려운 문제와 마주쳤을 때 — 예를 들면 상가보다는 붓다에게 드리는 예배와 그 반대 경우와 같은 문제 — 교단은 부파들과 논사들의 손에 그 문제를 맡겨 버렸고, 그들은 주저하지 않고 정반대의 해결책들을 내놓았다. 그렇지만 그들은 서로를 비난하지 않았다. 모든 사람들은 자유롭게 그 자신에게 맞는 해결책을 택했다.

Histoire du Buddhisme Indien

제7장 불교라는 종교

이 책의 마지막 장(章)에서, 정법(正法, 불교)이 그 역사의 첫 500년 사이에 통과한 과정에 대해 생각해 보면서, 원래 철학적, 신비적인 메시지였던 정법이 어떻게 완전한 하나의 종교로 탈바꿈하게 되었는가를 밝혀보는 것은 바람직한 일이다.

I. 정법이 통과한 단계

샤꺄무니의 활동 불교는 창시자의 확고한 개성에 그 기원을 두고 있다는 것을 인정하지 않고서는 설명될 수 없을 것이다. 쓸데없는 논쟁에 말려들기를 원하지 않지만, 우리는 샤꺄무니의 활동을 과소평가할 생각은 없다. 그러나 사람들은 샤꺄무니가 거의 아무 것도 가르치지 않았고, 경전 속에 포함되어 있는 그의 말씀은 후세 학자들이 뒷날 창작했다고 말한다: "붓다와 최초의 성자들, 즉 그의 직계 제자들이 가르친 교리는 무엇이었는가? 확실하게 그것을 말하기란 불가능하다. 그것은 구전(口傳) 교리였는데, 우리는 이 구전 교리에 대해 만족할 만한 어떠한 증거도 가지고 있지 않다. 경전들의 편찬은 샤꺄무니의 사후 오랜 세월이 지난 뒤에서야 이루어졌다. 그때는 불교가 이미 상당히 바뀌어져버렸고, 여러 세대의 논사들은 성스러운 말씀을 이미 적지 않게 증가시켜 버렸다. 가장 중요한 점은 붓다에 대한 숭배의 감정이었는데, 이 감정은 모든 신분의 사람들을 형제 관계로 결합시켜 주었다. 종종 순간적으로 경험되는 이 감정은 보편적인 자비심을 갖도록 사람의 마음을 열어 주었다. 이것은 참으로 새로운 삶과 관계되는 일이었다. 그리고 어떠한 연구나 수습(修習) 기간도 없이, 새 귀의자는 '샤꺄의 아들〔釋子〕,' 즉 샤꺄무니의 정신적인 형제가 되었다. 이것은 사제(司祭)도 사원도 없는 종교였다."

불교 철학이 단 하루만에 완성되지도 않았고, 인도가 갑자기 스뚜빠와 비하라(vihara, 精舍)와 짜이땨(caitya, 靈廟)로 뒤덮이지도 않았음은 물론이다. 그러나 초기불교를 붓다에 대한 사랑이 교리를 대신한 단순한 정신적인 단체처럼 생각한다면 그것은 과장일 것이다.

경전 편찬이 늦게 이루어졌다는 것이 비록 사실이긴 하지만, 그래도 역시 초기불교를 평가하기 위해, 우리가 가지고 있는 단 하나의 확실한 증거 — 또는 실마리 — 는 니까야(Nikāya)와 아가마(Āgama) 사이의 근본적인 일치이다. 이 증거 또는 실마리는 2500년의 거리를 두고 세워진 학술적인 가설들보다 더 큰 무게를 가지고 있다.

사람들이 이 점을 고려하기만 한다면 이것으로부터, 샤꺄무니가 정각 후에 그의 신봉자들을 고(苦)의 끝과 열반으로 인도할 수 있었던 성스러운 진리를 발견했다는 사실이 분명해진다. 그는 이 진리를 45년간의 전도(傳道) 기간 동안 가르쳤고, 제자들이 이 가르침의 모든 결과를 획득할 수 있도록 하기 위해 수행자들의 단체인 비구상가(bhikṣusaṃgha, 比丘僧伽)를 창설했다. 비구상가의 생활 규칙〔戒律〕은 욕망을 소멸시키는데 집중되어 있었는데, 그것은 수행자들이 추구했던 정신적인 결과를 향해 그들을 가능한 빨리 인도했다. 붓다는 이 비구-비구니의 단체와 병행해서 물질적으로 그리고 재정적으로 이 단체를 후원할 책임을 진 우바새(upāsaka)와 우바이(upāsīka)의 재가신도 단체를 조직했다.

샤꺄무니는 그의 높은 지적, 윤리적 자질과 꼬살라(Kośala, Prasenajit)와 마가다(Magadha, Bimbisāra와 Ajātaśataru)의 왕가들로부터 받은 후원 덕택으로 장애들, 즉 적대 관계의 교단들(Nigrantha, Ājīvika)과 이교(異教)의 스승들(Pūraṇa-Kāśyapa 등), 몇몇 비구들의 무질서(까우샴비의 분파), 자신의 가족 중 몇 사람(Devadatta)의 질투와 음모를 극복할 수 있었다. 45년 동안의 노력 끝에 그가 자신에게 부여했던 두 가지 역할—설교자와 교단 창설자로서의 역할—은 달성되었다. 기원전 486년경, 열반에 들기 몇 시간 전, 그는 자신에게 다음과 같이 말할 수 있었다: "내가 열반에 들어가는 지금, 나의 비구들과 비구니들, 우바새들과 우바이들은 현명하고, 잘 훈련 되었을 뿐 아니라 숙달되었고, 학식이 있는 설법자들이 되었다..... 그들은 법(法)을 암송할 수 있고, 가르칠 수 있고, 발표할 수 있고, 설명할 수 있고, 상세하게 말할 수 있다. 역시 그들은 이론(異論)들을 반박할 수 있고, 설득력 있게 법을 가르칠 수 있다.... 내가 열반에 들어가는 지금, 나의 이 종교적인 삶(brahmacaryā, 梵行)은 번창하고, 팽창하고, 널리 보급되고, 다양하고, 증가하고, 사람들에게 잘 알려졌다."[1]

마가다 시대 불멸후 200년 동안, 불교는 눈부신 성공을 거두지는 못했다. 그것은 사실상 마가다의 경계 안에 국한되어 있었다. 단지 아반띠(Avanti) 지역과 서해안에서 약간 확장되었을 뿐이었다. 불교는 그 시대의 모든 종교 교단처럼, 왕가들, 즉 하리양까(Haryaṅka), 쉬슈나가(Śiśunāga), 난다(Nanda), 초기 마우리야(Maurya) 왕가들의 호의나 중립적인 입장으로부터 혜택을 받았다.

비구들의 주된 업적은 그 당시에 사용되었던 방언들, 즉 먼저 마가다어로, 그 다음 빨리어와 산스끄리뜨어로 붓다의 말씀을 편찬한 것이었다. 성전 성립의 기초 구실을 한 이 편찬 덕택으로 다르마(dharma, 法)와 비나야(vinaya, 律), 즉 불교의 교리와 계율의 큰 윤곽이 정해질 수 있었다.

그 주도권은 종교적인 가르침을 자신들의 이익을 위해 독점하기를 바랐던 일군의 아라한들이 쥐었다. 교리적인 경전 문헌에 대해서는 쉽게 합의가 이루어졌다. 그러나 계율 영역에서는 얼마간의 반대가 있었다. 즉 붓다가 표명한 소소계(小小戒)를 유지해야 할 것인가, 폐지해야 할 것인가? 몇몇 교단, 특히 바이샬리의 브리지뿌뜨라까(Vṛjiputraka, 跋闍子)비구들에게 통용되고 있었던 관

1 Mahāparinirvāṇasūtra, Waldschmidt 출판, p. 206-211; 빨리어본, Dīgha, II, p. 112-113. 다른 출전: Divyāvadāna, p. 202-203; E. Waldschmidt, *Die überlieferung*···, p. 99-102.

용적(寬容的)인 계율의 실천에 반대해야 할 것인가? 엄격한 해결책이 우세했던 것 같다. 여하튼 율장로(律長老)들이 채택한 것은 바로 그것이었는데, 스리랑카 연대기는 이 장로들의 명단을 전해주고 있다.

아라한들은 오직 그들만을 위해 열반에 대한 권리를 주장하는 실수를 범했다. 그들에 의하면 재가신도들은 단지 수행 생활의 첫 결과들만을 획득할 수 있다는 것이었다. 이렇게 해서 그들은 자신들을 부양해준 우바새와 우바이들의 호의뿐 아니라, 역시 범부(pṛthagjana) 수준에 있던 아직 도를 이루지 못한 수행자들의 호의도 잃어버렸다.

불만은 폭발하기 전에 오랫동안 은밀히 쌓이고 있었다. 그러나 출가 수행자들 간의 불화는 인도 대륙에 유포되어 있던 법장로들의 전기들 가운데서 이미 나타나고 있다.

아쇼까 만약 불교가 아쇼까 황제의 호의와 후원을 받지 못했다면 많은 다른 종교 교단들처럼 불교도 틀림없이 세상에 알려지지 않은 하나의 종파로 남게 되었을 것이다. 알다시피 아쇼까는 국민들과 이웃나라 사람들 가운데 보편적인 다르마(Dharma)를 확립하려고 시도했는데, 그것은 정법〔佛法〕과 동일하지는 않았지만 붓다가 이미 재가신도들에게 명백하게 말한 가르침과 대부분 일치했다. 불교도들은 이 주도권을 이용해서 포교를 강화했고, 불교 전도사들은 다르마 칙령〔法勅〕의 사자(使者)들인 왕의 관리들을 가까이 따라 다녔다. 그들은 대성공을 거두었다. 그리고 사방승가(四方僧伽)는 곧 전 인도에 모습을 나타내게 되었다. 그렇지만 그 영향은 지역에 따라 현저하게 달랐다. 특히 스리랑카 섬과 인도 대륙간에 분명한 구별이 지어졌다.

스리랑카의 귀의 기원전 250년, 마힌다(Mahinda)의 인솔 아래 스리랑카에 상륙한 몇몇 비구들은 상좌(上座)적인 사상, 즉 보수적인 사상에 젖어 있었다. 아쇼까 황제의 아들 마힌다는 5대(代) 이래로 그 섬에서 집권하고 있었던 싱할라(Siṃhala)족 출신의 왕가와 직접 만났다. 데바남삐야띳사(Devānaṃpiyatissa) 왕과 아눌라(Anulā) 왕비, 그리고 아릿타(Ariṭṭha) 태자는 전도사들을 환영하고 그들에게 귀의했다. 이 섬의 귀의—실제로는 왕가의 귀의—는 신속하게 이루어졌다. 마힌다는 매우 유리한 이 상황들을 이용해서, 붓다가 지난 날 갠지스 강 유역의 인도에서 찾았던 목표를 스리랑카에서 추구할 수 있었다. 많은 출가 희망자들을 모집했고 확고한 토대 위에 상가를 수립했다. 수도 아누라다뿌라(Anurādapura)의 성문 근처에 왕의 시주로 마하비하라(Mahāvihāra, 大寺) 사원이 건립되었는데, 이 사원은 수 세기 동안 스리랑카의 종교 생활과 정치를 주도하게 되었다. 스리랑카의 왕들은 상가에 경쟁적으로 보시를 했다. 그래서 스리랑카의 2대 연대기(年代記)인 디빠방사(Dipavaṃsa)와 마하방사(Mahāvaṃsa)는 결국 종교적인 시설물들과 위대한 군주들의 자선사업을 나타내기 위한 거대한 "방명록"처럼 되어버렸다. 그들 가운데서 중요한 왕들만을 들어보면 데바남삐야띳사(Devānaṃpiyatissa), 웃띠야(Uttiya), 둣타가마니(Duṭṭhagāmaṇi), 밧따가마니(Vaṭṭagāmaṇi), 마하다티까(Mahādaṭhika)이다.

평화는 단지 따밀(Tamil)족 무리들의 되풀이된 침략에 의해서만 깨어졌다. 그러나 제법 긴 이방인들의 점령기간 뒤에, 스리랑카 왕들은 승려들의 강력한 지지를 받아, 항상 그들의 왕좌를 되찾곤 했다.

밧따가마니 왕의 치하인 기원전 35-32년 사이에 스리랑카 승려들은 알로까비하라(Ālokavihāra)에 모여 성전을 문자로 결집했다. 이 일은 불교 교리를 정착시키는데 크게 기여했다. 그렇지만 대략 같은 시기에 비구들 사이에 일어난 싸움 때문에 교단이 분열되었다. 아바야기리(Abhayagiri, 無畏山寺)의 비구들은 마하비하라(Mahāvihāra, 大寺) 비구들과 더 이상 만나지 않았다. 이 싸움은 보하리까띳사(Vohārikatissa, 기원후 260-282년) 왕 치하에서 아바야기리(Abhayagiri)의 비구들이 베뚤라바다(Vetullavāda, 大乘)의 이단을 채택했을 때 더욱 악화되었다.

인도 대륙의 귀의 인도 대륙에서는 사건들이 완전히 다르게 전개되었다. 편법의 이유로 포교사들과 전도사들은 그들의 목표를 바꾸어 엘리트보다는 오히려 대중 쪽으로 향했다. 귀의자 수가 출가자 수를 훨씬 넘어섰다.

극복해야 할 난관들은 엄청났다. 광대한 인도 대륙은 아직 제대로 통일이 되지 않은 상태였고, 귀의시켜야 할 사람들은 인도 출신(아리야족과 드라비다족)만이 아니고, 역시 그리스인과 스키타이인 같은 이방 출신도 있었다.

불교 전도는 자주 군주들의 적의에 직면했다. 마우리야 왕조의 마지막 왕들(기원전 236-187년)은 불교도들에게 더 이상 호의를 베풀지 않았다. 뿌샤미뜨라(기원전 187－151년)는 그들을 박해했다. 슝가(Śuṅga) 왕조와 깐바(Kāṇva) 왕조(기원전 100－30년)의 마지막 왕들은 바가바따(Bhāgavata)교를 신봉했다. 불교도들이 가장 많은 호의를 입었던 것은—비록 그것이 항상 사심이 없었던 것은 아니지만—외국 출신의 왕들, 즉 메난더(Menander, 기원전 163－150년)와 몇몇 스키타이 태수들(기원전 90－17년), 그리고 곤도파레스(Gondophares)로부터였다.

인도의 다른 종교들도 활동을 했다. 사방에서 바라문, 데바(deva) 신봉자, 니그란타(Nigrantha), 아지비까(Ājīvika)들은 추종자들을 모집했다. 슝가 시대에 비슈누(Viṣnu)파는 강력한 유신론(有神論) 운동을 일으켰는데, 이 운동은 큰 성공을 거두어 불교도에게까지 영향을 미쳤다.

이와 같은 모든 난관에도 불구하고 정법은 계속 발전했다. 초기의 낡고 불완전한 정사(精舍, vihāra)들에 많은 수행자가 거주하는 새 승원(僧院, saṃghārāma)들이 추가되었다. 히말라야에서 데칸까지, 간다라에서 짬빠(Champā)까지, 인도 땅은 기념 스뚜빠들로 뒤덮였다. 스뚜빠를 장식하는 문제 때문에 기원전 2세기에 중인도의 조각파가 전성기를 맞이하게 되었다. 그리고 바르후뜨, 보드가야, 산찌, 아마라바띠의 부조(浮彫)들은 인도 고대 예술의 가장 독특하고 독창적인 작품들로 남게 되었다. 기원전 1세기 말경, 불교도들은 지면이 알맞으면 어디에서나—특히 서(西) 가츠(Ghāts) 산맥에서—자연그대로의 암석에 짜이땨(caitya)와 정사를 파는 습관을 가지게 되었다. 까를리(Kārli) 사원은 이와 같은 석굴 건축술이 곧 어느 정도로 완벽하게 되었는가를 보여준다.

인도 대륙과 같이 광대한 면적 위에 분산된 "사방승가(四方僧伽)"는 통일을 유지할 수 없었다. 아쇼까 시대부터 범부 비구(pṛthagjana)들과 재가신도들이 아라한들과 대립했던 오래된 적대 관계는 결국 대중부 분열에 이르게 되었다. 교단은 상좌부(上座部, Sthavira)와 대중부(大衆部, Mahāsāṃghika), 두 부파로 나뉘게 되었다. 이 부파들은 일련의 지말(枝末) 부파들을 발생시켰는데, 그것들은 곧 18부파라는 전통적인 숫자에 이르게 되었다. 스리랑카의 경우와는 달리 이 모든 부파들은 여러 단계에서 재가신도 계층, 특히 그들의 이상(理想)이 출가 수행자들의 이상(理想)과 상당히 다른 우바새와 우바이들의 영향을 받았다.

샤꺄무니의 메시지는 "방랑[遊行]하는 삶을 살기 위해 집을 떠난" 양가(良家)의 청년들로 이루어진 선택된 무리들에게 전해졌다. 샤꺄무니는 그들에게 종교적인 삶의 한정된 범위 안에서만 완전히 실현될 수 있었던 개인적인 완성이라는 이상을 제안했다.

아쇼까 시대에 불교 전도사들의 강화된 활동은 이 메시지를 일반 대중에게 전하면서 결과적으로 그것을 "통속화(通俗化)시켰다." 대중들은 이 메시지를 받아들이기에 아직 준비가 잘 되어 있지 않았다. 그들은 우선 그것을 상당히 변화시키지 않고서는 사용할 수 없었다. 재가신도는 신(神)을 요구하는 데 반해 출가 수행자는 스승을 원한다. 속세에서 살아야 하는 재가신도는 다른 사람을 기쁘게 해 주고, 남에게 베풀고 싶어하는 반면, 은둔생활을 하는 출가 수행자는 홀로 자기 완성을 추구한다. 재가신도는 적절한 의식(儀式)을 통해, 자신의 빈곤과 불행을 해결하는 데 필요한 뛰어난 능력을 얻기를 바라는 반면, 출가 수행자는 계율의 준수와 영적인 실천의 효력에다 그들의 희망과 믿음을 두게 된다.

불교가 원래의 철학적이고 신비적인 교리로부터, 만신(萬神), 신화, 성인전(聖人傳), 의식(儀式)을 가진 진정한 종교로 변한 것은 박식하기보다는 신앙적인 면이 더 강한 서민대중들 속으로 정법(正法)이 점진적으로 침투한 것에 원인이 있었던 것이 명백하다. 우리는 아래에서 이 사실을 증명할 수 있기를 바란다. 이와 같은 변화의 시작은 불교가 인도 전역으로 전파된 아쇼까 왕의 통치 말에 일어났다. 그러나 정법의 대중화가 시작되자, 그것은 몇 세기를 통해 계속되었고, 마하야나(Mahāyāna, 大乘)와 바즈라야나(Vajrayāṇa, 金剛乘)에서 강화되었는데, 기원후 9세기에서 10세기에 그 절정에 도달했다. 이 시대에 타협과 일탈(逸脫) 때문에 둔화된 샤까무니의 교리는 주위의 힌두이즘에 흡수돼 버렸다.

II.—신격화된 붓다

천중천(天中天, devātideva) 제1장에서(본서 1권, p. 69–73) 언급한 초기 경전에서 샤까무니는 정각을 성취한 현자(賢者)로서 진리를 발견해 인간들에게 그것을 가르친 사람으로 나온다. 그가 발견한 다르마(Dharma, 法)와 그 자신이 혼동되어서는 않된다. 그 자신은 다르마를 발견해서 그것을 가르쳤을 뿐이다. 그는 목갈라나(Moggallāna) 바라문에게, "열반과 열반으로 인도하는 길이 있다. 그리고 나는 길을 가리켜 주는 사람으로서 여기에 있다. 그러나 내가 훈계를 하고 이렇게 가르치는 제자들 가운데서 어떤 사람들은 최고의 목표인 열반에 도달하고, 어떤 사람들은 거기에 도달하지 못한다. 바라문이여 이 문제에 있어서, 내가 어떻게 할 수 있겠는가? 바라문이여, 여래(如來)는 길을 가리켜 줄 뿐이다(mārga-khyāyin)"라고 말했다.[2] 그의 가르침은 시간의 제한을 받았다. 얼마 뒤에 위대한 목소리는 잠잠해졌고, 법의 바퀴〔法輪〕는 구르기를 멈추었다. 왜냐하면 붓다 자신이 "기름이 고갈돼 버릴 때 불이 꺼지는 등불처럼," 열반에 들어가 버렸기 때문이다. 그 때부터 그는 모든 시선(視線)에서 벗어났다. 혼자 남겨진 제자들에게 유일한 귀의처는 법(法)뿐이었다. (미래에 대한) 전망은 더욱 암담했다. 왜냐하면 붓다가 이 세상에 출현하는 일은 우담발화(優曇鉢華)의 개화(開花)만큼 흔하지 않기 때문이다. 성스럽고 완전하게 깨달은 여래들이 세상에 출현하는 것은 오직 아주 오랜 시간적인 간격(kadācit karhicit)을 두고서만 있는 일이다.

다른 한 편, 제6장(본서 p. 364-370)에서 우리는 부파들이 불교학에 부여한 중요성을 보았다. 설일체유부는 붓다의 삼신설(三身說)의 기초를 닦았다. 대중부는 초월적인 붓다를 생각해 내었는데, 이 붓다는 세상과 공통점이라고는 더 이상 아무 것도 없는 초자연적인 존재로서, 지상에서의 그의 삶은 단지 허구이다. 모든 논사들은 보디삿뜨바의 경력과 최후로 붓다의 경지에 이르기 위해 공덕을 쌓아나간 아승기겁(阿僧祇劫)과 추가 겁〔餘劫〕에 대해 연구했다.

고대 성전 문헌들과 이 논사들의 학문적인 해석사이에는 대중 감정의 격동에 의해 채워진 간격이 있다.

---

2 Majjhima, III, p. 6.

연구와 선정(禪定)에 일생을 바친 출가 수행자들은 그들의 교조(教祖)를 단지 열반에 들어가버린 한 현자로 생각하면서 체념할 수 있었지만, 여러 가지 세속적인 어려움에 노출되어 있는 재가신도들은 단지 그의 "사리(舍利, śarīra)" 밖에 숭배할 수 없는 "죽은 신"과 다른 것을 요구했다. 그들은 살아 있는 신, 즉 그들 가운데서 구제활동을 계속하고, 미래를 예언할 수 있고, 기적을 행할 수 있고, 그에 대한 예배(pūja)가 단순한 추도(追悼, anusmṛti)와는 다른 어떤 것인 "신 가운데서 높은 신(天中天, devātideva)"을 원했다.

아빠다나(Apadāna), 붓다방사(Buddhavaṃsa), 짜리야삐따까(Cariyāpiṭaka)와 같은 빨리어 삼장의 몇몇 후기 작품에 영향을 주었던 이와 같은 정신 상태는 혼합 산스끄리뜨어와 순수 산스끄리뜨어로 된 후기 성전 문헌에서 공공연히 나타났다. 마하바스뚜(Mahāvastu), 랄리따비스따라(Lalitavistara), 붓다짜리따(Buddhacarita), 사운다라난다(Saundarananda), 아쇼까바다나(Aśokāvadāna), 디뱌바다나(Divyāvadāna), 아바다나샤따까(Avadanaśataka)는 붓다가 한 사람의 현자로서 뿐만 아니라, "32대인상(大人相)으로 장식되었고, 80종호(種好)로 찬란하게 빛나고, 한 발 넓이의 후광으로 둘러 싸였고, 일천 개의 태양보다 더 빛나고, 움직이는 보배 산과 같고, 모든 점에서 매력 있는 몸을 가진"[3] 특출한 존재로 나타내기를 좋아했다. 수염과 머리털을 깎은 비구상

3 붓다에 대한 이와 같은 묘사는 Avadānaśataka의 32가지 이야기에 나온다(예를 들면 I, p. 3, 18, 37, 등등). 몇몇 이야기에서는 두 번씩 나오기도 한다. Divyāvadāna에서도 그것을 볼 수 있다(예를 들면, p. 46-47, 75, 등등).

이 아닌 이와 같은 고상한 상(像)은 간다라의 예술가들이 묘사하기를 특히 좋아했다.

이와 같은 경이적인 존재는 기적 행하기를 주저하기는커녕 살아 있는 기적 그 자체였다. 사람들이 그를 보기만 하면 자동적으로, "장님들은 보고, 귀머거리들은 듣고, 벙어리들은 말을 하고, 미친 사람들은 정신을 되찾고, 벌거숭이는 옷을 입게 되고, 배고픔과 갈증이 가시게 되고, 병자들은 치유되고, 불구자들은 자신들의 본래 모습을 되찾는다."[4]

세존은 더 이상 사람들의 번잡함을 피해서 야생동물들과 함께 빠릴레야까(Pārileyyaka)의 숲 속에 은둔해서 고독을 좋아하는 자가 아니었다. 그가 거주하는 곳 어디서나 그는, "왕들, 왕들의 대신들, 부자들, 도시의 주민들, 은행가들, 대상(隊商)들, 데바(Deva)들, 나가(Nāga)들, 약샤(Yakṣa)들, 아수라들, 가루다(Garuḍa)들, 낀나라(Kinnara)들, 마호라가(Mahorāga)들로부터 존경을 받고, 숭배를 받고, 인정을 받고, 예배를 받는다. 이렇게 존경을 받고, 저명하고, 공덕으로 충만한 세존 붓다는 의복, 음식, 침상, 좌구(坐具), 청량 음료, 약(藥), 장식품 등의 선물을 한껏 받는다."[5]

경전문헌들은 붓다의 유익한 힘, 지식과 전능과 자비의 구현(具現)을 강조한다.

---

4 Lalitavistara, p. 278-279; Mahāvyutpatti, 6306-6309; Divyāvadāna, p. 365(좀 더 발달된 것). 이 상투적인 문장은 다음과 같은 대승경전에서도 다시 나온다: Pañcaviṃśati(大品般若經)(p. 9-10); Śatasāhasrikā, p. 18-19; Suvarṇaprabhāsa, Nobel 출판 p. 8-9.

5 이 머리말은 모든 Avadāna의 첫 부분에 항상 나온다.

아무 것도 세존 붓다들의 지식, 견해, 학문, 이해에서 벗어나는 것은 없다. 사실 관례로서, 세존 붓다들은 큰 동정심을 가지고 있고, 세상을 구제하기 위해 헌신하고, 공인된 보호자들이고, 평온과 성찰에 몰두하고, 3영역의 고행에 능숙하고, 4급류(急流)에서 벗어나고, 신통력의 4가지 근거를 확립하고, 오래 전부터 중생들을 섭수(攝受)하는 4가지 방편에 익숙하고, 5개의 장애에서 해방되고, 5도(道)를 넘어서고, 〔무관심〕의 6가지 특성들을 갖추고, 6바라밀을 달성하고, 7각지(覺支)의 꽃으로 덮이고, 8정도를 가르치고, 9차제정(次第定)에 정통하고, 10력(力)을 지니고, 시방(十方)에 명성이 높고, "자립적인" 수십 수백의 신〔天〕들보다 높다. — 세존 붓다들이 밤에 3번 낮에 3번씩 붓다의 눈〔佛眼〕으로 세상을 살펴보는 것은 관례이다. 그리고 그들의 지식과 통찰력이 발달하는 것은 관례이다. 그들은 다음과 같이 자문한다: "누가 쇠퇴하고, 누가 번성하는가? 누가 고통, 위험 또는 고뇌에 빠져 있는가? 누가 악도(惡道) 쪽으로 기울어져 있고, 그곳으로 향하고 있고, 그곳에 들어가고 있는가? 나는 누구를 악도에서 구해내어 천상으로 보내고 해탈을 얻게 할 수 있을 것인가? 욕망의 진창에 빠진 자는 누구이며, 내가 누구에게 손을 내밀어 그곳에서 그를 꺼내 줄 수 있을 것인가? 귀중한 재산이 없는 자는 누구이며, 나는 누구에게 귀중한 재산을 충분하고 완전하게 소유하도록 할 수 있을 것인가? 눈이 무지와 무명의 티끌로 덮인 자는 누구이며, 나는 누구의 눈을 안약(眼藥)과 지혜의 칼로 치료할 수 있을 것인가? 내가 심을 수 있는 선근(善根)이 아직 심어지지 않은 자는 누구인가? 내가 익게 할 수 있는 선근이 심어진 자는 누구인가? 선근이 익어서 내가 해탈을 줄 자는 누구인가?"

바다의 괴물들이 살고 있는 대양(大洋)은 조수(潮水)의 시간을 잊어버릴 수가 있다. 그러나 붓다는 결코 자신의 사랑하는 아들들을 귀의시킬 시간이 지나가버리게 놔두지는 않는다.[6]

이 새로운 유형의 붓다는 더 이상 까빨라바스뚜 출신의 사문 가우따마(Gautama)만큼 말이 많지 않다. 그는 더 이상, 교리적이고 고도로 전문적인 긴 경전에서 상세하게 설명하지 않는다. 그러나 그는 청중들에게 그들의 과거 활동과 미래의 재생을 알려주기 위해 자주 개입한다. 이 예언들(vyākaraṇa, 授記)은 정해진 의식(儀式)에 따라 전개된다.

붓다는 미소를 짓는다. 붓다들이 미소를 지을 때 입에서 푸르고, 노랗고, 붉고, 흰 광명(光明)이 나온다. 어떤 광명은 아래로 향해 가고, 어떤 것은 위로 향해 간다. 내려가는 광명은 지옥의 밑바닥에 이른다. 경우에 따라서 이 광명은 지옥 중생들을 시원하게 또는 따뜻하게 해준다. 지옥 중생들은 데바(Deva, 神)로 변신한다. 위로 올라가는 광명은 23천계(天界)를 비춘다. 신들은 찬탄하며 외친다: "시작하라. 집을 떠나라. 불법(佛法)에 전념하라. 마치 코끼리가 갈대 오두막집을 뒤엎어버리듯, 죽음의 군대를 섬멸하라. 이 법의 가르침을 따라 방일하지 않고 나아가는 사람은 생(生)과 윤회를 벗어나서 고(苦)를 끝낸다."

그런 다음 이 광명은 삼천대천 세계를 감싼 후, 뒤로부터 세존에게 되돌아온다. 만약 붓다가 과거에 성취한 활동을 설명하고자 하면 광명

---

6 이 구절은 Avadānaśataka의 14개 이야기 가운데 되풀이해서 나온다(예를 들면, I, p. 16-17, 30-31, 72, 등등). 그것은 역시 Divyāvadāna에도 나온다(p. 95-96; 124-125, 264-265).

은 그의 등으로 사라진다. 만약 그가 예언하고자 하는 것이 미래의 일이라면 광명은 그의 가슴으로 사라진다. 그가 지옥, 축생, 아귀, 인간, 강력전륜성왕(强力轉輪聖王, Balacakravartin), 전륜성왕 또는 데바들 가운데 태어날 것을 예언하는 경우라면 광명은 각각 그의 발바닥 밑으로, 발뒤꿈치 속으로, 엄지 발가락 속으로, 무릎 속으로, 왼 손바닥 속으로, 오른 손바닥 속으로, 그리고 배꼽 속으로 사라진다. 만약 성문지(聲聞智)를 가질 어떤 사람에 대해 예언〔授記〕을 하고 싶으면, 광명은 그의 입 속으로 사라진다. 그것이 연각지(緣覺智)라면 광명은 그의 귀 속으로 사라진다. 그리고 그것이 정각을 성취한 붓다의 최상승 지혜〔佛智〕라면 광명은 그의 정수리 속으로 사라진다.

아난다는 그때 붓다에게 그의 미소와 광명이 되돌아오는 이유를 물었다. "적을 이겼고, 경박함이 없고, 교만과 실의(失意)에서 초탈했고, 세상 행복의 원인인 승자(勝者, 붓다)들이 연꽃의 황색 수술과 같은 미소를 짓는 것은 이유가 없는 것이 아닙니다...."

붓다는 그에게, 사실 그의 미소는 동기가 없는 것이 아니라고 답하고, 이러이러한 사람이 그가 품은 생각이나 그가 올린 공양 때문에 이 세상에서 이러이러한 (가문에) 출생하거나, 특정한 이름으로 완벽하게 성취한 붓다가 될 것이라고 말한다.[7]

사람들은 정신적인 은혜를 입은 후 세 번 되풀이해서 칭송함으

---

7 여기에 요약된 긴 전개는 Avadānaśataka의 20개 이야기 속에 포함되어 있다(예를 들면, I, p. 4-7; 10-12; 19-22). 이것은 역시 Divyāvadāna의 여러 곳(p. 67-69, 138-140), 265-267, 366-368, 568-570)과 根本說一切有部毘奈耶(T. 1442, k. 46, p. 879 a-c; 根本說一切有部毘奈耶藥事, T. 1448, k. 8, p. 36 a-b)에서도 나온다.

로서 붓다에게 감사해야 하는 것 역시 관례다.

세존이시여, 세존께서 저에게 해 주신 것은 저의 어머니도, 저의 아버지도, 왕들도, 신들도 많은 일가 친척들도, 옛 쁘레따(Preta, 祖靈?)들도, 사문들도, 바라문들도 결코 해 주지 않았습니다. 피눈물의 바다는 말라버렸고, 해골산은 넘었고, 악도(惡道)의 문은 닫혀졌고, 천상문과 해탈문은 열려졌습니다. 발[足]은 지옥, 축생, 아귀들의 [비참한 운명에서] 멀어져, 신들과 사람들 속에 놓여졌습니다.

당신의 가호 덕택으로 악도의 길, 가혹하고 악으로 가득 찬 길은 폐쇄되었습니다. 대단히 가치 있는 천상의 길이 열렸습니다. 저는 열반의 길에 도달했습니다.

당신의 후원 덕택으로 저는 오늘 흠이 없는 눈, 청정한 눈, 완전히 청정한 눈을 얻었습니다. 저는 성자들이 좋아하는 평온한 장소에 다다랐고, 고해(苦海)를 건넜습니다.

아귀(Daitya)와 인간과 신들의 세계에서 존경받는 당신이여. 당신의 출현은 너무나 희귀해서, 수 1,000생(生) 동안에도 드문 일입니다. 무니(Muni)여! 당신을 보는 것은 오늘 저에게 유익했습니다.[8]

이와 같은 관점에서 보면 붓다 샤까무니의 마지막 생과 전생들은 역사적인 모습으로보다는 더욱 전설적인 모습으로 나타난다. 그것은 이미 앞에서 우리가 개략적으로 그려 보려고 했던(본서 1권, p.

8 Avadānaśataka, I, p. 149, 336; Divyāvadāna, p. 554-555; 52-53(단지 게송들); 근본설일체유부율장(*Gilgit Manuscripts*, III, 4부, p. 59; JA, 1932. p. 30 참조).

52-68) 것과 같은 단순한 전기(傳記)가 아니라, 이런 문학 양식이 가지고 있는 모든 주관적인 구성 요소를 갖춘 진정한 가공적인 이야기이다. 샤꺄무니의 최후의 생〔現生〕과 전생들에 관해서 전설이 어떻게 발전했는가를 검토해 볼 필요가 있다.

붓다 전설의 연속적인 단계 관점들을 어느 정도 부각시킴으로서 샤꺄무니의 전설에서 연속된 5단계를 구별 지을 수 있다. 1. 초기 경전에 삽입되어 있는 전기(傳記) 단편들, 2. 율장에 삽입되어 있는 전기 또는 전기의 단편들, 3. 기원 초에 여러 불교 부파에서 만들어진, 독립적이지만 불완전한 "전기들," 4. 근본설일체유부의 율장과 4세기경으로 추정되는 문헌들 가운데 삽입된 완전한 전기, 5. 스리랑카 주석가들이 5세기에 편찬한 니다나까타(Nidānakathā)와 연대기들의 초안.

1. 초기 경전에 삽입되어 있는 전기 단편들 — 맛지마니까야에서 반복하여 서로 보충하고 있는 4개의 경들은 우리에게 샤꺄무니 생애의 중요한 국면, 즉 까삘라바스뚜를 떠나는 것에서부터 정각에 이를 때까지의 기간에 대한 정보를 제공해 준다. 이것들은 아리야빠리예사나(Ariyapariyesana, Majjhima., I, p.163-173; 中阿含의 羅摩經, T. 26, 제204經, k. 56, p. 776 b-778 c), 드베다비딱까(Dvedhavitakka, Majjhima, I, p. 117), 바야베라바(Bhayabherava, Majjhima., I, p. 17-23; 增一阿含의 增上品, T. 125, k. 23, p. 665 b-666 c), 마하삿짜까숫따(Mahāsaccakasutta, Majjhima., I, p. 240-249)로서, 이 경전들의 내용을 요약하면 다

음과 같다.

샤꺄무니는 생, 노, 병, 사에 관해 명상을 하면서, 더러움이 없는 것〔無穢汚〕과 비길 데 없는 안온〔無上安穩〕, 그리고 열반을 추구하기로 결심했다. 그는 부모의 뜻을 거역하고 가정을 떠나 수행자의 노란 옷〔袈裟〕을 입었다. 그는 알라라 깔라마(Ālāra Kālāma)와 우드라까 라마뿌뜨라(Udraka Rāmaputra) 밑에서 차례로 공부를 했는데, 전자는 그에게 무소유처(無所有處)의 길을, 후자는 비유상비무상처(非有想非無想處)의 길을 가르쳐주었다. 그러나 샤꺄무니는 그들의 가르침이 불완전하다고 판단했기 때문에, 그 가르침들을 버리고 마가다를 거쳐 우루빌바(Uruvilvā) 근방으로 가서 은둔했다(Majjhima., I, p. 163-167; 中阿含, T. 26, k. 56, p. 776 b-777 a).

다른 수행자들과 바라문들보다 훨씬 뛰어난 이 새 은둔자(隱遁者)는 청정한 마음과 지혜를 가지고 은둔 생활을 했다. 정각을 이룬 그 날 밤, 그는 밀림의 공포를 극복했고, 모든 거동에서 불안과 두려움을 이겨냈다. 그는 많은 사람들의 이익을 위해 세상에 태어난, 망상이 없는 사람들 가운데 한 사람이라는 것을 알았다(Majjhima., I, p. 17-21; 增一阿含의 增上品, T. 125, k. 23, p. 665 b-666 b).

젖은 나무와 마른 나무의 상호작용에 대해 말하는 3개의 비유들이 그의 생각에 떠올랐다. 이 비유들은 그의 육체를 굴복시켜야 하고, 격정을 억제해야 하고, 욕심을 제거시켜야 한다는 것을 그에게 이해하도록 해 주었다. 그래서 그는 극단적인 고행에 몰두했다. 그는 이를 악물고 혀를 입천장에 갖다 대었다. 그리고 코와 입과 귀를 통해 호흡을 중지했다. 그는 너무 혹독한 단식을 했기 때문에 생명이 위태로웠다. 그는 아직 어린 아이였을 때 염부수(閻浮樹) 그늘에서 했던 최초의 명상을 상기하면서, 최후의 노력으로서 선정(禪定)을 행하기로 했다. 이것을 위해, 그가 영양 있는 식사를 하기로 결심하자, 은둔처에서 그를 따라다녔던 5명의 도반(道伴)들이 그의 곁을 떠나버렸다.(Majjhima., I, p. 240-247)

샤까무니는 삼매에 들어 차례로 4선(禪, dhyāna)을 닦았다. 그것은 그를 정각에 이르게 했다. 초저녁〔初夜〕에 그는 전생들을 기억하는 지혜〔宿命明, pūrvanivāsānusmṛtijñāna〕를 얻었다. 밤중〔中夜〕에 중생들의 죽음과 삶을 아는 지혜〔天眼明, cyutyupapādajñāna〕를 얻었다. 새벽〔後夜〕에 모든 번뇌가 소멸되었다는 확신〔漏盡明, āsravakṣayajñāna〕을 얻었다. 이 3명(明)에 의해 그는 고(苦) 등에 대한 4성제(聖諦)를 깊이 이해했고, 마침내 성스러움을 이루었다는 확신을 할 수 있었다: "나는 해탈했다. 그리고 해탈했다는 것을 안다. 그래서 나고 죽음은 이미 다했다. 범행(梵行)은 이루어졌고, 할 일은 마쳤다. 다시 후생 몸을 받지 않을 줄 확실히 안다"(增一阿含經, T. 125, k. 23, p. 666 b-c; 中阿含經, T. 26, k. 25, p. 589 c; Majjhima., I, p. 21-23; 117; 247-249).

붓다는 자신이 발견한 법(法, Dharma)이 너무 어려워 다른 사람이 이해할 수 없다고 판단하고, 그것을 혼자서만 알고 있기로 했다. 그러나 범천(梵天, Brahmā)이 거듭 간청했기 때문에, 그는 사람들에게 법을 설하기로 했다. 그는 먼저 지난날의 스승들인 알라라(Ālāra)와 우드라까(Udraka)에게 그가 발견한 진리를 말하고자 했지만 그들이 이미 사망했다는 소식을 듣고, (얼마전까지) 자신과 함께 고행(苦行)을 했던 5명의 동료들을 만나기 위해 바라나시(Vārāṇasī)에 가기로 했다. 도중에 그는 사명외도 으빠까(Upaka)를 만나 그에게 자신의 계획을 말했다. 마침내 그는 바라나시의 녹야원(鹿野苑)에 도착해서 5명의 무리〔五比丘〕로부터 붓다가 되었음을 인정받고, 그들에게 4성제를 설했다(Majjhima., I, p. 167-173; T. 26, k. 56, p. 777 a-778 c).

*

붓다 생애의 다른 한 부분은 짜뚜슈빠리샤뜨수뜨라(Catuṣpariṣatsūtra)라는 한 산스끄리뜨어 경전의 주제로 되어 있다. 이 경전은 독일의 제3차 투르판(Turfan) 탐험대가 쇼르축(Šorčuq, 東투르키스탄)에서 발견했는데, 발트슈미트(E. Waldschmidt) 교수가 교정해서 출판했다.[9] 이것은 한역 아함부에는 나오지 않지만, 근본설일체유부 율장에는 그것과 일치하는 것이 있다(Dulva, IV, p. 52 이하; 根本說一切有部毘奈耶破僧事, T. 1450, k. 5, 124 c 이하). 이 경(經)은 적어도 28개의 에피소드를 담고 있는데, 다음과 같이 4부분으로 구분할 수 있다: 1. 가야의 보리수 밑에서 일어난 사건들(1-9번), 2. 붓다의 바라나시 첫 방문(10-21번), 3. 바라나시에서 되돌아온 뒤, 가야의 귀의(22-26번), 4. 왕사성의 귀의(27-28번) 등이다.

*

특수한 경(經)인 마하빠리니르바나수뜨라(Mahāparinirvāṇasutra)는 전적으로 붓다의 최후의 날들을 다루고 있다. 이것은 빨리

9 본서 1권, p. 303, 註 7 참조.

어본(Dīga, II, p. 71-168), 산스끄리뜨어본(E. Waldschmidt가 교정해서 출판),[10] 그리고 티베트어 번역본(Dulva, Xl, 535 b-652 b)과 한역본(長阿含經, T. 1, k, 2-4, p. 11-30; 涅槃經, T. 5-7; 根本說一切有部毘奈耶雜事, T. 1451, k. 35-38, p. 382 b-402 c)으로 전해지고 있다. 이 이외에도 모든 성전 문헌과 후기 성전 문헌에 많은 발췌문들이 산재해 있다.

발트슈미트 교수는 이 이야기의 줄거리를 구성하고 있는 51개의 에피소드들을 4부류로 정리했다: 1. 대부분의 자료에서 대체로 같은 방식으로 재현된 에피소드들, 2. 대부분의 이본(異本)들에서 다른 방식으로 재현된 에피소드들, 3. 단지 소수의 이본들에서만 확인된 에피소드들, 4. 단지 한 이본(異本)에서만 확인된 에피소드들.

만약 일찍이 한 원본 전승이 존재했다면, 그것은 세월과 더불어 상당히 변경되었을 것이다. 이 원본 전승은 빨리어본에서 보다는 산스끄리뜨어본에서 좀더 충실하게 표현된 것 같다.

*

전기(傳記) 경전들은 샤꺄무니의 탄생과 어린 시절에 관한 부분이 매우 간결하다는 것을 나타내고 있다. 소나단다숫따(Soṇadaṇḍasutta, Dīgha, I, p. 115; 長阿含의 種德經, T. 1, k. 15, p. 95 a 2)에서는 단지 다음과 같이 말하고 있다: "사문 가우따마는 (부모) 양쪽으로 좋은 태생이었다. 그의 출생은 7대 이래로 어머니와 아버지를 통해 순수한 혈통이었고, 흠이 없고 나무랄 데 없었다."

10 본서 1권, p. 303, 註 7 참조.

그러나 과거 7불(佛)을 칭송하는 데 할애된 마하바다나수뜨라(Mahāvadānasūtra, 빨리어본, Dīgha, II, p. 1-54; E. Waldschmidt가 교정해서 출판한 산스끄리뜨어본[11]; 長阿含經, T. 1, k. 1, p. 1-10; 增一阿含經, T. 125, k. 45, p. 790-791)는 비바시(毘婆尸, Vipaśyin) 붓다의 수태(受胎)로부터 붓다로 활동할 때까지 그의 생애에 대한 자세한 정보를 간직하고 있다. 비바시가 도솔천(兜率天)으로부터 내려왔을 때 땅은 크게 진동했고, 큰 광명이 비췄다. 그는 완전히 청정한 어머니의 태에 화신(化身)했는데, 어머니는 자신의 태에 들어 있는 그 아기를 관찰할 수 있었다. 임신기간 동안 어머니는 5계를 지켰다.

10개월이 지난 뒤, 비바시는 세상에 나왔다. 그의 탄생 때 지진과 빛의 전조(前兆)가 있었다. 곧 보살〔Vipaśyin〕은 똑바로 서서 사방으로 7걸음씩을 걷고, 자신이 세상의 연장자(年長者)이고, 이 탄생이 그에게 최후의 생이 될 것이라고 선언했다. 기적적으로 두 줄기의 물이 어머니와 아기 위에 쏟아졌다〔二泉涌出〕. 신들은 기뻐했다(Dīgha, II, p. 12-15).

그리고 나서 보디삿뜨바는 그의 아버지에게 갔다. 아버지는 관상가들에게 그의 상을 보게 했다. 그들은 아이에게서 32 "대인상(大人像)"을 발견하고, 이 아이가 뒷날 전륜성왕(轉輪聖王)이 되거나 정각을 이룬 붓다가 될 것이라고 선언했다(Dīgha, II, p. 16-19).

유모들이 이 아이의 교육을 맡았는데, 그는 곧 비상한 특성들을 나타내었다. 그의 미모, 빛나는 시선, 부드러운 목소리, 재능은 모

11 본서 1권, p. 303, 註 7 참조.

든 사람들의 호감을 샀다. 그의 청춘 시절은 호사와 쾌락 속에서 흘러갔다. 그는 3개의 궁전, 즉 각 계절에 한 개씩의 궁전〔三時殿〕을 사용했다(Dīgha, II, p. 19-21).

그렇지만 보디삿뜨바는 산책 도중〔四門遊觀〕, 차례로 노인, 병자, 죽은 사람, 그리고 수행자를 만났다. 그는 세상과 세상의 덧없음에 대한 혐오감으로 가득 차서 반두마띠(Bandhumatī) 성을 떠나 머리를 깎고 수행자의 노란 옷〔袈裟〕을 입고 한적한 곳에 은둔했다(Dīgha, II, p. 21-30).

그는 은둔처에서 12인연법과 연기법을 발견했다. 그는 고(苦)를 극복하고, 심해탈(心解脫)을 얻고, 붓다가 되었다(Dīgha, II, p. 30-35).

그는 자신이 발견한 법(法, Dharma)이 너무 어려워 사람들이 이해할 수 없다고 판단하고, 그것을 아무에게도 말하지 않으려고 했다. 그렇지만 범천(梵天)의 되풀이된 간청에 못이겨 법을 설하기로 했다. 그는 반두마띠 성의 녹야원으로 가서 끄샤뜨리야 칸다(Khaṇḍa, 騫茶)와 바라문 띠샤(Tiṣya, 提舍)를 위해 법을 설했다. 두 사람 모두 아라한의 경지에 도달했다. 8만 명의 반두마띠 성 주민들이 이 두 사람을 본받아 출가해서 가사를 입었고 아라한의 경지에 도달했다. 비바시 붓다는 전도(傳道)를 위해 제자들을 파견했다. 전도는 6년 동안 계속되었다. 그리고 나서 비구들은 반두마띠 성으로 돌아갔다. 비바시는 그들에게 구족계를 주었다(Dīgha, II, p. 36-47).

매우 전설적인 성격을 띤 이 전기는 몇 가지 세부적인 점을 제외하고, 차별 없이 모든 붓다들에게 하나의 전형(典型)으로 제공되었다. 비바시에 의해 시작된 이 전기는 뒤를 이어 그의 후계자들인 다른 붓다들에 의해 되풀이되었다. 이 계열의 마지막 붓다인 샤꺄무니도 역시 그것을 다시 취했다(Dīgha, II, p. 5_). 비바시의 수태(受胎)와 탄생을 나타내는 기적들이 그를 위해 재현되었다.[12] 그는 비바시처럼 호사스럽게 양육되었고, 3개의 궁전을 사용했다.[13] 간단하게 말해서, 모든 것은 마치 샤꺄무니의 탄생에 대한 세부적인 점들을 분명하게 몰랐던 신앙심 깊은 전기 작가들이, 붓다들과 전륜성왕들을 찬양하기 위해 만들어진 전설 — 그 주제들이 미리 정해졌다 — 을 그에게 적용하면서, 경이로운 수태와 탄생 이야기를 사후(事後)에 그에게 부여한 것처럼 되었다.[14]

2. 율장에 삽입되어 있는 전기 단편들 — 우리가 가지고 있는 율장들은 샤꺄무니의 교화생활에 관한 많은 삽화들을 포함하고 있다. 그러나 근본설일체유부 율장을 제외하고는, 다른 율장들에 전해진 일화들은 결코 일관성 있는 이야기를 구성하지 않는다. 이 일화들은 붓다로 하여금 어떤 명령을 내리거나 어떤 계율을 정하도록 결심하게 만든 상황들을 이야기하기 위해 이따금 삽입되었다.

그렇지만 3개의 율장에서 건도부(犍度部)에 할애된 부분은[15] 다

---

12 Acchariyabbhutadhammasutta, Majjhima, III, p. 119-124; 中阿含經, T. 26, 제32경〔未曾有法經〕, k. 8, p. 469 c-471 c.

13 Majjhima, I, p. 504; Aṅguttara, I, p. 145; 中阿含經, T. 26, 제117경〔柔軟經〕, k. 29, p. 607 c 8.

14 사실 이론적으로는 정반대 주장을할 수 있을 것이고, 샤꺄무니의 전기(傳記)가 Mahāvadānasūtra〔大本經〕 전설의 모델과 출발점으로 사용되었다고 주장할 수 있을 것이다. 그러나 이것은 동시에 우리가 불교 성인전에 나오는 모든 기적을 맹목적으로 받아들여야 한다는 것을 의미할 것이다.

소 긴 샤꺄무니 생애의 단편적인 이야기로 시작된다. 빨리어 율장(I, p. 1-44)은 붓다의 정각에서부터 샤리뿌뜨라가 귀의할 때까지의 사건들을 이야기하고 있다. 오분율(五分律, T. 1421, p. 101 a 10-110 c 10)과 사분율(四分律, T. 1428, p. 779 a 5-799 b 24)은 샤꺄무니의 행적과 가계(家系), 탄생과 정각까지의 삶, 마지막으로 그의 교화생활의 시작에서부터 샤리뿌뜨라의 귀의까지를 기술하는 데 약 10페이지를 할애하고 있다.

같은 율장들에서, 건도부는 교단 역사의 시작으로 끝난다. 즉 빨리어 율장(II, p. 284-308)과 오분율(五分律, T. 1421, p. 190 b 13-194 b 20)은 두 초기 결집 이야기를 하고 있다. 사분율(四分律, T. 1428, p. 966 a 15-971 c 2)은 간단하게 붓다의 장례에 대해 기술한 뒤, 계속해서 두 결집 이야기를 하고 있다.

십송율(十誦律, T. 1435)과 마하승기율(摩訶僧祇律, T. 1425)에도 붓다의 일관성 있는 전기는 나오지 않는다. 뿐만 아니라 이 두 율장이 이야기하고 있는 두 불교 결집은—첫 번째 결집은 비말락샤(Vimalākṣa, 毘摩羅叉)의 후기(後記)에, 두 번째 결집은 건도부의 한가운데에 있다—전체적인 맥락에서 주제와 관계없는 것처럼 보인다.[16]

그렇기 때문에 프라우발너(Frauwallner) 교수가 주장한 것처럼,[17] 붓다의 생애 이야기, 즉 성도 이전의 행적들로부터 교화생활의 처음까지의 이야기로 시작하고, 죽음과 장례 이야기와 교단사

15 본서 1권, p. 331-337 참조, 6개 율장의 분석.
16 본서 1권, p. 265-268 참조.
17 본서 1권, p. 347-353 참조.

의 초안으로 끝나는 최초의 "고건도부(古犍度部)"가 존재했다고 생각하기는 어려울 것 같다.

그것은 어쨌든, 이 율장들과 특히 설일체유부 율장[十誦律]은 다른 곳에서 볼 수 없는 샤까무니의 교화생활에 관한 많은 이야기와 일화들을 포함하고 있다. 그 가운데서 몇 가지는 마하야나[大乘]의 도래를 알리는 새로운 정신을 나타내고 있는데, 그것은 앞에서(본서, p. 234-238) 암시된, 언어들의 이상한 기적과 같은 것이다.

3. 독립적이지만 불완전한 "전기들" — 서기 1세기 초 무렵이 되어서, 붓다의 전설에 새로운 발전이 나타났다: 붓다의 전기(傳記)는 그것이 삽입돼 있었던 많은 경전과 율전(律典)으로부터 빠져나와 독립적인 작품의 주제가 되었다. 두 작품이 산스끄리뜨어로 전해지고 있는데, 그것은 랄리따비스따라(Lalitavistara, S. Lefmann, Halle, 1902)와 마하바스뚜(Mahāvastu, É. Senart, Paris, 1882-1897)이다. 다른 것들은 한문으로 되어 있다(T. 184-191; 195-197). 가장 오래된 번역은 2세기 말(修行本起經=T. 184는 197년) 또는 3세기 초(太子瑞應本起經=T. 185는 222-229년)까지 거슬러 올라간다. 그래서 우리는 최초의 원작 연대를 서기 1세기초로 설정할 수 있다.

이 전기들은 불완전한 것으로서, 붓다가 까삘라바스뚜에 첫 귀환한 이야기를 넘어서지 않을 뿐 아니라, 붓다의 대전도(大傳道) 순회들에 대해 언급하지 않는다. 그리고 그의 죽음에 대해서는 아무 말이 없다. 전기들이 이야기를 멈춘 장소에 따라 정리해보면,

그것들은 다음과 같이 5범주로 나누어진다.

a. 마라(魔羅)에 대한 승리에서 끝나는 전기들: 수행본기경(修行本起經, T. 184) 5권.

b. 전법륜(轉法輪)에서 끝나는 전기들: 산스끄리뜨어본 랄리따비스따라 27장; 683년에 디바까라(Divākara, 地婆訶羅)가 앞의 것〔Lalitavistara〕에서 한역한 방광대장엄경(方廣大莊嚴經, T. 187) 27권; 이출보살본기경(異出菩薩本起經, T. 188).

c. 까샤빠 3형제의 귀의에서 끝나는 전기들: 마하바스뚜(Mahāvastu, III, p. 425 참조); 태자서응본기경(太子瑞應本起經, T. 185).

d. 샤리뿌뜨라와 마우드갈라야나의 귀의에서 끝나는 전기들: 이 전기들은 마하까샤빠와의 만남이 그 뒤를 잇기도 하고 그렇지 않기도 한다. 기원후 308년에 다르마락샤(Dharmarakṣa, 竺法護)가 행한, 랄리따비스따라 30장의 한역본인 보요경(普曜經, T. 186); 과거현재인과경(過去現在因果經, T. 189).

e. 까삘라바스뚜의 첫 귀환에서 끝나는 전기들: 60권으로 된 불본행집경(佛本行集經, T. 190)[18]; 중허마하제경(衆許摩訶帝經, T. 191).

이와 같은 연속적인 이야기들과 별도로, 역시 붓다 생애의 몇 가지 사건들만을 언급하고 있는 발췌문들 또는 선집(選集)들이 있다. 기원후 392년에 깔로다까(Kālodaka, 迦留陀伽)가 한역한 12유경(十二遊經, T. 195)은 첫 12년간의 전도활동을 짧게 이야기하

---

18 이번 생〔現生〕은 S. Beal이 영역했다: *The Romantic Legend of Śākya Buddha*, London, 1875.

고 있다. 207년에 담과(曇果)와 강맹상(康孟詳)이 한역한 중본기경(中本起經, T. 196)은 바라나시의 설법과 붓다가 기근(饑饉)으로 인해 "말의 보리[馬麥]"를 먹어야 했던 베란자(Verañjā)의 체류 사이에 일어났던 15개 에피소드를 모아 놓은 것이다. 207년경에 강맹상이 한역한 흥기행경(興起行經, T. 197)은 과거세에 범한 과오에 대한 속죄로서 붓다가 참고 견뎌야 했던 10가지 고통을 상세하게 서술하고 있다.

전기들은 이야기 골자들을 경전 자료에서 차용했다. 수태와 탄생의 기적들은 대본경(大本經, Mahāvadānasūtra)에서 취했다. 까삘라바스뚜의 출발로부터 보리(菩提, Bodhi)를 성취할 때까지의 정각과 관계 있는 에피소드들은 맛지마니까야에 나오는 전기(傳記)적인 경(經)들에서 차용했다. 마지막으로, 전도활동의 시작에 관한 이야기들은 여러 율장에서 취했다. 그렇지만 이야기는 아직 간행되지 않은 새로운 내용들로 아름답게 꾸며졌는데, 이것들은 이야기에 좀더 극적인 모습을 부여했다. 즉 보디삿뜨바가 염부수(閻浮樹) 밑에서 했던 명상은 아기[싯다르타]의 몸 위에 고정된 채 머물러 있었던 나무 그늘의 기적과 결합되었다. 훨씬 더 박진감 있는 4문유관(門遊觀) 이야기는 보디삿뜨바[싯다르타]가 했던 생과 사의 신비에 관한 경상 이야기를 대신했다. 까삘라바스뚜에서의 출발은 새로운 에피소드들, 즉 신들과 결탁한 출성(出城), 준마(駿馬) 깐타까(Kaṇṭhaka)와 마부 찬다까(Chandaka)와의 작별, 삭발, 사냥꾼과의 의복 바꾸기 등의 이야기로 확대되었다. 보리도량(菩提道場, Bodhimaṇḍa)의 경행(經行)과 정각 자리의 정돈 이야기는 면밀하게 규정된 의식(儀式)처럼 엄숙함을 띠었다. 마지막으로, 보디삿뜨바는 3번 또는 4번까지 마라의 공격을 물리쳐야 했다.

이 모든 전기들에는 붓다와 제자들의 전생담(前生譚)인 자따까에 관한 많은 참고문들이 포함되어 있다. 랄리따비스따라(p. 163 이하)는 그것들을 모두 요약하고 있다. 그러나 마하바스뚜와 불본행집경(T. 190)에서는, 이 자따까들이 이야기의 진짜 주제가 되고 있다. 즉 붓다 최후 생〔現生〕의 각 에피소드는 그의 여러 전생에 있었던 한 사건의 결과이고 먼과거의 재현(再現)처럼 생각된다. 과거의 참고문에 대한 이와 같은 부단한 관심은 윤회에 대한 믿음이 불교인들의 정신 속에 얼마나 깊이 뿌리 박고 있는가를 보여준다. 마하바스뚜는 각 페이지에서 하던 이야기를 중단하고, 붓다가 그런 식으로 행동했고 또 그런 모험의 주인공이 되었던 것이 이번이 처음이 아니라는 것을 우리에게 알려준다. 이미 그의 전생들 가운데 한 생에서 같은 유(類)의 사건이 일어났다. 전설에 우화를 뒤섞는 이와 같은 서술 방식은 그후 일반화되었다. 그리고 우리는 특히 붓다의 전설 형성에 새로운 장을 여는 근본설일체유부 율장에서 그것을 다시 발견하게 된다.

4. 붓다의 완전한 전기들 — 우리는 기원 2세기까지 기다린 뒤에서야 마침내 도솔천 하강으로부터 열반과 장례까지 다룬 샤꺄무니의 완전한 전기들을 발견하게 된다.

그 주도권은 까니슈까 왕의 동시대인들이 쥐었던 것 같다. "상가락샤(Saṃgharakṣa)가 편찬한 붓다짜리따(Buddhacarita)"라는 제목으로, 수라슈뜨라(Surāṣṭra, Kāthiāwār) 출신이고 까니슈까 왕의 스승이었던 상가락샤라는 사람이[19] 간다라에서 운문과 산문으로 혼합된 붓다의 완전한 전기를 썼는데, 부록으로 상당히 발달된 아쇼까 왕전이 첨부되어 있다. 이 작품은 승가라찰소집경(僧伽羅刹所集經, T. 194)이라는 제목으로 384년에 상가바드라(Saṃghabhadra, 僧伽跋澄)가 한역했다.

까니슈까 왕의 또 한 경의 동시대 사람인 바라문 아슈바고샤(Aśvaghoṣa, 馬鳴)는 사께따(Sāketa) 출신으로, 불교에 귀의했다. 그 역시 28장으로 된 붓다짜리따(Buddhacarita)를 학술적인 표현 양식의 산스끄리뜨어 운문으로 썼다. 첫 장은 세존의 탄생을 다루었고, 마지막 장은 사리분배에 할애되었다. 완본으로는 단지 티베트어본(Mdo XCIV, 1)과 한역본(佛所行讚, T. 192)만 현존한다. 한역은 414년에서 421년 사이에 담무참(曇無讖, Dharmaṣema)이 했다. 우리는 1장에서 14장까지의 산스끄리뜨어 원본과 중앙아시아에서 나온 산스끄리뜨어 단편들을 가지고 있다(III, 16-29; XVI, 20-36).[20]

역시 운문으로 된 제3의 전기가 현존한다. 이것은 31장으로, 사리 분배까지 샤꺄무니의 완전한 일생을 이야기하고 있다. 저자가 누구인지 알 수 없다. 이 작품은 한역본으로만 남아 있는데, 불본행경(佛本行經)이라는 제목으로(T. 193), 427년에서 449년 사이

---

19 Saṃgharakṣa에 대해서는, P. Demiéville의 *La Yogācārabhūmi de Saṅgharakṣa* (BEFEO, XLIV, p. 363-368)를 볼 것.

20 E. H. Johnston, *The Buddhacarita or Acts of the Buddha*, 2 vol., Calcutta, 1936; *The Buddha's Mission and last Journey*(Buddhacarita, XV to XXVIII), Acta Orientalia, XV, 1937, p. 1-128; F. Weller, *Zwei Zentralasiatische Fragmente des Buddhacarita*, ASAWL, XLVI, 4, 1953, p. 1-26.

에 보운(寶雲)이 한역했다.

우리는 앞에서(본서 1권, p. 336-337) 근본설일체유부 율장에 삽입되어 있는 샤꺄무니의 완전한 전기와 교단사의 시작에 대해 언급했다. 이 "역사적" 부분은 한역본과 티베트어본으로만 현존하는 상가베다바스뚜(Saṃghabhedavastu)와 비나야끄슈드라까바스뚜(Vinayakṣudrakavastu)의 2장(章)을 포함하고 있는데, 이 티베트어본은 1884년에 런던에서 록힐(W. W. Rockhill)이 *The Life of the Buddha*(붓다의 생애)라는 제목으로 영역했다. 단지 얼마간의 산스끄리뜨어 원본의 단편들 또는 발췌문들만 현재 우리에게 전해진다.[21] 상가베다바스뚜에 해당되는 몇 편의 패엽(貝葉)을 제외하고, "역사적" 부분은 둣트(N. Dutt) 교수가 교정한 근본설일체유부 율장(Mūlasarvāstivādin Vinaya)의 출판본 가운데에는 없다(*Gilgit Manuscripts*, III, 4부, Srinagar, 1942-1950). 투치(G. Tucci) 교수는 최근에 아프가니스탄에서 산스끄리뜨어 원본을 발견했다. 곧 그가 그것을 출판할 것이라 믿는다.

이 부분이 속해 있는 이 율장의 연대는 어림잡아 입증될 수 있

21 Saṃghabhedavastu〔破僧事〕를 위해서는, E. Waldschmidt가 출판한 Catuṣpariṣatsūtra의 산스끄리뜨어 원본이 根本說一切有部毘奈耶破僧事, T. 1450, k. 5-7, p. 124 c 27-136 c 27에 해당된다; N. Dutt가 출판한 길기뜨 필사본 가운데서 몇 편(*Gilgit Manuscripts*, III, 4부, p. 225, 16-248, 11)이 근본설일체유부비나야파승사(T. 1450, k. 10, p. 147 c-153 a)에 해당된다.
Vinayakṣudrakavastu(毘奈耶雜事)를 위해서는, Divyāvadāna, XII p. 143-166에 삽입되어 있는 Prātihāryasūtra가 根本說一切有部毘奈耶雜事, T. 1451, k. 26, p. 329 a-333 c에 해당된다; Divyāvadāna, XVII, p. 200-209에 삽입되어 있는 Māndhātāvadāna의 첫 부분은 有部毘奈耶雜事, T. 1451, k. 36, p. 387 c 4-389 a 2에 해당된다; E. Waldschmidt가 출판한 Mahāparinirvāṇasūtra는 有部毘奈耶雜事, T. 1451, k. 35-38, p. 382 b 29-402 c 4에 해당된다.

다. 율장은 까니슈까 왕에 대한 예언을 포함하고 있다(根本說一切有部毘奈耶藥事, T. 1448, k. 9, p. 41 b-c). 그리고 이 예언이 까니슈까 왕의 공덕과 뻬사와르 스뚜빠의 장려함을 찬양하는 방식은 왕과 스뚜빠의 역사가 이미 오래되었다는 것을 전제하고 있다. 사실 현재의 경향은 까니스까 왕의 즉위를 기원후 2세기까지 늦추고 있다(J. Marshall에 의하면 128년이고, Ghirshman에 의하면 143년이다). 게다가 근본설일체유부 율장에 나오고 있는 샤꺄무니는 더 이상 초기경전에서 알려진 까삘라바스뚜의 현자가 아니고, 아바다나(Avadāna, 譬喩)의 문학과 대승불교가 찬양하는 "신들 가운데서 높은 신〔天中天〕"이다(본서 p. 404-405 참조). 마지막으로, 402년에서 411년 사이에 율장의 필사본을 구하기 위해 인도를 여행했던 법현(法顯)은 근본설일체유부 율장에 대해 알고 있었던 것 같지 않다. 이 율장이 의정(義淨)에 의해 부분적으로 한역된 것은 단지 8세기의 첫 10년 동안이었다. 이와 같은 모든 이유 때문에 우리는 이 율장에 기원후 4세기에서 5세기 이전의 연대를 줄 수 없다.[22]

근본설일체유부 율장은 하나의 거대한 편집물처럼 보인다. 이 율장은 경전들과 율장들(특히 설일체유부의 율장), 그리고 붓다의 독립된 전기들로부터 이전의 모든 사실들을 다시 취하고 있다. 그래서 근본설일체유부 율장을 통해 수태(受胎)로부터 정각 후 제6년에 까삘라바스뚜로 귀환할 때까지, 샤꺄무니의 자취를 추적할 수 있다(根本說一切有部毘奈耶破僧事, T. 1450, k. 12, p. 159 a 8-9). 이 율장은 그의 공적(公的)인 생애의 나머지 부분을 이야기

22 E. Frauwallner는 다른 주장을 펴고 있다: *The Earliest Vinaya*, p. 27 이하; p. 196.

하기 위해, 이전의 율장에 나오는 이야기들 가운데서 (필요한 내용을) 간략하게 선정한 뒤, 몇 가지 지표(指標)들을 사용해서 그것들을 연대순으로 분류했다. 그리고 열반과 장례에 대해서는 편의상 마하빠리니르바나수뜨라의 산스끄리뜨어본을 원문 그대로 되풀이했다.

그렇지만 근본설일체유부 율장에 창작이 없는 것은 아니다. 이따금 세부적인 묘사들로, 역시 명백히 새로운 에피소드들로 전설을 보강하기도 했다.

이 율장에 의하면 샤꺄무니는 한 사람의 아내가 아니라 동시에 3명의 아내까지 가졌고, 이 이외에도 그들의 시중을 들기 위해 6만 명의 궁녀들이 있었다. 그의 아내들의 이름은 야쇼다라(Yaśodharā, 耶輸陀羅), 고빠(Gopā, 喬比迦), 므리가자(Mṛgajā, 鹿王)였다(根本說一切有部毘奈耶破僧事, T. 1450, k. 3, p. 111 c; 112 c; 114 b).

붓다와 사촌 데바닷따(Devadatta) 사이에 있었던 갈등은 역시 길게 발달할 주제가 되었는데, 이것은 이미 설일체유부 율장에 부분적으로 나왔다. 빨리어로 된 자료들은 데바닷따에 대해 좀더 간결하게 다루었다. 숫따(Sutta)들은 단지 그를 지옥에 갈(Majjhima, I, p. 393), 나쁜 욕망을 가진 사람으로 소개하고 있을 뿐이다(Saṃyutta, II, p. 156). 빨리어 율장(II, p. 182-203)—이 율장에서 발췌된 것이 글자 그대로 앙굿따라니까야에 인용되고 있다(II, p. 73; III, p. 123; IV, p. 160, 164)—은 아자따샤뜨루 왕과 그의 공모, 그가 교단 내에 일으킨 분열, 붓다를 살해하기 위해 꾸몄던 3번의 모의에 대해 간략하게 기술했다. 독립된 전기들은 데바닷따에 대해 더욱 말이 적다. 이 전기들에 의하면 샤꺄무니는 그의 옛 친구였고 어린 시절의 경쟁자였던 데바닷따를 교단에 맞아들이기를 거절했다는 것이다(Mahāvastu, III, p. 181; 佛本行集經, T. 190, k. 59, p. 923 c). 이와는 반대로, 근본설일체유부 율장(根本說一切有部毘奈耶雜事, T. 1450, k.13-14, p. 168 a-174 a; k. 20, p. 203; 鼻奈耶, T. 1464, k. 2, p. 859-860) 및 그것과 유사한 자료들(十誦律, T. 1435, k. 36-37, p. 257 a-266 b; 大智度論, T. 1509, k. 14, p. 164 c-165 a)은 데바닷따의 이야기를 유달리 확대하고 있다. 데바닷따는 500명의 다른 샤꺄족 출신 사람들과 함께 교단에 들어와서 12년 동안 모범적인 수행자의 모습을 보여 주었다. 그러나 야망이 그를 파멸시켰다. 그는 어렵사리 신통력을 획득한 뒤, 그것을 사용해서 아자따샤뜨루 태자의 우정을 얻었다. 그는 아자따샤뜨루의 도움을 받아 붓다를 교단의 맨 윗자리에서 밀어내고 자신이 그것을 차지하려고 했다. 그는 이 목적을 위해 과보를 즉시 받는 3가지 죄〔三逆罪〕를 범했다. 그는 교단 분열을 일으켰고〔破和合僧〕, 붓다에게 바위를 던져 그의 발에 상처를 입혔고〔出佛身血〕, 웃빨라바르나(Utpalavarṇā, 蓮華色) 비구니를 주먹으로 타살했다〔殺阿羅漢〕. 끝내 그는 외도들과 친해졌다. 그는 최후가 왔다는 것을 느꼈기 때문에 독을 바른 손톱으로 붓다를 할퀴려고 했다. 그러나 땅이 발 밑에서 갈라져, 그는 산채로 지옥에 떨어졌다.

붓다의 생애에 관한 어떤 에피소드들은 신격화된 모습을 띠고 있다. 슈라바스띠에서, 샤꺄무니는 공중에 올라가 쌍 기적〔神變〕들 — 아라한이면 누구나 할 수 있는 통속적인 기적 — 을 일으키는 것으로 그치지 않는다. 그는 색구경천(色究竟天, Akaniṣṭha)에까지 층층으로 앉아 있는 자신의 분신(分身, 化佛)을 만들어 수많은 가공적인 붓다들을 증식시켰다(根本說一切有部毘奈耶雜事, T. 1451, k. 26, p. 332 a-b; Divya, p. 161-162).

독립된 전기들에서 이미 적용된 절충적인 경향들은 계속해서 영향을 끼친다. 그리고 이 경향들은 오래되었지만 잘 확립된 몇몇 전설들을 때로는 완전히 변화시킨다. 이 점에서는 샤리뿌뜨라와 마우드갈랴야나의 이야기가 가장 특징이 있다. 이미 알려진 전승에 의하면 그들은 불교에 귀의하기 전에 불가지론(不可知論)을 가르쳤던 산자야 바이라띠뿌뜨라(Sañjaya Vairaṭīputra) 외도를 스승으로 삼았다. 이 두 청년은 마침내 붓다를 발견했기 때문에 그의 법(法)을 신봉하기로 결심하고, 그들의 스승을 그들과 함께 데려가려고 했다. 그러나 산자야는 따라가기를 거절했을 뿐 아니라 그들이 떠나는 것을 만류하기까지 했다. 산자야는 뜻을 이루지 못하자 자신이 버림을 당했다고 생각했기 때문에 분함을 이기지 못해 피를 토하고 죽었다.[23] 반대로, 근본설일체유부비나야출가사(根本說一切有部毘奈耶出家事, T. 1444, k. 2, p. 1024 a-c; *Gilgit*

23 빨리어본 자료 : Vinaya, I, p. 39-44; Apadāna, I, p. 24-25; Jātaka, I, p. 85; Comm. du Dhammapada, I, p. 90-95; Comm. du Suttanipāta, I, p. 326 이하. — 산스끄리뜨어본 자료 : Mahāvastu, III, p. 59-65. 한역본 자료 : 五分律, T. 1421, k. 16, p. 110 b-c; 四分律, T. 1428, k. 33, p. 798 c-799 b; 普曜經, T. 186, k. 8, p. 533 c; 大莊嚴經, T. 187, k. 12, p. 613 c; 過去現在因果經, T. 189, k. 4, p. 652 a; 佛本行集經, T. 190, k. 48, p. 875 c 이하; 佛所行讚, T. 192, k. 4, p. 33 b(참조, E. H. Johnston, *The Buddha's Mission*, Acta Orientalia, XV, 1937, p. 21-23); 佛本行經, T. 193, k. 4, p. 81 b; 中本起經, T. 196, k. 1, p. 153 b; 大方等大集經, T. 397, k. 19, p. 129 a; 大唐西域記, T. 2087, k. 9, p. 924 c-925 a

Manuscripts, III, 4부, p. 20–25) 및 유사한 문헌들(初分說經, T. 498, k. 2, p. 768 a–b; 大智度論, T. 1509, k. 11, p. 136 b–c; k. 40, p. 350 a; k. 42, p. 368 b)에서, 산자야는 같은 이름을 가진 이 외도(外道)와 더 이상 거의 공통점을 가지고 있지 않다. 그는 부유한 까운디냐(Kauṇḍinya) 가문 출신이었다. 불가지론을 가르치기는커녕, 종교 생활, 비폭력, 금욕과 열반을 가르치면서 불도(佛道)를 준비했다. 죽을 때 그는 두 제자 앞에서, 그가 혼자 힘으로 이미 해탈의 길을 발견했다는 것을 부인했다. 그러나 그는 그들에게 붓다가 곧 출현할 것을 알리면서, 그를 만나도록 권고했다.

이전의 간행물들에서[24] 필자는 이미 산자야에 관한 두 가지 전승에 대해 언급했다. 한 전승은 이 인물을 비호의적인 관점에서 외도처럼 소개했고, 다른 전승은 호의적인 관점에서 그를 붓다의 선구자처럼 소개했다. 그러나 필자가 첫 전승을 오래된 것으로, 그리고 두 번째 전승을 후기 것으로 규정지은 것은 아마도 잘못된 것 같다. 발트슈미트 교수가 이 전승들의 연대 추정이 어렵다는 것과 만약 두 전승 간의 차이를 밝히는 것이 중요하다면, "하나를 오래된 것으로, 다른 하나를 후기 것으로 생각하는 것은 위험한 일"이라고 지적한 것은 매우 적절했다.[25] 그렇지만 발트슈미트 교수는 근본설일체유부 율장을 "후기 부분과 오래된 부분이 심하게 혼합된 문헌"으로 보았다. 우리가 여기에서 강조하고자 하는 것은 이 혼합적인 특징에 대해서이다.

---

24 É. Lamotte, *Le Traité de la Grande Vertu de Sagesse*, II, 1949, p. 621–632; *La légende du Buddha*, RHR, 134권, 1947–48, p. 65–66.

25 E. Waldschmidt, *Festschrift Schubring*, Hamburg, 1951, p. 120.

이 율장의 또 하나의 경향은 샤꺄무니의 전기를 과거 붓다들의 전기에 맞추는 것이었다. 이 율장은 모든 붓다들이 반드시 실행해야 하는 활동 목록을 작성하고 있는데, 그것은 모두 5가지(根本說一切有部毘奈耶雜事, T. 1451, k. 26, p. 329 c 26) 또는 10가지이다(Divyāvadāna, p. 150):[26] 1) 어떤 사람이 어느 날 자신이 붓다가 될 것이라는 말을 붓다에게서 듣지 않는 한, 2) 붓다가 어떤 사람에게, 완전하게 성취된 붓다의 높은 경지로부터 물러서지 않을 수 있는 생각을 품도록 하지 않은 한, 3) 붓다가 귀의시켜야 할 모든 사람들이 귀의되지 않는 한, 4) 붓다가 자신의 생애의 4분의 3 이상을 살지 않는 한, 5) 그가 (교화해야 할) 구역의 경계들을 정하지 않는 한, 6) 그가 자신의 제자들 가운데서 두 사람을, 모든 제자들의 상수(上首)로 지명하지 않는 한, 7) 그가 천상〔忉利天〕으로부터 상까샤(Sāṃkāśya) 도시에 내려와 사람들 앞에 모습을 보이지 않는 한, 8) 그가 아나바땁따(Anavatapta) 큰 호숫가에서 제자들과 함께 모여, 이전〔前生〕의 활동들을 보여주지 않는 한, 9) 그가 자신의 부모에게 진리를 확실히 보여주지 않는 한, 10) 그가 슈라바스띠에서 대신통을 행하지 않는 한, 붓다는 반열반(般涅槃)에 들지 않는다는 것이다.

5. 스리랑카에서 편찬된 문헌들—사람들이 생각하는 것처럼 스리랑카 승려들은 그들의 교조(敎祖)의 인물에 대해 무관심하지 않았다. 그들은 붓다의 생애에 대한 가장 오래되었고 가장 신빙성

---

26 마땅히 해야 할 5가지 일〔當爲五事〕에 대한 목록은 增一阿含經, T. 125, k. 28, p. 703 b 17-20에서 다시 볼 수 있다.

있는 단편들을 틀림없이 간직하고 있는 빨리어 성전들을 그대로 전했다. 그들은 상당한 정도까지 이 유산(遺産)을 확장했지만, 그것을 지나치게 왜곡하지 않도록 조심했다. 그들은 불가사의한 일들을 대부분 인정하면서도 적당한 한계를 유지했고, 독립된 전기들과 산스끄리뜨어 아바다나(Avadāna)와 대승경전들을 통해 우리가 익숙해진 과장된 표현들과 있을 법하지 않은 일들에 빠지지 않았다. 알다시피 마하비하라(Mahāvihāra) 승려들은 베뚤라바다(Vetullavāda)라는 이름으로 스리랑카에 알려진 대승불교의 노작(勞作)들에 대해 항상 반대하는 태도를 취했다. 이와 같은 경향은 그들이 기적에 대해 비교적 말이 적은 이유를 충분히 설명해준다.

숫따니빠따(Suttanipāta)는 늦게 종결된 빨리어 쿳다까니까야(Khuddakanikāya)에 소속되어 있는데(본서 1권, p. 308-314), 제3장 마하박가(Mahāvagga, 大品)에, 붓다와 빔비사라 왕의 첫 만남(Pabbajjāsutta, S. N., III, 1), 나이란자나(Nairañjanā) 강변에서 마라의 공격(Padhānasutta, S. N., III, 2), 아시따 선인의 예언(Nālakasutta, S. N., III, 11)을 각각 이야기하고 있는 고풍스러운 문체의 몇 가지 경들을 포함하고 있다. 그러나 이 경들이 나오고 있는 제3장은 확실하게 보증을 할 수 없다. 즉 제4장(Aṭṭhakavagga, 義品) 및 제5장(Pārāyana, 彼岸道品)과는 달리 3장은 첫 4부 니까야 가운데서 한 번도 그 이름을 들어 인용된 적이 없고, 역시 한 번도 한문으로 번역되지 않았고, 스리랑카 사람들이 성전(聖典)으로 생각한 고대 주석서 마하닛데사(Mahāniddesa, 大義釋)에서도 설명되지 않았다. 그러므로 필자는 이 3개의 전기(傳記) 경들을, 문제의 에피소드들을 이야기하고 있는 북쪽 자료들—

아마도 산스끄리뜨어로 된 "전기들"일 것이다— 로부터 차용한 단편들을 빨리어로 개작한 것이라고 보고 싶다.

니다나까타(Nidānakathā, 因緣譚), 즉 "사건들의 이야기"는 빨리어 자따까들의 대주석서 서론으로 사용되었다(I. p. 2-94).[27] 그리고 이것은 스리랑카의 고대 주석서들에서 유래한 것으로, 붓다의 행적에 대한 연속적인 이야기이다. 이것은, 1) "먼 사건들(dūrenidāna)": 수메다(Sumedha, 善慧)라는 이름으로 샤꺄의 탄생에서 도솔천에 들어갈 때까지, 2) "멀지 않은 사건들(avidūrenidāna)": 도솔천에서의 죽음과 싯다르타로서의 탄생에서 정각까지, 3) "최근의 사건들(santikenidāna)": 전도 활동의 시작에서 아나타삔디까(Anāthapiṇḍika, 給孤獨長者)의 제따바나(Jetavana, 祇林) 기증까지, 3부분으로 구성되어 있다. 역시 이것은 인도 대륙에 퍼져 있던 독립된 "전기들"을 모방해서 만들어진 불완전한 전기이다. 서구적인 입장에서 보면 전기 편찬자들이 붓다의 전생 일에 관해서는 너무 잘 알고 있었던 것 같고, 이와 달리 최후의 생〔現生〕에 대해서는 너무 적게 알고 있었던 것 같이 보인다. 최후의 생에는 많은 경이로운 일들이 포함되어 있다. 그렇지만 그것은 적당한 한계를 유지하고 있다. 샤꺄무니를 신으로서보다는 비길 데 없이 훌륭한 스승으로 나타내려 하고 있음을 알 수 있다.

마지막으로, 체계적인 정신이 붓다의 전기에 확립되었다. 붓다

27 T. W. Rhys Davids의 英譯, *Buddhist Birth Stories*, London, 1880 (新版, Mrs. Rhys Davids, 1925); H. C. Warren, *Buddhism in Translations*(Cambridge, Mass., 1915, p. 5-83)에는 요약되어 있다; J. Dutoit, *Leben des Buddha*, p. 5 이하; 18 이하.

고사와 동시대 사람인 붓다닷따(Buddhadatta, 5세기)는 꼬로만델(Coromandel)의 붓따망갈라가마(Bhūtamaṅgalagāma) 사원에 소속되어 있었지만, 마하비하라(Mahāvihāra) 사(寺)에서 연구했다. 그는 붓다방사 주석서(Comm. du Buddhavaṃsa)에서 샤꺄무니 전도활동의 첫 20년의 연대기를 만들려고 했다. 그러나 이 연대기는 불완전할 뿐만 아니라—왜냐하면 그것은 오로지 전도활동의 전반(前半)만을 취급하고 있기 때문이다—역시 그 전거(典據)가 의심스럽다. 왜냐하면 그것은 성전자료들 뿐 아니라 스리랑카 주석서들 속에 후대에 삽입된 전설들도 근거로 삼고 있기 때문이다. 대부분의 현대 저술가들이 이 연대기가 제공한 연보(年報)를 채택하는 것은 단지 어쩔 수 없어서이기도 하고, 다른 것으로 그것을 대체할 수 없기 때문이기도 하다.[28]

설일체유부처럼 스리랑카 상좌부는 여러 붓다들간의 유사점과 차이점들을 명확히 밝히려 했다. 모든 붓다들은 그들의 경력(經歷) 중에 30가지 동일한 행위를 해야 한다. 예를 들면 4번의 결정적인 만남〔四門遊觀〕 뒤에 출가하기, 최소한 7일 동안 고행하기, 정각(正覺)의 날에 우유 넣은 쌀죽 먹기 등이다(Comm. du Buddhavaṃsa, p. 248). 그들은 모두 동일한 장소들, 즉 보드가야의 보리도량(Bodhimaṇḍa), 바라나시의 녹야원, 슈라바스띠의 기림(祇林, Jetavana), 상까샤(Sāṃkāśya, Sumaṅgala, II, p. 424; Comm. du Buddhavaṃsa, p. 247)를 찾게 되어 있다. 이 붓다들은 단지 세부적인 점들에서만 서로 다른 데, 연대기 편찬자들은 그 세

28 그 때문에, 붓다의 생애를 위해 할애된 부분에서(본서 1권, p. 52–68), 우리는 지리적인 분류를 택했다.

부적인 점들에 대한 정확한 목록을 알고 있었다(Comm. du Buddhavaṃsa, p. 2 이하; 246 이하). 그러나 형식주의는 전설을 이와 같이 고정시키면서 끝내 그것을 고사(枯死)시켜 버리고 말았다.

붓다 전설의 발달 원인 우리가 앞에서 개략적으로 그린 것과 같은 붓다 전설의 발달을 결정짓고 촉진한 원인들은 많다. 10세기 이상 고대 자료들은 계속해서 개정되었고 새로운 에피소드들로 불어났다. 각 부분은 삭제되기도 하고, 변경 또는 첨가되기도 했지만, 그것은 그 자체의 존재 이유를 가지고 있고, 원칙적으로 그것에 대한 설명을 요구한다. 그러나 이 설명은 오직 정밀한 조사를 한 뒤에서야 발견될 수 있다. 그리고 새로운 자료들의 발견을 통해 대체로 그것이 허위라는 것이 드러났다. 게다가 이와같은 작업은 겨우 시작되었을 뿐이다. 이 연구가 성공하기 위해서는, 붓다의 모든 전기들의 대조표(對照表)를 사용해야 할 것이다. 왜냐하면 이것만이 효과적인 비교를 할 수 있을 것이기 때문이다.

우선, 우리는 이 전설의 확대에 기여한 원인들 가운데서 다음과 같은 점들을 지적할 수 있다. 즉 전승의 이러저러한 부분을 해명할 필요, 문헌의 발달에 대한 성지(聖地)들의 영향, 문자 전승에 미친 종교화(宗敎畵)의 영향, 외부 자료들의 차용, 후기에서야 불교에 귀의한 지방들이 붓다가 생전에 그 지방을 방문했다고 하는 주장, 그리고 샤꺄족 가계와 관련을 갖고자 하는 대가문(大家門)들의 욕망등이다.

1. 세부적인 부분에 대한 해명 — 이미 알려진 자료가 세부적인

점에 대해서 일반적으로 인정된 전승과 모순될 때 고대 전기작가들은 결코 난처해하지 않고 그 모순을 설명하기 위해 새로운 이야기를 고안해 내었다.

붓다의 아들 라훌라는 그의 아버지가 까삘라바스뚜에 귀환했을 때 7세였다는 것은 일반적으로 받아들여지고 있는 사실이다.[29]

니다나까타(Nidānakathā, p. 62)와 붓다짜리따(Buddhacarita, II, 46)에 의하면 야쇼다라는 싯다르타가 출가하기 7일 전에 라훌라를 낳았다. 샤꺄무니는 집을 떠나기 전에 그의 아들을 어루만져 주었다. 샤꺄무니는 조용한 곳에 은거해 6년 동안 고행을 한 뒤 마침내 정각에 이르렀다. 그런 다음 붓다는 바라나시에서 우기(雨期)를 보내고, 우루빌바(Uruvilvā)에서 3개월을, 그리고 라자그리하에서 2개월을 머문 뒤, 고향 까삘라바스뚜로 되돌아갔다. 만 6세가 넘은 어린 라훌라는 어머니의 선동을 받아 붓다로부터 그가 받게 되어 있는 유산을 받으려고 했다. 그러나 붓다는 대답 대신 샤리뿌뜨라를 시켜 그에게 사미계(沙彌戒)를 주게 했다(Vinaya, I. p. 82).

여기까지는 모든 사실들이 일치한다. 그러나 일련의 자료들에 의하면 붓다는 정각 후 6년이 지나서야 까삘라바스뚜에 귀환했다.[30]

---

29 필자는 이 문제에 대해 의견을 달리하는 목소리를 오직 한 가지만 알고 있을 뿐이다. 그것은 佛本行集經(T. 190, k. 55, p. 909 a 27 ; 909 c 24-27)에서 언급되고 있다: 음광부(Kāśyapīya)와 다른 논사들에 의하면, 라훌라(Rāhula)는 그의 아버지가 고행을 하기 위해 집을 떠났을 때 2세였고, 까삘라바스뚜에 되돌아와서 그에게 사미계를 주었을 때 15세였다. 이것은 (수계법에) 규정된 연령이다. 비나야에 의하면 15세 이전에는 출가계(pravrajyā)를, 20세 이전에는 구족계(upasaṃpadā)를 받을 수 없기 때문이다(Vinaya pāli, I, p. 78-79 참조).

30 특히 根本說一切有部毘奈耶破僧事, T. 1450, k. 12, p. 159 a 8-9를 볼 것.

이 경우 라훌라는 12살에 수계를 한 것이 되는데, 이것은 전승에 어긋난다. 전기 작가들은 다음과 같은 문제에 직면하게 되었다. 샤꺄무니는 출가로부터 정각 때까지 6년 동안 모든 부부관계를 끊었고, 그가 12년 후에 까삘라바스뚜에 돌아와서 아들에게 계를 주었다는 사실을 생각하면 그의 아들이 수계를 했을 때 어떻게 만 6세밖에 되지 않았겠는가?

이 문제의 해결은 유치하게 간단하다. 신앙심 깊은 전기작가들은 이 문제를 다음과 같은 방법으로 해결했다.

첫째, 샤꺄무니는 야쇼다라와 그의 처음이자 마지막 부부관계를 출가하기 단지 7일 전에 가졌다.[31] 그래서 라훌라는 그의 아버지가 까삘라바스뚜를 떠났을 때 아직 임신되어 있었을 뿐이었다.[32]

둘째, 야쇼다라는 라훌라를 9개월 동안이 아니라 6년 동안 잉태해 있었다.[33] 야소다라는 붓다가 보드가야에서 정각을 이룬 바로 그날 밤에 라훌라를 낳았다.[34]

셋째, 6년 후 붓다는 그의 가족을 방문하기 위해 까삘라바스뚜에 되돌아갔다. 그리고 거기에서 아들을 수계시켰다. 그의 아들은 단지 만 6세였다.[35] 이 사실은 입증되어야 했다.

---

31 根本說一切有部毘奈耶破僧事, T. 1450, k. 4, p. 115 a(참조, Rockhill, *Life*, p. 24).

32 Mahāvastu, II, p. 159; 大智度論, k. 17, p. 182 b15-16.

33 Mahāvastu, III, p. 172; 太子瑞應本起經, T. 185, k. 1, p. 475 a 20; 佛本行集經, T. 190, k. 55, p. 908 a 14-15; 雜寶藏經, T. 203, no 117, k. 10, p. 496 b 26; 摩訶僧祇律, T. 1425, k. 17, p. 365 c 12-16.

34 根本說一切有部毘奈耶破僧事, T. 1450, k. 5, p. 124 b(참조. Rockhill, *Life*, p. 32).

35 佛本行集經, T. 190, k. 55, p. 906 b 26-28; 大智度論, T. 1509, k. 17, p. 182 c 3.

그렇지만 사람들의 호기심은 여전히 충족되지 않는다. 라훌라가 6년 동안 어머니 태 속에 머물러 있었다는 것을 어떻게 설명할 수 있겠는가? 한 자따까가 답을 주었다.[36] 한 왕이 두 아들을 남겨 놓고 죽었다. 형은 은둔 수행자가 되었고, 동생은 왕위에 올랐다. 이 은둔자는 다른 사람이 그에게 주지 않는 것은, 비록 그것이 한 방울의 물일지라도 절대로 아무 것도 취하지 않겠다는 원을 세웠다. 그러나 어느 날 그의 동생이 다스리고 있는 지역에서 부주의로 허락을 받지 않고 물을 마셨다. 그는 자신을 도둑이라 생각하고, 그가 받아 마땅하다고 생각되는 벌을 동생에게 요구했다. 왕은 형의 환심을 사기 위해, 그리고 그의 양심의 가책을 없애주기 위해 그에게 벌을 주기로 약속했다. 그리고 나서 그는 궁전에 돌아가 6일 동안 바깥에 나오지 않았다. 그 동안 그 형은 배고픔과 목마름으로 고통을 겪었다. 6일 후 왕은 궁전에서 나와 은둔자에게 가서 자신의 부주의를 사과했다. 은둔자는 그를 용서해 주었다. 그러나 그의 잘못에 대한 벌로서, 왕은 500생 동안 빠지지 않고 어머니 태 속에서 6년 동안씩 머물렀다. 이 왕은—자료들이 그에게 부여한 이름이 무엇이든 간에—그의 여러 전생 가운데 한 생에서 다름아닌 라훌라였다.

야쇼다라는 어떻게 이 긴 임신기간을 견뎌내 낼 수 있었을까 하

---

36 이 자따까는 六度集經, T. 152, 제53경, k. 5, p. 30 a–b(참조, Chavannes, *Contes*, I, p. 197–201)에서 이야기되고 있는데, 등장 인물들의 이름 가운데서 몇 가지 다른 점이 있다; 佛本行集經, T. 190, k. 55, p. 907 a–908 a(참조, Beal, *Romantic Legend*, p. 360–363); 佛五百弟子自說本起經, T. 199, 제25경, p. 199 a–b; 摩訶僧祇律, T. 1425, k. 17, p. 365 c 12–16; 根本說一切有部毘奈耶破僧事, T. 1450, k. 12, p. 162 b–c; Mahāvastu, III, p. 172–175; 大智度論, T. 1509, k. 17, p. 182 c.

고 사람들은 생각할 것이다. 남편이 떠난 6년 후에 그녀가 아들을 낳았을 때, 까삘라바스뚜의 샤꺄족 사람들은 그녀를 비난하면서 라훌라는 붓다의 아들이 아니라고 주장했다.

가련한 야쇼다라는 자신의 결백을 증명하라는 명령을 받았다. 산채로 화형에 처해지기 위해 화장용(火葬用) 장작더미 위에 놓여졌으므로, 그녀는 붓다에게 구원을 청했다. 그러자 장작불은 즉시 청정한 물이 가득찬 연못으로 변했고, 그 연못 가운데 야쇼다라가 어린 라훌라를 팔에 안고 연꽃 위에 앉아 있었다.[37] 다시 그녀는 라훌라를 안아 그를 "진리의 돌(truth-stone)" 위에 앉히고 그 돌을 연못 한가운데 놓았다. 그렇게 한 뒤 그녀는 다음과 같이 기원했다. "만약 이 아기가 정말 보디삿뜨바[붓다]의 아들이라면, 그는 물위에 뜨고, 그렇지 않다면 바닥에 가라앉아라." 야쇼다라가 그렇게 말하자 라훌라와 그를 태운 돌은 함께 물위에 떴다.[38] 그렇지만 야쇼다라의 결백을 입증하는 것은 붓다와 라훌라에게 달려 있었다. 6년 후 붓다가 까삘라바스뚜에 되돌아 왔을 때 야쇼다라는 미약(媚藥)을 가지고 그를 다시 정복하려고 했다. 그녀는 마법의 과자(modaka, 歡喜丸)를 만들어 라훌라를 시켜 그것을 아버지에게 가져다 주게 했다. 붓다는 그 술책을 알아차렸다. 그는 야쇼다라가 라훌라를 낳으면서 비난을 받았다는 것을 알았다. 이 중상(中傷)을 끝내기 위해, 그는 화신(化身)으로 500명의 그와 똑같은 모습의 사람들을 만들었다. 라훌라는 손에 과자를 들고 이 한 무리의 가공(架空)적인 붓다들을 사열(査閱)했다. 그는 진짜 붓다 앞에

---

37 雜寶藏經, T. 203, 제117경, k. 10, p. 496 b이하.

38 根本說一切有部毘奈耶破僧事, T. 1450, k. 12, p. 158 c-159 a.

이르러 주저하지 않고 그에게 과자를 주었다. 피는 속일 수 없었다. 아들은 아버지를 알아보았다. 아버지는 과자를 받았다. 그러나 곧 그것을 라훌라에게 되돌려 주자 라훌라는 받아 삼켰다.[39]

이야기는 아직 끝나지 않았다. 고대 전기 작가들은 야쇼다라가 이미 그녀의 여러 전생에서도 항상 남편을 다시 정복하려 했다는 것을 우리에게 알려준다.[40]

독자는 여기서 고대의 이야기꾼들이 사용했던 방법을 명확하게 알아챌 수 있다. 사소한 부분이나 중요하지 않은 연대문제는 설명을 필요로 한다. 그러나 설명을 위해서는 전설을 다시 시작하기만 하면 되고, 완전히 새로 고안되었거나 어디에선가 찾아낸 새로운 이야기들을 이끌어내기만 하면 된다. 하나의 이야기는 또 다른 이야기를 필요로 한다. 최근에 일어난 각 사건은 여러 전생에서 상응하는 에피소드를 제시해야 한다. 샤꺄무니의 생애는 복잡하게 얽힌 전설들의 실타래이다. 그는 참으로 노련했으므로 그것을 풀 수 있었다.

2. 성지(聖地)들의 영향— 푸쉐(A. Foucher)가 적절하게 지적한 바와 같이, 우리는 붓다의 전기와 불교의 성지지(聖地誌, topographia sacra)를 분리해서 생각할 수 없다. 성지 순례는 아쇼까가 했던 경건한 순행(巡幸) 이후 점점 유행하게 되었는데, 그것은 성지 안내원들을 격려해서 그들의 구변 좋은 사설(辭說)을 숙달시키

39 위와 같은 율장의 같은 곳; 大智度論, T. 1509, k. 17, p. 182 c-183 a.

40 Ṛṣyaśṛṅgajātaka, 한 창녀에게 유혹 당한 은자(隱者)의 이야기. 참조, É. Lamotte, *Traité de la Grande Vertu de Sagesse*, II, p. 1009, 註.

고, 새로운 "기억들"을 되살리게 했다. 그들은 다음과 같이 말했다: "이것은 싯다르타 태자가 까삘라바스뚜 성벽 위로 던진 코끼리가 떨어지면서 만들어진 '코끼리 구멍〔象墮坑〕'이다; 이곳이 태자가 쏜 화살이 땅에 박힌 '화살 우물〔箭泉〕'이다; 역시 여기에 '찬다까(Chandaka) 귀환'의 사당(祠堂)이 있는데, 이곳이 바로 보디삿뜨바〔싯다르타〕가 자신의 보의(寶衣)들을 맡긴 뒤 마부를 돌아가게 한 장소다." 붓다의 몇몇 "전기들"은 성지순례 안내서들(mahātmya)로부터 영감을 얻기도 했다. 예를 들면 랄리따비스따라(Lalitavistara)는 몇 개의 성지순례 안내서들의 끝과 끝을 이어 맞춘 하나의 증보판—그러나 서투르게 첨삭(添削)되었다—처럼 보인다. 이 문헌이 간직하고 있는 정보들은 종종 세밀한 표현에서조차도 현장(玄奘)을 비롯한 다른 순례자들이 성지방문 중에 수집한 안내자들의 이야기와 일치한다.[41]

3. 종교화(宗敎畵)의 영향—중앙 인도의 고대 조각파는 샤꺄무니의 최후 생〔現生〕에 관한 34개의 에피소드들을 이용했다(본서 1권, p. 785-786). 그러나 붓다를 나타내기 위해, 상징들과 고대 조각들의 초보적인 표현양식에 의존해야 했기 때문에, 여전히 성인전에 대한 삽화(挿畵)는 매우 불완전했다. 반대로 기원후 최초의 수세기 동안은 간다라에서 그리스 양식이 가미된 불교미술파(Greco-Buddhist)의 개화기를 맞이했는데, 이 파는 붓다를 인간의 모습으로 표현하기를 더 이상 주저하지 않고 수많은 불상을 제

41 A. Foucher, *La Vie du Bouddha*, p. 108.

작했다. 이 조각파는 불상을 창작해 낸 것으로 만족하지 않고, 역시 샤꺄무니의 전 생애를 부조(浮彫)로 나타내고자 했다. 부조의 목록은 바르후뜨와 산찌의 초기 예술가들의 것보다 훨씬 풍부할 뿐 아니라, 표현된 주제들은 거의 100가지에 달했다. 우리는 거기에서 샤꺄무니의 탄생과 청소년 시절의 여러 장면들, 그리고 수도생활과 정각(正覺)의 자세한 재현, 전도활동으로부터 빌려온 다양한 에피소드들, 마지막으로 반열반에 대한 묘사와 열반 뒤에 일어난 사건들을 볼 수 있다.

여기서 그것은 더 이상 초안(草案)이나 간략한 묘사가 아니라 구체적인 부분까지 묘사한, 완전하고 발전된 구상들이다. 그리스-불교 풍(風)의 예술가들은 조각용 끌〔釘〕을 손에 쥐기 전에 그들의 기억을 새롭게 하고, 표현할 장면의 어느 한 부분을 정확하게 하기 위해 틀림없이 붓다의 전기 가운데 한 가지를 참고했을 것이다. 역시 그들은 고용주들과 상의하고, 고객들의 요구와 기호에 부응하려고 노력했던 것도 확실하다. 그 시대의 "전기들" 속에 기록되어 있던 문학적인 전승과는 별도로 역시 민간에 퍼져 있던 구전(口傳)이 있었는데, 그것을 참작해야 했다. 두 전승간에는 틀림없이 많은 상호작용이 있었을 것이다. 예술가들은 경전 문헌에서 영감을 얻었지만, 경전 문헌 역시 조각가들이 창작한 작품에서 영향을 받았다.

어떤 조각상보다도 더 이전에 있었던 것이 틀림없는 인도의 오래된 신앙에 의하면, 정각을 이룬 붓다들과 전륜왕(轉輪王)들이 육체적으로 32가지 "대인상(大人相, mahāpuruṣalakṣaṇa)"을 가지고 있다는 것이다. 이 32상의 목록은 마하빠다나숫딴따(Mahāpadānasuttanta, Dīgha, II, p. 17–19; 참조, Mahāvadānasūtra=大本經, Waldschmidt 출판, p. 101 이하), 락카나숫딴따(Lakkhaṇasuttanta, Dīgha, III, p. 143–144), 브라흐마유숫딴따(Brahmāyusuttanta, Majjhima, II, p. 136–137)와 같은 가장 오래된 경전들에서 확인된다.[42] 이 상(相)들 중의 하나에 의하면 붓다는 jālāṅgulihastapāda(手足網縵)이다. 즉 그의 손가락과 발가락들은 그물로 연결되어 있다. 이 그물은 아마도 손에 홈을 내고 있는 정맥총(靜脈叢)을 가리키는 것일 것이다. 정맥총의 〔그물과 같은〕 붉은 선들은 손이 햇빛 쪽으로 향할 때 나타난다.

그렇지만 필자가 다른 곳에서 언급한 몇몇 목록에서[43] 우리는 다른 설명을 볼 수 있다. jāla, 즉 그물〔網〕은 정맥총이 아니라 막(膜)을 의미하고, 형용어구 jālāṅgulihastapāda는 "거위 왕처럼, 손가락과 발가락들은 막으로 연결돼 있다(rājahaṃsavaj jālāvanaddhāṅgulipaṇipādatā, 手足網縵猶如鵝王)"라는 완곡한 표현법으로 해석되고 있다.

jāla라는 말이 그물〔網〕에서 막(膜)이라는 의미로 변했는데, 붓다를 오리발을 가진 조류과(鳥類科)에 속하게 한 이 변화는 조각들을 잘못 해석한 때문이라고 설명될 수 있다.[44] 손들이 몸통에서 떨어져 앞으로 나온 불상의 손가락들을 결합시키고, 그것들을 더욱 견고하게 만들기 위한 단 하나의 목적을 가진 기술적인 방법이,

---

42 다른 출전들: *Traité de la Grande Vertu de Sagesse*, I, p. 271, 註 2.

43 같은 책, p. 274, 註.

44 이 문제는 A. Foucher, J. N. Banerjea, W. F. Stutterhemim와 A. K. Coomaraswamy에 의해 이미 논의되었다. 이 논쟁은, É. Lamotte, *Traité de la Grande Vertu de Sagesse*, I, p. 273, 註에 요약되어 있다.

붓다로 하여금 물갈퀴가 달린 손과 발을 가지도록 만들었다. 그리고 마침내 경전 문헌들은 이 별난 설명을 승인했다. 역시 마찬가지로 불상의 머리를 장식하는 터번은 두개골의 돌기, 즉 육계(肉髻, uṣṇīṣa)로 해석되었고, 이마 한가운데에 박아 넣은 보석은 눈썹 사이에 난 흰 털, 즉 백호(白毫, ūrṇā)로 통하게 되었다.

해석하기 어려웠던 몇몇 부조들을 설명하기 위해, 사람들은 주저하지 않고 본래의 전설을 개작하거나 그것에 새로운 부분들을 덧붙였다. 그래서 붓다가 도리천에서 상까샤에 하강한 것을 나타내고 있는 로리얀 딴가이(Loriyān-Tangai)[45]의 한 횡량(橫梁)은 구경꾼들 왼편에 상징적인 일산(日傘)으로 보호를 받으면서, 호화로운 장비를 갖춘 코끼리 위에 앉아 있는 한 왕을 소개하고 있다. 이것은 단지 도리천에서 내려온 붓다를 영접하기 위해 일부러 상까샤에 온 마가다국의 왕 빔비사라이거나, 까우샴비의 왕 우다야나(Udayana)일 수 있다. 그러나 이와 같은 설명은 너무나 안이한 것 같다. 일련의 문헌들은[46] 우리에게 이 수수께끼의 인물이 바로 웃빨라바르나(Utpalavarṇā) 비구니라는 것을 알려준다. 그녀 역시 상까샤에 와서, 전륜왕으로 변장을 하고 앞줄에 나가 붓다에게 인

---

45 A. Foucher, *Art gréco-bouddhique du Gandhāra*, I, p. 540, 도면 265.

46 Aśokāvadāna(雜阿含經, T. 99, k. 23, p. 169 c; 阿育王傳, T. 2042, k. 2, p. 105 b; 阿育王經, T. 2043, k. 3, p. 140 b; Divya, p. 401); 增一阿含經, T. 125, k. 28, p. 707 c. Comm. du Karmavibhaṅga, S. Lévi 출판, p. 159-160. 붓다는 이 비구니(Utpalavarṇā)의 열의를 별로 높게 평가하지 않았다. 붓다는, Gṛdhrakūṭaparvata의 동굴 속에서 공(空)에 대해 명상하면서 조용히 앉아있던 Subhūti가 그에게 제일 먼저 인사를 한 사람이었다고 선언했다: 增一阿含經, T. 125, k. 28, p. 707 c; 義足經, T. 198, k. 2, p. 185 c; 大乘造像功德經, T. 694, k. 1, p. 792 c-793 a; 分別功德論, T. 1507, k. 3, p. 37 c-38 a; 大智度論, T. 1509, k. 11, p. 137 a; 大唐西域記, T. 2087, k. 4, p. 893 b.

사한 첫 사람이 되었다. 여기에 주어진 이 설명은 틀림없이 이 전설의 최초의 개작(改作)에 지나지 않을 것이고, 이 개작은 이런 형식의 부조(浮彫)에 의해 이루어졌을 것이다.

4. 외부 자료의 차용 — 초기 경전들은 붓다의 생애에 대해 적지 않은 단편들을 포함하고 있는데, 율장들은 이것들을 부분적으로 다시 취하거나 보충했다. 근본설일체유부 율장과 같은 몇몇 후기 또는 늦게 종결된 율장들은 많은 전설을 추가했지만, 모든 율장 가운데 가장 간결한 빨리어 율장은 초기의 전기적(傳記的)인 경전들과 일치한다. 우리는, 샤꺄무니의 생애에서 가장 특색을 이루는 사건들은 이미 마가다 시대 말경에 고정되었다고 주장할 수 있는데, 이 시기에 불교는 아직 갠지스 중류 지방에서만 겨우 명맥을 유지하고 있었다.

불교는 뒷날 마우리야 왕조와 슝가 왕조 통치하에서 전 인도를 정신적으로 정복했다. 그리고 인도 서북지역에서 불교의 신봉자들은 마케도니아의 정복자들과 셀레우쿠스 왕조의 관리들, 그리고 박트리아와 펀잡 지방의 그리스계 인도인들이 재현한 서양 문명과 계속해서 접촉을 가지게 되었다. 인더스 강 유역에서 그리스계 인도인들을 대신한 샤까-빠흘라바(Śaka-Pahlava)족은 그들 역시 그리스 문화의 후계자들처럼 행세했다. 동양 세계와 서양 세계간의 사상과 전통 분야에서 어떤 융합이 이루어졌다는 것은 의심할 여지가 없다. 인도인들이 품고 있던 외국 것에 대한 혐오증이 아무리 심했다 해도, 그것은 사상이 퍼지고 서로 교환되는 것을 막을 수는 없었다. 우리가 앞에서 말한 것 것처럼(본서 1권, p. 855-

858), 무궁무진한 주제를 가진 그리스의 이야기들은 인도인들을 즐겁게 해주지 않을 수 없었다. 마찬가지로 외국인들도 인도 민속에 무관심할 수 없었다.

사상의 혼합은 꾸샤나 왕조 시대인 서력 기원후 첫 3세기 동안 더욱 증가했다 이 왕조는 이란과 인도, 그리고 세린디아(Serindia)의 영토를 그 통치권 하에 합병했고, 지중해 연안의 서양과 지속적인 관계를 가졌다. 바로 이 시대에 붓다의 "전기들"이 증가되었는데, 그것들은 초기의 자료들을 다시 취하면서 새로운 부분들과 미발표된 에피소드들을 가지고 이야기를 꾸몄다. 전기들은 역사적인 진실에 대해서는 전혀 거의치 않고, 붓다의 여러 전생을 통해서 뿐만 아니라 최후의 생에서도 그의 인물을 찬양할 수 있는 것은 무엇이든지 지어내거나 기꺼이 받아들였다.

몇몇 사람들은 붓다 전기의 많은 개정 증보판들과 서양 자료들 사이에 유사점이 있을 것이라고 생각했다. 이러이러한 에피소드는 헤로도투스의 이야기,[47] 유대교의 이야기,[48] 기독교의 복음서 또는 경외(經外) 복음서의 구절들을 상기시키고[49], 웅장한 자연 풍경은 아리야족의 선조들에게 영감을 준 고대 신화를 나타내기도 하고, 역시 그 최초의 단계를 멜라네시아(Melanesia)인과 같은 미개인들에게서 찾아야 할 인류의 고대 공동 유산으로부터 나왔다는 것이다.[50]

---

47 M. Winternitz, *History of Indian Literature*, II, p. 127 註, 135, 136 註.

48 K. Mitra, *Some Tales of Ancient Israel, their Originals and Parallels*, IHQ, XIX, 1943, p. 225-233 344-354.

49 설명과 참고문헌: E. J. Thomas, *The Life of Buddha*(p. 237-248, 287-288); M. Winternitz, *History of Indian Literature*, II, p. 402-423.

이 길로 말려 들어가지 말고, 우리는 단지 두 가지 사실만을 확인하려고 한다. 초기 경전들에 삽입된 단편적인 전기들 — 이 단편들은 앞에서 분석되었다(본서 p. 412-413) — 에는 어떠한 외래적인 영향도 나타나지 않는다. 그 반면, 서력 기원초에 붓다의 전기들 가운데 삽입된 이차적 중요성을 가진 몇몇 에피소드들이 서양의 어떤 자료와 유사함을 나타낸다면, 그리고 우리가 거기에서 어떤 영향이 있을 가능성을 어렴풋이나마 본다면, 연대기적인 이유들 때문에 이 영향은 동양보다는 서양에서 받았을 것이라고 생각해야 할 것이다.[51]

첫째, 유사성이 있는지 알기 위해서, 둘째, 그것이 외부 자료로부터 차용된 것을 통해서만 설명될 수 있는지 알기 위해서, 각각의 특수한 경우를 연구해볼 필요가 있다.

경전 자료에는 그 어디에도 성전(聖殿)에 신생아를 봉헌하는 문제에 대해 언급한 곳은 없다. 그렇지만 아쇼까 왕전에 의하면(Divya, p. 391; 雜阿含, T. 99, k. 23, p. 166 c; 阿育王傳, T. 2042, k. 2, p. 103 c; 阿育王經, T. 2043, k. 2, p. 137 a), 보디삿뜨바〔싯다르타〕가 탄생하자 즉시 사람들은 샤꺄바르다(Śākyavardha), 즉 "샤꺄족의 번영〔釋迦增長〕" 신에게 인사를 드리도록 하기 위해 그를 까삘라바스뚜에 있는 천묘(天廟, devakula)로 데리고 갔다. 보디삿뜨바가 들어가자 모든 신들은 그의 발 밑에 엎드렸다. 이런 이유로 슛도다나는 그에게

50 A. Foucher, *Les Vies antérieures du Bouddha*(p. 3-7)에서 볼 것. 비교 신화학파와 인류학파에 의해서 이전에 채택된 입장들의 비판.

51 A. Foucher, *La Vie du Bouddha*, p. 20-21, 36, 57, 등등.

"천중천(天中天, Devātideva)"이라는 이름을 붙여주었다; 근본설일체유부비나야파승사(根本說一切有部毘奈耶破僧事, T. 1450, k. 2, p. 108 c)에 의하면, 샤꺄바르다나약샤(Śākyavardhanayakṣa, 釋迦增長藥叉)는 멀리서 보디삿뜨바가 탑[廟所]으로 가까이 오는 것을 보고, 자리에서 일어나 오체투지로 보디삿뜨바의 양발에 정례(頂禮)했다; 마하바스뚜(II, p. 26)에서는 보디삿뜨바에게 인사를 드린 것은 아바야(Abhayā), 즉 "무외(無畏)" 여신이다; 랄리따비스따라(p. 118-120)는 좀더 상세하게 말하고 있다. 보디삿뜨바가 오른발의 발바닥을 사원에 들여놓자마자 곧, 생명이 없는 것인데도, 신상들, 즉 쉬바(Śiva), 스깐다(Skanda), 나라야나(Nārāyaṇa), 꾸베라(Kuvera), 짠드라(Candra), 수리야(Sūrya), 바이슈라바나(Vaiśravaṇa), 샤끄라(Śakra), 브라흐마(Brahmā), 로까빨라(Lokapāla) 들은 모두 자리에서 일어나 보디삿뜨바의 발 밑에 엎드렸다... 그리고 조각상들이었던 이 신들은, 모두 (조각상이 아닌) 실물로 나타나서 그에게 경의를 표하기 위해 찬송하는 노래를 불렀다....이렇게 해서 320만(萬) 신들이 무상정각(無上正覺)의 소명(召命)을 받았다; 끝으로, 현장 법사(T 2087, k. 6, p. 902 a)는 까삘라바스뚜에 갔을 때, 보디삿뜨바가 샤꺄족의 관례에 따라 신(神, 自在天)을 참배했던 사원[天祠]을 여전히 방문할 수 있었다. 싯다르타가 사원에 들어가자 그 석상(石像)은 자리에서 내려와 그에게 인사를 드렸다. 석상은 태자가 성소(聖所)를 나가자 제자리로 되돌아갔다.

사람들은 이 불교 전설을 예수가 에집트로 피신한 것을 말하고 있는 위(僞) 마태 복음서(Pseudo-Matthew)의 한 구절과 비교했다.

성모(聖母)와 아기〔예수〕는 소티넨(Sotinen)이라는 도시에 들어갔다. 그들은 그곳에서 숙박을 부탁할 사람이 아무도 없었기 때문에 에집트인들이 카피톨(Capitol)이라고 부르는 성전에 들어갔다. 이 성전에는 365체(體)의 우상들이 봉안되어 있었는데, 사람들은 이 우상들에게 차례차례, 일년 내내 (신성을) 모독하는 예배를 드렸다. 성모 마리아가 어린 아기〔예수〕와 함께 그 성전에 들어가자 모든 우상들은 땅바닥에 쓰러졌다... 그래서 예언자 이사야(Isaïe)의 말이 이루어졌다(XIX, 1). "주님은 가벼운 구름을 타고 오실 것이다. 그리고 에집트인들의 모든 우상들은 그의 면전에서 일소될 것이다."[52]

유대교 법이 부과한 신생아(新生兒)들의 성전 봉헌 의식은 인도인들의 출생 의식(儀式)에는 없다. 현장 법사가 말한 바에 의하면 그것은 샤꺄족의 관습이었다. 그러나 우리는 성전(聖殿)에 신생아를 봉헌하는 이 의식은 인도 문헌에서보다는 유대-그리스도교 문헌에서 더 어울린다고 생각할 수 있다. 그러므로 인도문헌이 유대-그리스도교 문헌에 의존해 있다는 결론을 끌어내기 위해서는, 단지 한 걸음만 내디디면 된다. 그렇지만 그렇게 하기 전에 당면한 명제들간의 근본적인 모순점에 유의해야 한다. 인도의 전통은 붓다를 "신들과 사람들의 스승(sāstā devamanuṣyānām, 天人師)"으로 나타내는 데에는 이의가 없다. 붓다는 다른 세계〔道〕의 존재들, 즉 지옥 중생, 축생, 아귀뿐만 아니라 제6도에 분류되는 잡종 중생들〔용, 아수라, 非人 = 야차, 악귀 등〕까지도 소홀히 하지 않았지

52 C. Tischendore, *Evangelia apocrypha*, Leipzig, 1853, p. 85 ; A. Foucher 번역, *La vie du Bouddha*, p. 55.

만, 신과 인간에게 말하기를 더 좋아했다. 그 이유는 그들에게 길을 보여주고, 해야 될 것과 해서는 안될 것, 선한 것과 악한 것을 가르쳐 주기 위해서였다. 왜냐하면 신과 인간들은 그의 가르침을 가장 잘 이해하고 따를 수 있기 때문이었다. 붓다는 신들과 싸우기보다는 그들을 개심(改心)시키고 그들이 그에게 귀의하기를 원했다. 그가 까삘라바스뚜의 성전을 방문한 것은 샤꺄족의 수호신들에게 자신의 우월함을 인식시키고 자신의 가르침을 따르도록 하는 것 외에 다른 목적은 없었다. 수도우〔僞〕 마태오 복음서가 "아기-신(Child-God)"에게 부여한 태도는 이것과 매우 다르다. 이제 더 이상 신들과 타협하는 것이 문제가 아니었다. 거짓 신들의 상(像)을 파괴하고 우상숭배자들의 우상(偶像)을 일소해버리는 것이었다.

기독교의 복음서들과 불교 경전들 사이에서 끌어낸 유사점들 가운데 가장 눈에 띄는 것은 "불교의 시드온(Simeon)"인 아시따(Asita) 선인(仙人)의 것이다. 이 문제와 관련이 있는 루가 복음서(II, 25-35)의 본문은 매우 간결하다.

마침 예루살렘에는 시므온이라는 사람이 있었다. 이 사람은 의롭고 경건하여 이스라엘이 위로받기를 기다리고 있었는데 성령이 그에게 머물러 계셨다. 성령은 그가 주님의 그리스도를 뵙기 전에는 죽지 않을 것이라고 그에게 알려 주셨다. 시므온은 영(靈)에 이끌려 성전으로 갔다. 예수의 부모가 아기에 관한 율법 규정을 지키려고 아기 예수를 데리고 오자 시므온은 아기를 두 팔로 안고 하느님을 찬양하여 이렇게 말했다. "주여, 주께서 말씀하신 대로 이제야 당신 종을 평안하게 풀어 주시나이다. 과연 제 눈으로 당신의 구원을 보았사오니 이는 친히 모든 백성 앞에 마련하신 것, 이방 민족에게는 계시하는 빛이요, 당신 백성 이스라엘에게는 영광이로소이다. 아기의 아버지와 어머니는 아기를 두고 하는 이 말을 듣고 이상하게 여겼다. 시므온은 그들을 축복하고 아기 어머니 마리아에게 말하였다. "두고 보시오. 이 아기로 말미암아 이스라엘에서 많은 사람들이 넘어지기도 하고 다시 일어서기도 하며 또 아기는 배척당하는 표징이 될 것입니다. 그래서 당신의 영혼을 칼이 꿰뚫을 것입니다. 그리하여 (사람들의) 속생각이 드러날 것입니다."

아기 예수는 성전의 한 사제(司祭)에 의해 야훼에게 봉헌되었는데, 이 사제는 5세겔의 몸값을 받고(民數記, XVIII, 15-16) 이스라엘의 신생아(新生兒)의 속전(贖錢)이 이행되었음을 선언했다. 사제가 아닌 시므온은 이 의식에는 개입하지 않았다. 그의 역할은 단지 개인적인 것이고, 그의 개입은 예수의 부모들이 간청한 것이 아니었다. 이 복음서는 여예언자 안나(Anna)의 나이가 정확하게 84세라는 것을 알려주고 있지만, 시므온의 나이에 대해서는 말이 없다. 복음서는 단지 그를 의롭고 경건하고, 메시아를 기다리면서 살고, 성령에 의해 영감을 받은 사람이라고만 말하고 있을 뿐이다. 요셉과 마리아가 아기〔예수〕를 위해 율법이 정한 것을 행하러 그를 예루살렘의 성전에 데리고 갔을 때, 시므온이 성전에 있었던 것은 성령에 이끌려서였다.

시므온은 자발적으로 그 아기를 자기 팔에 안고 신을 찬양했다. 그의 첫 말은 감사의 찬송이다. 시므온은 모든 사람들 앞에서 신이 준비한 구원을 자신의 눈으로 보았기 때문에 이제 편안히 죽을 수 있다. 그 구원은 동시에 이방인들에게는 빛이고 이스라엘 사람들에게는 영광이다. 예수의 부모는 그의 말에 감탄한다. 그러나 시므온의 말은 그들이 전에 이미 알고 있었던 것 이외에는 더이상 아무것도 그들에게 알려주지 않았다. 왜냐하면 그들은 이전의 사건들을 통해 이미 알고 있었기 때문이었다.

제2 단계로서, 시므온은 예수의 부모를 "축복," 또는 "축하"하고 마리아에게 이 신생아는 배척의 표적이 될 것이라는 것 — 그것에 마리아도 참여할 것이라는 것 — 배척은 많은 사람들의 깊은 생각을 드러낼 것이라는 것, 그리고 어떤 사람들은 넘어지고, 어떤 사람들은 일어서게 된다는 것을 알렸다. 그러나 사람들은 이미 이사야(VIII, 14)를 통해, 야훼가 이스라엘의 두 집안에게 걸림돌과 부딪치는 바위가 될 것이고, 예루살렘 주민들에게 덫과 올가미가 될 것이라는 것을 알고 있었다.

불교 경전들이 이야기하고 있는 아시따의 에피소드는 복음서의 이 이야기를 단지 아주 멀리서만 생각나게 한다. 이것을 언급하고 있는 많은 자료들은 아직 자세한 연구 대상이 되지 않았지만, 드 용(J. W. de Jong)은 랄리따비스따라의 3가지 이본(異本)에 대해 철저한 조사를 했는데, 이것은 이 분야의 표본이다.[53]

고(古) 마하빠다나수뜨라(Mahāpadānasūtra, 大本經)는 붓다의 전설에서 필수적인 사건처럼 관상 본 것을 말하고 있다. 보디삿뜨바[싯다르타]의 탄생 때, 인도의 고대 관습에 따라 그의 측근들은 이 신생아의 관상을 보게 했다. 이것은 탄생 때의 별들의 위치에

---

53 J. W. de Jong, *L'épisode d'Asita dans le Lalitavistara*, Asiatica, Festschrift F. Weller, Leipzig, 1954, p 312-325.

근거한 점성술이 아니라, 아기의 장래를 내다볼 수 있는 신체적인 검사이다. 다만 왕 홀로(산스끄리뜨어본),[54] 또는 바라문 출신 관상 전문가들의 중개로(빨리어본),[55] 그의 아들의 몸에서 위대한 사람이 가지고 있는 32개의 신체적인 특징들(mahāpuruṣalakṣana, 大人相)을 발견했다. 이런 상(相)들을 가진 사람은 세상에 남아 있으면 전륜왕이 되고, 출가 수행생활을 하면 붓다가 된다. 이 두 가지 가능성 앞에서 바라문들과 신들은 당황했다.

붓다의 몇몇 "전기들"은 이 경우에 아시따 선인이 싯다르타 가족들의 생각을 확정적으로 고정시키고, 샤꺄무니가 뒷날 붓다의 경지에 도달할 것이라는 것을 예언하기 위해 개입했다고 주장한다.

기원후 450년 이전에 한역된 경전들에 의하면,[56] 아시따가 혼자 까삘라바스뚜에 갔다. 그는 히말라야 또는 슈도다나의 왕국에서 왔다. 기원후 580년 이후에 한역된 경전들과[57] 산스끄리뜨어와 빨리어로 된 모든 자료에 의하면,[58] 아시따는 이 여행에 자신의 조카

---

54 Mahāpadānasutta, E. Waldschmidt 출판, p. 94, 註 2.

55 Dīgha, II, p. 16.

56 修行本起經, T. 184, k. 1, p. 464 a 28-465 a 11; 太子瑞應本起經, T. 185, k. 1, p. 474 a 4-25; 佛說普曜經, T. 186, k. 2, p. 495 b 4-496 b 15; 異出菩薩本起經, T. 188, p. 618 a 26-b 6); 過去現在因果經, T. 189, k. 1, p. 626 c 12-627 c 3; 佛所行讚, T. 192, k. 1, p. 2 c 2-3 c 1; 佛本行經, T. 193, k. 12, p. 60 b 1-61 c 16; 大智度論, T. 1509, k. 29, p. 274 b; 大般涅槃經(40권본), T. 374, k. 27, p. 528 b; 大般涅槃經(36권본), T. 375, k. 26, p. 773 a.

57 方廣大莊嚴經, T. 187, k. 3, p. 556 b 12-557 c 22; 佛本行集經, T. 190, k. 9-10, p. 693 b 23-701 a 19; 衆許摩訶帝經, T. 191, k. 3, p. 939 c 12-941 c 10; 根本說一切有部毘奈耶破僧事, T. 1450, k. 2-3, p. 108 a 18-110 b 8; 根本說一切有部毘奈耶雜事, T. 1451, k. 20, p. 298 a 18-299 c 7.

58 Aśvaghoṣa의 Buddhacarita, I, 81; Lalitavistara, p. 101-108; Mahāvastu, II, p. 30-45; Suttanipāta의 Nālakasutta, 679-723; Nidānakathā, p. 54-55.

나라닷따(Naradatta)를 데리고 갔다. 나라닷따는 종종 뒷날 아반띠(Avanti) 지방 최초의 전도사가 된 마하까땨야나(Mahākātyāyana)와 동일시된다. 이 경우에 아시따는 히말라야에서 온 것이 아니라 아반띠 남쪽에 위치한 빈댜(Vindhya) 산맥에서 왔다.

불교 경전들은 세부적으로 항상 일치하는 것은 아니지만, 아시따의 모험담을 신이 나서 좀 장황하게 서술하고 있다.[59]

보디삿뜨바가 탄생하자 곧 아시따 대선인(大仙人)은 많은 불가사의한 일들과 경이로운 일들, 그리고 기적들을 보았다. 하늘에서는 신들의 아들〔天子〕들이 기쁨에 가득 차서 사방으로 달리면서 깃 장식〔懸章〕들을 흔들어 대었다. 아시따는 천안(天眼)을 가지고 인도 전체를 한 눈으로 보면서, 까삘라바스뚜 성(城)의 숫도다나 왕가(王家)에 32가지 대인상(大人相)으로 장식된 몸을 가진 어린 왕자가 탄생했다는 것을 알았다. 그래서 이 대선인은 백조처럼 창공으로 높이 올라가 까삘라바스뚜로 날아갔다. 그곳에 도착하자 곧 그는 자신의 신통력을 거두었다. 그는 까삘라바스뚜의 큰 도시에 걸어 들어가, 숫도다나 왕의 궁전에 갔다. 문지기는 왕에게 이 뜻밖의 방문을 알렸다. "폐하, 아뢰옵니다. 매우 노쇠한 한 선인(仙人)이 문밖에 와서 왕을 뵙고자 합니다." 숫도다나는 이 선인을 환대하면서 그에게 방문 이유를 물었다. 질문을 받자, 아시따는 왕에게 대답했다: "대왕이시여, 한 아들이 당신에게 태어났습니다. 내가 여기에 온 것은 그 아이를 보고 싶어서입니다." 왕은

59 우리는 여기에 Lalitavistara의 산스끄리뜨어본을 요약한다. 이것은 S. Lefmann이 출판(p. 101-108)했고, A. Foucher가 전문(全文)을 번역했다: *La vie du Bouddha*, p. 61-63.

말했다: "대선인이시여, 어린 왕자는 자고 있습니다. 그가 일어날 때까지 잠깐동안 기다려 주십시오." 선인은 말했다: "대왕이시여, 이런 대인(大人)들은 오랫동안 잠을 자지 않습니다. 덕이 있는 이런 사람들은 언제나 깨어 있습니다."

그 동안에 보디삿뜨바는 아시따 대선인(大仙人)에 대한 친절 때문에 잠이 깨었다는 기색을 보였다. 숫도다나 왕은 두 손으로 어린 왕자를 안고 아시타 대선인에게 보였다. 아시따는 보디삿뜨바를 관찰하고, 그가 32대인상으로 장식된 몸을 가지고 있다는 것을 보자, 이 같은 탄성을 질렀다. "정말로, 이 세상에 놀라운 인물이 출현했다!" 그는 자리에서 일어나 보디삿뜨바에게 인사한 뒤, 그의 발 밑에 엎드렸다. 그런 다음, 그는 오른쪽으로 왕자의 주위를 돈 뒤 그를 품에 안고 찬찬히 관찰했다.

그렇게 하고 나서, 그는 슬퍼하면서 눈물을 흘리고 깊은 한숨을 내쉬기 시작했다. 이것을 보고 숫도다나 왕은 부들부들 떨면서 아시따 대선인에게 말했다: "선인이여, 그대는 도대체 왜 슬퍼하고, 눈물을 흘리고 깊은 한숨을 쉽니까? 이 아이에게 아무 일도 없기를 바랍니다!" 아시따 선인은 대답했다: "내가 우는 것은 이 어린 왕자 때문이 아닙니다. 아무 것도 그를 위협하지 않습니다. 내가 운 것은 나 자신 때문입니다." "그렇다면 무슨 일 때문입니까?" "대왕이시여, 나는 이미 매우 노쇠합니다. 그런데, 틀림없이 이 어린 왕자는 무상정각(無上正覺)을 이룰 것입니다. 정각을 이루게 되면 그는 비할 데 없는 법의 바퀴를 굴리게 될 것입니다. 신들을 포함한 이 세상 사람들의 선과 행복을 위해 그는 유익한 법을 가르칠 것입니다. 〔예외 없이 이 가르침으로부터 이익을 입을 모든 부류의 중생들 명단이 뒤따른다.〕 이 어린 왕자는 셀 수 없이 많은 중생들을 윤회 바다의 다른 쪽 해변〔彼岸〕에 이르게 해서 그들에게 불사(不死)를 성취하게 할 것입니다. 그런데 내가 붓다의 이 보물을 볼 수 없을 것을 생각할 때, 대왕이시여, 그래서 나는 울고, 가슴이 비탄으로 가득 차서 깊이 탄식을 하는 것입니다."

이번에는 숫도다나 왕이 보디삿뜨바의 발에 꿇어 엎드려 그를 예배했다. 그리고나서 아시따 대선인은 신통력으로 공중을 날아서 자신의 은거처로 되돌아갔다.

앞에서 열거한 경전들(본서 p. 454, 註. 57과 58)은 아시따의 이 에피소드에 나라닷따(Naradatta)를 등장시켰다. 아시따는 자신의 누이의 아들인 나라닷따와 함께 산에서 살고 있었다. 그는 그를 데리고 까삘라바스뚜로 날아갔다. 우리는 간다라의 부조(浮彫)에서 문제의 이 조카가 나오고 있는 것을 볼 수 있다. 가장 후기 경전들 가운데 이 새로운 인물이 삽입된 것은 불교 전설과 인도 고대 전승간의 상호작용의 결과이다. 아시따와 나라닷따는 베다 문헌에서[60] 이미 알려져 있었고, "존재들의 기원과 소멸(bhūtānāṃ prabhavāpyayam)"에 관해서 나라다(Nārada)와 데발라 아시따(Devala Asita) 사이에 있었던 대담을 기록하고 있는 마하바라따(Mahābhārata, XII, 257)를 통해 밀접하게 관련되어 있다. 아시따의 까삘라바스뚜 방문은 불교 문헌들에서 그를 받아들이기에 충분했다. 그리고 여러 가지 자료들은, 베다 출신의 현자 나라다에게 비슷한 영광을 부여하기 위해, 그를 아반띠의 최초 전도사였던 유

60 참조 Macdonell과 Keith, *Vedic Index*, Asita et Nārada ; Caland, *Jaiminīya-Brāhmaṇa*, Asita Daivala.

명한 마하까땨야나와 같은 인물로 간주했다.[61]

한편으로는 기독교의 복음서에 의해, 그리고 다른 한 편으로는 불교 자료들에 의해 서술된 상황들이 동일하다는 것을 아무도 부인할 생각은 하지 않을 것이다. 이 두 경우 모두 한 신생아의 놀라운 미래에 대한 한 노인의 선언 또는 예언이다. 일단 이와 같은 기본적인 일치점은 받아들일 수 있지만, 모든 세부적인 점들은 근본적으로 다르다는 것을 인정해야 한다.

시므온은 성령(聖靈)의 계시를 받은 인물로서, 성령에 이끌려 예루살렘의 성전에 가서 아기 예수를 맞이한다. 그는 이 아기에게서 신의 구원을 보았기 때문에 기뻐하면서 주님에게 감사한다. 왜냐하면 그는 이제 편안하게 죽을 수 있기 때문이다. 그는 마리아에게 이 아기는 배척을 당하게 될 것이라는 것과 그의 탄생 때문에 어떤 사람들은 몰락하게 될 것이고, 어떤 사람들은 일어나게 될 것이라는 것을 알린다.

아시따는 요가를 닦아서 신통력을 얻은 노선인(老仙人)이다. 그는 "천안(天眼)"으로 보디삿뜨바의 탄생을 알고, 공중으로 날아서 까삘라바스뚜에 있는 슛도다나 왕의 궁전에 간다. 왕은 32상을 갖춘 자신의 아들이 전륜왕이나 붓다가 된다는 것을 아직 모르고 있다. 아시타는 아기를 살펴본 뒤 기뻐하기는커녕 울음을 터뜨린다. 왜냐하면 그는 너무 늙어서 어린 왕자가 뒷날 정각을 이루는 것을 볼 수 없기 때문이다. 그는 싯다르타가 어느 날 정각을 이룬 붓다

61 衆許摩訶帝經, T. 191, k. 3, p. 941 c 9; 根本說一切有部毘奈耶破僧事, T. 1450, k. 3, p. 110 b 3-4; 根本說一切有部毘奈耶雜事, T. 1451, k. 20, p. 299 c 6; Mahāvastu, II, p. 43, 1. 2; III, p. 386, 1. 8.

가 되어 법륜(法輪)을 굴릴 것을 알고 예언한다. 그러나 이 가르침은 어떤 사람들에게는 손해가 되고, 다른 어떤 사람들에게는 이익이 되는 것이 아니라, 모든 중생들에게 차별 없이 유익할 것이다. 신들과 인간들은 그들의 개인적인 경향이 어떻든 간에, 수 십억 명씩 윤회의 바다를 건너 불사(不死)를 이루게 될 것이다.

우리는 이보다 더 상반되는 관점들을 상상할 수 없을 것이다. 만약 이 이야기 줄거리 속에 나라닷따가 늦게서야 들어간 것이, 아시따에 관한 불교전승들이 인도(印度)적인 틀 안에서 발전했다는 것을 보여주는 것이라고 한다면, 외부적인 영향, 특히 지중해 세계의 영향은 발견되지 않는다.

불교 문헌들과 기독교 자료들을 비교 연구해보면 두 전승이 같은 차원에서 진행되고 있지 않다는 것을 알 수 있다. 푸쉐(A. Foucher)는 다음과 같이 썼다: "만약 여러분이 추상적으로 이치를 따지는 대신 상응하는 구절들을 대조해 본다면, 그리고 어떠한 종파적인 편파성도 여러분의 비판적인 감각을 흐리게 하지 않는다면, 여러분은 다음과 같은 점을 확인하게 될 것이다. 즉 두 텍스트를 나란히 놓고 볼 때 관심사나 상황이 명백히 같은 경우, 그 겉 표현뿐만 아니라, (그보다 더욱 중요한) 속에 담긴 정신도 전혀 서로 닮지 않았다는 것이다. 여러분이 그것을 계속 읽어가는 동안, 소위 말하는 유사성은 희미해져 마침내 사라지고 말게 된다. 그것은 우리가 잡으려는 순간 사라져 버리는 환영일 뿐이다. 이 경험은 매번 반복되므로, 우리는 두 전승이 전적으로 독립된 것이라고 결론을 내리지 않을 수 없다."[62]

인도와 그 원근(遠近)의 이웃 나라들이 공동으로 이용한 설화와 우화와 교훈담들을 대조하는 것은 좀더 쉽다. 사실 작은 이야기마다 그것을 믿을 만하다는 것을 입증하기에 충분한 "교훈"을 한 가지씩 가지고 있다. 그러나 어느 것이 빌려온 것인지, 어느 것이 빌려준 것인지 어떻게 결정지을 수 있겠는가? 어떠한 우선권이라도 인정하면 극복할 수 없는 어려움에 직면하게 된다. 하나의 동일한 이야기가 여러 이야기꾼들에 의해 독립적으로 만들어졌을 수도 있다. 역시 그것은 입에서 입으로 세상의 한 쪽 끝에서 다른 쪽 끝으로 전해졌을 수도 있다. 이러한 모든 중간 단계를 거친 후에, 어떻게 그것을 인지할 수 있으며, 이미 알려진 이본(異本)들을 우리가 모두 가지고 있다고 어떻게 확신할 수 있겠는가?

하나의 동일한 교훈이 너무나 다양한 방식으로 가르쳐질 수 있기 때문에 우리는 그것이 야기시킨 여러 결과들간의 관련성을 밝히는데 종종 망설이게 된다. 예를 들면 한 빨리어본 고(古) 자따까에 비교된 헤로도투스(VI, 129-130)의 이야기가 바로 그것이다.

시키온(Sicyon)의 독재자 클레이스테네스(Cleisthenes)는 딸 아가리스테(Agariste)를 결혼시키기 위해, 그리스 출신의 많은 구혼자들을 궁전에 초청했다. 그는 일년 동안 그들을 후하게 대접하면서, 모든 점에서 그들을 시험했다. 그는 아테네의 파일리 종족 출신(Phyle-member)의 히포클레이데스(Hippocleides)에 대한 자신의 편애(偏愛)를 숨기지 않았다. 클레이스테네스가 사위 될 사람을 선택해야 하는 마지막 연회(宴會) 중에, 구혼자들은 음악경연(音樂競演)에 참가해서 사교적인 담화술을 겨루었다.

---

62 A. Foucher, *La vie du Bouddha*, p. 21.

〔헤로도투스는 (이야기를) 계속한다〕. 히포클레이데스는 비상하게 대중의 주의를 끌었다. 그는 피리 연주자에게 무도곡(舞蹈曲)을 연주하도록 요청했다. 피리 연주자는 그렇게 했다. 히포클레이데스는 춤을 추기 시작했다. 내〔헤로도투스〕 생각으로는, 그가 자신의 춤에 스스로 도취했던 것 같다. 그러나 이 광경을 보고, 클레이스테네스는 일어난 모든 일에 대해 불쾌하게 여겼다. 얼마동안 중지한 뒤, 히포클레이데스는 사람들에게 테이블을 홀에 가져오도록 명령했다. 테이블이 도착하자 그는 그 위에서 라코니아(Laconian) 무언극 춤을 추기 시작했다. 그리고나서 아테네의 (아티카) 춤을 추었다. 그리고 세 번째로, 그는 테이블 위에 머리를 대고 양다리를 공중에 흔들어 대었다... 클레이스테네스는 이렇게 쉴새없이 요란한 몸짓을 하고 있는 그를 보자 더 이상 자제할 수 없어, "테이산드로스(Teisandros)의 아들이여, 그대의 춤 때문에 그대의 결혼은 망치게 되었네"라고 말했다. 그러자 히포클레이데스는, "히포클레이데스에게는 전혀 상관 없습니다!"라고 응수했다. 바로 여기에서 이 표현이 나온 것이다.[63]

낫짜자따까(Naccajātaka, 빨리어본 Jātaka, 32번, I, p. 207–208)에서는 같은 유(類)의 이야기이지만 우화 형식을 취하고 있다.

최초의 겁(劫) 중에, 새들의 왕으로 선출된 수반나(Suvaṇṇa) 백조는 딸에게 남편을 선택하게 했다. 모든 새들은 히마바뜨(Himavat) 산 위에 모였다. (백조) 공주는 차례로 그들을 검토한 뒤 공작새를 선택했

63 Legrand 번역, Vol. 6, p. 120.

다. 그 새의 멋진 색깔 때문이었다. 공작새는 기쁨에 도취되어 모든 참석자들 면전에서 부끄러움도 없이 그의 벌거숭이 몸을 드러내면서, 꼬리를 부채같이 펴고 춤을 추기 시작했다. 겸손이 부족한 그 태도에 충격을 받은 새들의 왕은 그의 딸을 한 젊은 백조에게 주었다.

이 우화는 도반(道伴)들 앞에서 벌거숭이가 되었던 한 젊은 비구에 대해 붓다가 이야기한 것이다. 이것은 항사자따까(Haṃsajātaka)라는 이름으로 바르후뜨 스뚜빠의 부조에 나온다(Cunningham, Bhārhut, 원판. XXVII, 11).

상황은 동일하지만, 헤로도투스의 이야기와 인도의 이 우화 사이에 어떤 관계가 있다고 생각하기는 어렵다.

그러나 동일한 상황에다 역시 이야기의 세부적인 부분에서 긴밀하게 일치하는 경우도 있다. 빨리어 집록(集錄)의 웃창가자따까(Ucchaṅgajātaka, Jātaka, 67번, I, p. 306-307)는 꼬살라국에서 밭을 갈고 있던 3명의 농부들이 도둑으로 몰려, 체포되어 왕 앞에 끌려 나온 것을 이야기하고 있다. 왕이 재판을 시작하려고 하는 데 한 여인이 궁전에 나타나 울면서 자신에게 덮개를 달라고 부탁했다. 왕은 그녀에게 외투를 주게 했다. 여인은 그것을 거절했다. 그녀가 원했던 덮개는 외투가 아니라 남편이었다. 이 대답에 감동을 한 왕은 여인에게 3명의 죄수들과 어떤 친척관계인지 물었다.

그녀는, "첫 번째 사람은 남편이고, 두 번째 사람은 남동생이고, 세 번째 사람은 아들입니다"라고 말했다. 왕은 3명 가운데 한 사람을 특사해 주겠다고 말하면서, 여인에게 그녀가 원하는 사람을 선택하라고 요구했다. 여인은 "왕이시여, 제가 살아있는 동안에 저는 아직 남편을 얻을 수 있을 것이고, 아들을 가질 수 있을 것입니다. 그러나 부모님이 돌아가셨으므로 동생은 얻을 수가 없습니다. 왕이시여, 그러므로 동생을 살려 주십시오"라고 대답했다. 그 대답에 매료된 왕은 3명의 농부들을 모두 석방해 주었다.

이 인도 여인의 대답은 인타페르네스(Intaphernes)의 아내가 다리우스(Darius) 왕에게 한 것과 세부적인 부분에까지 일치한다(Herodotus, III, 119). "왕이시여, 신이 원하신다면 저는 다른 남편을 가질 수 있을 것이고, 자식들을 잃어버린다면 다른 자식들을 가질 수 있을 것입니다. 그러나 저의 부모님이 이 세상에 계시지 않기 때문에 제가 다른 남동생을 가지기는 완전히 불가능한 일입니다." 그리고 동일한 논리가 소포클레스(Sophocles)나, 한 가필자(加筆者)에 의해 안티고네(Antigone)의 입에 올려진다(905-915 句節).

이처럼 자세한 일화가 두 번씩이나 만들어질 수 있었다고 믿기는 어렵다. 그러나 어느 쪽 것이 먼저 만들어진 것인지 알기는 사실상 불가능하다. 주석가들은 차례로 그리스, 인도, 페르시아, 페르시아-인도의 기원이라고 보았다.[64]

하나의 동일한 이야기가 서양 자료와 인도 자료 중, 어느 쪽에 나오느냐에 따라 다른 관점으로 나타날 뿐만 아니라 정반대의 해석이 가능하다.

틀림없이 간다라 지방 마르단(Mardān)의 발굴에서 출토(出土)되었을 한 개의 작은 부조에, 요새화된 도시의 성벽 앞에 4명의 인

64 M. Winternitz, *History of Indian Literature*, II, p. 136, 註 1.

물들과 작은 바퀴가 달린 소형의 수레 위에 태워진 한 마리의 말이 등장한다.[65] 부조의 왼편에는 성문 앞에, 비탄이나 놀람의 표시로 두 팔을 위로 쳐든 한 여인이 서 있다. 허리까지 벌거벗은 이 여인은 이중으로 된 목거리를 걸고, 무거운 팔찌들을 양팔에 끼고 있다. 그녀는 머리에 성벽관(城壁冠: 고대 로마에서 적군의 성벽에 가장 먼저 올라간 용사에게 수여하던 금관)처럼 보이는 관을 쓰고 있다. 제2의 인물은 중년의 남자인 데, 그는 긴 웃옷에 결합된 짧은 겉옷을 입고 군화(軍靴, caligae)를 신었다. 그는 말이 도시에 들어오는 것을 막기 위해, 두 손으로 말의 가슴에다 창을 꽂고 있다. 말은 부조의 중앙을 차지하고 있다. 성벽과 말 사이에는, 말의 오른편 옆구리 때문에 반쯤 숨겨진 수염을 기른 한 노인이 보인다. 마지막으로 부조의 맨 오른쪽에는, 두 손으로 말의 엉덩이를 밀고 있는 한 청년이 서 있다.

소형의 수레 위에 태워져 있는 작은 말은 하나의 무시무시한 전략(戰略)이라기보다는 차라리 아이들의 장난감을 상기시키지만, 그리스 문화 연구자들은 주저하지 않고 이 간다라의 부조를 tabula iliaca〔트로이의 전설〕, 즉 그리스-로마의 모델을 맹목적으로 복제한 것이라고 본다. 여기에 묘사된 장면은 트로이(Troy)와 스카이아 문(Skaian Gate) 앞에서 전개된 것이다. 그리고 고전의 기억

65 H. Hargreaves, ARArch. Surv., 1923-1924, p. 125; J. PH. Vogel, Ann. Bibl. of Indian Arch., II, 1927, p. 6 이하; J. Allan, *A tabula iliaca from Gandhāra*, Journ. Hell. St., LXVI, 1946, p. 21-23; A. Foucher, *Le cheval de Troie au Gandhāra*, AIBCR, Oct.-Déc. 1950, p. 407-412; O. Hansen, *Ein nicht identifiziertes Gandhārarelief*, Beiträge zur ind. Philol. und Altertumskunde, VII, 1951, p. 192-197.

은 우리에게, 무기력한 동작으로 헛되이 드 팔을 위로 쳐들고 있는 카산드라(Cassandra: 트로이 예언자), 동굴이 있는 목마(木馬)의 양 옆구리를 투창으로 찌르고 있는 라오퀸(Laocön: 아폴로신전 司祭), 트로이의 노왕(老王) 프리암(Priam), 끝으로 그리스 사람들이 트로이 사람들을 속여 신뢰를 얻을 수 있도록 뒤에 남겨둔 신의(信義) 없는 시논(Sinon)의 신원을 차례로 확인할 수 있게 해준다. 우리는 이 확인을 뒷받침하기 위해 프루사의 디오(Dio of Prusa)의 오라티오네스(Orationes, Dindorf 출판, II, p. 165)에서 잘 알려진 구절, 즉 "인도인들이 호머의 서사시를 자신들의 방언과 언어로 번역했을 때 그것은 역시 인도인들에 의해 낭송되었다"라는 구절을 상기할 필요가 있겠는가?

그러나 트로이의 이 전설은 아반띠(Avanti)의 왕 쁘라됴따(Pradyota)의 나무 코끼리〔木象〕 전설에서 그것과 비슷한 내용을 찾을 수 있다(Dhammapada의 주석서, I, p. 192-193; Bhāsa의 Pratijñāyaugandharāyaṇa, Kathāsaritsāgara, II, 12章). 이 부조의 기원을 "기원후 1세기에 지중해 연안에 널리 퍼져 있었던 호머 서사시의 삽화들 중 하나에서 얼마간 직접 모방한 것"에서 찾아야 한다는 것을 부정하지 않지만, 인도학을 연구하는 학자들은 그것에서 "그 고전적인 전설의 인도적인 표절"을 볼 수 있다고 믿는다(A. Foucher). 달리 표현하자면, 트로이의 그 전설〔tabula iliaca〕은 인도의 자따까(jātaka)로 바뀌었다. 포위된 도시는 트로이가 아니라 자따까 문학에서 인기있는 도시인 바라나시(Vārāṇasī)였다. 그 문을 지키는 여성적인 인물은 이 도시의 수호 여신(nagara devatā)이다. 수염을 기른 노인은 바라나시의 왕 브라흐마닷따

(Brahmadatta)이다. 도시를 향해 말을 떠밀고 있는 청년은 심술궂은 데바닷따(Devadatta)이다. 중심 인물은 말의 가슴을 창으로 찌르고 있는 사람인데, 그는 보디삿뜨바〔싯다르타〕 이외에 다른 사람일 수 없다. 미래의 붓다는 항상 승리자이므로, 우리는 당연히 트로이 도시와는 달리 이 인도 도시는 쉽게 그 전략을 분쇄했고, 그 유명한 나무 괴물〔木馬〕은 아이들의 단순한 장난감만큼 대수롭지 않은 것임을 보여 주었다고 정당하게 결론을 내릴 수 있다.

인도학을 연구하는 학자들이 시도한 이와 같은 자따까의 재구성은 문자로 쓰여진 어떤 기록이 그것을 뒷받침해주지 않는 한 가설의 영역에 머물게 될 것이다. 그러나 여기에서 그것을 언급해야 했다. 왜냐하면 그것은 자따까들을 알아볼 수 없게 만들 정도로 외국 전설들을 동화시키기 위해 인도 사람들이 발휘한 솜씨를 한 번 더 보여주고 있기 때문이다.

5. 붓다의 장거리 여행—한 가지 다른 원인이 붓다의 전설 발달에 더욱 많은 기여를 했다. 즉 늦게까지 불교의 영향권에 들어가지 않았던 먼 지방들이, 그들 역시, 붓다의 방문을 받았다는 소망을 가지고 있었다는 것이다. 초기 자료를 가지고 생각해 보면, 샤꺄무니가 도달했던 가장 먼 서쪽 지점은 마투라 근처에 위치한 작은 마을 베란자(Verañjā)였다.[66] 그러나 뒷날, 사람들은 그가 인도뿐 아니라 외국에까지 많은 여행을 했다고 생각하게 되었다.

a. 우리는 앞에서(본서 1권, p. 644-648) 간다라가 보디삿뜨바

---

66 Vinaya, III, p. 1-11; Comm. du Dhammapada, II, p. 153; Aṅguttara, IV, p. 172.

〔싯다르타〕의 여러 전생의 무대였다는 것을 어떻게 주장했는가를 보았다. 이제 사람들은 샤꺄무니가 생전에 몸소 거기에 갔다고 주장한다. 붓다가 했다고 하는 진위가 의심스러운 모든 여행들 가운데서 가장 주목할 만한 것은 그가 인도의 서북지방으로 했다고 하는 여행이다.[67]

아난다와 함께 했던 이 여행의 첫 부분은, 하스띠나뿌라(Hastinapura, Kuru의 옛 수도), 마하나가라(Mahānagara), 슈루그나(Śrughna, Sugh 지역), (Madhyadeśa의 서쪽 경계에 있는) 브라흐마나그라마(Brāhmaṇagrāma), 깔라나가라(Kālanagara), 마지막으로 인더스 동쪽 강변의 로히따까(Rohitaka) 등, 6단계로 이루어져 있다. 이 부분의 여정(旅程)에서는 어떠한 두드러진 사건도 없었다.

붓다는 아난다를 로히따까에 남겨두고, 바즈라빠니(Vajrapāṇi) 약샤〔夜叉〕와 함께 여행을 계속했다. 이 약샤는 서쪽 지역에서 붓다에게 꼭 필요한 경호원이었다. 여행의 두 번째 부분은 웃디야나(Uḍḍiyāna)와 간다라를 가로질러 행해졌는데, 적어도 16번 멈추

---

67 이 서북인도 여행에 관한 주된 자료들은 다음과 같다: *Légende d'Aśoka*(Divya, p. 348; 雜阿含經, T. 99, k. 23, p. 165 b; 阿育王傳, T. 2042, k. 1, p. 102 b; 阿育王經, T. 2043, k. 2, p. 135 b); 근본설일체유부비나야(*Gilgit Manuscripts*, III, 1부, p. XVII–XVIII, 1–17; T. 1448, k. 9–10, p. 37c–43c; J. Przyluski 번역, JA, 1914, p. 495–522); 大智度論, T. 1509, k 9, p. 126 b, É. Lamotte 번역, *Traité*, I, p. 547 이하; Avadānakalpalatā, 54–57장(S. C. Das 출판, II, p. 110–151); 중국 구법승들의 여행기: 高僧法顯傳(T. 2085, p. 858 a), 洛陽伽藍記(T. 2092, k. 5, p. 1020 a), 大唐西域記(T. 2087, k. 3, p. 882 c 참조). 역시 BEFEO, XXIV, 1924, p. 36–43; XLIV, 1951, p. 152–158; C. Soper, *Aspects of Light Symbolism in Gandhāran Sculpture*, Artibus Asiae, XII, 1949, p. 252–283, 314–330; XIII, 1950, p. 63–85.

었다. 붓다는 우다반다(Udabhāṇḍa, Uṇḍ)에서 인더스를 건넌 뒤, "리쉬(Ṛṣi, Ekaśṛṅga) 사원" 근처의 샤흐꼬뜨(Shāhkot) 관문을 통과해서, 스와뜨(Swāt)의 왼쪽 강변을 따라 그 발원지(發源地)까지 올라가서, 아빨랄라(Apalāla) 용을 순화시켰다. 갔던 길을 되돌아 나와 단야뿌라(Dhānyapura) 또는 망갈라뿌라(Maṅgalapura, Manglaor)에 이르렀는데, 그곳에서 그는 웃따라세나(Uttarasena) 왕의 어머니를 귀의시켰다. 그는 남쪽으로 4곳의 숙박지를 거쳐 나가라하라(Nagarahāra, Jelāl-Ābād)에 도달했다. 빨리따꾸따(Pālitakūta)에서 고빨라까(Gopālaka) 용과 웃짜따까(Uccāṭaka) 용을 귀의시켰고, 그들의 동굴에 자신의 그림자를 남겼다. 그래서 사람들이 "유영굴(留影窟)"이라 부르는 이 굴은 수 백년동안 성지순례의 한 중심이 되었다. 작은 숙박지들을 거쳐 인더스에 도달한 붓다는 다시 젤랄 아바드(Jelāl-Ābād)와 뻬샤와르(Peshāwār) 사이에 있는 난디바르다나(Nandivardhana)에 멈추었다. 그는 바바데바(Bhavadeva) 왕을 귀의시켰고, 그 도시 근처의 못에 아슈바까(Aśvaka)와 뿌나르바수까(Punarvasuka) 용을 위해 그 자신의 상(像, pratimā)을 남겼다. 뻬샤와르 남쪽에 위치한 작은 촌락 까르주리까(Karjurikā)에서 붓다는 바즈라빠니 약샤에게, "그의 열반 후 400년에 꾸샤나 왕조의 까니슈까 왕이 이 장소에 까니슈까 스뚜빠라는 이름으로 알려질 스뚜빠를 세울 것이다"라고 알렸다. 이 스뚜빠는 1908년에 샤흐지키 데리(Shāh-ji-kī Ḍherī)의 고분(古墳)에서 발견되었다. 그것은 까니슈까의 유명한 사리함(舍利函)을 포함하고 있었다. 붓다는 인더스 강을 다시 건너 로히따까(Rohitaka)로 되돌아갔다. 이렇게 해서 여행의 두 번째 부분을 끝내었다.

붓다는 3일 동안 휴식을 취한 뒤 아난다와 함께 다시 길을 떠났다. 그는 단계적으로 도중에 아디라자(Ādirājya)와 바드라슈바(Bhadrāśva) 마을을 방문한 뒤, 마투라 시(市)에 도착했다. 앞의 두 마을은 아마도 젤룸(Jhelum) 강변의 두 알렉산드리아 도시인 니카에아(Nicaea)와 부케팔라(Bucephala)였을 것이다. 그러나 불교 전통은 이 두 마을을 전설적인 왕 마하상마따(Mahāsaṃmata)와 결부시킨다.

b. 붓다는 까슈미르[罽賓國]를 여행하는 도중, 레바따(Revata, 離越 또는 隸跋陀)[68] 선인을 복종시켰다. 레바따는 붓다를 위해 수도 비라타(Biratha)에서 멀지 않은 곳에 붓다의 머리털과 손톱[佛髮佛爪]을 봉안한 스뚜빠와 샤일라비하라(Śailavihāra) 대사원을 건립했다. 아라한-비구인 레바따는 카슈미르의 전설에 잘 알려져 있다. 그는 소를 훔친 도둑으로 고소를 당해 투옥되었다. 한 제자가 그를 구해내고, 이런 불법검거를 한 카슈미르 사람들을 벌주기 위해 재(灰) 비를 내려 그들의 수도를 뒤덮어 버렸다.

c. 뿌르나(Pūrṇa)와 그의 형제들 초청으로 붓다는 500명의 제자들과 함께 공중으로 날아서 북쪽 꼰깐(Konkan)의 수도인 슈르빠라까(Śūrpāraka, 蘇波羅) 항구에 갔다.[69] 붓다는 뿌르나가 그를 위

68 Revata 또는 Revataka에 대해서는 Divyāvadāna, p. 399를 볼 것(참조, 雜阿含經, T. 99, k. 23, p. 169 a-b; 阿育王傳, T. 2042, k. 2, p. 105; 阿育王經, T. 2043, k. 3, p. 139 c); 舊雜譬喩經, T. 206, k. 1, p. 516 a; 雜寶藏經, T. 203, k. 2, p. 457 b; 大毘婆沙論, T. 1545, k. 125, p. 654 c-655 b; 大智度論, T. 1509, k. 9, p. 126 c; Avadānakalpalatā, 105장(S. C. Das 출판, II, p. 979).

69 Pūrṇa의 초청으로 남인도 여행을 한 것에 대해서는 다음의 자료들을 볼 것: Divya, p. 46-55; 根本說一切有部毘奈耶藥事, T. 1448, k. 3, p. 14 b 23-17 a 21; Comm. du Majjhima, V, p. 90-92; Comm. du Saṃyutta, II, p. 378-379.

해 특별히 전단향나무로 지은 집〔栴檀殿〕에 머물렀다. 돌아오는 길에 그는 나르마다(Narmadā)의 용들을 귀의시키고 자신의 발자국을 그 강의 두 언덕에 남겼다.

d. 붓다가 스리랑카를 3번 방문한 것은 이미 앞에서 언급되었다(본서 1권, p. 246-247).

여기에 언급된 몇 번의 여행들은—그 목록은 완전하지 않다—독자들에게 문학 양식에 대해서 알려주는 것으로 충분할 것이다. 이 여러 번의 여행 동안 붓다는 더 이상 교단을 위한 출가 후보자들을 모집하려고 하지 않았고, 설법도 최소한으로 제한했다. 그는 사람들을 귀의시키는 일보다는 스뚜빠의 건축과 사원 건립에 더 많은 관심을 가졌다. 그는 설법보다 예언을 더 많이 했고, 인간들에게보다는 나가(Nāga, 龍)와 약샤(Yakṣa)들에게 말을 더 많이 했다. 그는 더 이상 초기의 사문(沙門) 가우따마(Gautama)가 아니었다.

6. 샤꺄족의 계보(系譜).—새로운 성지(聖地)들이 붓다에게 "시민권"을 주는 것이 그들의 명성을 위해 절대 필요하다고 생각한 반면, 당시의 왕가(王家)들은 그들의 족보(族譜)에 그를 포함시키려 했고, 샤꺄족의 가문과 혈연관계가 있는 것처럼 행세했다.

바라문교와 자이나교 자료들은 마우리야족의 출신이 분명하지 않다고 말하는 반면, 불교 문헌들은 그들이 붓다 가문과 친척이었다고 주장했다. 꼬살라국의 왕 비루다까(Virūḍhaka, 毘琉璃)에 의해 샤꺄족이 살육을 당한 뒤, 마우리야족은 히말리야 지방으로 피난해서, 그곳에서 마우리야나가라(Mauryanagara), 즉 공작(孔雀)

의 도시를 세웠다. 이 도시의 첫 왕은 이웃 왕의 습격을 받아 죽음을 당했다. 왕비는 변장을 하고 뿌슈빠뿌라(Puṣpapura, Pāṭaliputra)로 도망갔는데, 그곳에서 그녀는 짠드라굽따(Candragupta)를 낳았다.[70]

다른 왕가들도 샤꺄족과 혈연 관계가 있다고 주장했다. 비루다까 왕이 샤꺄족과 전쟁을 하러 갔을 때, 우바새(優婆塞) 계를 지키고 있었던 샤꺄족은 단지 소극적인 저항만을 하기로 결정하고 까삘라바스뚜 성안에 들어 박혀 있었다. 그러나 샤꺄족의 왕자 샴바까(Śambaka 또는 Sāma)는 이 결정이 이루어졌을 때 바깥에 나가 있었다. 그는 비루다까 왕의 군대를 맹렬하게 공격해서 그들을 물리쳤다. 샴바까가 까삘라바스뚜 성에 들어가려고 하자 주민들은 그가 적들을 죽임으로서 계를 위반했다는 이유로 그를 쫓아내 버렸다. 그래서 샴바까는 고국을 떠나지 않을 수 없었다. 그는 붓다의 사리를 가지고 바꾸다(Bakuḍa)국에 가서, 그곳에 삼바까스뚜빠(Saṃbakastūpa)라는 탑을 세웠다. 주민들은 곧 그를 그 나라의 왕으로 삼았다.[71]

현장 법사가 네팔과 웃디야나에서 수집한 구전(口傳)에 의하면, 비루다까 왕에게 저항했던 사람은 단지 샴바까 혼자만이 아니라 4명의 샤꺄족 왕자들이었다. 동국인들로부터 추방을 당한 4명의 이 영웅들은 설산과 인도의 서북 지방으로 갔다. 첫째는 오장나(烏仗那, Uḍḍiyāna)국, 둘째는 범연나(梵衍那, Bāmyān)국, 셋째는 희

70 본서 1권, p. 428-429 참조.

71 根本說一切有部毘奈耶雜事, T. 1451, k. 8, p. 240 a 이하; 增一阿含經, T. 125, k. 26, p. 691 c; 出曜經, T. 212, k. 3, p. 624 c.

마달라(呬摩呾羅, 까슈미르의 Himatala)국, 그리고 넷째는 상미(商彌, Śāmbī)국의 왕이 되었다. 그들 가운데 첫째는 기러기를 타고 여행한 뒤, 마침내 용들의 호수〔龍池, Aushiri 계곡〕 근처 남발로산(藍勃盧山) 위에 있는 웃디야나에 도착했다. 그는 용의 딸과 결혼하고, 오장나국의 왕을 죽인 뒤 그 나라를 통치했다. 그는 올달라서나(嗢呾羅犀那, Uttrasena)라는 아들을 두었다. 이 아들의 어머니는 〔실명(失明)했는데〕 붓다에게 귀의한 뒤 다시 볼 수 있게 되었다.[72]

기원후 6세기에, 이 가문은 〔여전히 계속되고 있었는데〕, 비목샤쁘라즈냐(Vimokṣaprajña, 毘目智仙) 사문을 그 후손으로 생각했다. 그는 북인도의 웃디야나 출생으로, 끄샤뜨리야 귀족이었고 샤꺄족의 후예였다.[73] 그는 전도사 자격으로 516년에 중국 낙양에 도착했다. 541년부터 위(魏)나라에서 구담류지(瞿曇流支, Prajñāruci)와 함께 일했다.

스리랑카 왕들의 명예로운 계보(系譜) 역시 적어도 부분적으로는 샤꺄족 가문에까지 거슬러 올라간다. 전설을 믿는다면(Dpv., X, 1이하.; Mhv., VIII, 18 이하.), 제2대 왕인 빤두바수데바(Paṇḍuvāsudeva, 기원전 447-417년)는 샤꺄족의 공주 밧다깟짜나(Bhaddakaccānā)와 결혼했다. 그녀는 붓다의 4촌 형제 빤두(Paṇḍu)의 딸이었다. 비루다까 왕에 의해 포위를 당한 까삘라바스뚜의 몰락을 예측하고, 빤두는 네팔을 떠나 가족과 함께 갠지스 강가에 자리를 잡았다. 그의 딸과 결혼하기 위해 7명의 구혼자들이

72 大唐西域記, T. 2087, k. 6, p. 901 c; k. 3, p. 883 b.

73 開元釋敎錄, T. 2154, k. 6, p. 543 b.

경쟁했다. 빤두는 딸을 누구에게 줄 것인지 알지 못했으므로, 그녀를 32명의 동행자들과 함께—그들 가운데 몇 사람은 가사(袈裟)를 입고 있었다—배에 올라타게 했다. 바람에 맡겨진 배는 스리랑카에 도착했다. 밧다깟짜나 공주는 스리랑카에서 빤두바수데바왕을 만났는데, 이 왕은 그녀를 아내로 맞이했다. 그후 6명의 밧다깟짜나 남동생들은 그들의 누나와 합류하기 위해 스리랑카로 갔다. 이 전설은 상가밋따(Saṃghamittā)와 그 동반자들이 스리랑카에 상륙한 이야기를 베낀 것임에 틀림없다.

전생의 보디삿뜨바 붓다의 전설은 너무나 넓게 퍼졌기 때문에 신앙심 깊은 대중들에게 충분히 스며들었다는 것을 솔직히 인정해야 한다. 전설이 아무리 경이로운 일과 기적들을 늘리고, 새로운 에피소드들을 만들거나 차용했어도, 그것이 찬양하고자 했던 주인공〔붓다〕은 역시 수염과 머리를 깎고 노란색 가사를 걸친 한 비구로서, 그리고 항상 사람들의 보시를 구하면서 길에 줄지어 서서, 거리를 채웠던 저 수많은 수행자들 중의 한 사람이었다. 이 수행자들이 모든 덕(德)—비록 욕망의 포기와 선정(禪定)과 같은 "소극적인" 덕이긴 하지만—의 본보기였음은 의심의 여지가 없다. 일반 사람들은 그들을 본받지는 못하고 찬탄만 했다. 수행이 잘된 많은 비구 무리들 중, 여기저기에 몇몇 말썽꾸러기들이 섞여 있었는데, 그들의 무질서한 품행, 나태, 탐욕심, 억지 등은 세간에 물의를 일으켰다. 붓다의 생존시에 까우삼비에서 비구들의 싸움이 일어났다. 우리는 아쇼까가 아쇼까라마(Aśokārāma, 阿育園寺)의 비구들을 화합시키기 위해 겪었던 어려움을 알고 있다. 엄격한 계율을 지키는 승려들 가운데 누더기를 걸치거나 붉은 옷을 입은 고행자, 철저한 방랑자, 속죄자, 마술사들이 섞여 있었다. 그들은 때로는 "마귀 들린 사람" 모습을 하고 있거나 또는 "마귀의 숭배자들(pisācillika)"의 모습을 하고 있었는데, 속이 빈 나무들이나 나뭇가지들 속에 살았고, 발우(鉢盂) 대신 해골바가지를 들고 다녔다.[74] 한마디로, 수행자가 다가오면 사람들은 어떻게 해야 할 지 확실하게 알지 못했다. 까따야나(Kātyāyana)는 쁘라됴따(Pradyota) 왕에게, "도대체 내가 무슨 잘못을 범했기에 나를 죽이려 하십니까?"라고 물었다. 그러자 이 웃자인(Ujjain) 왕은 "머리를 깎은 사람아, 너를 보면 불길하다. 그래서 나는 너를 죽이려고 한다"라고 대답했다. 법현(法顯)을 태우고 광동(廣東)을 향해 가던 배가 사나운 폭풍우를 만나자 배에 타고 있던 바라문들은 회의를 열어, "이 사문(沙門)이 배에 타고 있기 때문에 우리에게 이와 같은 불행이 닥친 것이다. 이 비구를 어떤 섬의 바닷가에 내려놓아야 한다"고 결정했다.[75]

민중들은 수행자들에게 호의적이었건 또는 적대적이었건 간에 이야기 속에서 자신들이 자주 주인공이 되어 있던 욕심 없고 적극적인 공덕 행위에 특히 민감했다. 그들은 싯다르타가 실천했던 나이란자나(Nairañjanā) 강변에서의 6년 고행보다는 한 마리의 비둘기를 구하기 위해 자신의 살코기를 매에게 베어 주었던 쉬비(Śibi, 尸毗) 왕의 보시를 더 좋아했고, 계(戒)를 어기기보다는 차라리 죽기를 택한 수따소마(Sutasoma, 須陀須摩) 왕의 지계(持戒), 한 마

74 Vinaya, I, p. 152; II, p. 115, 134.
75 J. Legge, *A Record of Buddhistic Kingdoms*, Oxford, 1886, p. 113.

디 불평도 없이 부당한 고문을 받은 끄샨띠(Kṣānti, 羼提) 비구의 인욕(忍辱), 동료들을 구하기 위해 두 손으로 바닷물을 다 퍼내기로 맹세한 마하땨가바뜨(Mahātyāgavat)의 정진(精進), 상투 속에 새가 알을 낳아 그것들이 부화되어 새끼 새들이 날아갈 때까지 움직이지 않았던 상카(Saṅkha) 바라문의 선정(禪定), 잠부드비빠(Jambudvīpa)를 7등분할 수 있었던 고빈다(Govinda, 瞿頻陀) 대신(大臣)의 지혜를 더 좋아했다.[76]

민중들은 자신들의 모습을 발견할 수 있는 이야기를 원했기 때문에, 사람들은 그들에게 그런 이야기들을 해 주어야 할 임무를 맡게 되었다. 그리고 자따까(jātaka: 미래 붓다의 전생), 아바다나(avadāna: 보살과 성자들의 위업), 뱌까라나(vyākaraṇa: 미래에 대한 예언)의 이야기들은 글자 그대로 불교문학을 침략해버렸다. 이 이야기들에는 현재의 업(業)은 과거의 담보인 동시에 미래의 보증이고, 역사는 단지 영속적으로 되풀이될 뿐 아니라, 도덕적 결정론이라는 가장 엄격한 법칙에 의해 전개되는 것으로 나오고 있다. 사실 "업은 몇 억겁 후에도 없어지지 않는다. 업은 복합적인 조건들과 알맞은 시기를 만나면, 그것을 지은 장본인에게 결과가 나타난다." 이런 의미에서, "완전히 검은 업의 과보는 완전히 검고, 완전히 흰 업의 과보는 완전히 희고, 혼합적인 업의 과보는 혼합적이다."[77]

초기 수뜨라들과 빨리어 비나야에서는 드문 일이지만, 자따까

---

76 이 자따까들에 대해서는 *Traité de la Grande Vertu de Sagesse*, I, p. 255-267를 볼 것.

77 Avadānaśataka, Divyāvadāna 등의 정형화(定型化)된 문구.

의 이야기들은 붓다의 전기들(Lalitavistara, Mahāvastu, Abhiniṣkramaṇasūtra)과 근본설일체유부 율장과 같은 대 율장들 가운데 포함되어 있는 전기(傳記) 부분들을 점차로 차지했다. 자따까의 이야기들은 곧 산문, 운문 또는 두 가지를 섞어서 작성된 특별한 집록(集錄)들 속에 집합되었다. 빨리어 집록 가운데는 547개의 전생담을 담은 자따까, 35개의 전생담을 싣고 있는 짜리야삐따까(Cariyāpiṭaka, 所行藏), 약 590명의 제자들(550명의 남자와 40명의 여자)의 전기를 이야기하고 있는 아빠다나(Apadāna, 譬喩)가 있다. 동일한 문학 장르 가운데 산스끄리뜨어로 작성된 것으로 아리야슈라(Āryaśūra, 聖勇) 보살의 자따까말라(Jātakamālā, 本生鬘, 34개 자따까), 아바다나샤따까(Avadānaśataka, 100편), 디뱌바다나(Divyāvadāna, 근본설일체유부 율장에서 대부분 요약한 것), 바드라깔빠바다나(Bhadrakalpāvadāna, 34개의 전설), 비찌뜨라까르니까바다나(Vicitrakarṇikāvadāna, 32개의 이야기), 아바다나깔빨라따(Avadānakalpalatā, 107개의 전설)가 있다. 이 후자는 11세기 까슈미르 출신의 시인 끄쉐멘드라(Kṣemendra)의 작품이다. 이 모든 작품들은 티베트어와 한문 삼장(三藏)에 다시 취해져 번역되었다. 이 삼장들은 원본이 없어져 버린 다른 많은 문헌들을 역시 포함하고 있다. 예를 들면 티베트어로 된 레갸탐빠(Las-brgya-tham-pa, Karmaśataka), 장룬(Ḥdzaṅs-blun, Damamūka, 51가지 이야기)과 한문으로 된 육도집경(六度集經, T. 152)과 생경(生經, T. 154)과 같은 것이 있고, 다른 집록으로는 에두아르 샤반(Édouard Chavannes)이 *Cinq cents contes et apologues extraits du Tripiṭaka chinois*(漢譯 삼장에서 발췌된 500개의 설화와 우화)라는 이름으로 출판한 대작(大作)이 있다.

자따까들에 대한 열광은 기원전 2세기 중엽에 그 정점에 도달했다. 바로 이 시기에 자따까들은 바르후뜨와 보드가야, 그리고 틀림없이 아마라바띠의 스뚜빠 부조에 대규모로 나타났고, 성인전(聖人傳)은 자따까들의 무대를 간다라와 웃디야나, 그리고 서펀잡 지역으로 설정하려고 했다.

이후 몇 세기동안 이 취향은 계속되었지만, 그림이나 조각으로 된 자따까의 수는 상당히 감소되었다. 산찌의 부조에 나오는 자따까의 목록은 6개를 넘지 못한다. 간다라의 그리스 양식이 가미된 불교미술파의 목록과 마투라, 나가라주니꼰다, 골리(Goli), 아잔따, 아우란가바드(Aurangābād)에서 나온 목록은 겨우 조금 더 풍부하다. 잘 알려져 있고 높이 평가된 자따까들은 비슈반따라(Viśvantara, 太子), 샷단따(Ṣaḍḍanta, 六牙象), 디빵까라(Dīpaṃkara, 燃燈佛授記), 샤마(Śyāma), 짠드라(Candra, 龍王), 낀나라(Kinnara, 人非人), 에까슈링가(Ekaśṛṅga, 獨角仙人), 쉬비(Śibi, 尸毗王), 샤샤(Śaśa, 兎), 뱌그리(Vyāghrī, 婆羅門), 만다따르(Māndhātar, 頂生王), 수따소마(Sutasoma, 須陀須摩王) 등이다. 중앙아시아, 특히 키질(Qizil) 석굴의 벽화에서 다루어진 주제들은 이보다 훨씬 더 많다.[78]

78 A. von Le Coq과 E. Waldschmidt, *Die Buddhistische Spätantike in Mittelasien*, VI, Berlin, 1928.

III. 불교의 이차적인 형태

종교적인 사고방식은 특히 인도에서 복잡하다. 붓다가 신격화되었을 뿐 아니라 "신들 가운데서 상급신〔天中天〕"의 지위에 올랐는데도 불교도들의 모든 열망은 충족되지 않았다. 붓다의 인물을 둘러싸고 신화, 성인전, 예배를 포함한 하나의 진정한 종교가 형성되었다. 우리는 여기에서 단지 이 종교에 대해 그 개요(槪要)만을 개략적으로 그릴 수 있을 뿐이다.

3계의 신〔天〕들 앞에서 언급된(본서 1권, p. 82-83) 불교적 사고방식에 의하면, 신(神)들은 3계(界), 즉 욕계, 색계, 무색계에 거주한다. 천계(天界, Devaloka)는 6종류의 욕계 신들〔欲界六天〕을 포함한다. 범천의 세계(Brahmaloka)는 4선천(禪天, Dhyāna)에 분포된 17종류의 범천(梵天, Brahmā)들을 포함한다. 마지막으로 비물질적인〔형태가 없는〕 신들은 무색계(無色界, Ārūpyadhātu)에 거주한다.

가장 초기 문헌에서부터 성립된 것처럼 보이는 이 종교적인 우주론은 붓다의 활동무대를 이룬다. 신들은 거기에 배우로서보다는 관객으로 참가한다. 그들은 붓다를 모시기보다는 그를 에워싸고 있다.

그들의 이름이 가리키듯이 욕천(欲天, Kāmadeva)의 하급 신들인 4천왕(天王, Caturmahārājikadeva)은 지국천왕(持國天王, Dhṛtarāṣṭra), 증장천왕(增長天王, Virūḍhaka), 광목천왕(廣目天王, Virūpākṣa), 다문천왕(多聞天王, Vaiśravaṇa)이다. 그들의 직

무는 세상을 보호하는 것이다(lokapāla, 護世神).[1] 그들은 매달 세상 사람들 가운데로 내려가서 그들의 종교적 행위를 조사해서, 그것을 도리천(忉利天)의 신들에게 보고한다.[2] 앞에서(본서, p. 235-237) 언급된 상황에서 붓다에게 귀의한 그들은 정법을 수호할 임무를 받고, 동쪽은 지국천왕(持國天王, Dhṛtarāṣṭra)이, 남쪽은 증장천왕(增長天王, Virūḍhaka)이, 서쪽은 광목천왕(廣目天王, Virūpākṣa)이, 북쪽은 다문천왕(多聞天王, Vaiśravaṇa)이 맡았다.[3]

지국천왕은 천상의 악사(樂師)인 간다르바(Gandharva)들의 우두머리인데, 이들 가운데서 가장 유명한 존재는 빤짜쉬카(Pañcaśikha, 般遮尸棄)이다. 증장천왕은 꿈반다(Kumbhāṇḍa, 鳩槃茶)들을 거느리는 데, 이들은 큰 위장과 거대한 생식기를 가진 저급한 귀신들이다. 광목천왕은 나가(Nāga)들의 왕이다. 나가들은 초자연적인 능력과 거대한 힘과 변덕스러운 기질을 가진 뱀신〔蛇神〕 또는 용신(龍神)들이다. 부(富)의 신인 꾸베라(Kubera, 俱毘羅)와 동일시되는 다문천왕은 많은 약샤(Yakṣa, 夜叉)들을 거느린다. 약샤는 일종의 반신(半神)으로서 숲과 땅의 정령(精靈)인데, 강력한 힘을 가지고 있다. 그들은 때로는 자비롭고 때로는 위험한 존재이다. 어떤 약샤들은 종종 붓다와 제자들의 보호자가 되기도 하지만, 그들의 배우자인 약쉬니(Yakśinī, 夜叉女)들은 아이들을 잡아먹고 살〔肉〕과 피를 먹고 사는 식인귀(食人鬼)이다.

---

1 Dīgha, II, p. 207 ; III, p. 194.

2 Dīgha, II, p. 225 ; Aṅguttara, I, p. 142.

3 阿育王傳, T. 2042, k. 3, p. 113 a ; 阿育王經, T. 2043, k. 6, p. 150 b.

이 종교적 동물상(動物相)은 고대의 세력을 나타내는데, 뒷날 4천왕들이 이 세력을 대신하게 되었다. 이 정령(精靈)들은 비록 완전하게 길들여지지는 않았지만 명단 작성하기를 좋아했던 불교문헌에서 자신들의 자리를 발견하게 되었다.[4]

도리천(忉利天, Trāyastriṃśa), 즉 "33천"은 욕천(欲天, Kāmadeva)의 두 번째 단계를 이룬다. 그들은 메루(Meru) 산 꼭대기의 한 궁전에 사는데, 이곳은 아수라들의 습격에 대비하여 견고한 방비시설이 되어 있다. 이 궁전에는 수다르마(Sudharmā, 善法堂)라고 하는 회당(會堂)과 난다나(Nandana, 歡喜苑)를 포함한 많은 공원들, 신기한 나무 빠리자따(Parijāta), 코끼리들의 왕 아이라바나(Airāvaṇa, 帝釋天이 타는 코끼리)가 있다. 붓다는 3개월 동안 도리천에 머물면서 그곳에 다시 태어난 어머니에게 정법(正法)을 설했다. 이 신들의 우두머리는 "신들의 왕인 제석천(Śakra devānām indraḥ, 帝釋天)"이다. 이 불교 인드라(Indra)는 초기 경전들과 자따까와 아바다나의 문헌에서 중요한 자리를 차지하고 있다. 그는 붓다와 여러 번의 대담을 가졌는데, 이 대담들은 아직도 잘 알려져 있다.

---

4 Mahāsamayasuttanta (Dīgha, II, p. 257 이하); Āṭānāṭiyasuttanta (Dīgha, III, p. 194-206); Āṭānāṭikasūtra(H. Hoffmann 출판, Leipzig, 1939); Mahāmāyūrīvidyārājñī(S. Lévi, *Le catalogue géographique des Yakśa*, JA, 1915, p. 20-138). J. Przyluski와 M. Lalou의 연구 논문을 볼 것: *Notes de Mythologie bouddhique*, HJAS, III, 1938, p. 40-46, 128-136; M. Lalou, *Gaṇeśa - Vaiśravaṇa*, JA, 1937, p. 301-302; *Mythologie indienne et peinture de Haute-Asie*, I. *Le dieu bouddhique de la Fortune*, Art. As., 1946, p. 97-111; *Le culte des Nāga et la thérapeutique*, JA, 1938, p. 1-19; *Four Notes on Vajrapāṇi*, Adyar Library Bulletin, XX, p. 3-4, p. 287-293; A. K. Coomaraswamy, *Yakṣas*, 2 vol., Washington, 1928-31.

모든 붓다들이 끝에서 두 번째 생애를 보내는 곳은 천계(Devaloka)의 4번째 단계인 도솔천(Tuṣita, 兜率天)인데, 현재 바로 이곳에 미래의 붓다 마이뜨레야(Maitreya, 彌勒)가 머물고 있다.

욕천(欲天, Kāmadeva)의 6번째 단계는 타화자재천(他化自在天, Paranirmitavaśavartin)으로서, 이 신들은 다른 존재들이 만들어 놓은 바람직한 대상들〔樂事〕을 자기 마음대로 사용한다. 그들의 우두머리인 마라(魔羅, Māra)는 욕계(欲界)의 지배자이다. 그래서 그는 붓다의 용서못할 적이였고 비구와 비구니들의 공공연한 유혹자였다. 그는 때로는 혼자서, 때로는 자신의 근대와 딸들과 함께 샤꺄무니에게 여러 번 공격을 했다. 마라는 정각의 자리를 붓다와 다투었고, 그의 전도(傳道)를 반대했을 뿐 아니라, 두 번이나 붓다에게 당장 열반에 들 것을 권유하기도 했다.

색계(色界, Rūpadhatu)와 무색계(無色界, Ārūpyadhātu)에는 범천세계(Brahmaloka, 梵天界)의 신들이 살고 있다. 이 범신(梵神)들은 욕망에서 해방되었고, 그들의 유일한 음식인 선정(禪定)의 기쁨에 몰두하고 있다.

그렇지만 그들에게 망상(妄想)이 없는 것은 아니다. 그들은 종종 자신들이 우주의 창조자라고 부당하게 믿기도 한다. 그러나 그들은 세상의 모든 존재들처럼 카르마(karma, 業)의 법칙에 따르고, 반드시 다시 태어나게 되어있다. 붓다와 몇몇 제자들은 필요한 경우에 범천 세계를 방문했다.[5] 그 대신 사함빠띠(Shahampati, 娑婆世界主)와 같은 몇몇 위대한 범신들은 인간 세상에 나타나기도

5 Majjhima, I, p. 326 이하; Saṃyutta, V, p. 282 이하.

했다. 샤꺄무니가 중생들의 이익과 행복을 위해 법을 설하기로 결심한 것은 범천(梵天, Brahmā)의 권청(勸請)에 따른 것이었다.

민간 신앙의 신들 신들을 3계(界)에 나누어 배치한 것은 학자들의 일이다. 그리고 그것이 인위적이라는 것은 누구나 알 수 있다. 무운천(無雲天, Anabhraka)의 신들만큼 미묘하고, 공무변처(空無邊處, Ākāśānantya)와 다른 무색계의 신들만큼 추상적인 신(devatā)들에게는 틀림없이 아무도 기도를 드리지 않았을 것이다. 다른 신들—인간에게 가장 가까운 욕계(Kāmadhātu)의 신들—에 대해서 불교 문헌들은 비교적 말을 적게 하고 있다. 성전 문헌들은 붓다를 강조하고, 그의 주변을 맴돌고 있는 작은 신(numina, 小神)들에게는 단지 가벼운 관심만 기울일 뿐이다.

그러므로 일상 생활에서 신들이 차지하고 있는 위치를 대강이나마 알기 위해서, 우리는 확실하게 믿을 수 있는 종교화(宗敎畵)를 참고해야 한다. 이 일은 푸쉐(Foucher)가 *Art gréco-bouddhique du Gandhāra*(간다라의 불교 예술) 제2권에서 훌륭하게 해냈다.

신도들은 붓다의 교리를 신봉했지만 그들 조상 전래의 신앙에 등을 돌리지는 않았다.

하층 계급들은 서민의 미신 속에 깊이 뿌리내린 귀신과 정령들을 계속해서 숭배했다. 간다르바, 꾼반다(Kumbhāṇḍa), 나가, 약샤들은 간다라의 부조에 집단적으로 나온다. 신분이 비천한 그들의 숭배자들처럼, 그들은 거의 대부분 인도의 최하층민인 빠리아(paria) 차림으로 외투 하나만을 걸치고 있을 뿐이다. 그들을 식별하고 그들의 신분을 확인하기란 어렵다. 그렇지만 몇몇은 그들의 신분과 특징이나 특성들을 드러낸다. 예를 들면 벼락 신으로서 공인된 붓다의 수호자 구햐까 바즈라빠니(Guhyaka Vajrapāṇi) 약샤와 같은 존재는, 때로는 수염이 없는 청년 모습으로, 때로는 수염이 텁수룩한 성인의 모습으로 나온다. 그는 공중에서 붓다의 일을 방해하려고 하는 자에게는 그것이 누구이건 간에 벼락을 던지려 하고 있다.[6] 그는 군중들의 눈에는 띄지 않고 단지 붓다와 그의 반대자의 눈에만 보인다.

간다라 조각에서는 바즈라빠니가 아난다를 대신해서 붓다를 보살핀다. 바즈라빠니는 더 이상 단순한 시자(侍者, upasthāyaka)가 아니라 수호신이고, 고대 신화가 상상해낸 것과 같은 "신의 동반자들" 중의 하나이다. 만약 바즈라빠니에 대한 신앙이 단지 인도 서북지방에만 있었던 것이 아니라, 인도의 한복판인 라자그리하(Rajagṛha)에도 있었다는 것을 몰랐다면, 우리는 바즈라빠니의 이야기를 그리스-로마 세계에서 차용해온 것이라고 보려 했을 것이다. 붓다고사는 그를 제석천(帝釋天, Śakra)과 동일시했고,[7] 스리랑카의 전통은 그를 아수라들의 대정복자로 생각했다.[8] 대승불교 신봉자들은 그를 보디삿뜨바로 만들어 그에게 대승경전의 편찬을 맡겼다. 밀교(密教,Tantra) 신봉자들은 그를 사만따바드라(Samantabhadra, 普賢菩薩)와 바즈라삿뜨바(Vajrasattva, 金剛薩埵, 밀교의 제2祖)와 동일시 하고, 그를 아디붓다(Ādibuddha, 本初佛)

6 Dīgha, I, p. 95; Majjhima, I, p. 231.

7 Comm. du Dīgha, I, p. 264; Comm. du Majjhima, II, p. 277; 참조, Divya, p. 130.

8 Cūlavaṃsa, 96장 37.

에 관한 그들의 논서 속에 삽입하고 있다.[9] 그는 만달라(maṇḍala)에서는 메루(Meru) 산 북쪽 측면에 자리를 잡고, 오른쪽 발로 마헤슈바라(Maheśvara, 大自在天, Śiva)를, 그리고 왼쪽 발로 우마데비(Umādevī, Śiva의 妃)를 짓밟고 있다.[10]

불교 시설물들을 건축할 때 재정적인 뒷받침을 했던 고액 시주자들인 중간 계급에게는 나가[龍]와 약샤[夜叉]와 같은 좀 불온(不穩)한 동물상(動物相)보다는 다른 신들이 필요했다. 그들의 신앙심은 특히 달과 태양의 신들인 짠드라(Candra, 月天子)와 수리야(Sūrya, 日天子), 그리고 4방위(方位)에서 정법의 세계[善道]를 지킬 임무를 붓다로부터 부여받은 세상의 수호자들인 로까빨라(Lokapāla, 護世神)와 같은 소신(小神)들 쪽으로 향했다. 이 신들은 중산계급의 형상과 모습으로 표현되었다. 그들은 중산계급의 의복을 입었는데, 그것은 허리에 두르는 간단한 옷(paridhāna, 현재의 dhoṭī)과 외투(uttarīya, 현재의 chaddar)로서, 서북 지방에서는 이것에 소매가 달린 긴 옷을 보태면 정장(正裝)이 되었다.

은행가와 상인들인 바이샤(Vaiśya)들의 세계에서 부(富)의 신은 비길 데 없는 인기를 누렸다. 의정(義淨)에 의하면 이 신상은 모든 사원에서 볼 수 있었다. 그렇지만 불교 신도들은 웃뜨라꾸루(Uttrakuru, 北瞿盧洲)의 왕일 뿐 아니라 모든 약샤(sarvayakṣādhipa)의 우두머리이고, 부의 신인 꾸베라(Kubera)와 동일한 존재인 4천왕 바이슈라바나(Vaiśravaṇa, 多聞天王)를, 모든 불교 자

9 Abhisamayālaṃkārāloka, Wogihara(荻原雲來) 출판, p. 5; Bu-ston, II, p. 101; Tāranātha, p. 62.

10 M. Lalou, *Four Notes on Vajrapāṇi*, Adyar Library Bulletin, XX, p. 287-293.

료에서 빤찌까(Pāñcika), 빤두까(Pāṇḍuka), 빤다까(Paṇḍaka)라는 이름으로 알려져 있는 그의 군대의 우두머리(senāpati)보다 신앙적인 면에서 덜 중요하게 생각했다.[11] 그의 기본적인 상징은 화폐를 쏟아내고 있는 완전히 열린 돈주머니, 또는 (가죽) 부대이다. 간다라의 기념건조물들에서 그는 때로는 매력적인 젊은 왕자의 모습으로, 때로는 수염과 머리털을 텁수룩하게 기른 반 이상 나체 차림을 한 성년의 정령 모습으로 나온다.[12]

빤찌까는 "악마들의 어머니〔鬼子母〕"인 하리띠(Hāritī)의 남편이다. 마하방사(XII, 21)에서도 언급되고 있지만, 그의 불교 귀의에 대해서 대부분의 불교문헌에서 장황하게 이야기되고 있다.[13] 하리띠는 원래 인간의 아이들을 잡아먹는 식인귀(食人鬼)였다. 어느 날 붓다는 하리띠의 가장 어린 아들 삥갈라(Piṅgala)를 유괴해서 그의 발우 속에 숨겨 두었다. 절망에 빠진 이 식인귀는 아들을 찾아 헤맸다. 마침내 그를 되찾자, 그는 인간의 아들들을 더 이상 해쳐서는 안 된다는 것을 이해하게 되었다. 원래는 아이들을 잡아먹던 이 식인귀는 아이들을 점지해 주는 여신으로 변신했다. 현재도 여전히 네팔에서는 하리띠를 천연두를 고쳐주는 여신으로 생각하

11 Pāñcika(Divya, p. 447), Pāṇḍuka(Divya, p. 61); Paṇḍaka(Mahavaṃsa, XII, 21). 근본설일체유부비나야에서 다른 출전들(*Gilgit Manuscripts*, III, 1부, p. 24, l. 15; 根本說一切有部毘奈耶藥事, T. 1448, k. 10, p. 45 a 9; k. 13, p. 61 c 20; 根本說一切有部毘奈耶雜事, T. 1451, k. 31, p. 361 a 8); 雜寶藏經, T. 203, k. 9, p. 492 a 13(참조, Chavannes, *Contes*, III, p. 115); Mahāmāyūrī, JA, 1915, 게송 78-80(별쇄본, p. 35).

12 A. Foucher, *Art gréco-bouddhique du Gandhāra*, II, p. 102 이하.

13 雜寶藏經, T. 203, k. 9, p. 492 a; 摩訶摩耶經, T. 383, k. 1, p. 1006 c; 鬼子母經, T. 1262, p. 290 c; 根本說一切有部毘奈耶雜事, T. 1451, k. 31, p. 361 a 이하.

고 있다. 승려들은 매일 하리띠를 위해 음식을 확보해 두어야 한다. 하리띠의 상(像)은 매우 널리 유포되었다. 가장 유명한 상은 이 여신의 스뚜빠가 있는 차르삿다(Chārsadda) 북쪽 8마일 지점에 위치한 마을, 스까라흐 데리(Skarah Ḍherī)의 것이다.[14] 그녀의 손위에는 한 명의 아이가 서 있고, 양어깨 위에는 2명의 아이가 앉아 있다. 초석(礎石) 위에는 미지(未知)의 기원 179년(또는 399년)에, 천연두를 하늘로 가져가도록 이 여신에게 기구하는 비명이 새겨져 있다(Konow, p. 127).

빤찌까와 하리띠는 한 쌍의 수호 부부이다. 그들은 간다라의 부조에 때로는 앉은 자세로, 때로는 선 자세로 자주 나온다. "하리띠는 거의 항상 빤찌까에게 자신의 많은 아이들 가운데서 몇 아이를 빌려준다. 그리고 아마도 동시에 아이들을 생산하는 능력도 빌려줄 것이다. 그 대신 하리띠는 빤찌까로부터 때때로 돈주머니와 함께 부(富)를 주는 능력을 빌린다."[15]

중간 계급들이 자신들의 모습대로 만들어진 특별한 신들을 고안했거나 채택했던 반면, 상층 계급들은 천 년의 전통을 통해 상속되었을 뿐 아니라 매우 일찍 불교의 천지개벽설에 합병된 고대 아리야족의 신들로 만족했다. "협정에 의한 신들(saṃvṛtideva, 世間의 神)"인 끄샤뜨리야(Kṣatriya)들과 "지상(地上)의 신들"인 바라문(Brāhmaṇa)들은, 그들이 정법〔불교〕에 귀의를 했건 하지 않았건 간에 계속해서 아리야 세계의 마하데바(Mahādeva)들, 특히 전사(戰士)인 인드라(Indra) 신과 사제(司祭)인 브라흐마(Brahmā)

14 A. Foucher, *Art gréco-bouddhique du Gandhāra*, II, p. 129, 도면 377.
15 A. Foucher, 같은 책, II, p. 143.

신을 숭배했다. 수 백년 동안 바라문교적인 사변(思辨)에 의해 허약해진 이 신들은 노쇠해져서, 강인한 아리야 전사들이 지난 날 가지고 있었던 활기찬 신앙심을 그들의 숭배자들에게 더이상 불러일으킬 수 없었다. 이것은 그다지 중요한 일이 아니다! 전통은 유지되었다. 그리고 이 위대한 신들은 여전히 간다라의 부조들 위에 나타나고 있었다. 그들은 자신들의 귀족출신 숭배자들처럼 화려한 복장과 값비싼 패물로 장식을 했다. 샤꺄무니가 까삘라바스뚜를 떠나기 전에는, 그 역시 태자로서, 협정에 의한 신〔세간적인 신〕이었다는 사실을 사람들은 잊지 않고 있었으므로, 간다라 예술가들은 출가 전의 샤꺄무니를 나타내고자 했을 때는 변함없이 그를 신(神)처럼 옷을 입혔다.

불교 성자들 붓다는 성자(聖者)가 사후에 존재하는지, 더 이상 존재하지 않는지 알려고 하는 문제를 무기사(無記事, avyākṛtavastu: 유보된 문제)로 간주했다.[16] 그러나 붓다는 성자의 육체가 파괴되고 목숨이 떠났을 때, "신과 인간들은 그를 더 이상 보지 못한다"[17]라는 사실을 감추지 않았다. 일단 열반에 들어가고 나면 성자는 모든 사람의 시야에서 벗어난다. "아무도 그를 헤아려 볼 수 없다. 그에 대해 말할 수 있는 언어가 없다. 정신으로 생각할 수 있는 것은 사라져 버리고, 언어로 통할 수 있는 모든 길은 끊긴다."[18] 성자는 사후(死後)에 침묵할 권리가 있다. 생전에 그는 교단 내에서

16 본서 1권, p. 109, 註 83을 볼 것.
17 본서 1권, p. 97, 註 61을 볼 것.
18 본서 1권, p. 97, 註 62를 볼 것.

어떠한 특권도 요구할 수 없다. 왜냐하면 붓다는 교단 내에 직무상의 위계(位階)나 최고의 정신적 권위를 만들려 하지 않았기 때문이다. 각자는 자기 자신의 섬(島)이 되고 자신의 귀의처가 되어야 한다.[19]

그러나 이론과 실천 사이에는 넓은 간격이 있다. 붓다는 정신적인 스승, "길을 가리켜 주는 사람"으로 모습을 나타냈다. 그러나 붓다의 제자들은 그를 신들 가운데 가장 높은 신〔天中天〕으로 만들었다. 붓다는 신들을 윤회 하는 존재들 가운데 포함시켰고, 그들을 하위 등급으로 낮추었다. 그러나 붓다의 제자들은 자신들의 조상과 그들 계급의 예배에 충실했다. 불교도들이 역시 자신들의 성자들을 가질 뿐 아니라, 성자들에 대한 이야기들을 쓰고, 심지어 그들 가운데서 몇몇을 불멸화시키는 것을 아무 것도 막을 수 없었다. 역시 아무 것도, 교단들이 법장로(法長老)들—교단들은 그들의 권위를 인정했고, 그들을 저명하게 만들었다—에 대한 기억을 보존하는 것을 막을 수 없었다.

1. 붓다의 제자들은 앙굿따라니까야(I, p. 23-26)와 증일아함(增一阿含經, T. 125, k. 3, p. 557 a-560 b)의 제자품(弟子品, Etadaggavagga)에 열거돼 있다. 이 품(品)은 42명의 비구, 13명의 비구니, 10명의 우바새, 10명의 우바이들의 명단과 그들의 주된 특징에 대한 정보를 포함하고 있다. 그것에 따르면 아즈냐따 까운디냐(Ājñāta-Kauṇḍinya, 阿若憍陳如)는 교단 구성원들 가운데서

19 본서 1권, p. 134-138을 볼 것.

첫째다. 사리뿌뜨라는 대현자(大賢者)들 가운데서 첫째다. 마하 마우드갈랴야나(Mahā-Maudgalyāyana, 大目犍連)는 신통력을 가진 사람들 가운데서 첫째다. 마하 까사빠(Mahā-Kāśyapa, 大迦葉)는 엄격한 계율을 실천하는 사람들 가운데서 첫째다. 아난다(Ānanda, 阿難陀)는 박식한 사람들 가운데서 첫째다.

이 품(品)에 관한 주석서들에는, 이 제자들에 대해 제법 자세한 전기들이 나와 있다. 붓다고사가 5세기에 편찬한 앙굿따라니까야의 주석서 마노라타뿌라니(Manorathapūraṇī)는 75개의 전기들을 담고 있다(I, p. 124-458). 후한(後漢, 기원후 25-220년) 시대에 한역된 증일아함에 대한 독특한 주석서인 분별공덕론(分別功德論, T. 1507, k. p. 40 b-45 b)은 20여 개의 전기들을 포함하고 있다.

빨리어본 쿳다까니까야(Khuddakanikāya, 小部)의 제8경과 제9경인 테라가타(Theragāthā, 長老偈)와 테리가타(Therīgāthā, 長老尼偈)는 1, 279구절로 이루어진 107개의 게송(偈頌, gāthā)과 522구절로 이루어진 73개의 게송을 포함하고 있는 데, 미지의 저자들은 이 게송들을 각각 장로들과 장로니들이 읊은 것이라 하고 있다. 성자들은 서정적으로 대단히 고양된 어조로 욕망의 포기, 번뇌의 소멸, 고(苦)의 제거, 열반의 평온과 같은 그들의 이상(理想)의 아름다움을 찬양했다. 빨리어로 된 이 게송들은 틀림없이 산스끄리뜨어 불교문헌에서 그것들과 상응하는 것을 가지고 있었을 것이다. 그러나 산스끄리뜨어본 아가마(Āgama)에서 자주 언급되는[20]

20 본서 1권, p. 318-320을 볼 것.

스타비라가타(Sthaviragāthā, 上座所說偈)와 스타비리가타(Sthavirīgāthā, 上座尼所說偈)는 전해지지 않았다. 빨리어 집록은 기원후 5세기에 붓다고사와 동시대 사람인 담마빨라(Dhammapāla)가 주석하고 설명했다. 빠라맛타디빠니(Paramatthadīpanī)는 장로와 장로니들이 어떤 상황에서 그들의 작품으로 추정되는 이 게송들을 짓게 되었는지를 보여주면서, 이 정보에다 얼마간의 전기적(傳記的)인 정보들을 추가하고 있다. 이 전기적인 정보들은, 그것들이 설명하고 있다고 주장하는 게송들로부터 대개 추론되고, 출처가 의심스럽거나 완전히 꾸며진 작품들로부터 차용되었다. 따라서 이 정보들의 역사적인 가치는 사실상 전혀 없다.

쿳다까니까야의 제13경(經)인 아빠다나(Apadāna, 譬喩)는 550명의 장로와 40명의 장로니가 자신들의 몇몇 전생과 아라한과의 획득에 대해 이야기하고 있는 운문작품이다. 이 이야기들은 서민계층과 재가신도 계층의 영향을 나타내고 있다. 왜냐하면 이 비구와 비구니들은 8정도(正道)를 실천함으로서 성과(聖果)를 획득했다고 설명하는 대신, 그들이 전생에 행한 신앙 행위에서 그 원인을 찾는다. 즉 그들은 과거의 붓다들에게 꽃, 물, 과일, 부채 등을 봉헌했고, 그 대신 붓다들은 그들에게 "수기(授記)"를 주었다는 것이다. 아빠다나에 대해서는 비숫다자나빌라시니(Visuddhajanavilāsini)라는 제목의 주석서가 현존한다.[21] 저자와 연대는 알 수 없다. 그러나 이 주석서는 산스끄리뜨어에 대한 박식함과 특히 문법의 영향이 강했음을 드러내고 있다.

---

21 최근에 C. E. Godakumbura가 출판했다. Pāli Text Society, 1954.

빨리어본 아빠다나와 유사하지만 동일하지 않은 산스끄리뜨어로 된 작품이 "500장로의 행적(Pañcaśatasthavirāvadāna)"이다. 붓다의 열반 얼마 전에 500제자들은 공중으로 날아 아나바땁따(Anavatapta)의 호숫가로 갔다.[22] 그리고 그곳에 머물고 있던 붓다 앞에서 차례로 그들의 전생 공적들, 즉 그들의 표현에 따르면 그들을 마침내 성과(聖果)로 인도한 "업(業) 덩어리(karmaploti)"를 운문으로 말했다. 그러나 실제로 그들 모두가 말한 것은 아니다. 단지 그들 가운데서 약 30명이 제공한 설명만 취해졌다. 이 아바다나(Avadāna)의 집록은 기원후 303년에 축법호(竺法護, Dharmarakṣa)가 불오백제자자설본기경(佛五百弟子自說本起經, T. 199)이라는 제목으로 한역했다. 이것은 근본설일체유부 율장의 약사(藥事, Bhaiṣajyavastu *Gilgit Manuscripts*, III, 제1부, p. 162-218; Narthang의 Dulva, II, p. 505 a-557 b; 북경의 Dulva, FTBN, 제95권, p. 260 a-291 a; T. 1448, k. 16-18, p. 76-94)에 약간의 추가사항과 함께 삽입되었다.[23]

후기 성전 문헌은 많은 제자들 중에서 몇 군(群)을 따로 떼어놓았다. 적어도 중앙아시아와 중국에서 가장 유명한 것은 "10대 제자"군으로, 그것은 샤리뿌뜨라(Śariputra, 舍利弗), 마하 마우드갈랴야나(Mahā-Maudgalyāyana, 摩訶目犍連), 마하 까샤빠(Ma-

22 Anavatapta 호숫가의 이 집회는 역시 다음과 같은 곳에서 언급되고 있다: 增一阿含經, T. 125, k. 29, p. 708 c-710 c; 菩薩本行經, T. 155, k. 1, p. 113 b; Divya, p. 150; 大智度論, T. 1509, k. 45, p. 384 b-c; 大唐西域記, T. 2087, k. 6, p. 899 c.

23 M. Hofinger, *Le congrès du lac Anavatapta*, I(Louvain, 1954)에 이 자료들의 교정본과 불어 번역이 있음.

hā -Kāśyapa, 摩訶迦葉), 수부띠(Subhūti, 須菩提), 뿌르나 마이뜨라야니뿌뜨라(Pūrṇa-Maitrāyaṇīputra, 富樓那 彌多羅尼子), 아니룻다(Aniruddha, 阿那律), 마하 까땨야나(Mahā -Kātyāyana, 摩訶迦旃延), 우빨리(Upāli, 優波離), 라훌라(Rāhula, 羅睺羅), 아난다(Ānanda, 阿難陀)의 순서로 되어 있다. 이것은 특히 돈황(燉煌)의 동굴들에 나오는 도상군(圖像群)에서 볼 수 있는 것인데, 문헌으로는 남경(南京)에서 활약했던(312-322년) 쿠차(Kučā)국의 왕자 슈라미뜨라(Śrāmitra, 帛尸梨蜜多羅)가 관정칠만이천신왕호비구주경(灌頂七萬二千神王護比丘呪經, T. 1331, k. 8, p. 517 c)이라는 제목으로 한 곳에 모아 번역한 12경의 집록 가운데 언급돼 있다. 12세기에 편찬된 번역명의집(飜譯名義集, T. 2131, k. 1, p. 1063 a-1064 a)에도 10대 제자들이 약술되어 있다.

2. 대부분의 큰 제자들은 그들의 스승 붓다를 뒤따라 열반에 들었다. 전승에 의하면 붓다의 사후 즉시, 산꼭대기와 강과 수원(水源)과 협곡에 살고 있던 많은 아라한들은 "그들이 해야 할 일"을 다 했다 생각하고 무수히 열반에 들어갔다.[24] 마하까샤빠는 500명의 아라한들이 라자그리하의 결집에 참여해서 성전들을 편찬하기 위해 살아 있도록 설득하느라 큰 어려움을 겪었다. 그러나 조만간 그들 역시 모두 죽어야 하는 인간의 공통적인 운명을 감수했다.

그렇지만 몇몇 예외들이 있었다. 산스끄리뜨어 자료들은 아라한의 경우를 예로 들고 있는 데, 그들은 정법이 지상에 머물러 있

24 J. Przyluski, *Le concile de Rājagṛha*, p. 3-4, 27, 57-58, 206-207.

는 한, 시간의 끝까지 열반에 들지 않는다는 것이다.

이미 앞에서 언급한(본서 1권, p. 405, 411) 것으로서 마하까샤빠에 관한 일이다. 그는 미래불인 마이뜨레야에게 전해주어야 하는 샤꺄무니 가사(袈裟)의 보관자이다. 세존의 분소의(糞掃衣, pāṃśukūla)를 입은 까샤빠는 꾹꾸따빠다(Kukkuṭapāda) 산의 땅속 깊은 곳에 숨어서 멸진정(滅盡定, nirodhasamāpatti)에 들어 있지만, 시간의 끝이 되어 마이뜨레야가 그의 임무를 완수하기 위해 이 지상에 올 때 깨어날 것이다.

또 한 사람의 아라한으로서, 까우샴비 최초의 전도자였던 삔돌라 바라드바자(Piṇḍola Bhāradvāja)는 정법이 존속하는 한 역시 지상에 머물러 있어야 한다. 그의 잘못들, 특히 대식(大食)과 무분별하게 일으킨 기적에 대한 벌로써(본서 1권, p. 622-623), 그는 잠부드비빠(Jambudvīpa, 瞻部洲)에서 추방되었다. 그러나 그는 교화활동을 다른 대륙들, 즉 아빠라 고다니야(Apara Godānīya, 西牛貨洲), 뿌르바 비데하(Pūrva Videha, 東勝身洲), 역시 〔아나바땁따(Anavatapta) 호수 북쪽의 간다마다나(Gandhamādana) 산 위에 있는〕 웃따라꾸루(Uttarakuru, 北瞿盧洲) 에서 계속한다.[25] 그는 사람들이 그에게 약간이라도 음식을 제공하기만 하면, 그를 부르는 모든 사람에게 기꺼이 나타난다. 그는 아쇼까 황제에게 여래의 아름다움을 묘사해 주기 위해,[26] 그리고 바수반두(Vasubandhu)

---

25 이 장소결정에 대해서는, S. Lévi, *Les seize Arhat*(JA, 1916, 별쇄본, p. 112)를 볼 것.

26 아쇼까 왕전은 다음 자료에서 볼 것 : Divya, p. 400; 雜阿含經, T. 99, k. 23, p. 169 b; 阿育王傳, T. 2042, k. 2, p. 105 b; 阿育王經, T. 2043, k. 3, p. 139 c.

에게 소승의 공교리(空敎理)를 설명해 주기 위해 나타났다.[27]

붓다의 사후 2세기에, 제자 꾼도빠다니야(Kuṇḍopadhanīya, 君徒鉢歎)는 불교를 박해하고 수행자들을 학살한 슝가 왕조의 뿌샤미뜨라(Puṣyamitra) 왕의 재보(財寶)를 탕진시키기 위해 효과적으로 개입했다(본서 1권, p. 755-756).

마지막으로, 빨리어 전승에 의하면,[28] 라훌라는 아버지 샤꺄무니와 스승 샤리뿌뜨라보다 먼저 죽은 것으로 되어 있지만, 그는 특별히 부친의 상속자와 후계자 자격을 얻었다.

이와 같은 특수한 경우들을 근거해서, 몇몇 아라한들은 이전의 잘못에 대한 벌로써 또는 미래의 어떤 임무를 완수하기 위해, 다시 어떤 활동을 다시 할 수 있게 긴 삶을 누린다는 사상이 나타났다. 그들은 곧 공인된 법(Dharma)의 수호자로 간주되었는데, 역시 이 역할은 일반적으로 4천왕(天王)들에게 부여되었다. 이 아라한들은 열반에 들지 않고 이 세상에 머물게 된다. "상법(像法, pratirpaka dharma)" 시대와 박해를 당하는 동안, 그들은 신앙의 증인이 될 것이다. 그들은 불상과 비구상(比丘像)이 나타나는 원인이 될 것이고, 공중에서 말할 것이고, 광명을 일으킬 것이다. 마이뜨레야가 도솔천에서 이 세상에 내려올 때, 그들은 마침내 열반에 들어갈 수 있게 될 것이다.

이들 법 수호 아라한의 숫자는 처음에는 4명이었는데, 뒤에 8명, 16명, 18명으로 증가되었다.

---

27 J. Takakusu(高楠順次郎), *The Life of Vasubandhu by Paramārtha*, T'oung Pao, V, 1904, p. 273.

28 Sumaṅgalavilāsinī, II, p. 549; Sāratthappakāsinī, III, p. 213.

a. 증일아함(增壹阿含, T. 125, k. 44, p. 789 a)과 미륵하생경(彌勒下生經, T. 453, p. 422 b), 그리고 사리불문경(舍利弗問經, T. 1465, p. 902 a)에 나오는 4아라한들: 1. 마하까샤빠(Mahākāśyapa), 2. 삔돌라 바라드바자(Piṇḍola Bhāradvāja), 3. 꾼도빠다니야(Kuṇḍopadhānīya), 4. 라훌라(Rāhula).

b. 만주슈리물라깔빠(Mañjuśrīmūlakalpa, T. Ganapati Sastri 출판, I, p. 64와 111)의 두 명단에 나오는 8아라한들: 제1명단에는, 1. 샤리뿌뜨라(Śāriputra), 2. 마우드갈랴야나(Maudgalyāyana), 3. 마하까샤빠, 4. 수부띠(Subhūti), 5. 라훌라, 6. 난다(Nanda), 7. 바드리까(Bhadrika), 8. 까피나(Kaphina)가 나온다; 제2명단에는, 1. 샤리뿌뜨라, 2. 마우드갈랴야나, 3. 가밤빠띠(Gavāmpati), 4. 삔돌라 바라드바자, 5. 삘린다밧사(Pilindavatsa), 6. 라훌라, 7. 마하까샤빠, 8. 아난다(Ānanda)가 나온다.[29]

c. 입대승론(入大乘論, T. 1634, k. 1, p. 39 b)과 난제밀다라소설법주기(難提蜜多羅所說法住記, T. 2030, p. 13 a)와 같은 대승 문헌에 나오는 16아라한들: 1. 삔돌라 바라드바자, 2. 까나까밧사(Kanakavatsa), 3. 까나까빠리드바자(Kanakaparidhvaja), 4. 수빈다(Subinda), 5. 나꿀라(Nakula), 6. 바드라(Bhadra), 7. 깔리까(Kālika), 8. 바즈라뿌뜨라(Vajraputra), 9. 슈바빠까(Śvapāka), 10. 빤타까(Panthaka), 11. 라훌라, 12. 나가세나(Nāgasena), 13. 잉가다(Iṅgada), 14. 바나바시(Vanavāsi), 15. 아지따(Ajita), 16. 쭈다빤타까(Cūḍapanthaka).[30]

29 N. Dutt, *Early Monastic Buddhism*, II, p. 3, 註 1.

30 여기서는 S. Lévi가 *Les seize Arhats*(JA, 1916, 별쇄본, p. 9)에서 복원한 것을 채택한다.

d. 실벵 레비(S. Lévi)와 에두아르 샤반(É. Chavannes)이 연구한 중국자료에 나오는 18아라한들(*Les seize Arhat protecteurs de la Loi* =16명의 법 수호 아라한들, Journal Asiatique, 1916, 별쇄본, p. 136-166).

첫 명단들에서, 아라한들은 자신들의 전설에 의하면, 그들에게 부여된 법수호자의 역할을 담당하는 데 적격자들처럼 보인다. 그 대신 마지막 명단들에서는, 그들을 선정한 이유를 알 수 없게 된다. 왜냐하면 대제자들과 함께, 많은 미지의 인물들이 거기에 나오기 때문이다. 그들의 경우, 그 역할이 개성을 흡수해 버렸다. 즉 이 아라한들은 단지 이름만을 빌려주는 존재(prête-nom, 名義人)들일 뿐이다. 달리 말하면 나침반의 방위 표시도(表示圖)에 분포된 요정(妖精, numina)들과 같은 존재에 지나지 않는다. 이 16명의 아라한-수호자들을 대승 신화 가운데 다시 채택했을 뿐 아니라 종종 그들을 16명의 인도 출신 보디삿뜨바들로 대체했다. 이 보디삿뜨바들은 동일한 역할을 맡아 "16선인(善人, Ṣoḍaśasapuruṣa)"이라는 이름으로 불렸다.[31] 이들은 자신들의 이름이나 씨족의 이름에 의해서가 아니라 그들이 맡은 직무의 명칭에 의해서 지칭되는 재가 보디삿뜨바들이었다. 즉 라자그리하의 바이샤(vaiśya) 바드라빨라(Bhadrapāla), 바이샬리의 왕자 라뜨나까라(Ratnākara), 참

31 大寶積經, T. 310, k. 17, p. 91 c 14-15; k. 111, p. 623 b 13-14; 無量壽經, T. 360, k. 1, p. 265 c 16; 文殊師利般涅槃經, T. 463, p. 480 b 7; 持心梵天所問經, T. 585, k. 1, p. 1 a 14; 思益梵天所問經, T. 586, k. 1, p. 33 b 9; 勝思惟梵天所問經, T. 587, k. 1, p. 62 b 12: Saddharmapuṇḍarīka, p. 3, 1. 10.

빠(Champā) 상인의 아들 슈바굽따(Śubhagupta), 슈라바스띠의 바이샤 사르타바하(Sārthavāha), 미틸라(Mithilā)의 바라문 나라닷따(Naradatta) 등이다.[32] 그들은 바드라빨라의 지휘하에, 이방의 불국토(佛國土)로부터 오는 무수한 보디삿뜨바들보다 앞서오는데, 그들의 선도자(先導者)들은 마이뜨레야(Maitreya, 彌勒), 만주슈리(Mañjuśrī, 文殊師利), 아발로끼떼슈바라(Avalokiteśvara, 觀世音) 등이다. 우리는 여기에서 소승과 대승의 교차점에 서 있다. 그리고 소승교도들이 생각해낸 긴 수명을 가진 아라한들이 대승(大乘)에 의해 존경받는 무수한 비개성화된 보디삿뜨바들에게 어떻게 길을 열어 주었는지 볼 수 있다.

3. 마가다 시대와 마우리야 시대 초에, 불교의 성스러운 가르침을 서로 전한 5명의 법장로(法長老)들에 대해 우리는 앞에서(본서 1권, p. 404-415) 언급했다. 이 다섯 장로의 전설은 스리랑카 전승에서는 알려지지 않았지만 인도 대륙에서는 확고하게 자리를 잡았다.

아쇼까 시대의 특징은 전 인도를 통해 상가(僧伽)가 분산되고 불교 부파와 학파들이 형성되었다는 점이다. 각 부파와 학파에는 그 자신들의 독자적인 장로와 논사들이 있었다. 그러나 이 후자들은 정통성을 인정받기 위해 그들이 최초의 다섯 법장로—이들의 권위는 확실했다—의 직(直)계승자들이라고 주장했다.

설일체유부는 그들 부파출신의 디띠까(Dhītika)를 제6대 법장로로 삼았고, 근본설일체유부는 여기에 그들 부파출신의 두 논사

32 大智度論, T 1509, k. 7, p. 111 a.

인, 끄리슈나(Kṛṣṇa)와 수다르샤나(Sudarśana)를 첨가했다. 웃자이니 출신의 바라문 아들 디띠까는 우빠굽따(Upagupta)로부터 구족계를 받았다. 그는 우빠굽따 사후에 뚜카라(Tukhāra)국에 가서 메난더(Menander) 왕을 귀의시켰다(Tāranātha, p. 22-24). 벵갈(Bengale, Aṅga)의 부유한 선원(船員) 가문 출신인 끄리슈나는 까슈미르에서 밧사(Vatsa) 비구가 주장한 개아설(個我說) 이단(異端)과 싸웠고, 싱할라(Siṃhala, 스리랑카) 섬에서 불교를 소생시켰다(Tāranātha, p. 43-45). 바루깟차(Bharukaccha)의 귀족 끄샤뜨리야의 아들 수다르샤나(Sudarśana)는 끄리슈나를 계승해서 사방승가(四方僧伽)의 상수(上首)가 되었다. 그는 신드(Sindh) 지방에서 힝갈라찌(Hiṅgalācī) 약시니[yaksinī, 夜叉女]를 굴복시켰고, 신앙심이 없는 많은 나가와 약샤들을 불교에 귀의시켰을 뿐 아니라, 남쪽 지방과 인근의 여러 섬에서 유익한 순회 전도 여행을 했다(Tāranātha, p. 45-47). 그렇지만 이 티베트의 역사가 타라나타가 수집한 자료들은 너무나 많은 연대적인 문제들을 포함하고 있기 때문에 거의 믿을 만한 가치가 없다.

상좌부의 한 전승은,[33] 다음과 같이 설일체유부의 분열을 설명한다. 불멸후 200년 동안 7명의 장로들이 차례로 계승했다. 5명의 법장로들과 뿌라나(Pūraṇa)와 메짜까(Mecaka)가 그 뒤를 이었다. 그때까지 분파는 없었다. 그렇지만 5명의 첫 장로들은 주로 수뜨라들을 보급시킨 반면, 뿌라나와 메짜까는 근본적인 문제들을 소홀히 하고 이차적인 것들을 보급시키면서, 아비다르마를 그들의

33 P. Demiéville, *L'origine des sectes bouddhiques*, p. 53-54.

주된 가르침으로 삼았다. 불멸후 3세기 초에, 즈냐나쁘라스타나(Jñānaprasthāna)(본서 1권, p. 363-365)의 유명한 저자, 까땨야니뿌뜨라(Kātyāyanīputra)는 아비다르마를 높이 평가했고 설일체유부(Sarvāstivādin)를 창설했다. 상좌(上座) 비구들은 4번이나 되풀이해서 설일체유부에게 그들의 개혁적인 주장들을 버리도록 엄명했다. 그러나 그들은 거절당했다. 그래서 상좌들은 이 개혁자들과 갈라서기 위해 설산으로 거주처를 옮겼는데, 그곳에서 그들은 설산부(雪山部, Haimavata)라는 이름을 갖게 되었다.

인도차이나 선종(禪宗)의 형성에 기여한 인도출신 승려들 가운데서 우리는 상가락샤(Saṃgharakṣa, 僧伽羅刹), 다르마뜨라따(Dharmatrāta, 達磨多羅), 붓다세나(Buddhasena, 佛陀斯那), 붓다바드라(Buddhabhadra, 佛馱跋陀羅)를 언급해야 한다. 상가락샤는 수라슈뜨라(Surāṣṭra) 출신이었다. 그는 기원후 2세기에 그곳에서 태어났다. 그는 많은 여행을 했는데, 간다라에 도착하자 그곳의 짠다나 까니슈까(Candana Kaniṣka) 왕이 그를 스승으로 삼았다. 그의 여러 저작들 가운데서 특히 요가짜라부미(Yogācārabhūmi)를 들 수 있는 데, 이것은 현재 2가지 한역본으로 전해지고 있다. 즉 기원후 148-170년 사이에 안세고(安世高)가 번역한 도지경(道地經, T. 607)과 248년에 축법호(竺法護, Darmarakṣa)가 번역한 수행도지경(修行道地經, T. 606)이 그것이다.[34] 다르마뜨라따와 붓다세나는 5세기 초에 까슈미르에서 가르친 것 같다. 다르마뜨라따는 요가사마사나수뜨라(Yogasamasanasūtra)를 저술했

34 P. Demiéville, *La Yogācārabhūmi de Saṃgharkśa*, BEFEO, XLIV. 1954, p. 339-436.

지만 현재 전해지지 않는다.[35] 붓다세나(Buddhasena)는 요가짜라부미(Yogācārabhūmi, 達磨多羅禪經, T. 618)를 썼는데, 이것은 붓다바드라가 413년경에 한역했다.[36]

우리가 방금 언급한 이 장로들은, 그들 역시 한 명 또는 두 명의 중개자를 통해 최초의 다섯 명의 법장로와 연결되어 있다.

이것을 설명하기 위해서 다음과 같이 6개의 아짜리야(Ācārya, 阿闍利) 명단들이 있다.

1) 사리불문경(舍利弗問經, T. 1465, p. 900 a) : 대중부 명단. 이것은 최초의 5명의 법장로를 내세운다.

2) 아육왕경(阿育王經, T. 2043, k. 7, p. 152 c) : 설일체유부 명단. 이것은 최초의 5명의 법장로에 한 명의 논사〔Dhītika〕를 추가한다.

3) 근본설일체유부비나야잡사(根本說一切有部毘奈耶雜事, T. 1451, k. 40, p. 411 b-c) : 근본설일체유부 명단. 이것은 최초의 5명의 법장로에 3명의 논사〔Dhītika, Kṛṣṇa, Sudarśana〕를 추가한다.

4) 길장(吉藏, 549-623년)의 삼론현의(三論玄義, T. 1852, p. 9 b) : 설일체유부의 명단. 이것은 최초의 5명의 장로에 3명의 논사〔Pūrṇa, Mecaka, Kātyāyanīputra〕를 추가한다.

5) 붓다세나의 달마다라선경(達磨多羅禪經, T. 618, p. 301 c 6) : 5명의 장로에 4명의 새로운 논사를 결부시킨 명단.

---

35 Lin, *L'Aide Mémoire de la Vraie Loi*, p. 344-346, 349, 351; P. Demiéville, BEFEO, XLIV, 1954, p. 362.

36 Lin, *L'Aide Mémoire*., p. 315, 341-351.

T. 1465	T. 2043	T. 1451	T. 1852	T. 618	T. 2145
마하까샤빠	마하까샤빠	마하까샤빠	마하까샤빠	마하까샤빠	
아난다	아난다	아난다	아난다	아난다	아난다
마 댠띠까	마 댠띠까	마 댠띠까	마 댠띠까	마 댠띠까	마 댠띠까
샤나바신	샤나바신	샤나바신	샤나바신	샤나바신	샤나바신
우빠굽따	우빠굽따	우빠굽따	우빠굽따	우빠굽다	우빠굽따
	디띠까	디띠까	뿌르나	바수미뜨라	부야밀라(富若蜜羅)[38]
		끄리슈나	메짜까	상가락샤	부야라(富若羅)[39]
		수다르샤나	까땨야니뿌뜨라	다르마뜨라따	다르마뜨라따
				불야밀다라(不若蜜多羅)[40]	붓다세나
					바드라[41]

6) 출삼장기집(出三藏記集, T. 2145, k. 9, p. 66 b-c)에서, 혜관(慧觀, 5세기초)이 쓴 수행지부정관경(修行地不淨觀經, Yogācārashūmyaśubhabhāvanāsūtra)의 서문 : 최초의 장로들에 5명의 새로운 논사를 결부시킨 명단.

4. 우리는 5명의 법장로들을 마하마야경(摩訶摩耶經, T. 383, k. 2, p. 1013 b-c)과 같은 몇몇 대승경이 작성한 조사(祖師)들의 명단 첫 머리에서 역시 볼 수 있고,[37] 중국 저자들이 편찬한 불교의

37 이 구절은 첫 1500년간의 불교에 관한 예언을 포함하고 있다: 첫 100년은 5장로(摩訶迦葉에서 優婆掬多까지)와 그들의 계승자인 富樓那(Pūrṇa)의 행동이 우위를 점하게 된다; 그 다음 100년마다 尸羅難陀(Śīlananda), 青蓮華眼(Nīlotpalākṣa?), 牛口(Gomukha), 寶天(Ratnadeva?), 馬鳴(Aśvaghoṣa), 龍樹(Nāgārjuna)가 오게 된다.

38 Puṇyamitra 또는 Prajñāmitra.

39 Lin, *L'Aide Mémoire de la Vraie Loi*, p. 349 註.

40 Puṇyamitra 또는 Prajñāmitra.

41 Bhadra(또는 Buddhabhadra). 그는 Yogācārabhūmi 원본을 중국에 도입했다(Lin, *Aide Mémoire*, p. 349 註 참조).

일반 역사서들, 즉 519년에서 544년 사이에 혜교(慧皎)가 편찬한 고승전(高僧傳, T. 2059, k. 3, p. 345 b), 597년에 비장방(費長房)이 완성한 역대삼보기(歷代三寶紀, T. 2034), 지반(志磐)이 편찬한(1269-1271년) 불조통기(佛祖統紀, T. 2035, k. 5, p. 169 a), 원나라 말에(1344년) 염상(念常)이 출판한 불조역대통재(佛祖歷代通載, T. 2036, k. 3-6, p. 496 b-525 a)에서도 볼 수 있다.

부법장인연전(付法藏因緣傳, T. 2058)은, 현재의 형태로 나타나고 있는 바로서는, 부분적으로 현재 남아 있기도 하고(설일체유부 율장, Aśokāvadāna), 부분적으로 이미 없어져 버리기도 한 인도의 자료들을 근거로 해서, 6세기에 중국에서 편찬된 출처가 의심스러운 책이다. 이것은 마하까샤빠로부터 싱하(Siṃha) 비구에 이르는 24명의 조사(祖師)들의 역사를 담고 있다.[42]

너무 불완전하지 않도록 하기 위해, 우리는 역시 아라한과 보디삿뜨바에 대한 설일체유부의 두 가지 명단— 첨부된 전기는 없다 — 에 대해 언급해야 한다. 이것들은 승우(僧祐, 435-518년)가 그의 출삼장기집 목록에 삽입한 것이다. 첫 번째 명단에는(k. 12, p. 89 a-b) 53명의 이름을, 그리고 두 번째 명단에는(k. 12, p. 89 c-90 a) 54명의 이름을 싣고 있다.

인도 출신 장로들에 관한 중국의 참고 자료는 질이 나쁘고 역사적인 내용이 별로 없다. 그러나 4-5세기의 인도의 전기 작가들은

---

42 이 역사는 J. Eekins가 영역했다: *Chinese Buddhism*, 제2판, London, 1893, p. 60-86. 이 저작에 관해서는 H. Maspero의 *Sur l'authenticité du Fou fa-tsang yin-yuan tchouan*〔付法藏因緣傳〕(S. Lévi의, Mélanges(논총) Paris, 1911, p. 129-149)을 볼 것.

고대의 사실들에 대해 조금 더 잘 알고 있었다. 꾸마라지바(Kumārajīva, 鳩摩羅什)가 편찬한 아슈바고샤(Aśvaghoṣa, 馬鳴菩薩傳), 나가르주나(Nāgārjuna, 龍樹菩薩傳), 데바(Deva, 提婆菩薩傳)의 독립된 전기들(T. 2046~2048)과 빠라마르타(Paramārtha, 眞諦)가 쓴 바수반두법사전(婆藪槃豆法師傳, T. 2049)은 큰 가치가 없다.

이 자료들은 전통적인 "법 장로"를 단지 어렴풋하게 상기시키는 "조사(祖師)"의 초상(肖像)을 그리고 있다. 그런데 이 조사는 현자라기보다는 마법사에 더 가깝다. 그의 행동에는 흠잡을 데가 적지 않다. 일반적으로 그는 가난하고 초라하게 옷을 입고 있지만 정신적인 명민함과 마법의 힘 덕택으로 명성을 얻는다. 이 조사는 불교 교리를 깊이 이해하고, 제자들의 마음을 들여다 본다. 그는 신통력 덕택으로 공중을 날아다닐 수 있고, 물위로 걸을 수 있고, 비를 내리게 할 수 있고, 비(卑)금속을 금이나 은으로 바꿀 수 있고, 미래를 예언할 수 있고, 칼과 독(毒)에 용감하게 맞설 수 있다. 그렇지만 그는 자신의 지혜와 능력을 자신이 옹호하고 있는 정법을 섬기는 데 사용한다. 조사(祖師)는 반드시 그의 전임자에 의해 선임되는 데, 일단 지명이 되면 확고한 권위를 누리게 된다.

불교의 구세주 마이뜨레야 조금 전에 언급된 16아라한들은 뛰어난 복전(福田)이 된다. 왕들, 대신들, 보통 사람들이 이 복전에 심는 선근(善根)은 틀림없이 과보를 맺게 된다. "이 선근의 힘으로, 미륵여래(彌勒如來)가 정각을 이룰 때 사람들은 대단히 훌륭한 인간의 몸을 받게 된다. 그리고 사람들은 이 붓다의 3번째 모임에서, 평온하고 믿음이 있는 마음을 가지고, 가정생활의 법〔家法〕을 버린 뒤 출가해서 집 없이 된다. 사람들은 청정한 마음으로 수염과 머리를 깎고 가사를 입고 성자 무리〔聖衆〕 가운데 한 사람이 된다. 사람들은 그때 이전에 세운 원력에 의해 열반을 얻게 된다"(大阿羅漢難提蜜多羅所說法住記, T. 2030, p. 14 c).

사람들이 그의 도래(到來)를 구세주의 재림(再臨)처럼 기다리는 이 미래불(未來佛)은 아지따 마이뜨레야(Ajita Maitreya), 즉 "자비로운 무적의 존재"이다. 그에 대한 숭배는 인도와 외국에서 예기치 않은 큰 성공을 거두었다. 불교문학은 자주 그것에 대해 암시를 하고, 완전한 작품들을 그에게 할애했다. 불교문학이 그에 대해 제공하고 있는 방대한 양의 정보는 마구 얽혀 있을 뿐 아니라 종종 서로 모순되기도 한다. 그렇지만 우리가 비록 인도(印度)의 구세주 신앙에 대한 연대기 작성은 단념해야 한다 할지라도, 구세주에 대해 언급하고 있는 자료들의 체계적인 분류는 시도할 수 있을 것이다.

1. 바바리의 제자, 아지따와 마이뜨레야.— 빠라야나(Pārāyaṇa＝彼岸道品: Suttanipāta, 제5장, 976-1149절)는 불교문헌의 맨 첫머리에 자리잡는다. 이것은 니까야와 아가마의 몇 안 되는 자료들 가운데 하나이다. 니까야와 아가마는 자주 빠라야나에 의거하고 있다. 이 고대작품에서 아지따(Ajita)와 마이뜨레야(Maitreya)는 아직 눈에 띄지 않는 역할만을 맡고 있다. 그들은 붓다가 귀의시킨 바바리(Bāvari)의 16명 제자들 무리에 속한다.

바바리는 슈라바스띠에서 닥쉬나빠타(Dakṣiṇāpatha, Dekhan)로 간

바라문 출신 고행자였다. 그는 고다바리(Godāvarī) 강변의 앗사까(Assaka)와 알라까(Alaka) 왕들의 영지(領地)에 위치한 암자에 자리를 잡았다. 인근의 한 촌락으로부터 수입을 얻었던 이 고행자는 큰 제사를 지내고, 그의 모든 재산을 사람들에게 보시했다. 사나운 외모를 가진 한 바라문이 그를 찾아 와서 500양(兩)을 요구했다. 바바리는 자신이 완전히 빈곤한 상태로 되었기 때문에 바라문의 요구를 들어줄 수 없었다. 자신의 요구가 거절당하자 화가 난 바라문은 그를 저주하면서, 그의 머리가 7조각으로 파열할 것이라고 말했다. 몹시 불안해 하는 바바리를 한 여신이 안심시켰다. 여신은, 그 심술궂은 바라문이 "머리"와 "머리의 파열"이라는 말의 의미조차도 모른다고 바바리에게 말했다. "그렇다면 누가 그 의미를 아는가?" 라고 바바리가 물었다. 여신은 "붓다, 이 세상에 방금 출현하신 붓다이다" 라고 대답했다. 바바리는 이 사실을 확인하고 싶었기 때문에 16명의 제자들을 붓다에게 급히 보냈는데, 그 16명 가운데 처음의 2명이 아지따(Ajita)와 띳사 멧떼야(Tissa - Metteyya; Tiṣya-Maitreya)였다. 안드라(Andhra)국에서 바이샬리(Vaiśālī)까지 장거리 여행을 한 뒤, 그 16제자들은 붓다를 만나 그들의 스승 이름으로 그에게 인사를 드렸다. 그들은 샤꺄무니가 대인상(大人相)을 갖추고 있다는 것을 확인하고 만족했다. 16제자들은 아지따를 시작으로 해서 차례차례 붓다에게 한 가지씩 질문을 했고, 붓다는 그들에게 대답을 했다. 주석서에 의하면 이 회담 끝에 바바리의 조카 삥기야(Piṅgiya)를 제외하고 그들은 모두 아라한이 되었다. 삥기야는 단지 아나가민(anāgāmin, 阿那含)이 되었을 뿐이었다. 그는 3촌〔바바리〕에게 돌아가서 자신이 겪은 일들을 그에게 이야기했다. 삥기야의 말이 아직 끝나지 않았는데, 붓다가 후광에 휩싸여 3촌과 조카 앞에 나타났다. 바바리는 아라한이 되었다.

빠라야나(제1019절)에 의하면, 고행자 바바리는 그 당시 120세였고, 3개의 대인상을 갖추고 있었다. 이 사실은 대지도론(T. 1509, k. 4, p. 92 a 9; k. 29, p. 273 a 25)에서 확인되는데, 미간백호상(眉間白毫相, ūrṇā)과 설복면상(舌覆面相: 얼굴을 덮는 혀)과 음장상(陰藏相)이 열거되고 있다. 빠라야나는 바바리를 데칸(Deccan) 지방으로 이주한 슈라바스띠의 한 바라문으로 생각하고 있는 반면, 현우경(賢愚經, T. 202, k. 12, p. 432 c 1-2)은 간단하게 그를 빠딸리뿌뜨라국의 국사(國師)라고 말한다. 아라한구덕경(阿羅漢具德經, T. 126, p. 832 a 4)은, "큰 보시행〔大捨行〕을 갖춘 성문(聲聞)은 바바리 비구다"라며, 그의 도덕적 특성을 강조하고 있다.

빠라야나에 의하면 아지따와 마이뜨레야는 14명의 다른 사람들과 함께 바바리의 제자들이다. 그러나 그들의 출신은 명확하게 밝혀져 있지 않다.

아지따는 꼬살라 왕의 제1보좌관인 슈라바스띠의 한 바라문 아들이었다(Theragāthā의 주석서, I. p. 73 및 이하). 그는 역시 바바리의 조카였다(Apadāna, I. p. 337, 28절; Aṅguttara의 주석서, I. p. 335).

마이뜨레야의 경우, 자료들이 남북 양 기원 사이에서 주저하고 있다: "붓다 재세시에, 까빨리(Kapāli) 바라문 아들의 이름은 마이뜨레야였다. 그의 육신은 황금색이였고 32상과 80종호(種好)를 갖추었다"(不食肉經, T. 183, p. 457 c); "마이뜨레야는 바라나시

왕국 까빨리촌의 대바라문 바바리 가문에서 태어났다"(觀彌勒菩薩上生兜率天經, T. 452, p. 419 c14-15); "마이드레야는 남인도의 한 바라문 아들이었다"(注維摩詰經, T. 1775, k. I, p. 331 b 9). 간다뷰하(Gaṇḍavyūha, D. T. Suzuki 출판, p. 527, I. 8-9; 華嚴經, T. 278, k, 60, p. 782 c 12; 같은 경 80권본, T. 279, k. 79, p. 438 a 28-29; 같은 경 40권본, T. 293, k. 38, p. 835 c 10-11)에서, 마이뜨레야는 젊은 수다나(Sudhana)에게, "나는 말라따(Mālaṭa)국 꾸따그라마까(Kūṭagrāmaka) 촌의 닥쉬나빠타(Dakṣiṇāpatha)에서 태어났다"고 선언한다.

2. 수기받은 마이뜨레야.—샤꺄무니의 수기(授記)에 의하면, 다음에 올 붓다가 마이뜨레야라는 사실이 일반적으로 인정되고 있다. 이 수기는 니까야와 아가마에 나온다: "사람들의 수명이 8만년에 이를 때, 성스럽고 완전한 깨달음을 성취한 미륵여래(彌勒如來)가 세상에 탄생할 것이다"(Digha, Ⅲ, p. 75-76; 長阿含經, T. 1, k. 6, p. 41 c 29; 增一阿含經, T. 125, k. 44, p. 788 b 1). 이 수기는 모든 부파들에 의해 인정되었다(Milinda, p. 159; Visuddhimaga, Warren 출판, p. 367; 阿毘曇八犍度論, T. 1543, k. 27, p. 898 c 17-18; 大毘婆沙論, T. 1545, k. 135, p. 698 b; Kośa, IX, p. 269).

마이뜨레야뱌까라나(Maitreyavyākaraṇa, 彌勒授記經)들은 미래불의 도래(到來)를 길고 자세하게 기술하고 있다. 이 문헌들은 특별한데, 거기에서 샤꺄무니가 모임에 참석한 누구에게도 어떠한 언급 없이 추상적으로 수기를 발하는 것이 특별하다. 달리 밝히고 있지는 않지만, 그 수기(授記)는 미래의 마이뜨레야에게 해당되는 것이다. 결코 그의 동문(同門) 아지따에 관한 것이 아니다.

미래에 사람의 수명이 80,000세가 될 때, 샹카(Śaṅkha)라는 이름의 전륜왕이 께뚜마띠(Ketumatī. Varānasi의 미래 이름)에 있게 될 것이다. 그는 전륜왕의 7보(寶)를 소유할 것이고 대양(大洋)의 경계에까지 이르는 모든 땅을 통치할 것이다. 이 왕은 브라흐마유스(Brahmāyus)라는 바라문을 전속 사제(司祭)로 삼을 것이다. 그리고 브라흐마바띠(Brahmāvatī)라는 사람이 이 바라문의 아내〔妻〕가 될 것이다. 그녀는 사방을 자비심으로 덮을 것이다(maitreṇaṃseua sphuritvā). 뒷날 그녀는 한 아들을 낳을 것인 데, 이 아이는 마이뜨레야(Maitreya), 즉 "자비로운 사람〔慈氏〕"이라고 불리게 될 것이다. 그의 아버지처럼 그는 80,000명의 제자들에게 브라흐만의 만뜨라(mantra)를 가르칠 것이다. 그렇지만 그는 인간사의 무상함을 보고, 숲 속에 몸을 숨길 것이고, 자비를 사방으로 퍼뜨리면서 최상의 지혜에 이르게 될 것이다. 그때부터 그는 마이뜨레야 삼약삼붓다(Maitreya Samyaksaṃbuddha: 正等覺을 성취한 彌勒)라고 불리게 될 것이다. 같은 날, 바라나시국 왕의 7보는 사라지게 될 것이다. 샹카 왕과 비샤카(Viśākhā) 왕비는 수많은 신하들을 데리고 마이뜨레야의 안내를 받아 유행(遊行) 생활을 택할 것이다. 마이뜨레야는 귀의한 사람들의 무리에 둘러싸여 라자그리하(Rājagṛha) 근처의 구루빠다까(Gurupādaka, 異本 Kukkuṭapāda) 산으로 갈 것이다. 이 산은 저절로 열리면서 까샤빠(Kāśyapa) 비구의 해골을 드러내 보일 것이다. 마이뜨레야는 그것을 왼손 위에 올려 놓고 이 작은 해골은 사람의 수명이 100세를 넘지 못하던 시대에 살았던 샤꺄무니의 제자 까샤빠의 것이라고 설명할 것이다. 이 까샤빠는 검소한 생활에 만족하고 엄격한 계율을 실천한 사람들 가운데 첫째였다. 샤꺄무니의 사후, 그는 교리〔붓다의 가르침〕를 결집했다. 이 계시(啓示)는 청중들의 감탄을 일으킨다. 그리고 그들 모두는 아라한과를 성취한다.

이 마이뜨레야바까라나〔彌勒授記經〕는 이본(異本)들이 매우 많다. 그러나 그들 간에는 내용상 차이점이 거의 없다. 그것들 가운데 몇몇은 아가마와 비나야들 가운데 삽입되어 있는 것도 있고, 또 어떤 것은 독립적으로 출판되기도 했다. 아래의 목록은 완전하다고 할 수 없는 것이다.

1. 증일아함경, T. 125, k. 44, p. 787 c – 789 b.

2. 근본설일체유부 율장 : 디뱌바다나(Divyāvadāna), Ⅲ. p. 60 – 62; 근본설일체유부비나야약사, T. 1448, k. 6, p. 24 c 28 – 25 b 10.

3. 마이뜨레야바까라나(Maitreyavyākaraṇa): 산스끄리뜨어 텍스트, 티베트어본, 그리고 S. Lévi의 불어역인 *Maitreya le Consolateur*(慰安者, 彌勒), Études d'Orientalisme(Mélanges R. Linossier), Ⅱ, Paris, 1932, p. 381– 402.

4. 5가지의 한역(漢譯) 마이뜨레야바까라나(Maitreyavyākaraṇa: 1) 미륵하생경(彌勒下生經, T. 453): 앞에서 언급한 증일아함에 삽입되어 있는 것으로서 간단한 요약본인데, 265년에서 313년 사이에 활동한 번역가 축법호(竺法護, Dharmarakṣa)의 이름으로 되어 있다. 2) 미륵래시경(彌勒來時經, T. 457): 동진(東晋, 317– 420년)때 미지의 사람이 번역했다. 3) 미륵대성불경(彌勒大成佛經, T. 456): 402년에

구마라집(鳩摩羅什, Kumārajīva)이 번역했다(E. Leumann의 *Maitreyasamiti, das Zukuuftsideal der Buddhisten*, Ⅱ, Strassburg, 1919, p. 255-280에, K. Watanabe〔渡邊〕의 독일어본). 4) 미륵하생성불경(彌勒下生成佛經, T. 454): 이 한역본은 구마라집이 번역한 것으로 되어 있지만 의심스럽다(E. Leumann, 앞의 책, p. 227-236에 K. Watanabe 의 독일어본). 5) 미륵하생성불경(彌勒下生成佛經, T. 455): 701년에 의정(義淨)이 번역했다(E. Leumann, 앞의 책, p. 237-254에 K. Watanabe 의 독일어본).

5. 마이뜨레야사미띠나따까(Maitreyasamitināṭaka): 아마도 인도 기원의 모델을 근거로 쓰여진 희곡 작품으로서, 나끄리디스(Nakridis)의 비바사사(毘婆沙師, Vaibhāṣika)인 아리야짠드라(Āryacandra)가 아그니어(Agnean, Kharašahr의 언어)로 쓰고 쁘라즈냐락쉬따(Prajñā-rakṣita)가 터키어로 번역했다. 아그니(Agni)어로[43] 된 단편(斷篇)들은 지크(E. Sieg)와 지글링(W. Siegling)이 출판했다(*Tocharische Sprachreste*, , p. 107, 119, 125 이하, 155 이하, 164 이하, 254 이하, Leipzig, 1921). 고대 터키어로 된 단편들은 뮐러(F. W. K. Müller)와

---

43 W. B. Henning, *The Name of the "Tokharian" Language*, Asia Major, New.-Ser., I, 제II부, 1949, p. 158-162 : "불교문헌들의 위구르어 (Uighur) 간기(刊記)에서 발견되고, 카라차르(Kharachar: 고대 Agni 왕국, 玄奘에 의하면 A-ki-ni) 언어에 붙여진 것 같은 twgry라는 이름은 많은 저자들로 하여금 이 언어를 Tokharien(토카리어), 즉 토카레스탄(Tokharestan, 고대 Bactria) 언어와 혼동하게 만든다. 이와 같은 견해는 N'krydyš (= Nagaradeśa = 동 아프가니스탄의 Jelālābād)의 위구르어본 Maitrisimit의 간기에 표시되어 있는 것에 의해 확인된 것처럼 보인다. N'krydyš는 위구르 텍스트의 기초로 사용된 Twgry어본 텍스트 저자의 모국이다(F. W. K. Müller). 그러나 N'krydyš는 'knydyš = Agnideśa "아그니國"으로 정정되어야 한다. Twgry는 확실히 아그니어(Agnean)이지 토카리어(Tokharien)가 아니다" (Bibl. bouddhique, XXI-XXIII, n° 507).

지크가 분석 검토했다(SBA, 1905, p. 958; 1916, p 395 이하). 이것들은 쉘(H. Schell)의 서문과 함께 폰 가바인(A. M. von Gabain)이 마이뜨리시미뜨(Maitrisimit)라는 제목으로 1957년에 비스바덴(Wiesbaden)에서 출판했다.

6. 마이뜨레야사미띠(Maitreyasamiti): 코탄(Khotan)어로 된 것인데, 크시사르(Ksysar, Karsar)의 귀족가문 출신 파르샤바타(Pharṣavata, 산스끄리뜨어로는 Paruṣapadī) 부인의 명령으로 한 필사생(筆寫生)이 베낀 것이다. 이 필사생은 이 일을 위해 뿐야바드라(Puṇyabhadra) 비구의 도움을 받았는데, 이 비구는 그 〔필사생〕의 기억을 불러일으키는 데 이바지했다. 마이뜨레야사미띠의 제23장은 로이만(E. Leumann)이 출판했다(*Maitreyasamiti, das Zukunftsideal der Buddhisten*, I, Leipzig, 1919).

3. 미래의 전륜왕 아지따와 미래의 붓다 마이뜨레야.—또 다른 범주의 자료들은, 앞의 자료들에서 이미 부분적으로 알려졌지만, 더욱 생생하고 보다 극적인 관점에서 예언〔授記〕을 하고 있다. 마이뜨레야가 집회에 참석하고 있을 때 샤까무니는 마이뜨레야에게 다음 번의 붓다가 될 것이라는 것을 알리면서, 그것을 보증하기 위해 그는 이모(姨母) 마하쁘라자빠띠 가우따미(Mahāprajāpatī Gautamī)가 바로 얼마 전에 상가에 봉헌한 금실로 짠 가사〔金縷織成衣〕를 마이뜨레야에게 준다. 이번에는 마이뜨레야의 동문(同門) 아지따도 언급된다. 즉 샤까무니는 아지따에게, 마이뜨레야가 도래할 때, 그는 께뚜마띠(Ketumatī)에서 샹카(Śaṅkha, 螺)라는 왕이 될 것이라는 것을 알린다.

금란가사(金襴袈裟)의 에피소드는 여러 경전자료에 잘 알려져 있다. 그러나 이 자료들은 마이뜨레야에 대한 언급은 전혀 없이 그것을 이야기한다. 붓다는 까삘라바스뚜의 냐구로다라마(Nyagrodhārāma)에 있었다. 마하쁘라자빠띠 가우따미가 붓다에게 다가와서 그녀가 손수 짠 새 옷 한 벌을 봉헌했다. 붓다는 그것을 거절하면서 다음과 같이 말한다: "가우따미여, 이것을 상가에 주시오. 상가에 주면 나에게도 공양하게 되고, 상가에도 공양하게 되는 것입니다." 이 작은 이야기는 닥키나비방가숫따(Dakkhināvibhaṅga-sutta, Majjhima, III, p. 253; 中阿含經, T. 26, k. 47, p. 721 c-722 a; 分別布施經, T. 84, p. 903 b-c)와 화지부 율장(化地部律藏, 五分律, T. 1421, k. 29, p. 185 b-c)에서 이야기되고, 밀린다판하(p. 240)에 다시 나온다.

마이뜨레야 문헌의 일부는 앞에서 제시된 의미로 이 에피소드를 널리 사용했다. 다음과 같이 몇 가지 출전(出典)을 들 수 있다.

a. 빨리어 니까야에 실려 있지 않은 마이뜨레야 계통의 한 수뜨라가 뿌르바빠란따까수뜨라(Pūrvāparāntakasūtra), 즉 "본말경(本末經)"이다. 이 경의 산스끄리뜨어 제목은 까르마비방가(Karma-vibhaṅga, S. Lévi 출판, p. 39와 67)에 나오는 두 인용문을 통해 알 수 있다. 이 경의 제목은 역시 마이뜨레야뱌까라나(Maitreya-vyākaraṇa) 2권과 대지도론(T. 1509, k. 1, p. 57 c 25)에서 인용되고 있다. 우리는 그것을 두 한역본, 즉 설본경(說本經)과 고래세시경(古來世時經)을 통해 알 수 있다. 첫 번째 경은 중아함경(T. 26, 제66경, k. 13, p. 508 c-511 c)에 삽입되어 있고, 두 번째 경

은 연대가 동진(東晋, 317-420년) 시대로 거슬러 올라간다(T. 44. p. 829 b-830 c).

붓다는 바라나시의 녹야원에 계셨다. 그는 비구들에게 보시공덕을 찬탄하여 말씀했다. 세존의 주장을 뒷받침하기 위해 아니룻다(Anirud-dha, 阿那律陀)는 그 자신의 아바다나(avadāna, 전생담)를 이야기했다. 그는 쁘라띠에까붓다(Pratyekabuddha, 辟支佛)에게 한 그릇의 음식을 보시했기 때문에 여러 생에 걸쳐 막대한 이익을 얻었다. 아니룻다는 자신의 이야기를 장로게경(Theragāthā, 910 - 919절)의 게송들과 같은 일련의 게송(T. 26, p. 509 b)을 가지고 끝낸다.

붓다는 예언을 통해 인간의 수명이 8만세가 될 때 바라나시에 샹카(Śaṅkha)라는 이름을 가진 강력한 전륜왕이 있게 될 것이라고 말씀한다. 대중 가운데에 있던 아지따[阿逸哆]는 이 샹카 왕이 될 원(願)을 발하고, 그 원이 성취될 것이라는 수기(授記)를 받는다(同, p. 510 b 7-9).

수기는 다음과 같이 계속된다. 즉 사람의 수명이 8만세가 될 때, 마이뜨레야 붓다가 세상에 출현할 것이다. 역시 대중 가운데 있던 마이뜨레야 존자는 이 붓다가 될 원을 세운다(同, p. 510 c10-13). 붓다는 그의 소원에 응한다(同, p. 511 a14-15).

그때 붓다는 아난다에게 (마하쁘라자빠띠 가우따미가 상가에 봉헌한) 금실로 짠 가사[金縷織成衣]를 가져오라고 말한다. 아난다는 그렇게 한다. 붓다는 가사를 받아 그것을 마이뜨레야에게 준다. "자, 마이뜨레야야, 너는 금실로 짠 이 가사를 받아 불 · 법 · 승에 보시하여라. 무슨 까닭인가. 마이뜨레야야, 모든 여래, 무소착, 등정각은 세상을 보호하기 위해 정의와 요익(饒益)을 구하고 안온과 쾌락을 구하기 때문이다"(同, p. 511 b).* 마이뜨레야는 그 가사를 받는다.

b. 기원후 445년경에 편찬된 현우경(賢愚經)의 한역본(그러나 티베트어본은 아니다)은 유사한 이야기를 포함하고 있는 데, 그것은 빠라야나(彼岸道品)와 뿌르바빠란따까수뜨라(本末經)에서 동시에 영감을 얻었다. 이 이야기의 제목은 바바리수뜨라(Bāvarisūtra, 賢愚經, T. 202, 57번, k. 12, p. 432 b-436 c)이다.[44]

바라나시에서 브라흐마닷따(Brahmadatta) 왕이 통치했다. 그의 제일 대신(大臣)은 매우 아름다운 아들을 낳았는 데, 사람들은 이 아이를 마이뜨레야[彌勒, 慈氏]라고 불렀다. 왜냐하면 그를 임신했을 때 아기의 어머니는 친절하고 자비로운 태도를 보였기 때문이다. 이 아이는 장성함에 따라 지혜가 많아 명성이 매우 높았으므로 왕은 (이 아이가) 장차 자신의 경쟁자가 될 것을 두려워해 그를 죽여 버리려고 불렀다. 이 아이를 구하기 위해 사람들은 그를 삼촌인 바바리(Bāvari)에게 보냈다. 바바리는 빠딸리뿌뜨라 왕국에서 존경받는 스승으로서 항상 500명의 제자들에게 둘러싸여 있었다. 이 아이는 공부에 큰 진전을 보였다. 바바리는 그것을 축하하기 위해 잔치를 할 계획을 세웠다. 그는

---

* 약간의 오역이 있었기 때문에 바로잡았다. 원문은 다음과 같다: 彌勒, 汝從如來 取此金縷織成衣, 施佛法衆, 所以者何, 彌勒. 諸如來 無所着 等正覺 爲世間護, 求義及饒益求安隱快樂(역자주).

44 필자가 여기에 전재(轉載)한 것은, E. Chavannes의 *Cinq cents contes*(IV, p. 209)와 S. Lévi의 *Maitreya le Consolateur*(p. 362)에 있는 내용을 P. Demiéville이 요약한 것이다.

이 청년의 아버지를 잔치에 초청하기 위해 제자들 가운데 한 사람을 그에게 보냈다. 이 제자는 도중에서 죽어 신(deva)으로 다시 태어났다.

잔치가 열렸다. 라우드락샤(Raudrākṣa)라는 바라문이 늦게 도착했다. 그는 다른 모든 초대객들이 보시로 받은 500양(兩)의 금전(金錢)을 달라고 요구했다. 바바리가 그에게 그것을 줄 수 없자, 이 바라문은 그에게 7일 후에 머리가 일곱 조각으로 부서질 것이라고 말했다. 바바리는 불안에 사로 잡혔다. 그러나 지난 날 바로 그의 제자였던 한 신(deva)이 그를 격려하러 와서, 그 바라문은 무력하다는 것과 오직 붓다만이 사람들이 신임할 자격을 가지고 있다는 것을 그에게 알려주었다.

그래서 바바리는 붓다에게 16명의 제자들을 보냈다. 그들 가운데 마이뜨레야가 있었다. 마이뜨레야와 그 일행은 모두 슈라마나(Śramana, 沙門)가 되었다. 붓다는 노(老) 바바리를 방문했다. 그런 다음 슛도다나(Śuddhodana) 왕을 방문했다.

붓다의 이모이자 유모였던 마하쁘라자빠띠는 붓다에게 자신이 손수 짠 금란가사(金襴袈裟)를 봉헌했다. 붓다는 마하쁘라자빠띠의 그 선물을 물리치면서, 그것을 상가에 선물하라고 조언했다. 왜냐하면 그녀가 그렇게 함으로서 더 많은 공덕을 얻을 수 있을 것이기 때문이었다. 그래서 마하쁘라자빠띠는 그 가사를 가지고 비구들에게 갔다. 그녀는 그것을 가장 나이 많은 사람들부터 시작해서 그들에게 주었지만, 그들 가운데 누구도 감히 그것을 받지 못했다. 마이뜨레야의 차례가 되자 그는 그 가사를 받았다. 그리고 그것을 입은 뒤 바라나시 시내로 들어가 탁발을 했다(賢愚經, T. 202, p. 434 a).

그는 진주 구멍 뚫는 사람〔穿珠師〕으로부터 음식공양을 받았다. 이 사람은 그의 가르침을 듣느라 일을 소홀히 해서 막대한 금액을 잃어버렸다. 그러나 법(法)에 대한 설명을 들으면서 이 장인(匠人)이 얻은 이익은 한없이 컸다. 그것을 증명하기 위해 아니룻다(Aniruddha)는 자신의 아바다나(avadāna)를 이야기했다.

그 다음 붓다의 수기(授記)가 뒤따랐다. 즉 인간의 수명이 8만세가 될 때 (바라나시에) 샹카라고 하는 전륜왕과 샹카의 전속 사제(司祭)의 아들인 마이뜨레야 붓다〔彌勒佛〕가 출현한다는 것이었다(p. 435 c). 대중 가운데에 있던 마이뜨레야 존자는 미래의 붓다〔未來佛〕가 될 서원을 세웠다. 그의 동료 아지따는 샹카 왕이 될 원을 세웠다(p. 435 c－436 a). (그리고는) 마이뜨레야의 공덕을 설명하기 위해 과거로 다시 한 번 되돌아갔다. 그는 옛날에 다르마루찌(Dharmaruci)였다.

c. 이 이야기의 핵심 요소들은 대비바사론(大毘婆沙論, T. 1545, k. 178. p. 893 c－894 b)에서 다시 발견된다. 대비바사론은 그것에서 교훈적인 의미를 끌어낸다. 그것은 붓다의 두 가지 예언이다. 아지따 비구는 전륜왕 샹카가 될 소원을 말하고, 마이뜨레야 보디삿뜨바는 마이뜨레야 붓다가 되기를 기원한다. 붓다는 아난다에게 마하쁘라자빠띠가 상가에 봉헌한 금란가사를 가져오게 해서 마이뜨레야에게 주었다. 아지따는 전륜왕이 되기를 원했기 때문에 자신의 이익을 추구했다. 마이뜨레야는 붓다가 되기를 원했기 때문에 다른 사람의 이익만을 바랐다. 그랬기 때문에 붓다는 아지따를 나무라고 마이뜨레야를 칭찬했다.

d. 잡보장경(雜宝藏經, T. 203. 제50경, k. 4, p. 470 a－471 a)은 472년에 길가야(吉迦夜)와 담요(曇曜)가 한역한 것으로, “붓다

에게 금실로 짜서 만든 가사를 보시한 마하쁘라자빠띠와 진주 구멍 뚫는 사람〔大愛道施佛金縷織成衣幷穿珠師〕"이라는 제목이 붙은 하나의 짧은 이야기를 포함하고 있다. 샤반(É. Chavannes)은 이것을 불어로 번역했다(*Cinq cents contes*, III, p. 46–53). 이 이야기는 현우경에 나오고 있는 것과 아주 비슷하지만 아지따(Ajita)에 대한 언급이 없다.

e. 그렇지만 마이뜨레야와 아지따는 축불념(竺佛念)이 출요경(出曜經, T. 212, k. 6, p. 643 27–28)이라는 제목으로 383년에 번역한 한역본 다르마빠다(Dharmapada)에서는 아직 두 사람으로 분명하게 구별되어 있다. 이곳에서는 "16명의 나형범행자(裸形梵行者) 가운데서 14명은 반열반에 들어갔지만 마이뜨레야와 아지따 두 사람은 그렇게 하지 않았다"라고 말한다.

4. 아지따〔정복되지 않는 자〕라고 불리는 마이뜨레야—끝으로, 일련의 마지막 자료들 가운데서—명백히 앞의 자료들에 비하여 후기의 것이다—아지따와 마이뜨레야는 혼합된다. 그것은 동일한 한 사람의 이름과 성으로서 아지따는 개인 이름(nāmena, 字)으로, 마이뜨레야는 가족 이름(gotrena, 姓)으로, 아지따 마이뜨레야(Ajita–Maitreya), 즉 정복되지 않는 자 미트라스(Mithras Invictus)로 된다. 몇 가지 출전(出典)을 들어보면 다음과 같다.

a. 마하바스뚜(Mahāvastu), I, p. 51 : 붓다는 다음과 같이 선언한다: "바로 지금 나처럼, 나의 다음에 이 아지따 보디삿뜨바는 이

세상에서 붓다가 될 것이다. 반두마(Bandhumā)의 왕도(王都)에서, 그의 개인 이름〔字〕은 아지따이고, 가족 이름〔姓〕은 마이뜨레야라 할 것이다." 같은 책, III, p. 246: "많은 보물들이 쌓여 있는 한 바라문 가정에 태어날 아지따는 많은 욕망을 포기할 것이다. 그리고 이 바라문은 탁발생활을 하게 될 것이다. 그런 다음, 그는 좋은 생각을 가진 부유한 가정에 태어나, 미래에 이 땅위에서 마이뜨레야가 될 것이다."

b. 수카바띠뷰하(Sukhāvatīvyūha, 極樂莊嚴經, M. Müller 출판, 40)와 삿다르마뿐다리까(Saddharmapuṇḍarīka, 法華經, Kern 출판, p. 309, I. 1-2)에서, 붓다는 항상 마이뜨레야 보디삿뜨바에게 말을 건널 때 그를 아지따라고 불렀다.

c. 관미륵보살상생도솔천경(觀彌勒菩薩上生兜率天經, T. 452)은 455년경에 경성(京聲)이 번역했는데, 이것은 일종의 마이뜨레야뱌까라나(Maitreyavyākaraṇa, 彌勒授記經)이다. 우리는 이 경에서 다음과 같은 내용을 읽을 수 있다(p. 418 c).

붓다는 슈라바스띠의 제따바나(Jetavana)에 계셨다..... 대중 가운데 마이뜨레야라는 한 보디삿뜨바가 있었는데, 그는 붓다의 말씀을 들었다. 그렇게 하고 있는 동안, 그는 백만억 다라니문(陀羅尼門, dhāraṇīmukha)을 얻었다. 그때 그는 자리에서 일어나 가사를 단정히 한 뒤 두 손을 합장하고 붓다 앞에 섰다. 그때 우빨리(Upāli) 역시 자리에서 일어나 절한 뒤 붓다에게 말했다: "지난날 세존께서는 율장과 경장에서, 아지따(Ajita, 阿逸多)가 다음에는 붓다가 될 것이라 말씀했습니다. 이곳에 참석한 아지따는 아직 범부에 지나지 않고, 아직 번뇌를 끊지 못했습니다. 이 사람은 죽은 뒤에 어디에 다시 태어날 것입니까. 현재 그는 출가를 했지만 선정(禪定)을 닦지 않고, 번뇌를 끊지 않았습니다. 붓다께서 예언하시기를, 틀림없이 이 사람은 붓다가 될 것이라고 하였습니다. 그가 죽은 후에 그는 어느 나라에 다시 태어날 것입니까." 붓다는 우빨리에게 말했다: "잘 듣고 잘 생각하여라. 여래는 모든 것을 확실하게 안다. 오늘 이 모임에서 나는 마이뜨레야 보디삿뜨바가 무상등정각(無上等正覺)을 이룰 것이라고 말했다. 여기에 있는 이 사람은 12년 후에 죽을 것이다. 그는 틀림없이 도솔천이 다시 태어날 것이다......〔무수히 긴 세월 동안 그 곳에 머문 뒤〕, 그는 마이뜨레야뱌까라나에서 말해진 대로 이곳 잠부드비빠(Jamdubvīpa, 贍部洲)에 태어나게 될 것이다."

d. 구마라집(鳩摩羅什)의 제자 승조(僧肇)는 주유마힐경(注維摩詰經, T. 1775, k. 1, p. 331 b 8-9)에서, "마이뜨레야는 그의 가족 이름〔姓〕이고, 아지따는 그의 개인 이름〔字〕이다"라 말하고 있다.

e. 아나가따방사(Anāgatavaṃsa)는 샤리뿌뜨라의 요청에 의해 붓다가 낭송한 150구절의 빨리어로 된 게송이다. 그 연대는 알 수 없다. 저자는 쫄라(Coḷa)국 출신 깟사빠(Kassapa) 장로였다. 그는 수밋따(Sumitta), 멧떼야(Metteyya), 무훗따(Muhutta) 등 3명의 붓다 아래에서, 그리고 27명의 붓다 시대를 통하여, 마지막으로

고따마 붓다 시대에서 마이뜨레야의 전생들을 다루고 있다. 이 마지막 시대에, 멧떼야는 아자따삿뚜(Ajātasattu)의 아들, 아지따 왕자였다(JPTS, 1886, p. 34). 여기서 다시, 아지따와 멧떼야는 구별되지 않는다. 아나가따방사의 제43 구절은(p. 46) 그들이 동일인이라는 것을, "아지따라 불리는 멧떼야(Ajito nāma nāmena Metteyyo)"라고 밝히고 있다.

*

마이뜨레야는 불교에서 항상 미래의 붓다 자격으로 자리를 차지한다. 그의 이름과 고대풍(古代風)은 베다에 나오는 미뜨라(Mitra)와 이란의 최고신 미트라(Mithra)와 관계가 있다는 것을 시사한다. 그러나 그는 역시 관대하고 공정한 모습을 가진, 사교적이고 친절한 신이기도 하다.[45]

최초부터 그는 샤꺄무니를 앞섰거나 뒤를 이을 과거와 미래 붓다들의 긴 명단에 나온다. 마이뜨레야는 다른 붓다들과 구별되지 않는다. 그는 모든 다른 붓다들과 같은 한 명의 붓다이다.

빠라야나(Pārāyaṇa)는 어떤 마이뜨레야 또는 띠샤 마이뜨레야(Tiṣya-Maitreya)를 샤꺄무니의 시대에 설정하고, 그를 바바리(Bāvari)의 제자로 만들었다. 아지따를 포함한 15명의 다른 동료들과 함께 그는 샤꺄무니에게 귀의하고 아라한이 되었다. 빠라야나의 저자는 학생 마이뜨레야와 미래의 붓다 사이에 아직 어떠한 관계도 수립하지 않았다.

그렇지만 여래들의 전체 계보 가운데서 관심을 불러일으키고

---

45 L. Renou, *Inde Classique*, I, p. 318.

주의를 끌게 된 것은 아주 자연스럽게 마이뜨레야였다. 샤꺄무니가 열반에 든 뒤, 사람들은 그의 직계 계승자로부터 인류의 황금시대의 도래를 기다려야 했다. 마이뜨레야뱌까라나(Maitrēyavyākaraṇa, 彌勒授記經)들은 이 세상에 마이뜨레야의 도래(到來)를 나타내는 신기한 사건들과 많은 사람들의 불교 귀의를 묘사하려 한다.

그러나 이 예언들은 너무나 비인격적인데다 역시 너무나 추상적이었다. 그것들을 좀더 실감나고 보다 사실적으로 나타내기 위해, 사람들은 그 예언들을 샤꺄무니가 그의 동시대인들에게 한 것이라고 주장했다. 바바리의 제자 마이뜨레야는 바로 그 자신의 이름으로, 분명히 붓다의 계승자로 지명되었다. 일련의 문헌들에서 — 그중 뿌르바빠란따까수뜨라(Pūrvāparāntakasūtra, 本末經)가 가장 독특하다 — 사람들은 샤꺄무니가 마이뜨레야와 그의 동문 아지따에게 수기(授記)를 명백하게 말한 엄숙한 집회를 생각해 내었다. 샤꺄무니는 마하쁘라자빠띠가 상가에 봉헌한 금란가사(金襴袈裟)를 마이뜨레야에게 건네주면서, 그가 뒷날 마이뜨레야 붓다〔彌勒佛〕가 될 것이라는 사실을 그에게 알린다. 그의 동문 아지따는 같은 시대에 샹카(Śaṅkh)라는 전륜왕이 될 것이라는 보장을 받는다.

끝내 — 언젠가 끝이 있었다면 — 아지따와 마이뜨레야는 한 사람의 동일한 인물로 융합되어 아지따 마이뜨레야(Ajita-Maitreya)가 되었다. 필리오자(J. Filliozat)가 지적한 것처럼 Maitrēya, 즉 "자비로운 자"라는 말이 maitrī, 즉 "자비심"이라는 말에서 유래했고, maitrī의 속성은 그것을 가진 자로 하여금 굴복하지 않게 만든다는 점과, ajita라는 말이 "정복되지 않는"이라는 의미를 가지고

있다는 점을 우리가 주목한다면, 이 융합은 전혀 놀라운 일이 아니다.[46]

미래의 붓다인 정복되지 않는 자 마이뜨레야(Maitreya l'Invaincu)는 그의 이름을 통해, 이란(Iran)의 신 미트라(Mithra) — "정복되지 않는 자, 솔(Sol Invictus)"[47]과 상응하는 존재 또는 복제품(複製品)이 되었고, 기원전 1세기 말에 여러 가지 상징적인 형태로 전 동양에 널리 퍼진 구세주 대망(待望)이라는 커다란 움직임 속으로 끌려 들어갔다. 지배적이었던 여러 교리의 혼합주의는, 위구르(Uighur)어로 된 마니교(Manicheism) 문헌들에서, "정복되지 않는 자 미트라스(Mithras Invictus)"와 "신의 아들 예수"와 "마이뜨레야 아지따"가 한꺼번에 융합된 광범위한 통합에 이르게 되었다.

마이뜨레야 신앙은 특히 중앙아시아에 이슬람교가 도래할 때까지 번창했다.[48] 각종 고고학 탐험단들이 수집한 자료들은 조각상, 벽화, 역사문헌, 사원 건립기록, 증여(贈與) 서식집, 마이뜨레야사미띠(Maitreyasamiti)와 같은 종교적, 문학적인 문헌, 죄의 참회록, 마니교 성전의 단편, 마이뜨레야에 대한 찬가(讚歌) 등, 다양

46 J. Filliozat, *Maitreya l'Invaincu*, JA, 1950, p. 145-149.

47 Maitreya에게 '정복할 수 없는' 이라는 형용사를 붙인 것은 이란의 영향이라고 설명될 수 있을 것이다 : 참조, J. Przyluski, *La croyance au Messie dans l'Inde et dans l'Iran*, RHR, t. C, 1929, p. 1-12; *Un dieu iranien dans l'Inde*, RO, VII, 1931, p. 1-9; S. Lévi, *Maitreya le Consolateur*, p. 360. M. Abegg에 의하면 인도의 메시아 신앙[구세주 待望 신앙]은 이란의 종말론과 관계없다 : *Der Messiasglaube in Indien und Iran*, Berlin, 1928,

48 자세한 것은 W. Baruch, *Maitriya d'après les sources de Sérinde*(RHR, CXXXII, 1946, p. 67-92)를 볼 것.

하다. 이 모든 것들은 등방세계의 열망이 구체화된 새로운 신(神)이 나타났다는 것을 입증한다.

이 신앙으로부터 거의 전적으로 순수한 예배(bhakti)의 종교, 즉 일신교적인 불교가 태어났다. 그것은 초기의 정통 불교와는 더 이상 일치하지 않았다. 신봉자들은 천상이나 인간계의 좋은 곳에 다시 태어나기 위해 더 이상 공덕을 쌓지 않았고, 수행자들은 불가해한 열반에 이르기 위해 더 이상 8정도를 닦지 않았다. 업의 과보에 대한 교리는, 잊혀지지는 않았지만, 적어도 경시되었다. 이후부터 구원을 위한 유일한 수단은 동정심 많고 효과적인 신의 은총이었다.

마이뜨레야에 대한 예배는 대승과 소승에서 공통적이었다. 그렇기 때문에 우리가 여기에서 그것에 대해 말하려고 하는 것이다.

법현(法顯傳, T. 2085, p. 858 a)과 현장(西域記, T. 2087, k. 3, p. 884 b)은 히말라야와 다렐(Darel)의 국경 지방에서, 불멸후 300년경에 마댠띠까(Madhyāntika, 末田提)가 건립한 거대한 마이뜨레야 상을 보았다. 법현은 "옛 전승에 의하면 인도의 사문들은 이 마이뜨레야 상이 세워진 때부터 (인더스) 강 건너편에서 붓다의 성전(聖典)들을 가져오기 시작했다. 그런데 이 상(像)은 붓다의 열반 후 약 300년에 세워졌다. 그러므로 불교의 전파는 이 마이뜨레야 상의 영향 덕택이었다고 말할 수 있다"라고 기록했다.

정각 이전의 샤꺄무니와 함께 마이뜨레야는 그리스 양식 불교 조각파의 기념건조물들 위에 가장 자주 나타난 보디삿뜨바이다. 마이뜨레야는 때로는 서 있는 모습으로, 때로는 인도식이나 유럽식의 앉아 있는 모습으로 나오는 데, 삼중관(三重冠, jaṭāmukuṭin) 대신 상투를 틀어 올리고 왼손에 바라문들의 물병(kamaṇḍalu)을 들고 있다.[49] 다른 곳들, 즉 산찌, 꼰깐(Konkan), 벵갈 등지에서는 용화수(龍華樹, nāgapuṣpa) 꽃을 가지고 있는 것이 그의 주된 특징이다. 마이뜨레야의 상(像)은 특히 인도와 이란 국경과 바미얀(Bāmyān) 지역에 널리 퍼져 있다.[50]

샤리뿌뜨라빠리쁘릿차(Śāriputraparipṛcchā, 舍利弗問經. 본서 1권, p. 756 참조)가 증언하는 바에 의하면 마이뜨레야는 뿌샤미뜨라의 불교 박해에 개입해서, 완전히 파괴될 위기에 처한 불교성전들을 구해 내었다. 그는 성전들을 도솔천에 가져갔다가 위험이 사라진 뒤에 인간 세상에 도로 가져왔다.

스리랑카는 마이뜨레야에게 드리는 예배에 있어서 다른곳에 뒤떨어지지 않았다. 마하 상가락키따(Mahā-Saṅgharakkhita) 성자는 비빳사나(vipassanā, 觀)를 실천하지 않았다. 그는 죽기 전에 마이뜨레야를 만나볼 희망으로 성자의 위(位)에 도달하는 것을 늦추었다(Visuddhimagga, Warren 출판, p. 38). 둣타가마니(Duṭṭhagāmaṇi, 기원전 104-80년) 왕이 죽음 직전에 최후로 생각한 것은 마이뜨레야 보디삿뜨바가 왕좌에 앉아 있는 도솔천이었다. 그래서 그는 도솔천에 다시 태어났다(Mhv., XXXII, 71-75). 다뚜세나(Dhātusena, 513-522년) 왕은 마이뜨레야의 상(像)을 자신의 장신구들로써 장식하고, 그 상의 주변 반경 7요자나 내에 감시인을 배치했다(Cūḷavaṃsa, XXXVIII, 68). 여러 마이뜨레야 상들이 답뿔라(Dappula) 1세, 빠락까마바후(Parakkamabāhu) 1

49 A. Foucher, *Art gréco-bouddhique du Gandhāra*, II, 도면, 418-422.
50 O. Bruhl, *Les récentes fouilles en Afghanistan*, RAA, VIII, p. 116-119.

세, 그리고 낏띠시리라자시하(Kittisirirājasīha)왕들에 의해 건립되었다. 법현(T. 2085, p. 865 c)은 아누라다뿌라에서 인도로부터 온 한 비구가 샤꺄무니의 발우(鉢盂)에 관한 예언을 높은 설법단에서 낭송하는 것을 들었다. 옛날 바이샬리에 있었던 이 발우는 현재 간다라에 있다. 그것은 여러 나라를 거쳐 마이뜨레야가 그것을 받게 될 도솔천에 최후로 도착한다. 이 발우가 사라지면 붓다의 법(法)은 쇠퇴하기 시작할 것이다. 인간의 수명은 5세로 감소하게 될 것이다. 그러나 사람들이 속죄를 하면 수명은 점점 길어져 8만 세까지 지속될 것이다. 그때 마이뜨레야 붓다는 이 세상에 나타나서 법륜(法輪)을 굴리고 3부중(部衆)을 귀의시킬 것이다. 법현은 이 예언을 기록하려고 했지만 설법자가 말하기를 그것은 수뜨라가 아니라 그 자신이 암기한 단순한 암송문이라는 것이었다.

현장의 제자들인 도세(道世, 諸經要集, T. 2123, k. 1, p. 6 c–7 a)와 규기(窺基, 觀彌勒上生兜率天經贊, T. 1772, k. 1, p. 277 c; 西方要決釋疑通規, T. 1964, p. 106 c)가 기록한 그들 스승의 증언에 의하면, 마이뜨레야의 천국인 도솔천에 태어나고자 하는 열망은 대승과 소승의 신봉자들이 모두 가지고 있었다. 하지만 대승불교도들만은 아미타불(阿彌陀佛, Amitābha)의 천국인 수카바띠(Sukhāvati, 極樂)를 믿었다. 도솔천은 욕계(欲界)에 위치하고 있는 데 그곳에 도달하기는 비교적 쉽다. 수카바띠는 정토(淨土)로서 거기에 도달하기는 매우 어렵다.

마이뜨레야 사상〔彌勒思想, Maitreyism〕은 대승불교에서 더욱 발달했다. 그러나 이 책에서 그것을 다루는 것은 우리가 정한 범위를 벗어나는 것이 된다. 마이뜨레야는 대승불교에서 광명의 신,[51]

"죄의 참회"를 받는 위안자(慰字者),[52] 사후(死後) 영혼들의 안내자로 나온다.[53] 그는 특히 법사(法師)들이 의심이나 실의(失意)에 빠졌을 때 그들에게 영감을 주거나 의지처가 되어 주었다. 정(定)에 들어가서, 논사들은 마이뜨레야의 설명을 듣기 위해 그를 만나러 도솔천에 올라갈 수 있다. 필요한 경우에는 마이뜨레야 자신이 경(經)을 낭송하러 지상에 내려오기도 한다. 어떤 논사들은 그에게 입은 은혜를 자각하고, 그들 자신이 쓴 작품의 저자를 "존자 마이뜨레야"(Maitreyanātha)라고 하는 경우도 드물지 않았다. 여기에서 이 "존자(尊者)"는 결코 역사적인 인물이 아니었던 것은 물론이다.[54]

중국의 현장 법사와 같은 위대한 인물들은 영(靈)적으로 마이뜨레야와 끊임없이 관계를 가지고 살았다. 우리는 끝으로 현장이 인도를 여행하는 동안 그에게 일어난 한 사건을 이야기하기로 하자. 이 사건은 그의 전기(大慈恩寺三藏法師傳, T. 2053, k. 3, p. 234 a)에서 이야기되고 있는 데, 드미에빌(P. Demiéville)이[55] 다음과 같이 요약했다:

현장은 배를 타고 갠지스 강을 내려가다가 강도들의 습격을 받았다. 강도들은 그를 두르가(Durgā) 신에게 제물로 바치기로 결정했다. 그들은 그의 목을 자르기 위해 만달라(maṇḍala, 壇)를 준

51 C. Soper, *Aspects of Light Symbolism in Gandhāran Sculpture*, Art. As., XII, 1949, p. 252-283; 314-330; XIII, 1950, p. 63-85.

52 이 신앙 고백문에 관해서는 W. Baruch, 앞의 책, p. 75-76을 볼 것.

53 M. Lalou, *Les chemins du mort dans les croyances de Haute - Asie*, RHR, janv.-mars 1949, p. 42-48.

54 이 모든 문제들을 P. Demiéville이 BEFEO, XLIV(1954)에서 상세하게 다루었다 : *Maitreya l'inspirateur*(p. 376-387), *Le paradis de Maitreya*(p. 387-395).

55 같은 책, p. 388.

비한 뒤 칼을 휘둘러 댔다. 현장은 명상에 들어 "기쁘게 죽기 위해" 그들에게 잠깐만 시간을 달라고 요청했다. 현장 법사는 도솔천궁에 정신을 집중시켰다. 그는 마이뜨레야 보디삿뜨바를 생각하면서, 그를 예배하고 그로부터 요가짜라부미샤스뜨라(Yogācāra-bhūmiśāstra, 瑜伽師地論)를 받기 위해 그의 곁에 태어나기를 기원했다... 그때 그는 상상 속에서 자신이 수메루 산에 올라간 것 같았다. 그런 다음 그는 제1천, 제2천, 제3천을 지나 도솔천궁을 보았는데, 그곳에는 장엄한 보석 테라스〔妙寶臺〕 위에 신들에게 둘러싸인 마이뜨레야 보디삿뜨바가 있었다. 그 순간 그의 마음은 기쁨으로 가득 찼다. 만달라도, 강도들도 모두 잊어 버렸다.....폭풍우가 그를 구해 주었지만, 마이뜨레야는 항상 그에게 특별한 숭배의 대상으로 남아있었다.

이 마이뜨리야적 신비주의와 까삘라바스뚜의 현자〔고따마 붓다〕의 냉철한 현실주의 사이에 아직도 어떤 공통점이 있는가? 이 현자는 다음과 같이 선언했다:

> 쌓인 것은 모두 무너진다.
> 올라간 것은 모두 떨어진다.
> 만남은 이별로 끝난다.
> 삶의 끝은 죽음이다.

보유(補遺)

I. 아쇼까의 새로운 법칙들과 2가지 언어로 된 깐다하르비문.

3개의 새로운 아쇼까 법칙(法勅)들이 최근에 발견되었다.

1. 빈댜 쁘라데시(Vindhya Pradesh) 다띠아(Datia) 지역의 구자라(Gujarrā) 비문. 이 비문은 1953년에 랄 찬드 사르마(Lal Chand Sarma)가 발견했고, 차브라(B. Ch. Chabra) 박사가 아쇼까 법칙이라고 확인했다. 그리고 서카(D. C. Sircar)가 이것을 복사본과 함께 *Gujarrā Inscriptions of Aśoka*(구자라의 아쇼까 비문)라는 이름으로 출판했다(Epigraphia Indica, XXXI, 1956, p. 204-210). 이것은 소마애비문(小磨崖碑文)들 가운데 첫 번째 비문으로서, 여러 교정본들이 이미 앞에서 언급되었다(본서 1권, p. 441-442). 이 비문은 천애희견 아쇼까왕(天愛喜見 阿育王, Devānāṃpiyasa Piyadasino Asokarājasa)이라는 말로 시작된다. 그러므로 이것은 지금까지 알려진 비문들 가운데서 아쇼까 이름이 나오는 두 번째 것이다. 첫 번째 것은 마스끼(Maski) 비문이다(Bloch,

p. 145 참조). 문법적인 관점에서, 우리는 사하스람(Sahasrām), 루쁘나트(Rūpnāth), 마스끼(Maski), 가비마트(Gāvīmāṭh) 비문들에서 확인된 *sumi* 대신 *ṡmi*라는 동사(산스끄리뜨어, asmi)를 지적할 수 있다. 다른 특징들은 아쇼까 왕의 행정기관에서 사용한 언어〔官用語〕적인 관례와 동일하다. 즉 남성 단수 주격인 경우와 중성 단수 주격과 대격(對格)인 경우에는 -e로 끝나고, 중간태 현재분사인 경우에는 -mina로, 과거 부정사인 경우에는 pāpotave와 ā-rādhayitave로 끝난다.

2. 꾸르눌(Kurnool) 지역의 빳띠꼰다(Pattikoṇḍa)에 있는 라줄라 만다기리(Rājula - Maṇḍagiri) 비문. 1946년에 발견된 이 비문은 서카(D. C. Sircar)가 *Rājula- Maṇḍagiri Inscription of Aśoka*(라줄라 만다기리의 아쇼까 비문)라는 제목으로 간행했다(Epiqraphia Indica, XXXI , 1956, p. 211-218). 이것은 15줄로 되어 있는데, 매우 훼손된 상태로서, 소마애 비문의 첫 2장(章)에 해당되는 것이다. 이 비문은 1929년에 같은 지역에서 발견된 예라구디(Yerraguḍi) 비문과 거의 동일하다(Bloch, p. 145-151 참조).

3. 아프가니스탄 깐다하르(Kandahār)의 그리스어와 아람어 2가지 언어로 된 비문. 이것은 1958년 초에 발견되었는데, 대단히 놀라운 것으로서, 다음과 같이 두 번 이탈리아어로 간행되었다: 1) 세라토(U. Scerrato)의 *An Inscription of Aśoka discovered in Afghanistan: the bilingal Greek-Aramaic of Kandahār*(아프가니스탄에서 발견된 아쇼까 비문: 그리스어와 아람어 2가지 언어로 된 깐다하르의 비문), East and West, Ⅸ, 1958, p.4-6; 2. *Un editto bilingue greco-aramaico di Aśoka*(la prima iscrizione

greca scoperta in Afghanistān). *Testo, traduzioue e note a cura di* G. Pugliese Carratelli *e di* G. Levi Della Vida *Con prefazione di* G. Tucci *e introduzione di* U. Scerrato(그리스어와 아람어 2가지 언어로 된 아쇼까 〔비문의〕 교정본〔아프가니스탄에서 발견된 최초의 그리스어 비문〕 G. 투치가 서문을, U. 쉐라토가 소개문을 쓰고, G. 풀리세 카라텔리와 G.레비 델리 비다가 번역과 주석을 달았다), (Serie Orientale Roma, XXI) Roma, 1958.

그리스어 문자는 기원전 4세기말부터 사산 왕조(Sassanid, 226-645년) 때까지 이란에 알려져 있었다. 그러나 아케메네스 왕조(Achaemenids) 치하에서는, 이 문자는 아직 중요하지 않은 낙서 문자(graffiti: 건축물이나 벽 등에 긁어서 쓴 낙서)에 지나지 않았다. 가장 오래된 텍스트는 니코클레스 데 시노페(Nicocles de Sinope)라는 한 그리스인의 묘비명인데, 이것은 아마도 알렉산더 원정 이전에 새겨진 것 같다.[1] 깐다하르의 2가지 언어로 된 비문은 그리스어로 작성된 유일한 아쇼까 법칙(法勅)일 뿐 아니라, 역시 아프가니스탄에서 발견된 첫 그리스어 비문이다.

그 대신 아람어(Aramic)는 언어와 문자 두 가지 면에서 기원전 6세기에서 기원후 최초의 몇 세기까지 장기간에 걸쳐 그 중요성이 인정되었다.[2] 아케메네스 왕조 통치하에서 설형(楔形) 문자로 기록된 고대 페르시아어와 더불어 전문적인 필사생들이 사용한 아람어는 근동(近東)과 중동에서 매개언어(媒介言語) 구실을 했다. 아

1 F. Cumont, *Inscriptions grecques de l'Iran*, Mémoires de la Délégation archéologique en Perse, XX, 1928, p. 77 이하; C. Huart와 L. Delaforte, *L'Iran Antique et la Inscripitims Civilisation iranienne*, Paris, 1943, p. 24.

2 G. Bühler, *Indische Palaeographie*, Strassburg, 1896, p. 20-21.

람어 문헌들은 에집트,[3] 리디아(Lydia),[4] 페르시아,[5] 트랜스코카시아(Transcaucasia)[6]에서 발견되었다.

아람어는 인도에서조차, 카로슈티 알파벳의 발명과 아람어와 아람 문자로 된 몇 개의 비문들을 통해 그 영향을 보여주었다.

아람 문자에서 파생된 카로슈티 문자는[7] 서북 인도에서 기원전 3세기부터 기원후 7세기까지, 쁘라끄리뜨어와 산스끄리뜨어로 된 인도 문헌들을 기록하기 위해 사용되었다. 그것은 기원전 3세기에 샤흐바즈가리히(Shāhbāzgaṛhī, Peshāwār 지역)와 만세흐라(Mānsehrā, Hazāra 지역)에서 공포(公布)된 아쇼까 법칙들을 기록하는 데 사용되었다. 그 다음, 이 문자는 서북 인도에서 계속된 이방의 왕조들, 즉 야바나(Yavana), 샤까 빠흘라바(Śaka-Pahlava), 꾸샤나 왕조들의 비문과[8] 화폐에 나타났다. 이것은 다시 기원후 첫 수세기 동안 중앙아시아의 필사본[9]과 고문서 기록보관소의 문서[10]에

3 E. Sachau, *Aram. Pap. u. Ostraka*, 1911; A. E. Cowley, *Aram. Pap. of the Fifth Century B. C.*, 1923; H. H. Schaeder, *Iran. Beiträge*, 1930.

4 2개 언어로 쓰여진 아람-리디아어; 참조, F. Sommer와 P. Kahle, *Kleinasiat. Forsch.*, 1927, p. 18-86.

5 Darius왕 능(陵)의 아람어 비문 (E. Herzfeld, *Altpersische Inschrifien*, Berlin, 1938, p. 12); 아람 문자로 쓰여진 Avroman의 파피루스 고문서(E. H. Minns, Journ. of Hellenie Stud., XXXV, 1915; H. S. Nyberg, *Monde Oriental*, XVII, p. 182 이하).

6 Tiflis 근처에 있는 Mtsheta의 비문(G. Tseretheli, *A bilingual Inscription from Armazi*, 1941; M. N. Tod, Journ. of Roman Stud., 1944, p. 82 이하; H. W. Bailey, JRAS, 1943, p. 1 이하; H. S. Nyberg, Eranos, XLIV, 1946, p. 228 이하).

7 J. Filliozat가 Ch. Fossey의 *Notices sur les caractères étrangers anciens et modernes*(신판. Imprimerie Nationale, Paris, 1948, p. 235-242)에서 아람-인도문자에 관해서 약술해 놓은 것을 볼 것; H. W. Bailey, *Problem of Kharoṣṭhī Script*, Cambr. Or. Series, II, 1950, p. 1-3.

사용되었다. 끝으로, 카로슈티 문자로 된 가장 후기의(필사본) 단편들이 쿠차(Kučā) 지방에서 발견되었는데, 이것들은 7세기의 문서에 섞여 있었다.

그러나 서북 인도에서는 단지 아람어에서 파생된 문자로 쓰여진 인도 문헌들뿐만 아니라, 역시 아람어와 아람 문자로 새겨진 얼마간의 비문들도 나왔다.

첫 번째 비문은 존 마샬(John Marshall)이 딱실라-시르깝(Taxila-Sirkap)에서 1915년에 발견했는데, 훼손된 상태였다.[11] 이것은 12줄로 되어 있는 데, 로메도테(Rōmēdōtē)라는 이름을 가진 한 고급 관리를 위해 작성된 것이었다. 그는 부왕(副王) 또는 사령관이었던 쁘리야다르쉬(Priyadarśi)의 후원으로 승진했던 사람이었다. 쁘리야다르쉬는 틀림없이 아소까 왕이었을 것이다. 아쇼까는 왕위에 오르기 전에 딱실라의 부왕이었다(본서 1권, p. 438-466, 참조).

두 번째 아람어 비문은 8줄로 되어 있고 훼손된 상태다. 이것은 나가라하라(Nagarahāra, 현재의 Jelālābād) 근처 풀리 다룬테흐

---

8 St. Konow, *Kharoṣṭhī Inscriptions* (Corpus Inscriptionum Indicarum, II, 제 1부), Calcutta, 1929.

9 Dutreuil de Rhins의 필사본. 본서, p. 269, 註 31.

10 Niya의 문서, 본서, p. 269, 註 33.

11 L. D. Barnett, *An Aramaic Inscription from Taxila*, JRAS, 1915, p. 340-342; A. E. Cowley, *The First Aramaic Inscription from India*, JRAS, 1915, p. 342-347; John Marshall, *A Guide to Taxila*, Calcutta, 1918, p. 75-76 (제 2판, Delhi, 1936, p. 90); E. Herzfeld, *A new Asokan Inscription from Taxila*, EI, XIX, 1928, p. 251-253; F. C. Andreas, *Erklärung der aramäischen Inschrift von Taxila*, NGWG, phil.-hist. Kl. 1932, p. 6-17; John Marshall, *Taxila*, I, Cambridge, 1951, p. 15, 164-165.

(Pūl-i-Darunteh)의 람파카(Lampaka, Laghmān)에서 발견되었다.[12] 이 비문은 중기 인도어에서 차용한 몇 개의 어휘들과 함께 아람 문자와 아람어로 되어 있는 데바남쁘리야(Devānāṃpriya, Aśoka)의 법칙(法勅)이다. 이것은 특히 제5장, 제9장, 제13장 마애 법칙과 제3장, 제5장 석주법칙에서 다시 발견된다.

아람어와 아람 문자로 된 세 번째 비문은 아프가니스탄의 깐다하르(Kandahār)에서 발견된 2가지 언어로 된 법칙이다. 전통적인 설명에 의하면 깐다하르는 아라코시아(Arachosia)의 알렉산드리아에 해당된다.[13] 드로이센(J. G. Droysen)과 타안(W.W. Tarn)은[14] 아라코시아 수도의 위치를 가즈니(Ghazni)로 설정했고, 깐다하르를 스타시오네스 파르티카에(*Stationes Parthicae*, 18과 19)에서는 카락스(Charax)의 이소도루스(Isodorus)가 언급한 사카스테네(Sakastene) 근처의 알렉산드로폴리스(Alexandropolis)와 동일시한 것은 사실이다. 그러나 바쟁 푸쉐(E. Bazin - Foucher)는[15] 지리학적인 이유로 이것을 "터무니없는 오류"라고 이의를 제기했다. 그리고 알프레드 푸쉐(A. Foucher)는[16] 이 문제에 대해 새로운 검

---

12 H. Birkeland, *Eine aramäischen Inschrift aus Afghanistan*, Acta Or., XVI, 1938, p. 222-233; F. Altheim, *Weltgeschichte Asiens im griechischen Zeitalter*, I, Halle a. S., 1947, p. 125-142; W. B. Hennig, *The Aramaic Inscription of Aśoka found in Lampāka*, BSOAS, XIII, 1949, p. 80-88.

13 J. Kaerst, *Geschichte des Hellenismus*, 제 3판, Leipzig, 1927, p. 430, 註. 3; H. Kiepert, *Atlas Antiquus*, Berlin, tab. II Dk; G. Glotz, *Histoire Grecque*, IV, Paris, 1938, p. 123, 162, 245.

14 J. G. Droysen, *Geschichte des Hellenismus*, III, 2, Gotha, 1878, p. 217 이하; W. W. Tarn, *The Greeks in Bactria and India*, 제 2판, Cambridge, 1951, p. 62, 93, 320, 470-471; *Alexander the Great*, II, Cambridge, 1948, p. 234, 249.

15 JA. juil.-sept., 1938, p. 514.

토를 한 후, 중세의 깐다하르를 아라코시아의 알렉산드리아로 보았다. 샤리 쿠나(Shar-i-Kuna)에서 2가지 언어로 된 비명이 발견된 사실은 깐다하르 근방에 그리스인들의 거류지(居留地)가 있었다는 것을 분명하게 증명해 준다.

우리는 앞에서 아라코시아 역사를 간략하게 서술했다. 알렉산더 대왕에 의해 태수령(太守領)으로 편성된 아라코시아는 기원전 330년에서 325년까지 메논(Menon)이(본서 1권, p. 223), 그리고 기원전 325년에서 316년까지 역사가 마가스테네스(Megasthenes)의 주인이자 친구였던 시비르티우스(Sibyrtius)가 차례로 통치했다. 시비르티우스는 기원전 323년에 페르디카스(Perdiccas)에 의해(본서 1권, p. 227), 321년에 안티파테르(Antipater)에 의해(본서 1권, p. 227), 그리고 316년에 안티고누스(Antigonus)에 의해(본서 1권, p. 232) 행해진 연속적인 세 번의 태수령 분배를 통해 줄곧 자신의 지위를 유지할 수 있었다. 기원전 311년에 아라코시아와 그보다 뒷쪽에 위치한 다른 태수령들은 셀레우쿠스 1세 니카토르(Seleucus I Nicator) 손에 넘어갔다(본서 1권, p. 233-234). 그러나 니카토르는 짠드라굽따를 공격했다가 실패로 끝난 뒤, 그에게 적어도 부분적으로 그것[아라코시아]을 양도해야 했다(본서 1권, p. 234-235, 433). 대략 기원전 304년에서 200년까지, 100년 이상 아라코시아는 마우리야 왕조의 인도제국 세력권 내에서 맴돌았다. 아람어로 된 두 개의 아쇼까 비문들, 즉 람파카의 풀리 다룬테흐 비문과 아라코시아의 깐다하르 비문은 아마도 마우리야

16 A. Foucher, *La vieille route de l'Inde*, II, Paris, 1947, p. 202, 217 (註 17), 244, 366-367.

제국의 서쪽 경계를 나타낸 것 같다. 이 제국(帝國)이 붕괴되기 바로 얼마 전인 기원전 200년경, 아라코시아는 박트리아의 그리스계 왕인 마그네시아의 유티데무스(Euthydemus) 손에 떨어졌다(본서 1권, p. 719).

2가지 언어로 된 깐다하르의 법칙 연대는 아쇼까 즉위 만 10년, 즉 본서에서 채택한 연대 계산법에 의하면 불멸후 228년 = 서력 기원전 258년으로 추정된다. 그러므로 이것은 지금까지 알려진 아쇼까 법칙 가운데서 가장 오래된 것으로서, 기원전 256년에 공포(公布)된 바라바르(Barābar) 최초의 두 비문보다 2년 앞섰고, 254년에 공포된 14장(章) 대(大) 마애법칙보다 4년 앞선 것이 된다(본서 1권, p. 442 참조). 아쇼까는 즉위 10년에 극도의 열성으로 고무되어 깨달음〔覺〕을 위해 순례를 떠났다. 그는 백성들을 접견(接見)하고, 전도(傳道)를 하고, 수행자들과 노인들에게 금전을 보시하면서 법의 순례(dharmayātra)를 했다. 256번의 밤〔256일〕이 순례하는 데 경과되었다(본서 1권, p. 445).

우리는 여기에 2가지 언어로 된 비문 가운데서 그리스어 비문을 전재하기로 한다. 이것은 풀리세 카라텔리(G. Pugliese Carratelli)

δέκα ἐτῶν πληρη[....]ων βασι[λ]εὺς
Πιοδασσης εὐσέβεια[ν ἔδ]ε[ι]ξεν τοῖς
ἀνθρώποις καὶ ἀπὸ τούτου εὐσεσεστέρους
τοὺς ἀνθρώπους ἐποίησεν καὶ πάντα
εὐθηνεῖ κατὰ πᾶσαν Υῆν. καὶ ἀπέχεται
βασιλεὺς τῶν ἐμΨύχων καὶ οἱ λοιποὶ δὲ

ἄνθρωποι καὶ ὅσοι θηρευταὶ ἢ ἁλιεῖς βασιλέως πέπαυνται θηρεύοντες. κα[ὶ] εἴ τινες ἀκρατεῖς πέπαυνται τῆς ἀκρασίας κατὰ δύναμιν, καὶ ἐνήκοοι πατρὶ καὶ μητρὶ καὶ τῶν πρεσβυτέρων παρὰ τὰ πρότερον καὶ τοῦ λοιποῦ λῷον καὶ ἄμεινον κατὰ πάντα ταῦτα ποιοῦντες διάξουσιν.

가 읽고 이탈리아어로 번역한 것이다.

"(즉위한 지) 만(?) 10년이 지나서, 피오다세스(Piodasses, Pyadassi) 왕은 사람들에게 신앙심(信仰心)을 알려주었는데, 그때부터 사람들은 더 경건하게 되었고 세상에 모든 것이 더욱 번창하게 되었다. 왕은 살아 있는 존재들을 죽이기를 삼갔고, 다른 사람들과 왕의 모든 사냥꾼들과 어부들은 사냥을 그쳤다. 그리고 몇몇 사람들은 무절제(無節制)했지만, 그들은 자신들의 힘이 미치는 한 무절제를 억제했다. 그들은 아버지와 어머니, 그리고 연장자(年長者)들에게 더욱 순종하게 되었으며, 과거와 비교해서 그 후에 더욱 만족스럽고 더욱 좋아졌는데, 모든 점에서 그렇게 행동하면서 살게 될 것이다."

아쇼까 왕의 관용어(官用語)인 쁘라끄리뜨어로 작성된 원본에서 그리스어로 번역된 이 비문은 상투적인 문구가 많지만, (이미 우리에게) 알려진 어떠한 법칙(法勅)과도 일치하지 않는다. 이것은 분명히 제14장 마애법칙이 암시하고 있는 "요약된(saṃkhittena)" 법칙들 가운데 하나임에 틀림없다(Bloch, p. 133).

모든 법칙에서처럼, "만 10년(δέχα ἐτῶν πληρωθέντων)"은 아쇼까 왕이 즉위 한 해로부터 계산된다. 마애법칙 제8장의 "즉위 후 10년(dasavassābhisitte)"이라는 구절을 그 예로 들 수 있다.

βασιλεὺς Πιοδασσης는 vasilefs Piodassis(바실레브스 피오다시스)라고 발음되는데, Piyadassi에서 탈락된 r과 함께 본래의 Piyadassi lājā를 숨기고 있다. 그리고 깔시(Kālsī)와 다울리(Dhauli)의 법칙에서처럼 lājā에서 r을 l로 처리했는데, (이것은) Priyadraśi raja라고 되어 있는 서북 인도(Shāhbāzgaṛhī와 Mānsehrā)의 법칙들과는 대조적이다(Bloch, p. 110).

εὐσέϐεια는 "종교적 성질의 법"인 dhamma의 인도(印度)적이고 아쇼까적인 개념을 잘 표현하고 있다. "알게 하다"라는 의미의 ἔδειξεν는 법칙(法勅)들에 나오는 "법의 가르침"이라는 말인 dhammānuṣatthi(Bloch, 125) 또는 dhaṃmānusāsanam(Bloch, 100)이라는 표현과 일치한다. τοῖς ἀνθρώποις는 "사람들에게"로서, munisā 뿐 아니라 jana로도 번역할 수 있다(Bloch, p. 110, 17과 18줄).

원래의 의미대로 해석하면, 비교급 "더 경건하게"라는 말인 εὐσεϐεστέρους는 "법에 결부된"이라는 의미의 dhaṃmayutta라는 표현에 해당될 수 있다(Bloch, p.103). καὶ πάντα εὐθηνεῖ …, 즉 "그리고 세상에 모든 것이 번창하게 되었다"라는 의미의 이 문장은 문맥상으로 보아 온 세상에 법(Dharma)이 번창한 상태, 즉 법칙(法勅)들이 말하는 dhaṃmavaḍḍhi를 가리킨다

(Bloch, p.103, 167, 168, 169, 172).

풀리세 카라텔리가 지적한 것처럼, "살아 있는 것들을 삼가고(ἀπέχεται ἐμψύχων)"라는 표현은 포르피루스(Porphyrus)의 "살아 있는 것을 삼가는 것에 대하여(περὶ ἀποχῆς ἐμψύχων)"라는 소책자의 제목을 생각나게 한다. 동물들의 (고기를) 삼가는 것은 법(法)의 실천 형식들 가운데 하나로서, 제4장 석주법칙을 통해 제시된 pānānaṃ avihisā와 다른 것이 아니다(Bloch, p. 99). 종교적 목적이거나 요리 목적으로 ἔμψυχα(살아 있는 것) 또는 pānāni(孔雀)를 죽이는 것은 제1장 마애 법칙에 의해 엄격하게 규제되고(Bloch, p. 90 - 93), 제2장과 제5장 석주(石柱) 법칙에 의해 철저히 금지되고 있다(Bloch, p. 162, 165-167). 2가지 언어로 된 법칙은, 아쇼까 왕을 본받아, "다른 사람들과 왕의 모든 사냥꾼들(θηρευταὶ)과 어부들(ἁλιεῖς)은 사냥을 그쳤다"라고 계속하고 있다. 이 문장은 법칙에서는 글자 그대로 발견되지 않지만, 제8장 마애법칙은 지난 날 왕들이 했던 사냥(migaviyā = 산스끄리뜨어, mṛgayā)을 금지하고(Bloch, p. 111), 제5장 석주법칙은 어떤 날에는 어장(漁場, kevaṭṭabhoga = 산스끄리뜨어, kaivartabhoga)에서 동물들을 죽이지 못하게 하고 있다(Bloch, p. 166).

그 다음에 나오는 그리스어 문장 καὶ εἴ τινες ἀκρατεῖς πέπαυνται τῆς ἀκρασίας κατὰ δύναμιν를 풀리세 카라텔리는, "그리고 몇몇 사람들은 무절제했지만, 그들은 힘이 미치는 한 무절제를 억제했다"라고 이해했다. 그는 이 무절제를 sa(ṃ)yama, 즉 "감각들의 제어"가 없음을 가리키는 것이라고 말한다. 사실, ἀχρασία(또는 ἀχράτεια)와 asaṃyama라는 말은 무절제를 의미할 수 있다. 그리고 제13장 마애법칙이 안전, 침착, 친절과 같은 다른 덕행들 가운데서도 (특히) sa(ṃ)yama를 권고하는 경우, 그것은 분명히 감각들의 억제를 의미한다(Bloch, p. 129). 그러나 ἀχρατής는 역시 과도하게 무엇을 사용하는 사람을 가리킬 수 있다(예를 들면, Xenophon, *Oeconomicus*, XII, 11에서, ἀχρατὴς οἴνου는 "과도하게 포도주를 사용하는 사람"이다). 현재의 문맥에서 ἀχρασία는 틀림없이 "동물의 고기를 과도하게 사용하는"이라는 의미이다. 그리고 ἀχρασία는 절제의 부족을 의미한다. sa(ṃ)yama는 제9장 마애법칙에서는 정확히 말해서 이와같은 좁은 의미를 가지고 있다(Bloch, p. 115). 즉 sādhu pānānaṃ (또는 pānesu) saṃyame는 "살아 있는 존재들(의 고기를) 삼가는 것이 좋다"이다. 따라서 우리는 이 그리스어 구절을, "그리고 몇몇 사람들은 절제(節制)가 부족했지만, 그들은 가능한 이 절제의 부족을 끝내었다"라고 이해할 수 있다.

χαὶ ἐνήχοοι πατρὶ χαὶ μητρὶ χαὶ τῶν πρεσσυτέρων는 단지, "그들의 아버지에게, 그들의 어머니에게, 그리고 연장자(年長者)들에게 순종하는" 것을 의미할 수 있다. "어머니 - 아버지"의 인도식 순서가 뒤바뀐 것을 제외하고, 이 문장은 샤흐바즈가리히(Shāhbāzgaṛhī)의 제4장 마애법칙의 matapituṣu vuḍhanaṃ suśruṣa "아버지와 어머니와 연장자들에게 순종"이라는 문장을 글자 그대로 번역해 놓은 것이다(Bloch, p. 99). 풀리세카라텔리가 지적한 것처럼, 인도어 본(本)은 여격(與格) 대신 속격(屬格, πρεσσυτέρων)의 변화에 영향을 미쳤을 수 있다.

참으로 어려운 것은 단지 마지막 3줄이다. 투치(G. Tucci, p. vi) 교수는 그리스어 본(本) παρὰ τὰ πρότερον καὶ τοῦ λοιποῦ, 즉 "과거보다 그 후에"라는 문장에는 제11장과 13장 마애법칙 hidalokiko paralokito의 반향(反響)이 있는 것 같다고 생각했다. 그는 매우 정확하게 보았다. 그리고 필자의 생각으로는 두 개의 비교급 λῷιον καὶ ἄμεινον (더욱 만족스럽고 더욱 좋아졌는데)에서는 hitasukham라는 말을 표현하기 위해 상당히 어색한 시도(試圖)를 한 것처럼 보인다. 갈링가(Kaliṅga)의 별각(別刻) 마애법칙은 두 곳에서(Bloch, p. 134, 141) 그리스어 본의 내용을 밝힐 수 있는 다음과 같은 문장을 포함하고 있다. 즉 athāpajāye icchāmi hakaṃ kiṃti savvena hitasukhena hidalokikapālalokikena yūjjevū ti tathā savvamunissesu pi icchāmi이다. 이것을 번역하면, "나는 내 자식들이 이 세상〔現世〕과 다음 세상〔來世〕에서 모든 이익과 행복을 얻기를 바라는 것처럼, (내가) 모든 사람들을 위해 바라는 것 역시 마찬가지다"라고 된다. 따라서 우리는 위의 그리스어 문장을 다음과 같이 이해할 수 있다: "그렇게 행동하면서(ταῦτα ποιοῦντες), 전 '생(生)'과 후 '생'에(παρὰ τὰ πρότερον καὶ τοῦ λοιποῦ= hidaloke pāraloke), 그들은 모든 것에서 더욱 좋게, 더욱 행복하게(λῷιον καὶ ἄμεινον κατὰ πάντα = savvena hitasukhena) 살아갈 것이다(διάξουσιν).'

필자는 깐다하르 비문의 아람어 부분을 논할 능력이 없다. 이 언어는 풀리 다룬테흐의 비문에서처럼 중기 인도어에서가 아니고, 이란어에서 차용된 몇몇 어휘들을 가진 (아쇼까) 제국(帝國)의 아람어이다. 이 외국 어휘들은 필자가 여기에 전재하는 레비 델라 비다(G. Levi Della Vida)의 번역문 가운데서 이탤릭체로 인쇄되었다:

"(즉위) 10년에, 우리 군주 프리야다르시(Priyadarš) 왕의 *정의* (*giustizia*, *conversione*?)가 엄정하고 곧게 이루어졌다. 얼마 전부터 왕은 온 세상에서, 그리고 *사방 곳곳에서* (*esseri vivevti*?), 모든 사람들과 *살아 있는 존재들* (*dapertutto*?)을 위해 악을 없앴다. 우리 군주인 왕을 위해 식사〔요리〕를 *담당한* (*si occupano*?) 사람들도 살생을 적게 하였다. 이것은 사람들이 그렇게 *선포하는 것* (*proclamare*)을 모든 사냥꾼들과 어부들이 보도록 하기 위함이었다. *어리석은* (*insani*?) 사람들은 사냥을 한다. 자신들의 어머니와 아버지, 그리고 연장자들이 훈계한 대로 그들에게 *헌신적이고 순종적인* (*è devoto e obbediente*) 사람은 모든 사람들을 위해 행복과 모든 이들의 결백을 증진할 것이다."

현재의 이 주석들은 주르날 아지아띠끄(Journal Asiatique, 1958, 別冊, 1, p. 1-48)가 간행한 일련의 논문들, 즉 슐룸벨거(D. Schlumberger), 로베르(L. Robert), 뒤뽕 소메르(A. Dupont-Sommer), 벤베니스테(E. Benveniste)등(4명이 공동으로) 쓴 *Une bilingue gréco-araméenne d' Aśoka*(그리스어 - 아람어 2가지 언어로 된 아쇼까 비문)가 발표되기 이전의 것이다.

아래의 번역문은 공식적으로 이 학자들에 의해 확정된 것이다(앞의 논문, p. 33-34).

그리스어 비문	아람어 비문
10년이 지난 뒤, 피오다세스(Piodasses) 왕은 사람들에게 신앙심을 보여주었다. 그리고 그때부터 그는 사람들을 더욱 신앙심이 깊게 만들었고, 모든 것은 전 지상에서 번창하게 되었다.	10년이 지난 뒤(?), 우리의 군주 프리야다르쉬(Priyadarsi) 왕은 진리의 주창자가 되었다. 그때부터 악(惡)은 모든 사람들에게서 감소되었다. 그리고 그는 모든 불행(?)을 사라지게 했다. 그래서 전 지상에 평화(와) 기쁨이 (있게 되었다).
그리고 왕은 살아 있는 존재들을 (죽이기를) 삼갔고, 다른 사람들과 왕의 모든 사냥꾼들과 어부들은 사냥을 그만두었다.	더욱이 음식에 관해서 이런 일이 (있었다). 즉 우리 군주인 왕을 위해서, 사람들은 몇 마리 (동물들)만 죽였다. 이것을 보고 모든 사람들은 (동물 죽이기를) 그만두었다. 물고기를 잡는 사람들(=어부들)조차도(?), 〔죽이는 것을〕 금지당했다.
절제를 하지 못했던 사람들은 그들의 힘이 미치는 한 절제를 하게 되었다. 그리고 그들은 아버지와 어머니와 노인들에게, 이전의 경우와는 반대로 순종하게 되었다.	마찬가지로, 자제력(自制力)이 없었던 사람들은 자제력을 가지게 되었다. 그리고 신분에 맞추어 각자에게 과해진 의무를 따라 그들의 어머니와 아버지와 노인들에게 순종하게 되었다.
그리고 장차, 이렇게 행동하면서 그들은 모든 것에서 더욱 좋게, 그리고 더욱 유익하게 살아갈 것이다.	그리고 모든 신앙심이 깊은 사람들에게는 심판이 없다. 이것(=이 법의 시행)은 모든 사람들에게 유익했고 계속해서 유익할 것이다.

그리스어 비문의 마지막 두 문장을 위해서는, 앞 페이지(p. 540-541)에서 제안된 번역문을 그대로 따르기로 한다. 아쇼까의 지시를 준수함으로써, 사람들은 이 세상과 저 세상에서 더 좋은 생(生)을 확보하게 될 것이다.

약어표

AAI : - B. Rowland, *The Art and Architecture of India*, 2d ed, Harmondworth, 1955.

AB : - Ars Buddhica.

ABAW : - Abhandlungen der Berliner Akademie der Wissenschaften, Phil.-hist. Klasse.

ABORI : - Annals of the Bhandarkar Oriental Research Institute at Poona.

Act. Or. : - Acta Orientalia Hungarica, Budapest.

AI : - Ancient India(Bulletin of the Archaeological Survey of India),Calcutta.

AIBCR : - Académie des Inscriptions et Belles-Lettres, Reviws.

AIBM : - Académie des Inscriptions et Belles-Lettres, Mémories.

AJA : - American Journal of Archaeology.

ALLAN, CCAI : - Catalogue of the Conins of Ancient India, London, 1936

Amarāvatī : C. Sivaramamurti, *Amarāvatī Sculptures in the Madras Gorvernment Museum*(Bulletin of the Madras Government Museum), Madras, 1942.

Anal. Boll.: – Analecta Bollandiana. Brussels.

An. Bibl. Ind. Arch. : – Annual Bibliography of Indian Archaeology. Kern Institute. Leiden.

Arrian, *Anab*: – Arrian, *Anabasis d'Alexander*, ed. A.G. Roos, Leipzig(Teubner), 1907 –1928

Arrian, *Ind*. – Arrien, *L'lnde*. éd. P.Chandtraine, Paris(Les Belles Lettres), 1927

AR ArchSurv. : – Annual Report of the Archaeological Survery of India.

Art. As : – Artibus Asiae, Ascona.

ASAWL : – Abhandlungen der Sächsisehen Akademie der Wissenschaften zu Leipzig.

ASI : – G. Jouveau-Dubreuil, *Archéologie du Sud de l'Inde*, 2 vol, Paris, 1914.

BAFAO : – Bulletin de l' Association française de Amis de l' Orient.

Bareau : – A Bareau, *Les Sectes bouddhiques du Petit Véhicule*, Saigon, 1955

Barua – B. Barua et K.G. Sinha, *Bārhut Inscriptions*, Calcutta, 1926.

Beal, *Romantic Legend* : – S.Beal, *The Romantic Legend of Śākya Buddha*, London, 1875

BEFEO : – Bulletin de l' École française d' Extrême-Orient.

Bhārhut : – A. Cunningham, *The Stūpa of Bhārhut*, London, 1879.

Bloch : – J. Bloch, *Les inscriptions d'Aśoka*, Paris(Les Belles Lettres), 1950.

BMFA : – Bulletin Museum of Fine Arts, Boston.

BMMA : – Bulletin Metroplitan Museum of Art, New York.

Bodh-Gayā : A. Coomaraswamy, *La sculpture de Bodh-Gayā* (Ars Asiatica, N° XVIII), Paris, 1935.

BSOAS : - Bulletin of the School of Oriental and African Studies, London.

Buddhistic Studies : - *Buddhistic Studies*, ed. by B.C. Law, Calcutta, 1931.

Bu-ston : - Bu-ston, *History of Buddhism*, tr. by E. Obermiller, 2 vol, (Materialien zur Kunde des Buddhismus, N° 18,19), Heidelberg, 1931-1932.

Chavannes, *Contes* : - É. Chavannes, *Cinq cents contes et apologues extraits du Tripiṭaka chinois*, 4 vol, Paris, 1910-1934.

CHI : - *Cambridge History of India*, ed. by E. Rapson, I, Cambridge,1922.

Cordier : - P.Cordier, *Catalogue du Fonds tibétain de la Bibliotèque Nationale*, III° partie, Paris, 1915.

CSHI:_ *The Cambridge Shorter History of India*, ed. by H. H. Dodwell, 1934, The pre-Musilm period by J. Allan.

Demiéville, *Sectes* : - P. Demiéville, *L'origine des sectes bouddhiques d'apres Paramārtha*, MCB, I, 1931-1932, p.15-64.

Dpv. : - Dīpavaṃsa, ed. and transl. by H. Oldenberg, London, 1879.

EC : - Epigraphia Carnatica, Bangalore.

EI : - Epigraphia Indica, Calcutta.

ERE : - Encyclopaedia of Religion and Ethics, ed. by J. Hastings, 12 vol, Edinburgh, 1908-1921.

Études Asiatiques : -Études Asiatiques publiées à l'occasion du vingt-cinquième anniversaire de l'École française d'Extrême-Orient, 2 vol, Paris. 1925.

EW : - East and West. Quarterly Review published by the Istituto Italiano per il Medio ed Estremo Oriente, Roma.

EZ : - Epigraphia Zeylanica. Oxford.

FGrH : - F. Jacoby, *Fragmente der griechischen Historiker*, Berlin, 1923 et suiv.

FHRI : – Fontes Historiae Religionum Indicarum, coll, B. Breloer et F. Boemer, Bonnae, 1939.

Fleet : J.F Fleet, *Inscriptions of the Early Gupta Kings*(Corpus Inscriptionum Indicarum, vol. 3), Calcutta, 1888.

FTBN:_ *Fonds Tibétain de la Bibliothèque Nationale*, Paris.

GGA : – Göttinger Gelehrte Anzeigen.

GIIK : A.K. Coomaraswamy, *Geschichte der indischen und indonesischen Kunst*, Leipzig, 1927.

Gilgit Man. : – Gilgit Manuscripts ed. by N. Dutt and others, 3 vol, Srinagar, 1939–1950.

HCIP : – *The History and Culture of the Indian People*, ed. by R.C. Majumdar : I. *The Vedic Age*, 2d ed., London, 1952; II. *The Age of Imperial Unity*, 2d ed., Bombay, 1953; III. *The Classical Age*, Bombay, 1954.

Herodotus :– Hérodote, *Histoires*, ed. and tr. by Ph. –E. Legrand, Paris(Les Belles Lettres), 1932 et suiv.

HIEA : –J. Fergusson, *History of Indian and Eastern Architecture*, 2 vol, London, 1910.

HJAS : – Harvard Journal of Asiatic Studies.

HLS : –L. Renou, *Histoire de la langue sanskrite*, Paris, 1956.

Hôbôgirin :– Dictionnaire encyclopédique du bouddhisme d'après les sources chinoises et japonaises , Paris, 1929.

IABH : –P. Brown, *Indian Architecture*(Buddhist and Hindu) 3rd ed., Bombay, 1956.

IC : – Indian Culture, Calcutta

IHQ : –Indian Historical Quarterly, Calcutta.

Ind. Ant. : – Indian Antiquary, Calcutta.

Inde Classique : – L. Renou, J. Filliozat et autres, *L'Inde Classique*, 2 vol, Paris, 1947–1953.

ISS : – Indian and Iranian Studies presented to G. A.

Grierson (=BSOS, VIII, 2–3)

JA : – Journal Asiatique, Paris.

JAOS : – Journal of the American Oriental Society, Baltimore.

JASB : – Journal of Proceedings of the Asiatic Society of Bengal.

JBBAS : – Journal of the Bombay Branch of the Asiatic Society .

JBBRAS : – Journal of the the Bombay Branch of the Royal Asiatic Society.

JBHU : – Journal of the Benares Hindu University.

JBRS (formerly JBORS) : – Journal of the Bihar Research Society, Patna.

JCBRAS : – Journal of the Ceylon Branch of the Royal Asiatic Society.

JDLC : – Journal of the Department of Letters, Calcutta University.

JIH : – Journal of Indian History, Trivandrum.

JISOA : – Journal of the Indian Society of Oriental Art.

JORM : – Journal of Oriental Reseach. Madras.

JPTS : –Journal of the Pāli Text Society, London.

JRAS : – Journal of the Royal Asiatic Society, Lodon.

Justin : – Justin, *Abrégé des Histoires Philippiques de Trogue Pompée*, ed. and tr. by É. Chambry, Paris, s.d

Kern, *Manual* : – H. Kern, *Manual of Indian Buddism* (Grundriss d. IA Phil.), Strassburg, 1896.

Konow : – S.Konow, *Kharoṣṭhī Inscriptions* (Corpus Inscrptionum Indcarum, vol, II, Part 1), Calcutta, 1929.

Kośa : – Abhidharmakośa de Vasubandhu, tr. and ann. by L. de La Vallée Poussin, 6 vol, Paris, 1923–1931.

Lalou :– M. Lalou, *Répertoire du Tanjur*, Paris, 1933.

Lin, AM : – Lin Li-Kouang, *L'Aide Mémoire de la Vraie Loi*, Paris, 1949.

Lüders : – H. Lüders, *A List of Brāhmī Inscriptions from the Earliest*

Times to about A.D.400 (Epigraphia Indica, 10).

Majumdar : - N.G. Majumdar, *Inscription*, in J. Marshall and A. Foucher, *The Monuments of Sāñchī*, Calcutta, 1940, vol, I, p. 263ff.

Masuda : - J. Masuda, *Origin and Doctrines of Early Indian Buddhist Schools*, Asia Major II, 1925, p.1-78.

Mathurā : - J. Ph. Vogel, *La sculpture de Mathurā* (Ars Asiatica, N° 15), Paris, 1930.

Mbv : - Mahābodhivaṃsa ed. by S.A. Strong, London, 1891.

MCB : - Mélanges chinois et bouddhiques, Bruxelles.

Mél. Linossier : - *Études d'Orientalisme publiées à la mémoire* de R. Linossier, 2 vol, Paris, 1932.

Mhb : - *Mahābhārata*(Bombay ed.).

Mhv : -Mahāvaṃsa, ed. by W. Geiger, London, 1908.

Mirashi : - V.V. Mirashi, *Inscriptions of the Kalachuri-Chedi Era*(Corpus Inscriptionum Indicarum, vol, 4), Ootacamund, 1955.

Mmk : Mañjuśrīmulakalpa, ch. of Rājavyākaraṇa, ed. by R. Sankartyayana, in P. Jayaswal. *An Imperial History of India*, Lahore, 1934.

MPS : - Mahāparinirvāṇasūtra, Text in Sanskrit..., herausg. von E. Waldschmidt, Berlin, 1950.

MT : - Mahāvaṃsṭīkā, ed. by G. P. Malalasekera, London, 1935-36.

Müller. FHG : C. and Th. Müller, *Fragmenta Historicorum Graecorum*, Paris, 1841-1870.

Nāgārjunikoṇḍa : - A. H. Longhurst, *The Buddhist Antiquities of Nāgārjunikoṇḍa*(Memoirs of the Arch. Surv. of India, N° 54), Delhi, 1938.

NAWG : - Nachrichten der Akademie der Wissenschaften in

Göttingen.

NGGW : - Nachrichten von der Gesellschaft der Wissenschaften zu Göttingen.

NIA : - New Indian Antiquary.

NKGWG : - Nachrichten der K. Gesellschaft der Wissenschaften zu Göttingen.

OAZ : - Ostasiatische Zeitschrift.

OC : - Transactions (Verhandlungen, Actes) of International Congresses of Orientalists.

OLZ : - Orientalistische Literaturzeitung.

P.- *The Purana Text of the Dynasties of the Kali Age*, ed. by F. E. Pargiter, Oxford, 1913.

PBA : - Proceedings of the Birtish Academy.

Peripus : - Périple de la Mer Érythrée, ed. by J. Frisk, Göteborg, 1927.

PG : - Migne, Patrologie grecque.

PHAI : - H. Raychaudhuri, *Political History of Ancient India*, 5th. ed. Calcutta, 1950.

PL : - Migne, Patrologie latine.

Pliny : - Pliny the Elder, *Histoire naturelle*, ed. C. Mayhoff, Leipzig (Teubner), 1892-1909.

Plutarch, *Vita Alex.* : - Plutarque, *Vie d'Alexandre*, ed. Lindskong-Ziegler, Leipzig (Teubner), 1914 sq.

PO : - The Poona Orientalist.

Polybius : - Polybius, *Histoires*, ed. Büttner-Wobst, Leipzig (Teubner), 1882-1904.

Ptolemy : - *La Géographie de Ptolémée. L'Inde*, ed. L. Renou, Paris, 1925.

PTS : - Pāli Text Society.

Quintus-Curtius : - Quinte-Curce, *Histoire*, 2 vol, ed. and tr. H.

Bardon, Paris (Les Belles Lettres), 1947-1948.
RAA : - Revue des Arts Asiatiques, Paris.
Rajat. : - Kalhaṇa, *Rājataraṅgiṇī*, tr.by A.M. Stein, 2 vol, Westminster, 1900.
Raychaudhuri : - H. Raychaudhuri, *Political History of Ancient India*, 5th, ed. Calcutta, 1950.
RH : - Revue historique.
RHR : - Revue de l' Histoire des Religions.
RO : - Rocznik Orjentalistyczny, Kraków-Lwów.
Rockhill, *Life* : - W.W.Rockhill, *The life of the Buddha*, London, 1884.
RUB : - Revue de l' Universite de Bruxelles.
Sāñcī : - J. Marshall et A. Foucher, *The Monuments Of Sāñchī*, 3 vol, Delhi, 1940.
SBAW : - Sitzungsberichte der Bayerischen Akademie der Wissenschaften, Philosophisch-historische Klasse.
SBE : - Sacred Books of the East, 50 vol, ed by F. Max Müller, Oxford, 1879-1900.
Siddhi : - Vijñaptimātratāsiddhi. La Siddhi de Hiuan-tsang, tr. and ann. by L. de La Vallée Poussin, 2 vol, Paris, 1928.
Sp : - Samantapāsādikā, ed. by J.Takakusu and M. Nagai, 7 vol, London, 1924-47.
Strabo : - Strabo, *Geography*, ed. A. Meineke, Leipzig (Teubner), 1852.
T : - 大正新脩大藏經, ed. J. Takakusu〔高楠順次郎〕 and K.Watanabe〔渡邊照宏〕, 55 vol, Tokyo, 1924-1929.
Tacitus : - Tacite, *Annales*, ed. and tr. by H. Goelzer, Paris (Les Belles Lettres), 1921 et suiv.
Tāranātha : - Tāranātha, Geschichte des Buddhismus, tr. by A. Schiefner,

St. Petersburg, 1869.

Taxila : – J. Marshall, *Taxila*, 3 vol, Cambridge, 1951.

TOCS : – Transactions of the Oriental Ceramic Society.

TP : – T' oung Pao, Leiden.

VBA : – Visva-Bharati Annals, Santiniketan.

Walleser, *Sekten* : – M. Walleser, *Die Sekten des alten Buddhismus*, Heidelberg, 1927.

Watters : – T.Watters, *On Yuan Chwang's Travels in India*, 2 vol, London, 1904-1905.

Winternitz, *Literature* : – M. Winternitz, *A History of Indian Literature*, II. Buddhist Lit. and Jaina Lit., Calcutta. 1933.

WZKM. – Wiener Zeitschrift für die Kunde des Morgenlandes. Vienne.

YP : – Yugapurana ed. by D. R. Mankad, Vallabhvidyanagar, 1951.

ZDMG : – Zeitschrift der Deutschen Morgenländischen Gesellscheft, Berlin.

참고문헌목록

Abbeg, E. 1928. *Der Messiasglaube in Indien und Iran*, Leipzig.

Adam, L. 1925. *Buddhastatuen, Ursprung und Formen des Buddhagestalt*, Stuttgart.

Adikaram, E. W. 1946. *Early History of Buddhism in Ceylon*, Migoda.

Agrawala, V. S. 1948. *The Terracotas of Ahicchatra*, Ancient India, 4.

Allan, J. 1936. *Catalogue of the Coins of Ancient India*, London.

Allchin, F.R(外). 1985. *Guide to the Aśokan Inscriptions*, South Asian Studies. 1.

Allouche-Lepage, M-T. 1956. *L'art monétaire des royaumes bactriens*, Paris

Alsdorf, L. 1959. *Aśokas Schismen-Edikt und das dritte Konzil*. Indo-Iranian Journal,' s Gravenhage, 3.

Altekar, A.S. 1959. *The Corporeal Relics of the Buddha. Buddhist Traditions about the Relics*, Journal of the Bihar Research Society, Special Issue Buddha Jayanti, vol, 2, Patna,

Altheim, Fr. and R. Stiehl. 1958. *The Aramaic Version of the Kandahār bilingual Inscription of Aśoka*, East & West, 9, Roma.

Auboyer, J. 1951. *Arts et Styles de l'Inde*, Paris.

_________. 1974. *La vie quotidienne dans l'Inde jusqu'au* VIII *siècle*, Paris.

Bachhofer, L. 1929. *Early Indian Sculpture*, 2 vol., Paris.

Bacot, J. 1947. *Le Bouddha*, Paris.

Bagchi, G. B. 1936. *The Origin and Home of Pāli*. Indian Culture, 3.

Bagchi, P. C. 1927– 1938. *Le Canon bouddhique en Chine*, 2 vol, Paris

_________. 1946–47. *On the original Buddhism, its Canon and language*, Paris.

_________. 1946. *Indian Culture in Central Asia*, JBRS(Journal of the Bihar Reseach Society), 32, Patna.

_________. 1946. *Krimiśa and Demetrius*. IHQ(Indian Historical Quarterly) 22, Calcutta.

Bailey, H. W. 1945. *The Khotan Dharmapada*, BSOAS(Bulletin of the School of Oriental and African Studies), 11, London.

_________. 1946. *Gāndhārī*, BSOAS, 12, London.

_________. 1950. *The Tumshuq Karmavācanā*. BSOAS, 13, London.

Banerjea, J. N. 1948. *Schools of Buddhism in Early Indian Inscriptions*. IHQ, 24, Calcutta.

Banerjee, A. CH. 1949. *Bhikṣu-karmavākyam*. IHQ, 25, Calcutta.

_________. 1953. (근본설일체유부의) *Prātimokṣasūtra*. ,IHQ, 29, Calcutta.

Bapat, P. V. 1937. *Vimuttimagga and Visuddhimagga*, Poona.

_________(外). 1970. *Shan-Chien-p'i-p'o-sha, a Chinese Version by Saṅghabhadra of Samantapāsādikā*, Poona.

Basham, A. L. 1951. *History and Doctrines of the Ājīvika*, London.

_________. 1976. *La civilisation de l'Inde ancienne*, Paris.

Bareau, A. 1953(1). *La date du Nirvāṇa*. JA(Journal Asiatique), Paris.

________. 1954. *Trois traités sur les sectes bouddhiques dus à Vasumitra, Bhavya et Vinītadeva*, JA, Paris.

________. 1955. *Les sectes bouddhiques du Petit Véhicule*, PEFEO(Publication de l' École francaise d' Extrême-Orient), 38, Paris .

________. 1955. *Les premiers conciles bouddhiques*, Annales du Musée Guimet, 60, Paris.

________. 1962. *La construction et le culte des stūpa d'après les Vinayapiṭaka*, BEFEO, 50, Paris.

________. 1963, 1971, 1995. *Recherches sur la biographie du Buddha dans les Sūtrapiṭaka et les Vinayapiṭaka anciens*, 3 vols, PEFEO. Paris.

________. 1966. *Bouddhisme(Les Religions de l'Inde, 3)*, Paris.

________. 1974. *Le Parinirvāṇa et les funérailles du Buddha*, BEFEO. 61, Paris.

________. 1974, *La jeunesse du Buddha dans les Sūtrapiṭaka et les Vinayapiṭaka anciens*, BEFEO, 61, Paris.

________. 1975. *Les récits canoniques des funérailles du Buddha et leurs anomalies: nouvel essai d'interprétation*, BEFEO, 62, Paris.

________. 1979. *La composition et les étapes de la formation progressive du Mahāparinirnāṇasūtra ancien*, BEFEO, 66, Paris.

________. 1981. *Le massacre des Śākya: essai d'interprétation*, BEFEO, 69, Paris.

Barnett, L. D. 1908. *Hinduism*, London.

________. 1913. *Antiquities of India*. London.

________. 1915. *An Aramaic Inscription from Taxila*, JRAS(Journal of the Royal Asiatic Society), Lodon.

Barth, A. 1914. *Les Religions de l'Inde*, Paris.

Barthoux, J. 1930-1933. *Les fouilles de Haḍḍa*. 2 vols, Paris.

Barua, B(外). 1921. *Prākrit Dhammapada*, Calcutta.

_________. 1928. *Old brāhmī Inscriptions in the Udayagiri and Khaṇḍagiri Caves*, Calcutta.

_________. 1934-37. *Bārhut*, 3 vols, Calcutta.

_________. 1938. *Hāthigumphā Inscription of Khāravela*, IHQ, 14. Calcutta.

_________. 1943. *Gayā and Buddha-Gayā*, 2 vols, Cacutta.

Basak, R.G, 1959. *Aśoka Inscriptions*, Calcutta .

Basham, A. L. 1951. *History and Doctrines of the Ājīvika*, London.

_________. 1954. *The Wonder that was India*, London.

_________. 1975. *A Cultural History of India*, Oxford

_________. 1976. *La civilisation de l'Inde ancienne*, Paris.

Beal, S(飜譯),1869. *The Travels of Fa Hian and Sung yün*, London.

_________. 1888. The Life of Hiuen Tsian, London.

_________. 1892. *Suhṛllekha or Friendly Letter by Nāgārjuna*, London.

_________. 1892. *The Suhṛllekka traduction from the Chinese edition of I-tsing*, London,

Bechert, H., 1961. *Bruchstücke Buddhistischer Verssammlungen aus zentralasiatischen Sanskrithandschriften*, vol 1, Berlin.

_________. 1966-1973. *Buddhismus, Staat und Gesellschaft in den Ländern des Theravāda-Buddhismus*, 3 vols, Frankfurt.

_________. 1973. *Notes on the Formation of Buddhist Sects and the Origins of Mahāyāna*, German Scholars on India, vol 1, Varanasi,

_________. 1974. *On a Fragment of Vimānāvadāna, a Canonical Buddhist Sanskrit Work*, Dordrecht-Boston, ff.

_________(출판). 1980. *The Language of the Earliest Buddhist Tradition*, Göttingen.

_________. 1982. The *Date of the Buddha reconsidered*, Turin,

Beck, H. 1928. *Buddhismus, Buddha und seine Lehre*, 2 vols, Leipzig.

Benisti, M. 1981. *Contribution à l'étude du stūpa bouddhique indien: les stūpa mineurs de Bodh-Gaya et de Ratnagiri*, PEFEO, 125, Paris.

Bhandarkar, D. R. 1932. *Asoka*, Calcutta.

_________. 1934. *Important fragmentary Inscription found at Mahāsthān*, IHQ, 10, Calcutta.

Bhargava, P. L. 1936. *Candragupta Maurya*, Lucknow.

_________. 1950. *The Śātavāhana Dynasty of Dakṣiṇāpatha*, IHQ, 26, Calcutta.

Bhattacharya, B. 1958. *The Indian Buddhist Iconogrcphy*, Calcutta.

Bhattacharya, K. 1973, *L'Ātman-Brahman dans le Bouddhisme ancien*, PEFEO 90, Paris .

Bhattacharya, V. 1931. *The Catuḥśataka of Āryadeva : part 2*, Calcutta.

_________. 1948. *Buddhist Texts as recommanded by Aśoka*, Calcutta.

Bhattasali, N. K. 1932. *Maurya Chronology and Connected Problems*, JRAS, Lodon.

Biardeau, M. 1976, *Le sacrifice dans l'Inde ancienne*, Paris.

Bikerman, E. 1938. *Institutions des Séleucides*. Paris.

Birkeland, H. 1938. *Eine aramäischen Inschrift aus Afghanistan*, Acta Oriental, 16, Hongrie.

Bloch, J. 1912. *Le dialecte des fragments Dutreuil de Rhins*, JA, Paris.

_________. 1934. *L'Indo-Aryen*, Paris.

_________. 1950. *Les Inscriptions d'Aśoka*, Paris.

Bongard, G. M.-Levin, 1976. *Buddhist Texts from Central Asia*, Paris.

_________. 1977. *Studies in Ancient India and Central Asia*, Calcutta.

Boyer, A. M, 1901, *Etudes sur l'origine de la doctrine du saṃsāra*, JA((II).

_________(外). 1920-1929. *Kharoṣṭhī Inscriptions discovered by Sir Aurel Stein in Chinese Turkestan*, 3 vols, Oxford.

Brough, J. 1948. *Legends of Khotan and Nepal*, BSOAS(Bulletin of the School of Oriental and African Studies) 12, London.

_________. 1962. *The Gāndhārī Dharmapada*, London.

Brown, P. 1956. *Indian Architecture, Buddhist and Hindu*, Bombay.

Burnouf, E. 1844. *Introduction à l'histoire du Bouddhisme indien*, Paris.

_________. 1852. *Le Lotus de la Bonne Loi*, Paris

Burgess, J. 1883. *Report on the Buddhist Cave Temples and their Inscriptions*, London.

_________. 1887. *The Buddhist Stūpas at Amarāvatī and Jaggayyapeṭa*, London.

Burrow, T. 1940. *A translation of the Kharoṣṭhī Documents from Chinese Turkestan*, London.

Carratelli,P.G(外).1964. *A bilingual Graeco-Aramaic Edict by Aśoka. The first Greek inscription discovered in Afghanistan*, Serie Orientale Roma, 29, Rome.

Chakraborti, H. 1979. *Ascetism in Ancient India*, Calcutta.

Chatsumar, K. 1984. *A comparative study of Bhikkhuṇī Pātimokkha*, Chowkhamba Oriental Research Studies, 28, Varanasi.

Chattopadhyaya, S. 1949. *The Rule of the Achaemenids in India*, IHQ, 25, Calcutta.

_________. 1950. *Foreign Notices of Archaemenid India*, IHQ, 26, Calcutta.

_________. 1955. *The Sakas in India*, Viśvabhāratī Annals, 7,

Santiniketan.

Chaudhuri, B. 1956. *Pāṭaliputra : its Importance in the History of Buddhism*, IHQ, 26, Calcutta.

Chavannes, E. 1894. *Mémoires sur les religieux éminents ... par I-tsing*, Paris.

_________. 1910-34. *Cinq cents contes et apologues extraits du Tripiṭaka chinois*, 4 vols, Paris.

Choudary, R. 1959. *Some Aspects of Buddhism as gleaned through Aśokan Inscriptions* Special Issue Buddha Jayanti, Patna.

Codrington, H. W. 1947. *A short History of Ceylon*, London.

Combaz, G. 1937. *L'Inde et l'Orient classique* (1), Paris.

Conze, E. 1951- 1953. *Buddhism, its Essence and Development*, Oxford.

_________. 1954. *Buddhist Texts through the Ages*, Oxford.

_________. 1962. *Buddhist Thought in India*, London.

_________. 1982. *Buddhist Scriptures : A Bibliography*, New York and London.

Coomaraswamy, A. K 1916. *Buddha and the Gospel Buddhism*, London.

_________. 1926. *The Indian Origin of the Buddha Image*, JAOS, 46, Baltimore.

_________.1927. *History of Indian and Indonesian Art*, London.

_________. 1928. *Notes sur la sculpture bouddhique*, Revue des Arts Asiatiques, 5, Paris

_________. 1928. *Some early Buddhist Reliefs identified*, JRAS, Lodon.

_________. 1928-31. *Yakśas*, 2 vols, Washington.

_________. 1935. *La sculpture de Bodh-Gayā*, Paris.

_________, 1935. *Elements of buddhist iconography*, Cambridge.

_________. 1956. *La Sculpture de Bharhut*, Paris.

Cowley, A. E. 1915. *The First aramaic Inscription from India*, JRAS, Lodon.

Crosby, J. 1947. *Buddhism in Ceylon*, JRAS, Lodon.

Cunningham, A. 1854. *The Bhīlsa Topes*, London.

_________. 1877. *Inscriptions of Asoka*, Corpus Inscriptionum Indicarum 1, Calcutta.

_________. 1879. *The stūpa of Bhārhut*, London.

_________. 1892. *Mahābodhi or the Great Buddhist Temple at Bodh Gayā*, London.

Dasilva, W. A. 1931. *History of Buddhism in Ceylon*, Calcutta.

Daffina, P. 1967. *L'immigrazione dei Śakā nella Drangiana*, Reports and Memoirs, 9, Rome.

Dallapiccola, A .L. 1980. *The stūpa, Its religious, historical and architectural significance*, Beiträge zur Südasien-Forschung, 55, Wiesbaden.

Danielou, A. 1971. *Histoire de l'Inde*, Paris.

Dasgupta, S. N. 1947. *A History of Sanskrit Literature* (1), Calcutta.

David- Neel, A. 1977. *Le Bouddhisme du Bouddha*, Paris.

De Jong, J. W. 1954. *L'épisode d'Asita dans le Lalitavistara*, Asiatica, Festschrift F. Weller, Leipzig.

Dehejia, V. 1972. *Early Buddhist Rock-Temples*, London.

Demiéville, P. 1924. *Les versions chinoises du Milindapañha*. BEFEO, 24, Paris.

_________. 1927. *Sur la mémoire des existences antérieures*, BEFEO, 27. Paris

_________. 1931-32. *L'origine des sectes bouddhiques d'après Paramārtha*, Melanges chinois et bouddhiques(1), Bruxelles.

_________. 1954. *Maitreya l'inspirateur*, BEFEO, 44, Paris.

Denis, E. 1976. *La Lokapaññati et la légende birmane d'Aśoka*, JA, 264, Paris.

_________. 1977. *La Lokapaññati et les idées cosmologiques du Bouddhisme ancien*, 2 vols, Paris.

Deydier, H. 1950. *Contribution à l'étude de l'art du Gandhāra : Bibliographie analytique et critique des ouvrages publiés de* 1922 à 1949, Paris.

Dikshit, M. J. 1942. *A new Buddhist Sect in Kānheri*, IHQ, 18, Calcutta.

Dikshitar, V. R. R. 1932. *The Mauryan Polity*, Madras.

_________. 1945, *Buddhism in Andhradeśa*, Calcutta

Dimand, M. S. A. 1930. *New Indian Relief of the Amarāvatiī School*, Bulletin Metropolitan Museum of Art, New-York.

Dobbins, K.W. 1968. *Gandhāra Buddha Images with Inscribed Dates*, East & West. 18, Rome.

_________. 1970. *The Question of the Imitation of Hermaios coinage*, East & West, 20, Rome.

_________. 1980. *Vonones, Maues and Hermaios: the Imperial Coinage of Mithridates II*, East & West, 30, Rome.

Dube, S. N. 1972. *The date of the Kathāvatthu*, East and West, new series, 22, Rome.

Dumont, L. 1959. *Le renoncement dans les religions de l'Inde*, Paris.

Dupont, A.-Sommer, 1959. *Une inscription nouvelle, en grec et en araméen, du roi Aśoka*, Revue de l'Histoire des Religions, 155, Paris.

_________, 1970. *Une nouvelle inscription araméenne d'Aśoka trouvée dans la vallée du Laghmān(Afghanistan)*, Paris.

Durand - Dastes, Fr. 1973. *Géographie de l'Inde*, Paris.

Durt, H. 1970. *La version chinoise de l'introduction historique de la Samantapāsādikā*, 3 vols, Louvain.

Dutt, N. 1925. *Early History of the Spread of Buddhism and the Buddhist Schools*, Calcutta.

________. 1931. *Bodhisattva Prātimokṣa Sūtra*, IHQ, 7, Calcutta.
________. 1941–1945. *Early Monastic Buddhism*, 1–2, Calcutta.
________, 1959. *The Second Buddhist Council*, IHQ, 35, Calcutta.
________. 1939– 1959, *Gilgit Manuscripts*, 4 vols.
Dutt, S. 1924, *Early Buddhist monachism*, London.
Eggermont, Ph. 1956. *The Chronology of the Reign of Aśoka Moriya*, Leiden,
Eggermont, Ph(外)(편찬), 1962. *The moral Edicts of King Aśoka*, Textus Minores, 29, Leiden.
________. 1980. *The Emperor Aśoka and the Tiṣyarakṣitā Legend*, Orientalia Lovanensia Periodica, 11.
Edgerton, F. 1953. *Buddhist Hybrid Sanskrit* (*Grammar*, *Dictionary*, *reader*), 3 vols, New Haven.
Eliade, M. 1954. *Le Yoga, Immortalité et Liberté*, Paris.
________. 1976, 1978. *Histoire des croyances et des idées religieuses*(I–II), Paris.
Ergardt, J.T. 1977. *Faith and Knowledge in Early Buddhism*, Leiden.
Farquhar, J. N. 1920. *Outline of the Religions Literature of India*, Oxford.
Fazy, R. 1930. *Note sur une éclipse de soleil du temps d'Aśoka*, JA, Paris.
Fergusson, J. 1868. *Tree and serpent worship, Sāñchī and Amrāvatī*, London.
________. J(外), 1880. *The Cave-Temples of India*, London.
________. 1910. *History of Indian and Eastern Architecture*, 2 vols, London.
Festugiere, A. J. 1972. *Les inscriptions d'Aśoka et l'idéal du roi hellénistique*, Paris.
Filliozat, J. 1949. *L'énigme des 256 nuits d'Aśoka*, JA, Paris.
________. 1949. *Les deva d'Aśoka, dieux ou divines Majestés*, JA,

Paris.
_________. 1950. *Maitreya l'Invaincu*, JA, Paris.
_________(外). 1947-1953. *L'Inde Classique* (1-2), Paris-Hanoi.
_________. 1957. *Les festivités du Dhamma chez Aśoka*, JA, Paris.
Finot, L. 1913. *Le Prātimokśasūtra des Sarvāstivādin*. JA, Paris.
_________. 1932. *Textes historique dans le Canon pāli*, JA, Paris
_________. 1932, *The Account of the Buddha's Nirvāṇa and the first Councils according to the Vinayakṣudraka*, IHQ, 8, Calcutta.
Focillon, H. 1921. *L'art bouddhique*, Paris.
Formichi, C. 1930. *La pensée religieuse de l'Inde avant Bouddha*, Paris.
Foucher, A. 1899-1905. *Étude sur l'iconographie bouddhique de l'Inde d'après des textes inédits*, Paris.
_________. 1902. *Notes sur la Géographie ancienne du Gandhāra*, BEFEO, Paris.
_________. 1905-1922. *L'art gréco-bouddhique du Gandhāra*, 3 vols, Paris.
_________. 1917. *Beginnings of Buddhist Art*, Paris.
_________. 1927. *The Great Miracle of Śrāvastī, The Beginnings of Buddist Art*, Paris.
_________. 1941. *Le lieu de naissance du roi indo-grec Ménandre*, Paris.
_________. 1943. *A propos de la conversion au Bouddhisme du roi indo-grec Ménandre*, Paris.
_________. 1942-47. *La Vieille Route de l'Inde de Bactres à Taxila*, 2 vols, Paris,
_________. 1949. *La vie du Bouddha, d'après les textes et les monuments de l'Inde*, Paris.
_________. 1905-22-51. *L'Art gréco-bouddhique du Gandhāra*, 3 vols, Paris.

________. 1955. *Les vies antérieures du Bouddha*, Paris.

Franke, R. O. 1902. *Pāli und Sanskrit*, Strassburg.

________. 1906. *Zum Manuskript Dutreuil de Rhins*, ZDMG (Zeitschrift der Deutschen Morgenlandischen Gesellscheft), 60, Berlin.

Frauwallner, E. 1952. *Die Buddhistischen Konzile*, ZDMG, 102, Berlin.

________. 1954. *Geschichte der Indischen Philosophie*, vol 1, Salzburg.

________. 1956. *The Earliest Vinaya and the Beginnings of Buddhist Literature*, Rome.

________. 1956. *Die Philosophie des Buddhismus*, Berlin.

________. 1963, 1964, 1971, 1972, 1973, *Abhidharma-Studien* 1-5, Wiener Zeitschrift für die Kunde Süd und Ostasiens, vols, 7- 8, 15- 17, Wien.

________. 1973, *History of Indian Philosophy*, 2 vols, Delhi.

Fussman, G. 1974. *Quelques problèmes aśokéens*, JA, 262, Paris.

________. 1982. *Pouvoir central et régions dans l'Inde ancienne : le problème de l'empire Maurya*, Paris.

________, 1985. *Un Buddha inscrit des débuts de noter ère*, BEFEO, 74, Paris.

Gallavotti, G. 1959. *The Greek version of the Kandahār bilingual inscription of Aśoka*, East & West, 10, Rome.

Gangoly, O. C. 1938. *Some Buddhist Sculptures in relation to some Buddhist Texts*, New Indian Antiquary 1-9.

________. 1938. *The Antiquity of the Buddha Image*, Ostasiatische Zeitschrift.

Geiger, W. 1916. *Pāli Literatur und Sprache*, Strassburg.

________. 1934. *The Mahāvaṃsa translated*, London.

________. 1943. *Königsnamen in den Brāhmī- Inschriften Ceylons*,

Leipzig.

Ghosh, A. 1930. *The caste of Candragupta Maurya*, IHQ, 6, Calcutta.

________. 1950, *Rājgir*, Ancient India, 7, 1951.

________(外)1967. *Beginnings of the Sculptural Art in South-East India : a Stele from Amarāvatī*, Ancient India, 20-21 (1964-1965).

Ghosh, J. C. 1939. *Caste of the Śuṅga*, IHQ, 15, Calcutta.

Ghosh, N. N. 1935. *Early History of Kauśāmbī*, Allahābād.

Ghoshal, U. N. 1944. *The constitution of the Licchavis of Vaiśālī*, IHQ, 20, Calcutta.

Giles. H. A(飜譯), 1933. *The Travels of Fa-Hsien or Record of Buddhistic Kingdoms*, Cambrige.

Glasenapp, H. von. 1930. *Brahma und Buddha*, Berlin.

________. 1936. *Der Buddhismus in Indien und im Fernen Osten*, Berlin.

________. 1940. *Buddhistische Mysterien*, Stuttgart.

________. 1942. *Gedanken von Buddha*, Zurich.

________. 1946. *Die Weisheit des Buddha*, Baden-Baden.

________. 1949 *Die Philosophie der Inder*, Stuttgart.

________. 1956. *Der Pfad zur Erleuchtung, Buddhistishe Texte*, Düsseldorf.

________. 1950. *Buddha : Geschichte und Legende*, Zurich.

Glotz, G. 1938. *Alexander et l'hellénisation du monde antique*, Paris.

Gnoli, G. 1964. *The Tyche and the Dioscuri in Ancient Sculptures from the Valley of Swāt*. East & West, 14, Rome.

Gnoli, R(ed.), 1977-1978. *The Gilgit Manuscript of the Saṅghabhedavastu, being the 17th and last section of the Vinaya of the Mūlasarvāstivādin*, Serie Orientale Roma, 59, 1-2, Rome.

Gokhale, B. G. 1948. *Buddhism and Aśoka*, Baroda.

_________. 1966. *Aśoka Maurya*, New York.
_________. 1980. *Bhakti in Early Buddhism*, JA, Paris.
Goloubew, W. 1923, *Art du Gandhāra*, BEFEO, 23, Paris.
_________. 1926. *The Indian Origin of the Buddha image*, JA, Paris.
_________. 1927. *The Origin of the Buddha image*, Ars Buddhica, 9-4.
_________. 1935. *The Elements of Buddhist Iconography*, Harvard.
Gonda, J. 1962- 1965. *Les religions de l'Inde*, 2 vols, Paris.
Gopaslachari, K. 1941. *Early History of the Andhra Country*, Madras.
Gosh, D. 1928. *The Development of buddhist Art in South India*, IHQ, 4, Calcutta.
Goyal. S. R. 1967. *The History of the Imperial Guptas*, Allahabad.
Griffiths, P. 1981. *Concentration or Insight: the Problematic of Theravāda Buddhism*, JA, Paris.
Grönbold. G., 1984. *Der Buddhistische Kanon. Eine Bibliographie*, Wiesbaden,
Grousset, R. 1929. *Histoire de l'Extrême-Orient*, 2 vols, Paris.
_________. 1929. *Sur les traces du Bouddha*, Paris.
_________. 1931, *Les philosophies indiennes*, 2 vols, Paris.
_________. 1939. *L'empire des steppes*, Paris.
Guenther, H.V. 1957. *Philosophy and Psychology in the Abhidharma*, Lucknow.
Guerinot, A. 1926. *La religion Djaina, histoire, doctrine, culte, coutumes, institutions*, Paris.
Hackin, J. 1916. *Les Scènes figurées de la vie du Bouddha*, Paris.
_________. 1928. *Les antiquités bouddhiques de Bāmiyān*.
_________. (外). 1933. *Nouvelles recherches archéologiques à Bāmiyān*.
_________. (外). 1936. *Recherches archéologiques au col de Khair-Khâneh*.

_________. 1939. *Recherches archéologiques à Bégram*.

_________. *L'Art bouddhique de la Bactriane et les origines de l'Art gréco-bouddhique*.

Hallade, M. 1942. *Études d'art indien. La composition plastique dans les reliefs de l'Inde*, Paris.

_________. 1968. *The Gandhāra Style and the Evolution of Buddhist Art*, London.

Hardy, E. S. 1860. *Manual of Buddhism*, London.

Harmatta, J. 1966. *Zu den griechischen Inschriften des Aśokas*, Acta Antiqua Hungarica, 14, Budapest.

Härtel, H. 1956. *Karmavācan*, Berlin.

_________. 1983. *The Ancient Pillar Cult at Prayāga (Allahabad): its Pre-Aśokan Origins*, JRAS, Lodon.

Harvey, P. 1984. *The Symbolism of the Early Stūpa*, Jouranl of the International Association of Buddhist Studies, 7-2.

Hennig, W. B. 1949. *The Aramaic Inscription of Aśoka found in Lampāka*, BSOAS 13, London.

Henry, R. 1947. *Ctésias, la Perse, l'Inde*, Bruxelles.

Hertsens, M., 1967. *Trésors mystiques de l'Inde. Les grands textes de l'Hindouisme et du Bouddhisme*, Paris.

Herzfeld, E. 1928. *A New Asokan Inscription from Taxila*, Epigraphia Indica, 19, Calcutta.

Hinüber, O. von. 1978. *On the Tradition of Pāli Texts in India, Ceylon and Burma*, Göttingen.

Hofinger, M. 1946. *Étude sur le concile de Vaiśālī*, Louvain.

Holt, J. C. 1981. *Discipline: the canonical Buddhism of the Vinayapiṭaka*, Delhi.

Horner, I.B. 1941. *Abhidhamma Abhivinaya*, IHQ, 17, Calcutta.

_________. 1979. *The Early Buddhist Theory of Man perfected: a Study of the Arahan Concept*, New Delhi.

Hulin, M. 1978. *Le principe de l'égo dans la pensée indienne classique, la Notion d' Ahamkāra*, Paris.

Hultzsch, E. 1925. *The Inscriptions of Aśoka*, Oxford.

Humbach, H. 1971. *Die aramäische Aśoka-Inschrift von Laghmān Fluss*, Berlin.

Hutton, J. H. 1949. *Les castes de l'Inde*, Paris.

Irwin, J. 1983. *The Ancient Pillar Cult at Prayāga (Allahabad): its Pre-Aśokan Origins*, JRAS, London.

_________ 1986. *Stūpa and the Cosmic Axis: the Archaeological Evidence*, Rome.

Ito, G. 1977. *A New Interpretation of Aśokan Inscriptions, Taxila and Kandahār I*, Studia Iranica.

_________. 1979. *Asokan Inscriptions, Laghman I and II*, Studia Iranica.

Jacobi, H. 1930. *Buddhas und Mahāvīras Nirvāṇa und die politische Entwicklung Magadhas zu jener Zeit*, SPAW.

Janert, K. L. 1959. *Studien zu den Aśoka Inschriften, I–II*, NAWG, Göttingen.

_________. 1973. *About the Scribes and their Achievement in Aśoka's India*, German Scholars on India, vol, I, Varanasi.

Jansen, M.(外). 1984. *Reports on Fieldworks carried out at Mohen-jo-Dāro, Pakistan*, Rome.

Jayasuriya, W.F., 1963. *The Psychology and Philosophy of Buddhism*, Colombo.

Jayaswal, K. P. 1931. *An exact date in the reign of Aśoka*, Journal of the Bihar Research Society, 17, Patna.

Jayatilleke, K.N., 1963. *Early Buddhist Theory of Knowledge*, London.

Jayawikrama, N. A. 1959. *A Reference to the Third Council in Aśoka's Edicts*, University of Ceylon Review, 17, Colombo.

Jenskins, G.H(外), 1957. *The Coin-types of the Śāka-Pahlava Kings of India*, Varanasi,

Johnston, E. H. 1936. *The Buddhacarita or Acts of the Buddha*, 2 vols, Calcutta.

Joshi, M.C(外), 1967. *A newly discovered Inscription of Aśoka at Bahāpur*, Delhi.

Jouveau, G. - Dubreuil. 1914. *Archéologie du Sud de l'Inde*, 2 vols, Paris.

Julien. St. 1859. *Listes diverses des noms des dix-huit sectes schismatiques qui sont sorties du bouddhisme*, JA, 14, Paris.

Juraishi, M. H(外). 1939. *A Guide to Rājgir*, Delhi.

Kant, S. 1971. *The Hāthīgumphā Inscription of Khāravela and the Bhābra Edict of Aśoka*, Delhi.

Karetzky, P.E. 1982. *Māra, Buddhist Deity of Death and Desire*, East & West, Rome.

Katare, S. L. 1952. *Simuka, Śātakarṇi, Śātavāhana*, IHQ, 28, Calcutta.

Katz, N., 1983. *Buddhist Images of Human Perfection. The Arahant of the Suttapiṭaka compared with the Bodhisattva and the Siddha*, Delhi.

Keith, A. B. 1923. *Buddhist Philosophy in India and Ceylon*, Oxford.

_________. 1925. *Pāli, the Language of the Southern Buddhists*, IHQ, 1, Calcutta.

_________. 1928. *History of Sanskrit Literature*, Oxford.

_________. 1936. *Pre-Canonical Buddhism*, IHQ, 12, Calcutta.

Kern, H. 1882-84. *Der Buddhismus und seine Geschichte in Indien*, 2Bde, Leipzig.

_________. 1896. *Manual of Indian Buddhism*, Strasbourg.

Kimura, R. 1920. *The Original and Developed Doctrines of Indian Buddhism*, Calcutta.

_________. 1925. *Introduction to the History of Early Buddhist Schools*, Calcutta.

King, W. L. 1977. *The Structure and Dynamics of the Attainment of Cessation in Theravāda Meditation*, Journal of the American Academy of Religion, 45–2.

Kirfel, W. 1920. *Die Kosmographie der Inder*, Bonn.

_________. 1959. *Symbolik des Buddhismus*, Stuttgart.

Konow, St. 1914. *Khotan Studies*, JRAS, Lodon.

_________. 1929. *Kharośṭhī Inscriptions*, Corpus Inscriptionum Indicarum 2, 1 part, Calcutta.

_________. 1941. *Khotansakische Grammatik*, Leipzig.

Kosambi, D.D. 1965. *The Culture and Civilisation of Ancient Indian Historical Outline*, London.

Ladner, M. 1948. *Gotama Buddha. Sein Werden, seine Lehre*, Zurich.

Lahiri, A. N. 1957. *When did Demetrius invade India?* IHQ, 33, Calcutta.

Lal, B. B. 1954–55. *Excavation at Hastinpura and other Explorations in the Upper Gaṇge*, Ancient India, 10–11.

Lamotte, É. 1946. *La conduite redligieuse du faisan dans les textes bouddhiques*, Muséon, 59, Louvain.

_________. 1947–1948. *La légende du Buddha*, Revue de l'Histoire des Religions, 134.

_________. 1953, *Les premieres relations entre l'Inde et l' Occident*, La Novelle Clio.

_________. 1962. *Aśoka et les missionnaires bouddhiques*, Studia Missionalia, 12.

_________. 1970. *Le Bouddha insulta-t-il Devadatta?*, BSOAS, 33, London.

La Vallée Poussin, L. de. 1898. *Bouddhisme, études et matériaux*, London.

_________. 1902. *Dogmatique bouddhique, la négation de l'āme et la doctrine de l'acte*, JA, Paris.
_________. 1905, *Les deux premiers conciles*, Louvain.
_________. 1909. *Bouddhisme, opinions sur l'histoire de la dogmatique*, Paris
_________. 1910. *The Five Points of Mahādeva and the Kathāvatthu*, JRAS, London.
_________. 1913. *La théorie des douze causes*, University de Gand.
_________. 1917, *The Way to Nirvāṇa*, Cambridge.
_________. 1924. *Indo-Européens et Indo-iraniens; l'Inde jusque vers 300 avavt* J.-C., Paris.
_________. 1925. *Nirvāṇa*, Paris.
_________. 1925. *Bouddhisme, Opinions sur l'histoire de la dogmaique*, Paris.
_________. 1925. *La controverse du Temps et du Pudgala dans le Vijñānakāya*, BEFEO, 1, Paris.
_________. 1927. *La Morale bouddhique*, Paris.
_________. 1930. *Le dogme et la philosophie du Bouddhisme*, Paris.
_________. 1930. *L'Inde aux temps des Mauryas et des Barbares, Grecs, Scythes, Parthes et Yue-tche*, Paris.
_________. 1923-31, *L'Abhidharmakośa de Vasubandhu*, 6 vols, Paris.
_________. 1935. *Dynasties et histoire de l'Inde depuis Kaniṣka jusqu' aux invasions musulmanes*, Paris.
Law, B. C. 1924. *Some Kṣatriya Tribes of Ancient India*, Calcutta.
_________. 1932. *Geography of early Buddhism*, London.
_________. 1933. *History of Pāli Literature* (1), London.
_________. 1937. *Formulation of the Pratītyasamutpāda*, JRAS, Lodon.
_________. 1945. *Did Puṣyamitra Śuṅga persecute the buddhists?*

Calcutta.

_________. 1954. *Historical Geography of Ancient India*, Paris.

Legge, J. 1886. *A record of buddhistic kingdoms ... by the chinese monk Fa-hien*, Oxford.

Leigh Ashton〔外〕, 1950. *The Art of India and Pākistān*, London.

Lévi, S. 1905-1908. *Le Népal*, Paris.

_________. 1908-1909. *Les Saintes écritures du Bouddhisme*, Ann, du Musée Guimet 31, Paris.

_________. 1912. *Observations sur une langue précanonique du Bouddhisme*, JA(2), Paris.

_________. 1915. *Sur la récitation primitive des textes bouddhiques*, JA, Paris.

_________. 1916. *Les seize Arhat protecteurs de la Loi*, JA, Paris.

_________. 1932. *Note sur des manuscrits sanskrits provenant de Bamiyan et de Gilgit*, JA, Paris.

_________. 1936. *Kaniśka et Śātavāhana*, JA, Paris.

_________. 1937. *Alexandre et Alexandrie dans les documents indiens*, Paris.

_________. 1938. *L'Inde civilisatrice*, Paris.

_________. 1966. *La doctrine du sacrifice dans les Brāhmaṇas*, Paris.

Lin Li-kouang(林黎光), 1949. *L'Aide-Mémoire de la Vraie Loi*, Paris,

Ling, T. 1981. *The Buddha's Philosophy of Man(Texts from the first book of the Dīghanikāya only)*, London.

Lingat, R. 1937. *Vinaya et droit laïc*, BEFEO 37, Paris.

Linossier, R. 1929-30, *Une légende d'Udena Amarāvatī*, Revue des Arts Asiatiques, 6, Paris.

Litvinski, B. A(外). 1981. *The Temple on the Oxus*, JRAS 2, London.

Lohuizen, J. E(外). 1972. *Gandhāra and Mathurā: their cultural relationship*, Leyden.

_________. 1981. *New Evidence with regard to the Origin of the Buddha Image*, Berlin.

Lokesh Chandra, 1960. *An Unpublished Gilgit Fragment of the Prātimoksa Sūtra*, WZKSO, 4, Wien.

Lüders, H. 1899. *Bemerkungen zu dem Kharoṣṭhī-Manuskript des Dhammapada*, Nachrichten von der Gesellschaft der Wissenschaften zu Göttingen, .

_________. 1911. *Bruchstücke buddhistischer Dramen*, Berlin.

_________. 1941. *Bhārhut und die buddhistische Literatur*, Leipzig.

Mac Govern, W. M. 1923. *Manual of buddhist philosophy*, London.

Majumdar, R. C. 1926. *The Chronology of the Śātavāhana*, Asutosh Memorial, vol 2, Patna.

_________. 1949. *Achaemenian Rule in India*, IHQ 25, Calcutta,

Malalasekera, G. P. 1928. *The Pāli Literature of Ceylon*, London.

_________. 1937-38. *Dictionary of Pāli Proper Names*, 2 vols, London.

Mansion, J. 1931. *Esquisse d'une histoire de la langue sanskrite*, Paris.

Marshall, J. 1918. *A Guide to Taxila*, Calcutta.

_________. 1931. *Mohenjo-Daro and the Indus Civilisation*, 3 vols, London.

_________. 1936. *A Guide to Sanchi*, Delhi.

_________. (外), 1940. *Les Monuments of Sāñchī*, 3 vols, Calcutta.

_________. 1951. *Taxila*, 3 vols, Cambrigde.

_________, 1960. *The Buddhist Art of Gandhāra*, Cambridge.

Maspero, H. 1911. *Sur l'authenticité du Fou fa-tsang yin-yuan tchouan*, Paris.

Masson-Oursel, P(外), 1933. *L'Inde Antique et la Civilisation indienne*, Paris.

Masuda, J. 1925. *Origin and Doctrines of Early Indian Buddhist Schools*, Asia Major 2.

Mehendale, M. A. 1948. *Historical Grammar of Inscriptional Prâkrits*, Poona.

Mendis, G. C. 1946. *The Pāli chronicles of Ceylon*, Colombo

_________. 1947. *The early History of Ceylon*, Calcutta.

Migot, A. 1954. *Un grand disciple du Buddha : Śāriputra*, BEFEO, 46, Paris.

Minns, E. H. 1913. *Scythians and Greeks*, Cambridge.

Misra, G.S.P., 1972. *The Age of Vinaya*, New Delhi.

_________. 1975. *Reflections on the Buddhist Doctrine of Karman*, Journal of the Oriental Institute of Baroda, 25.

Mitra, D. 1971. *Buddhist Monuments*, Calutta.

Mitra, R. C. 1954. *The decline of Buddhism in India*, Santiniketan.

Mookerji, R. K. 1928. *Aśoka*, London.

_________. 1936. *Hindu Civilisation from the earliest times up to the establishment of Maurya Empire*, London.

_________. 1960. *Chandragupta Maurya and His Times*, Banaras.

Mukherjee, B. N., 1984. *Studies in Aramaic Edicts of Aśoka*, Calcutta.

Murti, G. S(外), 1950. *Edicts of Aśoka with English Translation*, Madras.

Mus, P. 1928. *Le Buddha paré*, BEFEO, 28, Hanoi.

_________. 1939. *La lumière sur les Six Voies*, Paris.

Nagao, G. 1973. *On the Theory of Buddha-body*, Eastern Buddhist, 6.

__________. 1980. *The Architectural Tradition in Buddhist Monasticism*, Delhi.

Nakatani, H., 1978. *Udānavarga. Edition critique du manuscrit sur bois de Subasi*, Paris.

Narada Mahathera, 1956. *A Manual of Abhidhamma, being Abhidhammattha Sangaha of Bhadanta Anuruddhācariya*, Kandy.

Narain, A. K. 1957. *The Indo-Greeks*, Oxford.

_________. 1985. *Studies in Buddhist Art of South Asia*, New Delhi.

Narenda Wagel. 1966. *Society at the Time of the Buddha*, Bombay.

Nattier, J. J(外). 1977. *Mahāsāṃghika Origins: the Beginnings of Buddhist Sectarianism*, History of Religions, 16.

Nikam, N.A(外), 1959. *The Edicts of Aśoka*, Chicago.

Noble, P. S. *A Kharoṣṭhī Inscription from Endere*, BSOS, 6-2, London.

Norman, K. R. 1967. *Notes on Aśoka Fifth Pillar Edict*, JRAS, London.

_________. 1971. *Notes on the Bahāpur Version of Aśoka's* MRE, JRAS, Lodon.

_________. 1972. *Notes on the Greek Version of Aśoka's Twelfth and Thirteenth Rock Edicts*, JRAS, Lodon.

_________. 1974. *The Gāndhārī Version of the Dharmapada*, Dordrecht.

_________. 1979. *Māgadhisms in the Kathāvatthu*, in Narain 1979.

_________. 1980. *The Dialects in which the Buddha Preached*, in Bechert 1980.

_________. 1983. *Pāli Literature, including the canonical literature in Prākrit and Sanskrit of all the Hīnayāna Schools of Buddhism*, Wiesbaden.

Nynatiloka Mahathera, 1938. *Guide through the Abhidhammapiṭka*, Colombo.

_________, 1950. *Dhammasaṅgani, Kompendium der Dingwelt*, Hamburg.

_________. 1969. *The Significance of Dependent Origination in Theravāda Buddhism*, Kandy.

Obermiller, E. 1931- 1932. *History of Buddhism* de Bu-Ston, 2 vols, Heidelberg.

_________. 1932. *The Doctrine of Prajñāpāramitāas exposed in the Abhisamayālaṃkāra of Maitreya*, Acta Orientalia, vol, 9.

Oldenberg, H. 1881. *Buddha, sein Leben, seine Lehre, seine Gemeinde*, Berlin.

_________(출판). 1879-1883, *The Vinaya Piṭakaṃ*, 5 vols, London.

_________(출판과 번역), 1879. *The Dīpavaṃsa*, London.

_________. 1898. *Buddhistische Studien*, ZDMG, 52 , Berlin.

_________. 1912. *Studien zur Geschichte des buddhistichen Kanons*, NGGW.

Oltramare, P. 1906. *Histoire des idées théosophiques dans l'Inde*(1), Paris.

_________, 1909. *La formule bouddhique des douze causes, son sens originel et son interprétation*, Genève.

_________. 1923. *Histoire des idées théosophiques dans l'Inde (2), la théosophie bouddhique*, Paris.

Pachow, W. 1955. *Comparative Study of the Prātimokṣa Sūtra*, Santiniketan.

Paranavitana, S. 1946. *The stūpa in Ceylon*, Colombo.

Pathak, S. 1954. *Life of Nāgārjuna*, IHQ, 30, Calcutta.

Pauly, B. 1961-67. *Fragments sanskrits de Haute Asie (Mission Pelliot)*, JA, vol, 249-255, Paris.

Peppé W. C(外). 1898. *The Piprahwa stūpa containing relics of Buddha*, JRAS, Lodon.

Pischel, R. 1926. *Leben und Lehre des Buddha*, Leipzig.

Pobozniak, T. 1986. *Genesis of the Milindapañha*, Akademie Verlag, Berlin.

Pradhan, P. 1967. *Abhidharmadīpa with Vibhāṣāprabhāvṛtti*, Patna.

Prasad, C. S., 1972. *Theravāda and Vibhajjavāda : a critical study of the two appellations*, East & West, new series, 22, Rome.

Prebish, Ch. S. 1974. *A Review of Scholarship on the Buddhist Councils*, Journal of Asian Studies, 33.

_________. 1975. *Buddhist Monastic Discipline: the Sanskrit Prātimoksa Sūtra of the Mahāsāṃghikas and Mūlasarvāstivādins*, Pennsylvania.

_________. 1980. *Vinaya and Prātimokṣa: the Foundation of Buddhist Ethics*, New Delhi.

Przyluski, J. 1914. *Le Nord-Ouest de l'Inde dans le Vinaya des Mulasarvāstivādin et les textes apparentés*, JA(2), Paris.

_________. 1918-20. *Le Parinirvāṇa et les Funérailles du Buddha*, JA, Paris.

_________. 1920. *La roue de la vie Ajaṇṭa*, JA, Paris.

_________. 1923. *La légende de l'empereur Aśoka dans les textes indiens et chinois*, Ann. Musée Guimet, 31, Paris.

_________. 1926. *Le Concile de Rājagṛha*, Paris.

_________. 1929. *La croyance au Messie dans l'Inde et dans l'Iran*, Revue de l' Histoire des Religions, t. C.

_________. 1932. *Le Bouddhisme*, Paris.

_________. 1936. *Le partage des reliques du Buddha*, MCB, vol 4, Bruxelles.

Puri, B. N. 1965, *India under the Kushans*, Bombay.

Rahula, W. 1956. *History of Buddhism in Ceylon*, Colombo.

_________. 1959. *What the Buddha Taught*, Bedford.

_________. 1974. *Wrong Notions of dharmatā*, Buddhist Studies in Honour of I.B. Horner, Dordrecht.

Ramachandran, T. N. 1931. *An inscribed pillar-carving from Amarāvatī*, Acta Orientalia, 10, Hongrie.

Renou, L. 1942. *La poésie religieuse de l'Inde antique*, Paris.

_________. 1946. *Littérature sanskrite*, Paris.

_________. 1947. *Anthologie sanskrite*, Paris.
_________. 1950. *La civilisation de l'Inde ancienne*, Paris.
_________. 1951. *Les littératures de l'Inde*, Paris.
_________(外).1947- 1953. *L'Inde Classique* (1-2), Paris-Hanoï.
_________. 1956. *Histoire de la langue sanskrite*, Lyon.
Reynolds, F. E. 1977. *The Several Bodies of the Buddha: Reflections on a Neglected Aspect of Theravāda Tradition*, History of Religions, 16.
Rhys Davids, T. W. 1891. *The sects of the Buddhists*, JRAS, Lodon.
_________. 1896. *Buddhism, its history and literature*, New York.
_________. 1897. *History of indian Buddhism*, London.
_________. 1899. *The Gosinga Kharoṣṭhī Manuscript*, JRAS, Lodon.
_________. 1903. *Buddhist India*, London.
_________. 1908. *Early Buddhism*, London.
_________. 1928. *Gotama, the man*, London.
Rockhill, W. W. 1884. *Life of the Buddha, and the Eary History of his Order*, London.
_________. 1886. *Prātimoksha Sutra*, Paris.
Romila Thapar, 1961. *Asoka and the Decline of the Mauryas*, Oxford.
Rosen, V.A. 1959. *Der Vinayavibhaṅga. Zum Bhikṣu Prātimokṣa der Sarvāstivādin*, Berlin.
Rosenberg, O. 1924. *Die Probleme der buddhistischen Philosophie*, Heidelberg.
Roth, G. 1970. *Bhikṣuṇī-Vinaya*, Patna.
_________. 1980. *Particular Features of the language of the Bhikṣu-Prātimokṣa-Sūtra of the Ārya-Mahāsāṃghika-Lokottaravadins and Their Importance for Early Buddhist Tradition*, in Bechert 1980.
Sakkar, H. 1966. *Studies in Early Buddhist Architecture of India*, Delhi.

Sarathchandra, E. R. 1958. *The Buddhist Psychology of Perception*, Colombo.

Sarma, D. 1935. *The So-called City Council of Pāṭaliputra*, IHQ, 11, Calcutta.

Sastri, N(外), 1952. *Age of the Nandas and Mauryas*, Benares.

Sastri, P. S. 1955. *The Rise and Growth of Buddhism in Andhra*, IHQ, 31, Calcutta.

Schafer, R. 1954. *Ethnography of Ancient India*. Wiesbaden.

Schayer, S. 1935. *Precanonical Buddhism*, Archiv Orientalni 7.

_________. 1937. *New Contributions to the Problem of the Pre-hinayanistic Buddhism*, Polish Bulletin of Oriental Studies, vol, I.

_________. 1938. *Contributions to the Problem of Time in Indian Philosophy*, Mém. Acad. Polon, 31, Cracovie.

Schiefner, A. 1896. *Geschichte des Buddhismus* de Tāranātha, St Petersburg.

Schlingloff, D. 1969. *Zur Interpretation des Prātimokṣa-sūtra*, Zeitschrift der Deutschen Morgenlandischen Gesellscheft, 113, Berlin.

_________. 1982. *Aśoka or Māra? On the Interpretation of some Sāncī Reliefs*, Indological and Buddhist Studies.

Schlumberger, D. 1970. *L'Orient hellénisé. L'art grec et ses héritiers dans l'Asie non méditerranéenne*, Paris.

_________.(外). *A new Greek inscription of Aśoka at Kandahār*, Epigraphia Indica 37, Calcutta.

Schneider, U. 1978. *Die Grossen Felsen-Edikte Aśokas, Kritische Ausgabe, Übersetzung und Analyse der Texte*, Wiesbaden.

Schoff. W. 1912, *The Periplus of the Erythraean Sea*.

Schrader, F.O. 1908. *Über den Stand der indischen Philosophie zur Zeit Mahāvīras und Buddhas*, Leipzig.

Schumann, H.W. 1982. *Der historische Buddha*, Düsseldorf.

Scott, D. A. 1985. *Ashokan Missionary Expansion of Buddhism among the Greeks*, Religion, 15.

Senart, É. 1875. *Essai sur la légende du Bouddha*, Paris.

_________. 1881-86. *Les inscriptions de Piyadasi*, 2 vols, Paris.

_________(출판). 1882- 1897. *Le Mahāvastu, Texte sanskrit*, 3 vols, Paris.

_________. 1898. *Le manuscrit kharoṣṭī du Dhammapada: Les fragments Dutreuil de Rhins*, JA(2), Paris.

Sengupta, P. C. 1947. *Ancient Indian Chronology*, Calcutta.

_________. 1956. *Dates of principal Events in the Buddha's Life*, IHQ, 32, Calcutta.

Seth, H. C. 1936. *Note on the Origin of Pāli*, Nagpur Univercity, Journal, 2.

_________. 1937. *Central Asiatic Provinces of the Mauryan Empire*, IHQ, 13, Calcutta.

_________. 1939. *The Kingdom of Khotan under the Mauryas*, IHQ, 15, Calcutta.

Shahidullah, M. 1933. *The first Aryan Colonisation of Ceylan*, IHQ, 9, Calcutta.

Shaked, S. 1969. *Notes on the new Aśoka Inscription from Kandahār*, JRAS, Lodon.

Sharma, B. N. 1936. *The Lion Capital of the Pillar of Aśoka at Sārnāth*, Poona.

Sharma, D. 1949. *The Nature of Puṣyamitra Śuṅga's Rule*, IHQ, 25, Calcutta.

Sharma, R. S. 1968, *Material Background of Origin of Buddhism*, Delhi.

Shih, R. 1969. *Biographie des Moines Eminents (Kao seng tchouan) de Houei-Kiao, traduites et annotées*, Bibliothèque du Museon, 54, Louvain.

Shukla, N.S. 1979. *The Buddhist Hybrid Sanskrit Dharmapada*, Patna.

Siddhartha, R. 1931. *Origin and Development of Pāli language*, Buddhistic Studies, Calcutta.

Sidersky, D. 1932. *Une éclipse de soleil au temps d'Aśoka*, JA, Paris.

Singh, M. M. 1954. *Life in the buddhist Monastery during the 6th Century, B. C*, Journal of the Bihar Research Society, 40, Patna.

Sircar, D. C. 1939. *King Śātakarṇi of the Sañchi Inscription*, Bombay.

_________. 1957, 1967, 1975. *Inscriptions of Aśoka*, New Delhi.

_________. 1979. *Aśokan Studies*, Indian Museum, Calcutta.

Smith, V. A. 1911. *History of Fine Art in India and Ceylon*, Oxford.

_________. 1920. *Aśoka, the buddhist emperor of India*, Oxford.

Snellgrove, D. L. 1973 *Śākyamuni's final Nirvāṇa*, London.

_________(출판), 1978. *The Image of the Buddha*, Warminster.

Soper, C. 1949-1950. *Aspects of Light Symbolism in Gandhāran Sculpture*, Art. As. 12-13, Ascona.

Stcherbatsky, Th, 1923. *Central Conception of Buddhism and the Meaning of the Word Dharma*. London.

_________. 1927. *The Conception of Buddhist Nirvāṇa*, Leningrad.

Stein, A. 1907. *Ancient Khotan*, Oxford.

_________. 1929. *On Alexander's Track to the Indus*, London.

Stern, Ph(外). 1961. *Evolution du style indien d'Amarāvatī*, Paris.

Strong, J. 1983. *The Legend of King Aśoka. A study and Translation of the Aśokāvadāna*, Princeton.

Takakusu, J, 1896. *A record of the buddhist religion as practised in India and the Malay Archipelago by I-tsing*, Oxford.

_________. 1904. *The Life of Vasubandhu by Paramārtha*, T'oung Pao, 5.

_________. *On the Abhidharma Literature of the Sarvāstivādin*,

London.
Tarn, W. W. 1940. *Demetrios in Sindh*, JRAS, Lodon.
_________. 1948. *Alexander the Great*, Cambridge.
_________. 1951. *The Greeks in Bactria and India*, Cambridge.
Thapar, R., 1961. *Aśoka and the Decline of the Maurya*, London.
Thomas, E. J. 1931. *The Life of the Buddha*, London.
_________. 1933. *The History of Buddhist thought*, London.
_________. 1933. *Pre-Pāli terms in the Pātimokkha*, Leipzig.
_________. 1935. *Early Buddhist Scriptures*, London.
_________. 1947. *Nirvāṇa and Parinirvāṇa*, Leyden.
Trenckner, V(출판). 1880. *The Milindapañho*, London.
Tripathi, R. S. 1940. *Alexanter's Invasion of India : a revised Study*, IHQ, 16, Culcutta.
Triveda, D. S. 1952. *The Pre-Mauryan History of Bihār*, JBRS, 38, Patna.
Tucci, G. 1926. *Il Buddhismo*, Foligno.
_________. 1932. *Two Hymns of the Catuḥstava of Nāgārjuna*, JRAS, Lodon.
_________. 1956. *Catuḥstavasamāsārtha of Amṛtākara*, Rome.
_________. 1956. *Preliminary Report on two scientific Expdeditions in Nepal*, Rome.
Upasak, C.S. 1975. *Dictionary of Early Buddhist Monastic Terms*, Varanasi.
Vaidya, P. L. 1923. *Études sur Āryadeva et son Catuḥśataka*, Paris.
Vidyabhusana, S.C. 1921. *A history of indian logic*, Calcutta.
Viennot, O., 1954. *Le Culte de l'arbre dans l'Inde ancienne*, Paris.
Vogel, J. P. 1930. *La sculpture de Mathurā*, Paris.
_________. 1936. *Buddhist Art in India, Ceylan and Java*, Oxford.
Waldschmidt, E. 1926. *Bruchstücke des Bhikṣuṇī-Prātimokṣa der Sarvāstivādins*, Leipzig.

_________, 1929. *Die Legende von Leben des Buddha*, Berlin.

_________. 1939. *Bruchstücke buddhistischer Sūtras aus dem zentralasiatichen Sanskritkanon (1)*, Leipzig.

_________, 1950–51. *Das Mahāparinirvānasūtra*, Berlin.

_________, 1951 *Vergleichende Analyse des Catuṣpariṣatsūtra*, Hamburg.

_________, 1955. *Zu einigen Bilinguen aus den Turfan-Funden*, NAWG.

_________. *1955. Die Einleitung des Saṅgītisūtra*, ZDMG,105, Berlin.

_________, 1956. *Ein Fragment des Saṃyuktāgama aus den Turfan-funden*, NAWG.

_________. 1963. *Reste von Devadatta-Episoden aus dem Vinaya der Sarvāstivādins*, ZDMG, 113, Berlin.

Walleser, M. 1904. *Die philosophische Grundlage des älteren Buddhismus*, Heidelberg.

_________. 1924. *Sprache und Heimat des Pāli Canons*, Heidelberg.

_________. 1927. *Die Sekten des alten Buddhismus*, Heidelberg.

_________ 1904- 1927. *Die buddhistische Philosophie in ihrer geschichtlichen Entwicklung*, 4Bde, Heidelberg.

Warder, A .K. 1970. *Indian Buddhism*, Varanasi.

Warren, H. C. 1896. *Buddhism in Translation*, Cambridge.

Watters, T. 1904–1905. *On Yuan Chwang's Travels in India*, 2 vols. London.

Wauchope, R. S. 1933. *Buddhist Cave Temples of India*, Calcutta.

Wayman, A. 1981. *Aśoka und Upagupta Mogaliputtatissa*, Patna.

Webb, R. 1975. *An Analysis of the Pāli Canon, being the Buddhist Scriptures of the Theravāda School*, Kandy.

Weiner, S. L. 1976. *Ajaṇṭā Iconography and Chronology*, East & West, new series 26, Rome.

Welbon, G.R., 1968. *The Buddhist Nirvāṇa and its Western Interpreters*, Chicago and London.

Weller. F. 1939. *Schauplatz und Handlung im Buddhacarita*, ZDMG, 93, Berlin.

__________. 1953. *Zwei Zentralasiatische Fragmente des Buddhacarita*, ASAWL, 46-4, Leipzig.

Wenzel, H. 1886. *Nāgārjuna's "friendly Epistle" traduction from the Tibetan*, Journal of the Pali Text Society, London.

Werner, K. 1981. *Bodhi and Arahattaphala, from Early Buddhism to Early Mahāyāna*, Jouranl of the International Association of Buddhist Studies, 4.

Wheeler, M. 1950. *Five Thousand Years of Pākistān*, London.

__________. 1965. *Gandhāra Art: a Note on the Present Position*, Paris.

__________. 1966. *Civilizations of the Indus Valley and Beyond*, London.

Wienternitz, M. 1920. *Geschichte der indischen Literature*, Bde 2, Leipzig.

__________. 1929. *Der ältere Buddhismus nach Texten des Tipiṭka*, Tübingen.

Wijayaratna, M., 1983. *Le moine bouddhiste selon les textes du Theravāda*, Paris.

Willemen, Ch. 1974. *Dharmapada. A Concordance to Udānavarga, Dhammapada and the Chinese Dharmapada Literature*, Bruxelles.

__________. 1975. *The Chinese Udānavarga, translated and annotated*, MCB, 19, Bruxelles.

Wolski, J. 1982. *Le problème de la fondation de l'état gréco-bactrien*, Iranica Antiqua, 17.

Yazdani, 1930-1946. *Ajantā*, Hyderabad.

Zimmer, H. 1946. *Myths and Symbols in Indian Art and Civilization*, New York.

역자 후기

에띠엔 라모뜨(Étienne Lamotte)는 1949년에 『인도불교사(Histoire du Bouddhisme indien)』를 쓰기 시작해서 1958년에 끝내었다. 10년에 걸친 대작업이었다. 유럽의 불교학자들은 이 책을 불교 연구에 있어서 '이정표(里程標)'라 부르기도 하고, "불교 연구 역사에 있어 한 시대의 획을 긋는 기념비적인 저술"(André Bareau)이라고 소개하기도 했다. 이 책은 양(量)과 질(質)은 물론 내용 면에서도 이 분야에서 독보적인 위치를 차지한다.

『인도불교사』는 붓다의 생애 · 초기불교 교리 · 교단의 조직 · 성전의 성립과 발달 · 불교의 언어 · 부파의 기원 · 전도와 전파 · 아비다르마의 발전 · 조각과 건축 · 유적의 발굴 · 문헌학 · 금석학 · 고전학(古錢學) 등 고대 인도불교의 거의 모든 분야를 망라하고 있다. 뿐만 아니라 인도 서북부 지방인 카슈미르와 간다라, 그리고 스리랑카의 불교 역사까지 포괄하고 있다. 이와 같이 방대하고 다양한 주제들을 다루면서 저자는 인도에서 얻을 수 있었던 모든 자료들을 섭렵했고, 그리스와 라틴, 중앙아시아, 중국, 티베트의 자료까지 활용했다. 『인도불교사』가 출판된 지 거의 반세기라는 세월이 지났지만 아직도 이 책을 능가할 고대 인도불교 역사서는 나오지 않았다.

저자가 처음 이 책을 쓰기 시작했을 때는 제2권까지 계획했던 것 같다. 책의 부제목을 "불교의 기원에서 샤까 시대까지(Des origines à l'ère Śaka)〔서력 기원전 6세기부터 기원후 1세기 말까지〕"라 했고, 본문 가운데 몇 번이나 "이 문제는 다음 권(卷)에서 다룰 것이다"라고 말한 것에서 짐작할 수 있다. 틀림없이 제2권에서는 대승불교 역사에 대해 쓸 생각이었을 것이다. 그러나 유감스럽게도 그 계획은 이루어지지 않았다.

*

에띠엔 라모뜨는 1903년 11월 21일 벨기에의 동남쪽에 위치한 도시 디낭(Dinant)에서 태어나 1983년 5월 5일 수도 브뤼셀(Bruxelles)에서 세상을 떠났다. 그는 고향의 노트르담 드 벨뷔(Notre-Dame de Belle-Vue)대학에서 그리스·라틴 고전을 연구한 뒤, 가톨릭 사제(司祭)의 길을 택했다. 말린느(Malines)의 신학교에서 신학을, 루벵(Louvain) 대학에서 고전문헌학, 스콜라 철학, 동양의 고대 언어를, 로마의 사피엔자(Sapienza) 대학에서 산스끄리뜨어를 연구했다.

그는 유럽에서 가장 위대한 불교학자 중의 한 사람이었던 벨기에 출신 루이 드 라 발레 뿌생(Louis de La Vallée-Poussin)의 제자가 되어 불교 연구를 시작했다. 역시 프랑스의 인도·불교학계의 거장 실벵 레비(Sylvain Lévi)에게서도 배웠다.

라모뜨는 모교인 루벵 대학에서 1932년부터 1977년, 퇴직할 때까지 45년 동안 고전문헌학, 인도 · 불교학을 가르치면서 불교 연구에 전념했다. 그는 끝까지 가톨릭 사제의 신분으로 남아있었을 뿐 아니라 말년에는 고위 성직(聖職)의 자리에까지 올랐다. 벨기에의 왕립 아카데미와 프랑스의 학사원(Institut) 회원이 되었고, 로마 대학에서 박사학위를, 스리랑카의 껠라니야(Kelaniya)대학에서 명예박사 학위를, 그리고 스리랑카의 시리 깔야니(Siri Kalyani) 승가회(僧伽會)로부터 "불교성전의 전문가(pariyatti visarāda)"라는 칭호를 받았다.

그는 비교종교학적 또는 호교론적 입장에서가 아니라 순수한 학문적인 입장에서 불교를 연구했다. 평생 동안 사제(司祭)의 신분으로 가톨릭대학에서 가르쳤지만 그가 쓴 불교 논문과 저술에는 기독교적인 편견이나 영향은 전혀 찾아 볼 수 없다.

라모뜨의 많은 연구업적들 가운데서 가장 중요한 것으로는 해심밀경(解深密經, 1936), 바수반두의 대승성업론(大乘成業論, 1936), 아상가의 섭대승론(攝大乘論, 1938-39), 유마경(維摩經, 1962)과 수능엄삼매경(首楞嚴三昧經, 1965)의 프랑스어 번역과 주석을 들 수 있다. 특히 나가르주나의 대지도론(大智度論) 번역은 서구의 불교학자들이 이룩한 연구업적 가운데서 가장 위대한 것이라는 평가를 받았다(J. W. de Jong). 그는 이 논서의 연구와 번역에 반생을 바쳤다. 1944년에 제1권이 나왔는데, 마지막으로 제5권이 나온 것은 그로부터 36년이 지난 1980년이었다.

**

역자(譯者)가 라모뜨의 『인도불교사(Histoire du Bouddhisme indien)』를 손에 넣은 것은 1978년 1월이었다. 그때의 기쁨을 지금도 잊지 못한다. 그 이후 이 책은 초기불교와 부파불교를 전공하는 역자의 곁을 떠나지 않았다.

오래 전부터 이 책이 번역되어야 한다고 생각했다. 그러나 역자 자신은 엄두를 낼 수 없었다. 양이 방대할 뿐 아니라 그 내용이 준(準) 백과사전과 같은 것이어서 고대 불교 전반에 걸쳐 해박한 지식을 가지고 있지 않으면 안 되었기 때문이다.

그럼에도 불구하고 이 책을 번역하게 된 것은 뜻하지 않게도 시공사(時空社)로부터 제의를 받았기 때문이었다. 망설였지만 『인도불교사』를 한국어로 출판하는 데 있어 만나기 어려운 기회라 생각하고 용기를 내었다. 1996년 11월, 출판사와 계약을 맺고 그 다음해 3월 초부터 번역을 시작했다. 예상했던 대로 이 일은 역자의 힘에 벅찼다. 3년 또는 4년 내에 번역을 끝내려고 했던 처음 계획과는 달리 8년이 넘는 긴 시간이 필요했다. 역자에게 이 8년은 인고(忍苦)와 보람의 세월이었다.

***

번역에 사용한 텍스트는 1976년에 출판된 2쇄본이다. 번역을 끝낸 뒤 다시 손질 할 때는 1988년에 나온 영역본을 대조하면서 도움을 받았다. 본문에 나오는 한문 원전의 내용은 대부분 직접 확인했다. 역자가 붙인 몇몇 주(註)들은 별표(*)도 표시했다. 인도 서북 지방에서 많이 발견되는 그리스식 고유명사들은 우리에게 익숙한 영어식 발음으로 표기했다. 예를 들면 그리스어로 알렉산드로스(Alexandros), 불어로 알렉산드르(Alexandre)인 것을 알렉산더(Alexander)로 한 것과 같은 것이다. 역시 산스끄리뜨의 'v' 발음은 'ㅂ'으로 표기했다. 즉 'Vaiśali', 'Nirvāṇa'를 '와이샬리', '니르와나'라고 하는 대신 '바이샬리', '니르바나'로 했다. 이와 같은 표기가 아직은 우리에게 더 익숙하다고 생각했기 때문이다.

필자는 참고문헌 소개를 별도로 하지 않고 본문의 주(註)로서 대신했다. 그러나 역자는 독자들의 편리를 위해 이들 주(註)에 인용된 논문과 문헌들 가운데서 중요하다고 생각되는 것을 뽑아 별도로 참고문헌 목록을 만들었다. 여기에다 본서의 영역본 보충주(補充註)〔p. 725-743〕와 앙드레 바로(A. Bareau)가 만든 참고문헌 목록〔Bouddhisme, p. 235-243〕에서 뽑은 자료들을 추가했다.

사진들은 지금으로부터 50년 전에 촬영된 것이기 때문에 대부분 최근의 것으로 바꾸었다. 상태가 좋지 않은 몇몇은 다른 사진으로 바꾸거나 삭제했다. 촬영자의 이름이 표시되지 않은 사진은 모두 역자가 직접 찍은 것이다.

****

그동안 여러 사람들로부터 도움을 받았다. 그분들께 깊은 감사를 드린다. 일일이 이름을 들어 고마움을 표시하기에는 너무 장황할 것이기 때문에 그렇게 하지 않기로 했다. 그렇지만 벨기에의 루벵 대학 동양학 연구소(Institut Orientaliste)에까지 동행해서 번역권을 교섭해 준 저자의 제자 위베르 뒤르뜨(Hubert Durt)교수, 8년 동안이나 인내심 있게 기다려준 시공사, 이와 같은 방대한 책을 만드느라 수고한 상현숙 씨와 최가영 대리에게는 특별히 감사드리고 싶다.

이제 무거운 짐을 벗을 수 있게 되었다. 그러나 해방감 못지않게 가슴이 무겁다. 역자 나름대로 최선을 다한다고는 했지만 불충분한 점이 적지 않으리라 생각되기 때문이다. 그러나 『인도불교사』를 학계에 소개하게 된 것을 큰 기쁨으로 생각하면서 이 책이 불교연구자들에게 많은 도움이 되기를 바랄뿐이다.

불기 2549(2005)년 초가을

기림사 동암에서 호진 합장

ㄱ

가네시 굼파(Ganesh Gumphā)〔석굴〕 138
가르다빌라(Gardabhilla)〔왕〕 49, 93
가스파르(Gaspar)〔동방박사〕 78
가우따미뿌뜨라 샤따까르니(Gautamīputra, Śātakarṇi)〔왕〕 30, 51, 153, 158, 162
가자미따(Gajamita)〔상인〕 168
가자세나(Gajasena)〔상인〕 168
가현설(假現說) 367–70
간다라어(Gāndhārī) 263–75
간다르바(Gandharva)〔天上의 樂士〕 479
간다방사(Gandhavaṃsa) 248
간다뷰하(Gaṇḍavyūha, 入法界品) 131, 282, 507
간다짜리야(Gandhācariya)〔부파〕 249
간따샬라(Ghaṇṭaśālā) 195
갈마(羯磨, Karma) 215
갈마본(羯磨本, Karmavācanā) 215
감시성(監氏城, Marakanda, Samarqand) 40

겔라시우스(Gelasius)〔교황〕 72
결집(結集): 아누라다뿌라, 249; 알루비하라, 249; 까니슈까, 302
경량부(經量部, Sautrāntika): 부파, 179-227; 법수(法數), 327; 법의 특성, 333-34; 상속(相續)과 업의 성숙, 339-41; 열반, 345-47
고꿀리까(Gokulika, Kukkuṭika, 牛家部) 180-211
고비샤나(Goviśana)〔나라〕 221
고빈다(Govinda) 자따까 475
고빠(Gopā 喬比迦)〔싯다르타의 부인〕 428
고삐까(Gopikā)〔석굴〕 136
고샤까(Ghoṣaka, 妙音)〔논사〕 331
고승전(高僧傳)〔혜교〕 213, 502
고타까바야(Gothakābhaya)〔왕〕 207
고타르제스(Gotarzes)〔사령관〕 83
곤도파레스(Gondophares, Gudaphara)〔왕〕 30, 32, 63-78, 120, 124
과거현재인과경(過去現在因果經) 422
관미륵보살상생도솔천경(觀彌勒菩薩上生兜率天經) 507, 518-19
관정칠만이천신왕호비구주경(灌頂七萬二千神王護比丘呪經) 492
구나댜(Guṇāḍhya)〔대신〕 99
구루빠다까(Gurupādaka)〔산〕 508
구르자라뜨라(Gurjarātra)〔나라〕 220
군뚜빨레(Guntupalle)〔장소〕 151
권계왕송(勸誡王頌, Suhṝllekha) 314
권발제왕요게(勸發諸王要偈) 379 → 권계왕송
규기(窺基)〔논사〕 525
그노시스파(Gnosticism) 72
근본상좌부(根本上座部, Mūlasthavira) 192
근본설일체유부(根本說一切有部, Mūlasarvāstivādin) 497
근본설일체유부비나야(根本說一切有部毘奈耶) 235, 243, 388, 412, 419, 424, 426-31, 449, 476, 491, 500, 509
금강경(金剛經, Vajracchedikā) 125, 281

금란가사(金襴袈裟) 511-12, 513-517
기독교〔인도〕 76-78
기독교도〔聖도마〕 74
기독교지지(地誌, Topographia Christiana) 77
기르나르(Girnār)〔법칙〕 262-66
기원(紀元): 구(舊)샤까 기원 44, 47〔註〕; 신샤까와 비끄라마 기원, 29, 49-50, 93; 아제스 기원 57, 68-69
기타림사(祇陀林寺, Jetavanavihāra)〔스리랑카〕 207, 226
길장(吉藏)〔논사〕 214
까니슈까(Kaniṣka)〔황제〕 301-02, 425, 427, 468
까딴뜨라(Kātantra)〔문법서〕 99
까땨야나(Kātyāyana, Kaccāyana)〔제자〕 181〔마하〕, 229, 474
까땨야니뿌뜨라(Kātyāyanīputra, 迦多衍尼子)〔논사〕 180-81, 202, 499, 500-1
까란다뷰하(Kāraṇḍavyūha, 大乘莊嚴寶王經) 280, 285
까르나 차우빠르(Karna Chaupār)〔석굴〕 136
까르나수바르나(Karṇasuvarṇa)〔나라〕 221
까르다마까(Kārdamaka)〔왕조〕 100
까르마비방가(Karmavibhaṅga) 512
까르마샤따까(Karmaśataka)〔자따까〕 476
까를리(Kārli)〔석굴〕 161-66, 194, 230
까말라쉴라(Kamalaśīla)〔논사〕 360
까반다(Kabhanda, Taš Kurgān)〔나라〕 220
까빨리(Kapāli)〔바라문〕 506
까삐샤(Kapiśa)〔나라〕 40, 55, 58
까삐타(Kapitha, Sāṃkāśya)〔나라〕 220
까삘라바스뚜(Kapilavastu)〔나라〕 220, 437-42
까샤빠(Kāśyapa, Kassapa, 迦葉)〔제자〕 508-09 → 마하까샤빠
까샤빠빠리바르따(Kāśyapaparivarta, 迦葉所問經) 283
까샤삐야(Kāśyapīya, 飮光部) 180-232

까슈미라(Kaśmīra) 496
까우샴비(Kauśāmbī, Kosam)〔도시〕 174, 221
까타밧투 앗타까타(Kathāvatthu- aṭṭhakathā)〔주석서〕 204
까타밧투(Kathāvatthu, 論事) 181, 247, 317, 337, 359, 360, 370, 374, 383, 387 → 논사
까타사리뜨사가라(Kathāsaritsāgara) 465
깐따까셀라(Kaṇṭakasela)〔장소〕 195
깐바(Kāṇva, Kāṇvāyana)〔왕조〕 92, 94
깐헤리(Kānheri, Krsnasaila)〔석굴〕 166–169, 193, 195
깔라까(Kālaka)〔자이나 승려〕 49
깔라까짜리야까타나까(Kālakācāryakathānaka)〔자이나교 문헌〕 49
깔라미나(Kalamina)〔도시〕 74
깔링가(Kaliṅga)〔나라〕 101–05, 219, 260
깟차(Kacchā, Cutch)〔항구〕 38
께뚜마띠(Ketumatī)〔도시〕 508
꼬샤(Kośa, Abhidharmakośa) 384–85, 387, 507 → 아비다르마꼬샤
꼰다네(Kondāne) 147
꾸따그라마까(Kūṭagrāmaka)〔村〕 507
꾸따깐나띳사(Kuṭakaṇṇatissa)〔왕〕 105–06
꾸라(Kura)〔지방〕 192
꾸룬디(Kurundī)〔주석서〕 249
꾸마라굽따(Kumāragupta)〔왕〕 298
꾸마라지바(Kumarājīva, 鳩摩羅什)〔역경승〕, 199, 503
꾸마랄라따(Kumāralāta) 310
꾸반다(Kumbhāṇda)〔귀신〕 479
꾸베라(Kubera)〔신〕 484
꾸샤나(Kuṣāṇa)〔왕, 민족〕 31, 86, 301
꾹꾸따빠다(Kukkuṭapāda)〔산〕 508
꾼도빠다니야(Kuṇḍopadhānīya, Kundadhāna)〔아라한〕 494
꾼딸라 스바띠까르나(Kuntala Svātikarṇa)〔왕자〕 97

꿀루따(Kulūta)〔나라〕 221
끄리슈나(Kṛṣṇa)〔비구〕 493
끄리슈나〔왕〕 92-94, 153
끄리슈나베나(Kṛṣṇaveṇā)〔강〕 94, 103
끄샤하라따(Kṣaharāta)〔왕조〕 30, 52, 100
낏띠시리라자시하(Kittisirirājasīha)〔왕〕 525

ㄴ

나가(Nāga)〔龍〕 388, 479
나가르주나(Nāgārjuna, 龍樹) 238, 301, 314-15, 503
나가르주니(Nāgārjuni)〔석굴〕 136
나가르주니꼰다(Nāgārjunikoṇḍa)〔석주, 성전〕 189, 191-92, 194, 230
나나가뜨(Nānāghāt)〔비명〕 92, 96
나다시리(Nadāsirī) 156
나라닷따(Naradatta, Nārada) 455-57
나바데바꿀라(Navadevakula)〔나라〕 220
나식(Nāsik)〔석굴〕 153-161, 193, 195
나야니까(Nāyanikā)〔여왕〕 95
나크시 루스탐(Naqš-i-Rustam) 36
나하빠나(Nahapāna)〔왕〕 100, 153, 156, 162
난다(Nanda)〔왕〕 102-03
난다나(Nandana, 歡喜苑)〔정원〕 480
난제밀다라소설법주기(大阿羅漢難提蜜多羅所說法住記) 495, 504
난투미(Nan-tu-mi, 難兜靡) 40
남해기귀내법전(南海寄歸內法傳) 389
낫짜자따까(Naccajātaka) 461
노상선우(老上單于) 39
논사(論事) 178 → 까타밧투
니까야상그라하(Nikāyasaṃgraha)〔編年史〕 204-05, 207

니다나까타(Nidānakathā) 412, 434, 437
니루빠마스따바(Nirupamastava) 238
니케포루스(Nicephorus) 74
니푸르(Nippur)〔장소〕 123
닐리야(Niliya)〔승려〕 107

ㄷ

다뚜세나(Dhātusena)〔왕〕 524
다루바띠까 띳사(Dārubhatika Tissa)〔왕〕 106
다르마뜨라따(Dharmatrāta, 達磨多羅)〔저자〕 499–500
다르마뜨라따(Dharmatrāta, 法救)〔논사〕 331
다르마락샤(Dharmalakṣa, 竺法護) 422
다르마락샤나비다르마(Dharmalakṣanābhidharma) 202
다르마빠다(Dharmapada)〔산스끄리뜨어본〕 271–75
다리우스(Darius)〔왕〕 36–7
다마무까수뜨라(Damamūkasūtra) 476 → 현우경
다문부(多聞部, Bahuśrutīya) 179–232
다문천왕(多聞天王, Vaiśravaṇa) 236–39, 478–79, 484
다미스(Damis) 78, 83
다샤라타(Daśaratha)〔왕〕 136
다샤부미까수뜨라(Daśabhūmikasūtra, 十地經) 282
다하에족(Dahae) 36
닥키나비하라(Dakkhinavihāra)〔사원〕 207
단야까따까(Dhānyakaṭaka, Dhenukāṭaka)〔도시〕 162, 166, 196, 219
달마다라선경(達摩多羅禪經) 500
담마기리(Dhammagiri)〔장로〕 143
담마루찌까(Dhammarucika, 法喜部) 207
담마빠다(Dhammapada, 法句經) 307, 359
담무덕율부잡갈마(曇無德律部雜羯磨) 215

답바 말라뿟따(Dabba Mallaputta)〔장로〕 109
답뿔라(Dappula) 1세〔왕〕 524
당마(Dhaṃma)〔신도〕 162
대방등대집경(大方等大集經, Mahāsaṃnipātasūtra) 212
대비구삼천위의(大比丘三千威儀) 212
대사파(大寺派, Mahāvihāravāsin) 227
대승논서의 결집 302
대승불교 경향 129-33
대인상(大人像, mahāpuruṣalakṣaṇa) 417, 443
대장엄론경(大莊嚴論經, Kalpanāmaṇḍitikā) 310, 382, 390
대중부(大衆部, Mahāsāṃghika) 179-227
대지도론(大智度論) 379, 390, 431, 506, 512
대하족(大夏族, Bactrien) 40
데메트리우스 2세 니카토르(Nicator) 42
데바남삐야띳사(Devānampiyatissa)〔왕〕 206, 388, 400
데바닷따(Devadatta)〔제자〕 174, 428-29
데바뿌뜨라(Devaputra)〔왕〕 86
도리천(忉利天, Trāyastriṃśa) 445, 479-80
도마(Thomas)〔기독교 성자〕 30, 69-76, 124
도미티우스 코르불로(Domitius Corbulo) 84
도세(道世) 216
도솔천(兜率天, Tuṣita) 431, 524-25, 527
독자부(犢子部, Vātsīputrīya) 80, 198-229, 347 → 밧시뿌뜨리야
동산주부(東山住部, Pūrvaśaila) 179, 190-91, 198-227 → 뿌르바샤일라
두라 유로포스(Dura-Europos) 123
둣타가마니 아바야(Duṭṭhagāmaṇi Abhaya)〔왕〕 206, 524
드라비다(Drāvida)〔나라〕 219
드바빙샤땨바다나(Dvāviṃsatyavadāna) 311
디가까라야나(Dīghakārāyaṇa)〔바라문〕 109
디가니까야(Dīghanikāya) 248, 252, 254, 267, 377, 385, 416, 418-9,

444, 507
디띠까(Dhītika)〔법사〕 498, 500–01
디뱌바다나(Divyāvadāna) 301, 312, 339, 384, 388, 390, 406, 409〔註〕, 410〔註〕, 411〔註〕, 430, 448, 476, 509
디빠방사(Dīpavaṃsa, 島史) 105, 197, 204, 206–07, 247, 472
디빵까라(Dīpaṃkara) 자따까 477
디스쿠르수스 필랄레테스(Discursus Philalethes) 82
디오클레티안(Diocletian)〔황제〕 82
따가라(Tagara) 135
따마사바나(Tamasāvana) 비하라〔나라〕 220
따빠시야(Tāpasiya)〔웃자이니〕 196
따쉬 꾸르간(Taš kurgān) 223
딱샤쉴라(Takṣaśilā, Bhiṛ Mound) 62 → 딱실라, 시르깝
딱실라(Taxila) 48, 55, 57, 60–61, 66–67, 78, 79, 81, 85–6, 118 → 시르깝
땀라빠르니(Tāmraparnī)〔나라〕 → 스리랑카
땀라빠르니야(Tāmraparṇīya, Tāmraśāṭīya)〔비구와 부파〕 211, 230
또살리(Tosali, Dhauli) 101
띳사 멧떼야(Tissa Metteya) 505
띳사〔비구〕 207
띳사〔왕〕 106–07

ㄹ

라니굼파(Rānī Gumphā)〔석굴〕 138
라뜨나구나상짜야가타(Ratnaguṇasaṃcayagāthā) 281
라뜨나꾸따(Ratnakūṭa, 寶積部) 283
라비끼르띠(Ravikīrti)〔시인〕 298
라슈뜨라빨라빠리쁘릿차(Rāṣṭrapālaparipṛcchā, 寶積經〕 283
라슈뜨리까(Rāṣṭrika)〔住民〕 103
라오콘(Laocön) 465

라우드락샤(Raudrākṣa)〔바라문〕 515
라자기리니바시까(Rājagirinivāsika, 王山部) 191, 196, 205, 383
라자기리야(Rājagiriya)〔부파〕 → 라자기리니바시까
라주불라(Rājuvula, Rājula)〔태수〕 59-60
라훌라(Rāhula)〔아들, 제자〕 181, 202, 437-41
라훌라바드라(Rāhulabhadra) 229
락슈미(Lakṣmī)〔여신〕 138
락카나숫딴따(Lakkhaṇasuttanta) 444
락탄티우스(Lactantius)〔신학자〕 82
랄릳따비스따라(Lalitavistara) 280, 294, 368-70, 406, 421, 424, 442, 453, 455-57, 476
람빠까(Lampāka, Laghmān) 534
랑까(Laṅkā) → 스리랑카
랑꾸디야(Laṃkuḍiya)〔부파?〕 196
레바따(Revata)〔仙人〕 469
로마샤 리쉬(Lomaśa Ṛṣi)〔석굴〕 136
로하빠사다(Lohapāsāda)〔포살당〕 206
루드라다만(Rudradāman)〔대태수〕 298
룸비니(Lumbinī, Lumbinīvana) 365
리아카 쿠술라카(Liaka Kusūlaka)〔태수〕 48, 52, 57
릴라바이(Lilāvai) 98

ㅁ

마가다(Magadha)〔나라〕 194, 220-21, 225, 259
마가다어(Māgadhī, Māgadhabhāsa) 249-50, 252, 275
마길라 바치뿌따(Magila Vachīputa) 147
마나데비 수리(Mānadevi Sūri)〔성자〕 85
마노라타뿌라니(Manorathapūraṇī)〔주석서〕 489
마니굴라(Maṇigula)〔태수〕 62

마다리뿌따 사까세나(Mādhariputa Sakasena)〔왕〕 166
마댜데샤바쯔(Madhyadeśavāc, 中國之語) 236
마댜마까까리까(Madhyamakakārika, 中頌) 315
마 댠띠까(Madhyāntika, Majjhantika)〔전도사〕 181, 201, 501
마뜨리쩨따(Mātṛceṭa)〔불교시인〕 313 -14
마띠뿌르(Matipur)〔나라〕 220-21
마라(Māra, 魔羅) 481
마르단(Mardān)〔지방〕 463-66
마술리빠땀(Masulipatam)〔도시〕 195
마야(Māyā)부인 365
마우드갈랴야나(Maudgalyāyana, Moggallāna, 目犍連)〔제자〕 489
마우리야나가라(Mauryanagara)〔도시〕 470
마우에스(Maues, Moa, Moga)〔왕〕 29, 46-54
마이뜨레야(Maitreya, 彌勒) 132, 481, 493, 497, 503-27
마이뜨레야나타(Maitreyanātha)〔존자〕 526
마이뜨레야뱌까라나(Maitreyavyākaraṇa) 507-09, 512, 518, 521
마이뜨레야사미띠(Maitreyasamiti) 511
마이뜨레야사미띠나따까(Maitreyasamitināṭaka) 510
마즈다이(Mazdai, Misdaios)〔왕〕 70-71
마투라(Mathura, Muttra)〔도시〕 32, 52, 57-58, 60, 62, 188, 192, 194, 230, 290, 300.
마하 메가바하나(Mahā- Meghavāhana)〔왕〕 102
마하 앗타까타(Mahā-aṭṭhakathā)〔주석서〕 249
마하까땨야나(Mahākātyāyana, Mahākaccāyana)〔전도사〕 455 → 까땨야나
마하까샤빠(Mahākāśyapa, 大迦葉) 181, 229, 489, 501-02 → 까샤빠
마하다티까 마하나가(Mahādāṭhika Mahānāga)〔왕〕 31, 109-110
마하데바(Mahādeva, 大天) 1세 201
마하데바 2세 201
마하땨가바뜨(Mahātygāvat) 자따까 475
마하라자까니깔레카(Maharājakaṇikalekha) 314

마하릿타(Mahārittha)〔장로〕249 → 아릿타(Ariṭṭha)
마하메가바나(Mahāmeghavana)〔장소〕 206
마하바다나수뜨라(Mahāvadānasūtra) 417–19
마하바라따(Mahābhārata) 457
마하바스뚜(Mahāvastu, 大事) 279, 285, 293, 295, 299, 367–69, 374, 378, 406, 421, 424, 429, 449, 476, 517
마하방사(Mahāvaṃsa, 大史) 105, 108, 110, 196, 204–5, 207, 247, 388–89, 472, 485, 524
마하비바샤(Mahāvibhāṣā) → 대비바사론(大毘婆沙論) → 비바샤
마하비하라(Mahāvihāra, 大寺) 206
마하빠다나수뜨라(Mahāpadānasūtra, 大本經) 453
마하빠리니르바나수뜨라(Mahāparinirvāṇasūtra, 大般涅槃經) 305, 308, 311, 415, 428
마하빳짜리(Mahāpaccarī)〔주석서〕 249
마하쁘라자빠띠 가우따미(Mahāprajāpatī Gautamī)〔姨母〕 511–15
마하상가락키따(Mahāsangharakkhita)〔성자〕 524
마하세나(Mahāsena)〔왕〕 207, 226
마하숨마(Mahāsumma)〔장로〕 106
마하승기율(摩訶僧祇律) 387, 420
마하쭐리 마하띳사(Mahācūlī Mahātissa)〔왕〕 106
마하투빠(Mahāthūpa, Ruvanveli Dāgaba) 108–09, 206
마헤슈바라(Maheśvara, Śiva, 大自在天)〔신〕 484
마힌다(Mahinda, Mahendra)〔전도사〕 206, 248, 262
만다끼니(Mandākinī)〔호수〕 235
만다따르(Māndhātar, 頂生王) 자따까 477
만세흐라(Mānsehrā)〔법칙〕 266, 268, 273, 276
만주슈리물라깔빠(Mañjuśrīmulakalpa) 495
만차뿌리(Mañchapurī)〔석굴〕 137
말라바(Mālava)〔나라〕 221
말라이뿌르(Malaipur)〔장소〕 74–5

말란카라(Malankara)〔섬〕74
말레(Male)〔도시〕 77
맛지마니까야(Majjhimanikāya) 241, 248, 330, 377, 383-84, 412-15, 428, 444, 512
메루(Meru)〔산〕 480, 484, 527
메바키 미이카(Mevaki Miyika)〔태수〕57
메짜까(Mecaka)〔법장로〕202, 498, 501
메헤르다테스(Meherdates) 83
멧띠야(Mettiya)〔비구니〕 109
무량심(無量心, apramāṇacitta) 380
무사(Musa)〔노예〕 64
무아설(無我說, anātman) 337
무외산사파(Abhayagirivāsin)〔부파〕227
무학도(無學道) 356-58
묵특선우(冒頓單于) 39
문수사리문경(文殊師利問經, Mañjuśriparipṛcchā) 230
므리가다바(Mṛgadāva)〔장소〕 220 → 녹야원
므리가자(Mṛgajā)〔샤까무니 부인〕428 → 고빠, 야쇼다라
미그도니아(Mygdonia)〔왕비〕 71
미트라(Mithra)〔신〕 123, 520-22
미트리다테스(Mithridates) 2세〔왕〕 29, 38, 44, 47
민나가라(Minnagara)〔도시〕85
밀린다빤하(Milindapañha) 271, 337, 507

ㅂ

바그(Bāgh)〔석굴〕169
바끄라데바(Vakradeva, Vakadepasiri)〔왕〕102, 138
바나바시(Vanavasī, Vanavāsa) 166
바다티까(Vaḍathikā)〔석굴〕136

바두카(Vaḍukha)〔왕자〕 133
바드라깔빠바다나(Bhadrakalpāvadāna)〔전설집〕 476
바드라야샤(Bhadrayaśa)〔부왕〕 62
바드라짜리쁘라니다나(Bhadracarīpraṇidhāna, 普賢行願)〔게송〕 282
바따빨리까(Bhaṭapālikā) 156
바뚜까(Vaṭuka)〔왕〕 107
바띠까바야(Bhātikābhaya)〔왕〕 31, 106, 108-09
바라나시(Vārānasī) 192-93, 220
바라마레그라(Varamaregra)〔승원〕 194
바라바르(Barābar)와 아지비까(Ajivika)〔석굴〕 136-37
바루까(Bharuka)〔나라〕 220 → 악수
바루깟차(Bharukaccha, Broach) 38, 69, 219
바르다네스(Vardanes)〔왕〕 83
바르바리콘(Barbaricon) 85
바르후뜨(Bhārhut)〔스뚜빠〕 462, 477
바미안(Bāmyān, 梵衍那)〔나라〕 219, 222, 471
바바리(Bāvari)〔고행자〕 504-6, 514-15, 520
바뱌(Bhavya, Bhāvaviveka, 淸弁)〔논사〕 178, 182, 208-12, 317
바사바(Vasabha)〔왕〕 388
바수(Vāsu) 158
바수데바(Vasudeva)〔왕〕 92
바수미뜨라(Vasumitra, 世友)〔논사〕 178, 182, 192, 199-200, 238, 317
바수미뜨라〔아비다르마의 저자〕 332
바수반두(Vasubandhu, 世親)〔논사〕 332, 493, 503
바술라(Vāsula) 298
바슈빠(Bāṣpa, Vāṣpa)〔제자〕 181
바시슈티뿌뜨라 뿔로마(Vāsiṣṭhīputra Pulomā)〔왕〕 153, 162, 166
바야(Bhāya)〔왕자〕 97
바이라뜨(Bairāṭ, Pāryātra)〔나라〕 221
바이샬리(Vaiśālī, Vesālī)〔도시〕 220

바자(Bhājā)〔석굴〕 143-46
바즈라빠니(Vajrapāṇi)〔약사〕 467, 483
바즈라삿뜨바(Vājrasattva) 483
바지리야(Vājiriya, 金剛部)〔부파〕 205
바하사띠미따(Bahasatimita)〔왕〕 104
바히야까(Vahiyakā)〔석굴〕 136
박트라(Bactra, Bactria)〔도시〕 39, 40-41
반야경(般若經, Prajñāpāramitā) 131, 281
발라비(Valabhī) 221
발라사미(Balasami) 69
발루라까 레나(Valūraka Lena)〔석굴〕 161
밧다깟짜나(Bhaddakaccānā)〔왕비〕 472
밧따가마니(Vaṭṭagāmani)〔왕〕 400-1
밧사(Vatsa)〔비구〕 498
밧사밧띠(Vatsabhaṭṭi) 298
밧시뿌뜨라(Vātsīputra)〔부파의 창시자〕 181, 202
밧시뿌뜨리야(Vātsīputrīya) 186 → 독자부
방광대장엄경(方廣大莊嚴經) 422
뱌그리(Vyāghrī) 자따까 477
번역명의집(飜譯名義集, Mahāvyutpatti) 214, 226, 492
범부와 성자(pṛthagjana, ārya) 349, 373
범천(梵天, Brahmā) 478, 482
범천의 세계(Brahmaloka) 478
법(法, dharma)의 성질 328-37
법(法, dharma)의 자동적인 소멸 326-27
법령(法領)〔번역승〕 216
법상부(法上部, Dharmottarīya) 151, 162, 179이하
법수호(法守護) 아라한 492-97
법원주림(法苑珠林) 216
법의 분류〔상좌부〕 317-23; 〔설일체유부〕 323-28

법장로(法長老, dharmācārya)와 계승자, 180–81, 201–02, 497–503
법장부(法藏部, Dharmagupta, Dharmaguptaka) 130, 180–232
법장부가 중국에 미친 영향 215–17
법현(法顯)〔구법승〕 77, 216, 427, 523, 525
베디슈리(Vediśrī, Vedisiri)〔왕자〕 93, 97
베뚤라바다(Vetullavāda, 方廣說) 207
베뚤랴(Vetulya)〔부파〕 206
벤티디우스 바수스(Ventidius Bassus) 63
벳사(Bedsā) 152
보노네스(Vonones)〔왕〕 53–54, 55–56, 64
보노네스 2세〔왕〕 84
보드 가야(Bodh-Gayā) 219, 477
보디까(Bodhika)〔비구〕 168
보디삿뜨바(bodhisattva) 370–77, 473–77
보디와 가띠(bodhi와 gati: 覺과 道) 371–74
보빠끼(Bopaki)〔고행자〕 158
보시(dāna, tyāga) 372, 379–88
보요경(普曜經) 422
보자까(Bhojaka) 103
보특가라설(補特伽羅說, Pudgala) 341–42
보하리까띳사(Vohārikatissa)〔왕〕 207, 389
볼로게세스(Vologeses) 1세〔왕〕 84
부딜라(Budhila)〔비구〕 119
부따빨라(Bhūtapāla) 162
부바네슈바르(Bhuvaneśvar) 102, 137
부법장인연전(付法藏因緣傳) 502
부집이론(部執異論) 199
부톤(Bu-ston)〔역사학자〕 227–28
부파의 5군(群) 212–14
북도파(北道派, Uttarīya) 198

북산주부(北山住部, Uttaraśaila)〔부파〕 200
분별설부(分別說部, Vibhajyavādin) 179, 209, 226, 328
불교 성자들 487-503
불교 언어 234-316; 샤꺄무니의 언어 234-38; 샤따바하나의 언어, 100; 상좌부의 삼장언어 246-50
불교에 미친 영향: 이란의 영향, 129-33; 전설에 미친 종교판화의 영향, 739; 전설에 미친 지형학(地形學)의 영향, 441-42; 전설에 미친 외국 자료의 영향, 446이하; 교리에 미친 재가신도 계층의 영향, 361-391
불교의 부파(部派) 173-391
불당(佛堂, paṭimāghara) 388
불본행집경(佛本行集經) 213, 424, 478
불상제작의 전설 338
불설미륵하생경(佛說彌勒下生經) 495
불설십이유경(佛說十二遊經) 422
불식육경(一切智光明仙人慈心因緣不食肉經) 506
불실법(不失法, avipraṇāśa) 342-43
불오백제자자설본기경(佛五百弟子自說本起經) 491
불조역대통재(佛祖歷代通載) 502
불조통기(佛祖統紀) 502
붓다〔신격화〕 404-12
붓다까야(Buddhakāya, 佛身) 364-70
붓다데바(Buddhadeva, 覺天)〔논사〕 118-19, 332
붓다들〔過去七佛〕 371
붓다바드라(Buddhabhadra, 佛馱跋陀羅) 499-500
붓다방사(Buddhavaṃsa) 406; 주석서 435-36
붓다세나(Buddhasena) 500-501
붓다의 장거리 여행 466
붓다짜리따(Buddhacarita, 佛所行讚) 183, 312, 424
브라흐마유스(Brahmāyus)〔司祭〕 508
브리하뜨까타(Bṛhatkathā)〔시인〕 99

비구초하문(比丘初夏問, Bhikṣuvarṣāgrapṛccha) 227-228
비끄라마(Vikrama) 기원 50
비끄라마디땨(Vikramāditya)〔왕〕 50, 93
비니따데바(Vinītadeva, 調伏天)〔논사〕 178, 182, 225-26, 232, 317
비니모경(毘尼母經) 242
비라짜리뜨라(Vīracaritra)〔자이나 문헌〕 97
비루다까(Virūḍhaka, 毘琉璃)〔왕〕 470
비루빡샤(Virūpākṣa, 廣目天) 235-36, 478-79
비말라쁘라바(Vimalaprabhā) 245
비문(碑文) 112-113: 하티굼파 94, 102-534; 바르후뜨와 산찌 452, 454; 나가르주니꼰다 326; 부파 381, 184-98; 쁘라끄리뜨어와 산스그리뜨어 639-42; 고문서학 근(群) 139
비바샤(Vibhāṣā, Mahāvibhāṣā 등, 毘婆沙論) 234-35, 237, 314, 337, 358, 378, 507, 516 → 비바사론, 대비바사론, 아비달마대비바사론
비샤카(Viśākhā)〔왕비〕 508
비쇼까(Viśoka)〔나라〕 220
비숫다자나빌라시니(Visuddhajanavilāsinī)〔주석서〕 490
비숫디막가(Visuddhimagga, 淸淨道論) 247, 507, 524
비슈반따라(Viśvantara)〔자따까〕 477
비장방(費長房)〔저자〕 502
비찌뜨라까르니까바다나(Vicitrakarṇikāvadāna)〔자다까〕 311, 476
비하르(Bihār)지방의 석굴 136-37
빅슈, 빅슈니쁘라끼르나까(Bhikṣu-, Bhikṣunīprakīrnaka) 279
빈댜(Vindhya)〔산맥〕 261-62
빌리바야꾸라(Vilivāyakura)〔도시〕 88
빔비사라(Bimbisāra)〔왕〕 388
빠라야나(Pārāyaṇa, 彼岸道品) 433, 504-06, 514, 520
빠락까마바후(Parakkamabāhu)〔왕〕 524
빠르쉬바(Pārśva, 脇尊者)〔논사〕 183
빠리야뜨라(Pāryātra, Bairāt)〔나라〕 221

빠리자따(Pārijāta)〔나무〕 480
빠흘라바족(Pahlava) 120-24
빤두(Paṇḍu)〔붓다의 4촌〕 472
빤두바수데바(Paṇḍuvāsudeva)〔왕〕 472
빤짜쉬카(Pañcaśikha) 479
빨라뚜 데리(Pālāṭū _ Ḍherī)〔지역〕 194
빨리어(Pāli): 성전(聖典), 247; 3장 언어의 기원, 250-251; 혼합적인 특징, 259-268; 아쇼까 법칙 이후의 언어적인 단계, 265-68
빨리어본 율장 239, 247, 420, 428, 437
뽀라나짜리야(Porāṇācariya) 248
뿌라나(Purāna)〔聖典〕 89-92, 94
뿌르나(Pūrṇa)〔장로〕 181, 202, 498, 500
뿌르바빠란따까수뜨라(Pūrvāparāntakasūtra, 本末經) 512, 521
뿌슈까라바띠(Puskarāvatī, Peucelaotis)〔나라〕 221
뿔라께쉰(Pulakeśin) 2세〔왕〕 298
쁘라끄리뜨어(Prākrit) 268-75
쁘라됴따(Pradyota)〔왕〕 465
쁘라바바띠(Prabhāvatī)〔주석서〕 228
쁘라반다꼬샤(Prabandhakośa) 98
쁘라보사(Prabhosā, Pabhosa)〔장소〕 193, 287
쁘라산나빠다(Prasannapāda, 淨明句論) 315
쁘라세나짓(Prasenajit, Pasenadi)〔왕〕 388
쁘라야가(Prayāga, Allāhābād)〔나라〕 221
삐딸코라(Pitalkhorā)〔석굴〕 147-48
삐쁘라와(Piprāwā)〔사리함〕 256
삔돌라 바라드바자(Piṇḍola Bhāraduāja)〔장로〕 493

ㅅ

사간(Sagan)〔왕〕 74

사갈라(Sāgala)〔장로〕 207
사갈리야(Sāgaliya, 海部)〔부파〕 207, 226
사기(史記) 38, 40
사나바레스(Sanabares)〔봉신〕 85
사다함(斯陀含, Sakṛdāgāmin, 一來) 356
사라가누스(Saraganus, Śātakarṇi 1세) 95, 100
사라오스토스(Saraostos) → 수라슈뜨라(Surāṣṭra)
사라우카에족(Saraucae) 41
사르나트(Sārnāth)〔법칙〕 230 → 녹야원, 선인타처
사르바샤르만(Sarvaśarman)〔문법학자〕 99
사리불문경(舍利弗問經) 203, 212, 495, 500, 524
사마디라자수뜨라(Samādhirājasūtra, 三昧王經) 283
사마따까(Samataka, Sameta)〔산〕 104
사마따따(Samataṭa)〔나라〕 219
사마빠(Samapa, Jaugada)〔지역〕 101
사만따바드라(Samantabhadra, 普賢菩薩) 483
사만따빠사디까(Samantapāsādikā) 240, 246, 249, 388
사무드라굽따(Samudragupta)〔왕〕 298
사미초하문(沙彌初夏問) 227
사분율(四分律) 242, 388, 420
사산(Sasan)〔총독〕 67, 85
사운다라난다(Saundarānanda)〔서사시〕 183
사천왕(四天王, Caturmahārājikadeva) 478
사카 파라드라야족(Saka Paradraya) 37
사카 하우마바르가족(Saka Haumavarga, Saki Amyrgioi) 29, 36, 44
사카라울로이족(Sakarauloi) 41
사타바스뜨라(Satavastra)〔수령〕 85
사페다나(Sapedana)〔봉토〕 68, 85
사피네야까(Sāphineyaka) 196
사히(sāhi) 29, 49

산다네스(Sandanes)〔봉토〕 68, 95, 100
산다룩(Sandaluk, Andrapolis)〔항구〕 70
산스끄리뜨어(Sanskrit): 불교 산스끄리뜨어, 297–316; 혼합 산스끄리뜨어, 278–97; 비문 혼합 산스끄리뜨어, 287–92
산자야 바이라띠뿌뜨라(Sañjaya Vairatīputra)〔외도〕 430
산찌(Sāñcī) 134–35, 263–64
삼론현의(三論玄義) 214, 500,
삼장(三藏) 언어 246–50
삿가띠까리까(Ṡaḍgatikārikā) 378
삿다르마뿐다리까(Saddharmapuṇḍarīka, 法華經) 281, 294, 379, 518
삿다르마스므리띠우빠스타나(Saddharmasmṛtyupasthāna, 正法念處經) 281
삿담마상가하(Saddhammasaṃgaha) 247–48
삿따사이(Sattasaī)〔시집〕 98
상가디나(Saṃghadina)〔장로〕 143
상가락샤(Saṃgharakṣa, 僧伽羅刹) 424, 499–93
상가미뜨라(Saṃghamitra)〔자선가〕 119
상가밋따(Saṃghamittā)〔전도사〕 206
상까샤(Sāṃkāsya, Sankissa) 445
상윳따니까야(Saṃyuttanikāya) 330, 342, 359–60, 367, 377, 385, 428
상좌부(上座部, Sthaviravāda, Theravāda): 부파, 179–227; 부파들의 명단, 200–01; 법의 분류, 317–23
상좌소설게(上座所說偈)와 상좌니소설게(上座尼所說偈) 490
상카(Saṅkha)〔고행자〕 475
상카〔왕〕 508–09
새왕(塞王) 40
생경(生經) 476
샤까드비빠(Śakadvīpa) 38
샤까–빠흘라바족(Śaka–Pahlava) 28–86
샤까족과 불교 118–20
샤깔라(Śākala) 58, 221

샤꺄바르다(Śākyavardha)〔신〕 448
샤꺄쁘라바(Śākyaprabha)〔저자〕 228
샤나바사(Śāṇavāsa, Śāṇavāsin)〔법장로〕 181, 201, 501
샤따까르니(Śātakarṇi) 1세〔왕〕 94–97
샤따바하나(Śatavāhana)〔왕조〕 31, 86–101, 314
샤리뿌뜨라(Śāriputra, Sāriputta)〔제자〕 126, 181, 489
샤마(Śyāma) 자따까 477
샤바즈 가리히(Shāhbāz –Gaṛhī, 跋虜沙城) 221
샤일라비하라(Śailavihāra) 469
샥띠 슈리마뜨(Śakti Śrīmat, Hakusiri)〔왕자〕 93, 96
샴바까(Śambaka, Śāma)〔왕자〕 471
샴바까스뚜빠(Śambakastūpa) 471
샴비(Śāmbī)〔왕국〕 472
샷단따자따까(Saḍdantajātaka, 六牙象本生) 477
서산주부(西山住部, Aparaśaila) 166, 179, 190, 198–227 → 아빠라샤일라
석굴건축 134–169
선, 악, 무기(善, 惡, 無記) 320–21
선세부(善歲部, Sauvarṣaka) 162, 180–81
설가부(說假部, Prajñaptivādin, Paṇṇattivādin) 179–232, 327
설산부(雪山部, Haimavata, Hemavata) 179–227
설일체유부(說一切有部, Sarvāstivādin): 부파, 185–227; 법(法)의 분류, 323–26; 법의 특성과 삼세, 329–32; 인과 문제, 335–37; 업의 성숙, 338–41; 무위법, 344; 열반, 345; 도(道), 348 이하; 불교학, 364–66; 보살, 370–74; 부파 목록, 225–26; 장로들, 497–501
설전부(說轉部, Saṃkrāntivādin) 179 → 경량부
설출세부(說出世部, Lokottaravādin) 179–227
성전 봉헌〔신생아〕 448
세네카(Seneca) 122
세따깐니까(Setakaṇṇika)〔마을〕 89
세이스탄(Seistān) 44, 85

셀레우쿠스 1세 니카토르((Seleucus l Nicator) 28
셉티미무스 세베루스(Septimius Severus)〔황제〕 81
소그디아나(Sogdiana) 41
소나단다숫따(Soṇadaṇḍasutta) 416
소코토라(Socotora, Dioscorides) 74, 77
소크라테스(Socrates)〔역사학자〕 73
송운(宋雲) 77
쇼다사(Śoḍāsa)〔태수〕 62, 118-19
수다나(Sudhana) 507
수다르마(Sudharmā, 善法堂) 480
수다르샤나(Sudarśana)〔법사〕 498, 500-01
수다마(Sudāma 또는 Nyagrodha)〔석굴〕 136
수다원(須陀洹, srotaāpanna) 354
수도우 도로테아(Pseudo Dorothea) 74
수도우 루션(Lucian) 52
수따소마(Sutasoma) 자따까 474, 477
수라슈뜨라(Surāṣṭra, Saraostos)〔지방〕 38, 48, 52, 219
수리야(Sūrya)〔신〕 484
수망갈라빌라시니(Sumaṅgalavilāsinī) 90, 247, 435
수바르나바솟따마수뜨라(Suvarṇabhāsottamasūtra) 283
수바르샤까 까샤빠(Suvarṣaka Kāśyapa)〔아라한〕 202
수사(Susa) 123
수샤르만(Suśarman)〔왕〕 92, 94
수우도 마테오(Matthew) 451-53
수카바띠뷰하(Sukhāvatīvyuha, 極樂莊嚴經) 282, 518
수행본기경(修行本起經) 421
숫따니빠따(Suttanipāta) 359, 385, 433
쉬따마르히(Śitāmarhi)〔석굴〕 137
쉬바고샤(Śivagoṣa)〔태수〕 49
쉬바닷따(Śivadatta)〔태수〕 49

쉬바락쉬따(Śivarakṣita) 128
쉬비자따가(Śibijātaka) 477
쉬즈(Šiz) 123
쉭샤사뭇짜야(Śikṣāsamuccaya, 大乘集菩薩學論) 279, 284
슈라바스띠(Śrāvastī, 舍衛城) 192, 220, 429
슈루그나(Śrughna)〔도시〕 221
슈르빠라까(Śurpāraka, Sopāra, 蘇波羅) 50, 68, 95, 166, 168, 193, 469
슈리 뿔루마비(Śrī Pulumāvī)〔왕〕 97
슈리 샤따까르니(Śrī Śātakarṇi)〔왕〕 92
슈팔라가다메스(Śpalagadames)〔총독〕 53-54
슈팔라호레스(Śpalahores)〔총독〕 53
슈팔리리세스(Śpalirises)〔왕〕 53-54, 56
슛도다나(Śuddhodana, 淨飯)〔왕〕 455-57
스까라흐 데리(Skarah- Ḍheri) 486
스타네슈바라(Sthāneśvara) 221
스트라보(Strabo) 41, 45, 113, 122
승가라찰소집경(僧伽羅刹所集經, Saṃgharakṣabuddhacarita) 424-25
승우(僧祐)〔학승〕 213-14, 502
시도니우스 아폴리나리스(Sidonius Apollinaris) 82
시라스트레네(Syrastrene)〔지방〕 45
시르깝(Sirkap) 55, 63, 79, 81, 86, 116 → 딱실라
시무까(Simuka)〔왕〕 91, 94
시므온(Simeon) 451-53, 458
시푸르(Sifūr) 71
시하락쉬따(Siharakṣita) 120
시힐라(Sihila)〔寄進者〕 120
신(神): 불교의 신들, 478-82; 민간 신앙의 신들, 482-87; 스키타이 화폐의 그리스 신들, 57
실라케스(Sillaces) 63
심(citta), 의(意), 식(識) 320, 324

십대제자(十大弟子) 488-89, 491-92
십송율(十誦律) 235, 243, 387, 420, 429
십육행상(十六行相, ṣoḍaśākāra) 349
십팔부론(十八部論) 199
십팔부파(十八部派) 197, 225, 227
싯닷티까(Siddhatthika, 義成部) 196, 205, 383
싱할라드비빠(Siṃhaladvīpa) → 스리랑카
샤리뿌뜨라비다르마(Śāriputrābhidharma, 舍利弗阿毘曇論?) 183, 202, 378

ㅇ

아가리스테(Agariste)〔공주〕 460
아그니(Agni, Qaraš ahr)〔나라〕 220
아기미뜨라나까(Agimitraṇaka)〔왕〕 163
아꾸또바야(Akutobhayā, 無畏註) 315
아나가따방사(Anagātavamsa) 519
아나바땁다(Anavatapta)〔호수〕 491
아나타삔다다(Anāthapiṇḍada, Anāthapindika, 給孤獨長者) 388
아나함(阿那含, Anāgāmin, 不還) 356
아나히따(Anahita, Nanaia)〔신〕 123
아난다(Ānanda, 阿難陀) 181, 467, 469, 489, 492, 501
아난다뿌라(Ānandapura)〔나라〕 221
아난따 굼파(Ananta Gumphā)〔동굴〕 138
아눌라(Anulā)〔왕비〕 107
아니룻다(Aniruddha, Anuruddha)〔제자〕, 513, 516
아라빠짜나(Arapacana)〔문자〕 130
아라코시아(Arachosia) 45, 51-55, 61, 67
아라한(阿羅漢, Arhat) 357
아라한구덕경(佛說阿羅漢具德經) 506
아르다마가다어(Ardhamāgadhī) 251-52, 257

아르메니아(Armenia) 84, 123
아르사모사타(Arsamosata)〔전투〕 84
아르삭(Arsak) 123
아르샤(ārṣa)〔자이나경전〕 251, 252
아르케비우스(Archebius)〔왕〕 46
아르타(Arṭa)〔태수〕 59, 62
아르타반(Artaban) 2세〔왕〕 43
아르타반 3세〔왕〕 30, 64–65
아르탁사타(Artaxata) 84
아리야데바(Āryadeva, Deva, 聖提婆) 315, 503
아릿타(Ariṭṭha, Mahāriṭṭha)〔장로〕 249
아마라바띠(Amarāvati)〔스뚜빠〕 194, 196, 477
아메샤스펜타(Ameshaspenta) 132
아미따바(Amitābha, 阿彌陀) 132
아미아누스 마르켈리누스(Ammianus Marcellinus) 82
아민타스(Amintas)〔왕〕 48, 51, 55
아바다나(avadāna) 311
아바다나깔빨라따(Avadānakalpalatā)〔전설집〕 476
아바다나샤따까(Avadānaśataka) 312, 406, 409〔註〕, 411〔註〕, 476
아바스타냐타뜨바(avasthānyathātva: 位不同) 332
아바야기리(Abhayagiri)〔다가바와 비하라〕 109, 207
아반다국(阿攀荼國) 221
아반따까(Avantaka)〔부파〕 226, 227
아반띠(Avanti, Mālwā Nimār) 192, 265
아브다가세스(Abdagases, Avadagasa)〔태수〕 67, 69
아비다르마꼬샤 183 → 꼬샤
아비달마식신족론(阿毘達磨識身足論) 337
아비담미까 고다(Abhidhammika Godha)〔장로〕 109
아비리아(Abiria)〔지방〕 45
아빠구리야(Apaguriya) 196

아빠다나(Apadāna) 406, 476, 490, 506
아빠지따(Apajita, Aparājita)〔부파〕 151, 196
아상즈니까(Āsaṃjñika, 無想果) 325
아쇼까(Aśoka): 대중부 분열에 개입, 209; 5분법신(分法身) 탑건립, 366; 용왕에게서 받은 불상, 388; 삔돌라와의 만남, 493-94
아쇼까바다나(Aśokāvadāna, 아육왕전) 310, 390, 407, 500
아수라(阿修羅, Asura) 480
아슈바고샤(Aśvaghoṣa, 馬鳴)〔논사〕 183, 312, 425, 503
아슈바지뜨(Aśvajit)〔제자〕 126
아슈파바르마(Aśpavarma)〔태수〕 61, 66
아시까(Asika, Ṛṣika) 94, 103
아시오이족(Asioi, Asiani) 41
아야무카(Ayamukha)〔나라〕 220
아야시아 카물라(Ayasia Kamūla) 118
아우구스투스(Augustus)〔황제〕 64
아우구스티누스(Augustinus)〔저자〕 82
아우란가바드(Aurangābād)〔석굴〕 169
아우렐리안(Aurelian)〔황제〕 82
아이라바나(Airāvaṇa)〔코끼리〕 480
아잔따(Ajaṇṭā)〔석굴〕 148-149
아점바시라국(阿點婆翅羅國) 221
아제스(Azea) 1세〔왕〕 30, 53-60
아제스 2세〔왕〕 60-62, 66
아즈냐따 까운디냐(Ajñāta Kauṇḍinya, 憍陳如) 488
아지따 마이뜨레야(Ajita Maitreya) 517-15
아지따(Ajita) 504-07, 511-18
아지비까(Ājīvika) 135-37
아질리세스(Azilises)〔왕〕 54, 60-61
아폴로니우스(Apollonius) 30, 78-83, 124
아후라마즈다(Ahuramazda) 123

아힛차뜨라(Ahicchatra)〔나라〕 220
악수(Aqsu, Bharuka)〔오아시스〕 220, 223
안다까(Andhaka)〔부파〕 206
안다르-압(Andar - âb)〔나라〕 219
안다뿌라(Andhapura) 90
안드라 해적들(Andres Peiratai) 89
안드라(Andhra)〔나라〕 87-91, 194, 201, 231
안드라시마운도우(Andrasimoundou)〔岬〕 231
안법경(安法鏡) 124
안세고(安世高) 124
안식국(安息國) 124
안토니우스(Antonius)〔집정관〕 510
안티오쿠스 7세 시데테스(Antiochus, Sidetes) 42
안현(安玄) 124
알라까(Alaka)〔왕〕 505
알라니족(Alani) 84
알라라 깔라마(Ālāra Kālāma)〔요가수행자〕 413
알루루(Allūru) 195
알루비하라(Aluvihāra)〔사원〕 249, 401
암바스탈라 다가바(Ambasthala Dāgaba) 109 註 52
암삐끼나까(Ampikiṇaka)〔비구〕 143
앗사까(Assaka)와 알라까(Alaka)〔왕〕 505
앗타까박가(Aṭṭhakavagga) 433
앗타까타(Aṭṭhakathā)〔주석서〕 247-48
앙굿따라니까야(Aṅguttaranikāya) 125, 329, 359-60, 377, 380, 382-83, 428, 488
야멜루와 떼꿀라(Yamelu-Tekulā)〔바라문〕 239
야바나(Yavana, Yona)와 야바나로카(Yavanaloka) 561, 566
야쇼다라(Yaśodharā, 耶輸陀羅) 428, 437-441
야쇼다르만(Yaśodharman)〔왕〕 298

야즈나슈리 샤따까르니(Yajñaśrī Śātakarṇi)〔왕〕 153, 158, 166
야즈냐발꺄(Yajñavalkya)〔부파 창시자〕 181, 201
약사르테스(Jaxartes)〔지방〕 37, 41, 44
약샤(Yakṣa, 夜叉) 479, 484
약쉬니(Yakṣīni, 夜叉女) 479, 485
에까슈링가(Ekaśṛṅga, 獨角仙人) 자따까 477
에리트리아 해(海)의 대항해〔여행기〕 51, 69, 85, 95, 100, 114
에포루스(Ephorus)〔역사가〕 113
엑바타나(Ecbatana)〔장소〕 123
엘로라(Ellora)〔석굴〕 169
엘리마이데(Elymaide)〔도시〕 123
역대삼보기(歷代三寶紀) 502
연기법(緣起法, pratītyasamutpāda) 126
열반(涅槃, Nirvāṇa)〔諸部派〕 345-47
예배(禮拜): 불상에 대한 예배, 387-5; 예배의 가치와 정당성, 379-91
오도(五道, gati) 34-35,
오로데스 2세〔왕〕 64.
오로데스(Orodes) 1세〔왕〕 47, 63,
오르타그네스(Orthagnes)〔총사령관〕 65
오리겐(Origen) 73
오릿사(Orissa)〔석굴〕 137-38
오백논제(五百論題) 317
오분율(五分律) 242, 420, 512
오위칠십오법(5位 75法)〔설일체유부〕 323-26
왕 중 왕(王中王, sāhānu sāhi) 113
요가사마사나수뜨라(Yogasamasanasūtra) 499
우다나(Udāna)〔빨리어본과 산스끄리뜨어본〕 380
우다나바르가(Udānavarga) 271, 283
우다반다(Udabhāṇḍa) 468
우다야기리(Udayagiri) 102, 137

우따이빠바히(Utayipabhāhi)〔부파?〕196
우마데비(Umadevī)〔여신〕484
우빠굽따(Upagupta, 優波掘多)〔법사, 祖師〕181, 202, 213, 501
우빠까(Upaka)〔아지비까〕415
우빨리(Upāli)〔제자〕229, 518
우샤바다따(Uṣavadāta) 158
우카시리바다마나(Ukhasirivadhamāna, Ghaṇṭaśāla)〔장소〕195
운남(雲南) 126
웃디야나(Uḍḍiyāna)〔나라〕194, 214, 216-17, 467, 471
웃따라세나(Uttarasena, 羅犀那)〔왕〕468, 472
웃빨라바르나(Utpalavarṇā, 蓮華色)〔비구니〕429, 445
웃자이니(Ujjayinī, Ujjeni, Ujjain)〔도시〕30, 38, 50-52, 93, 100, 196, 262
웃창가자따까(Ucchaṅgajātaka) 462
월지족(月支) 28, 38-41, 86
유가뿌라나(Yugapurāṇa) 114
유나피우스(Eunapius)〔저자〕82
유리피데스(Euripides)〔작가〕122
유마경(維摩經) 238, 519
유세비우스(Eusebius)〔신학자〕82
유스틴(Justin)〔사학자〕43-44
유위법(有爲法, dhamma saṅkhata) 318
유위법의 특성(saṃskṛtalakṣaṇa) 326
육도집경(六度集經) 476
육성부(六城部, Saṇṇagarika, Ṣaṇḍagarika) 179-227
의정(義淨)〔구법승〕216-17, 223-25, 231, 389
이라나빠르바따(Īraṇaparvata)〔나라〕220
이방인의 라틴문학 발췌문(Excerpta latina Barbari) 78
이부분파해설주(異部分派解說註, Nikāyabhedavibhaṅga) 178
이부종륜론(異部宗輪論, Samayabhedoparacanacakra) 178, 199
이부종륜론술기(異部宗輪論述記) 200

이부종륜론중이부해설집(異部宗輪論中異部解說集) 178
이스타카르(Istakhar)〔장소〕 123
이시도루스(Isidorus)〔저자〕 66
이출보살본기경(異出菩薩本起經) 422
인과법(因果法) 335-37
인더스(Indus, Sindhu)〔강〕 116, 225
인도 스키타이족(Indo-Scythia) 28-29, 45-46 이하
인드라(Indra) 480, 486
인드라바르마(Indravarma)〔봉신〕 61
일설부(一說部, Ekavyavahārika, Ekavyohārika) 179-232
입대승론(入大乘論) 495

ㅈ

자따까(Jātaka) 90, 461-62, 476
자따까말라(Jātakamāla, 本生鬘) 280, 476
자야비자야(Jayavijaya)〔석굴〕 138
자이나교 석굴 137-38
작가야뻬따(Jaggayyapeta)〔쩨띠야〕 194
잔디알(Jaṇḍiāl)〔사원〕 80, 116
잔따까(Jantaka)〔왕〕 314
잠양세빠(Jam-yaṅ bśad-pa)〔역사가〕 228
잡보장경(雜寶藏經) 516
장아함(長阿含, Dīrghāgama) 270-71, 507
전변설(轉變說, parinama)과 상속설(相續說, saṃtāna) 339-40
전설〔붓다〕: 경전에서, 412-22; 비나야에서, 419-21; 미완성 불타전에서, 421-24; 완성 불타전에서, 424-32; 스리랑카 자료들에서, 432-36; 전설 발전 원인들, 436-473;
전주국(戰主國, Ghazipur?) 221
전한서(前漢書) 38, 40

정량부(正量部, Saṃmatīya) 180-27
제6도(道)문제 377-79
제다산부(制多山部, Caitika, Cetiya) 151, 179-227
제따바니야(Jetavanīya, 祇陀林寺派) 208, 226-27
제롬(Jerome)〔기독교 성자〕 74, 82
제자품(弟子品, Etadaggavagga) 488-89
조사(祖師)들 명단 〔각부파〕 181, 201-02, 497-503
조피리온(Zopyrion)〔장군〕 37
주유마힐경(注維摩詰經) 507
준나르(Junnar)〔석굴〕 149-52, 193-95, 230
줄리아 돔나(Julia Domna)〔여황제〕 81
중론(中論, Madhyamakaśāstra) 379
중아함(中阿含, Madhyamāgama) 512
중허마하제경(衆許摩訶帝經) 422
즈냐나쁘라스타나(Jñānaprasthāna, 發智論) 180, 241, 314-15
증일아함(增一阿含, Ekottarāgama) 388, 488, 495, 507, 509
지국천(持國天, Dhṛtarāṣṭra)〔天王〕 235, 478
지반(志磐)〔저자〕 502
지호니카(Jihonika)〔태수〕 68
집진론(集眞論, Tattvasamuccayaśāstra) 119
짜뚜슈빠리샤뜨수뜨라(Catuṣpariṣatsūtra) 415
짜뚜후샤따까(Catuḥśataka, 四百論) 315
짜뚜후스따바(Catuḥstava) 313
짜리야삐따까(Cariyāpiṭaka, 所行藏) 406, 476
짠드라 낀나라(Candra-Kinnara) 자따까 477
짠드라(Candra)〔신〕 484
짠드라굽따(Candragupta)〔왕〕 471
짠드라굽따 2세〔황제〕 30, 51, 101
짠드라끼르띠(Candrakīrti) 315
짬빠(Campā, Bhagalpur)〔나라〕 221

쩨디(Ceḍi)〔왕조〕 31, 101-05
쩨띠야기리(Cetiyagiri)〔산〕 109-10
쪼라나가 마하나가(Coranāga Mahānāga)〔왕〕 106 -07
쭈뚜꿀라난다(Cuṭukulānanda) 166
쭐라방사(Cūlavaṃsa) 248, 250, 524

ㅊ

찬다스(chandas, 闡陀) 239-40
천계(天界, Devaloka) 478
체자를라(Chezārla)〔짜이 땨〕 135
초분설경(初分說經) 431
추크사(Chukhsa)〔지방, 태수령〕 32, 48, 52, 59, 62, 68
출삼장기집(出三藏記集) 213-14, 501-02
출세간설(出世間說, lokottaravāda) 366-70
출요경(出曜經) 235, 517

ㅋ

카라벨라(Khāravela)〔왕〕 31, 94, 102-05, 137
카라샤흐르(Qarašahr, 焉耆)〔나라〕 223
카라케네(Caracene) 44
카라호스테스(Kharahostes)〔태수〕 59
카르하에(Carrhae)〔전투〕 63, 122
카산드라(Cassandra)〔예언자〕 465
카쉬가르(Kašgar)〔나라〕 220, 223
카크제(Kakze)〔장소〕 123
칸다기리(Khaṇḍagiri)〔산〕 137
칼리아나(Kalliana, Kalyāṇa)〔도시〕 68, 77, 95, 166, 168
켄가바르(Kengavar) 123

코스마스 인디코플레우스테스(Cosmas Indicopleustes)〔저자〕 77
코에릴루스(Choerilus)〔시인〕 113
코탄(Khotan) 217, 231
쿠차(Kučā, 龜玆)〔나라〕 220, 223, 231
쿤모(Kun-mo, 昆莫)〔왕〕 40
크라수스(Crassus)〔집정관〕 63, 122
크산티푸스(Xanthippus) 71
클레이스테네(Cleisthene)〔폭군〕 748

ㅌ

타구로이족(Thaguroi) 39
타라나타(Tāranātha)〔역사학자〕 198, 210–11, 226, 498
타이도라(Taidora) 119
타키투스(Tacitus) 83, 123
타프로바네(Taprobane) 77→ 스리랑카
타화자재천(他化自在天, Paranirmitavaśavartin) 481
태자서응본기경(太子瑞應本起經) 421–22
테라가타(Theragāthā)와 테리가타(Therīgāthā) 489, 513
테르티아(Tertia)〔왕비〕 71
토카로이족(Tokharoi) 41
투빠라마(Thūpārāma) 다가바 206
티그라노케르타(Tigranocerta) 84
티송데쩬(Khri sroṅ lde bcan)〔왕〕 360

ㅍ

파시아노이족(Pasianoi) 41
파울리누스(Paulinus) 74
파코레스(Pacores)〔왕〕 31, 83–86

파코루스(Pacorus)〔왕자〕 63
파탈라(Patala) 85
파탈레네(Patalene) 29, 45
파티카(Pātika)〔태수〕 57, 118
팔십구심(八十九心, cittāni) 321
포티우스(Photius) 73
폼페이우스 트로구스(Pompeius Trogus) 41
프라아테스(Phraates) 2세〔왕〕 42
프라아테스 4세 63, 64-5
프라아테스 5세 64
프라오테스(Phraotes)〔왕〕 79
프리스키아누스교도(Priscilliannist) 72
프리암(Priam)〔왕〕 465
프톨레미(Ptolemy)〔지리학자〕 39, 45, 88-89, 96, 105, 195, 231
플루타르크(Plutarch)〔역사가〕 122
플리니(Pliny)〔大〕 89, 101, 105
피손(Physon)〔강〕 75
필로스트라투스(Philostratus) 78-83

ㅎ

하가나(Hagāna)〔태수〕 49, 57
하가마샤(Hagāmaṣa)〔태수〕 49, 56
하리세나(Harisena)〔朝臣〕 298
하리띠(Hāritī) 485 - 86
하티굼파(Hathigumphā)〔석굴〕 137
할라(Hāla)〔왕〕 97-8
합반(Habbān)〔상인〕 70
항사자따까(Haṃsajātaka) 462
헤라클레온 (Heracleon) 73

헤로도투스(Herodotus)〔역사가〕 36, 113, 447, 460-65
헤르마에우스 (Hermaeus)〔왕〕 30, 52, 55
헬리오클레스(Heliocles)〔왕〕 28, 40
현우경(賢愚經) 506, 514
현장(玄奘)〔구법승〕 77, 216-23, 231, 302, 366, 449, 471, 523, 525
현주부(賢胄部, Bhadrāyanīya) 166-68, 179, 188, 192-93, 198-211, 215
화상(Hva-śaṅ)〔중국 승려〕 360
화지부(化地部, Mahīśāsaka, Mahiṃsāsaka) 180-227, 232-33, 385-86
훌나(Hulna)〔도시〕 75
흥기행경(興起行經) 423
흉노(匈奴)족 39-40
히마딸라(Himatala)〔장소〕 472
히에로클레스(Hierocles)〔총독〕 82
히포클레이데스(Hippocleides) 460-61

인도불교사 2

2006년 1월 3일 | 초판 1쇄 발행
2017년 4월 3일 | 초판 5쇄 발행

지은이 | 에띠엔 라모뜨
옮긴이 | 호진
발행인 | 이원주

발행처 | (주)시공사
출판등록 | 1989년 5월 10일(제3-248호)

주소 | 서울시 서초구 사임당로 82(우편번호 06641)
전화 | 편집 (02)2046-2861 · 마케팅 (02)2046-2894
팩스 | 편집 · 마케팅 (02)585-1755
홈페이지 | www.sigongsa.com

ISBN 978-89-527-4347-3 03220
ISBN 978-89-527-4345-9 (세트)

갠지스강 유역

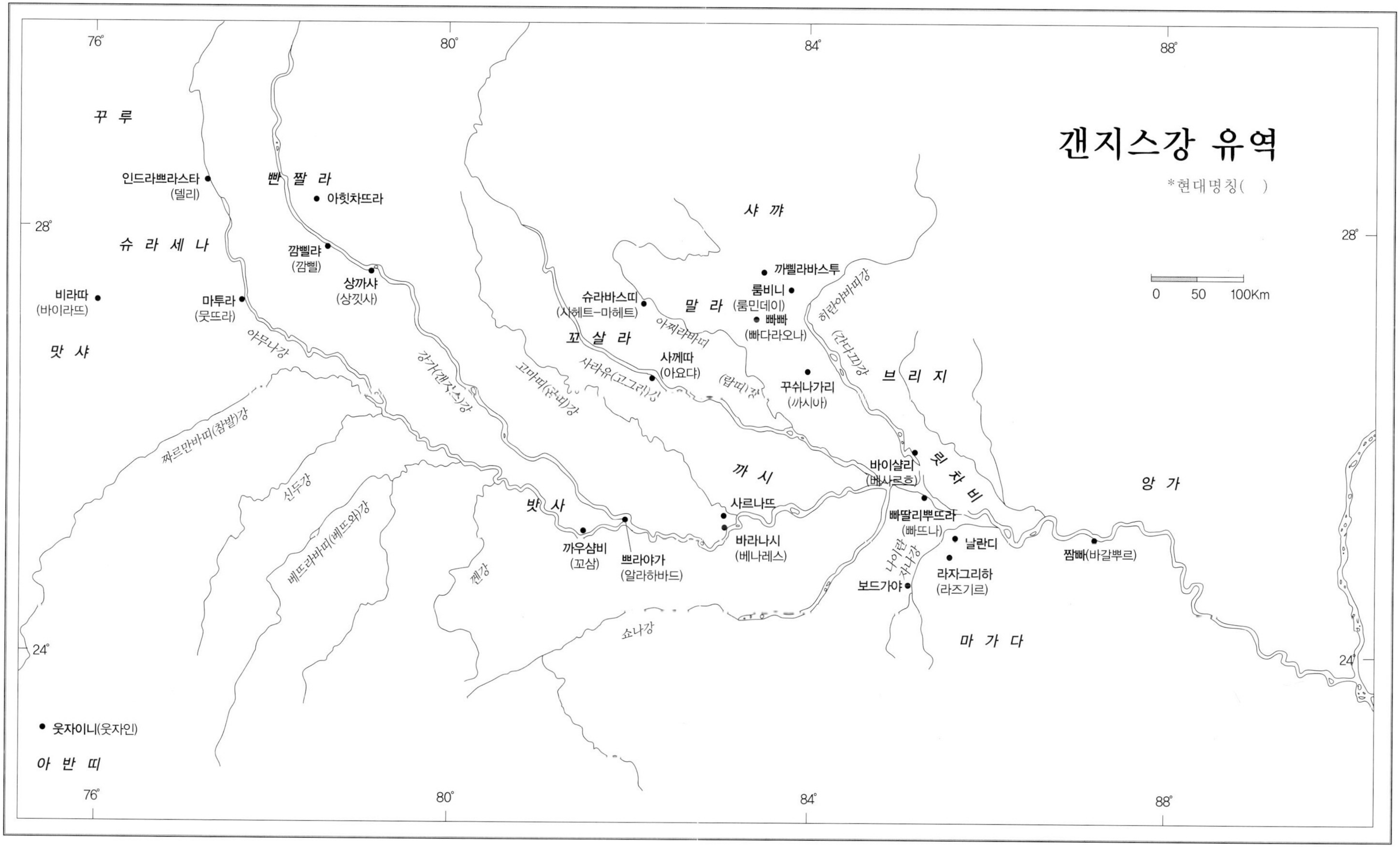

*현대명칭( )
0 50 100Km
76°
80°
84°
88°
28°
24°
꾸 루
인드라쁘라스타 (델리)
빤 짤 라
아힛차뜨라
슈 라 세 나
깜삘랴 (깜삘)
상까샤 (상낏사)
비라따 (바이라뜨)
마투라 (뭇뜨라)
맛 샤
아무나강
강가(갠지스)강
짜르만바띠(참발)강
신두강
베뜨라바띠(베뜨와)강
켄강
고마띠(굼띠)강
사라유(고그라)강
아찌라바띠
슈라바스띠 (사헤트-마헤트)
꼬 살 라
사께따 (아요댜)
말 라
샤 꺄
까삘라바스투
룸비니 (룸민데이)
빠빠 (빠다라오나)
히란야바띠강
(간다끄)강
랍띠강
꾸쉬나가리 (까시아)
브 리 지
까 시
바이샬리 (베사르흐)
릿 차 비
사르나뜨
바라나시 (베나레스)
밧 사
까우샴비 (꼬삼)
쁘라야가 (알라하바드)
빠딸리뿌뜨라 (빠뜨나)
날란디
라자그리하 (라즈기르)
나이란자나강
보드가야
마 가 다
쇼나강
앙 가
짬빠(바갈뿌르)
웃자이니(웃자인)
아 반 띠

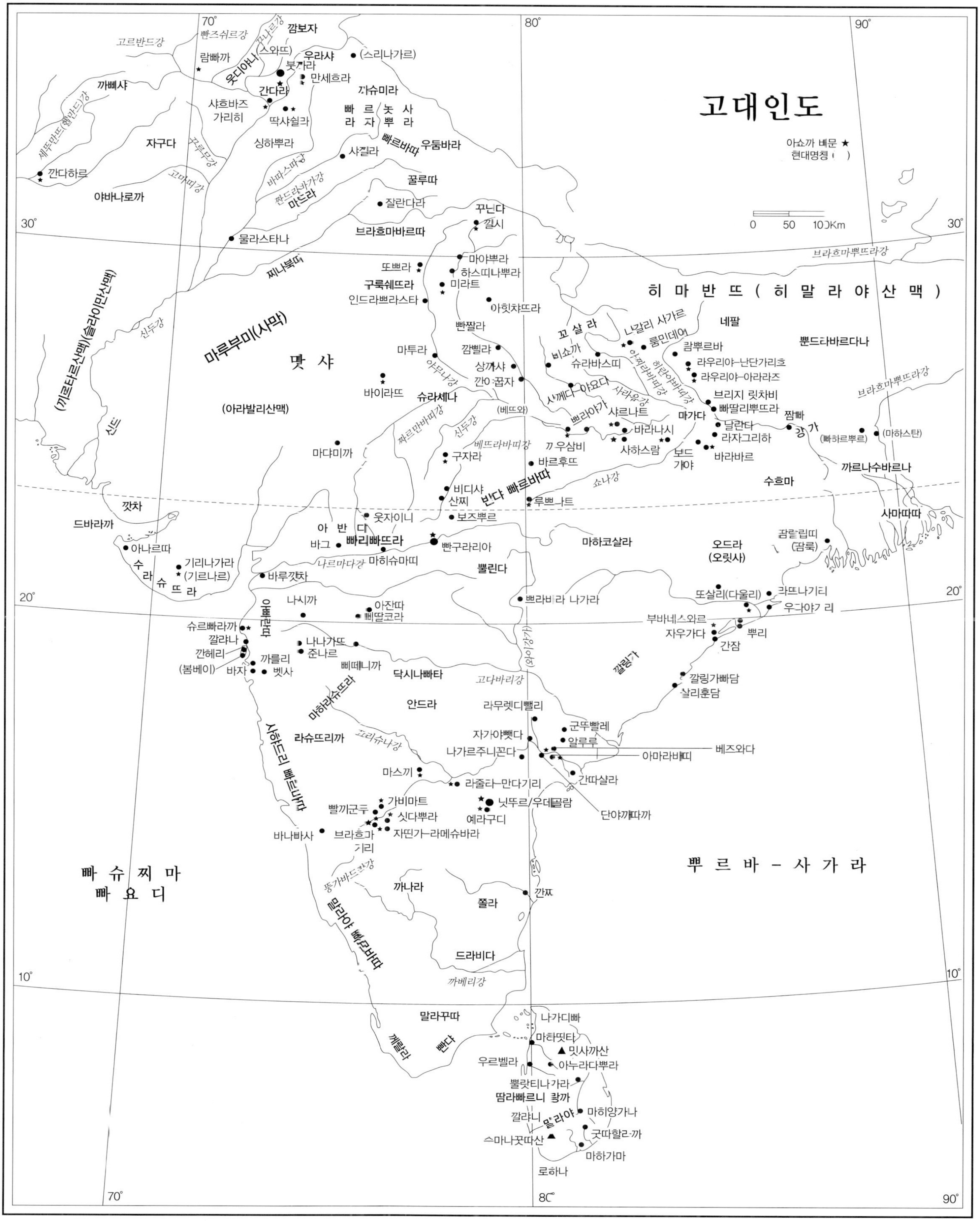

고대인도
아쇼까 비문 ★
현대명칭 ( )
0 50 100Km
70°
80°
90°
30°
20°
10°
고르반드강
빤즈쉬르강
꾸나르강
깜보자
람빠까
(스와뜨)
웃디야나
우라샤
(스리나가르)
붓가라
만세흐라
까삐샤
간다라
까슈미라
샤흐바즈 가리히
딱샤쉴라
빠르 라자
놋사 뿌라
세뚜만뜨(헬만드)강
자구다
꾸루무강
싱하뿌라
빠르바따
우둠바라
바따스따강
사깔라
깐다하르
고마띠강
짠드라바가강
마드라
꿀루따
야바나로까
잘란다라
꾸닌다
깔시
30°
물라스타나
브라흐마바르따
찌나붑띠
마야뿌라
또뿌라
브라흐마뿌뜨라강
하스띠나뿌라
구룩쉐뜨라
미라트
히 마 반 뜨 (히 말 라 야 산 맥)
인드라쁘라스타
아힛차뜨라
신두강
빤짤라
꼬살라
니갈리 사가르
네팔
마루부미(사막)
비쇼까
룸민데이
맛 샤
마투라
깜삘라
람뿌르바
뿐드라바르다나
(끼르타르산맥)(술라이만산맥)
야무나강
상까샤
슈라바스띠
라우리야-난단가리흐
깐야꾸브자
아찌라바띠강
히란야바띠강
라우리야-아라라즈
사까다
아요디
사라유강
브라흐마뿌뜨라강
바이라뜨
슈라세나
브리지 릿차비
뿌라야가
샤르나트
빠딸리뿌뜨라
(아라발리산맥)
(베뜨와)
마가다
짬빠
빠르빠띠강
바라나시
달란다
앙가
신드
신두강
베뜨라바띠강
꼬우삼비
라자그리하
(빠하르뿌르)
(마하스탄)
마다미까
사하스람
보드가야
구자라
바르후뜨
바라바르
까르나수바르나
쇼나강
수흐마
비디샤
반다 빠르바따
깟차
산찌
루쁘나트
사마따따
드바라까
웃자이니
보즈뿌르
아 반 디
짬빠립띠
바그
빠리빠뜨라
빤구라리아
(땀룩)
아나르따
마하코살라
오드라
(오릿사)
마히슈마띠
수 라 슈 뜨 라
기리나가라
(기르나르)
나르마다강
뿔린다
바루깟차
20°
쁘라바라 나가라
또살리(다울리)
카뜨나기리
나시까
아잔따
우다야기리
아빠란따
삐딸코라
부바네스와르
슈르빠라까
자우가다
뿌리
깔랴나
나나가뜨
준나르
간잠
깐헤리
와인강가
(봄베이)
바자
까를리
벳사
깔링가
삐떼니까
닥시나빠타
고다바리강
깔링가빠담
살리훈담
마하라슈뜨라
안드라
라무렛디빨리
사하드리 빠르바따
군뚜빨레
자가야뻿다
라슈뜨리까
알루루
끄리슈나강
나가르주니꼰다
베즈와다
아마라바띠
마스끼
간따살라
라줄라-만다기리
빨끼군두
가비마트
넛뚜르/우데골람
싯다뿌라
단야까따까
바나바사
브라흐마기리
자띵가-라메슈바라
예라구디
빠 슈 찌 마
빠 요 디
뚱가바드라강
뿌 르 바 - 사 가 라
까나라
깐찌
말라야 빠르바따
쫄라
드라비다
10°
까베리강
말라꾸따
나가디빠
께랄라
빤디
마하띳타
밋사까산
우르벨라
아누라다뿌라
뿔랏티나가라
땀라빠르니 랑까
깔랴니
말라야
마히양가나
스마나꿋따산
굿따할라까
마하가마
로하나
70°
80°
90°

이란과 인도

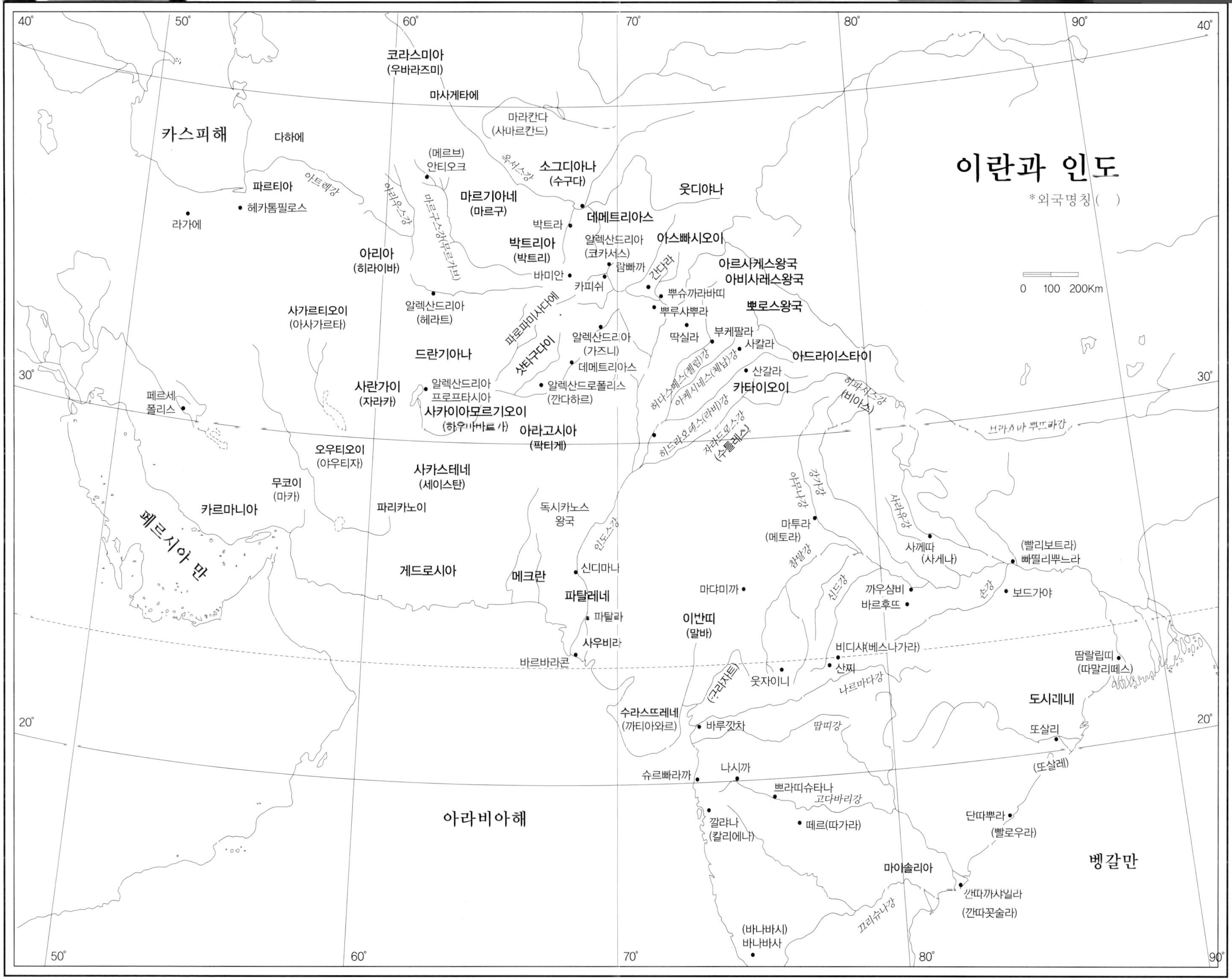
*외국명칭( )
0 100 200Km
코라스미아
(우바라즈미)
마사게타에
마라칸다
(사마르칸드)
카스피해
다하에
(메르브)
안티오크
옥서스강
소그디아나
(수구다)
파르티아
아트렉강
마르기아네
(마르구)
웃디야나
헤카톰필로스
라가에
아리우스강
마르구스강(무르가브)
박트라
데메트리아스
아스빠시오이
알렉산드리아
(코카서스)
아리아
(히라이바)
박트리아
(박트리)
간다라
아르사케스왕국
아비사레스왕국
람빠까
바미얀
카피쉬
뿌슈까라바띠
뿌루샤뿌라
사가르티오이
(아사가르타)
알렉산드리아
(헤라트)
파로파미사다에
뽀로스왕국
딱실라
부케팔라
알렉산드리아
(가즈니)
사칼라
드란기아나
삿타구디이
아드라이스타이
데메트리아스
산갈라
사란가이
(자라카)
알렉산드리아
프로프타시아
알렉산드로폴리스
(깐다하르)
카타이오이
히파시스강
(비아스)
히다스페스(젤럼)강
아케시네스(체납)강
사카이아모르기오이
(하우마바르가)
아라고시아
(팍티게)
히드라오테스(라비)강
자라드로스강
(수틀레스)
브라마뿌뜨라강
페르세
폴리스
오우티오이
(야우티자)
사카스테네
(세이스탄)
무코이
(마카)
야무나강
강가강
사라유강
카르마니아
파리카노이
독시카노스
왕국
마투라
(메토라)
인도스강
사께따
(사세나)
(빨리보트라)
빠딸리뿌뜨라
페르시아 만
참발강
신디마나
게드로시아
메크란
마댜미까
까우샴비
보드가야
손강
신드강
파탈레네
바르후뜨
파탈라
이반띠
(말바)
사우비라
비디샤(베스나가라)
바르바리콘
땀랄립띠
(따말리떼스)
산찌
구자라트
웃자이니
나르마다강
도시레니
수라스뜨레네
(까티아와르)
바루깟차
땁띠강
또살리
(또살레)
슈르빠라까
나시까
빠라띠슈타나
고다바리강
아라비아해
깔랴나
(칼리에나)
떼르(따가라)
단따뿌라
(빨로우라)
벵갈만
마이솔리아
깐따까샤일라
(깐따꿋숄라)
끄리슈나강
(바나바시)
바나바사
40°
50°
60°
70°
80°
90°
30°
20°

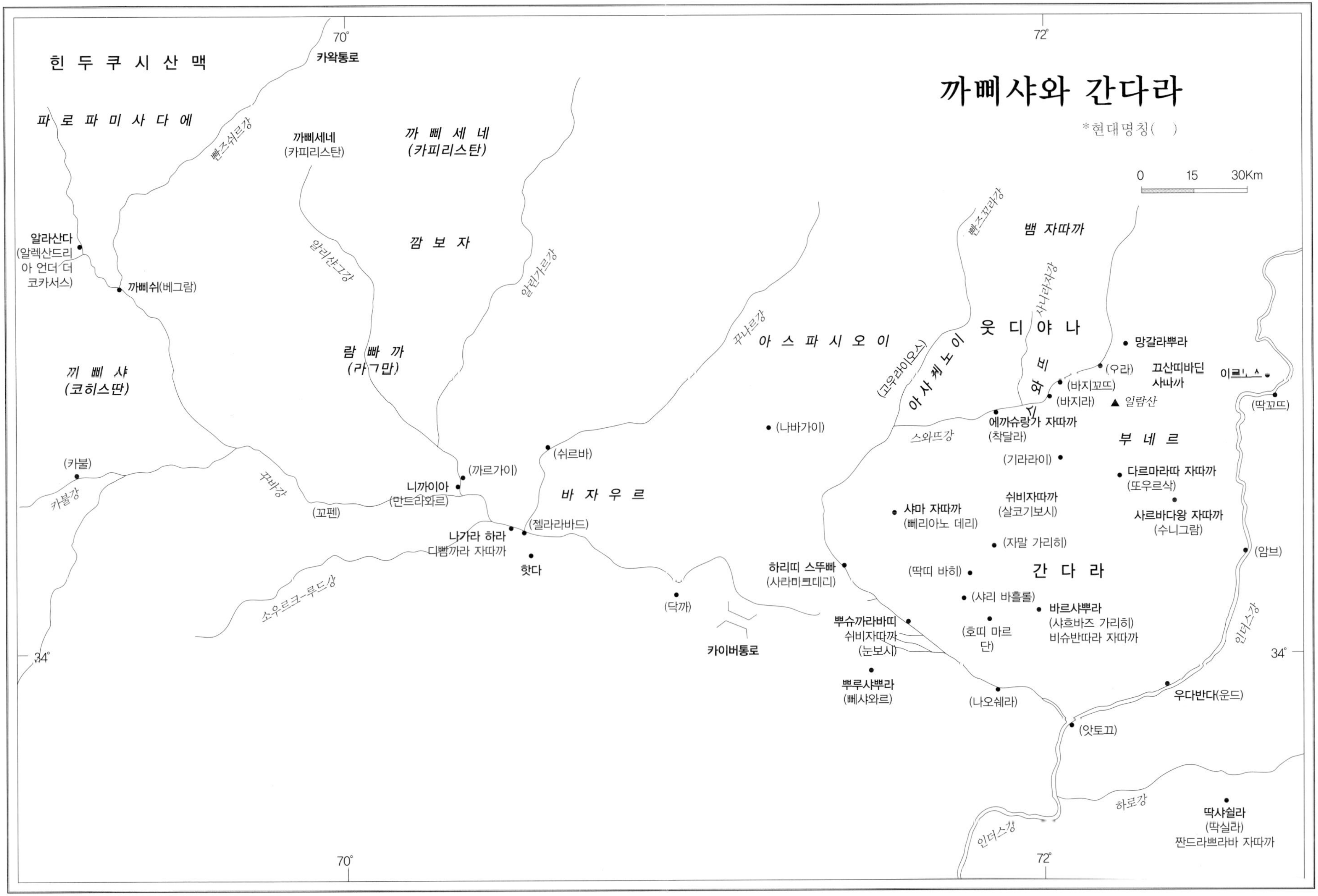
까삐샤와 간다라
*현대명칭( )
0 15 30Km
70°
72°
34°
힌 두 쿠 시 산 맥
파 로 파 미 사 다 에
카왁통로
빤즈쉬르강
까삐세네
(카피리스탄)
까 삐 세 네
(카피리스탄)
깜 보 자
알리샨그강
알린가르강
알라산다
(알렉산드리아 언더 더 코카서스)
까삐쉬(베그람)
람 빠 까
(라그만)
끼 삐 샤
(코히스딴)
(카불)
카불강
꾸바강
(꼬펜)
니까이아
(만드라와르)
(까르가이)
(쉬르바)
바 자 우 르
(젤라라바드)
나가라 하라
디빰까라 자따까
핫다
소우르크-루드강
(닥까)
카이버통로
꾸나르강
아 스 파 시 오 이
(나바가이)
빤즈꼬라강
뱀 자따까
사니라자강
웃 디 야 나
(고우라이오스)
아 사 케 노 이
스와뜨강
망갈라뿌라
(우라)
고산띠바딘
사나까
(바지꼬뜨)
(바지라)
일람산
에까슈링가 자따까
(착달라)
부 네 르
(기라라이)
다르마라따 자따까
(또우르삭)
쉬비자따까
(살코기보시)
사르바다왕 자따까
(수니그람)
샤마 자따까
(삐리아노 데리)
(자말 가리히)
(암브)
(딱꼬뜨)
하리띠 스뚜빠
(사라미크데리)
(딱띠 바히)
간 다 라
(샤리 바홀롤)
바르샤뿌라
(샤흐바즈 가리히)
비슈반따라 자따까
뿌슈까라바띠
쉬비자따까
(눈보시)
(호띠 마르단)
뿌루샤뿌라
(뻬샤와르)
(나오쉐라)
우다반다(운드)
(앗토끄)
인더스강
하로강
딱샤쉴라
(딱실라)
짠드라쁘라바 자따까

아누라다뿌라(스리랑카)약도

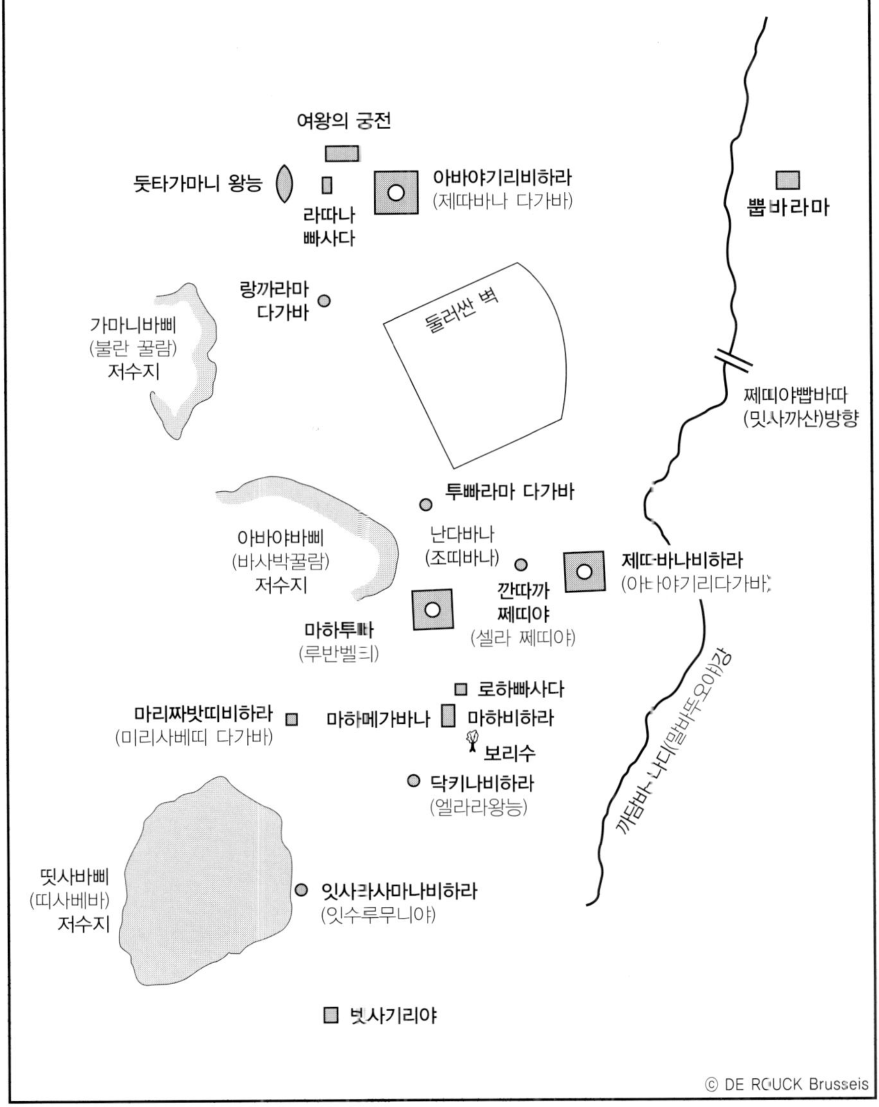